埃米爾・路德維希 著　胡彧 譯

加冕為法國人的皇帝，勘稱「上帝在人間的化身」……

一生力責難以未哀，不怎以「骨戴盤」倫戎收！

拿破崙傳

科西嘉孕育的巨人

Napoleon

「這個男孩是花崗岩做的，身體裡面有一座火山。」

導到某個人全心全意的關懷？——「錯，我需要的是 5 億人都愛我。」

全民擁戴稱帝、建立歐陸霸權、宣揚革命理念……

從小小殖民地崛起的荒野雄獅，開啟名為波拿巴的時代！

U0059334

目 錄

目錄

第三章　江

第四章　海

目錄

第五章　岩

第一章

島

我認為，拿破崙的童話和《約
翰啟示錄》非常像，每個人都能感
覺到，一些東西隱藏其中，只是無
法弄明白，那到底是什麼。

——歌德[1]

1　歌德與拿破崙是同一時代、不同領域的天才。本書每一章都以歌德的一段話開篇。在第三章第二十節，作者還詳細描寫了兩位天才會面的情形。

一、科西嘉的抗戰

一個少婦坐在帳篷當中，身上裹著毯子，她一邊聽著遠處的轟隆聲，一邊餵懷裡的孩子喝奶。現在太陽都下山了，難道交火還沒有結束？會不會只是岩石遍布的荒山裡迴盪著的秋天的雷雨聲？或者只是大風從四周那有狐狸和野豬藏身其中的原始森林中吹過，晃動著冬青櫟和松樹發出的陣陣濤聲？繚繞的煙霧中，她坐在那裡，白皙的胸脯被披肩半遮半掩著，這讓她看起來像一個吉卜賽女人。今天的交火是個什麼結果？她猜測著，卻也沒有得出任何明確的結論。突然，帳篷外傳來一陣「嗒嗒」的馬蹄聲，越來越近了。是他嗎？他說過要來的，不過戰場離這裡路途遙遠，而且現在外面大霧彌漫。

帳篷的門被打開了，隨著一陣清新的空氣一起進來的，是一名男子。這位身穿彩色軍服、頭上紮著帶羽飾的頭巾的男子，是一位20多歲的貴族軍官。身材瘦長、動作輕盈的他親熱地向少婦打招呼。少婦趕緊站了起來，把懷裡的嬰兒交給女傭，自己去端來了葡萄酒。她又將頭巾摘下，來到他的面前。只見她光潔的額頭在栗色的鬈髮下露了出來，一張美麗的嘴巴迫不及待地進行著提問。她修長的下巴顯示出她精力旺盛；在火光的映襯下，她那又高又尖的鼻子顯得魅力十足。在她的腰間懸著一把閃閃發光的短劍，在這山區裡，她還沒有摘下過這把短劍。人們看到這位美麗的女中豪傑會產生的印象是：這是一位出身堅毅有為的古老家族的女子。而事實就是這樣，早在幾百年前，她的祖先就已是領袖人物和戰士，和這位青年軍官的祖先一樣。他們的家原來在義大利，後來遷徙到這個山巒起伏的海島。

現在，全島的人們為了將法國侵略者趕出去而團結在一起。這位19歲的女子也跟著她的丈夫，來到這片荒涼無比的山區，為了祖國的自由而戰鬥。現在的這裡，沒有人希望她是一位耀眼貴族，在去做禮拜的路

上抓住了眾人的眼球，因為只有勇敢和榮譽才是這裡最高貴的標籤。

　　她那聰慧而活力四射的丈夫向她講述了最新的消息：敵人已被趕到海邊，已身逢絕境。他們今天派出代表和保利談判，明天雙方就將停火。萊蒂齊亞，我們贏了！科西嘉將重獲自由！

　　沒有哪個科西嘉人不希望自己多子多孫，因為在這裡，被侮辱了當場就要復仇，甚至兵戎相見，宗族間的仇殺可能會一直延續下去，這裡的風俗就是這樣的。在這樣的耳濡目染之下，這位青年軍官也和大家一樣的想法：多要幾個孩子，以保證自己的家族香火不絕。他的妻子則從母親和其他女性長輩那裡獲得了這樣的認知：孩子等於榮譽。她生下第一個孩子的時候只有 15 歲，不過到了今年，才生下第一個男孩。

　　科西嘉人再次看到了自由的希望。這位年輕的軍官是民眾領袖保利的副官。從這以後，我們的孩子再也不會是法國的奴隸了！

二、出生

　　但是第二年的春天，形勢急轉直下，這讓大家心頭為之一沉。敵人的援兵來了，登陸了，科西嘉的兒女們再次拿起武器。再次追隨丈夫左右的少婦肚子裡懷著孩子 —— 這是去年秋天的風雨中懷上的。「那些天裡，我經常從山上的藏身之處悄悄地摸到外面，打探消息，有時甚至走到了戰場上。子彈的呼嘯聲清晰地傳入我的耳朵，但是我相信聖母。」後來她曾如此回憶。

　　5 月的時候，他們打了敗仗，不得不開始了大撤退。身懷六甲的萊蒂齊亞騎在騾背上，將一歲的孩子抱在臂彎裡。她和大批的男子和少數女子一同穿越叢林和懸崖峭壁前往海邊。6 月，戰敗的保利被迫帶著幾百名手下亡命義大利。7 月，他的副官帶著一小隊使者投降了法國占領者。島民們的驕傲蕩然無存。8 月的時候，他的妻子卻為他生下了一個復仇者。

　　她為他起的名字是——拿破里奧尼（Napolione）。

　　在緊靠海邊沙灘的大房子裡，她表現出和戰場上那男子般的勇敢截然不同的一面，她成為一位賢慧、節儉的家庭主婦。她那年輕的丈夫常常陷在空想當中，一點收入都沒有。他曾經耗費了幾年的時間，挖空心思想要贏下一場爭奪遺產的官司，別的東西也就無暇顧及了。他在比薩上大學的時候雖然自稱波拿巴伯爵，生活優渥，但是卻收穫了了，直到現在有了第二個兒子，他才匆匆結束學業。他靠什麼去賺錢，來養活自己和家人呢？艱難的日子讓人不得不面對現實，他只能向占領者低頭，再說為了在島上站穩腳跟，法國人給了當地貴族不少優惠的政策。

　　沒過多久，他成為新成立的法院裡的一名陪審推事，還監管著一個苗圃。法國國王打算用這個苗圃在島上推廣桑樹的種植。在科西嘉的元帥造訪苗圃的時候，他招待這位貴賓，不惜錢財。另外山上有他的羊群，海邊還有他的葡萄園。他的哥哥是主教堂的大祭司，擁有豐厚的家產。他妻子還有一個同父異母的兄弟也是祭司，頗具生意頭腦，不愧是商人之子。

　　在他那美麗而驕傲的妻子步入 30 多歲的年齡之時，已經有 5 男 3 女一共 8 個孩子環繞身旁。這就是科西嘉居民的家庭觀念的最好說明。在他們看來，競爭和宗族間的仇殺，那可是最高尚的事情。8 個小孩都要養大成人，這可是十分艱難的，而且是需要很多的金錢的，所以在家裡，孩子們每天都能聽到父母在說錢的事情。後來，他們的父親終於有了主意。這一天，他帶著兩個男孩——分別是 11 歲和 10 歲——坐船去法國，他們先去了土倫，然後從這裡前往凡爾賽。

　　有了科西嘉元帥的推薦，銓敘局——負責頭銜、等級和徽章等等事務的機構——認可了波拿巴的貴族身份，這位已效忠法國 10 年的官員還被路易國王賜給了兩千法郎，並准許他的兩個兒子和一個女兒到貴族學校讀書，不用花錢。等將來畢業之後，這兩個兒子一個會去做神職人

員，另一個則成為軍官。

三、獨來獨往的軍校生

　　一個身材矮小、神情靦覥、寡言少語、喜歡獨來獨往的男孩正坐在布列訥堡學校的花園裡看書。學校將這個花園劃分成小塊以分給每個學生，這個男孩用籬笆將他自己的那塊和旁邊屬於他兩個同學的那兩塊一起圍了起來。任何人都不許進入這塊領地，除了那兩位同學。誰要膽敢闖進去，他就會氣勢洶洶地衝上去。就在前幾天，有幾位被火焰燒傷的同學慌不擇路逃到了這裡，也被他拿著棒子驅趕了出來。

　　任何處罰對這件事都毫無效果，無計可施的老師們也只能聽之任之。「這個男孩是花崗岩做的，身體裡面有一座火山。」一位老師給了他這樣的評價。是的，儘管他的這個小王國有三分之二是搶來的，不過他依然不讓任何人侵犯。他就是有著這樣強烈的自由感。後來，在寫給父親的信中，他這樣說：「我寧願成為工廠工人中名列榜首的那個，也不想在科學院做排名最末的那個院士。」他是否在普魯塔克[1]的書中看到的這句話呢？普魯塔克筆下的大量偉人，特別是那些羅馬英雄的人生經歷，讓這個男孩熱血沸騰，心生神往！

　　沒有人在這個男孩的臉上看到過笑容。在同學們的印象中，這個義大利人跟半個野人也差不多，至少是個奇怪的外國人。法語他幾乎不會說，他好像是不願意屈尊去學習他敵人的這種語言。一個古怪異常的小矮個兒！一個古怪異常的名字！他總是穿著過長的外套，又總是沒什麼零用錢，買不起任何東西，卻宣稱自己出身貴族家庭！那些身世顯赫的同學總是嘲笑他：科西嘉的貴族有什麼了不起的！再說了，如果你

1　普魯塔克（Plutarch，46？-120？）：古典作家，對 16-19 世紀初的歐洲影響極大。他的一生著作頗豐，其中以他為古希臘和古羅馬的軍人、立法者、演說家和政治家撰寫的《希臘羅馬名人傳》最為著名。

們真的像你說的那樣英勇善戰，那為什麼還會敗在我們戰無不勝的軍隊手下？

「我們那是以一敵十。」男孩怒髮衝冠，「你們走著瞧！我長大了，一定要好好收拾收拾你們這群法國佬！」

「你爹就是個中士，芝麻官！」

男孩怒不可遏地要進行決鬥，結果被處罰：禁止外出。他寫信求助父親：「我已經解釋夠了自己的貧窮，也聽夠了這幫外國小子們的嘲笑，我厭倦了。他們無非是比我富裕罷了，精神上和高貴的我相比真的是差遠了。我難道真的要向這些除了吹噓自己過著多麼奢侈以外什麼都不會的傢伙低頭？」但是他在島上的父親在回信中說道：「你必須待在那裡，因為我們沒有錢。」

就這樣，他在那裡一待就是 5 年。如果每次遭受歧視都讓他心中的革命情緒更加強大，那麼對別人的蔑視則讓他的自信更加增強了。他的老師們都是修士，他和老師們的關係不錯。在功課上，他只在數學、歷史和國別地理這三門上比較拿手。對於一個擁有精準的思維、探求的眼睛和被征服者的怒火的人來說，這三門課擁有最強大的吸引力。

因為他的目光總是盯在科西嘉上，在內心深處，他對父親與法國人為伍是譴責的，而且他下定決心，要接受並好好利用國王賜予的學習機會和別的好處，將來對付法國，就要靠這一切了。他總覺得有一種模糊的預感：總有一天，自己會解放科西嘉。但是現在的他還只是個 14 歲的少年，做不了什麼事情，他唯一能做的，就是讓家人寄給他一些書籍和研究報告，都是關於他的家鄉的 —— 想創造歷史，就要從研究歷史開始。與此同時，他找來伏爾泰、盧梭以及偉大的普魯士國王去世前夕就解放科西嘉所寫的文字，如飢似渴地閱讀著。

這樣一個叛逆、孤獨、胸懷大志的少年，他懷疑的目光審視著一切，他首先會成長為一個怎樣的人呢？早熟、有知人之明、優越感爆棚

是他的標籤。在他的哥哥約瑟夫不想當神職人員了，而想成為軍官時，這位少年這樣寫道：「第一，面對戰場危險的勇敢精神，是他所不具備的……他可以去當一個優秀的衛戍部隊軍官，幽默、英俊，在社交場合如魚得水，說著那些輕佻的恭維話。但是，上了戰場呢？第二，現在改行實在是太遲了。如果成為一名神職人員，他的薪水可以十分豐厚，這對一個家庭來說多好啊！第三，他去什麼軍種當軍官呢？海軍？第一，數學他不行。第二，他不具備當海軍所需的毅力。而他那喜歡輕鬆的個性，也注定了他無法承受炮兵那種長期單調的工作。」這是一個 15 歲少年的觀察與思考，足可見其熟知人心。他認為約瑟夫所沒有的個性特點他自己是有的，同時又入木三分地剖析了約瑟夫的性格，後者很像他的父親。

拿破崙自己呢？從他的父親那裡，他繼承到了豐富想像力和穩重，從母親那裡，他繼承了驕傲、勇敢和追求精準的態度。另外，他也繼承了父母共有的宗族觀念。

四、喜歡閱讀的少尉

「只有腰帶屬於法國，劍是屬於我的！」—— 當他第一次繫上佩劍時，心裡如此想道。這時剛剛成為少尉的他只有 16 歲，在後來的一生當中，他脫下軍服的時刻只有那麼寥寥幾次。他獲得這一軍銜，是在巴黎軍官學校。他在這裡學習了一年的時間，在這一年中，他如飢似渴地閱讀，和在布列訥堡時一樣。這位如同斯巴達人一樣儉樸刻苦的少年，對學校裡那些法國高等貴族的禮儀感到格格不入，甚至是十分反感。但是，他天生就具有一種比別人更強烈的感覺：他自己就是世界的中心，因此身處逆境的他很快就總結出一條規則。在一份報告中，他這樣說道：富裕的生活對培養未來的戰士是不利的。他對家裡的貧窮十分了解，所

以他十分不喜歡負債的感覺。父親去世後，這個義大利人產生了強烈的家庭責任感。從那時起，他開始省吃儉用，省下錢接濟母親，其實這時他還是一個孩子。

他通過了畢業考試，成績不好不壞，成績單上他的評語是這樣的：「他內向、勤奮，不喜歡娛樂，喜歡各式各樣的鑽研，喜歡傑出的作家……他寡言少語，獨來獨往，容易情緒化，性格高傲，非常自私。他回答問題從來都是簡單而富含力量；辯論中的他總會有機智敏捷、胸有成竹的表現。非常自我的他十分爭強好勝，無論在哪一方面。」

這個身材矮小、軍服嶄新的少尉奉命前往駐紮在瓦朗斯的某團。這段路程，經濟拮据的他有一半是走著去的。在路上，他發現自己年輕的心裡產生了3個志向：蔑視和利用那些胸無點墨卻自大狂妄的人；擺脫貧窮的境地；奮發學習，以能統治別人。實現這條道路的手段和短期的目標則是：在科西嘉的戰鬥中當上領袖，接下來成為統治海島的主人。

駐地的生活實在是太無聊了！他不得不去學習跳舞，去參加那些有趣的社交活動。在這上面他進行了嘗試，不過很快他就放棄了，因為像他這種無比驕傲的人，肯定是要刻意將自己貧窮的一面隱藏起來的。如果跟普通百姓打交道，交往那些律師和商人，卻能聽到一些新鮮事，這是巴黎那些青年貴族似乎一無所知的。真的是這樣嗎？外省的小人物，都已經了解了伏爾泰、孟德斯鳩和雷納爾等人的著作啦？難道這些預言家們呼喚的運動真的即將來臨，一場革命即將發生在我們的眼前？

每一部書籍都在吶喊。閱讀是完全免費的，就像呼吸空氣一樣。將租書店裡的書[1]都讀完以後，他偶爾還能以買本新書，用的是省下來的兩個法郎。雖然隔壁房間打撞球的聲音十分討厭 —— 他住在一家咖啡館裡 —— 但和搬家相比，這還是可以接受的。他生活習慣上十分保守，幾

1　塔爾列在《拿破崙傳》（商務印書館，1976 年 9 月第 1 版）第 3 頁中稱：拿破崙「在一個小書鋪裡租了一間屋子，一有空就讀書店老闆的書」。

乎沒什麼變化。

　　他的情感方面又是如何的呢？可想而知。同那個時代所有其他青年是一樣的，只有國家和社會才能讓他激動。撞球室的隔壁，面色蒼白的他孤獨地坐在那裡，沉浸在自己的精神世界。他的同事們經常會在短暫的執勤結束後，到外邊去尋歡作樂，有的去找女人，有的則進了賭場，只有這個貧窮的少尉孤單地坐在陋室裡，憑著他異常堅定的直覺研讀，並且只研讀那些他認為對他的將來有益的東西：柏拉圖的《理想國》、波斯和雅典和斯巴達人的憲法、英國的歷史、腓特烈大帝[1]的征戰、炮兵的原理和歷史、攻堅戰的法則、法國的財政、韃靼人和土耳其人的國家與風俗習慣、埃及和迦太基的歷史、印度的概況、英國人對當代法國的報告、米拉波[2]和布豐（Buffon）和馬基雅維利的著作、瑞士的歷史與憲法、中國和印度和印加帝國的歷史與憲法、貴族的歷史、天文和地理和氣象學、死亡率統計。

　　他並不是一目十行地匆匆瀏覽這些書籍及其他的不少資料，而是深入研讀，還在筆記本中進行了詳細的摘錄，那字體幾乎無法辨認，其中有 400 頁曾經在報刊上登載過，這還只是一小部分。這些筆記包括英國7 個撒克遜王國的完整手繪地圖，還有 3 個世紀中的各位國王，古代克里特島的賽跑形式，小亞細亞的古希臘要塞概況，以及 27 個哈里發的詳細情況，包括他們的擁有多少騎兵及嬪妃們犯下了哪些惡行。

　　關於埃及和印度的摘錄是最多的，這其中有大金字塔的尺寸情況，

1　腓特烈大帝（1712-1786）：又稱腓特烈二世（德語為 Friedrich II，der Groe），普魯士第三代國王（1740-1786 在位）。上臺後不久就發動兩次西利西亞戰爭，從奧地利手中奪得西利西亞。在七年戰爭（1756-1763）中，他雖然也經歷看失敗，但羅斯巴赫、洛伊滕等勝仗還是表示他具有傑出的軍事才能，普魯士的強國地位也因此得以奠定。1772 年他透過第一次瓜分波蘭得到了埃爾姆蘭和西普魯士。在內政方面，腓特烈二世實行重商主義的經濟和財政體制，組建了一支要求無條件服從的官員隊伍，在軍隊、法制、教育和農業等領域推行廣泛的改革，並積極促進科學藝術的發展。

2　米拉波（1749-1791）：法國大革命初期國民議會中傑出的演說家、政治家。1791 年 1 月 29 日成為國民議會議長，任職兩週，同年 4 月 2 日病逝。

及婆羅門的各個教派基本資料。雷納爾的一段話被他摘抄了下來：「看到埃及的地處兩海之間，是名副其實的東西方過渡之處，亞歷山大大帝[1]萌發了一個念頭：他的世界帝國的首都，要放在埃及，要讓這裡成為世界貿易的中心。這位開明無比的征服者已經意識到了：如果存在這樣一個地方，能將他所有的占領地連成一片，成為一個國家，那麼這個地方除了埃及，沒有別的可能：它可以將歐洲與亞非兩洲連接在一起。」他即使在 30 年以後還清楚地記得這段話，由此可見他當初讀了不知多少遍。

與此同時，他自己也開始著手寫作，在幾年的時間裡，他寫了十幾篇文章以及提綱，大炮的架設、自殺、王權和人類的不平等等等都有所涉及，當然科西嘉還是最主要的議題。他那現實客觀的筆觸，當時最受歡迎的作家盧梭和他相比也會相形見絀。他對盧梭對人類不平等的起源的論述進行了摘錄，並不時地寫上他自己的評語：「所有這些我都不相信，一個字都不會相信的。」他將自己完全相反的觀點寫在了接下來的幾頁紙上。在他看來，人類最初過的並不是孤獨的遊牧式生活，而是幸福的散居生活，因為當時他們數量並沒有太多，緊挨在一起居住是沒有必要的。隨著人口的不斷增加，「想像鑽出來長期禁錮它的洞穴，自信、熱情還有驕傲應運而生。面孔蒼白、志向遠大的人們也來了，他們搶占各種東西，把那些光鮮亮麗、成天泡在女人堆裡的好色之徒踩在腳下。」

我們是否已經聽到哐啷哐啷的聲音？那是他在囚禁他和他那非凡想像的黑暗洞穴裡，試圖掙脫鎖鏈所發出的聲音。我們是否看到他那仇恨的目光？臉色蒼白的他正惡狠狠瞪著軍中那些春風得意的好色之徒。

遠離這些人，他們是法國人！科西嘉才是他始終關注的目標，新的國家觀念已經被他應用在這一點上了。他寫道：「不得反抗篡權者的壓

1　亞歷山大大帝（西元前 356- 前 323）：馬其頓國王，即位後先後征服希臘、埃及和波斯，並入侵印度，建立了一個跨歐亞非三大洲的帝國。

迫，宣稱這是上帝的旨意，這真是荒謬之極！照這個說法，上帝會保佑每一個弒君篡位的人，而事實往往是，他一旦失敗就會腦袋搬家。所以民眾將入侵的統治者推翻是有著充分的理由的。這一點豈不是對科西嘉人非常適合？……因此，我們能夠努力就像以前掙脫熱那亞的枷鎖一樣，去掙脫法國的枷鎖。阿門。」

這顆年輕的心靈需要感受到自己的存在。心中滿懷仇恨法國情緒的他，開始創作一部長篇和幾篇中篇小說，都是以科西嘉為題材的，不過最終都沒有完成。與此同時，在貧窮、熱情的激勵下，在「有想像才能統治世界，但沒有大炮想像是不能變成現實的」這一想法的鼓舞下，他也在不斷學習職業方面的知識。「我唯一的慰藉就是工作。我一星期才換一次衣服。臥病在床以來，睡眠時間一直很少……我一天只吃一頓飯。」

他對大炮和彈藥進行深入研究，數字充滿了他的思緒，以至被大家稱為數學天才。現在，他不僅列了不少別出心裁的文章提綱，還在科西嘉地圖上進行了標注：哪個點可以架設大炮，哪個點可以駐紮部隊，哪個點可以挖戰壕，等等。如果他兵權在握，那該有多好！他不僅為科西嘉披上一張文學想像之網，地圖上還被他布下了第二張網，上面的十字符號代表大炮。地圖，地圖！他就在吵鬧的咖啡館隔壁，對一切可以計算的東西又進行重新研究，他將英國國會的完整演說詞抄錄下來，即使是地球上最遙遠的地方也進行了簡要的描述。他最後一本筆記中，結尾這樣寫道：「聖赫勒拿（St.Helena），大西洋中的一個小島。英國殖民地。」

這時他接到了家鄉的母親的信，信裡說，他們強而有力的保護神、科西嘉的元帥不幸去世，他們家裡的靠山就此沒了，約瑟夫沒有工作，桑園也將她辭退了，她只好求助次子了。拿破崙當即請了假，乘船返回科西嘉島，這個海島寄託了他的夢想和計畫。他此番回家，是身為一個

不為人知的勝利者衣錦還鄉嗎？請看他的日記：

「回家的路上，我一直覺得非常孤單，即使身邊有人，也是一樣。我回家，是因為這樣可以沉浸於孤獨的夢幻和憂鬱。今天這種憂鬱的終點是哪裡呢？是死亡。但我明明站在生命的門口，可以希望自己長命百歲。離開祖國六七年的我馬上就能見到家人了，這多麼令人高興啊……那麼，是什麼惡魔驅使我自己毀滅了自己呢？……既然除了不幸就沒有其他的東西了，眼前的一切都不會讓我感到高興，那我為什麼還要忍受這種一塌糊塗的生活？……我的家鄉的景象現在是怎樣的？我們帶著鎖鏈的同胞們在親吻著那隻毒打他們的手……他們曾經是那麼的驕傲和自信，生活幸福美滿，白天為國家奮鬥，夜晚躺在心愛的妻子的懷抱裡——他們的夜晚被大自然和柔情變得如同仙境。失去自由後，這些幸福的時光也一去不復返了，就如同一場美夢結束了一般！法國人啊，你們不僅將我們最寶貴的財富奪走了，現在還在敗壞我們的風氣！眼看著祖國一步步走向毀滅，我卻無能為力，甚至還不得不去對我所憎恨的這一切進行讚美，逃離這個世界的理由難道還不夠充分嗎？……如果殺死一人就能獲得解放，我會馬上付諸行動！……於我而言，生命已是一種負擔，我感受不到一丁點的享受，除了痛苦我什麼都感覺不到了……並且，由於不能用自己的方式生活，一切都讓我再也不能忍受了。」

五、大革命的戰鼓

他在科西嘉的日子十分沉悶，不是在為了錢而煩惱，就是在為了家事而操心。一年以後，他絕望了，不得不回了駐地。這一次他的駐地從瓦朗斯換成了奧松，不過這是一種沒有任何意義的改變。

這位 19 歲的少尉終於獲得重用了。新的將軍發現他有那麼一點才華，就交給他一項任務：帶人在訓練場構築幾個「需要經過複雜計算」

的工事。「就這樣，10 天前，我帶著 200 人從早忙碌到晚。上尉們卻因為我獲得的這次不同尋常的重用而敵視我，他們責問這麼重要的工作為什麼讓一個少尉去做，而不是交給他們。」

就這樣他又退回到起點。如此下去，他只能艱難地升職，等升到上尉時，他也到了退役的年齡了，然後回到家鄉，在島民們鄙視的注視下定期領取法國的養老金，最後被埋在故鄉的泥土裡——他們唯一無法從我們身上奪走的就是泥土了。那些書中宣告的自由難道全部是泡影？如果強大的法國它自己都無法從貴族的壓迫，從貪汙受賄和裙帶風中擺脫出來，小小的科西嘉又怎能擺脫法國的統治，獲得自由！

新的提綱出現在這位年輕作者的日記裡。如果這個窄窄的本子落到他的上司手裡，因為裡面的如下言辭，他的下場不言自明：「關於王權的報告提綱。詳細介紹現在歐洲 12 個君主國國王篡奪來的王權。他們當中只有寥寥幾個可以逃脫被推翻的命運。」他在沉默不語的日記本裡留下了這樣咬牙切齒的文字，同時在每一個慶祝王子命名日的場合上時，身著盛裝的又不得不振臂高呼：「國王萬歲！」

就這樣，他青年時代的又一年在沉悶的執勤中過去了。他沉默地等待著，蟄伏著，專心研究寫作和數學。

終於，具有決定意義的那一年到了。即使生活在沉睡著的省份的最偏僻的角落的人們，也產生了一種預感：戰鼓即將敲響。當時是 1789 年的 6 月。憂鬱的少尉也認為，復仇的時刻越來越近了。他被那些人汙辱了這麼久，現在他們會因為驕橫而自我毀滅嗎？數以萬計的民眾大聲呼喊，這不也是他為科西嘉的獨立和自由而戰鬥的口號嗎？他找出他的作品《科西嘉信札》，寄給他的偶像——流放中的保利。信中這樣說道：

「將軍：我降生到這個世界時，正值祖國遭遇毀滅，垂死之人的喘息、絕望之人的眼淚環繞在我的搖籃周圍……一切的希望全都落了空。我們選擇了屈服，得到的是成為奴隸。賣國賊們大肆汙蔑您，只是出於

為自己辯解的目的……在這些骯髒的文字進入我的眼簾時，我只覺得血往上湧，馬上想要將這些陰霾驅散。我已經為所有那些出賣我們共同事業的叛徒準備好了代表恥辱的墨水，要用刷子把他們塗得漆黑……對當權者進行公開譴責，將所有的醜事揭露出來……如果我生活在首都，我會有其他的辦法……我還比較年輕，所以我的做法可能比較魯莽，但是我相信，我會獲得熱情，以及對真理和祖國的熱愛的幫助。將軍，我是在您的注視下來到這個世界的，如果您能夠在這件事上鼓勵我，我會信心大增……我母親萊蒂齊亞女士托我問您，在考爾特度過的那段時光您是否還記得。」

這是一種全新的音調，一部全新的交響曲，由全新的音調組成：閃光的文字中表露著殺死暴君的姿態，還有飽含著的時代的澎湃激情。日記中的那種風格我們看不到了，取而代之的是一切都以效果為重的特點。此外，新的東西還有一樣，這一樣東西新得讓人恐怖，也是只有他才擁有的，那就是信開頭的「我」，這發揮了決定性的作用，是一個面向世界提出的重大命題。現在，無限的自信第一次乘風破浪地前進，因為現在已經敲響了新時代的第一陣戰鼓，宣告才能才是最重要的，而不是出身。於是，曾經唯一的、無法戰勝的障礙不復存在，心中產生了一個前所未有的要求，並且這個要求再也不肯安息。不過他卻在信的最後幾乎是對保利大獻殷勤，顯然他的目的是希望得到提攜。這個半大孩子一向都是十分粗魯、令人捉摸不透，在所有的信裡的他卻都是十分的老練，展現了十足的騎士風度。

不過保利——這個來自另一個時代的人卻不喜歡他的高傲，他的回覆十分禮貌：歷史不應由年輕人譜寫。

年輕人們在 4 個星期後開始創造歷史，一百年以來，這還是第一次：他們對巴黎的巴士底獄發起進攻，偉大的信號就此發出。法國倉促地拿起武器。波拿巴的駐防地這裡也出現了搶劫事件，直到富人和軍隊站在

了一起。街頭的大炮旁邊，年輕的波拿巴站在那裡，朝人群開火。這是他人生首次的實彈射擊，即使是王家軍官的命令讓他這麼做的，但是他自己肯定也是贊同這麼做的，因為他對民眾的鄙視，和對貴族的鄙視是一個程度的。

　　但是，在他的內心深處，眼前的這一切都充滿了陌生感：這是法國人在和法國人戰鬥，跟他有什麼關係！他的念頭只有一個：是時候解決科西嘉的問題了！眼前發生的事無論是怒火還是激情，是一個提示語還是理想，科西嘉都不應該置身事外！一定要馬上請假返回家鄉，利用這場新運動的紛亂，從而脫穎而出！

六、回科西嘉組織革命

　　波拿巴少尉登陸科西嘉，就像一位帶著新教義的先知去了外國的海岸，因為將象徵著自由、平等和博愛的紅帽徽帶到島上，他是第一個人。原來，自由的山民就是生活在這裡的，曾經實行自治的他們，在最近的 20 年來，卻一直被占領者所壓迫，後者掌握了如何利用貴族和教會的法門，民眾卻不在他們的理解範圍之內。

　　一直到昨天，這個年輕的雅各賓黨人的生活支柱，還是他祖先的貴族身份，他獲得國王的資助，能夠進入學校接受教育，完全都是憑藉這個身份，但是他現在還管這些做什麼呢！國王跟他又有什麼關係！每個民族都有實行自治的權利，我們不是終於認知到這一點了嗎？如果剛剛獲得覺醒的新法國是這樣，那麼科西嘉，帶著舊法國戴上的鐐銬的科西嘉，也一定要宣布自己的自由！同胞們，是時候了，馬上拿起武器！我們中的每一個都要戴上新時代的帽徽，組建國民自衛軍，像巴黎那樣！國王軍隊裡那些耀武揚威的工具我們都要奪下來！我比較了解大炮，我會給你們帶頭！

在小城阿雅克肖的街頭，波拿巴急匆匆地來回奔走著，這裡的市民都認識這個20歲的小夥子。他面孔蒼白，雙眼是藍灰色的，射出冷峻的目光，他到處不停地演講，慷慨陳詞。漸漸地有很多的人跟在他的身後，他們中有的人是渴求產生變化，有的人則是渴望自由。他最後來到廣場上站在大家面前，就像古羅馬的護民官那樣，熱烈的希望充滿胸膛。在這個有一半東方色彩的民族裡，在這些激進好鬥的家族當中，「很早就已經掌握了如何洞察人心」，他後來這樣說。

不過他這次是出師不利。山裡的援軍遲遲沒有出現，卻把正規軍等來了。他們驅散了革命者，幾個小時之內就把他們全都繳了械。行事謹慎的正規軍並沒有逮捕誰。拿破崙又一次失望了：他想成為一個殉道者都失敗了，現在的他只是成了一個失敗的民眾領袖，這有多麼得可笑！但是，人發現自己發燒了，會想盡一切辦法給自己降溫。他寫了一封申訴書寄給巴黎的國民大會，開頭用當時流行的那種風對新自由進行了一番歌頌，接下來提出了一大堆申訴和懇求，例如將那些為國王賣命的官吏統統絞死！將科西嘉的公民武裝起來！很快，一個委員會跟著他簽了這份申訴書，表示同意。

接下來，他們一直等了幾個星期的時間。他猜測著：巴黎方面能給出怎樣的回覆呢？這一天他們終於等來了信使，答覆是這樣的：科西嘉作為一個法國省份，擁有一切平等的權利；在米拉波的提議下，保利以及其他所有的自由戰士都將被召回國內。少尉被這個回覆驚呆了：省份？這麼一說，即使新思想已經誕生，但是就是因為這新思想，科西嘉人還是得繼續當法國人？這種自由實在是太怪異了！但是，各機關率領的遊行隊伍為了替巴黎方面的這一決定祈福，已經浩浩蕩蕩地開往教堂了。波拿巴當機立斷：隨大流。他動筆寫了一份火熱的告同胞書，希望能夠透過這個，在新成立的政治俱樂部裡找到支持他的人，並幫助他的哥哥入選市議會。與此同時，他繼續撰寫他的科西嘉史，並為他的母親朗讀

其中的部分章節。

　　這就是偉大的保利？在被流放 20 年後，在人們的歡呼聲中，這位波拿巴心目中的英雄終於回到科西嘉時，波拿巴這樣問自己。從他那中規中矩的言詞和目光可以看出他已經活脫脫是一個政客了，再也看不出來一個戰士的一點蹤跡。可是跟他搞好關係是必要的，因為他即將接手國民自衛軍的指揮權了。在他的陪伴下，這位父親當年的上司在山裡生活了一段時間。

　　這兩個科西嘉人，一個老一個少，一個經驗豐富，另一個正追求著什麼，目標卻有些朦朧。他們共處的時候，比如坐在一起或並轡而行時，拿破崙總是講述他的計畫，如何用武力讓科西嘉從新法國的統治下擺脫出來，情緒十分激動。這時，保利看著他，眼神介於驕傲和恐懼之間。他認為這位寫了《科西嘉信札》的人，張揚自我的欲望確確實實十分強烈。魔鬼附在了他的身上，或者更嚴重點說，魔鬼是附在了他的腦子裡，因為那裡只有劍的光芒在閃耀。保利晃了晃腦袋說道：「我在你身上看不到一點現代氣息，拿破里奧尼，你是從普魯塔克時代來的吧！」

　　年輕的少尉感覺自己獲得了理解，這還是他生平的第一次，因為他的理想確實是成為普魯塔克筆下的那些英雄。第一個發現波拿巴和古羅馬英雄很相像的人，就是保利。

　　終於，他聽到一句能夠讓他更加自信的話。在鄉間，保利委託他起草一篇宣言，在結尾，他這樣飄飄然地寫到：「共和 2 年 1 月 23 日，於米迪里，我的小房間。」這是自大，還只是一種怪異？無論如何，他不得不趕回駐地，在將這個專制的落款完成的當天，因為他一再延長的假期還是來到了盡頭。難道要他將這最後的依靠放棄？出於什麼考慮呢？現在還有什麼意義要求他留在島上呢？第一把交椅上已經有人了。

七、古羅馬英雄的特質

「現在我坐在一間十分簡陋的茅屋裡，寫這封信給你。之前有幾個人在這間屋裡逗留了很長時間，我與他們進行了閒聊……現在的時間是傍晚4點，空氣清新，我今天在外邊徒步旅行，這讓我感覺十分愜意。眼下這裡還沒有下雪，不過已經能夠看到要下雪的跡象了……這裡隨處可見神態堅毅的農民，看上去，他們隨時都可以為新憲法貢獻自己的生命……保皇分子都是女人，這倒沒有什麼好奇怪的，因為自由是個美女，會讓她們相形見絀的。多菲那的神父們都已進行了宣誓，自己會效忠憲法，他們對那些主教進行無情的嘲笑……所謂的高等社會，貴族中的四分之三都扮演起了擁護英國憲法的角色。讓我們顏面掃地的是，科西嘉人特雷蒂確實用刀子威脅了米拉波。我認為我們的俱樂部應該送給米拉波一套我們的民族服裝，包括方形帽、馬甲、褲子、三刃匕首、彈藥袋、手槍還有獵槍，這樣的效果一定會很好。」這封信，是波拿巴寫給他舅舅的，他在家鄉當神職人員，這裡面體現出一個政治家應具備的素養，比如善於觀察和計算等等。天氣與國家，徒步旅行與強者的安撫，以及人的動機，這些他都要進行思考。貪婪和虛榮是常常被人們抓住不放的弱點，而我們可以透過他這幾週在一封公開信中抨擊對手的話，洞察到他的內心深處：「您是能夠真正了解人心的，所以了解個人熱情的價格：對您來說，性格的不同無足輕重，無非是多幾個或少幾個金幣而已！」

金幣！有金幣那就好了！當這位已經被正式授銜的中尉，帶著他13歲的弟弟路易回到瓦朗斯時，85個法郎就是兩人身上全部的財產了。這點錢不僅要供兩人吃穿，路易上學的費用也需要從這裡出。請不起人，他們只好自己動手洗衣服。

錢啊，錢！對他來說，錢不是用來享受的，而是用來發展自我的！

那些貪圖享受的人他都十分鄙視。當時里昂的科學院組織了一場獎金高達 1,200 法郎的有獎徵答活動！這些錢足夠將半個科西嘉島武裝起來了。「最能讓人感到幸福的情況和感受有哪些？」中尉看到這個題目不禁啞然失笑：我最拿手就是這個了。他先去拜訪了幾位院士，他們都是盧梭的學生，題目就是他們出的。下筆回答時，他先對大自然、友誼和休閒的快樂進行了一番讚美，其實他既不了解也不看不上這三者。隨後他突然把話題轉到了政治上，對國王大加抨擊，主張每個人都擁有享受財產和權利的自由。接下來，他好像就站在鏡子前，好像一個遊魂似的，幾年前那個臉色蒼白的形象再次出現了：「臉色蒼白、胸懷大志的人，臉上浮現著肌肉痙攣引起的假笑，陰謀就是他的工具，視犯罪如同兒戲……如果將來有一天，他大權在握，很快會對眾人的歌功頌德感到厭倦……大人物們胸懷大志，他們已經尋找過幸福，獲得了榮譽。」

多麼優秀的預言能力，和普魯塔克筆下的英雄一模一樣。接著，他表述得更加清楚了：斯巴達是我們的偶像，勇敢和力量是最高貴的美德。「斯巴達人的行為是男子漢才會有的行為，充滿了力量。他們的生活完全按照自己的天性而來，所以非常快樂。只有強的才是善的，弱就等於惡。」隨後他的預言能力再次爆發：「真正的偉人就像劃過夜空的流星，燃燒了自己，將地球照亮。」

這樣的言論科學院的評委們無法接受，這篇文章他們給出的評價是「不值得重視」。名和利都沒有得到的波拿巴再次陷入失望。但是他繼續埋頭撰寫那部以科西嘉為主題的小說，並又開始創作一篇愛情對話錄。

什麼？「愛情」這個詞也會出現在他那暗淡的青年時代？我們有望聽到盧梭式的長篇大論嗎？這位 22 歲的中尉這樣寫道：「我也曾陷入愛河，充分地了解了愛情。為愛情下定義是我不屑去做的事情，因為那樣的結果只能是製造混亂。我不覺得愛情有必要存在，在我看來，愛情

對社會和個人幸福來說，甚至是有害的。如果能將自己從愛情中解放出來，那真的不亞於上天的恩賜。」

號角聲，這位政治型作家的思考被巴黎傳來的號角聲打斷了。國王被抓了起來，人民獲得了勝利，革命越來越尖銳。這位紅色中尉在攻打巴士底獄兩周年紀念日那天，為愛國民眾送上一篇祝酒詞。這時他也聽到了科西嘉島上的狂呼亂叫，那裡已經陷入無政府主義的混亂。因為這幾年，即使是邊遠地區，也已經被巴黎的動盪所波及，科西嘉也在爆發內戰的邊緣。於是他馬上趕回去，再奮鬥一次！

八、暴動失敗

這位中尉現在要以古羅馬大將科利奧蘭納斯為偶像，盡可能地拉攏人、拉選票。從人民當家做主那一天起，我們便需要獲得人民的擁護。剛巧這個時候他的伯父去世了，給他們留下的一筆遺產讓家裡的日子有所改善。波拿巴動員他的舅舅費什 —— 他們家族另一個神職人員 —— 加入雅各賓俱樂部，他自己也在裡面。市議會上他的哥哥約瑟夫可以為他說話。在這個島上，除了他，還有別人學過炮隊指揮嗎？指揮國民自衛隊可是實權，但是一旦他沒有成功選上呢？

這一次到元旦他的假期就結束了。當心！他給上司寫信：「緊急情況讓我不得不將逗留科西嘉的時間延長，不能如期歸隊了。但是我是要完成一項神聖的、有意義的義務，因此我是無可指責的。」切勿開除他！沒收到回音？這個險他還是得冒。

國民自衛隊的指揮官選舉時間到了。雖然他的親戚隨處可見，但是這還不夠。因此他的母親每天都在家設下宴席，招待他黨內的那些朋友，還經常收留山裡來的人在這裡過夜，這就是他的拉票手段。「當時，」一個夥伴寫道，「他有時會陷入了默默的沉思，有時則友好地說

些恭維話，與所有的人交談，去拜訪對他有幫助的人，爭取讓所有的人都支持他。」他把特派員中的一位強行扣留在自己家中，他還派人對競爭對手的支持者進行毆打。科西嘉的選舉日就是這樣的。

　　就這樣，這激動人心的一天結束了。到了晚上結果公布，他終於成功當選為自衛隊的中校副司令，如願以償。

　　他這個義大利人現在會選擇脫離法國嗎？小心！他從統帥們的書中獲得了這樣的認知：一定不要自己將退路截斷。「局勢這樣艱難的，」他給瓦朗斯寫信，「科西嘉人應該選擇為祖國效力，這才是一個合格的科西嘉人。這也正是為什麼親朋好友們要將我留在島上。但是，在職責方面怎樣討價還價又是我所不懂的，因此我打算辭職。」不過他的辭職並不是透過提交辭呈，而是寫信要求上級支付欠發的薪俸，在信裡，他還用「貴國」來稱呼法國。所以法國將他的軍官職務予以革除。

　　他就這樣一下子成了一個孤注一擲的冒險家，這速度是超出了他的預期的。他失去了依靠，手裡掌握的只剩下國民自衛軍的革命權利，而這支隊伍會因為任何一點打擊而土崩瓦解。現在，是他露一手給大家看的時候了！阿雅克肖市民與自衛隊之間存在矛盾，可能爆發內戰，他得利用這一點煽風點火，然後成為混亂中的那個救星。護城堡壘不是有國王的正規軍駐守在那裡嗎，這不是構成了極大的威脅嗎？腓特烈大帝和凱撒[1]不都是從進攻護城堡壘開始的嗎？必須將正規軍的指揮官一舉擒獲，將這個貴族廢物趕走，一舉把科西嘉從法國的統治下解放出來。而現在正忙於戰爭的法國根本騰不出手進行反撲。這樣，他就當上了科西嘉的主人，而那個老保利，則將成為一個遙遠的傳說。

　　1792 年復活節那天，戰鬥開始了。是自衛隊主動挑釁的嗎？市民們

1　凱撒（西元前 102/100 ？ - 西元前 44）：古羅馬統帥、政治家。先後征服或入侵山外高盧、日爾曼、不列顛、義大利、西班牙、希臘（法薩盧斯戰役）、埃及等地，並擊敗主要對手龐培，出任終身獨裁官、執政官等職，兼領大將軍、大教長榮銜，當上了名副其實的軍事獨裁者。西元前 44 年死於共和派貴族的刺殺。

有沒有充當同謀呢？雙方誰先開的槍？這些問題，永遠都具有諷刺的意味！只有一點可以確定，那就是，波拿巴率軍打算攻占堡壘，但是被毫不畏懼的守軍開炮擊退，並報告了巴黎，說他發動叛亂。馬上開始起訴他的叛國罪。他的辯護十分空洞，誰都說服不了。甚至保利，都立刻宣稱自己效忠法國，撤了他故舊之子的職。從一開始，他就不怎麼信任他這個放肆的同胞。

「你不願跟我站在一起，保利，」波拿巴想，「那我和你就要是對頭了！你小心點吧，我要去巴黎！革命畢竟是從那裡發源的，我一定會在那裡找到機會的！」

這個一敗塗地的冒險家遊蕩在夏天的巴黎街頭，即無錢又無業。在法國，他是個翹班的中尉，在科西嘉，他是個被撤職的、面臨著最嚴厲審判的中校。衣衫襤褸的他可能明天就吃不上飯了。那些激進分子是他唯一的希望，所以他投身羅伯斯比一派。因為他要想獲得拯救，除非舊王朝徹底垮臺，除非發生了徹底的變革。

炎炎夏日，巴黎的物價又很高。終於，他不得不將自己的錶送進了當鋪，接著他做的這件事，乃是他出生 23 年來一直極力避免的 —— 欠債，他欠了一個酒商 15 法郎。後來他建議朋友布里昂跟他一起做房產經紀人。他會對那些統治者表示羨慕嗎？不，他對他們的態度只有鄙視。「只要你對這一切進行仔細觀察，就不得不承認，根本不值得去努力博得各國人民的好感。這裡的人也許非常卑下，對誹謗十分熱衷……熱情僅僅是熱情而已，法蘭西民族已經是一個走向衰老的民族。每個人都在謀取一己私利，想盡辦法往上爬……一切都被野心給毀了。為自己和家人過著平靜的生活，拿著四五千法郎的養老金，這是我們唯一能做的事情，前提我們不再被寧靜的想像所折磨。」

但是，那些遭受想像折磨的人，根本沒有辦法過上平靜的生活！動盪年代，在巴黎這口大鍋當中，任何不尋常的事都有可能發生！他外國

人的身份——他是一個純正的義大利人——讓他能冷眼旁觀這些法國人的命運，並加以利用。

雅各賓黨已經占據了上風。當激進分子朝杜樂麗宮衝去的時候，波拿巴就是旁觀的人群中的一員。這個已經深陷窮困潦倒境地的人，說了些什麼呢？「謝天謝地，我又獲得了自由。」但是他又是一個軍官，他又怎麼說呢？「我對平民脅迫士兵感到十分震驚……如果騎著戰馬的國王就此現身，那麼勝利就是他的，早上就是這樣的情景。」幾天前，當被迫戴上紅帽——紅帽象徵自由——的國王出現在大眾面前時，他這樣評價：「真是一頭蠢驢！他應該用霰彈將幾百個歹徒放倒在地，剩下的那些烏合之眾就會四散奔逃。」

無論如何，他認為自己已經被解放了，他的敵人已經土崩瓦解。第二天，他寫給舅舅一封信：「為你的外甥們擔心是沒有必要的，他們會將自己照顧好的。」真應該對新政府提出表揚，他們不僅接納這個翹班的軍官，還提拔他當了上尉。現在的他，會服從上級的命令，前往東部戰場和他的隊伍匯合嗎？莫瑟爾河畔的普魯士國王跟他有什麼關係！法國的戰爭又跟他有什麼關係！他永遠都會是科西嘉人！再見吧，他要回到科西嘉去了！

九、逃離科西嘉

這有可能嗎？思想爭鬥隨處可見，由此薰陶而成的黨派思想，即便是永遠清新的海風，或者山中無比純淨的空氣都不能將其驅散。科西嘉島上的各種思想，只有誹謗、腐敗和無政府主義這幾種表現形式。由於波拿巴家族和保利成了敵人，所以科西嘉派駐巴黎的國民公會代表薩利切蒂便主動與他們交好，他可是保利的死對頭。阿雅克肖的雅各賓俱樂部產生了分裂，大多數成員好像都是激進派的，這個島上唯一清廉的

人──保利被他們罵作「叛徒」，只是因為他的立場比較溫和。

誰掌權呢？誰都是掌權者，誰又都不是掌權者。所有人都相互猜忌，處處設防，因為巴黎的民眾發明了斷頭臺，國王的腦袋都被砍了下來，明天執政的會是誰？沒人知道。大家都帶著武器，而以前只有山裡人這樣。沿海的政令到了內地就是一張廢紙。每個人都是他自己的國王，都是自己的復仇者。對這個已經一無所有，再沒有什麼能夠失去的冒險家來說，沒有哪裡比這更好了。他再次嘗試成為科西嘉的主人，這是他的第三次嘗試。

波拿巴家族變身反對派的大本營，他的哥哥約瑟夫、弟弟呂西安還有神職人員的舅舅費什每個人都擁有一幫的擁護者。但是，只有回到了科西嘉的拿破崙，才做到了將這些力量擰成了一股繩，因為國民公會代表薩利切蒂信任他。薩利切蒂在科西嘉需要一名優秀的炮兵軍官為他撐腰，他才能在下一次政變中有一個退身之處，保全自己。俱樂部也想要將他拉攏過去。如果指控保利具有叛國行為，會是怎樣的情況呢？他在英國享受了 20 年的款待，難道就沒企圖把我們出賣給英國？如果呂西安去馬賽，悄悄地跟特派員們講述這些懷疑，薩利切蒂馬上就會報告國民公會。別看科西嘉只是一個小島，但是可以稱得上是一所大學，專門培養陰謀家。由於幾個家族把持著這裡的公共生活，所以沒有單獨的家庭生活，已經都徹底消融在公共生活中了。

很快國民公會的代表就來到了科西嘉，並沒有徵求保利的意見，就直接對任免了一批軍官，波拿巴上尉在法國重獲任用，在這裡也很快成為科西嘉部隊的指揮官。他行事老練，又很受士兵們愛戴，而且在這以前軍隊的領導權實際上已經在他手上了，所以這次的任命不過是走一個程序而已。他的機會越來越多了。

巴黎這時傳來了一道命令，十分可怕：逮捕保利。不過，因為他敵人的做法實在過分，他又深受島民們的愛戴，所以島民們聯合起來擁護

保利，保利也就拒絕服從巴黎的命令。

　　年輕的波拿巴對這十分意外。他一直關注大眾們的心聲，但是不是以對戀人的角度，而是像醫生對患者，或者說像研究者對他的研究對象。現在他打算爭取時間，改走中間路線。他公開發表言論，為保利叫屈喊冤，同時也對英明的國民公會表示擁護，雖然對他也持猜忌態度的後者還打算將他一起逮捕。他的兩面派手法被保利一眼看穿，因此保利對他十分不滿。在一份呼籲書中，保利的追隨者說道：「波拿巴兄弟對誹謗表示支持，與委員會沆瀣一氣，跟這樣的人打交道，於科西嘉人民的尊嚴有損。他們應該為自己的無恥行徑感到懺悔，並受百姓的唾罵！」

　　殺氣騰騰的敵人們衝進波拿巴家，大肆劫掠一番。波拿巴兄弟如果不是躲去了委員會那裡，早被敵人給打死了。

　　可能拿破崙就盼望著這樣？現在，他能夠向那些從巴黎來的實權人物們表示，他是一個革命者，立場異常地堅定。果然，他重獲巴黎的信任。一年前，科西嘉志願軍在他的率領下，對政府的炮兵發起進攻；而現在，政府任命他為炮兵指揮官，職責就是去消滅那支科西嘉志願軍。大炮！雖然別人占據著最佳的據點，但是他的手裡終於掌握了一點權力，全權負責保障沿海的安全。保利，來吧，我和你一決勝負！

　　但是，老保利靠著百姓的支持，取得了戰場上的優勢，護城堡壘依然在他的手中。年輕的波拿巴身為一個法國人，開始了第二次進攻堡壘，但結果和上次一樣，依舊沒有成功。他又從周圍的島嶼出發，發起了最後一次攻擊，仍然是徒勞無功！

　　現在的科西嘉島已經不允許他和家人的容身了。人民委員會接連宣布他們已被驅逐，並且不再受到法律的保護。因為這位上尉的暴動失敗，他深以自己家族為豪的母親，她的兩個兒子、兩個女兒和哥哥——他家所有的人統統失去了家，被迫在幾個小時內從科西嘉逃了出去。24年前，她曾在這片森林裡躲避法國人的搜捕；而24年後，在法國人的保

護下，她從這片寂靜的森林穿過逃向海岸。她除了身上的衣服，已經是一無所有，全部的財產都已經成了敵人們的戰利品。

他們登上了一艘帆船，這艘船是駛往土倫的。甲板上，23 歲的上尉站在那裡，看著科西嘉島漸漸消失在 6 月的晚霞當中。他對島上的每一個山頭、每一道山脊都瞭若指掌。他曾經三次想要占領該島，以解放者的身份，現在卻身為法國人，被自己的同胞而驅逐了出來。他心中產生了仇恨和報復的欲望：他會有東山再起的機會的，這是法國的勝利給他帶來的，他總有一天會成為科西嘉的主人。

然而，當這位冒險家轉身向西，望著越來越近的法國海岸時，內心深處卻產生了一種四海為家的自由感，這是一個沒有了祖國的人的幸福，也是一種命運。

十、土倫圍城戰

「她們穿的衣服實在太破舊了！」40 歲出頭的萊蒂齊亞・波拿巴看見兩個半大不小的女兒回了家，拿著從外面買的廉價的生活必需品時，心裡不禁感嘆道。這個驕傲的女人帶著孩子們住在馬賽一幢房子的 5 樓，這棟房子是被沒收充公的，房主是個貴族，已經被處決了。有 3 個孩子已經開始掙錢，最小的兩個還在科西嘉島的親戚家裡，沒有帶出來。他們因為其「受迫害的愛國者」的身份，可以從當地司令那裡領取一部分口糧。但萊蒂齊亞從不怨天尤人，依然保持著那份驕傲。

過了一陣，旅途中的拿破崙辦妥了一件事：透過關係，將武器賣給他的哥哥。他的舅舅費什也將神父的長袍脫下，做起了絲綢的買賣。約瑟夫長得一表人才，不僅外貌和父親十分相像，並且因為他是長子，也自稱起波拿巴伯爵，和他的父親年輕時一樣。他的妻子是馬賽一位已故絲綢商的女兒，生活很快就富裕了起來。拿破崙也開始動起了腦筋，想

著怎樣才能娶到這位富有的絲綢商另一個女兒——也就是他嫂嫂的妹妹德西蕾。

他整個夏天都在東奔西跑，十分忙碌。他時而出現在尼斯他所屬的團駐地，時而又去了羅納河畔或者土倫。但是無論人身在哪裡，他那炮兵的頭腦和軍人的目光都沒有忘了注意觀察山川地形，比如這狹長的海岸地帶每個據點的工事應該如何安排。他很快就會用上這些了。與此同時，他還寫了不少政治對話，其中的一則甚至由政府負責印成傳單，廣為散發。

這則政治對話中的工廠主，在生活中十分常見。土倫的有錢人十分擔心自己跟他馬賽的朋友們遭遇一樣的命運：被羅伯斯比砍掉了腦袋或者沒收財產，所以他們的內心是漸漸傾向可憐的、被驅逐的王室。他們為了保全自己的財產，不得不求助祖國的敵人，將剩下的艦隊交給了英國人，英國人則承諾可以保護他們。

對於年輕的法蘭西共和國來說，毫無疑問，這是一個可怕的打擊。四面八方的反動勢力的進攻，已經讓它疲於奔命了：比利時丟了，西班牙人正跋山涉水而來，波旁王朝的勢力越來越強大。偏偏就在關鍵時刻，受恐懼心理支配的土倫富豪，竟然將艦隊拱手出賣給了自己的死敵英國！現在，政府將全部男子都動員起來，婦女們也被徵募入伍，整個國家變成了一座巨大的軍營。如果你擁有一技之長，那就更受歡迎了。

在土倫城前，摩拳擦掌的人們準備將英國人徹底趕走。至於怎樣打仗，國民公會委託了一位指揮官全權負責，這位指揮官出身畫家，除了革命熱情一無所有，對軍事更是一竅不通。

年輕的、從阿維尼翁運彈藥回來的波拿巴上尉正巧要順便去拜訪他的同鄉薩利切蒂。於是被薩利切蒂介紹給了畫家將軍。飯後，這兩個軍事外行跟波拿巴一起外出散步，正好經過一門24磅炮的旁邊，這裡離海有好幾里遠。這兩個外行們開始介紹起他們的作戰計畫，眉飛色舞、得

意洋洋地。但是波拿巴卻有不同的看法，他覺得他們的計畫一無是處。他當場開了 4 炮，證明炮彈根本不可能打到海裡。目瞪口呆的外行們於是將他留下來幫忙。

總算看見繩子的一頭了！抓住它，不要鬆手！這位孤獨、堅強的上尉心裡這樣想道。幹勁驚人的他將遠離海岸的大炮統統拖到了海邊。6 個星期以後，一百多門重炮齊聚海邊。

現在，我們年輕的上尉還會將他的指揮才能展示出來嗎？他擁有怎樣的計畫？

一個岬角將土倫的海灣分成兩部分，波拿巴準備將炮隊布置在岬角上，以將敵艦的出海通道切斷。這樣一來，不想待在死胡同裡挨打的英軍元帥就會下令將彈藥庫炸毀，撤離土倫城。

外行們還對他進行譏諷：「真是異想天開！」但是波拿巴有朋友在國民公會，這名 24 歲的上尉將自己的上司告上了國民公會，還將好幾頁的炮轟土倫計畫寄去了巴黎，其中還包括下面這種一般性的建議：「永遠都要集中火力，只要能在對方陣線上轟出一個缺口，敵方就會陣腳大亂，再進行抵抗也都是徒勞，我方就會拿下陣地。生活需要分散，戰鬥需要團結。要想取得勝利，必須要有統一的指揮。時間就是一切！」

他在巴黎有一位強大的朋友 —— 小羅伯斯比。儘管他的哥哥獨攬大權，營造的恐怖氛圍令人窒息，但是小羅伯斯比還能對他吹吹耳邊風：「如果有一天，你需要一個擅長巷戰的鋼鐵戰士，」他說，「那自然會是一個新人，一個年輕的男子，毫無疑問，一定會是這個波拿巴。」以前曾有人建議過，讓波拿巴來當這些恐怖分子衛隊的首領，不過波拿巴出於謹慎，沒敢接受。現在不一樣了，他的計畫被批准了，那個畫家將軍也被召回巴黎了。那麼來接替他的位置的會是誰呢？

結果把波拿巴氣得咬牙切齒：接替者又是個外行！這次新任命的將軍是位醫生，上任伊始便四處查找，有沒有貴族陰謀發動叛亂，結果那

個寶貴的岬角被敵人搶先一步占去了。與此同時，從巴黎駛來一隊金色的宮廷馬車，上面坐的是一群穿著華麗軍服的男子，他們抵達軍營，慷慨陳詞，要一舉將土倫奪回。波拿巴將他們帶到幾門火炮前，這幾門火炮沒有掩蔽。當敵人衝著他們開火時，這幫人大聲地問：「怎麼沒有掩蔽工事？」波拿巴卻一本正經地回答：「沒有掩蔽工事，我們打算用愛國主義來抵擋炮火。」這個長著藍灰色眼睛的年輕男子討厭空想，喜歡實幹。他再次向巴黎上書，表示自己的不滿，於是指揮官又一次更換。這次巴黎派來的終於是一位行家了，他馬上讓波拿巴當了營長，並按照他的計畫，下令驅逐岬角上的英軍。

終於，部隊按照他的部署發起了衝鋒。他的坐騎在戰鬥中中彈陣亡，英軍的長矛刺中了他的小腿肚。這是他第一次負傷，差不多也是最後一次。當然這也是他第一次獲得勝利，雖然正式的指揮官不是他。連夜逃到軍艦上的敵人將彈藥庫點燃後撤離了土倫。一切都和波拿巴預言的一模一樣。

大火，死亡，戰鬥，恐懼。數以萬計的、出賣了祖國的土倫市民試圖逃生。在這個 12 月之夜，透過熊熊烈火，透過濃煙和陣陣慘叫，在堆積如山的屍體上方，在垂死掙扎的市民的咒罵和趁火打劫的士兵的大呼小叫聲中，拿破崙一夜成名，像一顆冉冉升起的新星。

十一、入獄

巴黎為慶祝解放土倫以及北線和東線新取得的勝利，召開了民眾大會，聲勢浩大，波拿巴一夜之間成為了家喻戶曉的人物。他的官職也被提升為準將。司令官在報告中這樣說，土倫戰役的作戰計畫是由他制定的，後面還有一句話令人驚訝，也能看出來司令官那欽佩中還間雜著一點懼怕的心理：「即使遭遇國民公會的排擠，他依然會自己闖出一條路

來。」不過這次還有另外 5 個年輕人和波拿巴一起出名。當他第一次看到自己的名字出現在政府公報《通報》（Moniteur）上時，他一定還有點煩惱：自己未能威名獨享。出人頭地，真的不是一件容易的事！

不過在那天夜裡，已經有幾個年輕人已經發現了這顆升起的新星。瑪律蒙和朱諾 —— 兩個默默無聞的青年軍官 —— 表示願意與他並肩作戰，他讓這兩人以及自己 16 歲的弟弟路易給自己當了副官。他就這樣算是有了自己的一夥人。

大炮！國民公會給他下達了一項任務：從土倫到尼斯，這條海岸線的防禦要進行加強。熱那亞，這個科西嘉的夙敵不就在那裡嗎？一定要將熱那亞拿下，這樣就可以控制科西嘉了。不是有很多外交官和間諜都生活在熱那亞嗎？那裡刻意營造著中立的氣氛，不過耳聰目明的人卻能在那裡獲得不少的情報，但是三緘其口。波拿巴想辦法弄到了一個人民特派員的任務，並打著商談幾個邊境問題為旗號，求見熱那亞的首腦人物。

這其實是外交官波拿巴行動的第一個步驟。他和各式各樣的間諜打交道、建立連繫，窺測當地的法國代表的立場，是真革命還是假革命，同時注意察看大炮都被布置在哪裡。當返回尼斯的他正在寫報告，卻突然被逮捕了。

原來巴黎局勢大變，羅伯斯比的統治已經被推翻，他也被送上了斷頭臺。所有人馬上競相和他劃清界限，每個人都說自己當初都是被迫與這位暴君交往的。他們四處尋找替罪羊，只為了表示自己是清白的，那些沒在巴黎所以無法攻擊別人的人，成了最好的替罪羊。抓緊時間找吧，要不自己就要被指控成羅伯斯比的幫兇了！看啊，那位波拿巴將軍，他不是剛去熱那亞執行祕密任務嗎？熱那亞可是我們的敵人啊！抓住這個賣國賊！他與羅伯斯比密謀，要將我們的南線部隊消滅，把他押到巴黎來，接受我們的審判！

　　波拿巴就這樣被關進了尼斯附近的卡雷要塞，他身上一切的證件都被沒收了，這一天巧的很，正好是他的生日。今天我已經25歲了，他一邊透過鐵窗望著大海，心裡一邊想著，如果我能從窗戶探出身去，也許還能看到科西嘉的海岸。還有哪個奮鬥中的青年跟我命運一樣，屢戰屢敗、青春是由接二連三的災難構成？普魯塔克會做如何評價？被革職、被放逐，還是在我們自己的島上，又成了不受法律保護的人，現在，又成了法國的階下囚，即使擁有滿腔的雄才偉略？可能一週後，我就會在軍營的空地上，被亂槍打死。我該怎麼辦？

　　他忠心的手下勸他逃走。他以一種非常感人的語氣做了回覆，這在他總共6萬封的書信都是十分罕見的。他首先感謝了部下的情誼，然後對他們說道：「別人可以以不公正的態度對我，但是只要我是清白的，就不必放在心上。能夠對我的行為進行的法庭只有我的良心，現在的它並沒有什麼不安。因此你不需要做什麼，否則那只能讓我身敗名裂。」在這封飽含傷感意味的殉道信裡，真話只有那最後的一句話。他點撥了頭腦狂熱的朱諾，朱諾這才理解了他的用心。因為並沒有什麼證據能夠證明他與羅伯斯比的連繫，所以他的目的只是不讓自己身敗名裂，而一旦逃跑，就等於承認自己是有罪的。

　　獄中的他在寫給一位頗有影響力的外交家的信中這樣說：「我對小羅伯斯比的慘死十分難過。我很喜歡他，在我眼中他是純潔的。但是如果他的理想是當一個暴君，那麼我肯定會一刀將他刺死，即使他是我的父親。」他的這話是不是和一個羅馬人說的很像？他在給國民公會寫信，那裡邊的表現更加機智：「雖然我無辜地遭受誹謗，但是我對委員會作出任何決定都不會有一點怨言……但是現在我有一個懇求：請你們傾聽下我的新生！請將我身上的鎖鏈砸斷，重新給予我尊重，我這個愛國的人應該得到的尊重！如果我這殘軀是惡人們想要的，那我可以在一小時內赴死。我並沒有把生命看得多重，我已經經歷過太多的出生入死。我

之所以一直平靜地承擔著生命的重負，只是為了我的心中那為祖國效力的念頭，」

一週後，他獲得了釋放。他的同鄉薩利切蒂就是誣告他的人。最初的那段恐怖時期結束後，他認為自己是安全的了，這才出面為波拿巴擔保。在擔保書的末尾，這個陰險的科西嘉人所說的一句話，儘管他是無意中說的，卻對波拿巴今後的軍事成就做了成功的預言：「另外，軍隊需要這個人。」

十二、失業的將軍

每個人都對他唯恐避之不及，他給那些有權有勢的朋友寫了一封又一封的長信，但是結果都是不理不睬。為了讓一個身兼要職的朋友必須給他回信，他甚至不得不打著跟他要些小東西，比如「一臺部隊用的高品質測量儀」的旗號。

這時科西嘉又傳來了新的消息：老保利求助了英國人。是時候為法國去拯救科西嘉了！去巴黎把火點著！那裡已做出了開戰的決定，他提出了惴惴不安的請求，想去進行指揮戰鬥，但兩週後，艦隊就已經大敗而回，撤到了土倫。他再一次陷入了失望。要是由他指揮作戰就好了！他不是曾經占領了土倫，在沿海布下防線，連與科西嘉作戰的計畫都制定好了嗎？

但是反動的勢力正在發起反撲，上面對他又不信任，打算將他派到旺代去，好將他和他的部屬分開。與此同時，他還被當作冗員，調去當步兵。對一個接受過全面的專門訓練的炮兵來說，這就是給了他一個降級的處分。

他的臉色本就蒼白，現在變得更蒼白了。不行！他找到負責戰爭事務的人民特派員，對這個決定提出質疑。但是對方卻給了他「太年輕」

的評價，這時他盯著這位戰場經歷幾乎為零的大人物的眼睛說：「一個人上了戰場就會飛快地成熟，而我就是從戰場來的！」他還是用沉默的態度表示對任命的拒絕，他和三年前一樣，等著政府自己垮臺。

怎麼應對呢？告假？稱病？這位失業的將軍苦苦地思索著。巴黎畢竟是世界的中心，所以還是待在這裡吧。並沒有請假的瑪律蒙和朱諾來陪伴他，他們也很窮。布里昂在忙什麼呢？搞投機的買賣？你也可以去嘗試一下，不過現在紙幣的貶值速度可是飛快。你們上次搞的政變多糟！大炮都沒有，你們還想奪權？現在那個薩利切蒂也遭遇了嚴重的指控，現在正在一個要好的科西嘉女人家裡藏身。波拿巴寫信給他說：「你要清楚的一點是，你那樣害我，我是可以選擇報復你的……你和我分別扮演過的角色，哪個比較不光彩呢？本可以復仇的我並沒有那麼做……你走吧，去找個避難所，可以讓你學習更好地思考祖國的地方。有關你的一切我永遠不會透露出去。你自己好好地反省反省吧，我的動機你一定要珍惜，它們高尚而又寬容，非常值得你去珍惜。」

在這些自我陶醉的言辭後，有怎樣的企圖隱藏？在他那自我標榜的高尚當中，又籠罩著什麼樣的陰影！這種虛偽的寬容大量，目的無非是給庸庸碌碌的日子添加一點生機而已。

這個夏天裡，生活的波濤沉重地拍打著海岸，發出陣陣沉悶的響聲。詩人奧西昂（Ossian）的作品中飽含著憂鬱的激情，這深深地吸引住了他。同時，他也被奧西昂戲劇那些悲劇的結局所感染著，每次劇終時他都會急匆匆地離開劇院，只是為了自己不會被悲劇結束後加演的那些滑稽短劇掃了興。「真的是胡鬧！一齣新歌劇《保羅和維爾琴》裡，結尾竟然變成了維爾琴獲救，成了大團圓了！」一位女士聽到了他這番話，不禁問他：「你說幸福是什麼呢？」

「幸福？」波拿巴答道，「幸福就是能將我的才能充分發揮！」

但是，現在他恰恰處於一種無用武之地的境地，這讓他沒辦法再忍

受下去了。他的情緒愈發憂鬱，心中總是充滿莫名的惱怒。他的一位朋友的妻子這樣描述過：大家在看一齣喜劇時都大笑不已，只有波拿巴沒有笑，他面沉似水地坐在那裡。有時他會出去一段時間，然後出現在正廳前座的另一頭，依然陰沉著臉。他的嘴角有時也會露出笑容，但是那卻是非常不自然、不合時宜的笑容。戰場的趣聞能被他講得繪聲繪色，但是緊隨其後的笑聲卻非常粗魯。人們經常能看到他一副面黃肌瘦、煩躁不安的樣子，拖著兩條短腿遊走在大街上，「行為舉止笨拙滑稽，他頭上戴著一頂圓形的帽子十分破舊，下面露著兩隻耳朵，粉撲得十分糟，那形狀跟狗的耳朵差不多，衣領上布滿了頭屑。他沒戴手套，兩隻手又長又瘦又黑。他的靴子一看就明白，根本不合他的腳。」

　　他開始做起了向國外販賣書籍的買賣，他寄去一箱去了巴塞爾，不過這第一次嘗試就以失敗而告終。

　　根據他寫給他哥哥的信得知，他有時也會去參加上流社會的聚會：「這裡每個人都在積極地找樂子……女人隨處可見，公園、劇院、圖書館裡，到處可見她們的身影。不過學者的書房裡的是最漂亮的女人。沒錯，這裡本來就該是她們的地盤，因為她們讓所有的男人為之痴狂，男人們不僅都透過女人而活，還都是為了女人而活。」

　　他也參加過巴拉斯家的聚會。巴黎人民經常對這位督政官的排場，以及他對女人的愛好大加議論。波拿巴去了他家就等於掉進了世界上最漂亮的女人堆裡，這其中有塔麗昂夫人和雷加米埃夫人。身材矮小、性格陰鬱又舉止笨拙的波拿巴想引起別人注意，只能靠他的機智和神情，但是即便這樣，和別人相比，他依然是顯得那麼的格格不入。

　　依然十分孤獨的他只能給他的兄弟們寫些長信。他負責他的弟弟路易的教育，他這樣評價他的弟弟說：「他是一個出色的戰士。他的身上可以看到一切的優秀特質，這是我特別喜歡的地方：機智、熱情、善良、健康、可靠、天賦……他必然將是我們四兄弟中最出色的那個。當然，

我們兄弟當中，也只有他受過那麼好的教育。」拿破崙現在想把傑羅姆，就是他最小的弟弟也接到巴黎來生活。他和呂西安的關係就沒那麼融洽了，有點緊張，他的這個天才的弟弟一心想要超過他。在知人識人上面，呂西安與他一樣水準，可以說是第一個對拿破崙完全了解的人，這一點他在17歲時就已經完成了，當時他的哥哥23歲。他在寫給大哥約瑟夫的信中這樣寫道：「在拿破崙的身上，我看到了野心，雖然這並不能稱為自私，不過，卻比他對大眾幸福的愛要強大得多。他如果生活在一個自由的國家裡，大概會成為一個危險的人物。我能感覺到，他身上的暴君傾向十分明顯。如果他當了國王，那必然會是一個暴君。至少對後世，對那些敏感的愛國人士來說，拿破崙這個名字將會是非常可怕的。」對呂西安來說，這些偉大的預言並不只是停留在想像當中。憑藉他自己的強烈野心，他感覺到了，在這樣的國家、這樣的時代，極有可能讓拿破崙掌握了大權，所以他現在已經很難受了，因為這位哥哥注定要超過自己。

　　拿破崙卻非常沮喪。即便他的大哥，那個透過財富和樂觀走向自立的約瑟夫，也讓他無比艷羨。在提供推薦信和證書等方面他沒少幫助約瑟夫，現在貨幣貶值，還因此建議他去購置地產，不過在寫給約瑟夫的信中他也有這樣說過：「你那封信，談論政治的內容實在太枯燥了，建議你學習其他的寫法。」

　　一個家！他希望擁有一個自己的家，像約瑟夫那樣。他在每一封寫給哥哥的信中都催他趕緊行動，幫他追求到那個美麗而又富有的德西蕾。她已經寫給他好長時間充滿柔情蜜意的信了，卻遲遲下不了嫁給他的最後決心，所以他現在想要的是一個明確的答覆。他看到了約瑟夫以及另一位朋友的婚姻都很美滿，又看到了一些年齡相近的夥伴已經身居顯位，只有他自己依然孑然一身、無所事事，徒有滿腹的雄才大略。

　　他在給約瑟夫的信中這樣說道：「如果你長時間出門旅行，請把一幅

你的畫像寄給我。我們長時間生活在一起，心早已合為一體，我的心是百分之百屬於你的，你現在十分清楚的。在我寫下這些話時，我能感覺到一種前所未有的感動在心裡湧動。我有一種預感，我們的見面不會很快到來，所以我寫不下去了。保重，我的朋友！」

他開始有些多愁善感，甚至有時都感到了一絲絕望：「一步一步往上爬，這和那些冒險家和拚命追求幸福的人有點像。」他最後這樣寫道：「人生如夢，一場虛無縹緲的夢。」

十三、命運的轉機

轉機突然出現。

換了一個新的軍務部長[1]，新來的部長急切地想扭轉義大利前線的戰局。能不能有一位新人，能夠去那裡進行指揮？他的這個問題被一層層傳了下去，在傳到第 4 個人時，有人提到了波拿巴的名字。他立刻就被召到了軍務部。他最近幾年來一直對義大利的邊境和海岸進行留意，對阿爾卑斯山的各處通道，對這些地方的地形、氣候、農業生產、行政管理甚至包括居民的性格等等都瞭若指掌，因此，他當場講述了他的作戰計畫，包括如何進軍義大利北部，如何和撒丁和奧地利開戰。先拿下倫巴第，隨後一定要在 2 月和 7 月間奪取奧地利手裡的曼圖亞，然後揮師北上蒂羅爾，匯合駐紮在萊茵河畔的兄弟部隊，下一步就是直逼維也納，逼著奧地利皇帝簽下和平協定，這樣法國就會將早就夢寐以求的東西收入囊中。

他這一連串的奇思妙想讓部長目瞪口呆，等了好一會兒，他才回過神來，對拿破崙說：「將軍，你的計畫真是十分精彩，又很有膽魄，我

1　軍務部長：德語原文為 Kriegsminister（字面意思為「戰爭部長」），英譯 Minister for war。軍務部的德文為 Kriegsministerium，英譯為 War Office。

們需要認真研究一下。現在請你寫一份報告交給委員會，不用著急，你可以從容不迫地寫。」

「我的計畫早已成竹在胸，不用半小時內就能寫出來。」

他在公安委員會宣讀了他的計畫。委員們聽後給出了評價：「計畫非常不錯，雖然沒有辦法實施。」不管怎樣，這樣的人才都應該去參謀部門工作。幾天後，他已經坐在了軍務部參謀本部，這裡是決定一切作戰事務的地方。

這一時刻非常重要，這是他的青年時期，一個具有決定性意義的時刻：他終於站在了正確的道路上，從這裡可以通向成功。這個時代好像火山爆發，突如其來的事情隨時隨處可見，他突然被召見就是一例。現在的他還不到 26 歲，從今天開始的整整 20 年之間，懷揣一系列的想法的他堅持不懈地朝著同一個目標努力。直到 20 年後的今天，他的這些思想和付諸的行動，才宣布結束。

拿破崙開始工作了。為了盡可能獲得最大的成就，他一絲不苟，以火一般的熱情投入他的「業務」中。帷幕已經拉開，他能看到共和國最機密的軍事報告。同時，每天都在和軍界以外的要人打交道的他獲得了某種意義上的權威，他開始擁有屬於他自己的影響力。

他首先為自己爭取的是哪樣東西？不是旺代部隊的指揮權，也不是萊茵的，這些目標都很容易實現。在這裡，在這一切戰線的中心，有一個他想像中的指揮權是最吸引他的。儘管還不存在這個戰場，但他已經做好了馬上去開闢的準備，甚至過了 17 年，他還惦記著要去開闢這個戰場。這個戰場就是亞洲。剛一上任，他就迫切強調，將土耳其動員起來是十分重要的，他打算讓炮兵以及現代戰術出現在博斯普魯斯海峽，為日後對付俄國和奧地利做好準備。他好像已經看到了，自己已經站在蘇丹左右，法國國內那些陰魂不散的共和黨人想對他指手畫腳也不可能了。土耳其這個國家十分黑暗、落後，未受到任何自由思想喚醒，他可

以在這裡隨心所欲，一展身手。進了軍務部的第 13 天，他主動提出要求，想被調往土耳其。

但是他的申請沒有獲得批准。他那些強勁的對手們對他已經是心懷忌憚，打算把他從軍務部擠出去，將他調往前線。這時，他提出了抗議，口吻和以往截然不同：他搬出還存在於他的設想裡、還沒有實際發生的成就，開始發號施令：「即使面對最艱難的情況，波拿巴將軍指揮著炮兵，立下了汗馬功勞，取得了一項又一項巨大的成就。他希望委員們能夠伸張正義，恢復他的職位，否則他會痛苦不已，只因為他的職位落入了小人之手。這些小人從來都是袖手旁觀、縮在一旁，現在有了勝利果實了卻都跳出來拚命搶奪。」

用的第三人稱，鋼鐵一樣的史書風格──又是羅馬式的。

抗議完全沒有用。這個桀驁不馴的人再次遭受被除名、被迫屈服的命運。但是，他能預感到，一個新的時代，一個屬於他的時代即將到來，所以，他的鬥志不會被任何東西所動搖了。政府有可能再次更迭，他在寫給哥哥的信中這樣說道，還會發生新的政變。他和各位黨派領導人保持著不錯的關係，軍中的任免大權將由他們掌握。「向未來展望，我唯一能看到，就是光明。即使沒有光明，人的生活也不能脫離現實。勇敢的人會蔑視未來。」

因為他對未來是蔑視的態度，所以未來將為他所用。同樣，因為他對民眾的態度也是蔑視，所以在民眾那裡，他也獲得了成功。

在這封信發出去兩週後，政府和由保王黨支持的溫和派之間爆發了矛盾。街道再一次成了戰場，和 3 年前一樣。政府軍的力量只有國民自衛軍的四分之一。不知道什麼原因，是謹慎還是怯懦，國民公會的將軍去和對手進行談判。他被罵成了賣國賊，還被逮捕了。左翼和右翼激進分子出於種種原因站在了一起，國民公會失去了保護，驚慌失措的他們亂作一團。

　　這天晚上，波拿巴匆匆地去了國民公會，因為這裡今晚要做出決定：誰來做那個被逮捕的將軍的繼任者。下面的大廳裡報出幾個名字，都是他的競爭對手，波拿巴也聽見了，不過並沒有說話，其實他的心也在非常緊張地跳動。他能否獲得提名？如果有人提名了他，他是否應該去就任？在羅伯斯比執政時，他曾經拒絕過一次了。任何首腦，只要與人民為敵，不都難逃憎恨嗎？而且遭到嫉恨，其實恰恰是因為他獲得了成功。「任命波拿巴！」──報出的是他的名字。他思考了「差不多半個小時」。這是一項不會給他帶來榮譽但會帶來權力的任務，他心裡想著。他思考最終的結果是接受了委員會的任命。這時已經是午夜了，而一大早就要面對民眾發起的進攻，他必須馬上準備好一切，留給他的只有幾小時的時間。

　　面對這種形勢，他提出要求：自己不接受任何來自軍方以外的監督。在革命的領域，這可是很不一般的，因為有效地監督軍隊這個潛在的危險，是革命的新觀念之一。「既然你們任命了我，那我就要對你們負責，我需要能夠自己決定所有的事情。正是那些人民委員，將前一個將軍逼上了絕路的。難道你們還在指望民眾會同意我們朝他們開槍？」他的指揮權只願意和巴拉斯分享，巴拉斯是目前領導人中影響力最大的，而且還被他控制。時間緊迫，眼前只有這一條路了，就這樣，人們將保衛政府的重任交給了這個兩週前除了名的人手上。

　　在過去的 7 年裡，巴黎的民眾每次採取行動，他們的對手總是倉促上陣的，這也是革命得以蓬勃發展的原因。波拿巴不一樣了，他是第一個對開展認真做了準備的人，他連夜將國民公會打造成了一個堡壘，甚至議員們都給發了武器。這些本已驚慌失措議員聽到波拿巴正在準備大炮的消息，更加心驚肉跳了。

　　去郊區運 40 門大炮回來的任務交給了一名年輕的騎兵軍官。這名軍官名叫繆拉，從今天開始，他要和他的長官一道飛黃騰達了。他在街

上碰到了和他一樣在找大炮的民眾。手中沒有大炮的波拿巴怎麼保衛國民公會？所以這幾個小時的至關重要，而鎮靜的波拿巴還得把手中那支小小的部隊分成幾隊。早上 5 點鐘，他終於聽到期待已久的轟隆聲，大炮──他的老朋友終於運來了。繆拉和他的部下因為騎著馬，所以得以搶在民眾之前將大炮弄到了手。馬上行動！所有的大炮必須在兩個小時內部署到位。

杜樂麗宮外，大隊全副武裝的民眾步步逼近，黑壓壓的一片，而在杜樂麗宮內，國民公會的律師們聚在一起，還在瑟瑟發抖，在演講者的喧嘩中，講臺不住地搖晃，大家提出要和民眾談判，將部隊撤回。天完全亮了，陽光之下，民眾的聲勢更加浩大、更加可怕，嚇得那些文官們鬥志全無，士氣低落。到了下午，士兵中的一部分心裡也開始打起了退堂鼓，想要和敵人媾和。天色漸晚，波拿巴面臨著這樣的抉擇：現在就打，或者是永遠都別打了！他應該讓民眾取得這場抗爭的勝利嗎？當初他曾對路易國王的軟弱大加嘲諷，現在大炮就在他的身邊，難道就這樣給別人嘲諷他軟弱的機會？

估計是波拿巴下達的開火命令，不過也有可能是在他的敦促下，由巴拉斯下的，儘管他在報告以及後來都曾發誓說，這「對法蘭西人民犯下的罪行」，應該由他的對手們負責。無論是誰下的命令吧，槍聲炮聲一響，鮮血很快染紅了馬路，民眾四散奔逃。過了兩個小時，大街上已經一個人都沒有了，大炮贏得了勝利。他在這天夜裡寫信給約瑟夫說：「終於，所有的事情都過去了，我的第一個念頭就是告訴你這個消息……在杜樂麗宮前，我們全副武裝、嚴陣以待，發起進攻的敵人被我們打死一大批。我方付出的代價是 30 人陣亡，60 人受傷。我們將對手繳了械，一切都已重歸平靜。我還和從前一樣毫髮無傷。波拿巴準將。附言：幸運與我同在。向德西蕾和朱莉[1]問好。」

1　朱莉：拿破崙的哥哥約瑟夫的妻子。

這份捷報，是拿破崙的頭一份捷報。他的敵人是法國人，戰場是巴黎的街頭，罪犯是激進分子，戰死的人中的大部分是他的敵人。捷報的落款上，軍銜放在了名字的前面，而在此之前和之後的簽名中，則沒有軍銜，只有名字。這一不尋常、破天荒的舉動，只是為了自我展示的效果更好而已。不過，也能感受到他的情感夾雜其中。他在信的附言中悄悄地透露了兩個深埋心底的事：運氣，女人。

「我是兩個人的結合體，」他後來曾經說過，「一個有頭腦的，一個有心靈的。」

十四、與約瑟芬結婚

國民公會裡，年輕的騎士波拿巴帶著他手下的軍官們站在講臺上，臺下響起了雷鳴般的掌聲。但他似乎沒有聽見。無論是什麼時候，現在還是將來，這種暫時的勝利都不會讓他有享受的感覺。他冷漠的目光掃視著大廳，心裡想著：我們國家的決策者就是這些人？大炮隆隆駛來的聲音，把他們嚇成了什麼樣啊！你們記著點吧，以後這種讓你們瑟瑟發抖的時候還很多呢！接受了保護你們的任務的我就會將自己的職責履行好，直到所有的人都對我表示臣服。

就這樣順理成章的，他當上了內防軍司令。他的麾下集合了一大批追隨者，這其中有不少以前遭受排擠的軍官，他們現在都希望能夠和這位曾被除名的將軍一起飛黃騰達，還有那些對反動勢力心懷恐懼的文職官員 —— 一句話，他們都在波拿巴身上看到了希望。但是民眾卻肯定對他恨之入骨，因為在那天晚上，幾百名手無寸鐵的市民（裡面還有婦女和旁觀的人）死在了他的手裡。不過他根本沒把這個放在心上，受人愛戴並非他的追求。

金錢、僕人和馬車，這些他突然全部擁有，但是他並不想要這些，

全都給了他的家人。他的兩個弟弟全都得到了不錯的職位，她的母親又開始過上了體面的生活，金錢上還略有盈餘，他的哥哥約瑟夫則身兼數職，他家最遠的親戚也被他安頓得十分妥當。只是有一點，他給他們寫信的次數越來越少了，他升遷後寫的第一封信，那語氣就和之前大不一樣：「只要是對你有利、有助於你獲得幸福的機會，我都不會放過。」之前是兄弟，現在成了保護人，一家之主。

在這幾個星期裡，志得意滿的他陷入了一場熱戀當中，這也是他這一生唯一的一次。

德西蕾沒有抓住時機。在幾週之前，他還在參謀本部呢，他寫信給約瑟夫，催他幫自己說合，希望她馬上下決定。「我想要個家，我已經急不可待了！」在他的信裡，對那些上流社會的漂亮女人品頭論足的話越來越多；因為被女人們垂青的希望陡增，所以社交場中的他的心情也變好了。現在的他結識了幾個女人，都是 30 歲左右的，充分感受到了她們的魅力和美麗。他曾經先後向這其中的兩人求愛，間隔很短，但是都被拒絕了：一位是科西嘉人，出身貴族，是他母親的朋友；另一位是一位美麗的交際花，是作家議員謝尼埃的情人。她們的歲數都比他大不少。雖然他接連碰壁，不過他還是被這些情場老手為新沙龍帶進來的溫馨氣氛感染到了：「我親吻這兩位女士，第一位吻的是嘴唇，第二位吻的是臉頰。」他的生活很長時間都幾乎是沒有女人存在的，所以這些女人們很快就撥動了他孤寂的心弦。

上任伊始，這位新司令就下令，民間嚴禁私藏武器，並開展全面地搜查，搜出來的武器一律沒收。有一天，他的辦公室走進來一個 12 歲男孩，他舉止十分優雅，請求將一把從他母親那裡沒收的劍歸還給他，因為那是他父親留給他的。波拿巴答應了。過了一會，男孩的母親約瑟芬前來向他表示感謝。這位少婦多麼的迷人啊！她優雅而又任性，看起來應該已經年過三十，但是卻看不出具體的年齡。其實說她美如天仙，還

不如說令人傾倒更加貼切。她並沒有穿著緊身胸衣，舉止高貴，身材苗條，她棕色的肌膚表現出一種異國情調 —— 她是克里奧爾人[1]，從小在巴黎長大。在這恐怖的時代，她不得不將嫵媚作為一種武器。

將軍去了她的家拜訪，她的家位於偏僻的郊區。他的眼睛因為曾經的貧窮經歷變得十分銳利，清楚地看到，她在竭力用屋子裡的擺設來掩飾家境的貧寒，不過他並不在意這個。這位只有 27 歲的軍官過上體面、自由的生活也沒有幾天，他是在乎錢，但是有錢人並不是他的敬重對象。對於一個男人來說，他最看重的是他的才能，而不是其他的。而對於女人來說也是一樣，她們的才能，包括外表、性格，以及對這些才能的利用，是他最喜歡的地方。

在對自己的外表和性格的利用上，約瑟芬可以說是達到了極點，她也比別的人更加需要去利用自己的外表和性格。她失去丈夫博阿爾內子爵的同時，也將在熱帶家鄉的一切全都失去了，全都沒了。她曾經和丈夫天各一方好多年，直到丈夫從海外回了巴黎，兩人才得以團聚，一直到他被處決了，因為他是保王分子。她自己也被關進監獄，在裡面度過了恐怖的 3 個月。後來幸好羅伯斯比的統治被推翻了，她才能夠重見天日。巧合的是，她重獲自由之時，也正是波拿巴被關進監獄之日。出獄後的她已經是一貧如洗，雖然有朋友們的資助，但是她和兩個漂亮的孩子 —— 分別叫奧坦絲和歐仁 —— 始終過著朝不保夕的生活。

她不能沒有男人，因為她需要用奢華來掩飾自己的貧困。何況她的風騷和享受欲是與生俱來的，這注定她是一個風流女人，在任何境況中都是一樣。現在她是巴拉斯的情人，這位強權人物是她那位漂亮的朋友塔麗昂夫人讓給她的，她自己則改換了門庭，投入了一位富有的銀行家的懷抱。但是她依然和約瑟芬一樣控制著巴拉斯，公安委員會變身為慈

---

1 克里奧爾人：指在美洲出生的歐洲人及其後裔，也指這些人和黑人的混血兒，以及路易斯安那人。

善委員會，為她們提供免費的車馬。出身高貴的約瑟芬組織的宴會頗受大家的歡迎，她和兩個政治派別的關係都還不錯。不過，出入她家的伯爵和侯爵們從來都是自己來，從來不會帶上太太。在眼下的革命時期，她已成為一個徹頭徹尾的冒險家了。

那麼波拿巴呢？和革命的冒險家相比，他又強得到哪去？他現有的地位隨時可能會在一次新的政變中喪失。假如不久前那次戰鬥，繆拉沒有把大炮搶到手，這位將軍的小命早就交待了。他和約瑟芬是一樣的處境，都是戰戰兢兢、如履薄冰。

一個醜陋、沒怎麼接觸過女人的男子，還有比擺布他更容易的事嗎？很多年前布列訥堡學校的老師就曾說過了，有一座火山埋藏在這個沉默的靈魂當中。這個女人是波拿巴第一次真正擁有的女人，她還是一個情場老手，只因為這個克里奧爾女人的出現，他的心中彷彿已經燃起了熊熊的火焰。在約瑟芬看來，她簡直無法相信眼前的好運是真的，所以面對他的求婚，她的表現是非常猶豫。在給朋友塔麗昂夫人的信中，她這樣說道：

「您已經在我這裡見過波拿巴將軍了。就是這個男人，想要成為我的丈夫，想要成為我孩子們的父親……對於他的勇氣和廣博的知識我是十分欽佩的……但是有一點我不得不承認，那就是對於他那種試圖將一切都征服的力量，我是感到懼怕的。某種不可名狀的、奇特的東西潛藏在他那審視的目光當中，這一點不僅是我這樣覺得，我們的督政官們對此都有深刻的印象。我本已被他在我面前表現出的那種狂熱的熱情所打動，我承認，我曾經有好幾次都想答應他的求婚，但是讓我不敢答允的，就是這種熱情。我最美好的青春早已不在，這種近乎瘋狂的愛戀，我還怎麼敢去指望長久地擁有？」

對於這個精明的女人來說，到底是什麼在困擾著她，她並不清楚，也許她有一種隱隱約約的預感：擔心她自己成為某種力量的施展對象。

眼前的這個男人，或者一無所求，或者追求一切，別無他選；在將一切都盡在掌握之前，他是絕對不會善罷甘休的。在此之前，必須要贏下所有的人、所有的事的他，從來沒有為任何人、任何事付出過自己。這樣的一個人，如果平生第一次付出自己，還是他這輩子唯一的一次，他會向他所擁抱的那個人，付出自己的整個心靈：

「我在等著你，你已經占據了我的全部身心。我不住回想著你的畫像和那個令人心醉的夜晚，我的思緒久久不能平息。你打算將我的心變成什麼，甜美的、無與倫比的約瑟芬？你是不是在生我的氣？你是在為我而感到傷心嗎？你是不是覺得不安了？……但是，當我身懷那份狂熱，想要吞食你的內心和雙唇裡焚燒著我的火焰時，我自己又怎能保持平靜！唉，直到今晚我才發現，你的真人魅力四射，畫像永遠都無法取代。你在中午出發，只要3個小時，我們就能見面了。親愛的，再見，吻你一千次！但是我不允許你吻我，因為那樣會將我的血液燒乾的！」

他並沒有告訴她自己的計畫，但是已經有不少資訊透過字裡行間流露了出去。「督政官們以為我需要他們對我進行保護，事實正好相反！看吧！總會有那麼一天，他們會為有我在保護他們而無比慶幸。我會用劍去將自己的目標！」約瑟芬在信中對此進行了回應：「對這種成功的信念，您是如何看待？除了嫉妒膨脹的自我意識，這種自信的基礎還有其他的可能嗎？一個宣稱要保護政府首腦的人，居然只是一個準將！對此我不清楚，但是恰恰是這種自信，這種聽起來都有些可笑的自信，讓我經常會得出這樣一個結論：這個怪人很可能會實現他的目標，只要是他想要的目標。」

我們彷彿站在一扇大鐵門前，門是緊閉著的，透過鑰匙孔，我們看見了一顆正在熾烈燃燒的心。

但是，他要娶這位他已擁有的女人為妻的原因是什麼呢？只是為了獨占她嗎？這和他強烈的自我意識是矛盾的。即便真的是因為這個，那

也不過是自欺欺人而已。是想由此攫取什麼利益嗎？也不是因為這個。她能給他什麼？既給不了他錢，也無法在權貴那裡為他施加他影響。不過話說回來，對他來說，她是有用的，她出身貴族，這一點可以讓他顏面有光，他一定也想到這一點了，這個女人與舊政權有來往，娶她為妻，人們就不再會認為他「只是一個科西嘉人」了。也正是因為他的科西嘉人的身份，他的頭腦裡有著義大利人那種綿延了千百年的家庭觀念，而且還相當根深蒂固，因此，他才想要一個貴族血統。這個徹底以自我為中心的人，對延續自我的希望是十分熱切的。

在這個世界上，他唯一一件不能自己完成的事，就是繁衍後代了。他覺得，製成他的後代的材料一定要十分的精良。他可不是一介百姓，而是誕生於古老家族的爭鬥中，成長於一個鑲著兩顆星的徽章下，他一直想要將這兩顆星合為一顆。他幫助人們將衝破了對平民百姓的偏見，但是這從來都只是出於對這項行動本身的熱愛，而不是出於什麼人道感情。讓他去融合平民的血統，哪有這方面的動機？他將這個早已對他俯首貼耳的女人變成自己的妻子，她的父母雙方世代都是貴族是唯一的考慮因素。名聲不佳、窮困潦倒的約瑟芬在沙龍裡依然很受歡迎，除了她的魅力，她的貴族出身也是主要的原因。巴拉斯現在是執政官中最有實權的，他似乎有改組內閣的意圖。在之前的巷戰之後，他就在波拿巴身上押上了自己的賭注，現在，他也有撮合一下波拿巴和自己這個風騷的女友的想法。這個世界崇尚性愛自由，那個突然計較起顏面的人一定會貽笑大方。騎士時代已經是過去時了，現在有的只是男女公民，想合就合，想分就分，這都是他們的自由。

巴拉斯早就想好了，讓他接管義大利戰場的指揮權，現在他也肯定和遲疑的約瑟芬下了保證。讓這個危險人物去最糟的前線，他也是有理由的。有人將那項將拿破崙送進了參謀本部的偉大計畫送到了尼斯，但是馬上就被退了回來，駐尼斯的司令官在上面寫了這樣的評語：只有瘋

子才能想出這樣的計畫，誰想的誰來執行吧！督政府正好求之不得呢！他們將這個司令撤了職，「瘋子」成了他的繼任者。

現在，面對地位已經完全合法化的拿破崙，聰明的約瑟芬沒有理由再猶豫了。她的一位朋友充當了公證員，為約瑟芬的出生地做了證，因為那個美洲的島嶼現在處於封鎖狀態，不能取回她的出生證明，只能接受她自己的說法，她的年齡只有28歲。而拿破崙則將自己的年齡進行了誇大。因為約瑟芬將自己說年輕了5歲，所以他的誇大反倒顯得紳士風度十足。一樁帶著兩個假資料婚姻就這樣開始了。兩人簽下了財產獨立協議，儘管約瑟芬有的只是一堆債務，而她的丈夫則表示他的軍裝等衣服就是他的全部財產。至於婚禮，他們認為他們倆並不需要。

他請人在送給她的戒指上刻了幾個字：「致命運」。兩天後他就從巴黎出發了。沿途一共有11個休息地，他也就寫給約瑟芬寫了11封充滿了狂熱的情書。他到了尼斯找到了自己的部隊，正式接過了指揮權，這一指揮權將帶著他跨出歐洲的範圍。

這時正是春分，海面上湧動著波濤。他登上了瞭望塔，向遠方的敵方海岸眺望。他想：那裡是我嚮往的地方，是我建功立業的起點。巴黎和她的臥室在我背後，臥室裡到處都是鏡子，這是幸福，已經為我所有。而在那邊，在山的後面，那裡是敵國的土地，則是榮譽所在的地方，是我想要拿到手的。

他轉了一下身，看到在蔚藍的遠處，一條無比熟悉的山脈輪廓線消失在了那裡。那裡已經不被放在心上了。

那就是他失落的故鄉。科西嘉島。

第二章

溪[1]

靈感如此神聖，它又總是與青
春和創造力一起出現，古往今來，
拿破崙屬於創造力最強的那幾個人
中的一個。

——歌德

---

1 原文為 Der Sturzbach，意思是山間湍急、落差較大的溪流。本章第二節結尾的地方曾這樣描
述：「士兵們，你們像一股湍急的溪流，從亞平寧山脈直沖而下……」

一、進軍義大利

在海灣的上方，熠熠閃爍的阿爾卑斯山雪峰輕蔑地俯視著山腳下蜂擁而至的法軍官兵。白色的雲崖峭壁鋸齒狀的上端直插清晨湛藍的天空。大自然在這裡構築了一道天險，人類無法逾越，大自然彷彿在命令新上任的統帥波拿巴就此停下腳步。同時，他的祖國和他先輩們的祖國，也被這道天險一隔兩斷。

他這個人並不只依賴武力，而往往將智謀置於武力之上。他最近這些年一直在費盡心機地研究如何逾越阿爾卑斯山脈，這其實是個歷史悠久的問題，不過他的心機總算沒有白費。當年的漢尼拔[1]曾經翻越了阿爾卑斯山，不過他沒打算效仿，而是要繞山而過。阿爾卑斯山這個敵人，想要戰勝它，也要從其最薄弱的環節下手。亞平寧山脈與阿爾卑斯山脈的交界的地方有一條不是十分明顯的山溝，從這裡翻山的難度就要低很多了，部隊也不用一直等到夏天才能行動。相反時間越早，山上的積雪越結實，也就越不容易發生雪崩。馬上行動，向先輩們的領地進發！

停留就等於毀滅。不過這麼說的意思不是敵人在後面緊追不捨，事實正好相反，他們現在正在冬季營地呼呼大睡，奧地利人和撒丁人分別在倫巴第的東邊和西邊，此外還有義大利很多小共和國和公國的軍隊。他們認為敵人不會在融雪天氣到來之前採取行動。但是法軍士兵正在忍饑挨餓，而他們身後的巴黎正遭遇貨幣貶值帶來的毀滅，只能給部隊寄來一些可笑又可憐的紙幣，還被供應商中飽私囊掉不少。就在波拿巴到他的部隊之前，一位將軍在寫給家裡的信中這樣說道：「法國如果知道了這裡具體有多少人死於饑餓和瘟疫，一定會顫抖不已。」如果新來的統帥無法為部下帶來錢和糧食，那麼他還能做些什麼呢？

1　漢尼拔（西元前 247- 西元前 183/182）：迦太基人，古代最偉大的軍事統帥之一。西元前 218 年春率軍從迦太基對義大利發起遠征，在連續行軍作戰 5 個月後，花了 15 天翻越阿爾卑斯山，重創羅馬軍隊。西元前 183 年或 182 年服毒自殺。

　　「士兵們！現在的你們缺衣少食，而一無所有的政府目前沒有辦法滿足你們的要求。在這荒山野嶺，你們表現出的耐心和勇氣令我十分欽佩，但是這並不能帶給你們麵包以及榮譽。我將帶你們去世界上最肥沃的平原，等待著你們的將是富庶和繁華，榮譽、享受和財富，將是你們的收穫。士兵們，前景如此，你們的勇氣和毅力還會缺乏嗎？」

　　他是在第一次檢閱部隊時講的這番話，隊伍中的回應稀稀拉拉，並不熱烈。回了帳篷的士兵們躺下之後，有一個士兵對另一個士兵說：「他看起來體質較差，看到他那眼睛裡發黃的鞏膜了嗎？什麼肥沃的平原，就會吹牛。我們想走到那裡，他總得給我們發雙靴子吧？」當年摩西在和以色列人描述上帝應許之地時，以色列人的感受也是這樣的吧？新上任的統帥從士兵們那裡獲得的反應，只有抵觸。

　　這支部隊的士兵當中，有對他比較了解的嗎？他們已經在這個山脊這裡駐紮 3 年，四分之一的人被送進了醫院，被俘、陣亡或逃跑的也有四分之一。那麼軍官們呢？不是也會暗地裡和這個怪異的年輕人作對，像 7 年前奧松的上尉們那樣？有時他坐在那裡，不住地寫算，頭髮看起來是撲過粉的，前面在耳朵下剪成了一個直角，後面則比較長，一直垂到肩膀上，他的上裝幾乎沒有刺繡的圖案。他有時會在屋裡來回踱步，不時跟他的手下口授著什麼，他說的是法語，時常出錯。在參謀本部的時候，沒有誰對他有好感，除了他的那三四個追隨者。這次赴任，這幾個追隨者也被他帶在身邊，其中的一個這樣說：「他不是被當成一個數學家，就是被看作一個幻想家。」

　　那麼，難道他就不能是兼具這兩者的天才？

　　他這個人，首先彷彿只會算帳。除了動用大炮和騎兵進行的打仗，他還懷著同樣的熱情寫信給那些督政官們，另一場戰爭由此開始了，他同樣取得了成功：「你們對我的要求我無法做到，那是奇蹟……只有謹慎和智謀，才能實現偉大的目標。勝利和失敗之間只有一步之遙。我從歷

史經驗中學習到，重大事件中發揮了決定作用的，往往都是那些些枝微末節的東西。」但是和偉大的軍事組織者卡爾諾說話，他說的卻都是一些不會在正式場合說的話：「您能相信嗎？在我這裡，一個工兵軍官都沒有，一個有過攻堅戰經歷的人都沒有！……炮兵？這裡根本不存在的，您都無法想像，我知道時是多麼的憤怒！」確實這樣，他的手裡總共只有 24 門山炮，4,000 匹病馬，30 萬枚銀法郎，還有糧食，按半額配給 3 萬人夠吃一個月的。然後上司要求他用這些破爛去拿下義大利。

　　但是既然已經接此重任，他唯一能做的，就是利用手頭這現有的條件盡力而為而已。這支可憐的部隊已經在走向衰敗毀壞，他們中的一部分人甚至又在為國王唱起了頌歌。不過，經過他一番雷厲風行、堅持不懈的努力訓練，這支部隊終於成為一支共和國的軍隊。

　　部隊的卷宗中，在他到達後的第三天那天的紀錄中這樣記錄道：派出 110 名築路工人；將某旅發生的叛亂平定；對兩個炮兵師做出部署；關於盜馬事件，下達命令給兩位將軍；在另外兩位將軍的請求下，對和指揮權有關的問題做出回覆；給一位土倫的將軍下令，讓他率部到尼斯來；給另一位將軍下令，讓他將昂蒂布的國民自衛軍集結起來；給一位將軍下令，讓他在出現叛亂的旅物色才能出眾的軍官；為參謀本部撰寫目標描述書；用當日軍令對部隊進行檢閱。在最開始的 20 天裡，他下達了 123 項單純針對部隊供給問題的書面命令，其中大部分是對貪汙、以次充好缺斤短兩等行為的痛斥。所有這些命令，都是在行軍途中發出去的，具體地說，是在不斷變換的 12 處指揮部和 6 次戰鬥之間發出去的。

　　他的部隊剛剛從狹窄的關隘通過，他就利用上了一條新的作戰原則 —— 集中全部兵力各個擊破 —— 透過兩次戰鬥將敵方聯軍之間的連繫予以切斷。其實，這些戰鬥都不過是前哨戰，和法國人的性格和法軍的傳統是十分相符的。他們對在防守疏鬆的戰線採取大規模的行動是十分陌生的：對於這種場合來說，決定勝負的並不是紙上談兵式的謀畫，

而是指揮官的速度和膽略。

　　雙方的大炮不住地轟鳴，他縱馬疾馳，從隘口峽谷穿過時，他的上裝口袋裡，那枚約瑟芬的小畫像——已經被他親吻過千百次了——表面的玻璃突然破碎。他頓時臉色煞白，就像一個幼稚的少年，勒住馬和布里昂說：「玻璃碎了。我的妻子出事了，她不是患病了，就是出軌了。繼續前進！」

　　他能否兌現曾對官兵們許下的諾言？一切都取決於此。他很清楚，如果他這次說到做到了，那麼他的話部隊就會相信，而一旦他們開始相信他說的話，接下來就會很信賴他。果不其然，在他許下那個諾言的14天後，從下山開始就一路高歌猛進的部隊來到了最後一個山丘上，全軍將士們都不禁發出了歡呼。他們之前活像一群蝸牛，在山谷中穿來穿去，看不見盡頭。現在皮埃蒙特平原忽然出現在眼前，那裡一望無際而又繁花似錦，他們一直以來最缺乏的東西那裡都有。在遠處，波河等河流潺潺流動，他們終於把冰雪世界拋在了身後，「這道巨大的屏障不見了，就像一個魔術似的，它曾經顯得是那麼的不可逾越，就像是和另一個世界的邊界。」

　　現在這所有的都歸你們了！因為兩個對手之一的撒丁國王，已經不得不和統帥訂立了停戰協議，將他的土地上生長的一切全都交了出來。這個停戰協定是波拿巴第一個停戰協議，他利用戰爭詭計和虛張聲勢弄到了手。他用手中恐怖的軍事力量對撒丁國王進行威脅，而實際上這種力量是子虛烏有的；而且即使有，面對敵人的兩面夾擊也是根本施展不了的。不過無論如何，他的士兵們都驚訝了：這個人言而有信！不過兩週的時間，他就徹底地將自己的諾言予以兌現！

　　從這時開始，士兵們對波拿巴的態度變成了心悅誠服。因為這場戰爭讓義大利成為法國的交戰國，所以他從簽署第一份作戰檔開始，就將Buonaparte（波拿巴）這個姓氏中的字母 u 去掉，這樣這就不再是一個

義大利的姓氏了。

過不了多久，他就會再一次改名。

二、成功的因素

他能夠獲得勝利，並且在這之後幾週裡連戰連捷的原因是什麼？他的祕訣是什麼？

首要原因是他年輕和健康。不管騎馬行進多遠，他都不會覺得身體疲倦；他隨時都可以睡覺，不管什麼時候。不管什麼食物，他的脾胃都能夠將其消化吸收，沒有挑三揀四的時候；他的眼睛能夠將一切看穿，並且去偽存真、去蕪存菁。

一個只有 27 歲的年輕人，在他擁有最充沛的精力時當上了統領，並且開始嘗試獨攬大權，這只能說是革命的功勞。對於一個人來說，平等的新觀念更看重他的才能，而不是他的出身。像波拿巴這樣年輕又沒什麼資歷的人脫穎而出，還當上了領袖，這種事情只有在這種氛圍裡才有發生的可能。

他的對手們怎麼和他比？查理[1]大公十分英俊，他那個鼻子一看就是哈布斯堡家族典型的，對頹廢事物十分熱衷，他受的那種教育決定了他做不到波拿巴那樣的吃苦耐勞和公正待人。奧地利軍隊的統帥博利厄就更不值一提了：他現在都 72 歲了，而波拿巴只有 27 歲。科利將軍有足痛風的病，打仗的時候一直得有人抬著他才行。剩下的還有 60 多歲的阿爾文齊，還有更老態龍鍾的撒丁國王。雙耳失聰的維爾姆澤將軍老實過頭、反應遲鈍，行事從來都是謹小慎微，而相比之下波拿巴的口號是「時間就是一切」，他可以每天將指揮部換一個地方，而且他的身邊左右全都是年輕人。

1　查理：德文為 Karl（卡爾），英譯為 Charles。

他身邊的人裡面，年齡最大就是那個聽話的貝爾蒂埃，42 歲。波拿巴接替了前任以後將他留任，因為他對義大利的情況十分熟悉。從這以後 20 年中，他一直是波拿巴的參謀總長，像一個奴隸一樣，對他十分忠實。馬塞納熱情似火，他曾經當過見習水手，然後到處流浪，又去了波旁王朝軍隊服役，但是服役 14 年，連中士都沒當上。而現在，他已經是將軍了，不過幾個禮拜的時間。曾經在 3 支軍隊裡服役的奧熱羅經常開小差，喜歡吹牛的他還是個冒險家和大盜。一句話概括，這是一群社會渣滓，而最年輕的波拿巴是他們的頭領，他很快會讓他們都成為英雄和將帥，後來又給他們加封了親王和公爵等等一堆頭銜。

在每一份提交上去的報告中，他建議提拔的，永遠都是那些驍勇善戰的人。參加了 3 次戰役之後，一個擲彈兵就被提拔為上校了，後來繼續一路高升。與這些正好相反的是，他斷然拒絕提拔那些留任的將軍：「他們都沒有打仗的經歷，在辦公室坐著還差不多。」他不一定追究那些吃了敗仗的人：「親愛的馬塞納，戰場就是這樣，運氣每天都在發生變化，不久的將來，我們一定會將你失去的一切都贏回來。」有一次，他將一個表現很糟的師集合起來大罵一頓，還想將譏諷的文字寫在他們的軍旗上。士兵們當場表態：「明天我們要當先鋒！」第二天，一千來名熱血沸騰的士兵出現在他的隊伍裡。取得勝利後，在當日的軍令裡，他的稱呼是這樣的——「戰友們！朋友們！」他就是這樣領導著這支人民子弟的軍隊。

這也是他接連取勝的第二個原因：他麾下是一支人民的軍隊，這也是革命的功勞，也是革命中才會有的形式。他們的敵人，隊伍裡全都是僱傭兵，花費巨大而且還很不容易補充，所以使用起來不得不十分珍惜。這些僱傭兵屬於好多個民族，這個數量比德意志皇帝治下的民族數量還要多。他們中要說 6 種語言，想要有一種能將他們維繫在一起的思想是不可能的。而法軍中的每一個人，都是來自一個民族，這個民族擁

有 3,000 萬人口，鬥志昂揚，在從這以後的 20 年中一直銳意進取、勇往直前。

法軍的戰鬥目標是什麼？他們的目標是將新獲得的自由，將幾種有關的樸素思想傳播出去，傳播到全世界。世界革命就是他們唯一的目標，再沒有其他的了。但是，他們走出國門，動力絕對不是理想，而是被迫保衛自己自由的財富。因為法國的那些鄰國，都號稱自己是正統的統治者們已經站到了一起，共同對付法蘭西共和國，不過與其說他們是為被推翻的波旁王朝出頭，還不如說是在保護他們自己。這些君主們可不想讓他們的人民學習法國人，所以合謀對法國發動侵略，想要把新思想徹底清除。如此就能明白，法國人民保衛自由的抗爭，不可能在邊境上就結束，他們需要自動從防守轉為進攻。在這樣的形勢下，不得不以自由的名義對他國發起進攻，屬於正義的復仇行為。

這就是波拿巴接連取勝的第三個原因。從他在倫巴第和義大利的土地上縱橫馳騁，為法國攻城掠地的第一天起，他就透過一系列的宣言發布通告，他現在是來幫助他們從哈布斯堡王朝和撒丁王朝的壓迫統治中，從王公貴族的壓榨下擺脫出來的。那些對現狀感覺不滿意的人，面對這樣令人鼓舞的號召，豈能不為所動？那些受盡壓迫的百姓們，早就盼著能將那些王侯總督們趕下臺了！再說了，這裡的許多城市都已經發生了大學生和市民暴動，越過鄰國法蘭西的邊境傳播至此的革命思想引發的。畢竟這裡同樣也有崇尚自由的年輕人，渴望義大利獲得統一的群眾領袖。在這裡，反抗雖然暫時仍處於被壓制狀態，但是形勢已經是一觸即發。這些進步人士對法軍的崇高使命都是十分信賴的，歡迎後者的到來。

從他們的角度來看，法軍統帥的一些特點，包括他純正的義大利血統，他的姓名和母語，都顯示他更像一個傳播自由和和平的使者，而不是在為法國而戰。這兩個危險而又偉大的詞語寫在他每一封信的上方。

如果發現這個人不過是一個侵略者，只會壓迫外族，他們一定會覺得十分失望！波拿巴十分清楚民意決定一切，也當即明白了自己的兩難境地：他的士兵早已一貧如洗，他是否能管束住他們，讓他們表現得像剛從供給充足的駐防地出發的樣子？

「搶劫事件越來越少，」在寫給國內的信中他這樣說道，「這支部隊曾經一無所有，不過現在已經挺過了最初的饑渴階段。他們十分可憐，其實也是情有可原的，之前在邊境的阿爾卑斯山上一待就是 3 年的士兵現在突然來到了這裡，這麼富裕、簡直富得流油的地方……已經飢寒交迫的他們胡作非為是在所難免的，他們的種種行徑簡直是禽獸的行為……我必須要整頓紀律，要不然我就成了強盜頭領了……明天我會下令，將那幾個在教堂偷竊花瓶的士兵處決。紀律有望在 3 天後恢復。義大利人一定會為我軍的克制而驚嘆，而不僅僅是對我軍的勇敢表示欽佩。唉，那些事件真的十分可怕，我都感覺不寒而慄。幸好，撤退的敵軍那所作所為比我們有過之而無不及。」

他希望自己的士兵們要愛惜自己的名聲。他在最早的一份公告發出呼籲：「你們要向我發誓：你們會愛護人民，這些人民正在被你們解放。否則你們就是在禍害人民，你們的一切的一切，包括已經獲得的勝利、勇敢和榮譽，還有那些不幸陣亡弟兄們的鮮血，全都毀於一旦，率領的部隊是一支沒有紀律的部隊，我和將軍們為此而汗顏！」不過他的三令五申並沒有起到令行禁止的效果。整場戰爭期間，對搶劫進行懲戒一直都是他一項沉重的負擔，如果他們過了 24 小時仍拒不交出搶劫來的物品，哪怕搶的是馬和騾子，他也會命令他的將軍們處決那些搶劫的士兵。

在這段時間，也曾發生暴動，敵人們也進行過反擊。僧侶、貴族、王侯們的密探在某個城市裡私下活動，進行煽動反抗。占領區裡那些膽敢反抗的人，不管是誰，他都毫不留情地下令槍斃，還會將那裡的房屋

燒光。對義大利語十分熟悉的波拿巴善於使用義大利的名言、範例和歷史名人，將他們古老的激情喚醒，這就是他獲得成功的另一個法寶：「義大利各民族的人民們：我們的法蘭西軍隊到這裡來的目的，是將套在你們身上的鎖鏈打斷！我們和你們是朋友，請給予我們信任！我們會尊重你們的財產、風俗和宗教！」接下來他還會跟他們談起歷史，講到雅典、斯巴達以及古羅馬。

歷史賦予了他靈魂，可以這樣說。他快步地走進了歷史，與此同時，他的精神也被歷史插上了翅膀。他在少年時代就已經對普魯塔克的著作進行研讀，後來當了少尉，又對各個時代的歷史進行學習，現在的他對腦海中的這些知識，可以隨時隨地靈活運用。這裡所有的地區，那些以前的統治者他都十分了解，他所推翻的政府是如何組建起來的，他也十分熟悉，所以，他在管理這裡每一個地區時，用的都是不同於以往的方式。他的眼前總會浮現那些不朽的形象，而他已經下了決心，一定要趕上並超過他們，所以，他會用歷史的眼光來看待自己所做的一切，並將他的這種感受強加給他的部隊、國家甚至於整個歐洲。事實上，他最初打勝的幾場仗，只是幾次規模不小的遭遇戰而已，不過在他的一番文字渲染之後，就搖身一變成了戰役，而他又將這些戰役誇大為具有歷史性意義的事件，而這樣的效果，有一半的要歸功於文字描述。對他的士兵和解放的那些國家的人民，他總是這樣啟發他們：他們所做的一切，都是為了他們自己，並且也都是依靠自己的力量，才有的這一切。

他在米蘭時曾對士兵們這樣說：「戰士們，你們就像一股湍急的、從亞平寧山脈直沖而下的溪流，米蘭現在歸你們所有……我們和每一個民族都是朋友，布魯圖、西庇阿[1]等等這些偉人的後裔，更是如此。將古羅馬的朱比特神殿（the Capitol）重建起來，將英雄們的雕像豎立，將那些慘遭奴役、已經昏睡了幾百年的羅馬民族喚醒——這一切，就是你

1　西庇阿：古羅馬著名統帥。

們的勝利成果，後世將會對這一切無比驚嘆！你們讓這個歐洲最美麗的國家面貌一新。這將是你們永恆的榮譽……在你們回到家鄉的時候，你們的同胞們會指著你們，這樣說道：看那個人，他參加了解放義大利的戰爭！」

　　向自己的部隊和合作夥伴以及敵軍和交戰國的百姓發表演講，還是這樣動人的演講，有哪位統帥曾經做到過？懂得如何影響人們的想像，而不是簡單地發號施令，還有誰做到過這一點？他在阿柯拉時呼籲他的士兵們：「讓世人瞧一瞧吧，你們到底是膽小如鼠的懦夫，還是取得洛迪大捷的勇士！」在幾個月以後，他又舉出阿柯拉戰役的勝利，對他們進行鼓舞。「我們已經將波河留在身後，第二個戰役已經開始。」他這樣向督政官們報告。他在寫給巴黎的所有報告中，所用的措辭技巧都堪稱完美。他所說的都是事實，但是在他一番巧妙渲染之後，在政府公布給報界並傳到其他國家，這些事實總會造成不小的影響。

　　用劍取得的成就，波拿巴用筆為其錦上添花。

三、專制的將軍

　　「你們與撒丁的和約我已經收到了，軍隊已經批准了。」

　　督政官們讀到這個句子時心驚肉跳，巴黎繳獲的越來越多的軍旗給他們帶來的快樂，也無法阻止他們現在的恐慌。歷史上有過這樣的將領，竟然敢跟他的政府這樣說話？「就這封信，就足夠讓這個年輕的英雄接受槍決！」他的政敵們大聲喊道。但是，包括拿下倫巴第等接二連三的勝利，已經讓他聲名大振，在民眾心目中的地位已經十分牢固，不容觸動。此前，政府特派員也是他的科西嘉同鄉薩利切蒂來到軍營時，在說話時被他粗暴地打斷，並自己和撒丁簽署了停火協議。充當外交家的角色，對他來說還是第一次。在他的對手還想討價還價時，他直接掏

出表，告訴對方下一次進攻會在什麼時間，勸他們要儘早作決定，因為「我也可能在戰場上獲得失敗，但是我不可能因為太自信而失去幾分鐘」。他用這個停火協議將一位國王趕下了臺，這也是第一次。隨後他又開始了談判，對手是大公們和托斯卡納。他的下一個談判對手會是教皇嗎？這個危險的勝利者，該如何應對？

「派給他一個搭檔。」督政官們想到了這個辦法，都忍不住笑了。他們做出決定，最高指揮權由他和克勒曼共同行使，政治事務則由薩利切蒂接管。

在洛迪的波拿巴接到這項命令時是戰鬥後的第二天。

他贏得的第一次真正的戰鬥，就是洛迪之戰，他先是虛張聲勢，然後大膽出擊，進攻阿達河上的那座橋梁，將驚慌失措的奧地利軍隊徹底擊潰。其實在他的一生中，比這次戰役的勝利大的多的有很多，但是在他心靈的歷史上，這次勝利的意義是非同一般的。

打贏了這一仗，這場戰爭第一階段的勝負已分，他的損失極小，而收穫極大。他利用在橋上一小時的激戰，攫取了大片的領土。也是在這天晚上，他第一次有這樣的感覺：夢想和現實、模糊的計畫和眼下明確的戰事都錯綜複雜地交織在一起，他也意識到了，他的力量將為自己創造不可限量的機會。他也是在這個時候頭一回談論起這些目標。他和他的朋友瑪律蒙說道：「我有這樣的感覺，眼前有一些超出今人們的想像力的事業，在等著我去實現。」很久以後他回憶起這段歷史的時候，他這樣說道：「一直到洛迪那個晚上，我才產生這樣的感覺：我不是一個庸庸碌碌的人，我要去做一番大的事業。而在這以前，在我的腦海裡，這些所謂的大事業不過是一些幻想，非常的虛無縹緲。」

巴黎的決定就是在這種情緒下到來的。什麼？如何去將幾個大洲全占領的計畫已經在他的心裡醞釀，現在卻要將指揮權去和克勒曼分享？他嘴巴緊閉，在屋裡來回踱步，然後口授了一篇回給政府的公文：

「如果你們就要在我的前路上設置各種障礙，讓我的行動步驟為特派員的意見所左右……那麼你們就不要再指望我能獲得什麼成績了……在這方面，充分地信任指揮官，是必不可少的。如果我不被信任，那我將去其他隨便一個什麼崗位，並不會有任何怨言，相反我還會在新的崗位上努力工作，以此贏得你們的尊重。每個人的作戰方式都不一樣，經驗豐富的克勒曼將軍，他會比取得比我更好的戰績。但是，讓我們兩個人一起指揮，唯一可能的結果就是把事情搞砸。我為祖國效勞的前提，就是你們充分、專一地信任我。我覺得寫給你們這份報告，需要鼓足勇氣，因為我很容易就被扣上傲慢、有野心的帽子。但是，將自己的感受說出來是我的責任……我做不到和一個認為自己是歐洲頭號軍事家的人共同指揮。而且，兩個優秀的將軍是比不上一個蹩腳的將軍的。作戰和執政一樣，領導者是否合拍，才是根本問題。」

看起來，這位統帥根本沒有把位置讓給別人一點的想法。如果巴黎那邊堅持分他權力的做法，他難道不能選擇一意孤行地繼續挺進，靠著天賦再拿下一連串的勝利，最終調轉槍口和法國為敵，將政府推翻，就像一個僱傭兵的頭目那樣？因此，還是別堅持這件事比較明智。看完報告的督政官們都是一臉苦笑，作了讓步。這也是他第一次獲得對政府的勝利，不過這場勝利毫無聲息。從這次開始，他找到了自己成為主宰的感覺，他的行事風格酷似一個國王，基本都在獨斷專行。不過有些方面他還需要再三懇求才能實現目的，比如在補充供給和兵員上，以及對某些條例的審批上。他寫的報告，一直用的都是屬下的口吻，從來都是提出建議，而不敢表現出一點威脅。而除了這些方面，他的表現和東方的蘇丹其實已經沒什麼兩樣了，他那無比專橫的性格，讓他十分嚮往蘇丹所擁有的一切。

他派出去的信使已經出發了，他的第一聲「不」已經說出去了。這一個輾轉難眠的夜晚還要在軍營裡度過，到了明天，他們就可以開進

米蘭。

　　他的行為舉止，處處都在模仿著那些古羅馬的統帥凱旋時的樣子：俘虜走在前面，只不過沒有帶著鐵鍊，像古羅馬時代似的；500 名騎兵跟在後面。早已經習慣了華麗軍裝的米蘭市民們，看見這些有氣無力、穿著破破爛爛，騎著衰弱不堪的戰馬的士兵，他們的統帥還十分瘦小，騎在一匹毫不起眼的白馬上，身後跟著一幫憔悴的隨從，都十分驚訝。現在是中午時分，春光明媚，而眼前的這些人是那麼的灰暗！城門口那裡，年邁的大主教帶著伯爵和公爵們迎接他的時候，他沒有繼續騎在馬上，而是立刻下了馬，不過並沒有朝歡迎他的人群走來，只是站在那裡傾聽著，臉上是強裝出來的禮貌表情。他會有什麼樣的回應？在場每個人都在猜測著這一點。只見他薄薄的嘴唇抿在一起幾秒鐘，然後說道：「法國對倫巴第人是懷有善意的」，然後他就轉身跨上了馬，跟大家打了一下招呼，就繼續往前走了。

　　在場的人對這一舉動了印象深刻。大家的感覺並不是振奮，而是驚訝。他們在這位勝利者身上找不到一絲傲慢，找到的只有堅定，和讓人無法拒絕服從的意志。他此前並沒有過類似的經歷，如果說他事先就算計好了要給大家留下這種印象，如果他的一舉一動都是「演戲」，那就更能體現出他的了解人心，和精通統治的藝術。

　　不過儘管如此，今天的他還是多少有一點心不在焉，總感覺好像少了些什麼，有些不對勁。

　　人們現在開始放鬆自己了，因此，街上傳來了一陣一陣的歡呼聲。一千多名士兵跟在他們的統帥身後開進城來，人們好奇地看著他們，這些神色憔悴的士兵隊伍十分凌亂，談不上有什麼秩序，穿的軍裝上打滿了五顏六色的補丁，他們並沒有帶著帳篷。只看服裝來說，他們甚至還不如他們的俘虜。

　　統帥選擇了在大主教的宮裡休息，他現在正在洗澡，這是他唯一稱

得上「奢侈」的習慣。而且隨著時間的推移，他的這一習慣會越來越執著，體現在他不斷加長的洗澡時間，和越來越熱的洗澡水上，一直到他去世。這是他讓自己的神經放鬆的唯一方式，任何事情都不能阻止這一習慣。這天晚上安排了招待活動。「即將獲得自由的你們將會比法國人還要安全。這個擁有 500 萬人口的新共和國，米蘭將會成為它的首都。你們的收穫將是 500 門大炮，以及法國人的友誼。我會在你們中選出 50 人成為法國的代表，治理這個國家。現在請你們接受我國的法律，不過會根據你們的風俗習慣進行一些修改……只要我們擁有聰明和團結，什麼事情都會順利。我想要這樣。我在此向你們發誓，如果哈布斯堡家族膽敢再次入侵倫巴第，我將與你們並肩作戰，我永遠都不會拋棄你們！假如這個國家被毀滅了，我自己也不會苟活於世！斯巴達和雅典最終的命運也是滅亡。」

從普魯塔克筆下的英雄們的時代到現在，還沒有哪位統帥曾經這樣說話。為了組建議會，波拿巴發表了這次演講，這是第一次，從這以後 20 年間，他在口頭和書面兩方面對歐洲精神產生影響的一切元素都包含在這次演講中了。所有的事情都很簡單，所有的事情都已確定，因為這高度的確定性，所有的人都十分樂於服從。你們雖然是附庸，但是卻又是自由的。我是你們的主人，不過我會為你們提供保護。500 門大炮和法國的友誼。這就是他想要的。所有的一切就這樣結束了。

現在是 5 月，在這個夜晚，富庶的米蘭城十分熱鬧，煙花和音樂隨處可見。視窗，這位在塞貝洛尼宮下榻的年輕統帥正站在那裡，眺望著遠處。宴會已經告一段落，他少年時代曾經幻想過的入城儀式也已經進行完畢，他人生第一個非同一般的時刻就這樣轉瞬即逝。他在想些什麼？是在追憶過去，還是展望未來？

他向副官瑪律蒙問道：「你說，巴黎人對我們是什麼看法？他們是否滿意？」當瑪律蒙給出一個正常人的想法時，他卻一邊看著他，一邊

說：「但是巴黎並沒有看見什麼！我們會獲得更多更大的勝利。我之所以被幸運女神所眷顧，並不是因為她的恩惠我不屑於接受。實際上她賜予我的越多，我向她索取的也就越多。過幾天，我們將來到阿迪傑河，到那時，義大利就被我們踩在腳下了。我們可能會離開義大利，接著往前走。在這個時代，還沒有誰建立過不平凡的事業，就讓我來開這個先河吧。」

四、妻子的不忠

塞貝洛尼宮裡，波拿巴躺在一張王侯的睡床上。他這輩子都沒有這麼舒服地躺著過。只是對於一個人來說，這張床就是太寬了。約瑟芬在哪裡呢？她沒有在這裡，入城儀式、勝利還有那些煙花和彩旗，又有什麼意義可言呢？為什麼她沒有來？她真的是生病了嗎？會不會是有情人了？他在床上躺著，輾轉反側，難以進入夢鄉。

從一開始，他在閒暇時間和別人聊天時，這個最老資歷的將軍們都要敬他三分的年輕統帥，總願意將約瑟芬的畫像拿出來讓對方看，這就大大降低了別人對他的尊敬程度。「你馬上就會來，是吧？」他在差不多每天一封的情書中這樣寫道，「你一定要在我的身邊，在我的懷抱當中！快點吧，你飛過來，飛過來！」他很了解她，知道生性輕佻的她隨時都為經歷新的風流韻事，投身新的崇拜者做好了準備。不過現在，現在！是什麼讓她無法脫身？身在宮殿裡的他在等著她，他的理想就是從殘酷的戰場，走進王公貴族們的府邸。他希望，他能夠在這只有他們倆才能享受的王家氛圍裡，盡情地感受她的性子、她的嫵媚。

但是，出乎這個最擅長計算的人意料的是，恰恰是他戰場上的成功，讓他們夫婦天各一方。這麼多年她過的都是不夠體面的風流生活，現在的她終於可以直起腰板、揚眉吐氣了。現在，她的丈夫已經是一方

統帥，為所有報紙和各界人士所稱頌，她要透過合法的方式在巴黎將她的光彩展現出來。這位矮個子將軍不會以為她是因為愛情才嫁給他的吧？在第一批傳達勝利消息的旗幟到巴黎時，她坐在馬車上，招搖過市。當她看到群眾衝著她歡呼致意時，認為和到陌生的城市去和那些粗鄙的士兵們在一起相比，這樣的感覺好太多了。她幾乎不怎麼寫信給他，而他寫信給她的頻率確實越來越高。有一次他這樣寫道：「你是有情人了嗎，比如一個小夥子，只有 19 歲？如果事實就是這樣，那你可得小心點奧賽羅的拳頭！」看完這封信，她笑了出來，和她的女友塔麗昂夫人說道：「這個波拿巴，可真夠奇怪的！」

第二天的時候，他忙著處理緊急公務，抽空在寫給卡爾諾的信中說道：「我的太太沒來，我現在非常絕望。她一定是有了情人，因此才不肯從巴黎到這裡來。我恨每一個女人！」但是這時候他卻接到了約瑟芬的來信。因為不能再找軍營的危險、邋遢當藉口了，所以她這次撒謊說自己懷孕了。

這大出他的意料。難道所有的幸運精靈聯起手來，為他賜福？在這功成名就的時候，這正是他唯一還在盼望著的事情。在命運的指引下，他朝越來越高的目標奔去。他有一定的預感，不過這個決定也出於他的意志。如果這是真的，那麼約瑟芬，孩子是我們更需要的。只是眼前的這個戰役計畫剛剛制定好，離取得勝利還有很遠，而且還可能遭遇新的危險。

他渾身戰慄不已：這是真的嗎？是他的孩子嗎？

「我錯怪你了。」在統帥使用的公務信箋上，他奮筆疾書，字跡簡直無法辨認，「我責怪你，而真實情況是你病了！我的理智被愛情奪走了，而且我永遠都找不回來了，請原諒。我的生活就像一場夢，長得沒完沒了的夢，我被一種朦朧的預感扼住了咽喉，我簡直無法呼吸，我非常絕望。請寫給我一封 10 頁的信吧，這是唯一能夠安慰我的東西。你有

病了，你愛著我，你懷孕了，而我卻根本看不到你的身影。在你身邊的人是誰？是奧坦絲嗎？一想到照顧你的是這個可愛的女孩，我對她的喜歡程度增加了成千上萬倍……即將有一個孩子出現在你的懷裡，跟你一樣的迷人！啊，我要是能看你一天，那該有多好啊！……你明白的，你的身邊有情人是我絕對不能容忍的，我會馬上把他撕個粉碎的！」

　　但是，誰能提供她幫助呢？這世上不存在友誼，只有血緣構成的紐帶。也是在這一天，他在寫給約瑟夫的信中這樣說：「我的妻子得了病，我現在非常絕望，不知所措。我的心現在正被可怕的預感折磨著。我懇請你寫信給我。我們從小就被血緣和愛好連繫在一起，請你去對她表示一下關心，幫她做點什麼。如果現在處在她這樣的境地是你，我也會這樣熱心地去幫你的忙……我的愛你是了解的，你清楚它是那麼的熾烈；我從來沒有如此地愛過，這一點你也明白，明白約瑟芬是我第一個愛慕的女人……她眼下的情況真的讓我急得簡直要瘋掉了……等她病好了，身體能夠外出旅行了，你讓她來我這裡，我要擁抱她，把她緊緊地抱在懷裡。我愛她，我愛她愛得發狂，沒有她我就不能活。如果有一天她不再愛我了，那麼我對這個世界就沒什麼可留戀的了。啊，朋友！不要讓信使在巴黎停留 6 小時以上，你叫他盡快送回信給我，只有這個才能讓我振作起來！你開心一點吧！我這個人就只能獲得一些外在的勝利了，這是我命中注定的！」

　　也是在寫這兩封信的這一天，他給部下口授了如下的命令：貝爾蒂埃去占領亞歷山德里亞；給督政官們寫一份請求供給的報告，現在他的部隊急需供給；就殺害士兵一事，發最後通牒給熱那亞元老院；繆拉要去熱那亞元老院，為他寫一封介紹信；為還在里維艾拉的大炮制定出售計畫；下命令給馬塞納，讓他去威尼斯的軍火庫採辦彈藥；讓前方的拉納停止前進；下令把一切的可疑分子都押到托爾托納；派出一個大隊前往土倫；告訴克勒曼，錢和部隊都在路上了。

　　他的信發揮了效力。約瑟夫說服了約瑟芬，跟他一起到米蘭來。現在的她什麼藉口都找不出來了，所以只能一邊收拾行李，一邊唉聲嘆氣。在盧森堡宮的告別宴會上，她沒控制住情緒，哭了出來。她終於上了馬車。無論如何，明天就是 6 月的最後一天了，旺季已經宣告結束，而且跟她一起走的人並不算差；約瑟夫坐在她的對面，雖然這是一個潛在的對手，但是朱諾這個小夥子不錯啊，十分地乾淨整潔；那條叫「幸運兒」的哈巴狗跟平時一樣可愛，還有一個人，就是那個伊波利特·夏爾，一個年輕的小夥，不久前他跟約瑟芬相識後，就一直陪在她的左右。他的目的是什麼？是想把她追到手，還是想借著她平步青雲？伊波利特 —— 多麼動人的名字！他穿的那身輕騎兵軍服，多麼的帥氣！他的那雙腿，是多麼的完美！而且他還知道很多生動的故事，對最新流行什麼樣的披肩和假髮都十分清楚。

　　米蘭。波拿巴人呢？在維羅那那裡指揮新的戰鬥呢？這沒什麼，這裡比想像中的情況好多了！這裡有華麗的宮殿，遇到的每個人都在向她躬身行禮。但是伊波利特仍舊無可比擬，盛裝佩劍的他走在氣派的大道上的樣子，無論是誰也比不了。不過唯一讓她覺得遺憾的是，這裡有那麼多雙好奇的眼睛，她不得不處處留神在意。好在精明過人的伊波利特已經找到了一處隱蔽的樓梯。

　　突然，外邊傳來 ·陣喧鬧，有人進來報告說統帥已經從維羅那回來了。從這往後的兩天兩夜，她好像被火山的岩漿淹沒了。

五、戰地情書

　　曼圖亞被波拿巴占領之後，德意志皇帝下了三次旨意給他的司令官，讓他去解曼圖亞之圍，因為這個地方的戰略意義十分重要。老將維爾姆澤率領的一隻新部隊現在正沿加爾達湖而下，將法軍擊退。波拿巴

為了保存自己的實力，不得不暫時放棄曼圖亞。但是這時法軍去米蘭的退路已經被敵軍切斷，形勢十分危急。波拿巴馬上從米蘭出發，他頂著7月的炎炎烈日，在波河平原上策馬疾馳，將一支支部隊集中在一起。這些日子都是這樣極度的忙碌和緊張。

「和你分開以後，」這些日子中的一個晚上他這樣寫道，「我一直非常憂傷。我唯一能感覺到快樂的時刻，就是在你的身邊。我一直在回憶著，想著你的吻，你的眼淚，甚至想著你那可愛的醋勁。我的約瑟芬，我無與倫比的約瑟芬，我心靈和感官的火焰已經被你的魅力點燃。什麼時候，我才能不再為公務勞神，每一分一秒都與你共度，什麼事都不做，除了愛你？……我對你的崇拜從認識你的那一天起就與日俱增，由此可見，布里埃那句名言「愛情是突然來臨的」簡直是大錯特錯！大自然的每一件事情，都有它的過程的，都是一點點發展的……我現在甚至希望你不要如此美麗、溫柔，尤其不要如此地愛吃醋，因為你的眼淚會讓我的血液就此燃燒……你馬上跟隨我的腳步過來吧，這樣我們臨死之前，就能夠這樣說了：那麼多幸福的日子，都是我們在一起度過的！我吻你100萬次，也吻那個討厭的『幸運兒』！」

將這條小狗趕走的計畫一直沒有成功，無論是在此之前還是之後。他自己是這樣說的，新婚之夜，在妻子的床上，他看見了牠，「當時我需要作出選擇：或者是和她和她的狗一起睡，或者自己一個人睡。這真是太可惡了，但是我只能在這二者中作出選擇。最後我也乾脆死心了。那個傢伙一點都不老實，還在我的腿上給我留下了紀念品，現在還能看得到！」

將軍夫人在戰爭的混亂中被送去了布雷西亞。但是她根本沒來得及喘口氣，就又被迫返回米蘭。她夾雜在大炮和新兵中間，差點被敵人抓去當了俘虜。不過經歷了這一風險的她從這以後便有了一個絕佳的藉口。也是從這以後，她一直在拒絕丈夫要她陪在身邊的要求。

這幾個星期裡的波拿巴喪失了勇氣，這是他的第一次，雖然只在一個晚上的事。他組織召開了作戰會議，而不是直接下達命令，這讓他的將軍們十分吃驚。形勢十分嚴峻，他打算撤軍，撤到波河以北，但是奧熱羅十分暴躁，他拍著桌子大喊：「我不能讓你名譽掃地！這仗我們一定要打！」說完他就站起身來，衝出了房間。其他的將領意見也是各不相同。

想要一個人安靜一會的波拿巴走進另一個房間，臉衝著地圖，坐在那裡，盤算著到底是繼續打還是撤退。飛蛾繞著蠟燭翩翩起舞，最後的命運卻是被燒死。這個盛夏的夜晚悶熱異常，一陣鼓聲和叫喊聲從外面傳來。倫巴第能不能保住，明天就知道了，他想。可能這就是我的榮譽，我的命運的轉捩點到來了。我是否要孤注一擲？如果維爾姆澤的兵力比報告裡的多，應該怎麼辦？現在，約瑟芬在那張大床上睡覺。也可能現在她正躺在某個把她迷住了的小白臉的懷裡，正在那裡偷偷地笑呢，哎，這些誰又知道呢！

最終，他選擇了繼續打。第二天，在卡斯蒂廖內附近，他取得了戰鬥的勝利。

後來他這樣寫道：「我已經 3 天沒有接到你的信了，但是我卻每天都寫信給你。分離真的太可怕了，夜晚實在漫長而又無聊，而白天實在太單調！」與此同時，約瑟芬卻在寫給女性友人的信中這樣說：「我非常的無聊。」他忙著打仗，勝仗一個接一個；她則忙著參加各種慶典，接受人們對她的稱頌。但是，兩人都感覺這樣的生活十分無聊：他覺得無聊，是因為她離他那麼遠，她覺得無聊，則是因為他離那麼近。3 天後的那封信裡他又這樣寫道：「我們打敗了敵人，親愛的，抓了 18,000 個俘虜，剩下的那些不是戰死了就是受傷的。維爾姆澤的手裡只有曼圖亞了。這次的成功是空前的，我們為共和國保住了義大利、弗留里和蒂羅爾。用不了幾天我們就可以重逢了，這是對辛苦工作的補償，一千次熱烈

地吻你！」

　　政治家波拿巴，會利用好總司令波拿巴的每一次作戰間隙。在摩德納，他召集了各邦議員大會，包括最南部的波倫亞在內。他拿出一部憲法給他們，讓他們聯合起來，組建一個新的共和國。他這個國家的締造者現在能夠感覺快樂嗎？米蘭那個女人有了新歡是確定無疑的，否則她是不會這麼寫信的！「你的信十分的冰冷，」也是在這一天，他這樣寫道，「那語氣跟已經結婚 50 年的老夫老妻沒什麼兩樣，有的只是友誼和冷漠。您[1]真的是太無理、太狠毒了！您還有哪些招數沒用呢，儘管用吧！你是不是不再愛我了？這早就是確定無疑的事了！你是不是非常地恨我？行。這也是我所希望的。什麼都能讓我尊嚴喪盡，但是仇恨不會。但是，那種滿不在乎的態度我無法忍受，冷漠的眼神，有氣無力的步態，大理石一般堅硬的心……給你一千個像我的心一樣溫柔的吻！」

　　新的危機來臨，他又不得不北上，戰鬥，打了敗仗。11 月是沉重的，形勢又岌岌可危起來，他卻沒有得到她的一絲絲安慰。恰恰相反的是，有幾個米蘭的好友了解內情，吞吞吐吐地跟他說，在那裡統帥夫人過著十分享受的日子。卡爾迪埃羅之戰戰敗後的第二天，絕望的他請求巴黎給予增援。

　　所有的事情似乎都陷入了混亂，喪失了勇氣的將士們圍著他，七嘴八舌地說著。這段日子裡，他的腦子幾乎要當 30 個腦袋用，因為在阿柯拉這裡即將爆發一場大戰。這天晚上，他給她寫信，心情十分絕望：「我再也不愛你了，我現在恨你！你又蠢又醜，根本就沒有腦子。你從來不寫信給我，更不愛你的丈夫。尊敬的女士，請問您每天都在忙著幹什麼？您沒時間給最愛的人寫信，是什麼重要的事情讓您如此忙碌？……

1　在法德等語言中，家人（包括夫妻）、親朋好友之間通常以非尊稱的「你」相稱，而尊稱「您」常表示雙方地位的差距或關係的疏遠。拿破崙在此信中對約瑟芬用了這兩種不同的稱呼，體現了他對她愛恨交加的感情。

是哪個傑出的情人將您所有的時間都占用了，還不讓您給自己的丈夫寫信？請您多加留神，約瑟芬，我說不定就會在某個美好的夜晚破門而入！我現在真的憂慮滿腹。親愛的朋友，趕緊寫給我 4 頁的回信，用你那可愛的話語，為我帶來幸福和快樂！我盼望著很快就能擁抱你，送上一百萬個和赤道一樣熾熱的吻，將你覆蓋！」

他的心現在非常忐忑，不知道自己是否還能給予她信任。假如不能，那麼他是多麼的不幸啊！他的內心現在也是危機四伏，和外面戰場上的情形一樣，責任和懷疑將這裡攪得惴惴不安。今天的他可能已經在家裡顏面盡失，明天的他則可能在戰場上一敗塗地，而他這個人的理想，偏偏又是想要統治世界！那幾天裡，部隊裡出現了士兵自殺的事件，他趁著這個機會命令部隊：「軍人不應該成為感情的痛苦和憂鬱的手下敗將。」

寫上面這封信的兩天後，在阿柯拉附近，他站在一座橋上，這座橋橫跨在阿迪傑河上。敵人正在炮轟這座橋，後退的法軍像如潮水一般，看來這條河是過不去的了。他大聲喊著進行督戰，士兵們終於又拚命往前衝，就在這時，有一個人喊道：「將軍先生，不要再往前走了，將軍先生！那樣你就會被打死的，我們就肯定要打敗仗了！」這時瑪律蒙走在他前面一點，他回身想看看其他人是否跟上，卻看到統帥倒在副官米爾隆的懷裡，似乎是受了傷了。他的隨從們立刻都停下了腳步。發動衝鋒的士兵們看到這一情況，也馬上都順著堤壩的斜坡後退。醒過來的波拿巴一不小心掉進了堤壩下面的水溝裡。把他拉上來的是瑪律蒙和他弟弟路易。突然間槍炮齊鳴，人們亂成了一鍋粥，用身體掩護了主人的米爾隆自己卻倒下了。波拿巴匆忙地騎上馬跑掉了。

這天晚上，他蹲坐在軍營裡，呆若木雞，一言不發。第二天，他又發動了一次進攻，但是還是沒有成功。這條可惡的河好像是無法逾越的。第三天的情況依然沒有好轉。

就在這最後關頭，他想到了使用計謀。

河邊的戰鬥正進行得如火如荼時，他將所有的鼓手和號兵召集在一起，再加上一部分的衛兵，讓他們偷偷地迂迴到敵人的後面，然後突然地在那裡吹號角、擊鼓、開槍。敵軍早已疲憊不堪，聽到這聲音頓時驚慌失措，有一個師的部隊已經開始後撤。這時法軍頓時士氣大振，馬上就將一部分敵軍的驚慌擴大為全部敵軍的敗退。就這樣，因為計謀和勇氣，在絕望的泥潭中，新的勝利誕生了。從這以後，又一個村莊的名字可以寫入歷史。沒過多久，巴黎方面為這場戰役鑄造了紀念幣，畫家也為同時代人以及後人創作了一幅畫像作為紀念，畫中可以看到站在橋上的波拿巴手裡舉著一面旗，實際上這面旗他從未舉過。

危機暫時解除。敵人雖然為曼圖亞解了圍，但是它馬上就會被攻克。波拿巴將部隊重新進行了部署，匆匆趕回米蘭。他現在終於可以在首都坐鎮，統治這個國家了，同時，他還真正擁有了約瑟芬，並將她留住了。

但是，和維爾姆澤比起來，約瑟芬更不好抓。「我來米蘭了，朝你的住處衝去。我將一切事情都擱在一邊，只是為了和你重逢。但是你卻沒在這裡！你穿梭在各個城市之間，在一個個慶典上出現。我趕到這裡了，你卻跑開了！你根本就不關心你的拿破崙。當時，一時心血來潮的你愛上了我，現在卻又見異思遷，對我這般冷淡。我早已經習慣了各種危險，懂得生活中的惡作劇應該怎樣應對……我的這些話你不用放在心上，讓自己開心就好。你的命運已經注定了你要享受幸福，每個人都甘願向你獻殷勤，不幸的人，只有你的丈夫而已。」

次日早上：「你不必關心一個你不愛的男人的幸運或者不幸，而愛你卻是我的命中注定……你丈夫的不幸你不必理會，他這輩子只為你而活著。要你愛我，像我愛著你一樣愛著我，這十分的不公平，有什麼理由要求柔軟的織物和黃金重量一樣呢！……大自然並沒有賜予我將你拴住

的魅力,這是我的過錯所在。我這個樣子,只配讓約瑟芬對我稍加顧及和尊重,因為我對她的她已經如痴如狂,而且是我唯一的愛……這位值得愛慕的女士,請保重!……如果她不再愛我這一點已經確定,我會將自己的痛苦埋藏起來,能夠盡力替她效勞我就很滿足了……我再次把信打開,親吻你。啊,約瑟芬,約瑟芬!」

這是怎樣的表白啊!懷著無比的熱情和對名望的渴求,他朝目標奔去,但是遇到的卻是敵人逃之夭夭,該如何是好?遭受挫折,第一件要做的事,不是謾罵和發怒,而是保持冷靜。要保持自己的尊嚴,讓智慧來對行動進行指導。稍微進行一下嘲弄,拿騎士風度進行掩飾,就可以影響到她。第二天他這樣想道:我不能失去她。如何能讓她回心轉意?讚揚自己的戰功,對她不會產生半點效果。要做什麼才會產生效果呢?去巴結她,恭維她,盡力為她效勞。他是這樣計畫的,但他的算盤打錯了。勇於對國王們發號施令的他卻沒有看出來魅力十足的約瑟芬,對他本來是有那麼一點畏懼的,雖然她對他並沒有愛情。現在他這樣的表現自己對她的無比迷戀,她反倒可以有恃無恐了。

這位將軍雖然深諳人心,卻犯下這樣的錯誤,他的驕傲是本質的原因。他的驕傲已經達到了什麼水準?人類最極限的驕傲也就是他這樣的了,後來他也是因為這個,才犯下他的一生中最大的那個錯誤。說到現在,這種驕傲不允許他將無法控制的熱情掩飾起來,因為他本來就不想這樣。在寫下「盡力為她效勞」等精挑細選的語句之後,他愚蠢的心理又出來搗亂了。他再次將信打開「親吻你」,就像一個幼稚的少年。

六、捍衛指揮權

巴黎現在是什麼情況?

巴黎的人們現在十分的歡欣鼓舞,因為這麼多年以來,他們終於又

擁有了一位英雄。波拿巴的畫像被掛在商店裡，詩人們將他和古代的征服者相提並論，在慶祝新勝利的活動上，演員們都在稱頌他的名字，繳獲的敵軍旗子陳列在盧森堡宮裡，他的報告被督政官們進行刪減後發表在政府公報上，波拿巴還出現在了歌曲、紀念幣甚至從英國傳過來的漫畫上當中——這一切都讓大街小巷到處都是歡樂和熱鬧的氣氛。

這些他都知道。他也很清楚，隨著民眾心目中自己的地位越來越高，督政官們都在顫抖了，因為他早就不在他們的管轄之下了。「此人接二連三地獲勝，我們總有一天會完蛋的。」於是，他們湊在一起研究辦法。人民的軍隊攻無不克，戰無不勝，但是如果政府控制不了軍隊的將領，那麼這支軍隊就成了一個致命的威脅。過去的 17 年間，每出現一個打算自行其政的將領，政府不都會拿出斷頭臺進行威脅嗎？誰敢不聽我們的話，誰敢不把我們派去部隊裡的特派員放在眼裡，誰就得滾蛋，即使是波拿巴也不行！薩利切蒂過於順從波拿巴，而且他還是波拿巴的科西嘉老鄉，對他還懷有內疚，因為曾經出賣過他。那我們派個別的人去當這個特派員，就克拉克吧，這個人不僅聰明，野心也不小。

克拉克看起來十分高傲，衣冠楚楚，他自己也是位將軍。在去米蘭的路上，他心裡盤算著，波拿巴這個人應該挺好對付的。以前他總在巴拉斯遇到他，這是個小個子，一身破破爛爛的軍裝。就這麼一個笨拙的傢伙，那幫人居然都沒有擺平？不過當他進入塞貝洛尼宮，站在波拿巴面前時，卻吃驚不小。眼前這個人雖然還是那麼矮，但是他走進來的那個架勢，以及其他人小心地等候、避讓他的情景，讓他看上去不像一個軍人，更像一個君主。

這位特派員受到了大家彬彬有禮的歡迎。但是，他不僅沒有實現從波拿巴嘴裡套出一點祕密好告訴巴黎的目標，反倒是將督政官們的計畫一股腦兒地都和波拿巴說了，這本應該是保密的。他認定未來的主宰將會是後者，所以他當即投靠過來，依附了更高的權力。現在，波拿巴知

道了自己的預感是對的：他在從戰場上的勝利，只是被巴黎的督政官們當成了與德國人媾和的籌碼，他們並沒有保持對義大利的占領的打算，更不用提在這個國家開展革命了。既然是這樣，他決定，為挫敗政府的計畫作好所有的準備。

但是，現在的他還是需要他們的。「增援！我需要增援！別覺得這是可有可無的，不要只停留在紙上，我需要的是活生生的、全副武裝的兵員！……我那些最優秀的士兵全都受了傷，所有的將軍和參謀人員都已經無法再進行作戰了。新兵戰鬥力和自信都沒有，指望不上他們。我的部隊損失慘重，只剩下一小部分力量了，而且就這些還都是疲憊至極的。我們就這樣被丟棄在義大利的中部……我們的力量現在如此虛弱，倖存的那些勇猛的戰士，看來也避免不了戰死的命運。也許過不了幾天，喪鐘將為我那勇敢的奧熱羅，無所畏懼的馬塞納、貝爾蒂埃還有我自己敲響。到那時那些優秀的士兵的下場將會如何？我一想到這些，就不得不加了小心，再也沒有和死神賭氣的勇氣。面對死亡，我放心不下的那些人很可能不再具備前進的勇氣。」

還有比這更狡猾的嗎？

有。他還有其他的手段呢。除了這招毀滅的威脅，他還用利益進行誘惑。他差不多每個月都會送黃金給貧困的政府，這些黃金都是他在簽訂停戰協定時從王公貴族和各共和國那裡索取來的，而政府現在在靠著一堆嚴重貶值的紙幣在勉強維持運轉。不跟國內要錢，反到送錢回來的統帥，這還是第一位。另外他還經常付點小費給督政官們：「我專門從我找到的上等良馬中選出 100 匹奉上，供諸位替換騎乘。」

巴黎方面不同意他調撥南方各省部隊的請求，理由是國內任務也很需要部隊，他這樣回覆說：「里昂那裡出了亂子，而我們將義大利保住了，這樣的結果總比反過來好。」督政官們又提出要求，要他讓特派員負責所有的外交事務，他在回信中這樣說：「我們現在的情況需要不僅只

能有一位負責戰場指揮的將軍，而且他的行動，不能為任何其他人或者事所干擾……我的進軍計畫和我的思路是同樣的精確……現在，我們的境地就是部隊的力量相對薄弱，卻被迫承擔了眾多的任務，包括抵擋德意志軍隊，拿下要塞，保障後方線路的通暢，保持對威尼斯、熱那亞、羅馬、托斯卡納還有那不勒斯的威懾。無論在哪裡，我們都需要保持強勢、保持威懾。而想要實現這一切，軍事、政治和財政領導的完全統一是必不可少的……一旦將軍的手裡沒有統一的指揮權，各位就要面臨危險了。希望我的觀點，不會被扣上野心勃勃的帽子。現在我身上的榮譽已經太多了，我的健康情況也很糟糕，也許派人來接替我的職務也是有必要的了。現在的我連馬都上不去了，還在的只有勇氣……但是我會繼續談判！部隊！部隊！如果你們想將義大利保住，那就馬上派出增援部隊！波拿巴。」

　　名氣越大，他請求引退就越頻繁，而實際情況是他身強體壯，每天不僅都要騎馬，還都要把一匹馬騎得精疲力盡為止。他的請求如果真的被巴黎那些督政官們批准了，那等來的肯定不會是什麼好結果！在鞏固法國在義大利的實力的同時，他也在增強自己在巴黎的實力 —— 這個念頭是他剛剛才有的。雖然民族自由並不是他的目標，他也不認為現在的義大利具備這方面的條件，但是他還是在巴黎那些大人物的強力反對下了組建起來了「西沙平共和國」。那些大人物裡，至少卡爾諾是認同民族自由的，不過在他的眼裡，義大利也只是一個抵押品而已。

　　波拿巴在這裡頭一次將一些離心力量整合成了一個有機體，以後他還會多次重複這一創造行為，只是範圍會越來越大。一個統一的歐洲是他的目標。義大利北部的 6 個小國被他合為一體，他又幫助他們任免了一批官員，制定了一部憲法 —— 一切行為都在朝一個獨裁者看齊，但是一切行為的準則又都是通情達理的，在具體的內容上是很靈活的。他在公告中感人地宣布給予義大利人自由，無論他們是否願意；與此同時，

他也讓他們要為這個支付現金：

「法蘭西共和國對暴君十分痛恨，同意給予各國人民像兄弟一樣的親情。憲法的這條原則和我軍的原則完全一致。專制君主不僅長期奴役倫巴第，也給法蘭西造成了非常大的損害……一旦驕橫的君主軍隊取得勝利，一定會給戰敗的民族帶來恐慌。共和國的軍隊雖然不得不和它的敵人—— 國王們一決生死，但是還是願意和被它解放的民族締結友誼的。我們的原則從來都是尊重財產、人權和宗教。倫巴第人為此也應該對我們進行公正地回報，畢竟我們是兄弟……倫巴第當然要支援我們，用各種手段、各種管道。路途的遙遠讓我們不可能從法國獲得供給。我們被戰爭法賦予了要求倫巴第為我們提供供給的權利，請你們看在友誼的份上，儘早對我們施以援手。我們現在向各省徵收的兩千萬法郎是我們所急需的。這點錢對於這裡如此富庶的省份來說是不值一提的。」

於是，稅收、各州、軍需庫、國有土地都成為他獲取所需的一切的來源。每次在簽訂停戰協議的時候，他都向對方索取錢、牛和名畫，因為他有一種預感：雕像和名畫確實不能讓貨幣增值，但是在增強巴黎方面的自信心上卻有奇效，而輿論的支援也正是他現在需要的。在這個國家財政最緊張的階段，義大利的波拿巴送進羅浮宮的藝術珍品的數量，超過了以往任何一個國王的輝煌時期。

他對付巧取豪奪的法國人也是十分無情的，這和他向義大利人徵收錢物是一樣的。「軍隊實際消耗的物資，是它的需求的 6 倍，」在最初的報告裡他這樣寫道，「原因是管理人員要做假賬……揮霍、腐敗和貪汙都達到了瞠目結舌的地步。想要解決，唯一的辦法就是：成立一個 3 人委員會，這個委員會有在三五天內將任何一個中飽私囊者處決的權力。」當配給的草料缺斤少兩的現象得到確認屬實存在時，他認為：「不讓一個無賴逃脫，這是最重要的。貪欲已經危害軍隊和國家足夠長的時間了！」他在黨裡光是針對這些蛀蟲的抨擊就不計其數。

在部隊裡出現了婦女賣淫現象並蔓延開來時，他下了一道令：「在本軍令頒布後 24 小時內，還有未經許可的女性逗留軍中，將被處以塗黑臉並示眾 2 小時。」

這位嚴厲的統帥在破除當時軍中的野蠻習氣方面則表現出他人道的一面，和上面形成了鮮明的對比：「是廢除毆打士兵逼供的可恥習慣的時候了。審訊時使用拷打的方法，唯一的結果就是我們喜歡知道什麼，這些可憐的人就說什麼。這種違背人道和理性的手段，我現在宣布禁止使用。」

七、外交手腕

他身為一名外交官，將一切外交手段都進行了強化：欺騙和坦率，恭維和威脅，偶爾充當一把大兵的角色。在和梵蒂岡打交道時，他的表現十分機智。

巴黎的督政官們身為徹底的革命者，不僅廢除了基督教，還想將教皇國梵蒂岡這個宗教的大本營一起摧毀。這種道德上的成就，還有梵蒂岡的巨額財富的吸引力不是波拿巴組建的所有邊境國家所能比的。所以他們讓他進軍羅馬。從小時候起，波拿巴的想像中就把羅馬貼上了權力、偉大和榮耀等等標籤，而這個非同一般的城市現在就在他的眼前，他可以親手到朱比特神殿將桂冠摘取下來，像凱撒當年做的那樣，因為教皇的軍隊根本打不過他。

但是他並沒有這樣做。在他的思維中，有一個統治者是無法用大炮廢黜了的，也是唯一的，那就是教皇。波拿巴看到了那種對法國和歐洲產生了千年影響的思想，也知道殉教行為會在道德上產生多大的衝擊力。所以他做出決定，不向教皇開火，最多裝裝要打仗的樣子就行了。「羅馬具有不可估量的影響力，斷絕與這個政權的關係，我們犯下了大

錯，這非常有利於他們。」

　　揮師南下的他渡過盧比孔河之後就停下了腳步。是占據優勢地位的他提出的停火建議。這也是他後來常用的手段。年邁的教皇接受了他的提議，因為足夠明智的波拿巴暫且擱置了一切的教會問題。教皇同意了向法國支付幾百萬法郎和提供 100 幅名畫以及花瓶、雕像等等的要求。法國會成立一個委員會，提前來挑選這些藝術品。只有兩件藝術品，是波拿巴直接指名索要的：尤尼烏斯・布魯圖[1]和瑪律庫斯・布魯圖[2]胸像，都在朱比特神殿裡。他就像一個從科西嘉來的羅馬人：渡過了盧比孔河以後但是沒有進軍羅馬，卻又要走了兩位布魯圖的胸像，以此作為占領費。

　　當教皇不肯按照之前的約定支付賠款，又製造了一些麻煩的時候，他再次向著羅馬進軍，但是還是沒有進去。一次小規模的戰鬥足能夠促成敵方締結和約。北部戰場那邊馬上也得用到部隊了，而且如果教皇帶著所有的珍寶逃跑了，他到時候用什麼去進貢給巴黎的督政官們呢？對於那些拒絕宣誓效忠革命政府、逃到羅馬尋求庇護的法國神父，他甚至直接自作主張予以寬恕了，還四處結交教會人士，又將那位公民大主教比作偉大的使徒，在好幾封寫給教會高層人士的信裡他也再三強調：「福音書的教義是以平等為基礎的，所以對每個共和國來說，它這個學說都是非常有利的。」對於這一點，廢除基督教的巴黎政府不知會作何評價！

　　最後，他帶信給打算逃亡的教皇，讓他不用害怕：「請您向聖父轉達一下，波拿巴不是阿提拉。即使他是阿提拉，也請聖父思考一下，不要忘了自己可是列奧的繼任者。[3]」他對待最古老的御座，就是這樣的具

1　即布魯圖・阿爾比努斯（Decimus Junius Brutus Albinus，? - 西元前 43），古羅馬將軍。曾參與刺殺獨裁者凱撒，並率領共和派軍隊與馬可・安東尼領導的凱撒派軍隊作戰，後被安東尼下令處死。

2　布魯圖（Marcus Junius Brutus，西元前 85- 西元前 42），古羅馬政治家，刺殺獨裁者凱撒的主謀。後逃往希臘，率軍對抗安東尼、屋大維聯軍，因戰敗自殺。

3　西元 452 年，匈奴王阿提拉率軍侵入義大利北部，西羅馬帝國皇帝瓦倫丁尼三世束手無策，教皇列奧一世（Leo I）親赴曼圖亞向阿提拉求和成功，保全了羅馬。

有歷史意識。但是在教皇的使節遲遲不在草案上簽字時，這位有教養而又老練的男子馬上做出一介武夫的姿態，一把將協議草案撕碎並扔進了身後的火爐：「閣下，我們締結的只是停戰協定，並不是和平。」他的舉動讓教皇的代表們大驚失色。他趁著這個機會，將之前的價碼提高了一倍，而且他如願以償了。教皇寫了一封信這位「親愛的兒子」寫了封信，還祝福他。

他和當時的那些外交官們不一樣，從來不故作神祕。在他簽訂了第一個停戰協定後的一小時，他就用一個歷史學家的態度，十分超然地來看待這件事。「我進攻科薩里阿城堡其實毫無意義，」吃飯時，他和打了敗仗的皮埃蒙特代表說，「而你們 17 日採取的行動完全正確。」

他在第一個戰役即將結束時，所表現出來的自信和妥當也非常優秀。他 3 月初從倫巴第出發，月底就到了施蒂利亞，這裡離維也納也只有幾天的路程。如果現在萊茵部隊也在戰場上獲得類似的進展，他們就可以逼著奧地利皇帝法蘭茲[1]簽訂和約。但是他現在卻主動停下了腳步，主動跟戰敗者求和。而實際上這時萊茵部隊還沒有到來，奧地利和匈牙利的備戰還在熱火朝天地進行，按照占領者的邏輯，他這時應該等待並保持自己的威懾力。

但是，波拿巴是政治家。面臨著新選舉的督政官們迫切需要和平，而他現在也還需要督政官們。如果他這個軍人親自並且是一個人為法國締造 5 年的和平，那會怎麼樣呢？這可是法國 5 年來一直在尋求的，難道要他和他的競爭對手們分享這份榮譽和萊茵部隊？戰場上的運氣誰也說不準，去冒不必要的風險，那是魯莽的人才會去做的事。他再次對敵人發起攻擊，將對方的萊茵部隊和其他部隊的連繫切斷。最近一年來，整個歐洲都對這位新統帥有些畏懼，現在是時候擺出一點和平的姿態了，好讓人們開始尊敬他這位新政治家。他寫信給德意志皇帝的弟弟

1　德語原文為 Franz（弗朗茨），「法蘭茲」的譯名系從與 Franz 對應的英文 Francis 而來。

也是他的手下敗將查理大公，沒有按宮廷禮節稱呼，而是以完全平等的地位：

「總司令先生：我們那些正在浴血奮戰的勇敢的戰士們，一樣對和平十分期盼。這一場戰爭不是已經打了 6 年嗎？難道我們殺的人還不夠多嗎？難道我們給人類帶來的痛苦還不深重嗎？呼喚和平的人隨處可見，幾乎是每一個國家都將武器放下，不再與法國為敵，只有貴國沒有，還在單槍匹馬地與法國戰鬥。關於這場新的戰役，早就有不祥的預兆了。不管最後誰將獲勝，有一點是確定的，那就是我們中的一方都將造成另一方幾千人的死亡，而我們最終還是會締結條約，因為凡事都要有個結束，即使是最強烈的仇恨……身為皇帝的親人，您應該比兩國政府和那些只會感情用事的政客們更加超脫，您難道不願意被世人稱為人類造福者和德意志的民族救星？您完全可以憑藉武器拯救您的國家，這一點我深信不疑，但那時德國也將化為一片廢墟。如果說我的這番話能夠挽救哪怕只是一個人的生命，我也會選擇停戰並以此為榮，而不去要那可悲的勝利榮譽。」

查理大公看完這封信後深受感動。受過良好的教育的他其實骨子裡是對一切戰爭都持反對態度的，只是職責所在，才不得不當了這個總司令。現在手裡拿著波拿巴的這封信，他可以去維也納，去說服那些主戰派和皇帝，讓他們改變立場。如果他們不同意，事情又會怎麼樣呢？波拿巴肯定會將他們的回信連同自己的信兩封信一起發表，並再一次大肆向歐洲宣傳法蘭西共和國的人道理想，對德意志[1]封建國家的好戰分子進行譴責。接下來他會燒殺搶掠一番，然後宣稱我們的頑固是造成這一切的根源。事實是他的這封信剛剛寄出來，他的一支部隊就緊隨其後，占領了累歐本城。

1　自 15 世紀初開始，「德意志民族的神聖羅馬帝國」的皇帝稱號及德意志王位實際上由哈布斯堡家族（1740 年以後為哈布斯堡洛林）的奧地利王室世襲，因此作者有時稱德意志為奧地利。

　　奧皇的使節們到了的時候，波拿巴一直走到臺階下面去迎接他們，說到皇帝和查理大公時，言語中飽含尊敬。至於波拿巴呼籲的和平，使節們提出了請求：停火 10 天，這 10 天裡維也納方面可以繼續備戰。對此波拿巴避而不答，只是邀請使節們共赴晚宴。晚宴後，他做出了決定：停戰 5 天。

　　維也納的敵人長出了一口氣，但是巴黎的督政官們卻吃驚不小。什麼？這位將領準備自己和敵人締結和約？那麼從今往後，他就可以來到巴黎，輕而易舉地消滅了我們。他們發給了波拿巴一個很禮貌的通知，政府代表已經出發去軍營了，請他耐心等一下，等代表到了以後再做最後的決定。波拿巴接到這個命令後，馬上急促地去催對方趕緊做決定。他很清楚巴黎人會如何評價他，所以他給督政官們的回覆毫不客氣：「我本人懇請你們稍安毋躁。你們對我可以完全地信任。可以這樣說，我的所有行動，都是在用自己的生命做賭注去冒險，我為自己贏得的這些榮譽，已經遠遠超出了一個幸福的人的需求。現在的我已經又一次將美麗的義大利平原留在身後，進逼維也納，好去為這支國家已經無力負擔的部隊尋找麵包。我的公民生涯就像我的軍人生涯一樣，都是那麼的單純，誹謗者卻在誣衊我，說我有什麼不可告人的目的，他們的陰謀永遠都不會得逞。」

　　這番帶刺的言語的背後，波拿巴正向著他並沒有說出的目標前進。

　　談判談得沒完沒了！意義何在？你們將倫巴第和比利時給我們，以後再在德意志帝國裡，對這些丟了領土的諸侯進行補償吧！哈布斯堡同意了這一原則，因為不管是皇帝，還是哪位德意志諸侯，對德意志帝國都沒什麼興趣了。它已經是行將就木，奄奄一息。法國就是用這種方式，將手伸過了萊茵河。只是有一點，丟了倫巴第的哈布斯堡該怎樣獲得補償，現在還沒有人清楚。

　　正好就在這個時候，有消息說，威尼斯出現了法軍被殺的事情和騷

亂。太棒了，我們現在終於能去充當一把復仇者了！那個老朽不堪的威尼斯也該壽終正寢了。「人們發現了好望角，以及的里雅斯特和安可納的崛起之後，威尼斯就開始走下坡路了。」波拿巴寫信給督政官們，好讓他們在道德上獲得安寧，也就是說，這些話他們完全能夠送去報紙發表。「現在的威尼斯已是不堪一擊。那些可憐、怯懦而又缺乏自由特質、無地無水的威尼斯人，我們一定要把他們交給那些得到了他們腹地的人。我們提前將他們的船隻開走，將他們的軍械庫搬空，將他們的大炮拉走，再將他們的銀行關掉。我們也會將科孚島和安可納留給自己。」將威尼斯變成差不多一具空殼之後，再把它交到哈布斯堡的手上。

至於說那些元老貴族，他們都是幾大家族強人的後代，已經統治了威尼斯幾百年，將這裡變成了世界上最反動的幾個國家之一。波拿巴對他們毫不客氣。「你煽動農民，」在談判的那段時間，他在蒂羅爾寫信給威尼斯總督，「處處都可以聽到：打死法國佬！我的軍隊已經有幾百名士兵變成了你的犧牲品。這些騷亂都是你挑起的，你不要想著抵賴！你以為現在在德意志的中心地帶的我，就沒有能力為我們這個世界第一號民族的尊嚴提供保護了？血債要用血來償，我會為我的弟兄們報仇！戰爭和和平只能選擇一個！……如果你不立刻將肇事兇手交出來，我馬上就會宣戰！」

他在嚇唬那十幾位年邁的、已經是顫顫巍巍的貴族時，語氣也是這樣的。元老院派出的使節很快到了軍營，他裝出一副怒不可遏的樣子對他們訓斥道：「憲法還有元老院我都再也不想要了！對於這個威尼斯，我將當第二個阿提拉[1]！什麼提案我都不想再聽了！等著我給你們法律吧！」後來，90 歲的總督在城市移交儀式上當場昏厥，直接一命嗚呼了。他也成了最後一位威尼斯總督。這個場景波拿巴一直都不會忘記。

現在的他完成在義大利的使命了嗎？他不是已經將一切都收入囊

1　在西方，匈奴國王阿提拉被視為殘暴的象徵。

中，將所有的目標都實現了？

　　他並沒有什麼目標，因為每向前邁出一步，他都會有全新的視野。威尼斯無非是一塊跳板，他能夠跳進大海暢遊。威尼斯的島嶼是他喜歡的，但是現在展現在面前的是亞得里亞海，他怎麼能夠就此止步！不久以前，他在安可納那裡強迫羅馬簽下城下之盟時，曾站在海邊，遠眺大海：目光所及，那是愛奧尼亞群島以及土耳其。他這樣寫道：「從這裡出發，到馬其頓只需要 24 小時，那個地方可是能夠左右土耳其帝國命運的一塊寶地。」他早年在參謀本部當準將的時候，就誕生了想要深入土耳其的想法了。他在安可納時就派出密使去了簡尼納、斯古塔利和波士尼亞，連繫上了當地有權有勢的帕夏[1]。

　　現在在累歐本的他鞏固了對威尼斯各個島嶼的統治，又命令軍隊攻占了科孚島和藏德，「這樣就能控制亞得里亞海和東方了。土耳其帝國，誰也保不住它了，我們很快就將看到它的滅亡。占領了愛奧尼亞群島，我們就可以支持土耳其，或者拿到我們應該得到的份額。」

　　所有的這一切從現實政治的角度來分析，都是針對英國的，因為法國很早以前就想在地中海建立據點，以此來切斷英國和印度殖民地的連繫。但是在波拿巴這裡不一樣，他是為了實現自己的目標，才使用的這些手段：他想要得到東方，並不是為了對英國這個死敵進行打擊，而是在為了實現得到東方的目標而尋找對付英國的手段。他的想像總是遠遠比行動超前，所以，對於他來說，剛剛被他抓住一隻角的歐洲已經太小了。他曾經和布里昂說：

　　「龐大的帝國和巨大的變革只在東方出現過，那裡可是居住著 6 億人呢！歐洲，無非是鼴鼠挖出的一堆土而已！」

1　帕夏：舊時鄂圖曼帝國等東方國家高級文武官員的稱號。

八、發號施令的天性

　　一間巴洛克風格的大廳，穹頂高隆，四壁上有白底的金飾。一張綠色絲絨長沙發上，一個 16 歲的少尉坐在那裡，像極了一個恃寵而嬌的宮廷侍童。兩個成熟女人在他的兩邊，其中的一個是他的媽媽。周圍站著一些衣冠楚楚的年輕軍官們，當她媚笑的目光掃過他們時，她的表情更像是在想像，或者說提醒大家去想像他們的父母在床上的情形。「這是我們克里奧爾女人最拿手的了。」她心裡說道。她身後站著的那位風流成性的英俊將軍，正往她的胸口裡看 —— 因為在當時這既是一種時尚，又能讓女人們的虛榮心得到滿足，所以他並不認為他的舉動有什麼無禮。這位將軍就是常常衝鋒陷陣的馬塞納，這是一個粗魯、有勇無謀、沒什麼文化的人。當時每當部隊有了什麼危險，他就像出現在黑暗中的一盞燈。總會有幾個女人被他帶在身邊，他不能缺了這個。他還不能缺了錢。女人和錢他都會偷，只要有機會。

　　馬塞納身上沒有的一切，總參謀長貝爾蒂埃全都有。個子矮小的他卻長了一個大大的腦袋，相貌十分醜陋，動作非常可笑。現在他正在和女士們交談，並有些飄飄然了，因為他覺得自己已經贏得了一位維斯康蒂女士的好感。這位漂亮的女士怎麼能看上他？誰也弄不清楚。他每天都非常忙，他受過理論訓練，像他這樣的高級軍官沒有幾個。這是一位全能者，今天可能負責一些行政管理工作，明天就去戰場上衝鋒陷陣了。另外他還十分擅長看地圖。

　　那位打扮看起來像一位演員的軍官是繆拉。他身上穿的是綠色的絲絨衣服，一頂碩大的帶羽飾的帽子拿在手裡不住地撥弄著。他是無產者出身，這一點在這個奇特的司令部裡是十分普遍的，大多數人都是。現在他沒怎麼說話，在這裡扮演的是聽眾的角色。那個農民的後代、貪婪無比、揮霍成性而又十分粗俗的奧熱羅剛剛跟他說了個下流笑話，讓他

捧腹大笑。這時在大廳的另一頭的波拿巴夫人大聲地叫他說她也想聽這個笑話時，這個大炮和國王都不怕的猛將的臉上居然是十分尷尬的表情。

精明的約瑟夫擔心這個粗人口無遮攔，就用手勢示意他千萬不要說。這是因為他的妹妹愛麗莎現在正在一個窗龕裡坐著呢。相貌平平的愛麗莎並不愛她的丈夫，所以一切風流韻事都是她的留意對象。如果讓她聽見了，她肯定會立刻去告訴她的母親萊蒂齊亞，而後者對約瑟芬的放蕩早就厭惡不已了。

這時波麗娜清脆的笑聲從花園裡傳來，還有一陣嘰嘰喳喳的說話聲。她結婚在即，新郎是他的哥哥波拿巴替他選擇的。結婚的日子越來越近，她就越是貪婪地享受最後的自由時光。她非常樂意像現在這樣和伊波利特捉迷藏，因為她明白，這樣能夠讓約瑟芬不高興。

長廊之上，總司令本人正慢慢地走了上來。他正在和從巴黎來的作家阿爾諾散步，一邊走一邊交談，已經交談了兩個小時。波拿巴選中這個人是有他的目的的。阿爾諾就部隊和戰役進行了一些提問，他就此寫了一篇長長的報告，都是有關他的事蹟的，阿爾諾肯定會為他大肆宣傳。現在他話風一轉，談起了持續的政府危機上。他們倆快走到大廳時，他說了一句話，這是最後一句話了，聲音不高，但是那強調的語氣足以引起這位作家的注意：「這些危機能否解決，我的態度是深表懷疑的，除非主持局面的是一位強有力的人物。但是去哪裡找這樣一個人呢？」

他步入大廳，所有的軍官都閉上了嘴，站了起來，滿懷期待地看著眼前這位 27 歲的統帥。論年齡，他們中的大多數都要比他年長，而論身高，則所有軍官都比他高。只有「宮廷侍童」歐仁是個例外，他坐在沙發上，並沒有動。他明白，母親才是這個家真正的主人。

這是芒泰貝洛宮，在米蘭附近，整個夏天波拿巴都在這裡度過，非

常像一個政治家了。他在累歐本簽訂的停火協定讓戰爭結束了，不過還沒有簽訂真正的和約。他本來能夠去巴黎接受人們的歡呼，這可是他還是個孩子時就夢寐以求的，不過他最終還是決定留在這裡。只有當他的勝利的政治成果已經穩如泰山，那些剛剛成立的國家地位穩定下來，義大利問題也得到了徹底的解決，他才會去巴黎！他在芒泰貝洛這裡坐鎮將近半年，這段時間裡他的司令部與其是說是司令部，還不如說是一個小朝廷。

但是他的身上沒有一點像暴發戶。他自己沒有的東西，他從來都不會去索取，他的每一處細節都想讓人覺得他是革命之子，是主張平等的。一些出身平民的人被他提拔起來，做了高級將領，這其中的某位猛將在參加沙龍中行為有點失禮時，在場的那些義大利王公貴族會怎麼看，他並不擔心。他也沒打算像暴發戶那樣對自己的出身有所隱瞞。他現在已經成為一個法國人了，設法掩蓋他的科西嘉出身本來是很容易的，不過他並沒有這麼做。恰恰相反的是，他差不多是在公開宣布自己是從科西嘉來的了：去年的時候，他就把全家人請到米蘭，後來又以東方式的姿態，將家人請到了芒泰貝洛宮，那些想要巴結他的人的恭敬一律接受。說到想要巴結他的人，那差不多能遍布半個義大利，因為他已被視為那個「天選之子」，上天選中了他來改變歷史，現在，他的名字已經連繫上了某種神祕的力量。不僅有一些想要靠著他攀上好運的，還有不少人是從遙遠的地方專程趕過來的，向這位智慧男人徵求意見，都是和他的家事和其他私人事務有關的，而他也非常願意在這上提供指導。

他的母親十分的高傲、正派，對約瑟芬早就難以容忍了，一直對她的不怎麼好的名聲耿耿於懷。儘管他心愛著約瑟芬，她的一切都可以原諒，無論她作什麼都會順著她，但是這一點他還是強迫她做到，那就是陪伴並尊敬婆婆。又過了一段時間，母親更無法容忍這位兒媳了：每一

個人她都會去恭維，每一個女人她都會去親吻，但是就是不生小孩。這位這輩子生下了 13 個孩子的科西嘉女人認為兒子以及全家的名聲都被兒媳的不育給影響了。從某些對手的目光當中，她看到了幸災樂禍和譏諷的成分，原因就是她那傑出的兒子始終沒有孩子！從他們家族的血統來看，她認為她的兒子沒有責任，有責任的是那個放蕩不羈的女人。

在他在戰場上獲勝後第一次見到他的母親時，她擁抱他後說道：

「你更加瘦了！你正在自殺！」

「不，完全相反，我能真切地感覺到自己的生命力還很旺盛。」

「對後世來說是這樣，你還活著，但是對現在來說就不是這樣！」

「你看啊，我現在這副模樣，怎麼能說我正在死去？」

他在出門時對她說：「保重啊，母親。如果沒有您了，那就再也沒有能管得了我的人了！」由此可見，他那科西嘉人的家庭觀念十分強烈，和他統治世界的自信差不多一樣。

現在他的 3 個兄弟、3 個姐妹還有舅舅費什都在芒泰貝洛宮這裡住著。那個 16 歲的迷人少女波麗娜對約瑟芬是恨之入骨，因為約瑟芬在拿破崙的授意下，破壞了她和心愛的男人的結婚計畫。她不得不和勒克萊克將軍成婚。拿破崙讓波麗娜的大姐在波麗娜夫婦在宮裡的小教堂舉行婚禮時也補辦了一場教堂婚禮。梵蒂岡對他的印象他是非常在意的。婚禮結束後，對這一切都不熟悉的萊蒂齊亞直接返回了科西嘉。

「這個島，這個省」——波拿巴現在對科西嘉這樣稱呼，似乎它和別的島嶼和省份並沒有什麼兩樣。英國人在保利呼籲救援後占領了這個島。戰爭期間，波拿巴透過遙控指揮把英國人趕跑了。他命令一支二十多人的小分隊帶著大量資金和武器趁著夜色登陸科西嘉，「以鼓舞愛國人士」。在島上他們散發了大量的傳單。他還將朋友以及過去的對頭薩利切蒂派去了科西嘉。就這樣，身處幾百里之外的他，實現了自己的目標，這目標可是他當初親自上陣 3 次都沒能成功的。

「真的才過去 4 年的時間嗎？」看到當年將她趕走的島民們現在正在歡迎她，萊蒂齊亞女士有些恍如隔世的感覺。遠處的那座堡壘，就是讓拿破崙晝思夜想的那座護城堡壘嗎？現在愛麗莎的丈夫已經按照拿破崙的命令身為司令官進駐了堡壘，呂西安早已成為當地部隊的軍需部長。在他自己看來，遙遠的故鄉科西嘉就像一個浪漫而又古樸的祖傳城堡，可以讓親戚們住在裡面。不久前，波旁王朝那位有王位繼承權的後人給他寫了一封親筆信，表示如果拿破崙能夠支持他，就可以被封為公爵甚至是「科西嘉世襲總督」。拿破崙看完只是付之一笑。

在芒泰貝洛宮，波拿巴的生活第一次按照公私兩種不同方式截然地分開了。這位天生的統治者小時候就開始學習這個。

芒泰貝洛宮的保衛工作，他並沒有將交給法國人，而是讓手下一支 300 人的波蘭僱傭軍負責，這有點讓人驚訝。此外，自從上次在戰場上差點當了俘虜後，他從軍隊中選出 40 名最高大最出色的士兵組成了他的貼身衛隊。他們有一個名字「嚮導」，領導他們的是一位十分勇猛的隊長。

宮裡有不少的勤務兵和信使，因為會有各地前來的使節造訪這裡。陌生的肩章上閃爍著聖馬可的獅子和聖彼得的鑰匙，維也納、裡窩那和熱那亞也派出了代表常駐這裡。按照當地的風俗，他經常舉辦一些大型的公開宴會，好奇的人可以站在長廊看熱鬧，拿破崙盡量讓他們知道，他也喝 Nostrano 這種本地酒，和他們一樣。

每一個參見過這種活動的人都說，這位衣著十分樸素的 27 歲的總司令在公務接待場合，從來都是從容不迫，保持尊嚴而又十分自然，和每個人都保持著適當的距離。差不多每個他接待的人都要比他高，但是他從來都不會故意地踮腳挺身。事實正好相反，每個和他交談的人都會稍稍地低下一點身子，這個小動作讓他們不自主地將自己放在了求助者的位置。就這樣，不只是現在，而是他的一生，他都利用一個自己的先天

缺陷獲得了好處，這最後的心理效應是無法估量的。「這個人如果沒有戰死沙場，」一個當時拜訪過他的人這樣寫道，「4 年以後，他的命運要麼是被放逐，要麼就是坐在王位上。」這個預言的實現只差了 3 年而已。

波拿巴這樣一位時代的學生明白怎樣才能成名。他的身邊有一位記者十分老練，他也是歷史上第一位新聞處長，非常明白應該怎樣替他造勢，好對付巴黎的那幫督政官們。深受普魯塔克影響的波拿巴，很清楚誰才能真正地做到讓普通人名傳後世。義大利的詩人、歷史學家、學者和藝術家們經常被他請進芒泰貝洛宮。早在前一年，他剛進入米蘭沒幾天，就在繁忙公務當中抽時間，寫了一封信給一位著名的天文學家，裡面包含如下讓人驚訝不已的文字：

「科學對人的創造精神是尊重的，藝術對世界進行美化，並將偉大的事蹟傳諸後世。只要是一個自由的國度當中，這些都必須受到專門的保護。一切的天才人物，學術界所有的名人都是法蘭西人，無論他們歸屬哪個國家。」這些人在這之前被迫深居簡出，現在我們提倡思想自由，禁錮和暴君不復存在，他們能夠聚集在他這裡，將自己的願望表達出來。想要去法國的，一定會在那裡收穫熱烈的歡迎，「因為在法蘭西人民那裡，和最富庶的省份相比，他們寧願選擇獲得一位偉大的數學家、畫家或其他這種重要的人物。公民們，把我的這種感受去和米蘭的那些名流們說吧！」

他將一位小小的公使隨員 —— 這位隨員和他的大多數同行沒什麼兩樣，不用動腦，無所事事 —— 派去了部隊，負責將義大利各小國的收藏品都記錄了下來。往後，他會在條約中為巴黎索要這些收藏品中的珍品。

他請來專家，替巴黎音樂學院將所有能搞到的義大利音樂作品都抄錄下來。他這樣寫道，「音樂是所有的藝術種類中對人的性情影響最大的，所以立法者應該對音樂予以特別的關注。一首由大師傾情創作、能

夠觸動人的情感的交響曲，影響力是那些道德教育書籍根本無法比擬的，那些書籍雖能說服理智，但是在改變人的習慣上卻無能為力。」拿破崙成為科學院的成員後，就在所有公務信箋頭上都印上了這個頭銜，他這樣說道：「從今以後，讓每一種新思想都屬於法蘭西，這是法蘭西共和國擁有真正力量的表現。」他在私底下則說，首先一定要讓士兵認為統帥是比他聰明的，知識也比他多；而他這個不明所以的科學院成員的頭銜，恰好非常能讓士兵對他的統帥產生敬意。

這一切都可以說明，波拿巴可不只是一個政治家那麼簡單，他還是個統治者，天生的統治者。他說的或者寫的每一句話，甚至他的每一個表情，都在試圖讓自己的人格在民眾那裡中產生非同一般的效果。在私底下，如果是和知心者在一起，他則會敞開自己的心扉。

「在他的個性中，有一種力量，讓每個人都很欽佩他。」在當時就有人十分敏銳地看出了這樣的一點，「雖然他的表情和舉止有時看起來，甚至可以稱得上是笨拙，但是在他的天性、目光以及言辭中，都隱含著一種發號施令的威嚴。每個人都不由自主地對他俯首聽命。如果是在大眾場合，他更會努力強化這種印象。和親朋好友在一起時則不一樣，他的表現就是非常的隨意、舒適，甚至是親密。他喜歡說笑，而且他講的笑話都十分有趣而又得體，從來不會傷到別人的自尊。他經常和我們一起開坑笑。他忙起工作來駕輕就熟。在當時，他並沒有對時間進行嚴格的安排，在休息的時間，誰都能夠接近他。但是他一個人在辦公室裡的時候則要注意，不管是地位多高的人，未經允許都不能去打擾他。大概勤於用腦者都是這樣吧，他需要充足的睡眠，我經常看到他一睡就是 10 到 11 個小時。他睡覺的時候，如果有事可以叫醒他，他不會介意，處理完了事他會繼續睡；有時提前知道接下來一段時間會比較辛苦，他就會提前增加睡眠時間。他有一種能力是十分可貴的，那就是隨時隨地想睡就睡，想睡多長時間就睡多長時間。他喜愛那些強度高的運動，總騎

馬，雖然騎姿很一般，但是速度很快。」

　　他喜歡說話，話題一般都是政治或者生活的普遍問題。如果中間出現了冷場，他會提議講個故事；如果別人都不講，他就會自己講故事，他講的故事總是簡潔而又十分有趣。

　　想要博得他好感的美女很多，但是她們都是徒勞，因為他唯一想著的只有約瑟芬。當然，他對她的態度也有所變化，去年那種的瘋狂再也不存在了，當時她騙了她讓他感到失望至極。他那種全身心投入的熱情減退的原因就是她。現在的他，在語氣中多了一種感人的成分，表現為一種十分溫暖的追求，一種請求，一種微笑。「你覺得傷心，」在作戰期間他在信中這樣寫道，「你不寫信給我。你是要回巴黎嗎？你的朋友，你不再愛他們了嗎？我一想到這一點就十分痛苦。我親愛的朋友，知道你覺得傷心以後，我便覺得現在的生活已經變得無法忍受。可能我會立刻和教皇簽訂和約，好儘早回去，回到你身邊。」3天以後的信中又這樣寫道：「剛剛與羅馬簽訂了和約，羅馬納、斐拉拉和波倫亞都將移交給我們……但是，我卻沒有收到你的隻言片語！上帝呀，我到底做錯了什麼？……你是我絕對的主宰，這一點你最清楚的！我永遠都是屬於你的。」

　　他回了芒泰貝洛宮後過上了穩定的婚姻生活，這還是他第一次享受到。約瑟芬在社交場合展現的魅力讓他心醉神迷。他有時會張羅小型的愛情慶典，帶著她去馬基奧湖（Lago Maggiore）。湖中有一座美麗島，在島上的巴洛克石像下、杜鵑花叢中，引吭高歌的斯卡拉歌劇院女主角格拉西妮唱起蒙特威爾第「熱情」風格的作品時，牽著妻子手的他安靜地坐著，已經聽得如醉如痴。

　　「在馬車裡，」他的副官曾說過，「他總會有一些大膽的親昵動作，這讓我和貝爾蒂埃非常尷尬。但是他那率真的天性，又讓人覺得這是真情流露，無論做什麼都能夠原諒。」

九、塔列朗出場

在巴黎那邊，又是什麼樣的情況呢？

從昨天開始，一位守門人出現在了那裡。在這之前，內閣這個最核心的機構裡的部長們全都是律師，現在這裡來了一位政治家 —— 塔列朗。他出身於貴族家庭，他的家族是法國幾個最古老的貴族家庭之一，他本人是一位主教，但是被教皇逐出了教會，因為他支持共和，現在他一直待在美國等候時機。現在他已經回了法國，並且已經掌握了一些權力。最近選出的議會兩院當中，占多數的是右翼分子，他們早就對督政官們大肆抨擊：那個總司令妄圖將革命推行到整個歐洲，要一直打下去；搶占威尼斯這件事實在太恥辱了。他們的責罵也許也有幾分道理在裡面，但是傳到軍營時，除了讓實權在握的波拿巴鄙視以外不會有別的結果。他寫了一份報告 —— 更確切的說法是一份警告 —— 發給兩院：「我現在對你們做出預言，並以 8 萬將士的名義宣布：懦弱無能的律師和除了誇誇其談什麼都不會的可憐蟲發號施令，將勇敢的士兵處死的時代，已經一去不復返了！」

這個時候他已經把奧熱羅派去保衛督政官們了，而這正是他自己曾經做過的，因為當時保王黨人和僧侶們的勢力越來越強大，已經對共和國的新憲法構成了威脅。只要波旁王室那兄弟二人中的一個敢回法國，各路不滿於現實的力量馬上就會在他的麾下集合，他重登王位輕而易舉。當時他們一直都躲在安全的地方不敢露面，所以督政官們才有膽量發動一場小型政變。原來他們是 3 人，現在他們已經擴充到 5 人，越來越獨立了。

這次政變之後，法國的外交政策首次由一位行家掌管。遠方的波拿巴被他視為唯一的競爭對手。雖然他並沒有見過波拿巴，但是他還是判斷對方將在未來成為主宰，所以他的內心已經接受了甘居第二（至少現

在是這樣的）的命運，也因此獲取了波拿巴的信任。

　　塔列朗無論哪個方面都是波拿巴的反面。他天生不是當統治者的料，但是卻精通談判；一點熱情都沒有，有的只是貪婪、冷漠、奸詐，自然和坦率對他來說都是不存在的，他經常試圖表現得和他眼下被他利用的人一樣。他那尖尖的鼻子不住地嗅著，好儘早察覺到什麼風吹草動。他的腦袋立在裝飾著金色穗帶的共和國衣領上面，以後，這顆狡猾的、玩世不恭的腦袋，還將先後出現在帝國和王室的制服的衣領上面；這顆腦袋下面的標示後來還會是平民國王路易·菲力浦的金色藤蔓，這是第 4 次換裝時的事了。長達四十年的時間裡，政權多次易手，而塔列朗始終不變，一直是掌權者的左膀右臂。他什麼時候都不會全身心地依附於他的主人，所以他從來都不會缺少關係。因為腿瘸，他的父親不能讓他將軍裝穿在身上，他只能穿上了天主教的長袍，當年的黎塞留大主教，也是身著長袍輔佐著路易十三國王的。從現在起，能與波拿巴匹敵的，只有塔列朗。波拿巴這個命運的主人再也無法擺脫他，即使他已經開始憎恨他了。當波拿巴終於把塔列朗趕下了臺，這對後者來說卻是求之不得：他微笑著，一瘸一拐地從被他扳倒的主子的身體上跨過，走進了對手的內閣。推翻拿破崙的人是塔列朗，但是要究其根本，推翻拿破崙的人是他自己。

　　現在塔列朗以其視野的寬廣和對所有原則的漠視，讓身在遠方的波拿巴對他印象深刻。9 月中，波拿巴去了烏迪最將從春天就開始籌備的合約簽署了。他在塔列朗的身上，這位集舊貴族的後裔、洛可可藝術的鑑賞者及冷漠的虛無主義者等身份於一身的人的身上，看到了能夠利用的地方。截至目前，他尋找以及找到的人都是軍人。現在他已經是一位政治家了，他需要一位政治家，並也找到了這樣的一位政治家。在和奧地利人談判的間隙中，他寫了一封長長的信給這位新上任的外交部長，在這封所謂「訂婚信」中他將自己的治國綱領闡述如下：

「法蘭西人民剛剛開始建設自己的國家。儘管我們法國人對自己的評價非常高……但實際情況是，在政治方面我們還是相當的無知。我們甚至不知道什麼是立法、行政和司法是……在我們這樣一個國家，人民是一切權力的起點，人民自己當家作主……政府的權力，一定完全被視為依據憲法而執政的、國家的真正代表。」

「你要說得如此直白坦誠嗎，波拿巴？」一個禮拜以後，塔列朗讀到了這封信時，不出聲地笑了。

「這樣一個人口達 3,000 萬的國家，都已經是 18 世紀了，保衛祖國居然還在依靠武器，這真的是莫大的不幸。這些暴力的手段全都是加在立法者身上的負擔，這是因為，一部面向人民的憲法，考慮人民的利益也是必不可少的。」

「這麼崇高？」塔列朗有些驚訝。看來戰場上的榮譽已經讓波拿巴厭倦了，他準備用一部新憲法來實行獨裁統治。他接著往下看：

「我們為什麼不將馬爾他收入囊中？……我已經派人查抄了馬爾他騎士團的財產，理由十分的充分……我們有了馬爾他和科孚，地中海就是我們的！如果我們任由英國人留在開普敦，那就一定要拿下埃及。有 25,000 人的部隊和 8 到 10 艘第一線作戰軍艦就可以來一次遠征。蘇丹並沒有擁有埃及。我希望你考慮考慮，如果我們對埃及發動遠征，土耳其政府的反應會是怎樣的……那個龐大的土耳其帝國解體的跡象日益明顯，這一點要求我們要考慮一下和東方的貿易。」

這位長著尖鼻子的外長在內閣裡讀到這些話時，驚訝得眉毛不住地抖動。他覺得波拿巴確定無疑是個天才，甚至同時還可能是個魔鬼。過了幾個星期，他又讀到了波拿巴這樣的話：

「真正的政治，也就是對各種具體情況和機會進行權衡。如果根據這個來確定我們採取什麼行動，我們就可以長久地成為強國，還可以成為歐洲的裁判。歐洲的天平由我們掌握著，如果上天眷顧，用不了幾年

的時間，我們就能夠獲得巨大的成功。今天，對於我們來說，成功還只是狂熱的想像，還是一種模糊的預感，但是如果是一個剛毅、頑強而又具有深謀遠慮的人，會將把這一切變成現實。」

十、坎坡福米奧和約

這些德國外交官實在太優柔寡斷了！談判雙方在這裡已經坐了足有幾個星期了，白天談判、晚上談判，任何一個理性的人花兩小時就能做出決定的事，放在德方代表身上，他們就是無法下簽字的決心。他們早已經習慣了看維也納的皇帝的眼色，談判的時候，也要將一把帶華蓋的空椅子放在身邊，那象徵著御座。「我們開始談判前，請你們先拿走那把椅子。」波拿巴說道，「只要我看到一把增高的椅子，就控制不住自己想坐上去。」

那位新任的外長令人捉摸不透，波拿巴給他寫的那些開場白，實際上只是來自於一個焦躁的人的自言自語。在最近的幾個星期中，他的腦袋裡思考的只有和平，是整個歐洲翹首以盼望了好幾年的和平，但是眼前這談判的情形，卻給他一種在浪費時間的感覺。今天的他可能已經沒耐心了，和奧地利人講話的語氣十分嚴厲。「是不是覺得我很好說話？」他吼了起來，「我本來應該更嚴厲地打擊你們的。你們現在這是浪費我無比寶貴的時間！我在這裡和那些王侯將相是平起平坐的！不要和我提什麼國會……我們的實力足以讓我們用不了兩年內就能占領整個歐洲。不過我的意思並不是說我們有這個打算，我們打算盡快讓百姓擁有和平……先生們，我現在聽你們說，這個是上面發給你們的指令，那個也是上面發給你們的指令。如果你們接到的上面的指令告訴你們現在是黑夜而不是大白天，你們難道也照說不誤？」

在談判的最後，為了嚇唬對方，他裝出一副勃然大怒的樣子，還把

一件瓷器給打碎了。和約最終簽定了，各方都達成了半年前拿破崙在累歐本答應的那些事情。

歐洲知道這個消息會鬆一口氣是肯定的了。但是這個波拿巴的心裡是怎麼想的？這個和約 —— 坎坡福米奧合約 —— 是他第一個爭取到的，也是在他的主持下簽訂的和約，它讓法德兩國之間持續了 6 年的戰爭宣告結束。簽約次日，他寫了一封信給督政官們，這其中的內容似乎再自然不過：「馬上就把英國消滅對於我們的征服來說是絕對必要的。如果不這樣，我們自己就會被這個海島民族的腐朽和陰謀毀掉的。現在的時機對我們非常有利。所以，讓我們集中全力，建設強大的海軍，將英國消滅 —— 到那時候，整個歐洲就是我們的天下！」過了不長時間，在發給海軍的公告中，他這樣呼籲：「戰友們！和平已經在大陸降臨，接下來，我們要將海上的自由掌握在自己手中。沒了你們，法蘭西的威名不過在歐洲的一個角落裡有影響力。有了你們的努力，我們將在各大洋上馳騁，我們民族的威名，將會影響到世界上最遙遠的地方！」

宏偉的計畫裝滿了他的胸膛。在前進的路上，他將過去的榮譽拋在身後，能夠吸引到他的，只有新計畫可能會帶來的榮譽。他匆匆地回了米蘭的芒泰貝洛宮，好能為義大利下達最後的命令。他已經將寫在羊皮紙上的和約拿到手了，所以他現在準備回巴黎。他對新成立的西沙平共和國發表講話，那口氣就是國王對臣民的口氣：

「沒有黨派、沒有經歷革命和抗爭就獲得了自由的民族，你們是歷史上第一個。是我們給了你們自由，請你們知道珍惜……好好感受一下吧，感受下你們的力量，感受下一個自由的人應該有的尊嚴……當年的羅馬人使用自己的力量，如果能像現在的法國人這樣，那麼今天裝飾著朱比特神殿的，應該還是他們的雄鷹，人類也不必遭受那長達 18 個世紀的奴役。為了讓你們的自由更加穩固，為了讓你們獲得幸福，我做了一件事，在以往，這種事沒有雄心和權力欲是無法完成的……我將在幾天

後離開你們……我會永遠為你們的幸福，還有共和國的榮譽操勞。」

　　這是一名將號角吹響的軍人嗎？這是一位從生活中感受到了快樂，所以一連串鼓舞所有百姓的話語湧上心頭的詩人嗎？這些時間中，芒泰貝洛宮的花園裡，他經常和一位西沙平共和國的外交官散步。對巴黎的期待充滿了他的內心。那位外交官也很聰明，沒有說什麼，只是靜靜地聽著。天才波拿巴滔滔不絕地說起了他的心裡話，他平時只是偶爾這樣：

　　「你以為我在義大利攻城掠地是幫督政府的那幫律師們……成就一番大業？或者你真的覺得非常看重共和國的鞏固？這是什麼想法啊：一個擁有 3,000 萬人口的共和國！帶著我們所有的風俗，所有的惡習！法國很快就會把這個幻影忘記！需要榮譽，有虛榮心需要滿足法國人完全不懂自由。你看一下軍隊吧！因為我們接二連三的勝利，法國的士兵已經恢復了真正的天性。我就是他們的一切！如果督政官們想罷免我，你就會看到，誰才是這支軍隊真正的主人。

　　「民眾需要一位因為他的榮譽和勝利而廣為稱頌的首腦。理論和政府，還有思想家的廢話和演講他們通通是不需要的。可以把一個玩具給他們。如果你能將最終的意圖巧妙地隱瞞起來，他們就可以用這個消磨時間，聽憑你的指引。在義大利更簡單了，你都不需要費什麼周折……但是現在時間還沒到。我們現在還是得先屈從於眼前的激動，在這裡用我們的方式建立幾個共和國，兩三個左右……和平其實和我的利益並不相符……如果出現了和平，我就再也不是軍隊的首腦，那我現在所把持的權力和地位就必須放棄了，這樣才能在盧森堡宮向那些律師們表示我的敬意。我從義大利離開，目的就是能在法國依然扮演這個角色。但是現在這個果實也還沒有成熟，巴黎那裡並沒有統一，那裡有一個支持波旁王朝的黨，我沒有為之戰鬥的打算。總有一天，我會去削弱共和黨的，但是我的目的可不是維護舊王朝的利益。」

　　波拿巴真實的計畫就是這樣的。後來的情況，也正像他自己所講述

的那樣：「一切都按照我的預見出現了，而我大概是唯一的那個對此並沒有覺得驚訝的人。將來也依然會是這樣：只要是我想要的，我就能實現。」

又是一大堆內心獨白。當然，如果誰敢引用這些回憶錄中記載的話，他一定會矢口否認的。但是對眼前已經擁有的一切，波拿巴沒有一點滿足的意思。當他與布里昂坐上馬車離開義大利 —— 這是差不多兩年的時間裡的第一次 —— 他說：「這樣的戰爭再來幾次，後世裡就有我們的一席之地了。」布里昂答道：「您現在已經做到這一點了。」波拿巴則打趣地說：「布里昂你這是在恭維我，如果我現在就死了，10個世紀以後，世界史上半頁關於我的篇幅都不會有！」

十一、斯塔爾夫人的評價

今天的盧森堡宮已經成了一個露天的劇場。最近戰役中繳獲的武器和旗幟都被運送了過來，在牆上金色的革命口號之中閃爍著光芒。法國的貴族們曾在這裡圍著他們的國王，好像眾星捧月一般。巴黎現在五彩繽紛，盧森堡宮裡人頭攢動，好像現在是慶祝春天來臨的5月節，而不是陰冷的12月。權貴們那些漂亮又有心機的女友們都占據了最前面的座位，好能更清楚地看一看那個有著黃色鞏膜的矮個子將軍。眼前這熱烈的場面不都是在歡迎他嗎？

「聽說他一星期以前就回到巴黎了，但是卻一直沒有露面。這個謙虛的人，為什麼要回避民眾的歡呼呢？」

「開始了，開始了！看啊，5位督政官都出來了！」

合唱團唱起了《馬賽曲》 —— 這是自由的頌歌 —— 大家一齊唱著曲尾的疊句。接下來全場都保持了安靜，一陣軍刀和靴刺的聲音從露天臺階那邊傳來，人們清楚這是波拿巴將軍來了，紛紛從視窗和屋頂探身

張望著。

　　只見走過來的波拿巴身上穿著戰場的制服（這樣的著裝是最低調的），步伐堅定，神態嚴肅而矜持地順著通道走向主席臺。他手裡有一卷紙，3位副官跟在他的身後。一個瘸子緊緊地跟在這位衣著樸素的將軍上了，他上身是繡著金邊的衣服，下邊是長筒絲襪，步履輕盈。外面突然響起一陣炮聲，這是人們在用這種方式向這位當年的炮兵中尉致敬。場內馬上也掌聲如雷，聚集在外面的成千上萬的群眾也用掌聲進行呼應，他們等著波拿巴離開時向他們致敬。接下來又是一片安靜，塔列朗開始講話。他在討好波拿巴，言辭十分華麗，裡面還帶著一些幾乎沒人懂的背景。他對這位祖國的救星大加讚美，說他具有古典的質樸，又對浮華無比鄙視、看重的是精神世界等等。他在結尾這樣說：「法國上下都將獲得自由，但是，也許除了他自己，他永遠會是那個例外。他的命運就是這樣的。」

　　人們再一次鼓起掌來，大聲地歡呼。但是，在現場這成千上萬的人中，即使是那些對塔列朗很熟悉的人，有理解了最後一句話的深層含義的嗎？他那極度的敏銳，有誰察覺到了？

　　當全場再一次恢復了安靜時，波拿巴走到臺前，他會對大家說些什麼呢？

　　「為了自由，法蘭西人民被迫和國王們進行爭鬥……兩千年來，歐洲先後被宗教、封建制度和王權統治。民主立憲的歷史從今天就開始了。將這個偉大國家的領土拓展到了它的自然邊界，你們做到了這一點。不僅這樣，歐洲兩個最美麗的、以科學、藝術和天才而聞名的國家，正滿懷希望地看到祖先們的墓穴中升起了自由的精靈。這是這兩個強國崛起的基石。我有幸交給你們已經由奧地利皇帝批准了的坎坡福米奧和約……如果在將來的一天，法蘭西人民以最好的基本法為基礎建立了幸福，那麼整個歐洲都將獲得自由。」

軍人的話講完了。場內安靜了片刻，然後又是一陣掌聲如雷。他們之所以鼓掌，是在為他的演講內容而喝彩嗎？和巴黎街頭張貼的那些民眾演講詞或議會演講詞相比，他的話絲毫沒有魔力。大家都覺得驚訝，一部分人覺得陌生，心中浮現出畏懼和敬仰。這掌聲是給演講人的，而不是給演講的內容的。他在前線和科西嘉都作過不少次演講，但向社會各界和政客們演講這還是第一次。

這次演講，是一位政治家在演講。最開始，在沒有什麼評論擾人耳目時，不算塔列朗的話，再沒有人清楚這番話的真正含意。他說民主立憲的歷史從今天開始，這其實是錯的，因為英國和美國早就已經是民主國家了。被承認是民主國家，法國為了這個目標差不多奮鬥了 10 年。他現在手裡拿的那卷羊皮紙上就是法國和德國的和約，它意味著歐洲大陸迎來了和平，也意味著法國的那個目標終於實現了 —— 法國被承認是民主國家了。

但是演講最後那句帶有威脅意味的話顯示，事情距離圓滿結束還有點遠。督政官們也很清楚最後這句話的含義，清楚他在和他們作對，但是巴拉斯馬上就恢復了鎮定，發表了一通講話，十分熱情洋溢，對波拿巴大加稱讚，接下來 —— 這是第一次同時也是最後一次 —— 擁抱並親吻了這位矮個將軍。他從前擁抱這位將軍的妻子時，可遠比現在熱情。

這時約瑟芬卻沒有在現場，這漫長的幾個星期裡，她在哪裡晃悠的誰也不清楚。波拿巴回了巴黎都一個月了，她才姍姍來遲，外表非常開心、嫵媚，只是看上去有點乏累。她回了巴黎以後立刻就恢復了原來的生活，這其中包括重拾舊歡。

另一個女人在這時靠近了波拿巴，這就是斯塔爾夫人，路易十六的財政大臣內克是她的父親。她非常漂亮，也很有頭腦，但是就是這一點讓他無法喜歡她。她還頗有權勢，如果沒有她，塔列朗也當不了外長。她一直在寫信給波拿巴，想控制住他，但是桀驁不馴的他並不肯受她左

右。在她費盡心思終於結識他後，他依然躲著她，他的表現還是那麼的彬彬有禮。即便是這樣，他卻沒有辦法阻止這個聰明的女人窺測到了他的內心。大多數的男人都沒有她了解他，她當時就描繪自己對他的特別印象：

「他瘦削蒼白的臉看上去很舒服。因為個子較矮，他更適合騎馬，而不是走路。他在社交場上的表現是有點笨拙的，但是他並不靦腆。如果他對自己的舉止進行留意，就又會顯得有些傲慢；如果順其自然，那看起來就普普通通。其實傲慢更適合他⋯⋯在他講話時，不知不覺中，我已經被他渾身散發出的那種優越感牢牢吸引住了，但是這種優越感和學者和上流社會成員的那種優越感完全不一樣。他在介紹自己的生平時，有時候會表現出一種義大利式的想像力⋯⋯從他的話語裡，我總會覺察到一種深刻的譏諷，不管是崇高還是美的事物，甚至包括他自己的榮譽，都可以成為他譏諷的對象⋯⋯我認識不少大人物，其中也有一些是天性粗野的人，但是這個人給我的畏懼感，卻是非常的特別。他算不上好也算不上壞，算不上溫柔，也算不上殘忍。這種本性是獨一無二，這不能讓別人對他有好感，同時也不會讓他對別人有好感。他的一切，包括他的天性、思想還有談吐，都是那麼的特別，而這正好又是吸引法國人的優點⋯⋯」

「他的恨並不比愛多。對於他而言，這個世界上只有他自己，其他的所有人都是編號。他是一名出色的棋手，他的對手是整個人類。他現有的成就，既要歸功於他沒有的那些特點，也要歸功於他現在已經有的那些特點⋯⋯如果涉及他的利益，他會像一個高尚的人對待道德一樣；如果他有一個正義的目標，那麼他是擁有令人讚嘆的毅力的⋯⋯他對自己的國家是鄙視的，但是他又希望能夠得到它的讚美。他有讓人類驚嘆的需求，但是這種需要中一點狂熱的成分都沒有⋯⋯我站在他面前，從來都做不到自由地呼吸。」

我們先將一個廣受寵愛的女人在傷了自尊心後那種避免不了的偏激成分撇出去，剩下的那些描述，還是有讓我們深思的價值的。她試圖用每一個句子對他發起攻擊，但是到了下一句，她又馬上投降了他。如果她不是生活在盧梭的世界裡，所以對抽象的道德與善津津樂道 —— 獨裁者對這些並不關心，那麼他直到人生道路的最後才顯露出來的那個目標，她本來是可以預見到，從而成為第一個發現這個天才的人。

「你可以想像一下，」也是在這一時間，一個德國人在寫給國內的信中這樣說道，「一個小矮個兒的男人，沒有腓特烈大帝高，勻稱、柔弱、瘦削的身材看上去倒是挺結實，大大的腦袋，高高的額頭，眼睛是深灰色的，一頭濃密的頭髮是深褐色的，希臘式的鼻子下端差不多都要碰到上嘴唇了，優雅的嘴看起來很富有人情味，厚實的下巴有些前突。他的舉止總是優雅而不失活潑。您能看見他走下高高的臺階只用了五六步，但是到了臺階下面，他的姿態依然保持著優雅。他的眼睛在沒有盯著特定的目標看時，差不多都是在往上看。那是一雙漂亮、深邃的眼睛，充滿了感情，很像腓特烈大帝的眼睛，嚴厲卻又和善。每次望著這雙眼睛，對我來說都是一種真正的享受。」

十二、進軍埃及的計畫

在去巴黎的路上，波拿巴不得不在拉施塔特停留了幾天，好和與奧皇的特使商談合約具體該如何實施，軍隊怎麼樣從美茵茲撤離。那裡的人們都懷著好奇與懷疑的複雜態度，等這位傳奇人物。他的表現酷似一位國王，根據情況需要時而責罵時而安撫兩位特使，還送給他們名錶和鑲著鑽石的帽扣。「兩位可憐的特使對我的富裕目瞪口呆，因為他們自己非常窮。」

這種東方式的出手豪爽、一擲千金，展現了他的優雅和傲慢，往後

他一直都是如此。人們視他為一位喜歡送禮的哈里發，從他身上發現同時存在的傲慢和慷慨，然後了解他的思想深處。如果需要獎勵那些真正的功績，這位要求在危險時刻有出色表現的統帥，表達感謝的姿態會非常高雅，好像一位高貴的騎士，而世界只是一個遊樂場，主題是榮譽。有一次，人們紀念他繳獲的眾多軍旗，送給他一面阿柯拉戰役中繳獲的敵旗。但是他卻將這面旗轉贈給了拉納將軍，還寫下這樣一段文字：

「在阿柯拉有那麼幾天時間形勢非常危急，指揮官的勇氣決定了勝負。當時，渾身是血、有三處重傷的您，懷著不成功則成仁的決心離開了救護處。我看見了，您始終衝鋒在最前面。是您，帶領著敢死隊率先渡過阿達河。這面光榮的旗幟上面，有您和士兵們的榮譽，只有您才有保管它的資格。」

自己的每一句話會對巴黎人產生怎樣的影響，他當然十分清楚，所以這些事情全都是在明面上進行的。即使其中涉及了仇恨、撤職或者報復、譴責，他的操作也會十分熟練，這就叫手腕。

現在，他希望自己的行為舉止，能夠換來整個巴黎（包括他所有的敵人）和新聞界這樣的評價：這是一位多麼謙虛的名人啊！現在有兩個慶祝活動等著他去參加，其中一個是塔列朗為他組織的。他回到巴黎的第一天就去拜訪了塔列朗，不過兩人都沒有談到他最後的計畫。面對這位出身貴族世家的外長，波拿巴當即介紹了自己的家世。「您的伯父是生活在波旁王室的萊姆斯大主教，」他說，這時他們見面還不到半小時，「而我也有一位伯父是當副主教的，我上學時他資助過我。您了解的，科西嘉的副主教和法國的主教差不多。」他的這些話，出身貴族的塔列朗，也不能再當他是暴發戶了，他相對於波拿巴唯一的（出身方面的）優勢也蕩然無存了。由此可見，一開始波拿巴就是把塔列朗當成了對手。

現在，約瑟芬終於回來了，他們倆一起在一幢小房子裡住。她以前

租住在這個房子裡，後來他把它買了下來。他在這裡過上了深居簡出的生活，來往的只有自己的兄弟和幾個朋友，也是來去匆匆。他經常穿著便裝，獨自一人出門，躲避著每一個黨派，對身邊的一切都是隨遇而安的態度。在戲院裡別人衝著他歡呼時，他會立刻躲進自己的包廂，而之前在芒泰貝洛宮的時候，他的表現簡直就是一個國王。「他們在戲院看見我三次，就不能再注意到我了。」他私底下和別人說道，「你以為我該為此感到高興嗎？如果有一天我上了斷頭臺，這幫人一樣會擠過來看我是怎麼樣掉腦袋的！」

他願意向學者發出邀請，科學院的大部分會議基本都會去參加，有時還會當眾宣讀自己的論文。在正餐之後，他會和數學家、天文學家拉普拉斯就數學問題交流起來，向他演示義大利新的計算星球軌道的方法。他還和作家議員謝尼埃在詩學甚至是（如果需要）形而上學的問題展開爭論。

與此同時，他默默地觀察那些督政官們的一舉一動，他們越來越無能。他自己盡量躲著這些潛在的對手，讓自己的兄弟們去監視他們。各政黨的力量強弱也在他的了解範圍之內，同時他也在考慮相應的對策。「巴黎不長記性。這是一個層出不窮地產生榮譽的地方。一旦出了新的名人，舊的名人就會被遺忘掉。如果我一直無所作為，那也就完了。我可不能一直待在這裡。」他總會倒背著雙手，在花園裡來回溜達，心裡盤算著：

「還是太早了。應該先讓這些大人物繼續搞下去，把情況越搞越糟，然後自己就垮臺了。現在大廈將傾的危險越來越明顯了，我難道還要去做這個督政官？法律要求是 40 歲，我現在還不夠年齡，這倒是一件好事。想像！現在應該將民眾的想像控制住！怎麼控制呢？歐洲大陸現在已經實現了和平。那些對手們根本不值一提。感謝上帝，那個奧什已經死了，他是最危險的。他是約瑟芬的情人之一，相貌十分英俊。對他

的死，她一點傷心的意思都沒有，看來她這個女人的天性就是這樣，水性楊花。現在排除了卡爾諾，擊敗了莫羅。奧熱羅現在統領著萊茵方面的軍隊，他嫉妒我、恨我，我得想辦法削弱他的權力。那些資歷老的科西嘉人還是談不上有什麼影響力。但是那個女人，不久前提醒我小心有人下毒的那個女人，第二天就遇害了，倒在了血泊中。看來陰謀還是存在的。現在的時機尚未成熟，我不能待在這裡。

「準備對付英國？可惜的是，海軍當初讓那幫蠢貨給毀了！從土倫戰役以後，我寫了無數份報告對他們進行提醒！這5年的海戰裡，我們遭遇了六次敗仗！登陸——能登陸那就太好了！打敗英國的人必然成為主宰。我需要去沿海地帶研究各種情況，不行的話就回地中海去：我必須在那裡、在東方才能隨心所欲，才能持續地激起法國人的好奇心。我一定要去埃及，亞歷山大大帝在那裡留下了足跡，我能在那裡對英國發起攻擊！」

經過一番長期的準備，將軍去了北部沿海，他始終在計算、在考察，在從包括漁夫和黑市商人在內的各式各樣的人了解情況。他的突然回來把約瑟芬嚇得驚慌失措，匆匆忙忙地寫了張便條給老情人巴拉斯的祕書，而波拿巴並沒有察覺。在戰場上，他從上百名間諜那裡獲取祕密情報，如果他知道自己的妻子今晚寫了這樣的紙條，不知會作何感想：「今天晚上波拿巴回來了。請你將我的歉意轉達給巴拉斯，我不能與他一起吃晚餐了。你跟他說不要忘了我。你比誰都清楚我的處境……拉·帕傑麗——波拿巴。」

婚姻出現了如此大的裂痕，他卻絲毫沒有疑心。巴拉斯仇恨和猜忌著這位強有力的統帥，放蕩不羈的約瑟芬則在各種社交場合當中穿梭，包括女人們的閨房，也包括男人們的臥室。即使她對波拿巴肯定也是有好感的，但看一下偷情便條上的簽名吧，她卻將自己出嫁前的名字寫在了波拿巴的姓氏前，好像她是擁有自由選擇權的。

這天晚上，波拿巴的不期而歸氣得巴拉斯破口大罵。第二天，他和另外幾位督政官卻收到了一篇來自波拿巴的報告，這份長長的報告是這樣開頭的：「不管我們如何努力，我們想要掌握海上的優勢，也得是幾年後了。登陸英國的冒險是最大膽也是最艱難的，想要成功只能選擇突襲……登陸得選擇在夜長的季節，就是冬天了。所以，明年才有可能作戰。在這段時間裡大陸很容易發生意外。也許，偉大的時機已經永遠地過去了。」

放棄得如此乾脆，實在有些出乎意料，但是更加出乎意料的，是用來彌補這一缺憾的計畫：他提出從西班牙到荷蘭要打 8 場海戰，考慮了所有的政治條件和後果。如果軍艦和資金不夠用，那麼先對英國的貿易進行打擊，拿埃及動手。他秋季就能回來，然後就可以直接和英國開戰。

那些督政官們一看見埃及兩個字馬上就批准了他的計畫，還同意為他提供指揮權，以及其他各種幫助。這個危險人物走得越遠越好，最好在戰場上被打死。

其實計畫進軍埃及沒什麼新鮮的，幾年前就有人提出過了。塔列朗在說到波拿巴的那封信時，也曾對這一計畫進行過宣傳，不過在報告裡，他卻這樣說道：「去指揮這個戰役的，沒有突出的統帥天賦也行。」這是想把波拿巴留在國內，還是純粹是在使壞？有一個事實可以確定，很久以後，當波拿巴——一位天賦異稟的統帥——看到了塔列朗這句評語時，在旁邊寫了這樣一個詞：「瘋話！」現在，他親自起草了委任書，任命自己為東方軍總司令，任務是占領馬爾他和埃及，將英國人從紅海趕出去，再打通蘇伊士地峽，從而穩固法國占領紅海的事實。

他開始狂熱地為這一新行動進行準備。他早已對相關情況瞭若指掌。他的家鄉就在地中海。他還是個小孩的時候，就總去看科西嘉徽章上的那些摩爾人頭像。他還總會看見從非洲海岸開來的帆船。後來，他

奪取了熱那亞和威尼斯的艦隊，並連繫上了希臘人、突尼斯人、阿爾巴尼亞人和波士尼亞人。他在進行這些準備工作時，亞歷山大的精神一直在影響著他，埃及曾經被這位大帝視為其世界帝國的中心。

在等待的這幾個禮拜的時間中，在波拿巴的內心中，他天性中的各種成分第一次發生碰撞。一顆善於計算的大腦，將一個誕生於無邊的想像中的願望，一顆榜樣只認古代傑出人物的心靈懷有的計畫進行分解、思考、權衡，然後進行微調，再進行權衡，逐漸實現現實的平衡。現在，在準備前往埃及時，波拿巴努力將那個精於計算的自己，和擅長夢想的自己合二為一，但是他的疏漏在於，他沒有看到其他部分，是永遠都沒有辦法計算的。他那英雄的想像讓他不得不忘記我們現在的時代已經是那個古典的時代了，哈里發和占領者擁有幾百萬的奴隸的事情早已不復存在，各國人民，包括非洲那些國家在內的都在覺醒。擺在波拿巴面前的是這樣一個巨大的、無法解決的矛盾，而且他越是沉迷其中，就越固執地想要解決掉這個矛盾。

這個天才，這個晚生了兩千年的天才，現在已經陷入了厄運的怪圈，開始用自己那半神半人的手，為自己命運勾勒出一道軌跡。

十三、軍艦上的「科學院」

「我就要去東方了，」他寫信給兄弟，「帶著一切能夠確保我獲得成功的。法國如果需要我……如果開戰了但是不怎麼順利，我就立刻回家，到那時，和現在比，大眾輿論會更支持我。如果在戰爭中共和國擁有不錯的運氣，出現了另一位新的、像我這樣的統帥，成為大家的希望，那麼我可能就會留在東方，為世界作出比他還要多的貢獻。」布里昂問道：「我們要去多長時間？」他回答說：「6 個月，或者 6 年。」

命運在最後的時刻似乎還要警告他一下。在拉施塔特，奧地利不同

意將萊茵河左岸地區割讓出來。法國的特使貝爾納多特在維也納的挑釁讓新的戰爭箭在弦上。他不應該留在這裡嗎？督政官們的看法卻不一樣，他們認為現在的形勢已經是一觸即發，催他馬上就走，他也不得不服從了命令。就這樣在 5 月的一天，也是進駐米蘭兩週年的時候，在土倫的海面，400 艘帆船集結完畢，準備出發。站在岸上的約瑟芬在招手，實際上她內心中更牽掛的，應該是跟著丈夫出征的兒子歐仁。波拿巴的一個手勢讓龐大的艦隊慢慢地啟動。官兵們這時才知道這次航行是要去哪裡。他們在甲板上集合，眼睛看著歐洲的海岸漸漸消失。「東方號」的上甲板上，他們的統帥佇立在那裡，身旁是主桅旁的那幾門 8 磅炮。他並沒有像其他人一樣回頭，而是一直看著東南方向。

與此同時，包括納爾遜在內的四位英國海軍上將也在軍艦的甲板上，他們舉著望遠鏡望著遠方，搜尋著敵人的蹤影。他們判斷波拿巴就是在這幾天動身，估計是要去西西里島的。在哪裡能找到他呢？昨天，風暴吹散了納爾遜的艦隊，將艦隊重新聚集起來得好幾天。但是，同一場風暴，也把波拿巴耽擱在土倫一天，因此讓法國軍隊逃過一劫。他們搶在英軍之前透過奇襲奪取了馬爾他這個至關重要的島嶼。貓來的時候老鼠已經跑掉了。趕到埃及的納爾遜卻沒找到法軍，原因是他追過頭了。在敘利亞的情況還是一樣，他還是撲了個空。最後他匆忙地趕到西西里島，又是 ·無所獲。「魔鬼也擁有魔鬼的運氣。」氣急敗壞的納爾遜大罵自己以及對手。

波拿巴在海上度過了 4 個星期，波拿巴大多的時間都是在床上度過的，這樣是為了預防暈船。這其中也存在一個暗喻：一個暈船的統帥，能是英國這個海上強國的對手嗎？這一次他算是運氣好逃掉了。心神不寧的他睡不著，於是他讓布里昂為他朗讀。

這支艦隊除了帶著兩千門大炮，還差不多帶著一所大學：船上有175 名平民學者，包括天文學家、幾何學家、礦物學家、化學家、古董

商、橋梁和道路專家、東方學家、國民經濟學家、畫家以及詩人，以及他們帶著的幾百箱書籍和儀器。波拿巴想研究透澈那神奇東方的一切事物，好能為法國在那裡贏得一塊殖民地，為自己在非洲樹立威名。士兵們對這些學者的稱呼特別有海員的簡潔風格：「驢子們」，波拿巴則處處都為他們提供保護，一旦發現對這些「遊手好閒的人」流露出不滿的人，他就會用目光和咒罵進行懲罰。他親自挑選的這些學者，還為他們的這趟出行的所有方面都制定了詳細的計畫。他費盡周折，才從國家印刷廠那裡弄來了一套阿拉伯文鉛字，其他帶往埃及的設備也是他親自確定並籌備到的，尤其是資料室，它設在旗艦上。對軍官們來說小說是有益的，但是他總會取笑那些在看小說的軍官們。他自己的閱讀對象仍然只有《少年維特的煩惱》以及奧西昂的作品，那種熱情是他最喜歡的。不過他這次出行基本還沒碰這些著作。

　　他現在要布里昂為他朗讀的，是從包括羅馬在內的各處搜羅來的埃及遊記，比如普魯塔克、荷馬的著作，阿利安的亞歷山大征戰記，還有《古蘭經》，它順理成章地和《聖經》和孟德斯鳩一起被列入政治類的書籍。

　　他喜歡在飯後舉行「科學院」會議。他的這個叫法是有一定戲謔的成分，不過討論時的他可沒有一點馬虎的意思：論題以及辯論的正反雙方都是由他親自確定的。他依然同時扮演者計算家和幻想家的角色，他喜歡數學和宗教這類的主題。參加討論的學者，有著名的數學家蒙日，他長著厚實的下巴和鷹鉤鼻子，頭上的頭髮已經開始脫落。好幾年來，波拿巴都比較器重他。坐在蒙日旁邊的，是剛被波拿巴從萊茵方面軍調來的德塞將軍，他鼻子很大、嘴唇很厚，一張臉比較和善，看起來有點像黑人。透過看他們兩人的眼睛是很難判斷誰更聰明的。克萊貝爾將軍的樣子看起來帶著果斷以及無所畏懼，坐他旁邊的是拉普拉斯，則嚴肅而費勁地從眼罩下放出目光，打量著別人，再旁邊的是化學家貝托萊，

他長著一個綿羊的腦袋。當克萊貝爾對幾何學大肆抨擊，在座的另一位學者準備為精神世界進行辯護時，波拿巴用一個手勢表示「算了吧」，又笑著指了指角落裡的參謀長貝爾蒂埃，他手裡拿著《少年維特的煩惱》，卻已經睡著了。

熱天很快來臨，波拿巴為了享受夜晚的涼風，經常在甲板上躺著，一直到深夜。圍坐在他身邊的親信們，就別的星球上是否存在生命而展開討論。每個人都有自己合理的理由，不管對這個問題持的是肯定還是否定的態度。萬物的創造自然而然地成為了下一個話題。這些人 —— 革命之子、伏爾泰的門徒 —— 在一點上是達成了共識的，不管他們是教授還是將軍：萬物的產生，是在高度理性的方式完成的，對宇宙進行解釋只要一位優秀的自然科學家即可，無需煩勞上帝。躺在那裡的波拿巴沉默不語。突然，他抬手指著滿天的繁星說道：

「隨你們說吧。但是我想問，又是誰創造了上面的這些東西呢？」

十四、在獅身人面像前

騎著馬的波拿巴慢慢地穿越沙漠，走到獅身人面像的面前。石頭的雙眼遇到了他鋼鐵般的雙眼。和這巨大的石像一樣，他也明白沉默所蘊含的力量。但是此時的他內心實際上卻是起伏不定的：

「這裡，亞歷山大大帝曾經來過，凱撒也曾經來過。他們距這石像完工的時代 2,000 年；而我距他們同樣是 2,000 年。這個崇拜太陽神的帝國在寬闊的尼羅河兩岸延伸，廣袤無垠。幾百萬的人都對一個人俯首貼耳。統治者的意圖，會有成千上萬的奴隸去用雙手實現。對他來說，什麼都是可能的。國王是眾神之子。所有的人都聽從他的意志，因為他是最早的征服者的後裔。當年第一個征服者自稱為王，以眾神之子自居，也獲得了大家的信任。在東方，只要有人敢說出來『我是你們的

神』，沒有人會不相信。歐洲和這裡相比簡直就是個鼴鼠丘。」

　　過了不久，在和這裡距離還不到幾英里的地方，拿破崙正在做戰鬥的最後準備。世界上最強悍的騎兵——8,000名馬木路克[1]士兵正準備將外來的入侵者消滅。拿破崙騎著馬跑到隊伍的前面，一邊用手指著遠處的金字塔，一邊喊道：「士兵們，4,000年的歷史在那裡看著你們呢！」馬木路克騎兵率先發起了攻擊，但是抵擋不住炮火，波拿巴很快就占領了他們的營地。他們一直逃到尼羅河邊，坐著船或者泅水過了河。因為大家知道他們有隨身帶著黃金的習慣，因此法國士兵們在後面窮追不捨，在河岸上，在水裡，戰鬥又打了好幾個小時，一直到勝利者將敵人的財富弄到手才肯甘休。就這樣，拿破崙將馬木路克騎兵打得潰不成軍。

　　在開羅，波拿巴與帕夏和酋長們取得連繫，用埃及的方式來獲得他們的支援。他聲稱，土耳其人還有他們的蘇丹從來都是他熱愛和敬仰的對象，他的打擊目標只有那些和蘇丹敵對的馬木路克士兵。到處鞠躬作揖，編造種種藉口，談判時候詞句高雅、比喻淺顯——這些對於出生在地中海、可以算半個東方人的他來說是十分熟悉的，運用起來也是駕輕就熟。和歐洲的外交家們所奉行的典雅簡捷原則相比，這裡的人在說謊方面的技巧比較繁瑣。不管什麼方面，他都遵循著這裡的習俗。還沒登陸時，他就跟翻譯口授好了寫給埃及帕夏的信，信是這樣開頭的：

　　「雖然在所有的貝依中，你的地位應該是最崇高的，但是據我所掌握的資訊，在開羅你可以說是權力和威信什麼都沒有；你一定會對我的到來表示歡迎。你一定十分清楚的，任何反對《古蘭經》或蘇丹的事情我都不會做的……所以請你要支持我，跟我並肩戰鬥，譴責那些褻瀆神靈的貝依們吧！」

　　拿破崙這時好像一個魔術師，他竟然玩起了基督教三位一體的概

1　馬木路克（Mameluk）：伊斯蘭國家統治者的僱傭兵。

念，目的只是為了把自己的信條說得和伊斯蘭的信仰比較接近。他開門見山地表示曾經擊敗過教皇和馬爾他騎士團，同時他承認和《聖經》一樣，《古蘭經》也是上帝的諭旨。不過到了後來，前來驅逐法軍的部隊在海岸登陸時，拿破崙又號召帕夏和酋長們站在他這一邊，他這時說：「安拉就是真主，穆罕默德是他的先知。開羅政府的成員們都是最能幹、最開明、才學最好的人，我在此向你們致敬。願先知的祝福與你們同在！」他讓這些船靠岸，不過目的是要把他們一網打盡，「對開羅來說，這景象將會無比壯觀。」有一些俄國人也在那些船上。「對你們和我這樣只信任一個上帝的人，俄國人是持仇恨的態度的，俄國的神話中有三個神。但是他們馬上就會明白的，上帝只有一個，那就是勝利之父，他總是仁慈地站在善良的一方。」

他在這個宗教信仰的大拼盤中，最終流露出了異教徒的跡象，這是他自己都沒察覺到的。後來，非基督教的法國一直被他作為一種政治手段，說法國的宗教和穆罕默德的教義實際上是非常接近的。他到處宣揚，他思想的基礎之一就是《古蘭經》。他從這本被船上的流動圖書室列為政治類的聖書中獲得了不少的好處。當開羅一名危險的法官被他免職時，拿破崙也在《古蘭經》中找到了藉口：「所有的善來自神，是他讓我們勝利……凡是經我辛苦勞作的，必定成功！凡是稱我為朋友的，一定會興旺。凡是為我的敵人提供支援的，一定會滅亡。」

如果他有幸在 4,000 年前的埃及出生，他能只憑擅長啟發人的能力獲得成功。但是在現在，即便是黃褐色皮膚的人，也都不相信這一套了！雖然他在用最動聽的形容詞歌頌他們，實際上他是看不起他們的。而在另一方面，他強調軍紀嚴明，一旦發生了自己的士兵傷害了當地人，一定會被嚴懲。每日軍令的第一條是這麼說的：「我們現在所接觸的這些人，他們對待婦女的方式和我們本國是不一樣的。不過在這裡，不管是誰，只要傷害了婦女，也將被視為惡棍，和在歐洲一樣。搶掠只

能讓少數人發一筆不義之財，卻讓全體官兵蒙羞。搶掠會破壞我們和當地人的關係，而且還是從根本上破壞。我們應當從維護自身利益的角度出發，應當去爭取當地各個民族，和他們成為朋友，讓他們為我們提供幫助，而搶掠唯一的效果就是讓他們仇視我們。」誰都不許進入清真寺，所有部隊都不許在清真寺的門口集合。寬容與詭計、奉承與恫嚇，用真主和劍，波拿巴用上了所有東方式的手段，不過幾個星期的時間，就在這裡站穩了腳跟。

　　沒錯，他終於能夠認為自己是東方的主宰了。但是，現在的他能感覺到更幸福一些了嗎？

　　朱諾接到了一封從巴黎來的信，信中提到了約瑟芬。如果這封信被英國人截獲了，就像其他的幾百封信那樣該有多好！這樣的話埃及的人們至少一無所知，省去了很多的煩惱！但是事實是，朱諾認為自己是司令的老朋友，有責任將所有的真相都告訴他，也就是將伊波利特‧夏爾和約瑟芬的事都告訴他。拿破崙早就把那個年輕人攆出了軍隊，但是在約瑟芬的幫助下，他還是獲得了軍隊承包商的工作。雖然有一段時間他們倆沒見過面，但是現在不是了，她又遇到了他：是在一個時尚高雅的舞蹈教師那裡。二人重溫舊情，他的腰肢還是那麼的美妙，他的舞姿還是那麼的瀟灑！而且幽默風趣，討人憐愛！現在他又在財富上增加了魅力。約瑟芬將巴黎附近一個叫瑪律梅松的美麗莊園買了下來。現在她和那個花花公子就在莊園中雙宿雙飛，他儼然已經成了一家之主。

　　沙灘上，波拿巴一邊著聽朱諾說話，一邊來回踱步。他的臉色愈發蒼白，臉上的肌肉一直抽搐個不停，他甚至痛苦地用拳頭打自己的腦袋兩三次。忽然，他轉身衝著在帳篷前坐著的布里昂說：「你不算我真正的朋友！這些娘們！約瑟芬！你早就應該跟我說！朱諾，他才算真正的朋友！約瑟芬！我和她離著有 600 英里，她怎麼能這樣欺騙我！這幫該死的紈絝子弟，這幫該死的小白臉！我要幹掉他們！我要離婚！是

的，我要大張旗鼓地離婚！現在我就寫信。什麼我都知道了！如果是她犯了錯，那就再見吧！我再也不會給巴黎街頭的那幫遊手好閒的人當笑柄了！」

布里昂竭盡全力地安慰著他，最後他提到了聲譽，說他的聲譽比什麼都重要。「哼，我的聲譽？我願意付出我的一切，只要朱諾的資訊是假的：我愛這個女人愛的太深了！」

但是又考慮到他的家信很可能會被英國人截獲並公開，所以他在寫給哥哥約瑟夫的信中也不能明說，只能暗示自己的私生活十分不幸。這封信正是因為他的這種自我掩飾，才顯得和別的信件截然不同，裡面含有一種動人的魔力。這位天才統帥的厭世情緒，已經達到了極致。寫完一份激昂的報捷公文後，他又寫下了這封家信給兄長：

「在世界上，像埃及這樣盛產大米、小麥、蔬菜和肉類的國家也就這一個了。但是，這裡的野蠻程度也是獨一無二的。沒有錢，軍隊都發不出軍餉來。我兩個月以後就回法國。你非常關心我，這我很清楚的，我家中現在有了大的麻煩，帷幕已經徹底拉開，真相全都顯現了出來……現在在這個世界上，我有的只是你了。我對我來說，與你的手足之情彌足珍貴。能夠讓我對人類徹底絕望的事情只有一件，那就是連你我都失去了，連你也選擇了背叛我。我全部的感情，竟然都集中在了一個人身上，這是一件十分可悲的事情，你一定可以理解的。請替我留意一下，在巴黎附近或者勃艮第尋找一座小別墅，讓我回家時可以住在那裡，讓我擁有一個可以在冬天離群索居的地方。我對人類感到噁心。我需要的是休息和孤獨。偉大的東西都是十分無聊的。我的感情之泉現在已經乾枯了。雖然我現在只有 29 歲，但是已經有這樣的感覺的：一切名聲都是虛榮。我已到了一切事情的盡頭。成為一個絕對的利己主義者，這是留給我的唯一出路。在巴黎的住房我一定要保住，我不會把它讓給任何人，不管是誰！我現在已經是一無所有。有一點我相信也會承認

的，那就是我待你從未有過不公，雖然有時候，我會想對你刻薄一點。我覺得你能夠理解我的。吻你的妻子與傑羅姆 —— 波拿巴。」

這種厭世而又憤世嫉俗的情緒，這種想著報復，渴望自己的要求獲得滿足的心境，突然演化成一種憂鬱而又悲愴的交響樂。這悲愴的音符在他 17 歲時也曾在他日記裡奏響，不過以後再也沒有出現過。這顆心對待別人從來都是一心一意，雖然屢遭欺騙，但是依然痴心不改，但是現在，他被徹底地刺傷了。勝利，榮耀，成為第二個亞歷山大大帝 —— 這一切都已經變得那麼的微不足道。如果一個人讓自己青春的火焰熊熊燃燒，全身心投入地愛著一個人，卻發現自己被騙了，就是在這件最不該被騙的事上，那麼，對他來說偉大又有什麼意義呢？這封信的開頭在說稻米蔬菜，最後卻是以孤獨和沮喪結束。除了哥哥，他在人世間還擁有什麼？「我已到了一切事情的盡頭。」

十五、金髮的「埃及豔后」

因為一個意外的打擊，他迅速地恢復了過來。

第二天，他騎馬從沙漠回來進入瑪律蒙的帳篷，發現每一個人都異常地驚慌失措。出了什麼事？法國艦隊被摧毀了。前一天，重返埃及的納爾遜在尼羅河口阿布基爾攻擊了他們。，法國艦隊的大部分船隻不是被擊沉，就是當了俘虜，只有 4 艘軍艦逃了出來。

一言不發的軍官們滿臉憂鬱地站在一邊。在場的所有人，即使是營帳前站崗的步兵，都很清楚這一挫敗代表著什麼。臉色發白的拿破崙也立刻就意識到，現在能讓大家的士氣恢復起來的，也只有他了。沉默了一會，他開始講話，內容十分激勵人心：「看起來，我們是被堵在埃及了。好啊，我們現在要做的就是努力堅持，挺過大風大浪，大海馬上就會恢復平靜的……我們要改變東方的面貌，這可能是我們命中注定的。

我們不是留在這裡，就是光榮地離開，像古代先賢那樣。」

糟糕透頂的失敗啊！巴黎知道了會怎麼說？他並不是艦隊司令，並沒有在尼羅河口之戰的現場，不過他的威望肯定會因為這場災難而受損。我們怎麼回國呢？誰來為我們保證安全？坐土耳其的船隻嗎？但是土耳其的蘇丹現在是否還會保持中立？他一直在俄、法之間猶疑不決，現在法國戰敗，他會不會針對我們？還有英國！13 艘戰艦竟然就這樣灰飛煙滅了！這得要多少年的時間，我們才能再在海洋上和英國勢均力敵！最少也得 10 年。安拉就是真主，可是，我的命星到底躲在哪一片雲層的後面？

不！不是他的命星！因為他向上級彙報這個失敗的消息時，什麼都沒有隱瞞。不過公文裡他詳盡地解釋了自己是怎樣受到了幸運女神的垂青，後來納爾遜率領英國海軍匆匆趕來的時候，法軍已經在埃及站穩了腳跟。

惶恐不安和舉棋不定的情緒持續了幾個星期。新的情緒出現在了波拿巴的生活中：無所事事，除了等待就沒有別的了。等待送來公文或者至少是書信或者報紙，他就可以了解歐洲的局勢。嚴密封鎖的英國可能讓所有信件都無法越海而來。他覺得十分無聊，這還是他生平第一次，該怎麼樣打發這難捱的時間？他不知道。對東方軍進行管理，對騷動進行彈壓，拆除那些傾圮的要塞——這些都不過是一些休閒活動。度日如年！他比過去更加神經質了，也更容易沉浸於幻想了。布里昂想對他的統帥進行撫慰：「我們等著吧，聽聽督政府有什麼建議。」

「督政府？那就是一堆狗屎！督政們對我恨之入骨，他們一直在盼著我乾脆爛在這裡！」

現在要是能騎馬出去，那該有多好！可是現在外面這個酷熱難耐的天氣，穿著制服騎馬更是無法忍受的，之前波拿巴曾經想過騎馬時穿著阿拉伯長袍，但是因為脫非常麻煩，只能放棄。有時他也會不顧炎熱騎

著馬出去，等回營帳得知仍然什麼郵件都沒有時，就會陷入想入非非。

「布里昂，你知道我的心裡現在想什麼？……如果我還能看到法國，能在巴伐利亞低地指揮一場戰鬥，那就是我最大的雄心了。我要在那裡來一場大獲全勝，一雪霍希施戴特戰役[1]之恥。然後我就會選擇退隱山村，心滿意足地過那種安靜的生活。」他內心之火還是那麼的熾熱！當年在波河平原，東方是他夢寐以求的地方；現在到了埃及，德意志的巴伐利亞卻又成了他要去的地方。他想的都是戰爭。

他現在可謂前途未卜，敵人可能將他回國的全部道路都已切斷；與遙遠的歐洲，也再沒有夫婦恩愛的紐帶。所以，他和英國的仇敵波斯國王還有印度蒂普蘇丹進行談判，要求波斯同意他過境前往印度。對蒂普他則表示願意和他結為聯盟，幫助印度掙脫「英國的鐵枷」。他的眼前又浮現了追尋亞歷山大大帝當年的足跡，不斷奮進的前景。但是在他真正地開始進行準備時，卻又開始對可行性有了懷疑：「只有有 1.5 萬人留在這裡，而我又能調遣其他的 3 萬兵力，我才敢動身，進軍印度。」

雖然這一切都只停留在構思的層面，但是這個時候的他也是最快活的他，因為想像的世界中會有無比龐大的計畫，可以讓他來進行思維上的遊戲。他在 4 年後曾這樣說，「只有在埃及，我才有擺脫了文明的種種束縛的感覺；也只有在那裡，我才彷彿擁有將我一切夢想都實現的手段。我看到自己創立了一個新的宗教，頭纏頭巾，騎著大象，記載著我自己的訓條的《古蘭經》拿在手中。然後我就前往亞洲。我的計畫是融合兩個世界的經驗，讓歷史服務於我，進攻英國在印度的勢力，我還用透過征服那裡，將與歐洲的連繫再次打通。」

是一位詩人在說話嗎？或者說，征服世界的人本來就是和詩人是近

1　霍希施戴特戰役：西班牙王位繼承戰爭中的一次著名戰役，發生在 1704 年。英國名將巴爾伯勒公爵率領英、荷、葡聯軍，在巴伐利亞的小鎮霍希施戴特上，殲滅了法國和巴伐利亞聯軍。這是法軍的一次空前慘敗。

親？在埃及，他給自己起了一個名字，非常地浪漫：「凱必爾蘇丹」，實際上他一直都保持著一點蘇丹的作風，或多或少。他這已經是第三個名字，和對印度征服的計畫一樣的虛幻。

他豐富的想像力，和對不貞的妻子的怒氣，再加上炎熱的天氣，當然還有無所事事的現狀，共同作用，將他推向了愛神。有個中尉的妻子女扮男裝地跟著法軍從土倫來了埃及。她是一個廚娘的私生女，結婚之前是裁縫，這位金髮女郎媚眼如絲、迷人異常。他將她奪了過來，占為己有，又把她的丈夫那個中尉派回國出差。她立刻就充當起了小埃及豔后的角色，行為嬌媚而大膽：與他同車出遊，為他的宴席增光。而她的對手之子歐仁，波拿巴的隨身副官，卻還不得不隨侍左右。這對大家來說都很尷尬，所以，這位年輕人獲得了休假。

他母親的醜聞，歐仁是全都知道了，波拿巴親自和他說的。這種處境是多麼的痛苦、多麼的尷尬！他那 30 多歲的母親竟然還喜歡賣弄風情，公然和一個紈絝子弟同居，這人比她的兒子大不了幾歲！他那民族英雄的繼父因此成了大家的笑柄。而現在他的繼父，權力無上的總司令，法國新殖民地的總督，也在開羅的大街上，和自己的情婦一起招搖過市。身為繼父的副官，歐仁自己還要隨車侍奉。這個身材嬌小的女裁縫，可能覺得和他的繼父比起來，這位年輕的副官更和胃口，所以對他露出了快樂的笑容，露出滿口雪白的牙齒。她以為自己能夠取代那個克里奧爾女人的位置，憑藉的是自己的魅力，因此非常喜歡誇耀平等的新精神。而拿破崙·波拿巴的立場則一直比較中立，能為他生個孩子，這就是他對這年輕女子的全部的要求了。

沒錯。這幾年，他日思夜盼的就是想得到一個繼承人。他說，她只要為他生一個兒子，他就娶她為妻，因為他和約瑟芬必然會離婚的。在他的腦子裡，建立一個家庭的想法早已根深蒂固。孩子的母親出身不高？他的大部分將領也都是這樣的嘛！只要孩子是合法的，是波拿巴的

血統，其他所有的他都不在乎。他的觀點十分堅定：世界上所有有才華的人都是平等的；但是他堅持合法正統的必要性的觀點也十分堅定。早已經不是國王權力世襲的時代了。現在是才智之士就可以繼承王位的時代。當然這是他的謬論。

不久以後，他跟他的一個親信粗聲粗氣地埋怨道：「看看這個傻女人，孩子竟然都不會生！」很快她聽到了這話，反唇相譏道：「那可不是我的問題，你明白的！」聽到這一回答的波拿巴臉色十分陰沉。他並沒有反駁的證據，他有的，只是一種對子嗣的渴望，這種渴望空前強烈。

這是一個在精神層面上，可以去擁抱整個世界的男人。如果生殖繁衍的能力大自然都不給他，這將摧毀一切行動的基礎，包括他的自信。

十六、阿克要塞

在科學院裡，總司令與院士們肩並肩坐在一起。辯論中的他從來不靠著自己的官職，而是非常理性地講事實、擺道理。不過有不少的討論題目也和軍隊的實際問題有關：如何將尼羅河水濾清，探討怎樣豎立風車，研究製造火藥需要什麼樣的配料等等。有一次，怒氣衝衝的拿破崙非常激動。一邊的貝托萊則心平氣和地說：「您錯了，朋友，因為您現在說話粗魯了。」一個船醫表示支持。波拿巴則大叫道：「我明白了，你們幾個都是一夥的。化學就是醫學的廚房，而醫學就是殺人犯的科學！」醫生馬上反問道：「那麼，將軍公民，征服者的藝術您又是怎樣定義的呢？」在這個學術共和國裡，這位獨裁者是很願意看到這種平等的作風；但是換了其他場合，幾乎沒有敢反駁他的人。

一連幾個星期，每天的軍中日誌最後一行寫的是：「法國無消息。」已經這樣幾個星期了。所有的事情似乎都靜止了，每個人都是心神不寧，都在議論紛紛。而那個流動大學倒是做了不少意義非凡的工作。波

拿巴幾乎參加了所有的活動，先是向別人學習，再提出自己的建議，當然，他的工作主要還是集中在二線上。對他來說，他利用這個等待的時期進行研究非常合適。他們開始全方位地調查這個國家，包括地理勘察和測量。而關於尼羅河的魚類資源，紅海的礦產資源，尼羅河三角洲的植物群還有沙漠地區的構成等等課題，如此大規模地進行研究，都還是第一次。他們還考慮過對鹹水湖以及尼羅河泥土進行開發。學者們還對東方黑死病以及沙眼的病因進行了考察。在埃及，沙眼這種眼疾非常可怕，曾經有一半的埃及人被這種病奪去了光明。此外，他們還印刷了一部詞典和一本語法。他們發掘了上埃及一些地下埋藏的寺廟，甚至還找到了摩西井。有一天，一位天才的軍官去了羅塞塔，從那裡帶了一塊花崗岩石碑回來，在它的上面，人們第一次發現了同時用三種文字——埃及象形文字、通俗體文字和希臘文書寫的碑文。人們終於找到了解開象形文字之謎的鑰匙了！

不過，是否有可能開鑿經蘇伊士地峽運河，這才是總司令最感興趣的事情。他長途跋涉在沙漠之中，冒著被阿拉伯人襲擊的風險。他順著那些古代國王開鑿的運河的遺跡，對新運河的走向和路線進行著思考。半個世紀以後，負責開鑿蘇伊士運河的法國工程師萊塞普斯，證實了他所有的推斷和設想。他並沒有像一個遭遇失敗的冒險家，而是秉承著征服世界的精神，謀求著將陸地分開，將海洋聯結。

終於有消息了！有些乘坐小型戰艦商人衝破了英國的封鎖線。拿破崙從他們那裡，獲悉了局勢變動，這變動的起因就是法國艦隊在阿布基爾被摧毀了：土耳其蘇丹已經和俄國結盟，這兩個國家都已經向法國宣戰。土耳其的統帥阿克梅特正取道敘利亞進軍埃及。受到這些消息的鼓舞的開羅不滿人士也揭竿而起，然而他們的起義被鎮壓下去了，長矛上插著示眾的人頭，作為警告。「這樣的效果一定會非常好。在這裡，仁慈毫無用處。」

簡單地說，總司令的心情當中，解脫的成分要比震驚多。如果土耳其繼續向南進軍那就更好了。他終於等到了在戰爭中擊敗他們的機會。

但是，到底是什麼讓他焦慮不安，他並沒有對大多數親信說。當他從法國離開，前來征服埃及，得到一個中轉基地是他原本的目標，這對他征服印度很有幫助。「我們可以用艦船橫渡海洋；我們可以用駱駝穿越沙漠。」他本來給征服埃及準備的時間是 15 個月，鞏固在這裡的權力，同時為遠征印度作各種準備也包括在內。遠征印度的計畫得有 4 萬兵力以及一樣多的駱駝，以及野戰大炮 120 門。他曾提出從法國經海路運送大量的艦船、火炮和士兵來支援他。

但是他美妙的計畫被尼羅河河口海戰粉碎了。海岸被英國封鎖著，根本沒有增援部隊，土耳其蘇丹現在已經成為敵人，埃及人也敵意滿滿。好在面對形勢的巨變，拿破崙十分善於調整自己的計畫。在他看來，一切都可以為他所用。土耳其軍隊聯合英軍登陸？這個問題可是事關生死存亡！好吧，我們的選擇只有進攻，否則就是死路一條！將土耳其人所有的軍火庫和港口奪下來，再將敘利亞的那些基督徒武裝起來，去煽動那些德魯茲 [德魯茲：中東的伊斯蘭教派，人數不多，崇尚武力，散居於敘利亞、黎巴嫩和約旦。] 教徒！一旦我們將阿克要塞拿下，開羅的輿論一定就會轉向我們這邊。到了 6 月，我們就能到達大馬士革，我們的前哨基地就可以推進到托羅斯，我們可以出動 2.6 萬名法國士兵、6,000 名馬木路克騎兵和 1.8 萬名德魯茲教徒向東進發。德賽會直接從埃及趕到這裡。到了那時，蘇丹就會明白，他最佳的選擇就是觀望。接下來，波斯國王再允許我們取道巴索拉和希拉茲。那麼到了 3 月，我們可以飲馬印度河，如果真主賜福的話。

困境中的拿破崙再一次編織起美麗的夢。他開始進軍敘利亞。

眼前根本就沒有什麼道路。有時在 15 個小時裡，騎著馬的他只前進了 70 公里，而且還經常是在晚上，沒有水，基本都是和先鋒部隊在一

起。攻克雅法時，有 3,000 名土耳其士兵投降了法軍。這些俘虜該如何
處置呢？留著他們？他自己的軍隊口糧現在都比較短缺；而且，看守這
些俘虜還得占用他一部分的兵力。把他們送回國？他手上沒有船隻。去
和土耳其交換戰俘？土耳其手裡又沒有法國俘虜可以拿來交換。把他們
放了？他們就會去一個要進攻的要塞阿克增援。到底應該怎麼處理？開
軍事會議！

　　與會者都同意將俘虜殺掉。就在幾天前，土耳其人不是砍了我們一
個使者的頭嗎？如果我們軍隊的供給出現短缺，原因就是供養這些傢
伙，那麼軍隊的情緒必然會失控。猶豫不決的波拿巴考慮了足有 3 天，
最終勉強同意了這個意見。這些俘虜將會被趕進大海，然後處死。後來
的軍事評論家尤其是德國人在這一點上都達成了共識：當時的拿破崙別
無選擇。

　　現在阻擋我們前進的只有阿克要塞了，我們將在那裡得到大量嶄新
的武器。接下來我們會轉道向北！偉大的夢想在這幾個星期當中又復活
了。土耳其已經向法國宣戰了。處在完全孤立狀態的拿破崙不得不進行
一場殊死戰鬥。現在可能發生任何事情，因為眼前的形勢所迫，採取任
何手段都是必要的。不過，他一直在不停地考慮，現在另一個計畫已經
在他的腦子裡形成了。他和一個親信說：「占領阿克，我會馬上挺進大
馬士革和阿勒坡，　·路之上增強兵力，因為我將向人民宣布，我們已經
將那些專制的酋長們推翻。然後，以絕對優勢的兵力拿下君士坦丁堡，
滅亡土耳其，重建一個偉大的新帝國。這將為我帶來不朽的名聲。將哈
布斯堡家族摧毀之後，我或許會途徑亞德里亞堡或維也納回國。」

　　他的腦海裡一直有這樣的夢想。這一次所面臨的形勢更危急，因此
他的夢想也就更強烈。

　　他兵臨阿克，這個要塞規模並不大，但是配備的都是新式武器，守
衛者還是英國軍官和炮兵。猛攻幾次卻都徒勞無功。與此同時趕來支援

英國戰艦直接對進攻者構成了威脅。

最終，他在 8 個月後終於接到了直接從巴黎來的消息！但是卻是讓他簡直不忍卒讀的消息。塔列朗並沒有前往君士坦丁堡和蘇丹談判。這個騙子！他是不是在逃避責任？不過爆發戰爭是必然的，不然我們怎麼會在這座石頭要塞前出現！法蘭西共和國已經在和那不勒斯和撒丁打仗了。負責指揮軍隊是波拿巴的競爭對手莫羅與奧熱羅。蒼天！我們為什麼要在這酷熱難耐的沙漠裡毫無作為？衝鋒！拿下這要塞，難道我們就這樣折戟沉沙，在這個石頭堆前？這要塞的指揮官是誰？

菲利波，一位才能顯著的工程兵軍官，還是拿破崙當年在巴黎軍校的同學；逃亡國外的他加入了英國軍隊。今天波拿巴要和他的同學正面交鋒。給一個不強攻的理由？波拿巴可沒準備和耐心打持久戰。他那急性子不適合圍困敵人逼其投降的設想。要塞就和女人一樣，一定要強攻得手，否則就別打。乞求為她效勞，或者苦苦追求對他來說都是不可能的，還有等待也是一樣。時間緊急，等不了了，猛攻！

士兵當中開始出現怨言，甚至有一些軍官也出現了動搖，這往往是發生兵變的前奏。「我們推舉克萊貝爾當統帥吧，他比較人道，還很溫文爾雅。」

坐在帳篷裡的波拿巴正在靜靜地籌劃著。多麼可怕的時刻！英國難道真的是無法戰勝，即使在陸地，甚至在東方？這場攻城戰得拖上幾個月的時間？不行！整個歐洲都在打仗。無功而返？對我來說，那可是前所未有的，那時心裡頭肯定是另一番滋味。但是現在除了放棄攻城、馬上撤回埃及別無選擇！阿克阻擋了他挺進印度的道路，這句話只有一半是對的。即使拿下了這座要塞，誰能說他就會不顧巴黎的不利消息和義大利的戰事，逕自朝印度衝去？一切都是未知數，他那捉摸不定的情緒才是決定性的因素。同時發生的這一切象徵意義都很豐富：在阿克和在波河的共同點是，法國的敵人都是一個王國聯盟。能挽救危局的只有革

命之子。一反常態的是，波拿巴這一次並沒有騎馬衝在最前面，而是站在一個高地上，悲憤滿懷地看著這座久攻不下的要塞，一看就是幾個小時，一直到夜幕降臨。

狼狼地撤退。沒有道路和水，黑死病在後面窮追不捨。難道波拿巴的命運就這樣被沙漠和黑死病毀滅？他神色平靜地去醫院中看望了病人，努力地鼓勵他們。醫生跟他說，這裡有 50 個病人已回天乏力。看著痛苦掙扎的他們，拿破崙當機立斷，幫他們一把。似乎是出於一種高貴的責任感，他下令，讓這五十個病人服用鴉片，但是醫生反對這樣做。至今我們也不知道是不是由別人執行了這個命令。「當時在那樣的情況下」，後來的他曾經說過，「即使是我的兒子，我也會下令毒死。」

2,000 名病患和 6,000 名仍然健康的士兵緩慢而疲憊地穿行在沙漠之中。由於馬匹不夠用，一名重病的士兵由 4 個士兵抬著走。參謀部的軍官們也都步行前進！這是拿破崙下的令。第二天，馬廄總管請示他今天要騎哪一匹馬，波拿巴的回答是給了他一鞭子。開羅城終於出現了。法軍在入城時還有意地展示繳獲的軍旗，他們列隊入城，又發表了一通公告，一副凱旋的做派，還在打算將埃及人蒙在鼓裡，這些都是徒勞。

巴黎在說些什麼？他該跟巴黎說些什麼呢？我們沒有拿下阿克，而且必須從這裡撤出來，因為黑死病正在這裡到處蔓延！在科學院，拿破崙任命了一個幫助證實自己說法的委員會。有個醫生當著上百個學者的面站起來，拒絕在這個虛構的故事上簽名。司令官陰沉著臉，但是最終還是作了妥協，而且他十分欣賞這個勇敢的人，後來多次提拔這個人。

土耳其人已從海上逼了過來，打算將法軍消滅。整個遠征軍再次面臨生死存亡的威脅。阿克基爾灣是土軍選擇的登陸地點，時間則剛好是尼羅河口海戰的一周年那一天。雖然土軍人數是法軍的兩倍，但是波拿巴仍然放任土耳其軍隊登陸，然後再給予重創。結束戰鬥後，遇到波拿巴的繆拉情不自禁地擁抱了他說：「將軍，您像這個世界一樣偉大；對

您來說非常可惜，因為這個世界太小了。」而波拿巴則親自給開羅當局寫信：「在阿布基爾的戰役你們肯定都已經知道了，那是我有生以來最輝煌的一次！全殲登陸的敵軍，無一漏網。」

這時，在法軍中的馬木路克騎兵中，他注意到一個漂亮的小夥，高高的個子，一雙湛藍的眼睛，他是個格魯吉亞人，名叫盧斯塔姆，曾經5次被賣為奴，一看就非常的忠誠守本分。拿破崙將一把華麗的佩劍給了他，讓他當了自己的貼身侍衛。從這以後的15年，盧斯塔姆都一直在主人臥室的門口睡覺。

拿破崙在取得阿布基爾大捷後，和封鎖海岸的英國艦隊司令展開談判。表面上他是在和英國人研究交換俘虜的事情；實際上情報才是他渴望的目標，現在皇冠是沒有報紙珍貴的。有人想方設法弄到了一些報紙，這是他夢寐以求的。當一名副官走進了帳篷，送來報紙時，總司令已經睡著了。「報紙來了。不好的消息。」他一骨碌坐了起來，「出了什麼事？」

「舍雷爾打了敗仗。我們差不多又把整個義大利丟了。」跳下床的拿破崙奪過報紙。副官是這樣描述的：他整整讀了一夜，不時因為憤怒而大喊大叫。清晨，他把艦隊司令找來，他們倆在屋裡密談長達兩個小時，然後他就去了開羅。

「我要回法國，」他悄悄地將底細透露給忠實的瑪律蒙，「我想把你一起帶回去。我們在歐洲的軍隊已經遭遇慘敗。沒人知道現在敵人已經走到什麼地方了。丟了義大利。這些掌權的人都是幹什麼吃的？無能，愚蠢，腐朽！我曾獨撐大局，我的持續勝利支撐起了一個政府；沒有我的話，這個政府早就垮臺了。我一離開，形勢就徹底完了。如果我現在就走，那麼我能跟著最近這次捷報一起到達巴黎。我的出現，能夠讓軍隊恢復信心，也能夠讓公民們重新鼓起希望，讓他們堅信，一定會有一個幸福的未來。」

「當然是我的未來。」瑪律蒙走了以後他就這樣想道,「他們會說部隊被我扔在了埃及。克萊貝爾率領著他們,他們的命運也不會差。我來的目的是要建立一個殖民地。這個目的已經實現了,也已經擊敗了土耳其軍隊。援助唯一的方向就是法國;沒有人會派援軍來這裡的,除了我。我在這裡也沒什麼可打敗的了;歐洲戰場,一切都要去那裡取得了。我現在已經30歲了!還得幾天才能從這裡離開?艦隊司令說現在去土倫不順風,英國的戰艦現在也雲集在地中海。我真恨不得坐著熱氣球回到巴黎!巴黎是世界的中心。我必須冒這個險,跨海回國。」

十七、返航

船趁著黑夜航行著,他們還不敢在船上點燈。這是兩艘小型戰艦,在威尼斯繳獲的,載著總司令的那艘「米爾隆號」 —— 這個名字是為了紀念在阿柯拉之戰中的那個中尉,他用自己的身體掩護了波拿巴,中彈身亡。15年以後,救命恩人的名字甚至被他當了自己的化名。邦角到了,這個地段是最為危險的。他們幾乎是穿行在英國艦隊之間,根據燈光中分辨出英的國船隻。該死,西北風竟然變小了!8月的星光下,他們坐在甲板上,沉默不語,情緒十分低落。為振作精神,他們開始打牌。波拿巴玩的時候作弊了,不過他非常高興,因為沒有人發現。第二天凌晨,他幸災樂禍地將昨晚作弊的實情和盤托出,所有不該贏的錢也都退了回去。

和15個月前南下時的壯觀景象相比,這次的航行是多麼的不一樣啊!那時,400艘船浩浩蕩蕩地在海面上行駛著,現在卻只有兩條小船。當時的那些兵力,現在已經有一半埋骨沙場。法國現在雖然還控制著埃及這個神話般的國度 —— 但是還能控制多久呢?想有效地打擊英國的希望,已經徹底落空!登陸多佛的計畫現在又怎樣了呢?占領印度的

夢想已經成為泡影了！他被迫偷偷地離開埃及回國。如果軍隊知道了這個事，極有可能發生兵變。在拿破崙登船離岸之後，克萊貝爾才被任命為總司令，最後的軍中日誌內容也非常簡單而枯燥。科學家們提前就被派到上埃及去了，因為他擔心知道內情的蒙日與貝托萊會不小心洩漏了消息。現在這兩個人跟他一起在船上。而詩人們則比較麻煩。其中一個竟看穿了祕密，悄悄地跟上了船，沒有人知道目的地是哪。好吧，那就讓他跟著走吧。他們這類人是歌功頌德的鼓吹手，聲譽名望的批發商，咱們也不能少了他們。巴黎一定會支援我們，在最近這次勝利後。

這兩艘船一直在危險之中航行了幾個星期。「如果遭遇英國艦隊，你們打算怎麼辦？打仗？不可能。投降？你們都和我一樣不想投降。沒有別的辦法，除了炸船。」大家都沉默不語。蒙日坐在總司令旁邊，臉色十分蒼白。拿破崙轉頭看著蒙日，露出了惡作劇的微笑，然後說道，「這個任務就交給你了。」幾天後，人們誤以為看到的一艘船是英國戰艦。這位數學家立刻消失了。事後大家發現，蒙日就在火藥艙門口守著呢。

這件事證明，波拿巴威信極高。

在 10 月的一個晴朗的早晨，這時他們已經在地中海上航行了 6 個星期，一個海島出現在他們的視線中；地平線上，那一抹山脈十分熟悉。艦長將航海圖拿了出來，準備查看。這時波拿巴說道，聲音不容置疑：「那是科西嘉島。」他會命令海員張起滿帆，朝那個島駛去嗎？正好相反，他要搞明白那裡現在是否還是屬於法國的。但越來越大的風吹著船朝著海岸方向駛去，人們費了九牛二虎之力，才將船停下來。他頓時思緒萬千。

「……那裡還是法國的嗎？我在過去經常會提這樣一個問題：『那裡已經屬於法國了嗎？』這中間，又歷經了多少滄桑？已經過去了整整 6 年，那時的我只有 24 歲。主宰科西嘉就是我人生終極目標。最近的幾

年當中，義大利被我征服，臣服在我腳下，埃及又臣服在我的腳下，巴黎也滿臉堆笑地迎接我。這一切，就像是上天的安排。」風越來越大。「岸上等著我們的，究竟會是什麼結果呢？」信號旗顯示出，這個港口裡什麼船隻都沒有。這個沒有祖國的人，再一次把他成長起來的小島當作了家。

他們登陸了。阿雅克肖的居民地朝著港口擁去，萬人空巷，成百上千的人們 —— 他們都曾詛咒過波拿巴 —— 現在在歡迎著他。他面色平靜地看著眼前的人群，不少人親熱地用「你」稱呼著，所有的人都在和他攀著親戚。他和別人握著手，臉上是無動於衷的表情。忽然，一聲呼喚傳入了他的耳朵：「孩子！親愛的孩子！」這是他的乳母卡蜜拉在喊。這位身強體壯的農婦現在還沒有 50 歲。他的情感直到她的出現才有所變化。

拿破崙回到已經被母親修葺一新的祖宅，他召見了那些能為他提供他需要的資訊的人。他們坐在祖輩的壁爐邊，拿破崙直到了，過去他所有的那些戰果，已經在 3 個月的時間裡全部落入敵手。3 年前的他攻城掠地，戰功赫赫，現在的曼圖亞和米蘭乃至整個義大利，都又換了主人。法國仍然控制著熱那亞，但是也是岌岌可危，想保住實在太難了。馬塞納不得不從瑞士撤回了法國！英國人已經登陸了荷蘭！現在應該先做什麼呢？去尼斯！馬上奪回主動權！速戰速決，奪回這一切！什麼？強行將兩名督政罷黜？想要保住這個風雨飄搖的政府，難道只能使用這種策略嗎？穆蘭將軍是其中一名督政嗎？他究竟是什麼人？還有誰能夠進行合作？西耶斯？即將發生一場新的政變，這場政變極可能關乎國家的命運。立刻去巴黎！上船！快！再拖上一艘大駁船！

他朝著土倫的方向航行了 2 天。海岸已經在晨曦中遙遙在望。瞭望哨向他報告，前面發現了英艦。「掉轉航向！」艦長下了命令。「繼續往前走！」波拿巴咆哮著，「實在不行，我們可以划著大駁船登陸！」他

的命運之神又一次垂青了他。什麼異常都沒有發現的英國軍艦和他們的船擦肩而過。夜色降臨。土倫登不了陸？那就去弗雷居斯！那裡有搞不清位置的暗礁？哪裡都有暗礁！前進！我們已經在海上走了 7 個星期，法國的海岸就在眼前了，我們必須上岸，無視所有風險！

這個義大利人，真的熱愛這塊他即將踩在腳下的國土嗎？那對他來說無非是一把小提琴，能夠奏出比世界上其他樂器都要優美的樂曲。

第二天，波拿巴的名字傳遍了弗雷居斯整個小城。為什麼前來觀瞻的小船在港口隨處可見？民眾為什麼會如此歡騰？他到底在非洲都幹了些什麼，竟讓小城居民如此興奮，好像在歡迎一位凱旋的羅馬大將軍？有個官員嘴裡念叨著得檢疫一下。「和奧地利人相比，我們願選擇黑死病，那些奧地利人已經馬上打到我們的家門口了！」民眾大聲地喊著，簇擁著走過街頭的波拿巴的馬車。

坐在車裡波拿巴衝著百姓們揮手致意，心裡想著：「看來法國的情況十分糟糕。似乎這裡所有的人都在等著我，希望我能回來。我回來既不能太早，也不能太晚，現在時機剛剛好。」

他繼續坐著車往前走。他在埃克斯停留了 8 天，向遇到的所有人問東問西，因為他在這裡收到了一封信，準確地說是一封信的抄件，一封沒送到的信：「將軍，督政府在等著您，等著您和您英勇的戰士們的到來！」這些慌張無比的統治者們現在已經山窮水盡了，迫切地需要一個救星！他應該怎麼辦呢？先停留在這裡幾天，再寫一封信給巴黎，然後上路。「埃及已經徹底是我們的了，不會被敵人襲擊的——7 月底以前，我什麼報紙都看不著。不過我一得知您現在的困境，就馬上動身回國。我沒有時間去考慮會遭遇什麼危險，最需要我的地方，就是我生命的座標所在。我歸心似箭，即使沒有快船，我也能夠將自己裹在斗篷裡，登上第一隻找來的小船……埃及那裡有克萊貝爾可保無虞。我動身時，整個埃及都是一片澤國水鄉——這一年，是尼羅河 50 年來水量最

大的一年。」

他先把這封措詞小心的信送往巴黎，投石問路，好讓巴黎人們清楚誰回來了。他北上巴黎的行程，簡直就是凱旋之旅，所到之處鳴放禮炮。在瓦朗斯路邊的歡迎人群中，他認出了當年的咖啡店老闆娘。他曾在她那裡寄居，隔壁就是一件彈子房。他送給她一件東方的紀念品作為禮物。他在里昂被迫拿出 2 個小時，觀看劇本《英雄的凱旋》，這是為他臨時編排上演的。每件事，都顯示著他的名字包含著巨大的魅力。波丹的猝死就是最明顯的例子。波丹是最優秀的議員之一。聽說拿破崙回來了，高興的他歡呼起來，卻因為興奮過度而倒地身亡。這位天才輻射的光芒強烈到能夠帶來死亡。

他離巴黎越來越近了，現在仍在忙著收集各種資訊。不過不包括私生活這方面，他絕不會向任何人打聽和約瑟芬有關的消息。他現在算是一個離了婚的人呢？他的幾位兄弟，現在又在哪裡呢？他就要到了消息，巴黎人昨天就都知道了，為什麼他們當中，一個來接我的都沒有？她現在又在哪裡？她會在那個到處都是鏡子的房間裡，面帶笑容地準備迎接他嗎？清晨，他從市稅徵收亭駛過，順著市郊大道往前走，再拐進他自己住的胡同。眼前就是他的房子了。一個婦女一個人站在門口。那是誰？

他的母親。

十八、約瑟芬的婚姻保衛戰

「波拿巴登陸了，這個消息真的令人難以置信。消息在一夜之間不脛而走，傳遍了各大社交場合和劇院。即便那些位置最偏僻的酒館，裡面的人們也都在舉杯歡慶他的歸來。人們肯定會認為這是一個夢，如果拿破崙不是已經活生生地出現在他們的面前的話……每個人都在亟不可

待地衝著他歡呼，因為他給我們帶來了新的希望……人人都相信：光榮、和平與幸福，這些都會隨他而至。」

第二天清晨，波拿巴流覽報紙時看到了上述的文字。每天他都會看到大量和他的容貌、舉止、神情和服裝有關的報導，只是內容真假參半。甚至反對派的報紙對他也寄予了希望，雖然他們並沒有被蒙蔽：「他遠征埃及失敗了，但是，這又有什麼關係呢？他能夠去打這場戰役，就足夠心滿意足了，他的那股莽撞勁，會將他引到哪裡很難說。雖然是這樣，他那勇往直前的事業，畢竟讓我們的勇氣得以恢復。」每個人都對他的歸來無比歡迎，他的計畫也日漸清晰。

但是他的妻子卻不在。得知他進入了法國時，她正在和戈伊埃共進晚餐，他是 5 位督政中的第一督政。他們倆是一樣的驚慌，良心上都覺得不安，但是原因卻不一樣：他們發現自己現在坐在了火山口上，非常危險。不久前，巴拉斯（在此期間，他偶爾還會受到她的青睞和眷顧），曾經勸她，和那個基本已經失蹤的冒險者離婚，去和英俊的伊波利特結婚。她一直沒有收到拿破崙寫給她的信。即使他寫了信給她，也投遞不了或者丟失了，誰知道呢。但是，約瑟夫，她的大伯那神情中的敵視，已經透露到底出了什麼事。巴拉斯說得沒錯，她應該先發制人。—— 可是，這時巴黎又因為拿破崙大敗土耳其軍的消息而振奮不已。現在，可能還是躲在自己的避風港裡，比較安全吧？風騷輕浮的她現在變得十分猶豫，最近的這幾個星期，她又想要和丈夫和解。攬鏡自照的她風韻猶存，仍然能讓男人們神魂顛倒；因此，對重溫舊情，她信心十足。

現在在戈伊埃的餐桌上，她強打精神；她的東道主也竭力裝出一副若無其事的樣子。他們共同歡笑，共同舉杯，為了將軍的歸來。她然後立即趕回家中，找出一切能美化她的化妝品和首飾帶上，坐著馬車出了城門，她心裡盤算著：「兵貴神速，出其不意，攻其不備 —— 這不正是

他能獲勝的訣竅所在嗎？在歸途中，我將與他日夜廝守；一定要搶在那些惡毒的告發的人之前，爭取到他！」

可是她落空了，沒迎到他，他已經過去了。於是她又趕緊折回巴黎，但是，這樣她失去了 3 天的寶貴時間；在這時間裡，他的家人們早已將醜聞一五一十都跟他說了。雖然也有幾個親信以他妻子的醜聞會讓全巴黎恥笑為由勸他不要離婚，但是他還是非常堅決地說：「不可能，她必須離開我。現在我這個情形，還能去在乎什麼議論！用不了 3 天，閒話就會消失得無影無蹤。」他讓人收拾好她的箱子和首飾，然後放到了看門人那裡，這樣她就可以不進屋裡來了。

她來了，將第一道防線衝破了，進入了堡壘。他把自己鎖在房裡。門外，她大聲地叫他，請求著他。因為在來的路上，她越是意識到現在的他已經是萬眾擁戴、英名遠揚，也就越想要和他重修舊好，她的自尊心消失得也就越快。但是眼前的堡壘十分堅固，久攻不下。最後她做出決定，去搬兵求救，最後掙扎一把。她讓奧坦絲和歐仁一定來給她幫忙。就這樣，他們哭泣、呼號、懇求，在外邊整整折騰了一夜。

任何的觀察者，只要處於清醒狀態，都很容易看出約瑟芬製造這場滑稽劇的真正意圖。拿破崙對洞察人性十分擅長，他是否會被這女人迷惑？

他在那裡躺著。長期征戰國外，現在回來了，腦子裡裝得滿滿的，還是種種征服其他國家的計畫。他在想：「每個人都在騙我。政府、各個政黨還有那些我的戰友趁我不在，就千方百計地剝奪我的權力，排斥我，因為他們覺得，對他們來說，我是一個威脅。只要我遠在異國他鄉，沒有誰希望我回來，包括我的兄弟們。這個反覆無常的女人，她的任性，我從未進行過約束和限制。這個女人在一年多的時間裡飽受相思之苦，難道要她為遠在國外的丈夫保持忠貞嗎？而且隨著時間推移，她丈夫回來的希望日見渺茫，很難因為這個責備於她。當我在這裡時，她

非常迷人。趁著目前局勢有利，我可以宣布停戰，然後逼著她答應我提出的所有條件，同時確保她從今以後保持忠貞。她那聲音多麼美妙！她的嬌媚一定不減當年，否則也不會有追求者眾多。和她比起來，埃及的那個女孩就是個蠢貨，再說她也沒能給我生個一男半女。我去什麼地方才能找到比約瑟芬更完美的情人和妻子呢？再說她不是已經生了兩個孩子嗎，可能會再生一個。」

他將房門打開，一言不發，以此顯示自己的英雄氣度，將滿腹的譴責之辭忍住了沒說。在這方面，也和他在別的方面一樣，一旦做出決定，就不會後悔。第二天，她承認自己在外邊欠了 200 萬法郎的債務。他為她還清了賬，還是一言不發。

按照波麗娜的描述，他的兄弟們，尤其是他的幾位妹妹，都非常不情願地看到他和那個「老女人」破鏡重圓了。但是誰都不敢說一個字。

而且現在的形勢也不適合爭論這些事情。形勢十分緊張。他自己在國外，他的兄弟們也很忙碌。約瑟夫從前當過羅馬公使，現在已經是巴黎的議員。才 24 歲的呂西安已經是反對黨的領袖了，雖然他不到法定的年齡。他是位優秀的演說家，人們都對他的辯才有點害怕。他性子又比較急，喜歡來一番戲劇性的表演，野心勃勃，但是有點魯莽，並不適合做建設性的工作。他不久前曾經和西耶斯策劃過發動政變，但是缺少一個深得軍隊擁戴的偉大將領。現在這位將領已經回來了，呂西安將把自己的野心深深地埋藏在心裡。後來，他自己想要上臺時，卻已經為時已晚，而他也將會因此對自己的哥哥懷恨在心。這也是一位了不起的波拿巴啊。

約瑟夫妻妹的丈夫貝爾納多特是狡猾的、危險的，而且深不可測。他面容放肆而又奸險的，上面有一個傲慢的鼻子。他沒有急著來看望波拿巴。後來他終於來了，波拿巴跟他談起了共和國現在局勢的危急，貝爾納多特反駁道：「國內外的那些敵人，法國的力量足能夠對付了。」他

狠狠地盯著對方，如同他自己才是波拿巴。兩人眼光一般地傲慢，在空中撞出了火花。波拿巴完美地控制住了自己的情緒，想轉移話題到政治領域，再次說起了危急的局勢，又對雅各賓俱樂部大加抨擊。貝爾納多特馬上插嘴道：「組織這個俱樂部的是你的幾位兄弟。」

仍然沒有生氣的波拿巴答道：「可是，將軍，與其選擇生活在一個沒有安全的國度裡，我寧願選擇住在森林裡。」

貝爾納多特語帶譏諷地說道：「天知道，您能缺少哪種安全？」波拿巴再也無法控制情緒，馬上就要發怒，約瑟芬趕緊過來調停，這才避免了一場不愉快的發生。從某種意義上來說，約瑟芬實際是紛爭產生的原因。因為貝爾納多特娶了拿破崙追求過的德西蕾，當年她沒青睞拿破崙，後來他就放棄了。他無法原諒自己，對貝爾納多特也做不到寬恕。他這一生，為了撫平自己青年時代的傷痛，他不斷地向德西蕾施以恩惠，儘管他的傷痛女方至少要負一半責任。也是因為她，他不斷地升貝爾納多特的官，而後者卻多次地背叛了他。

幾位兄弟和友人向他描述了他在國外的這段時間裡，巴黎發生的一切：腐敗的政府極度無能。這一切，都讓波拿巴迅速地將自己的預感，變成了採取行動的決心。一定要減少執政者的人數，同時要延長他們的任期。政府是個高原，而他們一定要成為頂峰：建立三巨頭政治，任期10年，下一步的方案就是這個。

因為他的回來，盧森堡宮裡每個人都惴惴不安。5位督政都不信任他，他們之間也在相互猜忌。他們當中，誰會對波拿巴表示同情呢？西耶斯與呂西安關係密切，巴拉斯與約瑟芬交好，戈伊埃則和呂西安還有約瑟芬關係都不錯。迪科會傾向於誰？穆蘭將軍是否可靠？回到巴黎後，波拿巴立刻將一把大馬士革彎刀贈給穆蘭將軍，上面裝飾著鑽石；礙於情面的穆蘭無法拒絕這件禮物。

每一個督政們都在這麼暗自猜想著。看看波拿巴第一次來向我們致

意時的穿的衣服吧，有誰見過這麼打扮的將軍？我看倒更像個冒險家！身著便服，戴著綠色外套，一頂圓帽拿在手上，腰佩馬木路克寶劍。顯而易見，這個人想讓巴黎人目眩神迷，覺得他是個伊斯蘭帕夏。不過現在的他不一樣了，原來的長髮不見了，現在的頭髮非常平整，很明顯，他在打算用簡樸來爭取民心！但是今天來拜訪的他，卻又大擺威風：騎在馬上的將軍和跟在後面的隨從們都穿著制服，十分漂亮耀眼。整個巴黎都轟動了。改變服飾和陣勢一定頗有深意。他坐在那裡向他的 5 個上司提問，看那派頭，簡直是和審問犯人沒什麼兩樣。

反對波拿巴的人憤怒地對督政們發起責問：「你們為什麼聽任這個人操縱？他遠征埃及徹底失敗了！其實你們要做的非常簡單，將他逮捕，罪名是擅離職守！他必然是圖謀不軌、心懷叵測！」

波拿巴與此同時去見了雅各賓派領袖和波旁王朝的使者，向他們提出種種忠告以及建議，但是他心中的真實想法，卻從沒有向任何人透露。他的一言一行很像一個高貴人士剛從遠方回來，正強忍著自己的不耐煩，禮貌地聽親戚們講述他們互相勾心鬥角的事情。他已經回來兩個星期了，形勢越來越緊張。國家大政差不多處於停滯狀態。那 5 位督政，治理國政本應是他們工作，現在卻忙著密謀。兩院在這一片混亂中已經徹底威信掃地。新憲法也是風雨飄搖。但是，沒人知道風是從哪裡來的。國內現在誰是真正的掌權者？也就是說，軍隊現在由誰控制？穆蘭將軍？波拿巴將軍？

拿破崙與政府間的關係究竟會怎樣發展，誰也說不清楚，就在這時，他去科學院作了一個介紹蘇伊士古運河遺址的報告，還展示了羅塞塔石碑，上面刻有象形文字。11 月 1 日，為了慶祝馬塞納獲得的勝利，政府舉行了一場國宴。波拿巴在什麼地方？他很可能沒有為戰友的勝利慶祝的心思！

這天晚上，在呂西安那裡，他與西耶斯神父進行了密談。塔列朗終

於想辦法讓他連繫上了督政中最聰明的一位。西耶斯和波拿巴，分別再次發現了憲法和權力。這兩個人相對而坐，在野心與才智上，他們都可以說是棋逢對手。「是我讓這個國家更加偉大。」將軍說。「如果不是我們首先締造了國家，你都沒有讓它更加偉大的機會。」神父反駁道。

他們對政變有關的細節進行了商討。那天他們將四處散布雅各賓黨人正在陰謀奪權的謠言。害怕的元老院與五百人議會一定會將會議地點從巴黎改到聖克盧宮。波拿巴還被任命為巴黎衛戍司令，「為了確保萬無一失。」西耶斯已經和迪科達成協議。至於其他的那3位督政，可以迫使他們辭職，手段可以是勸說、威脅或金錢等等。金錢會對巴拉斯有效的。戈伊埃呢？「快刀斬亂麻！用武力將兩院解散！」呂西安提出了建議。不過到了夜裡，拿破崙自己盤算的時候，又重新思考了整個計畫：

「武力！早在14年前，動用武力就已經是一種很愚蠢的手段了！想想吧，它會把我們帶到什麼境地！維持合法的外衣才是最高的藝術。不用大炮，不需要流血，也沒必要去把誰逮捕，或者對哪個政黨進行打擊，最理想政變的奧妙就是這個了。如果不是這樣，靠著武力奪取的政權，最多也就能維持一年，然後各種問題就會都出現了。共和國已經經歷了10年的革命，已經厭倦了。共和國就好像一個多年以來一直在吃力地保護自己的亞馬孫女戰士，現在已經是疲憊不堪。現在她唯一的想法就投入一個強有力的男人的懷抱，聽從他的領導。

「我能信任西耶斯嗎？他那前額光禿禿的，顯得思慮重重。過去的10年裡，他創立了憲法，但是他不過是個理論家而已；現在他需要一個將軍，一個強有力的人物，不過他利用完了以後，一定會把我甩開。如果我沒有回來，他就會和莫羅合作。這兩個人是我可以利用的。貝爾蒂埃、布里昂、繆拉、瑪律蒙還有勒克萊克，我能夠徹底信賴這幾個人。呂西安可靠嗎？暫時是可以這麼說的。那麼貝爾納多特呢？他的真實想法，已經在他那敵意的眼神中流露出來了。但是他還不至於站到我的敵

人陣營中去。塔列朗呢？一個危險人物。不過也是因為這個，我必須讓他跟我站在一起。穆蘭？時間不能再浪費了，巴黎的將軍太多了。一定得小心！」

他第二天晚上去了塔列朗家，再一次和這個陰謀家談判。他們對整個計畫進行了討論，一直談到夜裡。忽然一陣響動從街上傳來。是一陣馬蹄聲，巡邏兵！「波拿巴突然臉色發白，我想我當時也是一樣。」後來塔列朗這樣寫道。兩個人都以為自己就要被逮捕了，把燈熄了，躡手躡腳地來到走廊窗邊向外看個究竟。一場虛驚！原來是酗酒的人鬧事，招來了員警干預。兩個密謀的人總算長出了一口氣。督政府為什麼不逮捕這兩個可疑的人物？因為現在的波拿巴已經是名聲顯赫，不能碰了！

盧森堡宮 11 月 6 日舉行了宴會，邀請了波拿巴與莫羅參加。莫羅的座位在貴賓席，這件事可以表示出主人們是否信任波拿巴。而波拿巴也同樣對東道主們表示懷疑，宴會上的食物他都沒吃，只吃由一個心腹僕人送來的麵包和雞蛋。過了半小時，宴會還沒結束，他中途提出了告辭，回了他的同謀者那裡，繼續著怎麼把剛才招待他的那些人弄下臺的討論。第二天晚上，塔列朗、羅德雷還有西耶斯都聚在波拿巴家用餐，還邀請了需要爭取過來的儒爾當和貝爾納多特。餐後，他問儒爾當會有什麼事發生。這個簡單得不能再簡單的提問，充分顯示了當時危機有多麼的嚴重。兩位從來沒有親切交談過的將軍坐在了一起，互相盯視。「會有什麼事發生？」其中一位將軍提問。另一位則緊緊地握住了劍柄，意味深長。現在，他們將動搖者爭取了過來。同謀者們決定 48 小時內就要動手。親信們各自也完成了分工：繆拉、拉納和瑪律蒙的任務是去通知三軍軍官；貝爾蒂埃則去通知參謀總部。

呂西安的任務是控制五百人院。剛好他被選為了本月的議長，他的當選其實在慶祝他哥哥的回國。元老院的議長也是他們的同謀。他們提前指示那些負責印發開會通知單的會議僕從，某些人不要發通知給他們

了。等波拿巴當上巴黎衛戍司令，他就讓托納負責杜樂麗宮，讓繆托把守波旁宮。由約瑟芬出面，去邀請戈伊埃夫婦早上 8 點共進早餐。為了讓巴拉斯放鬆警惕，波拿巴會和他共進午餐。約瑟夫分工去把他的連襟貝爾納多特穩住，目標是他即使不參與政變，至少也要保持沉默。羅德雷的任務是起草布告，他的兒子有個做印刷工的朋友，將布告祕密地排字付印是他的工作。

「當年那個刺殺凱撒的布魯圖，他的心境不夠高尚嗎？」波拿巴心裡思考著，「不過，說實在的，我們確實想謀殺一個人 —— 無政府主義！我們想要開創一個新的時代，一個新的世紀，但是竟然要動用這麼可恥卑鄙的手段！軍營生活比這乾淨多了！」

十九、霧月政變

11 月 9 日清晨，一場大霧籠罩在城市狹小的街道上空，這一天是法曆霧月的 18 日。波拿巴的住宅前，有幾個人在那裡，軍官們有的乘車，有的騎馬來。終於決定採取行動了嗎？軍官中的大部分早在義大利的時候，就認識他了。他的家中裝不了這麼多人，所以他們在外邊的花園裡等著，順便活動活動，討論一下這次行動的成敗。每個人都很高興活潑，好像是在當年的萊茵河上。還得注意影響，保持安靜；不能讓別人說，這幫衣著制服的軍官們這麼早就活動起來了。一切都順利地進展著。信使們的報告顯示一切都在按計畫進行：在上午 7 時兩院會召開會議，他們討厭的那些議員沒有接到會議通知。同謀的朋友最先來了，在場的達到法定人數後，呂西安和他的同謀們分別在五百人院和元老院，建議將拿破崙任命為巴黎衛戍司令，並為此進行投票。

信使來了！送來了蓋著正式公章的委任狀！所有的都絕對合法！這位將軍與忠實的追隨者一起出發。一切都好像在軍營裡進行似的。他騎

馬招搖過市，扈從如雲，看到的市民驚訝不已，好在他們對政治已經沒有興趣了。龍騎兵團──當年曾追隨拿破崙參加義大利戰役──沒等團長下令，直接來到瑪德萊娜大道；其他的軍官則是跟著迪科和瑪律蒙來的。瑪律蒙很早就把他們召集來了。他們現在缺乏馬匹，正在他們準備為此道歉時，瑪律蒙已經把馬匹送到他們面前了，這是他從一個跑馬場借來的。

杜樂麗宮的花園裡非常擁擠。不少人還騎在馬背上。不過這不包括波拿巴，他下了馬走進元老院。走進了這個黑暗、陌生的大廳中的他，是為了演說，給他蔑視的那些人嗎？他為什麼不直接對著那個即將被他摧毀的憲法宣誓呢？被委任新職的將軍應該宣誓，這是法律的規定。他不想履行這項手續。他在講壇上講道：

「我們的共和國現在十分危險，面臨著覆滅……已經意識到這一點的你們用通過一項法律的方式拯救它。人們在歷史上根本沒找到理由或事例能夠束縛你們的行動。沒有哪個時代能和 18 世紀末相提並論，而在 18 世紀末，也沒有哪個時刻能和現在相提並論……一個建立在自由和平等之上的共和國，才是我們的目標。我們一定會實現的。有了一切自由之友的幫助，我將拯救這個共和國的命運。我以我個人以及戰友們的名義向你們發誓，我一定會做到的！」

「我們發誓，我們一定會做到的！」宣誓聲從大廳洞開的門外傳來，在耳畔迴盪。座位上的議員們不安地扭動著身體。戰友們，是什麼意思？但是這時波拿巴已經離開了大廳，鬆了一口氣，這些律師們的眼睛，眼睛前面閃爍著的眼鏡！這些老傢伙們！有一點是他並沒有注意到的，就是他的講話很像在閱兵場上訓話，他的語調讓他們非常反感。

波拿巴到了外面又上了馬，對他的軍隊發表講話，號召他們拯救共和國。他這時的語言和聲音已完全不一樣了。呂西安送來了報告，五百人會議已經延遲到明天了。但是，這是什麼情況？督政們的衛隊正往這

裡開來？他們是敵人還是朋友？「你們是西耶斯派來的嗎？」隊長說不是。兩人都笑了。

實際上這時西耶斯還在盧森堡宮門口站著呢，臉色蒼白。過去兩個星期的時間裡，我們這位聰明的神父一直在學習騎馬。他曾有過這樣的幻想：自己騎著馬率領著衛隊，去和他的新同僚的軍隊會合，然後坐在馬鞍上探出身子，去擁抱他們大家，將平等的姿態展示給全世界。不過沒等他下令，他的衛隊就出發了。隊長帶著他們來到了杜樂麗宮，他們的馬匹都是快馬，神父根本無法追上。垂頭喪氣、無人關注的西耶斯只得乘著馬車跟在後面，坐在他身邊的是性格隨和的督政迪科。一個同謀就這樣中了圈套，那麼另外 3 個督政將是什麼樣的命運，就可想而知了。

穆蘭從軍人的角度看待這件事，他估計對手有 8,000 兵力在杜樂麗宮，而他的副官又和他說，波拿巴已經控制了城裡所有的重要據點。於是，他寫了封信給波拿巴，表示自己「隨時聽候閣下的吩咐」。

老實的戈伊埃待在家裡，現在的他只能枉自咆哮發怒。雖然他覺得上午 8 點的早餐邀請有點蹊蹺，因此自己沒去，只讓妻子應邀前往。現在的戈伊埃夫人已經成了某種意義上的人質，正在和約瑟芬一起飲茶，而現在波拿巴則正在欺騙她的丈夫，當然他不是在和他的妻子偷情，他「偷」的是法蘭西。當聽說了最早的消息時，戈伊埃忙又趕緊告訴同僚們，還召集他們開會。沒有人來，穆蘭已經站在西耶斯和迪科那邊了。而巴拉斯的回應是他正在洗澡。

當命運的使者塔列朗去登門拜訪巴拉斯時，這位督政正在刮鬍子。看來他似乎有把這一整天的時間都花在洗漱上的打算。不過，面對對他底細一清二楚的塔列朗的掃視，他妥協了，僅僅要求自己的自由與安全得到保障。在杜樂麗宮的花園裡，當他的祕書告訴拿破崙這一要求時，將軍當眾對這位祕書進行了譴責：「對法國你們都做了些什麼？當初我留給你們的是一片大好的局面！我給你們的是和平，回來看見的卻只有

戰爭⋯⋯對我光榮的夥伴們——10 萬法國將士，你們又做了些什麼？他們全部犧牲了！再也不能這樣下去了，它會帶來獨裁和專制！而建立在平等和自由，寬容和道德基礎上的共和國，才是我們的目標！」

這番話嚇得小祕書瑟瑟發抖。其實波拿巴現在的內心非常平靜，他只是認為當著這麼多人擺出一副義憤填膺的樣子對他有好處。用不了兩個小時，這件事會傳遍整個巴黎。

戈伊埃來了。他並不是沒有當面警告這位為衛隊簇擁著的強權人物的勇氣。戈伊埃提醒拿破崙要注意對督政府應盡的義務。

「督政府已經沒了！」波拿巴吼道，「共和國現在危在旦夕，我要拯救它。西耶斯、迪科、巴拉斯全都已經辭職了。」有人在這時送來了穆蘭的信。「你不是跟穆蘭站在一邊的嗎？不？你看看吧，這是他的辭職書，你是最後一個，不過我看你也不能堅持多長時間了。」

仍在固執己見的戈伊埃出於對法律的執著，拒絕做出讓步。他回了盧森堡宮，他和他的朋友在那裡被 500 名士兵監視起來，直至政變結束。在家裡的巴拉斯則對答覆望眼欲穿。一旦波拿巴報復怎麼辦？約瑟芬的脾氣又過於乖張任性。塔列朗終於又來了，他這次帶了通行證和一袋金幣來。那袋金幣，沒有人知道巴拉斯到底收下了沒有。塔列朗認為使者中飽私囊了，這也是有可能的。

就這樣，波拿巴將軍奪去了共和國的 5 位首腦的權柄。這還只是第一天的事情。明天，在聖克盧宮，麻煩可能更大。波拿巴的家裡現在並不平靜。自始至終參與並了解情況的呂西安理直氣壯地喊道：「整個事情本來應該一天內就完事！你們給他們留的時間太多！五百人院已經抱怨自己被欺騙了！明天會發生什麼都不好說！我們必須派人去將兩院肅清，將那些最危險的議員逮捕起來。」

是的，明天還會有很多的麻煩。貝爾納多特就曾向雅各賓黨人提出要求，自己要他做反對派將軍。「不過這些人全都是膽小如鼠的人！」

反對政變的將軍必須拘禁起來！波拿巴的同黨和下屬再三向他提出建議，但是波拿巴仍然堅持，一切都要在合法的外衣下進行：

「人們可能會以為我害怕這些將軍，但是不會有人有權說我們不合法。不要黨派，不用武力！全體人民一定要通過他們的代表的投票，來參與並決定國家大事。不要打內戰！凡是以公民的血而開場的事業，最終的結果一定是落得一個可恥的下場！」

不過到了夜間，波拿巴還是將一把上了膛的手槍放在了床邊，以防萬一。

二十、呂西安的出色表演

第二天清晨，街上車水馬龍，一眼望不到頭的雙輪小車和豪華馬車，騎馬的人與步行的人，都朝聖克盧宮湧去，好像那裡要舉行什麼盛大的檢閱活動。波拿巴也決定不騎馬，乘車去，也不要隨從們前呼後擁，以免招來閒話。他已經做出了決定，要一直堅守憲法的形式，一直到最後一刻。昨天的事，誰能說出來有一點違憲的地方嗎？考慮到安全，兩院難道不可以在城郊開會？兩院不能委任一名新的巴黎衛戍司令嗎？督政們難道辭職的權利都沒有了嗎？兩院今天將舉行公開投票，對憲法做出修改，任命3位臨時掌權者。效仿古羅馬當年的頭銜，可以稱他們為三巨頭，或者最好稱他們為執政。然後兩院就會休會。哪件事沒有嚴格地按照法律程序走？

但是議員們的觀點卻有著大不一樣的觀點。他們好似低垂的烏雲，來回穿行在這座偏僻的宮殿的山谷中。他們就現在的形勢展開爭論，提出抗議。因為大廳需要臨時進行一番修葺布置，直到下午1時會議才正式開始；他們醞釀自己的憤怒的時間足夠充分。

一間小屋面朝花園，屋裡面，3位明天就會成為執政的人坐在那裡。

西耶斯和迪科一直坐著，而第三位卻來回踱步，顯得很不耐煩。他的親信們則經常進來向他彙報。他在想：「這些文官的效率實在太低！區區安排幾張長椅就得一個上午的時間。議員們還要一個一個宣誓，我們新兵的宣誓，可都是集體宣誓的，都用不上兩分鐘！我憑什麼非要在這狹窄的後室裡，等著大廳裡的那些律師商量出來的結果，實在是有失身份！」這時，樓上的阿波羅廳裡，元老院在那裡集會，在樓下的橘廳，五百人會議在那裡舉行。旁聽的觀眾也全部都是可靠的人。全體宣誓結束後，終於開始討論了，主席呂西安主持會議。反對派擁有充分的理由，論證又十分有力，贏得的支持越來越多。發言者高聲指責著大廳外咄咄逼人的軍隊：「不要獨裁！我們會被這個克倫威爾套上枷鎖！」幾乎每個議員都在鼓掌喝彩。等在後室裡的人接到的彙報越來越不妙。軍官們失去了耐心：「把這些人趕出去！我們的軍隊在外面！」

波拿巴的唯一回應就是冷冷的一瞥。他掛上佩劍，沉默不語地上樓，走進了元老院會議廳。跟在後面的幾個忠誠的親信對主子的舉動一個勁兒地搖頭。他難道又要和昨天一樣的做法，只發言，不動武？既驚訝又好奇的議長讓他登上講壇。他今天講的應該會比昨天好一些吧？他今天不會只是長篇大論地介紹自己，而是應該能講到點子上吧？

「昨天的時候，我正安安靜靜地坐在家中，你們派人把我召來……而今天，我卻為眾人所誹謗……自從我回到國內，每個政黨都在竭力地拉攏我……元老院必須盡可能快地作出決議。你們了解我的，我不是陰謀家。我對國家的忠心，難道還需要去證明嗎？……反法聯盟都沒有能夠戰勝我，我難道會讓一小撮搗亂分子嚇住？如果我是個詭計多端的陰謀家，你們盡可以全都去當布魯塔斯！」

場下是令人感到不安的騷動，微笑。為什麼他只說話，而不採取行動呢？他現在不是在軍營，而是在議會，他似乎並不清楚這一點，因為他繼續道：「我們所經歷的事情整個法國都應該知道……這場危機每個

政黨都想利用，好從中獲利。每個政黨都想拉攏我。而我支持的卻是兩院。如果你們繼續這樣猶豫不決，如果自由被顛覆了，你們就必須向整個世界、向後人負責！」他的話越來越語無倫次。元老院的議員們將講壇團團圍住，打斷他的講話，讓他把人名說出來。突然，他轉身衝著大門揮手，好像是給外面的部隊下命令。他彷彿在尋找著出口，呼喚著那些看不見的士兵：

「你們，我的同志們，我了解你們正緊密地團結在我的左右。舉起你們的刺刀，我們曾用這些刺刀，一起獲得勝利，現在將刺刀對準我胸膛吧！如果你們的將軍被哪個領外國津貼的議員宣布為不受法律保護的人，那就用你們的雷霆之怒，將他撕碎！戰神和幸運女神與我同在……」

現場頓時哄堂大笑。這笑聲會不會將這位演講者和他的政變一起埋葬？終於。布里昂匆匆從後面走了過來拉住了他的胳膊，跟他耳語道：「不要說了，將軍，您現在都不知道自己都在說什麼了！」他馬上跟著布里昂離開了會場。一個忠於他的議員趕緊站起來發言，盡量把這件事遮掩過去。

出了大廳，他長長地鬆了一口氣。剛才他到底怎麼了？他那敏銳的頭腦，怎麼會被烏雲給遮蔽？在槍林彈雨的戰場上，冷靜的他作出的決定面面俱到，完美的就像那光滑的大理石球面。為什麼在這決定所有事情的關鍵性時刻，他卻表現得力竭智窮了呢？

因為他的長處在於統率人、下命令，而如何去請求卻是他所不知道的。雖然奉承、恫嚇、佯作遲疑、說謊這些他都會，而且水準遠遠超過他的談判對手。但是，隱藏在這一切背後的，卻是他強硬的態度：如果在對手那裡我無法得到想要的東西，那麼我就用炮火和對手說話去吧。除了向人求情，除了承認不是自己制定的法律以外，他能忍受任何事情。是的，他講求秩序與合法性，但他講求的並不是他創建秩序與法律

以前的那種秩序與合法性！

　　他已經預見到了，如果付出巨大的努力，他能帶著這個國家走上正軌。動盪混亂已經持續了 10 年，他要把國家秩序重建起來。沒有人會因為卑微的出身或者貧窮而處於劣勢，因為每個人的機會是均等的。但是，今天在這個大廳裡情況就不一樣，10 年來，他們這堆律師們老朽不堪、腐化墮落，宗派意識支配了他們的頭腦，黨派政治的塵垢已經汙染了他們的心靈。然而他必須請求這樣的一些人，還要對他們發誓，求他們大發慈悲，賜予自己以及他人權力，而那權力是早就屬於他的。他的權力就是他手下的士兵，他們已經迫不及待地要動手了。

　　在科學院裡，他能夠安靜地在學者中間坐著，學習、提問。但是對眼前的這幫政客們的情緒，他並不了解，實際上他以為自己已經取得了勝利。他捎給約瑟芬的信中說：一切進展都很順利，同時鼓勵了他的追隨者們一番。他又馬上下樓去了五百人院，準備在那裡再表演一遍同樣的戲劇。幸好他那些謹慎的朋友們採取了預防措施，讓 4 名士兵跟在他的後面走進了會場。這 4 條彪形大漢無論是忠心還是體力，都完全值得信賴。

　　帶著護衛，與他決心嚴格按照議會規則來的做法並不相符，但是眼下也無暇顧及這個了。就這樣，在 4 名士兵的護衛下，手裡拿著禮帽和馬鞭的他走進了五百人院會議廳。「波拿巴！」聽到這一聲喊，每個人都立刻轉頭看著門口。雅各賓黨人大聲叫道：「打倒暴君！大廳裡有武器！幹掉他！」有些身強力壯的議員則撲了過來，想要打他，那 4 名衛兵趕緊過來把他護在中間，用他們的手臂和肩膀，將憤怒的雅各賓黨人的拳頭擋在外邊。大家推推搡搡，扭打在了一起。大廳裡頓時亂成一片，人們的咒罵聲、叫喊聲響成一片。—— 波拿巴與 4 個戰士一步步地朝正門退去。總算出來了！他的支持者把他圍在當中，大失常態的他站在門口，一時語塞。不過他很快就恢復了常態，走回了後室。

在義大利戰役中，他曾幾次帶著士兵冒著炮火衝鋒在前。在洛迪，他曾危在旦夕，幸好及時得到了救援。但是現在在這裡，他卻捲進了一場混亂的扭打中，這對他來說還是第一次，不能開槍或者拔刀。在事業的末期，他還會遭遇這樣的情景。在這種場合，他壓根不能抽出劍來，因為他的敵人手無寸鐵，儘管他們中的一部分人其實是有武器的。再說如果動用了武力的話，就徹底顛覆了他這次政變的基本原則。

最終這些原則，他還是不得不放棄了。雖然那些人揮舞的拳頭剛才被他躲過了，但是卻將粉碎了他想堅持的原則和主張擊得粉碎。有人對他動用了武力。他在房裡氣呼呼地走來走去，他的自尊被傷害了。憤怒中的他用手抓破了自己的臉，流血了。── 血？他立刻冷靜了下來。血！還有什麼東西比它更有用嗎？議會裡，竟然有人想要謀殺我！他一定要這個給他的士兵展示一下，好讓他們了解巴黎衛成司令是如何被這些壞蛋粗暴地對待的。是敵人們先破壞了法律。他找到了擺脫自己確立的原則的理由。

呂西安還在五百人議會大廳裡為他進行著抗爭。「把他的公民權利剝奪了！宣布他是不受法律保護的人！」大部分議員喊著。呂西安徒勞無功地用喊聲和鈴聲制止喧鬧。有人正式提議進行投標表決，是否剝奪波拿巴的公民權利 ── 在革命的巴黎，大家都明白這個意味著什麼。因為沒有別的解決辦法，今天承擔著捍衛法律和秩序責任的議會主席呂西安，大模大樣地把議長的長袍脫掉了，然後一怒衝出了會場，大聲叫道：「情況緊急！」

他看見了哥哥正在和部隊一起。那邊的波拿巴也知道了要就剝奪他公民權利進行投票，頓時臉色大變。他立刻跑到窗前，對著外邊的部隊叫道：「把槍上膛！」隨後他跑下樓上了馬。但是，他馬上就注意到了，士兵們並沒有任何回應。他現在還沒有徹底掌控這些士兵。天黑了，所有的人都在靜觀事態的發展。呂西安出來了，騎上了馬，跟他的哥哥走

到士兵們那裡。西耶斯和迪科正在柵欄外邊的馬車裡看著這邊，他們已經做好了隨時逃跑的準備，或者是明天成為法國的統治者，是哪個結果要看形勢的發展。現在他們已是群龍無首。

抓住了時機的只有呂西安。他雖然是個新手，但對士兵的講話，比拿破崙對議員們的發言強太多了：

「士兵們！身為五百人院的議長，我在這裡謹告各位：現在的會場當中，一小撮手持武器的雅各賓黨人脅迫了大多數人。他們都是無賴，拿著英國人的錢，竟敢宣布，要剝奪由兩院委任的將軍的各項權利！實際上，他們還試圖謀殺他！看看這傷痕吧！請舉起你們的刺刀，保護他吧，把他們的匕首擋回去，好讓對國家利益和安全的討論能夠順利進行。真正的議員，會跟著我加入到你們的中間！把剩下那些還待在裡面的人全都趕出去！」

拿破崙聽著弟弟講話，嘴唇緊閉。呂西安說完了，該他進行發言了，他喊道：「殺掉任何膽敢反抗的！跟著我衝，我是戰神……」害怕他再說話的呂西安趕緊向他噓道：「閉嘴吧，看在上帝的份上！」

「波拿巴萬歲！」士兵們歡呼道，因為在他們的眼中，這兄弟倆是文武權威的結合。但是，還是沒有誰行動。他們要是還不馬上進軍，一切就都要完了！呂西安這時用了最後一個辦法：他用一個十分瀟灑的動作，將一個軍官的佩劍奪了過來，對準兄長的胸膛，轉頭對著士兵們說道：「在這裡，我鄭重發誓，如果他膽敢對法蘭西的自由形成威脅，我就用劍刺穿了他，即使他是我自己的哥哥！」

這句話的效果達到了預期。繆拉馬上讓吹響總進軍號，命令士兵跟在他的後面，又大喊道：「小夥子們，把每個暴徒從會場扔出去！」士兵們終於笑了！刺刀出鞘，但是他們的態度都很平和，沒有一個人受傷，就把那些敢反抗的議員拉了出去。微弱光線籠罩下的整個會場一陣騷動，衛兵們的小帽和議員們的紅袍和四角帽混在一起。最後的有一些議

員選擇了跳窗而逃。

　　與此同時，立下大功的呂兩安趕緊上樓去了元老院，添油加醋地講述了雅各賓黨人如何毆打他的哥哥。元老院也驚慌失措，他勸誘他們任命 3 位執政，又開會，一直開到深夜。然後議員們都去了一家小酒店用餐，因為他們這時全都已經是飢腸轆轆的狀態了。

　　這天的夜裡，議員中一部分最可靠的聚集在聖克盧宮空曠的大廳裡。在燭光的照耀下，留下來了 30 名議員，他們代表了法蘭西人民，開始進行投票。對方怎麼說，他們就怎麼投。現場差不多有 100 多位面帶譏諷的名流、漂亮女士以及她們的情人，成為這一午夜盛典的目擊者。一切進行得都十分順利，社會基本沒有受到驚擾，無產階級也十分平靜。永遠不會覺得累的呂西安堅持這一政治彌撒一定要隆重慶祝一下。凌晨 2 時，3 位執政在鼓樂聲中宣誓就職。「共和國萬歲！」喊的聲音中帶著疲憊。

　　凌晨 3 時，執政波拿巴與布里昂一同坐車回了巴黎。他的眼睛直勾勾地往前看著，沉默不語。一直到走進家門，他才開口，約瑟芬在一邊：

　　「布里昂，我今天好像說了不少蠢話？」

　　「是說了不少，將軍。」

　　「我快要被那些笨蛋逼瘋了，在公共場合講話並不是我的長處。」

　　接下來，他沒有談論今天的政變，也沒有慶賀自己巨大的勝利，因為明天開始他就是整個法國的統治者，他提到的是讓他最痛心的事情，那就是個人的恩怨。

　　「貝爾納多特那個傢伙！他打算背叛我！他的妻子…他的妻子對他影響很大。難道我對他還不夠好？你都知道的，當時你也在，那麼遷就他是不對的。他必須從巴黎離開。不這樣就不能撫平我受傷的心……晚安，布里昂。順便說一句，明晚我們就要去盧森堡宮睡覺啦！」

第三章

江 [1]

以明晰的理智探索歷史，

潛心思索數個世紀，

渺小之物轉瞬即逝，

唯滄海桑田歷久彌新。

——歌德

---

1 關於本章及第四章標題的含義，可參考本章第十七節中間的一段話：「如今，山中湍急的溪流早已擴展為大江，裝滿世界各地寶藏的大船在江面上行駛。大江湧向海洋，即將與世界上所有的水匯合……」

一、拿破崙法典

　　橢圓形的會議桌旁，20多個人圍坐在那裡，他們中有老年人，也有年輕人。他們的目光中，有的閃爍著學者的睿智，有的則表現出勇敢無畏的精神。他們的打扮基本都比較樸素，沒戴假髮、衣服上沒有鑲花邊——1800年的時尚就是這樣的，少數幾個身著軍裝的，也沒有佩戴勳章和金色的穗帶。這是怎樣的一群人？！他們中有理論家和實業家，有坐辦公室和、在工作在鄉下的；有分別來自戰場和實驗室的。將這些不同的人聚在一起的，是一點：艱辛的革命已經持續了10年，他們聚在這裡就是要結束這場革命。他們現在位於杜樂麗宮，輝煌而冷寂。波旁王朝的最後幾位皇帝在這座宮殿裡實施了他們的統治。室內的絲綢和地毯泛著金紅色的光澤，而這些與會者身上表現出的平民特質，似乎和這裡格格不入，因為燭光經稜鏡漫射開來，顯得十分柔和，容易使人聯想到那些紙醉金迷、燈紅酒綠的景象。

　　督政官們曾經在王宮裡進行盛大的慶典，為他們美麗的女友。不過那不是在這裡，而是在盧森堡宮，之前貴族議員們舉行會議也是在那裡。杜樂麗宮則好像被不幸與幽靈占據了。現在，在霧月政變發生兩個月後，獨裁者波拿巴將邪氣一掃而光，和另兩位執政遷入了這座古老的宮殿，因為對他來說，這裡有一種神祕的吸引力。但是這次遷入與其說隆重，不如說滑稽。最後一位國王遭到逮捕後的第7年，這座宮殿入住了共和國的第一位平民統治者。他們草草地用紙將那些租來的馬車上的編號糊起來，卻被巴黎人看出了破綻，他們忍不住大笑起來。這一幕，象徵了時代報復的十分荒唐。現在這位執政的心情，也與此次象徵意義非凡的遷入差不多，顯然沒有做好準備。他好奇地東張西望，好像一個孩子，他和一位朋友說：「我們現在已經進了杜樂麗宮，怎麼能一直在這裡待下去，是我們現在要關注的了。」

現在在橢圓形會議桌旁圍坐的這些人中，也有一部分，他們曾經戴著假髮、穿著鑲有花邊的衣服和皮舞鞋站在這裡，戰戰兢兢地等著國王陛下召見他們。他們在盧森堡宮也有過坐在類似的會議桌旁的經歷，有一點不一樣的是，那張會議桌頒布的法令都不長命：頒布以後很快就被廢除，緊急條例、非常條例和過渡性規定接二連三，很短時間內連著頒布了 3 部憲法，好像焰火一樣短暫、輝煌。在整整 10 年當中，人們想要讓各種新思想變成現實。但是，這 10 年好像巴黎一個鑼鼓喧天、彩燈閃爍的夜晚，轉瞬即逝。巴黎就像一座沒有前線、沒有戰役的軍營，各個武裝政黨在這裡你方唱罷我登場，新理想與舊秩序爭辯不休，天空被激進思想的光芒照亮，人們因為希望落空帶來的迷惘，和稱霸天下的野心而無所適從，這一切好像一齣鬧劇，裡面混雜著自由、平等與欺騙——在這一切之上，盧梭與伏爾泰的靈魂在從雲端向下觀望，盧梭的目光中帶著厭惡，伏爾泰則嘴角浮現出冷笑，而引發了這一切的，恰恰是他們的著作。

忽然，一切都歸於沉寂。這張橢圓形會議桌的主席位，坐上了一位矮個子的、身穿綠色舊將軍服的男子。他是現在參議院的主席，實際也是這個國家的首腦。從現在開始，所有的黨派全部偃旗息鼓，無論他們現在是心甘情願或者心懷不滿，都沉默了。腐敗、恐怖、煽動與朋黨結社橫行的法國，好像一個女子已經厭倦了愛情冒險，最終回到那個人的臂彎，那個是唯一能掌控她的男人。

波拿巴不用再戰鬥了。法國尋找的那個人就是他：一個能夠發號施令的人，一個從來沒有執掌過大權的人，一個沒有任何黨派背景的人，而且還必須是個為民眾們所擁戴的人。一句話概括，他應該是一名軍人，一個戰功赫赫的將軍。莫羅本來可以算波拿巴的一個對手，可惜他不夠自信和老練，其他的那些將軍，不是戰死沙場，就是名望差一點。文官中更沒有能和他匹敵的了。戰功彪炳的波拿巴掌握國家大權，本來

是可以輕而易舉的，但是他偏偏非要遵從憲法的程序，結果獲得了可笑的失敗。

　　波拿巴這一自找麻煩的做作行為，恰恰顯示出他天生具備政治天賦。利劍在他手中緊握，但是他心中十分清楚武力的威力以及具有的局限。他當時曾這樣說：「你知道這世界上我最欣賞什麼嗎？武力在建功立業上作用不大。世界上的力量只有兩種：智慧和劍。從長遠看，智慧總是會戰勝劍。」這位當時最偉大的統帥並沒有用武力相威脅的習慣，不管是在巴黎，還是在休戰調停或者某次結盟會議上。他的政治天才也透過這一點顯露了出來，對他來說，劍無非是他武器庫中的一種而已。從現在到將來的 15 年當中，他總是能夠聽到民眾的心聲，從來沒有被爭鬥蒙蔽過。這是不能估算的聲音，即便是擅長計算的波拿巴也估算不出來。他骨子裡富於想像的一面，被這民眾的心聲打動了。

　　和劍相比，波拿巴更相信智慧的力量，也正是這個原因，和戰爭與征服相比，秩序與和平，是他更想實現的目標。從現在開始 10 年的歷史，將會證實這一點。

　　對他來說，秩序代表平等，卻無論怎麼樣，都不等於自由。革命的這兩樣財富，他只能選擇前者，納入他的獨裁統治。偶爾出現的搖擺不定不算，自始至終他都在捍衛著平等，儘管表面上看並不完全是這樣。那麼自由呢？什麼是自由？「一個人，不管是野蠻人還是文明人，都需要有一個主人、師父和魔術師，來遏制他的想像，嚴格地管教他，為他拴上鏈子，這樣他就不會不合時宜地亂咬，帶他去打獵：服從是他的天職，他配不上更好的待遇，而且他也沒有這樣的權利。」這話語飽含著威脅的意味，人們由此窺視到了他內心思想的另一半。因為他統治時，任命的都是能幹的人，賦予他們權力，讓他們去統治成千上萬的人。就像他自己一樣，憑藉著自己的才幹和勤勉，還有先天與後天獲得的優勢，得以去統治千千萬萬的人。沒錯，他永遠都是革命之子，無論他採用何

種方式進行統治。

在此可以為他那神祕的影響力找到一部分的解釋。人們隨著他的勢力範圍越來越大而越來越相信，在這個制度下，只要你能力卓越，就能夠實現自己的願望：地位、權勢和財富。因為領導這一切的那個人就是出身貧寒的，和大家一樣。現在，他推行的第一個舉措，就顯示了這一點。在憲法草案裡，西耶斯設立了國家總統這個職位，他的職責只有代表國家和簽字。波拿巴用士兵特有的語言將這個職位撤銷了：「讓這種只會好吃懶做的肥豬滾開！」取而代之，他設立的第一執政的職位，獨攬大權、任務繁重。身為外交政策制定者、軍隊的最高統帥，他要任命所有的大臣、公使、省長、參議員、法官和軍官。30 名被任命的參議員則負責將自己的同僚選出來。但是，不管是參議院、立法院還是護民院，都沒有提出法案的權利。設置這些機構，只不過是提供一個論壇，好讓政客們有發言的地方，同時讓參議員們拿著高額的薪金，好維持他們養尊處優的生活。

獨掌大權的波拿巴在選拔人才上，任命任何軍政職位，都不會去考慮個人的姓名、出身、相貌或是黨派。無論是什麼職位，是不是要職，都是有才幹和能力的人才能擔任。他選拔參議員就是這樣的標準。

獨裁者親自選出了這些頭腦聰慧的人。拉普拉斯也在其中。波拿巴還讓他當了內政部長，以示對科學院的尊崇。這位學者一直當到他退出政壇，重新去研究天體力學。除了拉普拉斯之外，這群人裡還有羅德雷。他既是官員又是記者，身兼兩職：拿破崙 20 年來所見過的所有人中，最為獨立和可貴的會議紀錄者就是他。特龍謝（François Denis Tronchet）也是參議員，他是當時最偉大的法學家之一。參議院裡的每個人都是公民，而且互相都以公民相稱。在這裡，保王黨人與雅各賓派成員坐在，人人地位平等，因為在這裡，理性是他們所最尊崇的。

當這位「公民執政官」收到呈上來的官方的會議紀錄時說道：「要

將法學權威們的觀點詳細記錄下來，這一點極為重要的。這些觀點可以說是舉足輕重的，而我們軍人或者富商的觀點則是微不足道的。我一情緒激動就會口不擇言，但是話一出口，我就能意識自己說錯了。我沒有故作高明的想法。」當他覺察參議員們都在隨聲附和他時又說道：「先生們，我請你們來，是請你們將自己的意見表達出來的，而不是當我的應聲蟲。因為我想將我的想法與你們的想法進行比較，看看孰優孰劣。」

通常，這樣的會議會在晚上9點才開始（因為這時執政官才能將當天的緊急公務處理完），有時會一直開到第二天清晨的5點。他會去搖醒某位打瞌睡的參議員甚至是參謀部長，對他們叫著：「我們得清醒點啊，公民們！現在剛剛兩點。我們得賣力做事，這樣才能拿到薪水。」當然，他這位會議主席，也是與會者中歲數最小的，只有三十歲。不過他已經在三次戰役中學會了怎麼管理幾十萬人。率領一支軍隊翻過阿爾卑斯山，又漂洋過海，深入到沙漠腹地作戰，這不就是最好能學習到怎樣管理國家的機會嗎？當時的他不得不為了弄到軍餉與糧食而絞盡腦汁，還要考慮權衡權利、獎懲、休養、服從和紀律種種情況。

在政變的那天夜裡，他委派了兩個負責起草一部法典的委員會，這是他的獨裁統治開始後的第一個舉措！無法可依是混亂之源。在革命爆發之前，法國一直都沒有一部統一的法典。大革命做出了承諾，要制定一部法典，但是到了現在已經是革命爆發後的第11年了，這一承諾仍然沒有兌現。這一年的夏天，他指派3名大法學家開始制定。4個月後，一部民法法典 —— 後來被稱為《拿破崙法典》 —— 的草案出爐，然後提交到參議院審議。過了一年半，參議院投票通過了這部法典。

在一個多世紀以後的法國，這部法典中所確立的所有內容仍然有效。一直到1900年，這部法典還在包括德國在內的那些被拿破崙征服的國家使用著。時至今日，幾乎所有的歐洲國家民法，仍然是以這部法典的準則作為立法基礎。在這部法典中，一切新的、在道德上具有決定性

的部分，都可以找到革命性法律的元素。獨裁者波拿巴用了幾個月的時間對這部法典進行仔細研究，其中爭議的地方也進行了裁決。法典對革命初期提出的合乎理性的原則進行了確認，又由行家進行了一番整理提煉，最終形成了一部主張人權的法典。按照這部法典，再也沒有世襲的貴族了，所有子女的繼承權一律平等，所有父母都有義務撫養子女，猶太人和基督教徒一樣，享有同等的權利，人們可以締結婚姻關係，同時也能解除。

他的科西嘉家庭觀念，讓他在決定通姦以及其他家庭法律相關的條款時，考慮了好長的時間：「通姦並不少見，而是經常發生的，這是眾所周知的，比如它可能發生在任何一張沙發上……有些女人是因為貪圖富貴，或者是被詩歌迷惑了，還有的就被對方的俊美外貌迷住了，而做出了對丈夫不忠的行為，要嚴加管束這樣的人。」

秩序意識讓他竭力對婚姻提供保護。他甚至有這樣的觀點，如果丈夫遭到了流放，妻子也應該跟著一起去。「這是因為，如果妻子堅信她的丈夫是清白的，那麼誰又能阻止她跟著一起去呢？難道為了這個信念，她就該丟掉妻子的榮譽稱號和享有合法婚姻的權利，從此淪為丈夫的情婦？許多男人犯罪，都是因為他們的妻子，現在的人們卻要不讓這些導致不幸的女人去分擔這些不幸？」他對古羅馬時期的風俗非常推崇，即婚禮上要鄭重宣布，岳父將對新娘的監護權交給了新郎。「這對巴黎非常適合，因為巴黎的女人為所欲為。可能不能對所有女人都起作用，但是不管怎樣，還是能影響到一部分人。」

所以他是支持離婚的，同時主張提高離婚的難度：「如果夫妻突然變得形同陌路，那麼這人世間最緊密的關係，會變成什麼樣的呢？如果我們不提高離婚的難度，那麼年輕女子就可能嫁給一個並不適合她的男子，只是為了時尚、舒適或住所等等。我們一定要通過法律來預防這種事情的發生……只有 3 種情況下，離婚是得到允許的：謀殺、通姦以及

性無能。」

　　熟知人性的他就是有這樣的直觀想法；同時，他所具有的數學天賦，讓他能夠將事實納入概念之中。這個頭腦天生就適合思考法律，因為它能在理論與實踐、幹勁與懷疑中保持平衡。想到了約瑟芬，想到了她以前的不貞和現在的忠貞，他內心裡激烈地發生衝突。知情者介紹，這些婚姻條款的制定，約瑟芬也參與其中了，她的參與是積極的，有時也是惴惴不安的。當他考慮有朝一日，能否打著國家利益的旗號將一直沒有為他生育的約瑟芬休掉，所以不得不在法律中給自己留了後門時，害怕離婚的約瑟芬也在對立法施加影響，主張提高婚姻在法律中的地位。

　　個人情感的原因，讓他竭力避免醜聞，挽救自己的名聲。他反對法庭干涉婚姻，主張透過雙方的相互諒解來將矛盾解決，避免出現家醜外揚的局面。「這說明，還是有離婚的必要性的。雙方如果沒有實現諒解，並且意願還很強烈，那麼宣布離婚這一裁決，就是法庭所要做的事情。」強烈的家族意識讓他又加了這樣一條：一些不道德的行為比如虐待、通姦等不用明說，雙方表示是自願離婚即可。家庭會議決定是否離婚，法庭所要做的事情，無非是確認一下而已。

　　他為此將一個新概念引入了法律：半離婚，也就是分居。但是，這應該只是私底下達成的共識。因為如果夫妻倆公開地冷戰，那麼想達成諒解就很難了。他在努力維護家庭生活。這是他身為一個秩序的維護者所追求的目標，而不是一個革命者。他社會意識十分強烈，主張如果女子出現了通姦，就應該接受刑法的處罰，除非被處以離婚的裁決。與此一脈相承的是，他將法定的結婚年齡提高到女子 15 歲和男子 21 歲，而革命時期是女子 13 歲和男子 15 歲。

　　後來的一百年中，為了兒童所逐步實施和完善的一切，在這部法典中都可以找到相應的規定。保障婚生子女的地位，即使還沒有出生。不過，「父親如果離家 15 個月以上（這個數字是波拿巴提的）並且參加過

馬倫哥戰役，「他有不承認這個孩子是自己所出的權利。」但是，他這樣一個有身份的人，同時還精通世故，他得出了這樣的結論：「為了真相我可以而犧牲名譽，但是在對誰都沒有好處的情況下，將自己妻子的名譽犧牲了是沒必要的。如果丈夫懷疑孩子的出生日期，也不能說出來：孩子的利益是最高的。」

有人曾提議，要對孩子長大後的撫養權進行限制，他這樣反駁道：「父親難道能夠將他 15 歲的女兒趕走嗎？難道年薪 6 萬法郎的他能夠告訴自己的兒子『你已經長大了，應該離開家，應該自謀生路了』？……如果對這種權利進行限制，和引導孩子產生謀害父親的念頭沒什麼兩樣。」還有人建議，應該允許以革命的速度領養子女：讓公證員公證一下就行。這一點他也表示不同意：

「這件事並不是普普通通的法律手續的問題。我們人類是擁有想像力的，否則人就不是人而是牲畜了。新頒布的法律有一個最大的缺陷，那就是它一點都不符合人類的想像力。士兵浴血奮戰，他們想要的並不是每天 5 個格羅申的軍餉，也不是那堆不值一文的勳章。想要真正地鼓舞他們，只有贏得他們的心。公證人不可能為了 12 法郎而有這樣的影響力，所以我們必須立法。什麼是領養？這是在效仿自然，是一種聖禮：身為某個人的骨肉的孩子，因為社會的意志，成為了另一個人的骨肉。這難道不是最偉大的行為嗎？這是因為這種行為的存在，兩個人被愛緊密地連繫在一起，他們本是素不相識的！這樣的行為是從哪裡來的？它好像閃電，來自天上！」

「在每一次參議院會議上，」羅德雷說，「第一執政將他精確的分析能力和驚人的專注力彰顯無遺。他可以全神貫注關注一個議題，持續 10 個小時，或者對各個不同的議題提出自己的意見，從來沒有過記憶或思維混亂的時候。」

他對 80 歲的特龍謝極為敬重，非常推崇他思維的邏輯性和深度。而

特龍謝對這位只有 30 歲的執政所具有的分析能力和法律理念也很佩服。每條法令波拿巴都會提出兩個問題：「它是否公正？它是否實用？」他不厭其煩地詢問以前差不多的問題的解決辦法，尤其是羅馬法和腓特烈大帝時代法律中的解決辦法。

執政不僅在這張會議桌旁討論了 37 部法律，還提出了各式各樣的問題：我們怎樣製造麵包？我們怎樣鑄造新幣？如何創造新的安定局勢？在他的要求下，每個部長都寫出了詳細的報告，這導致他們疲憊不堪。而執政彷彿視而不見。他們經常剛到家，就看到了他寫來的信，而且還都要求次日一早就得給出答覆。「他處處走在前面，」他的一位同事這樣寫道，「治理，管理，談判，他的腦袋十分聰明，可以每天工作 18 小時。他的 3 年裡處理的事務，比那些國王 100 年處理的都多。」他可以和各個領域的專家用他們的專業術語交談，所以沒有人可以找到不理解他的問題的藉口。他的問題所表現出來的技術精確度，即使是最死板的保王黨人也覺得吃驚。

記憶從未出現過謬誤，這是他的炮兵，用來保衛頭腦的要塞。對北部海岸防務進行考察的塞居爾回來後，向他呈遞了一份報告。「你的形勢報告我讀過了，」第一執政說。「沒有什麼問題，但是東邊 4 門大炮中的兩門被你遺漏了，就在城後的公路上。」塞居爾進行了核實，然後特別吃驚，因為那分散在這個地區的各個地方的大炮足有幾千門，而他的確遺漏了其中的兩門。

龐大的國家機器停止運轉，已經有 10 年的時間了，甚至出現了倒退的跡象；不過現在已經在重新慢慢地、有規律地運轉起來了。在過去的這幾年，各省紛紛在抱怨：治安問題嚴重太差，衛生太差，社會秩序混亂，這在他們呈遞上來的報告中占了很大的篇幅。原本能兌換 24 個法郎的金路易，現在已經猛漲到 8 千多法郎了。前執政內閣為了穩定金路易所出臺的政策徹底宣告失敗。那些暴發戶紛紛收購國有資產、教會的土

地以及那些舊貴族的地產。沒有人按照法律繳納稅金。那麼這位新獨裁者，他有什麼辦法呢？

他在全國各個省都設立了徵稅機構，這不過是政變後的兩個星期。這一點，他給出了這樣的解釋：「只有保持穩定的稅率，一個國家才能擁有安全與財富。」過了兩個月，法蘭西銀行成立；第二年，又成立了新的海關管理機構、土地和林業管理機構。和他的前任們那樣揮霍無度截然不同，剩餘的國家資產都被他用在了償還國債上，庫存也從 7 上漲到了 17。他繼續償還之前的債務和利息，整頓交易所，恢復商會，嚴禁利用貨幣貶值而進行的投機活動，對軍火供應商和軍官的欺詐行為也進行嚴懲。憑藉這一系列的整頓治理，他將生產力已經下降了四分之一甚至一半的工業挽救了回來。

他是會什麼魔法嗎？

他堅定不移，不屈不撓。部長、省長，都讓那些才能卓越、勤勉而又勇敢無畏的人充當。他廢除了世襲制，撤掉了那些容易滋生舞弊的職位。出身和黨派都放在一邊，唯一的標準就是有能力。下至市長的所有官員，都是由上級任命，並發給他們的薪水。他自己也曾這樣描述：「這個等級制度就好像一個微型的金字塔，第一執政，每層都會有一個。」

他在政治上，已經不存在對手了。「反對意見？不會有的，」他這樣地預言著，「因為我的上位，靠的既不是哪個政黨的信譽，也不是哪個政黨的支持，所以我誰的人情都不欠……我現在掌控著這些不久前還是犯罪高手的聰明人，讓他們為我建造一座新的社會大廈。他們當中是有高手的，不過有一點麻煩的就是，他們每個人都想當領頭人。這就是典型的法國人：每個人都相信自己有治理國家的能力！」為了讓各個黨派都覺得滿意，兩個最令人垂涎三尺的部長職位，被他給了兩個無賴，這兩個人在政治上互相敵視，但是卻都能力卓越（後來他們的性格都暴露無遺）。這樣，他就能這樣說了：「警務部長由雅各賓派黨人富歇擔

任，對這樣的社會制度，還會有沒有信心的革命黨人嗎？在外交部長是塔列朗的國家裡，會有無法生存的貴族？這兩個人就是我的左膀右臂。我開闢出一片廣闊的天地，每個人都能在這裡找到適合自己的空間。」

他給全體省長和將軍下了命令：禁止成立新的俱樂部和黨派。「請盡可能地經常去和國民自衛隊和公民們說，如果仍然有少數人野心勃勃，現在仍然心懷不滿，那麼要讓他們清楚，現在掌握國家大權的，是善於克服障礙的人。」為了讓百姓接受新憲法，他在政變幾個星期後頒布了一則重要的通告。通告的最後是這樣一句簡練而自豪的話語：「革命已經回歸最初的基本原則。革命已經結束。」

二、馬倫哥戰役

戰爭卻還沒有結束。

「在從歐洲離開一年半以後，我又回來了，看到法蘭西共和國又一次和陛下開戰了。我在法蘭西的民眾擁戴下做了國家元首。」在政變發生後不久，再次和奧軍正式開戰之前，他寫給奧地利皇帝這樣一封信，他那驕傲的口吻和一個國王沒什麼兩樣，似乎他沒離開歐洲時，就已經是法國的國家元首了。他還有一種威嚴，自然而然的威嚴，他之所以獲得成功，這種威嚴是原因之一。這是他的技巧，將對手陷於不義。但是他遇到了不動聲色的奧皇。波拿巴這個計畫已經醞釀好久了，現在他要做的，就是付諸實施計畫而已。

為了保護自己，他首先準備了一支近衛軍，這支近衛軍的每個人都有 4 次戰役的經歷：和他們的司令官剛好是一樣多。然後他將莫羅派到了萊茵河附近，自己則積極籌備一項冒險計畫：進軍義大利。如果他這次還是沿著海岸前進，像 4 年前那樣，那麼一定會遇到嚴陣以待的敵軍。一定要創新！他故意在奧地利間諜的眼皮子底下，將那些年齡最小

的新兵組成了一支可憐的後備軍，還對他們開展了身體檢查。對於維也納報界的冷嘲熱諷，他的回應是沉默的微笑。與此同時，他組建了另外一支軍隊，人數只有 3 萬 2 千人，雖然不多，但是卻是一支精銳力量。沒有人清楚這支軍隊什麼時候會像當年當時進軍埃及一樣，來一次英勇的行軍。漢尼拔不就是翻越了阿爾卑斯山脈嗎？高山不是被他征服了嗎？現在，有一位將軍也要翻山越嶺，他還拖著大炮！他們將山上的樹木砍下來做成巨大的雪橇，好將炮管放在上面滑下山去！

發生政變後的第一個春天，一支軍隊就這樣翻過了大聖伯納山。兩千年以來，這還是第一次。修道院裡那些年邁的僧侶們，簡直不敢相信眼前的事情是真的。一位牧羊人一邊給這位陌生的司令官帶路，一邊跟他講著自己的願望與煩惱。過了不久，和童話中的情節一樣，一個素不相識的人送了他一份家產。士兵們也體會到了這次行軍具有傳奇色彩，每個人都在爭先恐後地拖著大炮往前走。他們將由這位值得信賴的領袖帶著回到倫巴底，4 年前，這裡曾被他們視為上帝的應許之地。這些想法、回憶還有局勢的緊迫性，也讓行軍中的士兵們意志更加堅定了。他們的對手們則完全蒙在鼓裡。他們的司令官寫信給在帕維亞的女友，這樣說道：「你完全沒有必要離開。」結果，拿破崙 12 個小時後就進駐了這座城市。

不過，在波拿巴的思維裡，似乎沒有將這次行動視作已經成功。6 月中旬和奧地利軍隊作戰時，被敵軍強大的兵力擊退，絲毫不見答應派出援兵的德塞還有他的後備軍的蹤影。似乎馬上就會看到全軍潰敗的局面。路邊，司令官神經質地用馬鞭抽打著地面，弄得塵土飛揚。軍隊從他面前往下潰退。他大叫著：「站住！再等一等！援軍馬上就來！最多一個小時！」但是士兵們依然已是兵敗如山倒。運氣也會溜掉嗎？德塞終於來了，他大舉進攻驚愕了的奧軍，輕騎兵也緊隨其後，加入了戰鬥，敵軍頂不住了，開始敗退。馬倫哥戰役，波拿巴打敗仗是在 5 點

時，德塞挽回敗局是 7 點鐘的時候。不過，德塞非常遺憾，他本人沒有能夠目睹這場大捷，就戰死沙場。

波拿巴沒有離開戰場，他的心情十分低落。他最優秀的一位將軍戰死了。還有一點更糟糕，那就是 —— 打贏這場戰役的是德塞，他自己卻戰敗了。稍稍能讓他感到寬慰的，或許是行軍路線還有作戰方案都是他獨自籌劃的，而德塞只是按照計畫準時為他提供救援而已。也許他會想起，這一仗將這場戰役開啟的同時，也將這場戰役結束了。他這一仗的勝利，和他贏得霧月 18 日的勝利如出一轍。那次他也是自己先打了敗仗，然後在別人的幫助下，最終獲得了勝利！

不過，如果重新對全域進行一下考慮的話，這些說法實際上都無法成立。因為，就在距離他當晚向布里昂口授作戰總結報告的地方一里的地方，4 個月前，他曾在地圖上用大頭針這裡標了出來，當時他還和布里昂說：「我認為我們能夠在這裡戰勝敵人。」

現在還不是進行比較的時機。這位國家元首兼司令官一直在派出使者和維也納展開談判，一直到他越過阿爾卑斯山脈的最後一刻，「因為戰爭一定要和談判同步進行。」在戰場上，他給奧地利皇帝寫了第二封信：

「要不是狡詐的英國人從中作梗，陛下一定會考慮我提出的提議，這提議是如此的簡單而坦率。我們終於還是兵戎相見了。數以萬計的法國士兵和奧地利士兵命喪疆場……面對如此慘烈的情景，我非常的痛心，所以我又一次決定，直接寫信給尊敬的陛下您……15,000 人屍橫馬倫哥戰場，此情此景讓我憂慮不堪，所以我請求陛下靜下心來，能傾聽人道的呼聲……身處戰場的我體會要比遠在千里之外的您更深。您的軍隊榮耀已經足夠多。您君臨多國……請您將安寧與和平，賜予我們這一代吧。如果我們的後人蠢蠢欲動、相互征伐的話，多年的戰爭經歷也會讓他們變得聰明，懂得怎樣和平相處。」

　　這封長信——這裡只是將幾句重要的話引用了過來——令人拍案叫絕，就像他此次作戰計畫一樣，也像他的勝利一樣，成果顯著。信中流露出對和平的渴望，這對他來說還是第一次。已經在戰場上取得了決定性的勝利，類似這樣的信他還能寫出半打。波拿巴司令官是一位和平主義者？

　　絕對不是，不過他也不是好戰分子。他的神經對戰爭場面非常敏感，他的大腦對絕對的勝利也深表懷疑。軍營生活是他所熟悉並且熱愛的，但是他更準確的頭銜，應該是政治家。在這片倫巴底平原上，這片之前來過的地方，喚醒了他的政治家意識。那個時候，他第一次練習另一種棋弈——談判，對手是其他的國家、國王，就已經體會到了智慧的較量是怎樣的快樂。他從沒有放棄利劍，也沒有讓劍鋒變鈍。在指揮打仗上，他已經是公認的歐洲的英雄，他很像是已經將冠軍的金杯收入囊中，不想再去冒失敗的風險了。

　　他也深知，榮耀雖然是法國永遠都需要的，但是安寧，確實眼下的法國更為需要的。法國需要他，這是最重要的。還有敵人潛伏在他的後方裡。現在，已經是獨裁者的他，做不到長年在外了，像從前那樣。出於多方面的考慮，他擺出勝利者的姿態，給奧地利皇帝寫了那封獨一無二的信。然後他就匆匆地去了米蘭。

　　巴黎那邊說了什麼呢？

　　它終於滿足了嗎？能不能像約瑟芬那樣：即便在她的腳下堆著全世界所有的財富，她仍然想要更多？對它的新主人，巴黎並沒有什麼熱情。「11年來，」羅德雷的日記中這樣寫道，「巴黎人每天起床後，想起的第一件事就是：我們什麼時候才能擺脫暴君？現在的他們每天早晨起床後會這樣想：現在一切都還挺好。我們開始的工作，投入的資金，建起來的房屋，種下的樹木，如果那個人死了，所有的這一切會怎樣呢？……將軍並不是他的最高職責，政治家才是。吸引了所有人的目光

的是他的赫赫戰功，而將人們的希望喚起的，卻是他的政治才能。」巴黎人就是這樣忐忑不安地觀察著他。只有一個人，預感到了將來會發生怎樣的事，並寫了信給戰場上的拿破崙：

「尊敬的將軍閣下，我剛從杜樂麗宮回來。我沒有向您描繪法國人的激動情形的打算，也不想向您講述外國人是多麼的佩服……後人會相信這場奇蹟般的戰役嗎？數不勝數的人對您的凱旋致敬！不是建立在奇蹟之上的帝國，歷史上還從來沒有過。而在我們這裡，確實發生著奇蹟成為現實的事情。」

看著信的拿破崙笑了。他心裡在想：確實，這個塔列朗沒那麼簡單，他可不止是個諂媚的小人，他簡直是個預言家！但是他為什麼能揣摩到了我的心思呢？難道他想仿效當年的羅馬人，用皇冠來誘惑凱撒？這時，旁邊還放著一封信，是從巴黎來的。

這是一份警務報告，富歇發來的：塔列朗最近將幾個親信召集在一起，研究如果第一執政如果遭遇不幸或者失敗的應對之策。得知馬倫哥戰役的消息時，他們正在用晚餐！「他一定大吃一驚！」波拿巴盤算著，「他們這還算是良心未泯。所謂的朋友、親信就是這樣的！一個願望隱藏在他們所謂的擔憂之下：把自己的主子除掉！」

拿破崙緊閉著嘴，是在表示嘲諷，還是內心傷感的流露？該回去了！但是今晚他還得去斯卡拉歌劇院看望格拉西妮，那位美麗的女主角。以前他曾經非常堅決地拒絕了她，現在她卻凝視著他的雙眼，在他的耳邊吟唱，她很難過，只為他沒有更早地召見她。這位美麗的義大利女子的芳心，已經全在這位義大利征服者的身上了。要不要帶她回巴黎的歌劇院，他還在猶豫，身為明星還是她的情婦，他也不知道。

由於他又擊敗了德意志境內的敵人，所以他們將在呂內維爾締結輝煌的和約，整個萊茵河邊境區域都將割讓給法國，並對重建的西沙平共和國予以承認。這次作戰只有短短的幾週，戰果還能更多嗎？他的部下

和虛偽的朋友們希望像歡迎一位英雄來歡迎他，來請示關於歡迎儀式他的看法。「我將出其不意地回到巴黎，」他的回應用了惡意的雙關語，「什麼凱旋門，什麼歡迎儀式，我都不需要。自我感覺很好的我並不看重這些形式。獲得大眾的滿意，才是真正的凱旋。」

過了一會，他的語氣又變得更加謙遜或者說更加驕傲：「為我建造紀念碑的提議我接受了，請你們把位置選好。不過我們還是把建碑的事留給下個世紀吧，如果那時候，你們對我的好評還能獲得人們的認可的話。」這時，他就預感到後來會發生破壞偶像的運動。還沒到 20 年，他的鷹旗就被今天的這些崇拜者扔進了垃圾堆！

這位凱旋的獨裁者，正在盡全力鞏固這來之不易的和平。他已經實現了超越自我。以前，他征服其他國家，靠的是急行軍和猛烈的進攻；現在，他必須要利用高超的談判技巧和那些昔日的敵人發展友誼，結成盟友。他執政的兩年當中，法國和奧地利、普魯士、俄國、巴伐利亞、那不勒斯、西班牙還有葡萄牙，最後甚至英國，都和法國和平共處了。強硬的皮特[1]辭職以後，理智一些的福克斯[2]重新上臺，波拿巴趁機向他發出了邀請，請他對巴黎進行訪問。告別這個著名的死敵，回到英國時，福克斯臉上滿是興奮的神情。

9 個正統的國家，9 位對正統主義最為忠誠的君主，現在對已經打了 10 年仗的共和國的合法性給予了承認。兩年前，法國還在飽受內憂外患，現在卻成為歐洲大陸上最強大的國家。

身為第一執政而不是將軍或者皇帝，波拿巴將革命引向了勝利：整個歐洲中部除了瑞士，都是國王和大公們的天下，而他在舊勢力新思想之間實現了和平，另外，他還迫使臨近的荷蘭與上義大利接受了執政體

---

1 皮特（William Pitt，1759-1806）：英國歷史上著名的首相（1783-1801；1804-1806），反法聯盟的核心人物。得知拿破崙在奧斯特里茨獲勝的消息後突發中風，於兩個月後去世。

2 福克斯（Charles James Fox，1749-1806）：英國政治家，曾任國務大臣、外交大臣等職。對法國大革命持同情態度。

制，都沒有遇到抵制。當他輕而易舉地將皮埃蒙特、熱那亞、盧卡和厄爾巴島變成自己的勢力範圍時，不管是英國還是奧地利，都沒有進行干涉。同時，德意志最古老王室的成員們為了萊茵河左岸諸侯們的補償問題，將這個奪走他們土地的人圍在中間，不停地討價還價，這讓他更加蔑視門第、世襲、貴族和君主這一套了。

他建立的這番事業只有一條裂縫，但是他會封上它的。

革命開始以後，理智取代了基督的地位，反基督的思想成為了潮流，所有人都在爭相追逐。波拿巴幾乎是單槍匹馬地在和這股潮流進行對抗。他 4 年前在義大利，曾經給了教皇很多的優待，而當時的巴黎是準備拒絕的。他對待僧侶們從來都是慷慨而又聰明。當然他很清楚自己為什麼這樣做。他的國家已經和教會交惡 10 年了，所以現在他急者想讓雙方重歸於好。這樣做和他是個信徒並沒有關係：「和土耳其人在一起時我就是穆斯林；而目前我將是一名天主教徒。」在他看來，用利劍或智慧，是無法戰勝這一所有權力中最古老的權力的。唯一的辦法就是融洽相處，這樣才可以為我所用。「天主教的教義替我將教皇保留了下來。」他後來曾經說過，「以我在義大利的權勢和影響力來，遲早我要讓他為我所控制，我不會放棄這個希望的。那時，我的影響力該有多麼的大！面對歐洲，我擁有的工具將是多麼的強大！」

為了這一在巴黎最大膽的舉措能夠順利實施，甚至不惜在主教們面前屈身為哲學家 —— 在他看來，最糟的職業就是哲學家了。他說過：「我也是哲學家，而且我也清楚，一個連自己從哪裡來、該向何處去都不知道的人，不管在哪個國家，都算不上正直的、有道德的人。這些問題，單純的理性不能告訴我們答案。如果沒有宗教，人們將不得不在黑暗中摸索。天主教的教義則將人類的起源與終結說清楚了。」這些話讓羅馬的人們驚訝不已。但是，一個人只要聰明，就會在梵蒂岡找到師輩。第一執政在紅衣主教孔薩維到巴黎參加談判時，第一次見面，竟然就想

把他嚇倒。但是這位理性的教會領袖始終保持著微笑。在塔列朗看來，這是一幕戲劇，站在旁邊的他沉默不語，不過在重點問題上，雙方最終還是達成了協定，如神父不結婚，羅馬選舉主教，舊的教會法重新啟用等等。教會只在一點作了妥協：教會由國家支付薪俸。就這樣，對教會國家就有了決定性的影響。

盛大的協議用印儀式在巴黎聖母院舉行。第一執政和別的高級官員本來打算只參加唱感恩讚美詩的環節，不過後來也安排他們去聽了彌撒，只是他不用領聖餐，也不用參加「其他所有可笑的活動」。當他為出席這次活動換衣服的時候，這樣問他的弟弟：「我們今天去做了彌撒。巴黎方面會怎麼看？」

「人們會圍觀，如果不喜歡就會發出噓聲。」

「那我就命令衛隊把他們從教堂扔出去！」

「要是衛隊士兵也一起起哄呢？」

「他們不能這樣。我的老部下們對巴黎聖母院這個聖地會非常敬仰的，就好像他們當年在開羅敬仰清真寺一樣。他們會看著我，當看見他們的將軍是一副一本正經、神情嚴肅的樣子時，他們也會有樣學樣，並對自己說：『今天的軍令就是這個！』」

三、「終身執政」

他的地位一直都算不上穩固。8 年後，他的對手也許會將這位任期 10 年的執政取而代之。他對民意和選舉十分依賴，這是他必須做而又不屑於做的。在和外國元首來往時，他的地位又是什麼樣的呢？如果和美國總統的地位差不多的話，人們不能不對他非常重視。再三考慮後，他暗示了一下參議院。

參議院從來都是言聽計從的，原因就是它得仰仗著波拿巴。參議

院現在批准了：10年任期期滿後，第一執政可以再連任一屆。不過這個結果他並不滿意，再次進行了暗示，於是另一個模式——「終身制」——誕生了。當然和凱撒一樣聰明的他將這個意圖交給「人民」去決定，因為賦予他權力的是人民。全民公決有了結果：表示贊成的有400萬人，勇敢地投了反對票只有幾十人。他的權力繼續擴大：現在的他有獨自與其他國家締結條約的權力，有獨自任命有解散議會權力的參議員的權力，並且還有決定誰來接他的職位的權力。當他比較自己和歐洲那些頭戴皇（王）冠的國家首腦們的權利時，他只能用狡辯來安慰自己了：「從現在開始，我和別的那些君主一樣，他們也就是執政終身罷了！」

全民公決中那些投贊成票的，也並不都是對他真心地擁戴。在巴黎的凱旋儀式上，他進入盧森堡宮時，表示歡迎的掌聲稀稀拉拉的。事後他就去質問警務部長：「為什麼你不提前安排好，營造一下氣氛呢？」

富歇是這樣回答的：「身為古高盧人後裔的我們，和傳說中的是一樣的，自由和壓迫都是我們所不能忍受的。」

「這是什麼意思？」

「因為巴黎人在您這位公民執政最近的行動中，不僅看見了將喪失所有的自由，也看見了絕對專制的苗頭。」

「如果我不是權力的主人而是奴隸，那麼讓我去統治一個半月都做不到。」

「如果自己已經做到了仁慈、強大和公正，」這個老狐狸回應道，但是並沒將這三種特質中的任何一種表現出來，「那麼您離再一次贏得所有人的心為時不遠。」

「民眾的觀點一直在變。我會想辦法扭轉局面。」他說完這句話就轉了過去。

這次談話雖然只有兩分鐘，但已經足夠使拿破崙下定決心。他罷免

了富歇，不過不是因為對這個曾經的神職人員的懼怕，而是蔑視。他將警務部解散，將這部分工作劃分給了司法部，「我的目的，是要讓歐洲看看我的和平政策，以及法國人民是如何真心低擁戴我的。」人們不得不去習慣他的講話方式，這是他政治手段的外衣。他任命富歇為參議員，以示安撫。當富歇將 250 萬法郎的儲備金交給他時，他大吃一驚，隨即為了「聊表寸心」，將一半贈給富歇。富歇從會客廳出來心裡非常得意，他的腦海中，已經將這 125 萬法郎和隱瞞沒有上交的款項加在一起了 —— 他大撈了一筆！

　　第一執政就是如此對待這些危險的知情者的。至於大眾輿論，他很清楚順應的辦法。他從來不擔心自己欠隨便哪個黨派或者個人的人情。他堅持通過全民公決批准自己當上終身執政，和當年發動政變後又等著全民的贊同同出一轍。這讓他確信革命可以宣布畫上句號了。「向民眾求助的好處有兩個：可以延長執政的任期，還可以明確我的權力是哪裡來的。否則這個來源總是不夠清晰。」這番話顯示出他現在十分微妙的境地：處在革命和正統之間，這個問題始終讓他感到不安。他從來都沒做到徹底掌控局勢。

　　波拿巴的目標是羅馬時期的統帥那樣，將國家權力集於自己一身。但是他的手段又有所不同，他獲得最高權力，靠的不是武力，而是自己那傑出的才能。所以，他的權力的來源，不是擁戴他的軍隊，而是覺得他陌生的民眾那裡。他希望自己成為古代或者普魯士國王那種的專制君主，但這要是以民主為基礎的，人民擁有自由決定的權力，選擇了他，並將自己的權力轉交於他。這個程序的虛偽他早已了然於胸，但是還是在時代精神的敦促下做出了這樣的決定。不管怎樣，那些對他有利的革命的基本原則，他都會毫不畏懼地沿用下去，比如應該由有才的人掌控大權，而不是在貴族之間世襲。他有充足的理由這麼做。在這個國家當中，還有誰擁有比他還要優秀的才能嗎？但是，他並沒有將這個做為自

己獲得權力的唯一手段，雖然他的才能讓他接連取得戰爭的勝利，又已經獨攬大權。在道德的驅使下，他選擇由全民公決的辦法確定自己權力的來源，他堅信這個方式會讓他的權力變得合情合理合法。如果說是挽救了革命的是波拿巴的話，那麼扼殺了共和國的也是他。

這些想法的來源並不是什麼冷靜的政治理念，而是他推崇那些古代的思想。將他引向東方的因素恰恰也是這些，同時讓他在發動霧月政變時，面對參議院手足無措的，還是這些思想。「你就像是普魯塔克筆下的人物。」保利 —— 這位最先了解青年波拿巴的人曾給予他這樣的評價。在波拿巴看來，所謂民眾統治意義上的民主簡直一無是處。古代或者亞洲現在還有的那些專制統治時期的國家，才是他渴望恢復的狀態，用不著兩院通過，天才可以直接發號施令。他在聖克盧宮的辦公室裡，擺著兩尊半身像：西庇阿和漢尼拔。羅馬皇帝和哈里發才是最適合他的，這也是他要追求的權力目標。

舊政權的人第一個來巴結他了。就在發動政變後不久，天真的波旁王室就想要將他拉攏過去。普羅旺斯伯爵 —— 被送上斷頭臺的法國國王的弟弟，也就是後來即位的路易十八 —— 連繫上了這位革命之子，表示請波拿巴幫助他登上王位，自己願意付出重酬。他直到請求到第三次時，才收到了波拿巴的答覆：

「先生，您的來信我已收到。你在信中對我的稱頌，我深表謝意。但是，您不應該還有重登王位的幻想，因為這件事要想成功，需要付出10萬人的生命的代價。如果您為了法國的安寧與幸福著想，將個人的利益犧牲，歷史會對您表示感謝。您家族所遭遇的不幸，我並沒有感到無動於衷……我將盡力讓您過上安寧而富足的隱居生活。波拿巴。」波拿巴的這番甜言蜜語中卻暗含了譏諷，他的話語圓滑而又不失禮貌，就讓這位擁有繼承權的王子把所有的責任都推到了波旁王室那裡。從這以後，這位王子再也沒寫過信給他，同時還公開地表示了接受波拿巴的建議。

　　對待旺代的保王黨人，波拿巴卻是另一番截然不同的態度：他想將他們拉攏過來。經歷漫長的等待之後，他們終於看見有人走向了他們，這個人頭髮凌亂，身著一身綠色的舊軍裝。一開始他們竟然沒有認出來，他就是那位命運的寵兒。

　　「請你們到我這邊來。我所統領的，是一個年輕的、理智的政府！……為了你們的王公們，你們在勇敢地戰鬥……但是那些王公們自己，卻並在為自己的榮譽而戰。他們為什麼不在旺代指揮戰鬥？那裡才是他們應該出現的位置！」

　　「他們滯留在倫敦是出於政治原因。」貴族們這樣解釋。

　　「那他們就該乘坐第一艘找到的漁船，漂洋過海回來！」他激動地叫著，還說這是「發自肺腑的呼聲」。沒錯，伯爵先生們，這是他內心深處的想法！這句話裡面涉及一樁在世界歷史上至關重要的事件，波拿巴對此仍記憶猶新。只有最有膽量的人，才能配得上這句話。他曾坐著一艘小型的軍艦跨越驚濤駭浪的地中海，在敵軍的搜索下最終登上了自己國家的海岸。這位年輕的天才，這位曾把歐洲攪個地覆天翻的人，您知道他的諂媚與威嚇是什麼樣的嗎？

　　「你們想要什麼官？省長還是將軍？只要歸到我的麾下，你還有你們的部下都會如願以償！── 什麼官都不想要？難道在你們看來，投向波拿巴非常丟人嗎？……如果你們不能締造和平，那麼我將動用 10 萬大軍發起進攻，將你們的城池焚毀！」

　　「如果您要這樣，」伯爵語氣十分堅定，「我們會讓您的軍隊有來無回。」

　　「你竟然敢威脅我！」他的回應帶著「惡狠狠的語氣」。但是，在獲得了一個切實的答覆後，他又恢復了冷靜。疑惑不解的伯爵們無功而返，他們聽不懂他的外國口音，他「想像力太豐富，讓人無所適從，摸不著頭腦」。

　　不過，執政還是將不少逃亡國外的保王黨成員招致麾下，並且用豐厚的待遇讓他們解除了敵意，回國的家庭很快就達到了 4 萬多。與此同時，他也接待了不少雅各賓派成員，儘管他們的「那種形而上學的哲學理論，足夠敗壞 20 個政府」。他認為那些民主主義的中間派之所以擁護他，是因為在他的庇護之下，他們有了安全感，他像一位仁慈的君主在為民眾排憂解難，巴黎也不再像一個資產階級的大軍營了。

　　他給各級機關的訓示是這樣的：

　　「如果今年冬天出現嚴寒天氣，像 1789 年那樣的，教堂和市場裡都要生火，好讓更多的人取暖。」

　　「冬季天氣惡劣，肉肯定會漲價，巴黎一定要創造更多的就業崗位。烏克運河，德塞碼頭，通往碼頭的街道……這些都可以動工了。」

　　「本來應該每一個乞討者都逮捕起來，但這未免有點太殘酷和荒唐了。應該將他們收容起來，提供食物還有工作。各個省都必須要建造更多的收容所。」

　　「很多成衣匠、帽匠、鞋匠和馬鞍匠都失業了。請採取措施，保證每天鞋的產量要達到 500 雙。」

　　同時，他給軍務部長下令，簽發炮兵部隊設備的特別訂單。此外還對內政部長提出要求：「我們一定要創造出更多的就業崗位，尤其是在本月假日之前的這段時間。請馬上簽發一張訂貨單，讓 5 月和 6 月兩個月裡需要兩千名來自聖安東地區的工人來生產椅子、衣櫥還有靠背椅……你明天就要把計畫交給我，這樣工人們就能夠立刻開工了。」

　　他在一個規定中看到有這樣一條：禁止穿工作服的人從杜樂麗宮花園穿過，他立刻宣布將這個條文廢除，並專門強調，他們是可以通行的。他得知要關閉公共閱覽室，就說：「我絕不會容忍這種事發生！在一間溫暖的房間裡看書刊或者雜誌，是一件多麼有意義的事，對此我是有親身體會的。我絕不會同意剝奪像我從前那樣貧苦的人們這種享受的

權利。」他還讓法蘭西劇場下調週日正廳的票價，「這樣普通的老百姓也能看戲了。」他禁止全國開設賭場，因為「賭博會導致傾家蕩產，容忍賭博等於樹立了一個壞榜樣」。

新的教育法頒布了，他還在各個省設立了各類學校：國民學校、公民學校、高級中學和應用技術大學，公費生名額共有 6 千個，其中三分之一是為有功之臣的子女準備的。再有 3 年的時間，全國將一共會有 4,500 所小學，750 所實科學校和 45 所高級中學。第一屆參議院的議員當中，科學院貢獻了三分之一，這表示他非常尊重科學院。在他的授意下，內務部列出了這樣一份名單：「10 位最優秀的畫家、雕塑家、作曲家、音樂家、建築師以及其他領域才能卓越的藝術家」，原因是「他們的才能值得我們鼓勵」。另外，他還找人繪製大型壁畫，內容是他指揮作戰的種種事蹟。他是這樣解釋國家制定藝術的規則的：「有人抱怨我們連文學沒有？內政部長失職了！」

如果他透過安定富足來對各行各業的人進行安撫，那麼在這個國家裡，還有哪裡有榮耀呢？如果戰爭和宮廷生活都沒有了，那麼人們又怎麼樣滿足自己的虛榮心呢？所以，他設立了榮譽軍團。

創立榮譽軍團讓他擁有了一大批擁躉，都是忠心耿耿的。因為只要曾鄭重宣誓過自己反對任何封建王朝復辟，這個人就絕不可能反對波拿巴。再說這個榮譽軍團也並不是軍官們的俱樂部，因為它的主旨是要對所有取得輝煌成就的人進行褒獎。他選擇了一位自然科學家做了榮譽軍團的總長。在參議院會議上，有人說現在的榮譽獎賞，已經和被推翻的封建王朝的濫賞差不多時，他神情非常嚴肅地回答道：

「存在沒有勳章的共和國嗎？我深表懷疑。有人認為這不過是小孩的把戲，但是它卻有抓住成人的本領。我不會在一個大眾講壇上這麼去說；但是現在我所在的是一個賢明人士和政治家參加的議會，我就能夠暢所欲言了。在我看來，法蘭西民族並不是一個熱愛自由和平等的民

族，在過往的 10 年裡，這個民族的特性可以說是什麼改變都沒有。他們還是那樣的自負和輕浮，和他們的先人一樣，只對一種東西敏感——榮譽。所以，我們需要勳章……我們籠絡士兵，榮耀和酬金是必不可少的……和現在的普通貨幣不一樣，這是一種新型資本，而且是取之不盡、用之不竭的。只有這種資本，才能對那些不能用金錢衡量的高尚行為做出褒獎。」

我們在這段意味深長的話中聽到了 3 個來自他靈魂深處的聲音：藐視人類，了解民眾的心理，以及身為一個外國人的批判。畢竟他本來是一個科西嘉人，只是選擇法蘭西作為新的祖國而已。

四、聖誕夜的暗殺

西元 1800 年耶誕節的晚上，第一執政坐著馬車去歌劇院。緊隨其後的一輛馬車裡坐的是約瑟芬和她的女兒。在一條狹窄的小巷裡，有一輛沒有套馬的空車停在那裡擋住了去路。他們只好停下來，把空車推到路旁，車夫揮鞭驅車繼續往前走。他們剛剛過去，那輛空車裡藏的炸藥就爆炸了。大概有 20 名路人當場喪生，但是分坐兩輛馬車裡的執政和他的家眷安然無恙。好勝又一心往前趕的車夫救了他們一命。執政到了歌劇院走進包廂，淡定地和旁邊的人說：「那些傢伙想把我炸死。請把節目單給我一份。」這天晚上的劇碼是海頓的新作《創世紀》。執政自始至終都鎮定自若。

美妙的音樂通常能讓他將所有的計畫和想法都忘記，但是今天卻不一樣。他一直在思考：這樁謀殺的背後暗藏著什麼樣的陰謀，以及可能會導致怎樣的後果。「那些傢伙」是誰？是左翼還是右翼極端分子其實不重要，因為他的死敵太多了，這一點他也是心知肚明。現在有這樣一個問題：將陰謀策畫者劃分進哪一方，對他才是最有利的。這樁陰謀要

是得逞了，給法國帶來的影響將是無法估量的。所以他作出決定，讓這個失敗的陰謀發揮和得逞了一樣大的功用。他可以利用這個機會將所有的權力問題一起解決，而且這現在形勢緊急，刻不容緩。

第二天清晨，各方首腦都在祝賀他這次爆炸安然無恙，並且眾口一詞認定背後主謀是保王黨人。他卻憤憤地表示大家都說錯了：「這是九月黨人幹的。九月黨人由一些知識份子或者革命中的下層軍官組成，他們都有良好的教育經歷，有膽量以及豐富的想像力，又和群眾關係緊密，鼓動群眾十分拿手！」當參議院裡有人提議為此案成立特別法庭時，他表示不同意，認為這太保守了。他神情激動地說道：

「你們搞錯了，先生們！我們不像奧古斯都[1]那樣什麼都不做，寬恕了那些罪犯，就是要措施嚴厲，讓社會保持安定⋯⋯對於這件事情來說，普通的刑罰肯定是遠遠不夠的，要從政治的角度來看待這件事⋯⋯我要有人為這件事付出血的代價！爆炸中有多少無辜的人死了，就要有多少罪犯被槍斃！這群兇殘的野狼，不讓他們有 200 個被逮捕、被流放是不行的！這些傢伙總是等著對可以獵取的目標下手。我們所有的不幸，都可以歸因為這些形而上學的詭辯者。」

年邁的特龍謝晃了晃頭，說這件事是流亡國外的保王黨人勾結英國人幹的，他們在哪裡都這麼幹，當然也包括這裡。

「怎麼，」拿破崙怒衝衝地質問道，「難道要我去將那些貴族和神職人員流放嗎？旺代那裡一直平安無事。他們是這個世界傳播最廣的宗教的信徒，我也不想去放逐他們。我應當將所有的參議員通通罷免，因為除了兩三個人，大部分人都認定這事是保王黨人幹的⋯⋯你們把我們當成了 3 歲的小孩嗎？難道非要我宣布我們的祖國現在處在危難當中嗎？

1　奧古斯都（Augustus，西元前 63- 西元 14）：古羅馬帝國第一代皇帝。原名屋大維，至凱撒的義子和繼承人。凱撒遇刺身亡後，屋大維透過戰爭逐步打垮安東尼等對手，並將埃及併入羅馬版圖。西元前 27 年獲羅馬元老院授予的「奧古斯都」稱號。其在位期的（西元前 27- 西元 14）為羅馬帝國的和平與黃金時期。

自從爆發革命到現在，法國是否有過比現在還好的局面？軍隊是否有過比現在戰鬥力更強的時候？社會是否有過比現在更安定的時候？熱愛自由的朋友中間混進來一些對自由並不怎麼熱愛的人，他們現在突然表示自己對自由深表關注，這實在太可笑了。請別再自欺欺人地說『是我們參議院保護的愛國主義者。』那在朋友聚會的沙龍上侃大山還行，在這個由全法國最聰明的人組成的議會上，沒人會相信這些鬼話的！」他突然中斷了會議。參議員們是否理解了他的意圖？

他的激動並不是因為有人挑釁了他的生命安全，如果是那樣，他就應該全力緝捕案犯，並報復他。所有的這些都可以稱為統治藝術。我們應該威脅國內的誰，應該安撫國外的誰？執政問著自己，並部署了相應的措施。關於個人的安全，他也認為，最有效的辦法就是採取嚴厲的措施。「我不把各大城市的那些首腦都放逐去了國外，」他後來說，「我是不能安心入睡的。那些每天早晨9點起床，然後穿上乾淨襯衫的陰謀家，我一點都不怕！」

與此同時，他被一本匿名發行的小冊子激怒了，但是這小冊子竟然不在內政部長的禁書名單當中。這個小冊子的名字叫《凱撒、克倫威爾和波拿巴》，建議建立世襲君主制。是誰膽敢將他心裡的念頭公之於眾，而且用的還是建議的語氣？當他的一名心腹說這本小冊子讓波拿巴的意圖過早地暴露時，他並沒有反駁。但是，這兩件行刺事件 —— 分別針對的是他的肉體和精神 —— 嚴重地破壞了自由。在護民院和兩院裡，他罷免了五分之一的成員，即使有一個保護條款也不行；貢斯當、謝尼埃和別的一些著名的民主主義者也遭到排擠。61家報社被查封，報社的總數是73家；所有小冊子和劇碼在出版和上演之前，都要經過審查。當參議院提醒他小心新聞出版自由時，他這樣回答：

「在這樣的形勢下，難道你覺得還能允許民眾集會嗎？……不是每位記者都是一位演說家嗎？不是每家報社都是讀者的集會場所嗎？……

誹謗像油漬，總會留下痕跡……在英國則是另一種情況。那裡的政府歷史悠久，而我們的政府還不過是一個新生兒！總有人背後說我的壞話，如說我擔心有人下毒而幾天不敢吃飯！……只有將適合上演政治爭鬥的舞臺拆掉，各個黨派才能做到安分守己。」

他的理由再正確不過，他的措施再有效不過。但是，自由的精神只能在門外徘徊，面帶憂鬱地看著這位掌權者，眼神表示著他已經受到了束縛。

五、無子的遺憾

策劃甚至可能直接撰寫了這本小冊子，從而嚴重影響了第一執政的人，也是在霧月 18 日那天大力支持他、實際上挽救了他的命運的人，他就是呂西安，拿破崙的大弟。比拿破崙小 6 歲的他，是 4 兄弟中才能最出色的。呂西安的野心甚至超過了他的哥哥。雖然他的扶搖直上完全靠的是哥哥的勢力，但是他卻依然覬覦著最高的地位。活在拿破崙盛名的陰影之下，為他所庇護，甚至成了他的左膀右臂，這些都讓呂西安十分不快，程度甚至超過了拿破崙後來對他的厭惡。政變那一天的情景總是浮現在他的眼前，他總覺得哥哥全靠著他才得以上臺，自己憑什麼對他言聽計從呢？

但是現在的他不能不這麼做。政變後的他當了內政部長，一個幫上司做事的職位而已。每次他接到領袖發布的諭令都會評論一番，想著如果是自己，能不能做得更好。他和約瑟芬是敵人，因此也就是約瑟芬的親信的敵人，就這樣他和與富歇產生了矛盾。一出了什麼事情，富歇就會拉這位新任內政部長出來擔責任，比如這本小冊子。

呂西安天生就無所顧忌，不講道德，這一點和他的二哥一樣，但是比不上後者精於算計。他還有一點也和拿破崙很像，就是喜歡瞇著眼微

笑。可以說在哪一方面，他都是拿破崙的翻版，但是比他的哥哥多了一點冒險家的特質，少了不少政治家應有的素養。呂西安權勢顯赫時只有25歲，可是他依然感到憤憤不平，他的固執讓他看起來很像一個冒險家。他的第一個妻子是一個旅社老闆的女兒。結婚後他出售專賣權，從事倒賣糧食的生意，過著奢靡的生活，並不工作。他把巴黎附近最漂亮的宮殿買下來布置得富麗堂皇，然後再改建、再布置。他還經常舉辦宴會、詩會或者表演戲劇：這一切都是想壓倒他的哥哥。

這樣的做法肯定會帶來爭吵，導致裂痕。呂西安當面嘲笑拿破崙，說他贏得政變的勝利，都是靠著他。盛怒之下的拿破崙差點想將呂西安流放，但是最後，還是只是將他的部長一職罷免，以權謀私行為終結，並讓他去了馬德里，當了特使。新職位上的呂西安如魚得水，憑藉他的機智圓滑在反英大業上效果大見成效，同時錢也沒少撈，至少幾百萬。過了不久他的妻子去世，回國以後，他沒多久就另結新歡，新妻子是一個他喜歡的、但是聲譽跟當年的約瑟芬類似的美女。第一執政對此非常的不高興，因為一樁政治聯姻才是他需要的。

他的長兄約瑟夫，這個心地善良卻又深諳人情世故的人，這時也在猜疑者的行列當中。靠著拿破崙，他也官運亨通，財源廣進。他願意和斯塔爾夫人以及她的圈子裡的人來往，對第一執政頗有微詞。區區的羅馬特殊已經無法讓他滿足了，他拒絕去當義大利共和國的總統，也沒看上參議院議長：他再三提醒著拿破崙自己是大哥，是一家之主。

二弟路易的態度則搖擺不定，在他的身上，還能找到一點詩人的氣質。這麼多年以來，他一直愛慕的是約瑟芬的一個親戚，他被迫迎娶的約瑟芬的女兒奧坦絲他並不喜歡。直到多年以後，他依然痴心不改。

最小的弟弟傑羅姆生性善良、輕佻。二哥給予了他嚴父一般的教育。「我將公民傑羅姆·波拿巴送到你這裡，充當海軍見習生。你清楚這個人得嚴加管教。請你對他嚴格要求。」

　　還有他的妹妹們，也獲得了他給的金錢還有榮譽，卻一點都不知道感激，反而索取得更加得寸進尺了。愛麗莎還有她喜愛的呂西安，這兩個人已經成了巴黎街談巷議的話題。他們倆參加一場業餘演出時，穿著玫瑰色內衣登臺，執政知道以後氣得大叫：「簡直聞所未聞！、我在這裡絞盡腦汁地想讓人們對道德與尊嚴重新重視起來，我自己的弟弟和妹妹竟然半赤裸著上了大眾的舞臺！」但是他一轉身，他們就在那裡竊笑不已，不為所動。

　　嫁給了繆拉將軍的卡洛麗娜，現在就已經將丈夫和親戚貝爾納多特捲進了造第一執政的反的陰謀中。儘管陰謀沒有暴露，但是拿破崙已經有所察覺，並認為應該將繆拉槍斃。

　　波麗娜的丈夫在一次殖民地的戰爭中戰死，不過她並沒有非常的悲傷。她的第二次婚姻是嫁給了博爾蓋澤，當上了侯爵夫人，住在羅馬。因為她那矯揉造作的天真，她哥哥最喜愛的妹妹就是她。甚至拿破崙的名譽因為她的放蕩而受損時，他勸誡她，語氣也是非常的謹慎。

　　曾經是神職人員的舅舅費什，後來成了為軍隊供貨的商人。現在他也進入到了外甥拿破崙的政治生活當中，因為後者讓他先後當了大主教和紅衣主教。拿破崙權勢顯赫，大家都在靠著他謀取金錢謀取地位，妝點著自己的生活，享受著生活，而這一切，卻都是工作纏身的拿破崙自己享受不到的。

　　只有母親依然過著簡單的生活。她依然討厭約瑟芬，和以前一樣，依然說著科西嘉方言，保持著一個科西嘉女人的本色。政變成功後，拿破崙當即就請她去杜樂麗宮同住，她沒有同意。她還是住在約瑟夫的房子裡。拿破崙在皇宮大院第一次閱兵時，她也站在了露臺上，身旁都是國家要員們。只著一襲黑衣的她看起來，卻比身旁珠光寶氣的約瑟芬高傲得多。將榮華富貴看得很淡的，只有她一個人，因為生活的滄桑，早已讓她變得睿智。如果誰在她的面前，對她偉大的兒子和他的權勢大加

讚美，她會用不怎麼標準的法語回答：「希望這一切能夠長久！」

這些家庭戲劇的根源到底是什麼？有的最終收場時是場鬧劇，有的卻是悲劇。

它們的根源，在拿破崙的內心。如果他就是個透過革命起家的暴發戶，當他的家人提出與他共用榮華富貴的要求時，他會客氣或者不客氣地讓家人離他的勢力範圍遠一點，借此來掩蓋他和法蘭西共和國利益相衝突的家世。但是，這又有什麼用呢？現在他是法蘭西共和國的獨裁者，但是他的母親一張嘴，就提醒了所有的民族主義者：他是個外國人！他的地位基本等同於國王，但是他的妹妹卻穿著奇裝異服登臺表演，當著歐洲帝王們的面。這就讓他們有機會指責這個暴發戶的家人沒有教養。他的兄弟們貪汙腐敗，而消滅腐敗是革命的目標之一！所有的這一切都發生在巴黎，這個嘲諷與批評的歷史悠久的地方！

但是，他不僅容忍著他們，還在繼續給他們官職和榮譽，甚至還他們當了駐外使節，代表著自己。

他的義大利血統，尤其他的科西嘉島的義大利血統是首要的原因。科西嘉人對氏族的興旺十分看重，對家長制，以及和島上其他家族間的仇殺早已習以為常。這一根深蒂固的傳統的歷史，甚至比某些王室還要悠久。和王室一樣，和對財富的關注相比，他們更看重的是對榮譽的追求。

一個征服者，應當靠著智慧和命運來努力追求一切，再留給自己的後代子孫。這種強烈的願望，和島民固有的家族情結碰撞並產生了融合。但是，命運卻偏偏讓他到現在還沒有子嗣。這樣的命運真正是悲劇性的，因為這是由他的情感、埋藏在靈魂最深處的情感決定的，所以無法避免。他深愛著他的夫人。她曾經為前夫生過兩個健康的孩子，但是進入第二段婚姻後卻遲遲沒有生育。一個能夠生育的她將會改寫歐洲的歷史。這個不能生育的缺陷，根源當然是她的「戀愛技巧」和放蕩。但

是，她贏得波拿巴的心，也正是因為這種戀愛技巧和放蕩，並一度迷住了他。她和他剛認識時，她只有 30 出頭。後來他和別的女人生了 3 個兒子。他迫切需要一個合法的繼承人，哪怕一個女兒也可以啊！在這件對他來說最重要的事情上，約瑟芬卻無能為力，這對他的事業的影響是決定性的。

國家元首的繼承人問題怎麼可能不重要？早在他剛剛掌握大權時，羅德雷就想到了這一點：「保王黨人問：『誰會繼承波拿巴？』您如果明天逝世，我們該如何是好？您一定要為我們指定一位繼承人，這是必不可少的。」

「這並不是個好主意。」

「知道誰被您指定為繼承人的法蘭西民眾會非常安心的。」

「我還沒有孩子。」

「您可以過繼一個孩子。」

「這也無法將眼前的危機解決。我看，只能讓參議院來指定誰作為我的繼承人了。這個人，只能由我和 3 名參議員選出來。現在的問題是我選誰呢？」

「建議您選一個 12 歲的男孩。」

「為什麼要選個孩子？」

「因為孩子可以接受您的教導，您可以關愛他，教育他。」

最終，被逼無奈的執政喊道：「我的繼承人是法國人民。」

這樣說話的可不是一位白髮蒼蒼的老人，而是一位才 30 歲的年輕人。雖然他這個執政的任期不過 10 年，可是他分明已經看見了君王的寶座正在朝他招手。不過，他還是已經感受到了危機：時間緊迫。後來他在給自己尋找繼承人時，不得不將在兄弟們的身上寄託了希望。對於他的饋贈，送給他一個繼承人，無疑是他們所能給出的最好的回報了。這樣即使他自己沒有子嗣，他兄弟們的孩子也可以啊，總算還有波拿巴家

族的血統。他之所以對呂西安非常生氣，主要原因不是他娶的女人聲名狼藉，而是出身較低。所以他要呂西安趕緊離婚，好去再娶一個出身王室的女人。

但是這遭遇了呂西安的斷然拒絕。這裡面固然有他愛著妻子的原因，但是更主要的，還是他對權勢顯赫的二哥的嫉妒。野心極大的呂西安為了達到權力的巔峰，是可以將一切犧牲掉的！兩人大吵一架後，波拿巴進入了約瑟芬的房間說道，能聽出來他餘怒未消：「一切都過去了！呂西安被我攆走了！」

因為同樣的原因，他跟路易吵個不停。路易被約瑟芬視為延續自己家族香火的救命稻草。路易並不愛她的女兒奧坦絲，另有所愛的奧坦絲對他也是沒有什麼感情。但是她的母親卻逼著她嫁給了路易。他們的兒子在拿破崙那裡倒成了心肝寶貝，他視其為自己的繼承人。因為這個，他的妹妹們挖空心思，四處散播謠言，說這個孩子實際上是拿破崙的。這些紛爭過後，這個曾經讓整個歐洲都無比羨慕的幸福家庭早已分崩離析。母親萊蒂齊亞支持被逼著結婚的這對年輕人，還支持被放逐義大利的呂西安，和他一起去了羅馬。在那裡的她離那個光彩照人的兒子很遠，過上了幸福的生活。在那裡的她可以以一個義大利人的身份生活，吃穿不愁，又深受上層階級還有教皇的歡迎。

如果波拿巴與約瑟芬離婚，會是怎樣的結果呢？他的妹妹們對這個「老女人」都很討厭，都在極力地為他物色嫵媚動人的女子。他對已經是徐娘半老的約瑟芬的感情，也是越來越平淡。但是他還是需要她的友誼。他也不像從前的那麼古板了，先後和幾名漂亮的女伶產生了私情，還曾讓他妹妹的女友來陪他過夜。

喬治小姐和別的人一樣，對他比較敬畏，不過還認為他是個「可愛體貼的男人」。他和她玩起了捉迷藏，替她寬衣解帶，對她「幼稚的幻想」比較傾心。她的教名也正好是約瑟芬，但是他卻從來不稱呼她這個

名字，而是為她取了個義大利名字：喬治娜。他用心地傾聽她講述自己的故事，並不住地點頭，因為她的出身他早就了解過了，他很高興，因為她並沒有對他撒謊。

在晚上，第一執政的僕人們常常能看到穿著長襪的他悄悄地走過盤旋樓梯，只為去和那美麗的迪夏泰爾幽會。一頭金色長髮的她溫柔、苗條，是約瑟芬的婢女，是他喜歡的那種女人。他晚上願意找她一起玩紙牌，其間調調情。約瑟芬在另一張牌桌上，她坐立不安，急切地想聽清他們說話的內容。迪夏泰爾前腳離開，他就會後腳來到他們幽會的地方。忍無可忍的女主人跟在他們後面，敲開門，結果看到怒氣衝衝地站在她面前的拿破崙。第二天拿破崙就會以離婚來威脅她，但是又在她魅惑的淚水前退步，離婚的事也就不再提起。

這只是一時的卿卿我我。工作纏身的他一直在提醒自己，不可重蹈前朝帝王的覆轍。他沒有迷戀女色，更沒有後宮干政。他早已對情愛的遊戲心生厭倦。在一封給友人的信中他這樣寫道：「我的心飽經滄桑，對人情世故再洞悉不過。」只有30歲的他卻已老氣橫秋。這實在令人震驚！

約瑟芬關注著波拿巴的一舉一動，帶著憂心忡忡的表情，就和從前他對她一樣。她的生活極盡奢華，衣飾、帽子、首飾等等，甚至當年路易十六的王后也沒有她奢侈，憑藉著這些打扮，她還稱得上一個華麗美婦。如今，當他準備在她那裡過夜時，這位法國第一夫人還會將此事和侍女們說，波拿巴總會原諒她。她有時會在這個疲憊不堪的人的床邊坐下，聲音低柔地為他朗讀，這時，對這個紅顏知己的感激之情，會透過他的目光流露出來。生性保守念舊的他，基本從來都沒有罷免過任何一位將軍或者官員，他又怎能和這個女人離婚，這個過失很多，但依然為他所愛的女人！

馬爾梅松宮花園，丈夫遠征埃及的時候，她曾經在這裡和情夫伊波

利特幽會。現在，波拿巴與布里昂、拉普還有別的一些文人賽跑，在一旁觀戰的是歐仁和奧坦絲。當他摔倒時，他也和大家一起笑。隨後他們上車回到巴黎。他說：「現在我又可以為自己戴上鐐銬了。」

六、處死昂吉安公爵

「波拿巴很少自己動筆，幾乎都是口授。他在房間裡來回踱著步，口授給一個名叫梅內瓦爾的年輕人。梅內瓦爾現在 20 歲，現在能夠出入拿破崙私人書房和 3 個私人房間的只有他自己。梅內瓦爾這個人，不是那種我們能期許他做點什麼事的人，也沒有誰敢讓他做點什麼。和重大計畫相關的備忘錄，都是由執政親自動筆。這張精確度很高的地圖，由他自己鎖起來，並隨身攜帶著唯一的一把鑰匙。如果他沒在書房，梅內瓦爾就要把地圖放進一個櫃子裡，那個櫃子是固定在地板上的。一旦地圖被盜，人們肯定會懷疑到梅內瓦爾和那個專門打掃書房和生火的僕人的身上，那個男僕一定會逃跑的……在這裡，波拿巴一切軍事行動的機密備忘錄都一定能找到。只要把他的所有計畫都破壞了，就能顛覆他的政權。搞到了這張地圖，就能將他的一切毀滅。」

這段文字是誰寫的？是執政的左右出現了叛徒？還是波旁王朝的間諜？

都不是。這就是梅內瓦爾那個年輕人寫的，而讓他寫下這段話的，就是他的主人，即是第一執政自己。口述的時候，執政在書房裡來回踱步。然後，他讓司法部長派一個密探，帶著這封信前往慕尼克，用這封信當誘餌，以圖接近英國波旁王室的間諜。他還囑咐了部長很多一定要徹底遵循的細節，包括是怎樣找到那位波拿巴最為信任的男僕，為此他會得到什麼樣的好處，在潛逃的路上他應在什麼地方住宿等等：司令官在謀劃一個完整的、針對自己的小型軍事計畫。

他有充足的理由加強戒備。這個冬天非常不平靜。在倫敦、旺代甚至包括巴黎，幾百名密探都在收網了，那些嫌疑分子很快就會把狐狸尾巴露出來。「現在能夠開始行動了嗎？」他們再三地請示，得到的回答還是：「再等一等。」他不斷地收集情報，最終掌握了所有的證據：他的敵人中的極左翼和極右翼，就是雅各賓派和保王黨人，準備聯起手來，將他們的死敵拿破崙消滅。這個波旁王朝的朋友皮舍格呂，已經和反對獨裁者的共和黨人莫羅坐到一起了。兩名將軍現在都是他的敵人了。是時候動手了！

當這樁陰謀曝光的時候，全歐洲都震驚了。那些正統統治者，都驚嘆於他的謹慎，現在的他們在他的敵人身上寄予了更多的希望，這些敵人的數目，肯定要比政府公報上公布的數字多。英國的部長們顏面無存，偉大的莫羅身陷囹圄！波拿巴之前一直為是否要逮捕他而猶豫不決，因為他本人也是很敬重他的德高望重的同伴的。在執行逮捕行動的當天，他不斷派人去了解情況。他是回憶起了往事嗎？3年多以前的那個晚上，躲在塔列朗家的他，被大門外傳來的騎兵馬蹄聲嚇了一跳，還以為是來逮捕自己的。審判過程讓人感到不快，莫羅的罪名成立，但是波拿巴沒有處決他的膽量，只是驅逐他去了美國。皮舍格呂死在了獄中，不知道是被誰勒死的。處死了剩下的 13 名叛黨，其中的一個供述，這次陰謀行動，一個波旁王室的成員也參與其中。

這條線索讓執政對此產生了興趣。一個波旁王室的親王？在一旁的塔列朗強調：昂吉安公爵已經在萊茵河邊境那裡活動很久了。他是想用望遠鏡對法國的形勢進行觀察嗎？他待在巴登這樣的地方無所事事，難道真的就是想和一個紅衣主教的侄女談戀愛嗎？昂吉安公爵屬於孔代家族，也是波旁王室的成員。他真的是在靠英國人給的錢活著嗎？那個和這件陰謀有關係的親王也許就是他。至少那些遍布南德的間諜他都認識。對，就是他，那個有嫌疑的親王就是他。一定要拿他開刀，殺一儆

百，讓那些波旁王室成員再也沒膽子來破壞法國的安寧，讓法國的主人無法安睡！

執政下發了一道長長的公文，下令對位於萊茵河彼岸的、昂吉安公爵所在的小城巴登發起進攻。就像當年圍攻曼圖亞一樣，士兵的口糧和船隻的數目都計算非常準確。300 名輕騎兵對巴登發起突襲，昂吉安公爵成為了俘虜。4 天以後，他被囚禁在巴黎的一個要塞裡。這一切都是在悄無聲息中進行的。

兩名親信向執政彙報，檔案裡沒有找到可以定昂吉安公爵罪的證據。一門心思想著自己前途的塔列朗提出建議：送他上軍事法庭，進行嚴厲的審訊。此可能導致的道德後果他是清楚不過，所以希望能透過這個為波拿巴帶來不利的影響。約瑟夫看出了危險，對拿破崙進行提醒，他們當年上軍校時，是多麼地敬重昂吉安公爵的先祖孔代公爵，還一起背誦過歌頌這個英雄的詩句。現在非要將這個家族唯一的血脈殺死嗎？

「我已經想好了，赦免他，」執政這樣回答，「但是這還沒有結束，我認為我足夠強大，強大到能夠將他招至麾下。」

約瑟夫回家後跟斯塔爾夫人和其他客人說了這個消息。他們都放心大膽地走了。

昂吉安公爵比他的對手波拿巴年紀要小兩歲。如果後者因為特殊的際遇而功成名就，他不會是現在這麼的默默無聞。這天的晚上，他被提審了。他面對 12 名參謀部的軍官毫無懼色，依然保持著自己的尊嚴和自信。一名參議員以控訴人的身分問他，不過問題是第一執政準備的：

「您從來沒有和英國間諜商談？」

「從來都沒有過。」

「皮舍格呂的陰謀得逞的話，您是否會從萊茵河那裡入侵阿爾薩斯？」

「不會。」

「您是不是拿過英國人的錢？」

「是的。」

「您是否想過向英國求助？」

「想過，目的是解放我的祖國。」

「那您是不是曾經為英國效力，好獲得武器進攻法國？」

「孔代家族的人想回到家鄉，只能依靠武器！」

公爵最終被判處了死刑。第二天拂曉，一名幹練的軍官指揮著士兵將他槍決。

這個判決有一點是違背了法律程序：法軍沒有越過邊境將公爵帶回法國的權力。但是只要他踏上法國的土地，法國就有權將他處死，因為他試圖用武力將法國現有政權推翻，他對此已經供認不諱。除了對巴登發起突襲無法可依，其餘的程序一點都不違法。

可是，就像日後的塔列朗第一次談起此事時說的那樣，這不是一個犯罪那麼簡單，它鑄成了大錯。在革命的年代，有無數比公爵還要無辜的人都被處死了。即使這項陰謀活動他並沒有參與，但是波拿巴這個篡權者被刺，他肯定是非常的高興，而且很有可能就像他自己說的那樣，他要揮劍進軍巴黎，向每一個還活著的弒君者報仇。如果他不是波旁王室的成員，不是君主統治下的歐洲的象徵，也不會有人對軍事法庭判處這位年輕的公爵死刑提出異議。將他槍斃，成了挑戰歐洲那十幾位君主發起挑戰的信號，也是在向千百萬相信君權的歐洲人發起挑戰，因此這件事成了人們反抗這位獨裁者的導火索。實際上，在之前的七年裡，當司令官和身為政治家的他，什麼暴行都沒有。

執行槍決的次日，幾個沉默而失落的客人在餐桌旁圍坐。約瑟芬極力掩飾著自己的恐懼，波拿巴心裡面思緒萬千，但是又沉默不言。突然他說話了：「至少我們讓他們看到了我們所擁有的能力。從現在開始，我希望他們可以讓我們享受片刻的安寧。」吃過飯後，他在房中來回地踱

著步，嘴裡向客人們介紹著他的立場，解釋著他的理由，其他的人都在傾聽著，沒人說話。他一邊來回走，一邊說起了那些天才、政治家，尤其是他最敬仰的腓特烈大帝，他很少這樣激動：

「一個政治家可以情感豐富嗎？他們不都應該比較孤寂嗎？儘管每天都在和人周旋，他的內心依然是非常的寂寞。政治是他的望遠鏡，既不該將事物縮小，也不該將事物放大。在他對事物進行細緻的觀察時，他的手裡一定要控制著繩索。拉動他的馬車的，經常是互不搭配的幾匹馬。你們說，他還能有精力去顧及某些平常對社會非常重要的感情嗎？……他不得不經常去做一些彷彿跟整體沒什麼關係的事……不要被你們的時代所局限，不要動不動就橫加指責，讓你們的想像力稍微拓寬點，你們就會發現，那些被貼上行為激烈和殘暴的標籤的大人物，他們僅僅是個政治家！最了解他們的是他們自己，也只有他們才能對自己作出最準確的判斷。如果他們足夠老練，會明白應該怎樣控制自己的情緒，因為他們非常清楚這些情緒會有怎樣的影響。」

突然，他停下了這番暴露靈魂深處祕密的自白，讓人把和這次陰謀有關的文件念給他聽。

「這就是我們現在掌握的確鑿證據。」他大叫道，「這些傢伙試圖在法國製造混亂，想殺死我，以此將革命毀滅！我一定要捍衛革命，我要找他們報仇！公爵跟別的那些反叛者沒什麼兩樣，所以受到了與他們一樣的處罰……所有這些瘋子都想把我弄死，但即使他們的陰謀得逞，他們也不會有什麼好處，只能目睹狂熱的雅各賓黨人取代了我……這些波旁黨徒！他們一旦成功復辟，我敢打賭，辦的第一件事肯定是恢復朝儀。如果他們能在戰場上流血流汗，那才是有種！就靠著一封從倫敦發來的、路易簽了字的信，他們又怎麼能將自己的王國奪回去！再說這樣的信還會那些行事不夠謹慎的人牽連進來……我的確殺了人，但是我這是迫不得已的。可能我還會繼續殺人，不過這並不是因為我憤怒，而是

因為一個非常簡單的理由：在這裡，流血很有必要。我是個政治家，我是法國革命的代表，我會明白該怎樣去保衛革命的成果！」突然，他將所有在座的人都遣退了。

這就是他的心情以及動機，還有他的希望和感情的潛流。但是他那令人吃驚的計畫，他一點都沒有透露。

七、「法國人的皇帝」

在昂吉安公爵被槍斃的一週後，參議院的一個委員會向第一執政同時提出了兩個申請，這個申請同時出現，非常奇特：建立一個最高法院，同時，還要建立世襲君主體制。他們是以民眾意願的形式，提出了這個倉促的提議。還有比這更簡單、更合乎邏輯的嗎？要想消除恐嚇行為，保證國家元首不會被謀反者謀害，一定要有一個最高法院和一名繼承人。

和他一生中每個決定相同，逼著他現在過早地作出了建立帝制的決定的，是形勢。現在可以說是他事業的關鍵時刻，但是他的人生軌跡還和平常一樣，缺乏一個計畫，一個可以按部就班實施的計畫。當年他進軍義大利，從沒有自己能成為米蘭或法國的國王的奢望。當他自然而然地、一步步地拓展自己的成就時，他登得越高，他的視野裡出現的景色就越多。就像他的座右銘說的那樣：「一開始就知道自己要去哪裡的人，通常都不會走遠。」他的許多行動都有一個特點：抓住了轉瞬即逝的機會，不過這也讓他的英雄形象由此蒙上了一層神祕的面紗。不管是準備什麼行動，他都會精準地計算，每個細節都會考慮到，無論面臨什麼局面都會應付自如，這更顯示出他是個天才。

當皇帝這件事，是錯誤的嗎？是什麼在讓他這麼做？

首先，是他骨子裡喜歡幻想的部分，第二次將他擅長計算的天性蒙

蔽住了。第一次是遠征埃及，第三次則是入侵俄國。他的理想推著他走出了這一步。在他的成長歷程中，從他出生那天開始，那些古代英雄的形象就已經在他的心裡紮了根。發號施令是他的天性，他也要成為古代的英雄那樣的人，這是由他的天性決定的。他身上的詩人氣質，則驅使他將人生經歷裡的各個事件編織成傳說。每次戰役打完的那個晚上，他就會有這場戰役已被載入史冊的感覺。他那永遠向前看的眼睛，他那由想像力驅動的馬達，讓他總在努力創造新的榮譽：他需要一個徽記，一個誰都沒有的徽記，而歐洲曾經被這個徽記的光輝照耀了上千年，甚至兩千年。

這位擅長計算的人需要它，這個了解人心、藐視人類、偉大的謀略家也需要它。身為一名政治家，他同樣需要它，因為有了它，保護國土可以不再用那無休止的戰爭了。最後，身為家族觀念十分強烈的人，他更是非常迫切地需要它了。如果他得到的獎賞將隨著他的去世而消失，那麼他會認為自己一無所有。

「國王的叫法已經過時，一點新意都沒有，用這個只會讓我有成為繼承某個死人的榮耀的感覺。我沒有繼承或依附任何人的打算。和國王相比，皇帝這個頭銜就偉大得多了，而且還有那麼一點解釋不了的地方，給人以遐想的空間。」這寥寥數語，就將他心裡那狂野、熱情、精明而又冷酷的動機暴露了出來。

他有沒有看見危險？或者說他對危險視而不見？他的靈丹妙藥是什麼？「御座是什麼？就是一塊罩著天鵝絨的木頭罷了！」當了皇帝後，他好幾次這麼說過。他明白他能對人們產生影響，就像過去他對榮譽軍團的運用一樣。當然，皇位的誘惑力更大，因此他比建立榮譽軍團時的態度更認真了。這就是他政治手段的體現了，也就是所謂的馭人之術。在現實世界裡，沒有神明來提供幫助。身為一個普通人或者是一個詩人或者哲人，可以祈求上蒼，不用去承擔皇冠的重負；但是政治家

不一樣，他非常需要權力的象徵，因為遲鈍的民眾除了權力，什麼都不承認。

他能夠預見一切，那麼他難道沒有看見金光閃閃的皇冠裡隱藏的危機？他難道都沒有意識到，千百年以來，民眾對君權神授的堅信不疑嗎？如果他已經意識到了這一點，那麼他是怎樣讓這個幻想和他政治上的玩世不恭保持平衡的呢？如果皇位是天才才能得到的禮物，那麼無才之人想繼承大同，又該怎麼做呢？

不過，他卻努力按照羅馬皇帝的制度，來保證繼承權。他明白，才能是天生的，不能世代相傳下去。他曾親眼目睹了世襲的皇位消失在血汗中，在內心深處，他是贊同這種政變的。對波旁王室成員的血統，他從來都沒有指責過，他只是看不上他們的懦弱，因為他們龜縮不出，像老鼠一樣。他，拿破崙·波拿巴，認為自己乃是千年難遇的奇才，榮譽和財富只能獎賞給那些有才能的、勇氣非凡的或者立下戰功的人。這個反叛精神的化身現在處在 8 年的努力而實現的位置上，相信他的血統可以萬代傳承，他的血統就是原因！

普魯塔克和凱撒的事蹟他都再熟悉不過，法國、英國、普魯士的那些偉大國王們的豐功偉績他也爛熟於心，不過他也同時學會了鄙棄他們的沒落。現在，他要再次讓這絕無僅有的至尊寶座世襲下去！他，一位新的帝王，懷揣讓古今融為一體的希望，就像後來他說的那段具有悲劇色彩的話：「孑然一身的我憑藉一己之力，讓世界實現和諧和安寧。這就是我不使用武力、處處忍讓的原因。」

他的這些豪言壯語，完全可以和普魯塔克筆下的那些英雄人物媲美，不過他除了是個英雄之外，還擁有平民那種簡單的情感。當他的心腹羅德雷催著他再結一次婚，好生一個繼承人時，他非常激動地叫著：

「到現在為止，我一直都在很公正地管理國家。從個人利益的角度出發，我可能會離婚。但是，僅僅因為我的地位更高了，就要踹了一個

好妻子，這樣的事我怎麼能做得出來！在過去的歲月當中，她隨時可能跟我一起進監獄或者流放。現在讓我跟她離婚？不，這樣的狠心我下不了。我畢竟還有一顆人的心，而不是鐵石心腸。」當然，後來約瑟芬一死，他就徹底解放了。但是，現在的他，期望怎樣來解決繼承問題呢？「我的兄弟們都和我一樣，出身卑微，但是他們沒有做到用自身的力量躋身上流社會。要想統治法國，不是出身名門望族的恐怕不行。那些從小就住在皇宮深苑裡的人，或許能夠讓自己出類拔萃。」

在這些想法當中，已經潛藏了一個彌補不了的錯誤，它也是最終失敗的原因。

最開始的一切都進行得十分平淡，和前兩次如出一轍：為了實現凌駕於各政黨之上的目的，他再次提出全民公決的要求。還是這些法國人，在 12 年前，將自己的國王推翻了，還取消了帝制，現在卻又要重建帝制。大眾這一次表現出來的熱情，要高於兩年前執政終身制的投票。幾天以後，塵埃落定：參議院當中，投反對票的只有他的 3 個死敵；護民院那裡，只有崇拜他的卡爾諾，還在富有遠見地堅持著自由的理想。隨後，執政又命人在 5 月的一天裡，把全民公決的結果以及新憲法送到了聖克盧宮，又在當天公之於眾。一切都簡短而有條理地進行著，彷彿只是將憲法的一條條文進行了修改而已。

他的權力來自神明或者民眾？他從來都沒有這樣的想法。初掌大權後，有一天晚餐過後，他坐在一把靠窗的椅子上，下巴放在椅背上，靜靜地聽約瑟芬和雷卡米耶夫人說話（後者的回憶錄中講述了這段故事）。然後他站了起來，臉先轉向了雷卡米耶夫人，表情悠閒、快活。突然，他以一種身邊人和後人常會吃驚的自由姿態，將偽裝卸下，好像在面對著歷史，將他的意圖和想法闡述出來：

「我處決了昂吉安公爵，你們是不是非常不快？你們是不是非常喜歡回憶？我的記憶開端，是我成為大人物的那一刻。對我來說，昂吉安

公爵又算得了什麼呢？無非是一個比較重要的流亡者，不過這足以讓我打擊他了……兩年前的時候，我非常自然地接過了權力……但是這位公爵，卻讓我不得不提前結束危機。我原本的計畫是再當兩年的執政，即使這種形式和事實是矛盾的。我們，我和法蘭西本來能夠再同行一段時間的，因為它不僅非常地信任我，還需要我所需要的所有事情。但是在這次震動了歐洲大陸的叛亂後，一定要讓它意識到錯誤的存在……

我想和他們和解的黨派，就是保王黨和雅各賓黨，只要他們覺得某人懦弱，就不會氣餒。在我看來，它們之間不可能簽訂任何條約，但是我能和它們簽訂有利於我的協定……現在他們不得不沉默了。和我為敵的，也只有共和黨人了。這些固執的傢伙還覺得歐洲會坐視他們建立一個共和國，在原來君主國的地盤上……所以我選擇重建專制君主制，因為這樣一來，人們就會有自己生活在一個熟悉的環境裡的感覺……

很快你們就能看到了，對流亡國外的保王黨人來說，宮廷禮儀的吸引力有多大：傳統的語言習慣，就能將貴族們的心爭取過來……你們法國人都喜歡君主制，這個形式是唯一一個適合你們的。雷卡米耶先生，我敢打賭，如果你現在管我叫陛下，而我則管你叫閣下，你肯定要比現在舒服得多……不能讓你們的虛榮心受到冷落，共和國的嚴厲會讓你們感覺非常的無聊……自由無非是個藉口而已，你們關注的是平等。每個公孫王侯都是從士兵一步步地爬上來的，這樣人民會非常滿意……現在，軍隊和民眾都支持我。如果一個擁有了這樣得天獨厚條件的人，還沒有能夠統治國家，那他必定是個笨蛋。」

突然，他住了口，臉上的表情十分莊重，給雷卡米耶先生下了一道無足輕重的命令，語氣中帶著獨裁者獨有的冷漠。

在這樣剖析自我的時刻，我們站在這位 34 歲的新皇帝面前，默默地傾聽著，看著身著綠色舊軍裝的他端坐在椅子上，目光乜斜掃視著沙龍，或者在屋裡來回踱著步，訴說著內心那些的隱祕想法，有時這種傾

訴也會突然中斷。在這樣自然、親切的氛圍裡，感受他的順應命運，感受他與現實的抗爭，和他在看起來進入了忘情狀態時吐露的相比，我們現在聽到的實際要更多。在這樣的氛圍當中，我們能感覺出來，他蔑視那些世襲貴族，卻又懷有一點隱隱的、想要討好他們的想法；我們知道了他那些能夠隨機應變的計畫，感受他善意地挖苦愚蠢的人類，以及他這個外國人的徹底陌生的性格特點 —— 他之所以能夠以紳士式的嚴厲手段，來管理法蘭西這個美女，也正是因為這種陌生的性格特點。

但是，這僅僅是他動機的一半。因為和這些人談話，他不會談政治問題以外的話題。在改變稱號這件事上，他最初的表現彷彿非常冷靜。「我兄弟對他的新頭銜根本沒有興趣。」他寫給斯塔爾夫人的信中說，「他說一切都還和從前一樣，但他說這話時，神態卻是很了不起的樣子。真正了不起的人會非常明白，這種虛名其實只是制度的需求而已，對朋友、家庭以及社交圈什麼影響都沒有。我被稱為陛下到現在，家裡人也沒有感覺到我有了什麼變化。」

第三次改名對他來說才能稱得上一件大事。這並不是因為法蘭西帝國的大人物們第一次拜見他和約瑟芬時分別稱他們為「陛下」和「夫人」；也不是因為15年前和20年前，在同樣的場合高呼「陛下」和「夫人」的貴族們，現在為終於恢復了宮廷禮儀而激動不已。今天的皇帝都跟昔日的第一執政沒什麼兩樣，無論是服飾、性格還是言行舉止。

不過，在過去的 8 年中，在需要他簽署的公告、信件、備忘錄以及法令上，他簽的都是「波拿巴」這個名字，而從現在起，他會簽上「拿破崙」[1]，這是 10 年來大家幾乎沒怎麼聽到過的名字，也是他從孩提時候起，就從未用在簽名上的；過不了多長時間，這個名字還會在他那顫抖的手下縮寫為「N」。約瑟芬從來都稱他為「將軍」，他的兄弟姐妹們則很早就用 「您」稱呼他了。建議用這個稱呼不是他自己而是約瑟夫，

1　按照西方習俗，拿破崙・波拿巴稱帝後只使用教名「拿破崙」，不再使用原來的姓「波拿巴」。

這是符合習俗的[1]。只有他的母親會偶爾地用一個昵稱「拿破里奧尼」。

更新名字的意義重大深刻，再加上後面還有一個全新的頭銜，他平生首次簽下：

拿破崙一世，法國人的皇帝。

八、母親的告誡

難題很快就接踵而至。硬幣上鑄上了「根據共和國憲法當選皇帝」的字樣。這種似是而非、不倫不類的說法將會跟著他 4 年。當 7 月攻陷巴士底獄紀念日再一次到來時，他以宮廷禮儀對這一革命的開端進行了大規模的慶祝。這場慶祝效果十分壯觀，但是卻只有政治意義，因為被推遲到一個星期日的「解放紀念日」很快就被徹底地遺忘了；革命曆也漸漸地荒廢了，又恢復了舊曆。

所有的人都加入了他的麾下。不久，12 年前，對處死路易十六表示贊成的人中，現在有 130 人在帝國裡當著官。毫無疑問，這是對法國大革命莫大的諷刺。歐洲的其餘國家則在冷眼旁觀。看著這個經歷了浴血奮戰而建立的革命政體，無論是形式還是內容，都在逐步走進歷史博物館，它怎麼能不笑？

那些舊貴族們笑得最歡樂，昂吉安公爵的死讓他們再次成了反對派。聖日爾曼區這些舊貴族們受到皇帝的關注，絕不比過去聖安東尼工人住宅區受到得少。杜樂麗宮新主人的奇聞軼事在聖日爾曼區流傳著。自從他讓人像過去波旁王朝的國王那樣稱他為「陛下」後，所有人都把目光放在了他的身上，他現在是各種非議的焦點。因為他與生俱來的威嚴，這些非議沒給他本人帶來什麼不利影響。他在米蘭曾經當過將軍，

1　在法、德等語言中，地位差距較大的人之間彼此往往用尊稱，拿破崙執政後與兄弟姐妹及下屬之間即用尊稱相稱。考慮到中文的習慣，在翻譯時大多將拿破崙對兄弟姐妹和下屬的稱呼譯為「你」而不是「您」。

並將所有事物都治理得井井有條。但他的家人、親戚以及下屬，卻有著孩子似的好奇和嫉妒心理，經常在背後議論著在宮裡的事，結果招來人們的大肆嘲諷，影響了他們的主人在歐洲的聲譽。

從這以後，英國除了向倫敦派間諜外，還派出了一群筆桿子。他們虛構的故事，言語滑稽，人們都信以為真。當時諷刺畫非常流行，有一幅畫的內容是著名演員塔爾瑪和一個矮小中尉，前者在教後者怎樣像一個皇帝那樣走路。事實是相反：拿破崙經常在教塔爾瑪怎麼才能將高乃伊悲劇中的國王演好。這個傳奇已經變為事實，年邁的歐洲怎麼對抗？將嚴肅的悲喜劇貶成滑稽劇，是唯一的辦法。

皇帝明白，他需要一個宮廷。做事一絲不苟的他在這件事上卻是一竅不通，不得不求助於舊帝制時代的專家。就這樣，被處死的國王的宮廷總管不得不將筆放下（他下臺後專心寫作），重新負責宮廷慶典這些事宜。剛開始的時候，只有寥寥幾個前朝宮女圍繞在約瑟芬的身邊，曳地長裙怎樣穿才像個皇后？約瑟芬全然不知。路易十六王后的貼身宮女在哪裡呢？聽說她就在巴黎，還開了一家寄宿學校？行，馬上讓她官復原職！就這樣她回來了，還是在那個房間裡，還是在那面鏡子前，她為約瑟芬這個克里奧爾女人調整著腳邊的拖裙。這雙腳跳的是和她那可憐的王后完全不一樣的舞。

就像在建立一支新軍隊的參謀部，這位新皇帝嚴肅、精確地組織他的宮廷。這件事根本沒有實質的意義，他比誰都清楚這一點：「我明白，很多人發表文章反對這件事。甚至是你，羅德雷，也不相信我還是理性的。不過你應該看到，為什麼我給我的新元帥們的頭銜，是『閣下』──他們可都是徹頭徹尾的共和黨人。我這樣做，只是為了確保身為皇帝的我享有尊貴的『陛下』這個稱號。如果他們自己的頭銜也都足夠顯赫，對我的稱號就不會再有不快了。」剛剛稱帝，拿破崙就陷進了矛盾當中。

被新皇帝撤銷的，只有兩位執政，現在他們分別做的是帝國的大宰相和大司庫。宮廷大臣塔列朗，將古老的方法再一次帶回了古老的宮殿。現在對皇帝來說，讓帝王時代的那些紳士和貴婦們出任宮廷要職易如反掌，但是他沒有這樣做，而是選擇了跟他一起崛起的無產者和平民子女：繆拉、拉納、內伊、達武、貝爾蒂埃等一共 14 位將軍。年輕時的他們曾經當過麵包店的夥計，或者馬童、船夫、侍從甚至是流浪漢。而現在的他們將舊軍裝脫下，穿上了裝飾著金麥穗的法國元帥服。同時他們身兼宮廷職位，必須身穿鑲邊絹領的衣服和帶扣的皮鞋。他們的夫人都要掌握怎樣行屈膝禮，怎樣得體地就座和站立，怎樣搔門而不是敲門等等。所有的這些都能讓歐洲清楚，這個有過中尉履歷的皇帝是怎樣論功行賞，將他的尉官們提拔起來的。看一下站在那裡的瑪律蒙吧，他的一條胳膊曾經中過槍，因此一直都吊著繃帶。他身著絲綢材質、鑲著金邊的衣服，但是那條被剪破的、象徵著他的戰功的衣袖，卻讓他那條經過精心剪裁的長褲顯得滑稽至極。

兩條繁瑣而又有損朝臣尊嚴的禮儀被聰明的皇帝廢除了：一條是早朝時呈獻襯衫，另一條是向皇帝行吻手禮。

但是，如果什麼都由這個出身行伍的皇帝負責的話，那麼他如何才能將當年舊王朝的盛景重現呢？皇后及皇室成員圍獵時的著裝顏色經過長時間的開會討論終於確定，但是在捕獵牡鹿的時候，皇帝卻在思考著別的事，誰也不敢替他開槍射擊，牡鹿因此逃得一命。各種儀式「彷彿是跟著鼓聲的引導下進行，每一件事都那麼迅疾，很像衝鋒，優雅和舒適被惶恐抑制住了……毫無生趣的宮廷生活讓人感覺麻木不堪，感受到的尊榮沒有多少，更多的倒是憂傷。因為每個人都要做他應該做的，我們好像不過是人們安裝在鍍金馬車上的一個零件」。

皇帝覺得跟那些貴婦們在一起實在無聊。他不怎麼文雅地問她們都有幾個小孩，是不是自己哺乳。他努力地讓她們喜歡自己，但是結果經

常是適得其反，原因就是他總心不在焉。聖克盧宮舉行過一次貴婦聚會上，他實在找不到話題了，於是人們聽到他再三地說：「天太熱了！」

不管是誰，只要和宮廷有點關係，都能發財。他給宮廷官員的俸祿都特別優厚，但是對那些舊貴族卻非常吝嗇，還經常暗示他們為朝廷出力，是他們應盡的義務。很多人都腰纏萬貫，因為「人工作的主要動力就是野心，人們只有努力才能獲得升職……我設參議員和親王這樣的職位的目的就是促進人們有這樣的野心，讓他們依賴我」。他這樣利用榮譽和金錢施加影響，目的不是交到朋友，而是讓其他的人追隨他。

金錢的價值他再清楚不過。雖然緊急時刻的他總能隨機應變，但是在他建功立業的這一生當中，人們也能看到他一貫的、屬於小資產階級的頭腦和理性。皇帝自己非常節儉，雖然他每年的收入多達 2,500 萬法郎，路易十六也是這個數字，但是後者每年的花銷實際上達到了 4,500萬，而拿破崙卻能剩下 1,200 萬。另外，儘管維持皇宮的排場開支巨大，但是這筆花費，實際上還沒有波旁王朝的四分之一多。承擔所有費用的國家，應當對皇帝的細心和精明表示感謝，以前的他曾經就靠著90 法郎的月薪過活，現在的他依然聲稱他每年只需要 1,200 法郎和一匹馬，就能過得非常的舒服了。

他在巴黎的生活方式沒有任何變化。早晨 7 點，皇帝被從夢中喚醒，9 點開始一天的接見。每天，祕書們都得將他以平時談話的速度口授的內容迅速而準確地記錄下來。夜間他睡不著時，梅內瓦爾必須隨侍在旁，好將主人夜間的思緒記錄下來。他每餐只用 20 分鐘，然後根本想不起來都吃了些什麼。他的侍從們個個都是衣著光鮮，而他自己卻身著簡樸。皇宮舉行盛大慶典時需要他也身著盛裝，這時的他總是非常不耐煩的樣子；等脫下盛裝，他就會輕鬆許多。聖克盧宮修繕一新後，他來到這裡發現自己完全不能接受這裡的一切，認為這裡「適合養著年輕情婦，太不莊嚴了」。

日常生活上他也毫不講究，床、伙食以及照明都沒有特殊的要求，甚至那個他不離手的鼻煙壺，看起來也只不過是個玩具。在這位皇帝看來不可或缺的，只是壁爐、熱水澡、紅葡萄酒、科隆香水，還有每天兩件乾淨的內衣。

約瑟芬則奢靡無度。她的 700 件衣服、250 頂帽子將衣櫃堆得滿滿當當的。她的寶石、披肩和頭飾價值連城。雖然皇帝還是希望她過著這樣奢華的生活 —— 儘管為他自己所不屑 —— 但是有時也會對她天文數字的帳單非常不滿。

皇帝的兄弟姐妹們的生活也都是無比奢靡。他賜給他們一切，他們卻不知道什麼叫滿足。一場可笑的競賽在他們 5 對夫婦（不算被放逐的呂西安）和約瑟芬之間展開了，因為他們都不喜歡她。他的兄弟、繼子和姻親占了 6 個俸祿極高的高級職位中的 4 個。他的兄弟們的頭銜都是殿下，他的姐妹們感到不平，齊聲抱怨，因為奧坦絲 —— 路易的妻子 —— 也有了殿下的頭銜，而她們卻「什麼都不是」。他看了她們一眼，然後做出了極為巧妙的答覆：「如果你們這些話被別人聽到了，他們肯定以為我們的先父為我們留下了帝國和皇位！」

人們確實會這樣地以為。對於他們的請求，他總是非常痛快地就答應了，但是對其他人，就基本上看不到這樣的好脾氣了。過去的 10 年中，他一直給予他的兄弟姐妹金錢、榮譽、土地，他們呢，謝恩和順從是看不到的，看到的只有不斷地給他惹麻煩。人們不得不思考再三，到底是什麼樣的偏見，才會讓他如此地縱容他們。過於驕傲和自信的他走的是開拓者的道路。他在這方面的動機肯定和別的事情一樣，一部分來自模糊的感覺，一部分來自冷靜的思考。

他可以算半個東方人。在想像力的驅使下，他從現在開始，動輒就賜予王冠，和以前賜予利劍和鼻煙壺差不多。但是，這位擅長計算的人，還是盡量做到，獲得權力的人都是他信賴的人。還有比親情更濃厚

的嗎？即使是戰友，也不能和親人比。然而他的親人們卻都對他忘恩負義，他的親妹妹甚至背叛了他。他在這一點上違背了自己的公平原則，沒有做到任人唯賢，而是讓自己的兄弟和侄甥們都當了高官，還在裡面挑選繼承人。也正是因為這個，他禁止他們自行其是，而別的將軍則可以自由行事，只要是在職權範圍內。他對家人和親戚的態度和顧命大臣對待一位未成年的王子很像，他讓他們不高興，也給自己惹來了不少的煩惱。

約瑟夫現在就已經在不住地嘲諷他了。他讓自己的女兒們還使用執政的稱呼，出入民主社團並誇誇其談，拒不出任大臣，但是親王的兩百萬年俸還有弟弟讓給他的盧森堡宮，他卻毫不客氣地收下。拿破崙終於對他的態度忍無可忍了。起因是一件微不足道的小事，但是拿破崙卻火冒三丈。在這段發自心底的指責中，流露出一種強烈的自信，那是歷盡艱難終獲成功後的自信：

「約瑟夫到底想怎麼樣？難道他認為，他當了親王，就是為了跟我的敵人一起坐著，還戴著圓禮帽、穿著褐色大衣，在巴黎四處遊蕩？我能有今天的成就，原因之一就是我犧牲了所有個人的歡樂。像別人那樣在社交圈裡出風頭、整天想著吃喝玩樂，這些我也都可以！但是我這樣去做了，就不能治理國家了。可能他想爭奪我的權力？我可是住在岩石的上面！……

「前不久當著兩位先生的面，他對我說了什麼你知道嗎？說不應該授予我的夫人皇后的封號，原因是他的利益因此受到了損害，身為皇后的外孫子女，路易的子女將獲得的好處比他的子女多！他竟敢當著我的面說他的權利和利益！這就是對著我最脆弱的地方下手！他還不如說他和我的情人睡覺了，或者想和她睡覺呢！權力就是我的情人！為了征服這個情人，我付出的代價實在太大，別人無論是把她奪走或者與我分享，都是我不能允許的！」

就這樣，本來只是在說一些雞毛蒜皮的小事，卻點燃了一座火山。他憤憤地說起他的兄弟姐妹們，又拿他們和歐仁、奧坦絲對比。他覺得後者「總是支持我，每當我因為迷上了漂亮姑娘而惹他們的母親不高興時，他們就會出來勸慰她『畢竟他還很年輕，你現在這樣要求他是不公平的。他當然犯了錯，但是你想一下他給了我們帶了多少好處』」。

即使這樣，還是沒有什麼能夠阻止他再三升他兄弟們的官職。約瑟夫對一切職務都拒絕，他逼著他去了軍隊。「他應該去弄個軍銜，受一點小傷，博個好名譽。我讓他做的都是最容易不過的事，這樣他就能很輕鬆地打個勝仗，然後名正言順地爬到別的將領的上邊。」這聽起來有點像一位偉大的父親在教育自己那不爭氣的兒子。

喜歡詩歌的路易成為了宮廷衛隊的首領，這樣以來，他也有能夠炫耀的頭銜了，打仗時卻能不用上戰場，留在家中就行。揮霍無度繆拉和卡洛麗娜使用的餐具，都是純金打造的。「為了和他的妻子，也就是我的妹妹將某些事情解釋清楚，我花的時間甚至超過了我在參議院裡的發言……他們總是除了我的死，什麼都不想！總在想著把死擺在我面前，這真的太可惡了……如果沒在家裡的我還能感受到一點幸福，那我真的是太可憐了！他們為什麼總對我的夫人表示懷疑？她有的東西比他們多嗎？她不光有珠寶，還有外債……她是個好女人，從來沒有做過什麼對不起他們的事！她喜歡珠寶、衣飾，喜歡扮演皇后的角色，還有一些她這個年齡段應該有的愛好，僅此而已。我從來沒有在愛情裡迷失了自己。我很公正。我要封她當我的皇后，即使付出犧牲 20 萬人的代價！」

就這樣，他和自己的家人之間不斷出現紛爭。他能夠讓他們一文不名，卻不能和他們一刀兩斷。

只有一個人依然那麼樸素。深居簡出的她什麼要求都沒有。「在我們的母親看來，」在羅馬的呂西安寫信來說，「第一執政奪走了波旁王室的王位，這不公平。她產生了一些不祥的預感，但不肯和我說。她擔心

皇帝會被那些狂熱分子刺殺。」這位高貴的夫人雖然已經年過五旬，但依舊光彩照人。當她憑藉自己的經驗和預感選擇了遠離富貴時，其他家人和親戚卻在杜樂麗宮裡挖空心思地想著：他們應該獲得哪些職位和頭銜，他們是不是應該坐在皇帝的右側，他們是不是應該走在親王們的前面？

　　拿破崙請「皇太后」去巴黎，但「皇太后」不肯聽命，她先是找藉口托故不去，直到她的兒子下了命令，要她前往出席加冕儀式，她這才動了身。不過她走得很慢，結果是，錯過了慶典，那是世界上的母親所能享受到的最隆重的慶典。聽著、看著人們的驚嘆的她，反應只有一句話：「希望這一切能夠長久！」

九、加冕典禮

　　同時，母親的保護者教皇卻轉變了態度：他變得順從了。他已經去巴黎的路上了。除此之外，他並無選擇。那位強有力的人請求他，他總不能讓他掃興吧？再說他即將為之加冕的還是個義大利人。在一次研究此事的祕密會議上，一位紅衣主教說的很對：「無論如何，我們讓一個義大利的家族去統治這些野蠻人，也可以稱得上是向高盧人報了仇。我們可以滿意了。」這樣一說，他還是被看作一個外國人！但是他怎麼不親自去羅馬呢？難道自查里曼大帝[1]以來西方皇帝們追求的在羅馬塗聖油都不能讓他滿意？如果在巴黎的他已經能夠感覺自己足夠強大，那還要教皇做什麼呢？

　　他在這件事上也想讓新舊事物交融。一開始，他隻字未提任何細節，只是要求教皇「為法國第一位皇帝塗聖油和加冕，進行最高的宗教儀式」。雙方在幾週裡頻繁書信往來，但是對方仍然不清楚慶典的

1　查里曼大帝（747？-814）：法蘭克王國國王（768-814）和查理帝國皇帝（800-814）。統治期間對外進行了50多次戰爭，使法蘭克王國成為控制西歐大部分地區的大帝國。西元800年耶誕節被羅馬教皇加冕為「羅馬人的皇帝」，史稱查里曼大帝。

性質。

庇護七世即將進入巴黎的時候，內心是惴惴不安的，在他的臉上，找不到一絲祝福的意味。像一名名醫被召進來，對於教皇來說還是第一次。拿破崙在城門口歡迎教皇時，並沒有行跪禮和吻手禮來表示忠順教皇。這座城市什麼都懷疑，民眾的信仰也不堅定，也不怎麼敬重教皇，教皇因此有些鬱鬱寡歡。

只有約瑟芬與眾不同。她和教皇說，當年，她和皇帝並沒有舉行宗教意義上的婚禮，所以在教皇的眼中，她還是未嫁的人。她是想利用這唯一的機會，來鞏固自己的婚姻，她的婚姻已經因為她的不能生育而出現了破裂的跡象。就這樣，教皇要求在為皇后加冕前，先為他們夫婦舉行宗教婚禮。在加冕典禮的兩天前，專程從科西嘉趕來的舅舅費什在宮廷小教堂裡，為他們主持了婚禮。8 年前兩人結合時現場既沒有神父，也沒有官員。而在現在這個補辦的婚禮上，依然是沒有證婚人和任何旁觀者，所以也就不會有人嘲笑這一齣滑稽劇。和 8 年前那一幕一樣的是這場婚禮也有欺騙的成分，因為連舅舅都不知道會有什麼事發生。

12 月 2 日，巴黎聖母院裡，交相輝映的燭光與寶石讓這裡看起來像個宴會廳，而不像個教堂。已經準備了幾週的時間，一切都已準備就緒。一名博物館館長十分能幹，為皇帝呈上了查里曼大帝權杖的仿製品。專家們還專門去研究了「太陽王」路易十四時期的羊皮紙文卷，好讓這位革命者的加冕儀式，在每一個細節上都能和法國歷代國王的儀式相提並論。塞居爾對大典的禮儀進行了認真的研究，畫家伊薩貝則利用玩偶，對整個儀式的過程進行排練。古老的宮殿、巴黎甚至全法國，都沉浸在狂熱當中。

皇帝心情特別好。一大早，他就為約瑟芬試戴后冠。浩浩蕩蕩的加冕隊伍前往大教堂。身披著古代皇帝式樣披風的拿破崙，手挽著皇后，大踏步登上了主祭壇。約瑟芬的優雅氣質將這種場合容易有的不安壓了

下去。端坐的教皇周圍是紅衣主教們。不久響起祈禱聲，管風琴也開始奏樂。

在那等候已久的時刻到來之時，所有人的目光都在拿破崙身上，等著他跪拜教皇。因為誰也沒有見過拿破崙跪過誰。突然，就在眾目睽睽之下，拿破崙自己把皇冠拿了起來，然後轉身面朝大家，背對教皇。他站得筆直，當著法國民眾的面，自己為自己戴上了皇冠，然後為他跪在地上的夫人加了冕。

知道他的意圖的只有教皇自己。直到最後一刻，才有人告知他這一安排，但是他不敢以離開進行威脅。現在他能做的，就是為這兩名罪人塗上聖油並祈神賜福。他看見了，皇帝的皇冠並不是基督教式樣的皇冠，只是用金色的月桂葉圈成的小花環而已，樣式還是異教徒的。所有目睹了這一歷史時刻的人都說，皇帝臉色蒼白，但是非常俊美，看起來和奧古斯都很像。也很神奇，從這以後，他的面貌也和這位羅馬帝國的第一代皇帝越來越像了。

在這個象徵意義重大的時刻，拿破崙借機大肆嘲諷了一番他所模仿的正統主義禮節。他甚至讓教皇顏面掃地，這一刻教皇這輩子都不會忘記。這一刻，波旁王朝的陰雲一下子煙消雲散，模仿的意味也徹底消失了。在教堂的臺階上，一位軍人，一位羅馬皇帝佇立在那裡。12 年前的他還是一個無名小卒，從那時開始，他就不斷地建功立業，創造奇蹟，現在憑藉這些功業，他為自己加冕，戴上了金色月桂葉編成的皇冠。他的披風上繡著實業的象徵 —— 金色的蜜蜂。

一些事情可以顯示，這一天他的心裡有的只是一種自己創造了命運的心情。

他頭戴月桂皇冠，面對著教皇，端坐在鑲著字母「N」的御座上。他用小得只有旁邊坐著的哥哥才能聽見的聲音說：「約瑟夫，如果我們的父親能看到今天的這一幕，那該多好！」他此時此刻的這句話特別感人，

因為他從來沒有提起過他的父親，這是非常符合他本性的。他那儉樸、單純的經歷，很容易讓發散的思緒飛到他的出身上。這一刻，島上的家族世仇、家族的驕傲和野心還有他的祖先，都出現在了他的腦海裡。

他一貫不看重表象，只注重事物的本質。這讓他即使在加冕大典上，也沒有慌亂。做彌撒時，他想和舅舅說幾句私密的話，就用權杖輕輕地敲了一下舅舅的背。當典禮全都結束後，他自己帶著約瑟芬進餐。這時他用如釋重負的語氣說道：「謝天謝地，終於都結束了！我寧願選擇去打一天的仗！」吃小點心時，他還讓約瑟芬帶著后冠，好像他們分別是詩人和演員。他認為他的克里奧爾小女人當了皇后以後，變得更嬌媚了。他用這個再自然不過的方法，將所有的面具都揭了下來。人們都看見了，這位革命之子在嘲笑他的帝國。

不過，這些小事反映的自由精神，究竟有多大呢？這一點，看一下當晚他和一個心腹的談話，就可以知道了。「不，德克雷，我出生得太遲了，這個世界已經沒有什麼還沒成就的偉業……我知道自己也算開創了一番轟轟烈烈的事業，但比起那些前輩偉人們，簡直是微不足道！例如亞歷山大大帝，在征服亞洲後聲稱自己是朱比特之子，整個東方都相信了，除了他的母親、亞里斯多德等很少的幾個雅典學者。但是如果我現在聲稱自己是上帝之子，那麼連賣魚的婦女都可以諷刺我！現在世界沒給我留下什麼偉業可以去成就了。」

這些簡單又真實的話，是加冕儀式的幾個小時後說的。人們直到現在才明白，他為什麼過去嚮往東方，而且這種嚮往還將繼續下去。他生來就擁有巨大的能量，但是也為此所累。他總是永不停歇地奮鬥，永遠都不會滿足。他已經將人們心悅誠服地效忠於這個利用智謀和功勳掌權的人看在了眼裡。他是最強大的人，伏爾泰、盧梭的啟迪對他來說，又有何益！他很清楚民眾天性的弱點，對領導者的腐敗也一清二楚，又怎能希望實現民主！在他看來，生活中還有如下這些事值得去做：繼

續擴大統治，讓自己聲名遠揚，好在世界史上不能只有半頁的篇幅（他幾年前就說過，不想在世界史上只有半頁篇幅是說他的），為頭上金光閃閃的月桂花環而奮鬥，永不停息，為此犧牲生活，將享受和清閒都放棄了。

這一天，有人將帝國玉璽的設計草案報了上來，他直接用筆將玉璽上那頭靜臥的獅子劃去，又在旁邊這樣寫道：「要一隻飛翔的雄鷹。」

十、再度迎戰歐洲敵國

君權神授的魔力緩慢地溢過金光閃閃的皇冠，這一不可抗拒的過程，讓這位天之驕子不禁浮想聯翩。他試圖控制或者轉移千年來這皇冠裡凝聚的力量，不過這是徒勞無功的。這力量反過來控制住了他，有時候甚至還讓他喪失了自制力。加冕稱帝過了半年，他又在米蘭為自己加冕，這次戴的是倫巴底的鐵王冠，因為他想把周邊的國家也都變成君主制國家，像法蘭西共和國一樣。在教堂中，他大聲地讀著加洛林王朝國王加冕時用的古老規章：「上帝賜我此冠，誰若觸犯，必遭天譴！」他說這話，用的政治家的身份，他自己也沒有當真，但是他不得不這麼做。他察覺了到其中的矛盾，但是不是每次都知道用當日在巴黎聖母院的那股幹勁來處理。

首先，人們的精神會被新的形勢帶來新的束縛。又有警務部了，法蘭西劃分成了 4 個區，每個區都有一個最忠誠的參議員帶著一群密探，對人民的情緒進行檢測，因為他需要「有個道德統計數字」。他又讓富歇當了警務大臣，和塔列朗的關係也有所好轉，結果就是皇帝漸漸地掉進了這兩個大陰謀家的網中。他很清楚這兩個人一直在他和波旁王室之間搖擺，他也曾經嘗試過建立一個第二密探系統，來對其他的密探進行監視，但是毫無成效。

這兩個陰險的人物都是神職人員出身。他和他們互相憎恨，但是終其一生，他都沒能擺脫他們。出身貧寒的富歇臉色有些蒼白，神情冷漠，少言寡言。如果沒有那雙銳利的眼睛，穿著鑲著金邊的衣服、胸佩勳章的他看起來還是很像一具木乃伊。

無論從哪方面看，塔列朗都像個貴族。雖然他的腳有點瘸，但是依然有向他邀寵的美婦。他的魅力很像一個不斷向前滾的球，每一點都是它活躍的頂點，沒有哪一點代表了「上」，隨著所處位置的變化，每一點都可以是「上」。貪得無厭的塔列朗大肆收受賄賂，這讓人們實在沒法相信他那套背叛主人是為了法國的說辭。他目前還在輔佐著皇帝，但是從一開始，他們倆就互相信不過。只有一次能算是塔列朗為皇帝做了一點點的犧牲。有一天晚上，旅途中的皇帝將塔列朗叫到床邊研究起了公務，但是說著說著皇帝就睡著了。這位大臣就這樣坐在椅子上，一直等到第二天早晨，他自己的說法是不想把皇帝吵醒。不過，考慮到他的天性中並沒有犧牲精神以及同情心，我們就能夠將他的這個行為，認定為一個了解人心的人，在好奇心驅使下的必然之舉：他想從皇帝的夢話裡獲得點祕密。

然而拿破崙從來都不做夢。他看不起眾人，從來都不覺得他們的動機能有多高尚，所以，終其一生，他都被迫將大量的精力用在用賞賜麻痺社會機體中的危險神經，或者乾脆用刑罰將其消滅。

每年，拿破崙都要提斯塔爾夫人的名字好幾次。他不允許她和她的作品進入巴黎，那堅決的態度都讓人驚訝。而斯塔爾夫人提到他卻這樣說：「和女士交談時，他的眼神中有無限的溫柔。」現在，全歐洲的自由精神先鋒們，都選擇了離他而去，比如曾經對他非常敬重的拜倫，比如本來打算將自己的《英雄交響曲》獻給他的貝多芬。讀著發瘋的沙皇保羅對他的溢美之詞，估計皇帝的心裡非常不是滋味。他還當著第一執政時，保羅就曾稱頌過他，說他是革命的鎮壓者。

　　自從馬倫哥戰役後，他就為了歐洲大陸實現和平而努力。4年來，他使盡渾身解數，讓和平得以延續。他想重建君主制，好讓一直反對法國的君主們最後一絲怒氣平息。但是他的計畫被兩個人的去世打斷了。沙皇保羅一世──英國的敵人──被謀殺了，繼任沙皇亞歷山大皇子從小受到的就是法國啟蒙思想教育，現在是個理想主義者，性格柔弱敏感，思想民主，想要當個明君。很快他就和英國達成了和解。在英國，福克斯當上外交大臣沒多長時間就去世了，這讓與法國和解的願望不復存在，過去的仇恨死灰復燃。英國沒有按照約定從馬爾他撤軍，反倒突然又提出了新的要求，率先破壞了和平。拿破崙再度受到了英國帶頭的歐洲聯盟的威脅，這個聯盟的目標就是幫助波旁王朝復辟。因為天才拿破崙的稱帝，為他們國家的百姓樹立了一個非常危險的反面榜樣。

　　於是，法國與英國在拿破崙加冕的前一年戰火重燃，而且戰爭一直到拿破崙這顆巨星隕落還沒打完。最開始兩國只是處於戰爭狀態，並沒有戰事，所以這位統帥什麼決定都作不了，也無法結束戰爭。和自己的敵國尤其是法國相比，英國的優勢非常明顯：它是個島國，但它的疆土遍布全世界。靠著一直以來的歷史意識，拿破崙覺得英國是個新的亞歷山大帝國，它的版圖也是從本島和半島一直延伸到了非洲和亞洲。聯成一體的它是不可征服的。拿破崙幻想著建立一個新的東方帝國，這就和英聯邦帝國產生了衝突。

　　另外拿破崙這位精於計算的天才也遭遇了一次失敗。在尼羅河河口海戰大敗後，他估計法國海軍艦隊重建需要10年。現在時間已經過去一半了，對手英國卻已經更加強大了。在那段短暫的和平期間，法國軍隊遠征埃及失敗，最後回到家鄉，竟然是坐的是英國的船隻。英國將好望角和其他殖民地占領了，但是法國卻有非常迫切的任務，比重建海軍更加迫切。

　　而且皇帝對艦船不怎麼了解。設計大炮、鑄造並安裝螺絲釘，修理

車輪和輜重車的車輞他都可以，騎兵部隊的馬匹什麼時候需要重新掌釘以及會花費多少也難不住他。他還十分清楚一個戰地麵包作坊一天的麵包產量。他知識淵博，這是他獲得成功的原因之一。不管是戰時還是平時，部下們都很害怕他隨時檢查，無論是紙上的還是戰場上的；同時，統帥的無所不知也讓他們深感敬畏。這就是他所有的軍事思想得以不折不扣地執行的保證。

可是，想要對軍艦有所了解，不長年待在軍艦上是不行的，就像要想了解大炮，不成天和大炮打交道是不行的。雖然統帥如此迅速地熟悉了海軍的情況讓海軍將領們感到驚奇，他們也對他的提問和命令深得要領大加稱讚，但是很明顯，他們的評價就是面對一個天才的外行，專家所給出的善意的表揚。拿破崙對這一點也很清楚。他不僅缺少強大的海軍，還缺少優秀的海軍統帥，而且他從來沒讓別人指揮過作戰。所以，為了打擊英國，他發明了一種新型的戰術。他準備將從漢堡到塔朗托的海岸全部封鎖，禁止英國船隻進入。這樣，他就能夠透過貿易戰，將這個貿易大國消滅。同時他又一次制定了入侵計畫，因為只要讓他踩到英國的土地，就會感覺自己又成了掌握著一切的司令官。

和遠征埃及前一樣，在布倫的他現在又開始對起航和登陸的可行性進行研究。在陸地上，他擁有強大的想像力，再加上他的計算能力，他可以無往而不勝。雖然他的所有勝績都不是靠著想像贏的，但是他的確將他預測的結果變成了現實。但是在海上就不一樣了，他不再是專家，而是外行，他還是頭一次當了旁觀者。一天夜晚，暴風雨大作，炮艇掙脫了纜繩，在海岸邊的他寫信給約瑟芬。在別的所有私人信件中，人們都沒有見過這樣的詞句：「眼前的場面是多麼地宏偉啊：預警炮發出的火光，將整個海岸都照亮了；大海在怒吼，海面泛起驚濤駭浪；一整晚人們都處在驚恐不安當中！但是一個美好的精靈飄蕩在永恆的大海與夜空之間：所有人都得救了。我懷著這樣的心情入睡，似乎做了一場如同

浪漫史詩的夢，這美好的情景讓我確信，我肯定是在隻身靜觀。」

這是怎樣的場面啊！可是，這也無非只是一個場面而已。在 15 年後，他心中再一次響起了奧西昂般的旋律。這位藝術家的結束語，是那麼的意味深長，而又令人感動。他突然感覺得有人將他創作的素材奪走了，孤身一人處在置陌生的環境當中 ── 人們在字裡行間能夠聽出來 ── 他好像有些驚慌。

這陌生的情況讓他出現了一個錯誤。儘管當時是暴風雨天氣，但是他還是下令要對海軍進行檢閱。海軍總司令布律克斯卻拒絕為此進行準備。皇帝來了發現根本沒有進行檢閱的準備跡象，就派人將海軍總司令找來。隨後，下面這可怕的一幕就發生了！

「你為什麼拒不執行我的命令？」

「陛下您和我一樣，已經看到了天氣如此惡劣。您難道想讓勇敢的士兵有生命的危險嗎？」

皇帝臉色鐵青，驚呆了的軍官站在周圍。「先生，我已經下了命令，至於結果怎樣，那和你沒有關係。你要做的，就是服從！」

「陛下，我不能服從。」

一陣可怕的寂靜。拿破崙走了過去，雖然手中握著的馬鞭並沒有舉起，卻是那手勢明顯帶著威脅的意味。海軍總司令往後退了一步，手按在劍柄上，所有的人都愣住了。

「在 24 小時內你給我離開布倫，回荷蘭去吧。我的命令由馬貢副司令執行！」

天上是尚未停息的暴風和閃電，皇帝開始了檢閱。 20 只大舢板傾翻了。水手們和海浪進行著搏鬥。皇帝跳上頭一艘小船倉皇逃命，大家紛紛效仿，緊隨其後。第二天，兩百具屍體被沖到了海岸邊。

這樣的意外事故在拿破崙的一生中只有這一次。這是失策，是暴行。一名軍官對命令拒不服從，這是一個不太吉利的徵兆。然而，徵兆

還有一個。

一年前，一個美國發明家來到巴黎，將他的兩大發明提供給法國海軍：其中一個是蒸汽輪船，船隻前進的動力是蒸汽而不是風力；另一個則是潛水艇，可以發射魚雷將船隻擊沉。「這個大騙子！」拿破崙給予富爾頓這樣的評價。其實當時富爾頓的實驗已經效果初顯，但是拿破崙卻看都不看一眼。如果他送來的發明是機關槍或是戰地電報機，拿破崙必然會毫不猶豫地將其買下。

拿破崙沒有打敗英國，因為他自己都沒有足夠的信心。他無法避免這個失誤，因為他的缺乏自信，因為他這方面的知識極為有限，還因為地域的限制，無法接近敵人。在陸地！是啊，如果能從陸地上發起進攻將這個島嶼奪下來那就好了！所以，他現在又在計畫像 5 年前一樣，取道艾拉對印度發起進攻。但是這是需要時間以及安定的。

他首先一定要維持和平，這是他最近幾年努力的結果。加冕後，他馬上就一天內寫了信給 6 個國王。根據每位收信人的不同性格，這 6 封信用了六種不同的體裁，每一段文字都是字斟句酌，甚至連怎麼簽名也都煞費苦心。下面這封信是他寫給波斯國王的：

「因為我聲名遠播，所以您應該知道我的名字，我做過哪些事情，我是怎麼讓法國領先於西方各國的，我對東方的各位國王如何感興趣……東方人勇敢而又聰明，但是因為對某些技術不了解，又疏於操練士兵，所以在與北方士兵作戰時經常失敗……請將您的願望寫信告訴我，我希望友誼和貿易關係能在我們之間重新建立起來……我在杜樂麗宮裡，在登基的第一年，寫了這封信給您。拿破崙。」在按照東方的習俗，他給這封信加的標題中用了一個其實並不存在的頭銜：波拿巴，法國人的皇帝[1]。這明顯是在告訴波斯國王，拿破崙就是那個大名鼎鼎的、遠征埃及的波拿巴將軍。

---

1 按慣例該用「拿破崙，法國人的皇帝」。

　　當他為這封信簽名時，旁邊還放著一封信，那是寫給英國國王的，即使當時兩國還處在交戰狀態。他的這封信寫得非常感人，但是政治味也非常濃厚：「……士兵們流了這麼多血但是又很迷茫，難道政府良心上不會受到譴責嗎？我邁出了第一步，但是我不認為自己丟臉。我認為我已經向世界證明過了，戰爭我並不害怕，也不害怕那勝負未卜的命運。即使我心向和平，但是這場戰爭不會對我的聲響有一點影響。我請求陛下不要錯過這個恢復世界和平的好機會！這個機會難得，不要讓給您的子女！現在時機剛剛好，很適合平息所有的狂熱之情。時機一旦錯過，戰爭將朝什麼方向發展？在過去的 10 年當中，陛下贏得了無數的領土和財富，甚至超過了整個歐洲所擁有的。從戰爭中，您還能得到什麼！」

　　如果最後幾句被敵人用在拿破崙身上，他的反應肯定是啞然失笑。但是這次呼籲無功而返。不管是英國還是整個歐洲大陸，都容不下這個出身平民的皇帝以及他的政權。各國君主打算第 4 次聯手反對法國。

　　他對和平的那幾年裡還是比較滿意的。用馬爾梅松宮的親信們的說法，他是興致高昂的。但是，現在不得不重新拿起武器的他也不得不意識到了這一點：「事物的天性和力量決定了這種過去與未來間的爭鬥將會一直持續下去，因為敵人不斷聯手對付我們，逼著我們主動出擊，這樣才能不被他們消滅。」這是事實，既沒有自負，也沒有苦澀。這些事物的天性並不是由他創造的，但他至少進行了鞏固。因為在革命初期，法國的戰爭純粹是防禦戰，抗擊國王們的進攻，但是到了後來，靠著這支人民軍隊的戰鬥力及那個天才的統帥，征服戰取代了防禦戰。

　　他那無邊無際的想像是那些真實的計畫的來源，但他一直明白要和想像保持一定的距離。現在看見兩次敗在他手下的對手又來挑釁，計畫本身開始跨越邊際，也就在所難免了。在 19 世紀，在西方，這位皇帝本來打算再維持 10 年的和平，好和英國在亞洲一較高下。現在，歐洲持續的復仇欲刺激到了他，他才確定了自己的新計畫：建立一個歐洲帝國。

這也是有史以來，這項功效最大的事業的第二次嘗試，也是截至目前的最後一次。它最終的結果是失敗。

可見，拿破崙的個人防禦本能，是他這個最偉大的政治理想的來源。現在，在這個新的反對他的集團形成的時刻，他的理想第一次有了變化：這麼多年以來，亞歷山大大帝的形象獨占他的內心，現在，查里曼大帝[1]出現了。他去亞琛他的陵墓前拜謁。「歐洲將永無寧日，」當時他和親信說，「直到一個能統一歐洲的領袖出現。各國國王都是他的臣子，他將領地分封給各個將軍們，同時為他們封官。人們會認為這個設想是古老帝國的翻版？其實，世界上本就沒什麼純粹新鮮的事物！」

拿破崙理想上的緩慢變化，導致他立刻就從歷史幻想中吸取營養，這影響將不可估量。因為對他來說，這種朝著加洛林王朝[2]的努力就等於放棄，因此他急切地朝著它奔去，好像他只是想得到其中的一個省份而已。他新的理想是建立查里曼大帝的帝國，這顯出了他的狂熱。在他的這份狂熱驅使下，在原有目標並沒有實現的情況下，他就朝新的目標奔去了。

十一、奧斯特里茨戰役

從春季開始，他的軍隊就駐紮著在北方了。這支軍隊已經整裝待發，準備去踐行那一拖再拖的登陸大不列顛島計畫。到了秋天，當得知奧地利確定要發動新的進攻時，他在兩天的時間裡就改變了計畫，兩週以後開始實施，讓整支部隊朝東進發。當他第一步行動的消息傳到敵人

1　查理曼帝國限於西歐，而亞歷山大大帝創建的則是一個橫跨歐亞非三洲的龐大帝國。

2　加洛林王朝：8 世紀中葉至 10 世紀統治法蘭克王國的封建王朝。因其家族慣用名字加洛爾（拉丁文為 Carolus，即查理）而得名。西元 751 年，矮子丕平在羅馬教皇支持下廢墨洛溫王朝末王自立，建立加洛林王朝。其子查理經連年征戰，控制了西歐大部分地區，並於 800 年加冕稱帝，史稱查理曼大帝或查里曼大帝。

的耳朵裡時，法軍已經閃電般地將萊茵河留在了身後。從海岸出發時，他曾將完整的進攻奧地利計畫，口授給了達律，「行軍的時間和秩序，縱隊集合的位置，閃電進攻，敵人的反應與失誤，所有的這些，他早在兩個月以前、在 200 英里以外就都預見到了。」

奧地利發動進攻的理由十分充足。威尼斯的象徵——獅子刻在義大利新國王的權杖上，這件事再加上占領熱那亞，足以提醒哈布斯堡王朝，不要再冒險翻過阿爾卑斯山了，而是在德意志境內和法軍一決高下。有英國慷慨地給錢，有俄國那源源不斷的人力資源可以持續為聯盟輸送軍隊，就像當年因為拿破崙遠在埃及，俄國軍隊曾經獲得的勝利時那樣。新沙皇似乎已經想好了，要一改歐洲之前對俄國的偏見，所以他將矛頭指向了歐洲的這位暴君。人們都已經熟悉了拿破崙的戰術，因此盟軍這次將用他的戰術來對付他。

但是這位天才已經有了克敵制勝的新法寶。他命令軍隊急行軍，趁著奧地利人還沒有反應過來，將他們包圍在了烏爾姆，圍的像鐵桶一般。法軍沒費一槍一彈，就逼著全體奧軍投降。「我的目標已經實現，就用一個急行軍就把奧地利軍隊消滅了。現在我要掉頭去對俄國發動進攻了。他們等著失敗吧。」

由於打勝仗已經是司空見慣的了，所以他都不願浪費筆墨進行描述。「我現在都在超負荷工作了。」他寫給約瑟芬的信中說，「這一週我每天都被淋得渾身都溼透了，兩隻腳冰涼。」在烏爾姆要塞的奧地利軍隊投降儀式上，他身旁的元帥們全都身著金光閃耀的軍服，這還是他們第一次在國外顯示榮耀，但是拿破崙卻穿的是普通士兵的軍服，披著的斗篷肘部和下擺都燒破了，戴著的那頂凹陷的帽子帽徽都沒有，他站在宿營地的火堆旁背著手，絲毫看不出來出他是皇帝。

和馬倫哥大捷那天相同的是，他又提出議和了。他給戰敗的奧地利皇帝寫了一封私人的勸告信。信中仍是直率的語氣，讓歐洲的外交官們

都很不安：「您知道的，如果我趁著這次幸運向您提出：如果議和，您得承諾不會加入和英國的第 4 次聯盟，這非常的公平……如果我能夠把我的人民的安寧連繫上您的友誼，那麼我將感到無比的榮幸。所以，即使您的周圍有太多我的敵人，而且還都很強大，我還是要向您提出要求：讓我們締結友誼吧。」他與此同時在朝著維也納進發。

在進軍的路上，他遭遇了一個新的打擊。他得到了消息，在他的陸軍獲勝的兩天後，在特拉法加附近，法國艦隊遭遇英國海軍重創，18 艘法國戰艦被擊沉，法國的海軍基本全軍覆沒。雖然英國的指揮官納爾遜戰死，但是法國的海軍總司令也當了俘虜。幾年前的時候，他在大漠裡知道了尼羅河河口海戰中法軍慘敗的消息，悲劇難道現在又要重演？振作起來！當年的境遇，比現在糟糕多了！在我們與巴黎之間，至少沒有大海攔路，我們用不到上船隻。他加速朝維也納進軍，敵人則一觸即潰，棄城而逃。

但是，特拉法加的消息讓奧地利皇帝法蘭茲堅定了信心，同樣堅定信心的還有沙皇亞歷山大。兩人都在竭力爭取普魯士，普魯士卻對談判一再拖延。拿破崙試圖用土耳其當誘餌來拉攏俄國沙皇的算盤也落空了。一場大型的捉迷藏的遊戲正在布呂恩上演，這場遊戲裡，每一個玩家都想把別人拖住，但又被自己的全權代表趕了出來。這些統治者，只有拿破崙具有政治理想。在大決戰的兩天前，已經準備就緒的他寫信給在布呂恩談判的塔列朗說：

「我不反對將威尼斯交給薩爾茨堡的選帝侯，再把薩爾茨堡交給奧地利。維羅納才是我想要的……為了義大利王國……選帝侯可以自封為威尼斯的國王，如果他有興趣的話……巴伐利亞的選帝侯也升為國王也可以……我會把大炮、彈藥庫和軍事要塞都還回去，主要他們給我 500 萬……我明天將和俄國人展開一場非常慘烈的戰役。為了阻止這件戰事的發生，我已經用盡全力了，因為這樣做的結果只會是無謂的流

血犧牲。我跟沙皇有過幾次書信來往，我能看得出來，他是個有能力的皇帝，只是被人矇騙了⋯⋯請你給巴黎寫信，但是不用提到這場戰役，我擔心我的夫人會由此擔驚受怕。你也無需擔心，我軍在地利上占盡優勢，防守固若金湯，我只是在遺憾這無謂的流血犧牲罷了⋯⋯請你寫信給我的家人，我已經在營房和衛兵們在一起 4 天了，這裡只能在膝蓋上寫字，因此不能寫太多的信。」

　　在那場最著名的戰役的前一天，皇帝就是這樣的心情。在察看地圖時，他在心裡盤算每一座摩拉維亞村莊的名字，每條街道的情況，每條河流的寬度。他在近衛軍的篝火旁取暖，同時想念著遠在巴黎等候他的命令的大臣們，想著他那也許正為他擔驚受怕的夫人。與此同時，沒用上半小時，他就擬出了一份新的計畫，要分割出 4 到 5 個國家，包含確立新任國王、移交戰爭賠款和軍事要塞等內容。不過這一切，都因為他兩次抱怨這是無謂的流血犧牲而變得非常蒼白，和 12 月某天初升的太陽一樣。現在正在皇宮裡吃喝玩樂的那些正統君王們被這樣一個人打敗，又有什麼好奇怪？

　　傍晚，他掌握了敵軍的動向後，拍著雙手大叫：「他們進了我的圈套了！他們自己送上門來了！不到明天傍晚，我們就會把他們殺得屁滾尿流！」後來副官這樣描述當時的他，是「高興得渾身顫抖」。

　　隨後他和參謀們在一個農舍裡吃飯。吃完後，他還一反常態地坐在桌旁，內心激動，當時看起來卻又若有所思。當時他說了很長時間和悲劇的本質有關的話，然後他又提到了埃及：「那個時候，嗯，如果我當時占領了阿克，我的頭上早就纏上了頭巾，士兵們的長褲也換成了肥大的土耳其長褲（不過除非萬不得已，否則我是不會讓他們去冒風險的），我已經讓他們成為神聖的、戰無不勝的軍隊，我已和阿拉伯人、希臘人和亞美尼亞人聯合，結束了和土耳其人的戰爭。如果我獲勝的地方不是在摩拉維亞，而是在伊蘇斯的話，那麼我早就當上了東方的皇帝，並取

道君士坦丁堡回到巴黎。」當時一位在場者這樣描述道：「說最後這幾句時，似乎可以從他臉上的笑容看出來，他正沉浸在一個夢想當中。」

　　這樣的場景本身其實就是一場夢？有這樣一個凡人好像戰神，橫掃歐洲千軍，並迫使歐洲屈從與自己的意願。難道這真的是發生在一個世紀以前的事嗎？子孫後代的命運由兩位君主的決戰來決定，這真的不是在荷馬史詩裡記述的事情嗎？就像我們讀小人書而知道的傳奇故事一樣，在叫不上名字的荒野的一間茅屋上，一個矮個子男人靜靜地坐在那裡，看起來 30 多歲，穿著的外套上面滿是油汙，裡面的襯衫黏黏糊糊的，正在將一些混合著洋蔥的馬鈴薯吃進飢腸轆轆的肚子裡。第二天，他將打響一場戰役，將人們對已經沉睡了千年的查理曼帝國的記憶重新喚醒。他被他那天馬行空的幻想重新帶回了亞洲大漠，那裡有的只是橫七豎八的石頭。他想起了當時遭遇失敗的計畫，他那漫無邊際的思想又跟著馬其頓人的靈魂，飄到了恆河之上。

　　天亮了。一年前的今天，他站在巴黎聖母院的臺階上，將金色月桂編織成的皇冠戴在頭上，自己為自己加冕。現在，他和士兵們重提起了這個日子，十分的慷慨激昂，最後宣布，他今天不會上火線。

　　歷史上，還沒有哪位統帥這樣地說話，因為每一位將軍都會標榜自己身先士卒，視死如歸。身經 20 次戰役的拿破崙對自己的士兵十分相信，他們視他為福星高照的首領，也是唯一的一位。敢對士兵們這樣說的也只有他了：他將把好自己的生命保護好，作為對他們勇敢的獎勵。

　　隨後，這位皇帝痛擊了奧地利和沙皇俄國 —— 他的兩個強敵，使一個名不見經傳的荒蕪平原 —— 奧斯特里茨平原聲名大噪。

　　「士兵們！」第二天，他向獲勝的士兵們發表演講，「你們讓我非常滿意……你們可以用我的名字為自己的孩子取名。如果你們的孩子當中，有誰能證明自己無愧於我們，我可以將我全部的財富贈予他，並宣布他將是我的繼承人！」他褒獎軍隊慣用這套言辭。他寫給夫人的信卻

非常簡單：「我戰勝了奧地利和俄國的軍隊。我有點疲憊，因為我已經連續 8 天在野外宿營了。這裡的空氣到了夜晚非常清新。現在我躺在考尼茨親王華麗別墅一張舒適的床上，8 天來第一次換上了一件乾淨的襯衫……我希望我能睡兩三個小時。」

　　他就這樣被輕描淡寫地一筆帶過了這個傳奇故事。第二天，打了敗仗的奧皇，請求在考尼茨親王的府邸會見這位出身科西嘉島的矮個中尉，雄壯的史詩中由此又增加了新的一個篇章。但是這位總騎著馬、行動迅速的小個子風神早就離開了。兩人最終會面的地點是一個磨坊裡。拿破崙非常禮貌地對他說：「非常抱歉，陛下，只能在這別無二處的宮殿裡接待您。」在這位奧地利尊貴的世襲皇帝面前，軍人拿破崙是那麼地自信！迷人的嘲諷在他的嘴角浮現。他知道，他的國都得知勝利的消息時，必然頌歌四起，彩旗招展。

　　不過高貴的奧地利皇帝思維敏捷，明白這樣的嘲諷應當如何應付。他回應道：「陛下，這間寓所您都能找出這麼多的優點，您必然是喜歡上這裡了。」這時，面帶微笑的兩人都在偷偷地打量著對方。因為這兩個已經打了 10 年仗的人，卻從未見過面。兩人的年紀差不多，都是 20 多歲便獨攬大權，只是他們走的道路大相徑庭。但是兩人在此時此刻都沒有想到，拿破崙對和平的追求讓他們走得如此之近，而奧皇的復仇心理最終會讓他們相離多遠。

　　「我昨天在軍營中見了奧皇，談了兩個小時……他對我的寬容抱有希望，但是我依然有所保留，對我來說，這種戰爭藝術不費吹灰之力……我們談妥了，盡快簽訂和平條約。我打過的最漂亮的一仗，就是奧斯特里茨戰役了。繳獲了 45 面軍旗，包括俄國近衛軍的旗幟，還有 150 多門大炮，俘虜了 20 名將軍以下 3 萬敵軍，戰死兩萬多人：這場景太可怕了！」哪個志得意滿的勝利者結束語會這樣奇怪？面對這些數字，他是這樣的高興，但是死難者的數字也在其中！他後來會經常提到

這類慘不忍睹的景象，常用樸素和誠懇的語言描述流血的事情。

在和平談判的時候，他的外交大臣和他產生了分歧。在奧斯特里茨一戰的第二天，塔列朗就寫信給拿破崙：「現在將哈布斯堡王朝一舉消滅，是一件多麼易如反掌的事啊。不過，如果從法國的利益出發，我們則要讓他們強大起來，在我們的法蘭西體系裡，也讓他們擁有一席之地！」但是皇帝逼著他們執行普萊斯堡和約，這份和約分割了舊日爾曼帝國，奧地利必須撤出德意志和義大利。他到底是怎麼想的？

歐洲，一個國家邦聯，由法國領導。俄羅斯是亞洲的，英國是歐洲以外的島國。歐洲大陸一定要統一。這些中小國家一定統一在法國鷹旗之下，由法國保護，民主主義並存。這個新思想在奧斯特里茨戰役之後形成了。從現在起，他的政權將來實現統一歐洲這個歐洲人的最高目標。

這個想法並不是一開始就出現的，它也是時勢造成的，和他達到的其他所有目標一樣。他並沒有挑起那些催生這一想法的戰爭。從馬倫哥戰役以後到現在，他一直在期盼著和平。但是當時的奧地利沒有講的想法，它再一次發起進攻是符合正統主義的邏輯，因為革命的法國和哈布斯堡王朝，做不到並肩統治歐洲的。奧斯特里茨戰役再一次將這一爭端解決。現在，有可能將查里曼大帝那個歐洲重新統一。但是那些國王和皇帝只是被打敗了，而不是被說服了；而他本人用利劍將這一切實現，並沒有透過說服。他們都沒能用智慧統一歐洲。拿破崙從前的情況逼著他使用武力的手段創建了這個歐洲合眾國。10年後他才懂得，他這個用來實現偉大目標的手段，有多麼大的錯誤。

當他清醒過來的時候，什麼都太晚了。已經被剝奪權力的他處在放逐生活的尾聲。

十二、封賞家族成員

「請你跟教皇說，我是明察秋毫的；請跟他說，我是查里曼大帝，教會之劍，他的皇帝。我希望他這麼看我。」

他就這樣，語帶威脅地寫了封信給羅馬教廷。他既然暫時還不得不呆在歐洲這個「鼴鼠挖出的土堆」裡，那麼教皇就要對他俯首聽命。奧斯特里茨和普萊斯堡兩場大勝後，他的態度出現了變化。他在打敗的奧地利，用前所未有的獨裁者口吻寫信給歐洲。儘管一年前他下了禁令，但是那不勒斯女王還是讓英國船隻停泊在港口。他發布了一道軍令：「那不勒斯的波旁王朝統治已經結束。」同時他又給哥哥約瑟夫寫信：「我想，我之前告訴過你，我要將那不勒斯王國變成為我的家族所有，讓它和荷蘭、瑞士、義大利還有那3個日爾曼王國一樣，都在我的邦聯當中，或者說，都是屬於法蘭西帝國的。」

從這以後，他便雄心勃勃地付諸實施這個計畫，即由一個皇帝來統治全歐洲，每個國王都對這個皇帝俯首稱臣。巴黎是歐洲大陸的首都。現在，巴黎氣氛熱烈地歡迎主人的凱旋，衣錦還鄉的皇帝看起來興致很好：「打完這場戰役我倒是胖了。我在想，如果歐洲的所有君主聯手反對我的話，那我肯定成為一個可笑的大胖子了！」他現在的心情就是這樣，開始致力於新的冒險，而且一發不可收拾。

短短幾個月的時間裡，巴黎的他遙控著建立了下面這些政權：約瑟夫當了那不勒斯國王，巴伐利亞和符騰堡的親王晉升成了國王，巴登親王晉升成了大公爵，歐仁迎娶了巴伐利亞的一位公主，約瑟芬前夫的一個侄女將嫁給巴登的王儲，他最小的弟弟傑羅姆迎娶了符騰堡的一位公主。德意志西部和南部16個諸侯國聯合起來組成了萊茵聯邦，統統向皇帝拿破崙稱臣，納貢還要承擔軍餉。這16位日爾曼君主前往巴黎宣誓效忠，他們爭先恐後，都惦記著自己能從這筆大買賣中分得一杯羹。皇帝

取消了 12 個小侯爵的領地，成他屬下的塔列朗、貝爾納多特和貝爾蒂埃的封地。

同時他又簡略地說：「現在荷蘭還缺一個行政長官，需要有一個。我會讓路易親王去。我們會簽訂一個條約……這已經是定居了，在我這裡，只能這樣，除非併入法國……這是一件刻不容緩的事。」刻不容緩的原因是什麼？荷蘭早就喪失獨立的地位，它現在只是少一個頭銜是國王的封臣而已。「讓路易親王去」 —— 這句話將荷蘭的附庸地位明白無誤地表現了出來。荷蘭人不願意？那他們就只能被法國吞併了，所以他們的選擇很快就出來了。路易不想接受這個任命，理由是討厭那裡的天氣，而且他的身體狀況也很一般。但是，「身為荷蘭國王而死，比身為法國親王而生要更好。」奧坦絲一定是要當王后的，約瑟芬一心要促成此事。荷蘭人必須提出鄭重的呈請，杜樂麗宮的皇帝將仁慈地傾聽。拿破崙對此一定是飽含譏諷和蔑視，因為在接見後，當著眾多的宮廷貴婦們，他讓人給他的小侄兒 —— 也就是荷蘭新國王路易的兒子 —— 講了那個青蛙找國王的寓言。

下一步該做什麼呢？他的妹妹們不住地抱怨，要耍心眼。難道就沒有還沒分的王國了嗎？太糟糕了。那樣的話，怎麼地也得騰出幾個大公的領地來！克利弗歸了繆拉和卡洛麗娜，卡洛麗娜當了大公爵；愛麗莎成了托斯卡納的大公爵；美麗的波麗娜流下了眼淚，因為能分給她的只有瓜斯塔拉的侯爵。「什麼？就是個小村子？那還讓我去那裡當侯爵？」不過，她很快從堆成山的珠寶以及情人裡找到了安慰。

拿破崙這些家族成員，幾乎都不能勝任自己的新角色。即位之後，國王約瑟夫在第一封詔書裡，將他的臣民（昨天是他們頭一次見到他）對他的愛，和法國人民對他們的皇帝的愛相提並論，自己出洋相先放在一邊，還惹惱了皇帝。國王路易長籲短嘆，因為和英國的戰爭，他不得不對國家的貿易採取強制措施。他沒有送荷蘭兵員去法國，送去的而是

一大堆訴苦信。「你這是在給我找沒必要的麻煩，」拿破崙對他進行訓斥，「完全是因為你思想狹隘，又沒有興趣……別總把困難與不幸掛在嘴邊！……成天哭哭啼啼的那是女人，男人應當果決一點……你統治你的國家，手腕太軟了。我不得不自己承擔了所有的軍餉……你得爭取保有一支軍隊，人數至少要 3 萬人。你總在為自己著想，這樣的做法既不大度也不明智……振作起來吧！」

托斯卡納的大公爵愛麗莎支配著她的丈夫。她在領地頒布憲法，檢閱部隊，同時三天兩頭地換著情人。她學著拿破崙風格說話，這讓後者覺得非常好笑：「我的臣民知足恭順，我消滅了反對勢力，執行了陛下的命令。我很滿意參議院的表現，他們對我的權威都很尊重。」拿破崙也對繆拉盲目的熱情進行了批評，和平時一樣的坦率：「你發布的政令我看到了，實在是太無聊了。你的理智似乎已經全部喪失了！……你現在滿腦子想的都是統治！」

波麗娜卻得以永留青史，這得益於藝術家卡諾瓦為她製作的大理石雕像，這雕塑的壽命比拿破崙所有的王國都要長。

在此期間，年輕的傑羅姆曾以海軍見習生的身份前往美國。在那裡他娶了一個平民女子，並沒有徵求家人意見。這個消息讓拿破崙氣急敗壞。他擁有的王冠數，比他的兄弟姐妹的數量還要多，自然不會同意兄弟再少下去。他讓母親出面，把這個婚姻解除。傑羅姆坐的船隻停靠里斯本的時候，就被團團包圍了，他們只允許傑羅姆自己上岸。傑羅姆在和自己那年輕的夫人告別時，發誓自己一定會和她永不相負，白頭到老。然後他獨自一人前往巴黎。在皇帝的軟硬兼施、威逼利誘之下，終於，為了親王還有海軍上將的尊榮，也許還為了當國王，他將妻子拋棄了。他的妻子想要登上歐洲大陸，卻始終無法成行。後來她去了英國，在那裡生下了她和傑羅姆的孩子。在英國她還遇到了呂西安，這是她一度同病相憐的夥伴。受到英國人禮遇的呂西安他帶著妻子和孩子遷居英

國。他寫了一首史詩，什麼題目呢？

《查里曼大帝》。

在這個家族裡，只有一個人算得上勤勉、嚴肅、忠誠，大多數的時間都很理性，那就是拿破崙的繼子歐仁。皇帝非常喜歡他，一有機會就當眾對他表揚。歐仁現在在義大利做總督，他的妻子是巴伐利亞公主。拿破崙寫信給他說：「你工作起來太勤奮了，親愛的兒子。這對你來說當然很好，但是你的夫人呢？她還非常年輕，還懷揣著自己的希望……為什麼不多陪陪她，每星期和她去一次戲院呢？工作用不了太多的時間。我和你一樣的生活，但是我的夫人已經再也不年輕了……再說我的工作比你多！」他對兒媳下了要求，一定要生個男丁，因為奧坦絲的兒子只有一條命，而需要足夠多的後代來保障皇族的血統傳承下去。所以他這麼說道：「請不要再給我生女孩了，給你一個我這裡的方子：每天喝點純葡萄酒，相信我！」當他的兒媳還是生了一個女嬰時，他卻說：「如果第一胎是女孩的話，她再生一打小孩都沒有問題！」

拿破崙這個修辭大師，什麼場合都可以應對，這讓人不禁驚嘆不已。他時而讚美，時而恫嚇，時而又鼓勵或遊說，時而又進行懲戒。他為了對付那些不聽話的人，包括他的家人，用上了所有的這些方式。

皇帝的母親現在在巴黎居住，在她兒子允許的範圍內，生活盡量低調、嚴肅。她在子女當中出任調和人。皇帝請她去特利亞農宮住，每年給她 100 萬法郎作為生活費。為什麼她還是這樣的節儉，沒有人能夠理解。沒過多久，就有人認為她很吝嗇，而她確實如此。對此她這樣解釋：「我們科西嘉人經歷了太多的革命。如果現在的這一切突然消失，那麼我的孩子們會是怎樣？他們向母親求助，總比求助於陌生人，卻無人理睬得好！」她有時也會舉行宴會款待賓客，言行舉止中，有一種天然的威嚴流露，和她的那些貴為國王的孩子相比，她的王家風範更足。當有人爭論起來，起因只是她手中玻璃珠的價值時，她笑

著說：「哦不，別人不會影響到我。我可不喜歡擺公主的派頭，像我的女兒們那樣。」雖然貴為法國皇帝，還是一群國王和公主的母親，但她經常為自己身邊一個知心可靠的人都沒有而嘆息。她只偶爾找老友們一起打打牌，或者在晚上說說「昔日那快樂時光……每個人都在說我是世上最幸福的母親，其實我沒有哪天不是在提心吊膽中度過的。每次戰報一來我都會全身戰慄，生怕是皇帝戰死疆場的消息」，聽眾是她忠實的婢女。

在每個星期日，她都會在杜樂麗宮，和子女們一起進餐，這是貴族世家的習俗。皇帝的話她並不總會聽從。如果逼著她聽從，她就會不高興。皇帝心裡清楚，她那驕傲的心，讓她對他們母子之間現在的關係無法接受。當他照鏡子時，就發現自己長得和母親越來越像，尤其是額頭、眼睛、嘴以及雙手。有時他會和母親開玩笑：

「您是不是認為宮廷生活無聊透頂？看一下您的女兒們吧！您把錢都存起來是沒有必要的，把它都花光才是正確的做法。」

「那你給我的就不該是 100 萬了，而是 200 萬。因為我的天性要去我必須節儉。」

她和拿破崙一樣，對諂媚之徒十分敏銳。只要她認為有必要，就會提醒他，離那些小人遠一點。她從來都沒有為自己索取過什麼，但是如果有科西嘉人來找她，她通常就會為他們求情，尤其如果對方是對她家族的世交，她更會為其盡心竭力地幫忙。有一天，她終於將心中潛藏已久的那個願望說了出來：讓阿雅克肖成為科西嘉的首都，取代現在的科特。這也是她在表現對家族的自豪感。皇帝用一道法令讓她的願望得以滿足。皇帝很理解她。當她從房間裡出去的時候，他這樣說道：「我的母親天生就具有治國的本領。」

然而，她不能讓皇帝為呂西安做什麼事。「他是我的最愛，」她說，「因為他的境遇是最不好的。」但是皇帝不為所動。他說：「現在，在

國家利益面前，任何感情都得讓步。只有站在我這一邊的人才是我的親人。不跟我站在一起的人，就不是我的家人。」

十三、擊敗普魯士

巴黎，拿破崙的書房中，有一個默默地注視他的證人，那就是那尊青銅像，普魯士腓特烈大帝。

他可以說是聽著這位普魯士偉大統帥的威名成長的。腓特烈大帝去世時，他還不過是個小尉官而已。他學習過這位大帝的新作戰藝術，那個時代每個將軍都這樣做過。他至今仍對陌生的普魯士軍隊十分敬佩，儘管普魯士國王腓特烈·威廉三世 —— 腓特烈大帝現在的繼承人 —— 在和法軍交戰時，他的指揮表現並不怎麼樣。威廉三世的愚蠢軟弱他再清楚不過，但是還是多次和他結盟，還試圖從普魯士、奧地利和俄國這三國的矛盾中漁利，其中一個原因就是在他的心裡，是非常佩服這支歐洲 18 世紀唯一威名赫赫的軍隊。直到普魯士並沒向有將其最強的一面 —— 軍事展示出來，反而展示了政治 —— 最弱的一面時，他的崇敬才有所減退。

去年，在奧斯特里茨戰役之前，他就提出和普魯士結盟。特拉法加之戰之後，法蘭茲和亞歷山大都頻頻向普魯士示好，普魯士本可以讓奧斯特里茨戰役沒有發生，但是軟弱的威廉三世十分猶豫，一直打著透過中立獲得好處的如意算盤。現在的法國已經無比強大，普魯士卻打算跟法國開仗，最初的藉口是：去年的時候，在安斯巴赫附近，拿破崙的軍隊經過了普魯士的領土。

實際上，普魯士國王內心的想法是要顧慮民主人士的情緒，他對國民的憤恨十分擔心，尤其懷疑那幾位好戰的將領的忠誠。在紐倫堡，軍事法庭將一名書商判處死刑，執行槍決，罪名是他在法國按照條約駐軍

的地方散布一份資料，內容是誹謗法軍的。在形式上這個判決是合理的，但是同時，它也合理地引發了道德激憤。這一點拿破崙十分清楚。為了避免爆發戰爭，他提出雙方撤兵的建議，並透過特使和國王說，如果駐威斯特法利亞的法軍讓他感到不快，他不妨直說。他又親自寫信給國王：「我一直在堅定地維護我們的聯盟⋯⋯但是如果您的答覆表示您有結束這一同盟的打算，用武力來解決問題，那麼我當然除了應戰別無他法。但是不管戰爭最終是什麼結果，我維護聯盟的態度都不會有變化。在我看來這次戰爭是不義的，所以到那時，我還是會建議講和。」

　　但是，背地裡的他卻滿懷惱怒與蔑視，對普魯士大肆抨擊。他無論如何都不願相信「普魯士會這樣的瘋狂⋯⋯它的君主軟弱無能，它的內閣無足輕重，一群乳臭未乾的、魯莽的軍官把持了它的朝政」。

　　一直到了開戰前的兩星期，拿破崙都不相信真的會爆發戰爭。

　　他錯了。普魯士軍隊裡的那些貴族們，曾經由腓特烈大帝統率戰勝過法軍，但是後來他們還是敗在法軍手下。現在他們想著的是報仇雪恨。懷著強烈的民族意識的民眾做好了「孤注一擲」的準備，他們關注並信賴普魯士王后，這是他們的救世主。普魯士已經和沙皇結成了同盟。自從在柏林見過沙皇後，王后就認為他比她丈夫有男子氣概多了。從那以後，這位王后便強烈地主戰。奧斯特里茨戰役後，亞歷山大立刻撤回本國，再圖良機。現在良機終於來了。

　　據塔列朗回憶，「對此次戰爭拿破崙的心裡充滿了不安。」他對腓特烈大帝軍隊的赫赫威名心馳神往，而他還從來沒有和這樣一支久負盛名的軍隊交過手。「我覺得，對付普軍要比對付奧軍費勁得多。」這樣就更得趕緊渡過萊茵河！在一個星期的急行軍後，他首次進攻了敵人：在薩爾費爾德附近，普軍最優秀的將領之一 —— 路易·斐迪南親王戰死。

　　普魯士軍隊亂成一團，普魯士國王對此難辭其咎。當沙恩霍斯特將軍建議提前兩週進攻法軍時，這位優柔寡斷的君主卻一拖再拖。布勞恩

斯魏克公爵是軍隊的總司令，但是作戰指揮權沒在他而是在國王的手裡，在最後時刻國王還親臨前線指揮。「我們不知道到底是國王還是公爵來指揮軍隊。」本應該由公爵下達命令的時候，公爵卻得聽國王的。等級問題讓軍隊分成了3個部分，因為「執政的」霍亨洛厄親王不可能聽一位公爵指揮打仗。這時，他們的敵人再一次伸出了友誼之手。在主戰役開始前的兩天，懷著必勝的信心的拿破崙，再次寫信給普魯士國王：

「我不想利用您幕僚的愚蠢而撈取什麼好處，他們的政治策略裡的錯誤，足以震驚整個歐洲……戰爭就這樣開始了……我們的臣民為什麼要這樣互相殘殺？如果我的勝利是靠著犧牲我的子民的生命換來的，那我一點都不會稀罕。如果因為我的一生中從未上過戰場所以害怕打敗仗，那我自然沒有說這話的資格。但是，陛下，您將被我戰勝。您無謂地將自己安靜的生活和百姓的生命犧牲了，您現在沒有任何藉口能為自己開脫……我對陛下並沒有別的要求，我對陛下一向如此。這場戰爭一點政治意義都沒有！我清楚，我的這封信可能會傷了您那敏感的自尊心，但是形勢所迫，我只能這樣把話挑明。我將我的想法和盤托出……請您讓您和您的國家恢復安寧吧！即使在您眼中，我永遠無法成為您的盟友，但是您也應該明白……永遠都不和在工商業和政治上並不與我為敵的國王開戰，這是我最大的願望。」

普魯士王后路易絲跟著丈夫一起在前線。這個女子本性熱愛和平，已經在那些野心勃勃的將軍所能忍受的範圍之外了。但即使是她，也對將軍們嘲諷拿破崙這封信的動機表示同意，都覺得他是害怕了，以為自己即將大難臨頭。她難道不知道嗎？上天在這個時刻專門安排她來到兩個男人之間，目的是讓她為她那軟弱的丈夫幫忙，從而用人道的方式解決這場爭端？不！在她看來，拿破崙只是「一個爬出泥漿的地獄惡魔」，明天就要毀滅！

「我的事情順利推進，」「惡魔」正在寫信，給妻子的，「一切都

照著希望的發展。普魯士國王和王后在埃爾富特呢。他們即將享受到這恐怖的娛樂，如果他們想觀戰的話。我現在感覺非常好。雖然每天行 20 至 25 英里的軍，但是我還是有點胖了。我晚上 8 點入睡，半夜起來，我有時會想到你這個時間還沒入睡呢。」開戰前的那一晚，他沒有睡覺。3 點的時候，一名軍官建議他睡一會，但是他叫道：「我不能睡！我的計畫現在還在這裡（額頭），還沒有落到地圖上！」他很快將整個計畫部署了下去。「現在你知道了吧……請你騎上馬，去給我找一個地方，能夠縱覽戰場全域的。我 6 點鐘去。」隨後他就倒在行軍床上，很快就進入了夢鄉。

　　這天夜裡，普魯士軍隊的大本營獲得情報，法軍突然進行了調動，但是卻決定，第二天早晨才商議如何應對。而與此同時，法國皇帝正在騎著馬對前線進行巡視，對他的近衛軍進行鼓勵，讓他們重溫奧斯特里茨戰役的輝煌。

　　然後，在耶拿附近，拿破崙擊敗了普軍。與此同時。奧爾施丹特的達武也大獲全勝。

　　當勇敢的布勞恩斯魏克公爵遭到重創後，誰都不敢接過他手中的指揮權。腓特烈大帝的軍隊群龍無首，潰不成軍，從薩克森一路東逃。

　　「親愛的，我昨天對普魯士略施小計，便大獲全勝，將兩萬名敵人抓了俘虜，還繳獲 100 來門大炮和不少軍旗……最近兩天晚上我都宿在營中。我現在狀況不錯。請保重身體，並愛我。」

　　他在魏瑪遇到了臨時執政的公爵夫人。她的丈夫是卡爾·奧古斯特公爵，這 20 年來一直積極主戰，而且對普魯士的喜愛堪稱狂熱。他將那位最老的大臣的忠告拋在腦後，一直在和拿破崙為敵。在耶拿戰役中，身為普魯士將領的他也不得不逃之夭夭。沒人知道他去了哪裡。整個宮廷都從魏瑪逃跑了，只有公爵夫人和大臣歌德沒跑。一看見她，皇帝就說：「我向你表示同情！公爵怎麼能……！」女人執政，尤其是德意志女

人，他從來都是持反對態度的。但是公爵夫人那清楚、簡潔且不卑不亢的回答出乎他的意料。她談起公爵和普魯士之間悠久的友誼，語氣裡帶著自豪，愣住了的皇帝對這位女士的態度也變得彬彬有禮。晚上，拿破崙又和她長談了一次，先表示她這個公國一定要廢除，但是保證，絕對不會侵犯她的這塊領地。這麼做是為了什麼？

因為這個女子對政事從不參與，即使是現在，也沒有在這上裝模作樣。只因為她的丈夫逃跑了，因此她一定要為他說話。她還在為自己的國家求情。她並沒有諂媚或者惱怒，依然是不卑不亢的態度，這種風度對於一個戰敗的君主來說再合適不過了。皇帝幾年以後還會想起並跟別人提起這個靠著自己的內涵拯救了自己的國家和王朝的女人。

他在柏林還遇到了另一個女人。哈茨菲爾德伯爵曾經以柏林代表的身分和戰勝者談判，在寫信給一個敗軍之將時，一時疏忽暴露了法軍的實力。這封信沒有到收信人手裡，而是被截獲了。勃然大怒的皇帝下令軍事法庭將此人以間諜罪處以死刑。貝爾蒂埃迫於拿破崙的威嚴只能從命，拉普則竭力讓拿破崙的怒火平息。哈茨菲爾德伯爵夫人在一次會見時被帶來見拿破崙，她跪倒在拿破崙的腳下。他請她去波茨坦宮。「當我給她看她丈夫寫的那封信時，她坦誠地說，嗚咽中飽含深情：『是的，這當然是他寫的。』我被她念信時的語氣打動了，對他十分同情。」「現在你看到了，」他給約瑟芬寫的信，以這句話結尾，「我愛質樸、善良並且溫柔的女子。」

——愛？他現在大權在握。對他來說，伯爵夫人不過是一個女人，拿破崙都沒留神看她的容貌和服飾。但是就是這種自然流露的真情，還有女人的眼淚和沉默，她溫柔的請求，深深地打動了他，他竟然抬手把信扔進了火爐，然後說：「現在我手裡唯一的證據已經燒毀了。您的丈夫現在沒事了。」

拿破崙就是如此對待這兩位德意志貴夫人，以及她們那曾經和他為

敵的丈夫，只是因為他被她們的態度感動了。

　　普魯士王后路易絲他不怎麼喜歡，因為她對政治過於熱衷，一直在慫恿她的夫君發動戰爭，導致她的夫君放棄了可以享受的榮耀與和平，而冒了險，拿破崙無法忍受這個。因為她抓住一切機會挑釁拿破崙，這導致拿破崙下了決心，要奪走她作為女性的尊嚴。在一份正式公告中，他這樣諷刺她說：「她這個女人只有容貌卻沒有頭腦……她會受到良心上的譴責的，因為她給自己的國家帶來了深重的災難。她的丈夫是個好人，一直考慮著人民的幸福和安寧。」

　　他邁入了柏林。和他的衣著光鮮的扈從人員對比強烈的，是他一如往常的儉樸衣著，他戴著的小帽子上面別著一個徽章，大概值一便士。無憂宮自然是最讓他感興趣的了。當腓特烈大帝的利劍握在他的手中時，他覺得，這是他這輩子最寶貴的戰利品了，即使用普魯士的王位來換他都不會換的。但是對腓特烈大帝的後人，他卻是不屑一顧的態度，還在公開場合對普魯士王后進行了攻擊：

　　「我們在王后的居室裡發現了沙皇送給她的畫像，以及他們來往的信件……那些放任自己的夫人插手朝政的君主們真的太不幸了，這些東西便是明證。沾染了麝香氣味的國家文件，放在梳妝室裡，和一些繡邊花帶和別的零碎對象放在一起。」

　　這語氣是多麼的惡劣！他彷彿把王后的愛國熱情都忘記了。當時普魯士最偉大最優秀的政治家、非普魯士籍的施泰因男爵也曾對王后有過描述，如果將他的描述和拿破崙的嘲諷比較一下，就理解到皇帝的情緒了。即使是這樣，人們還是無法諒解他對一位女子如此嘲諷。

　　在草擬的詔書中，他已經打算將普魯士國王廢黜，但是是否將整個霍亨索倫王室一起摧毀，他還在猶豫當中。最終因為對沙皇的顧忌，他決定將王室保留下來。在柏林，他將歐洲看做整個世界：「我們在易北河和奧得河畔，贏得了我們的印度企業、西班牙的殖民地以及好望角。」他

在柏林說出的這些豪言壯語，不過表示了偉大航程由此開始。他划動了船槳，即將朝他的好望角進軍。在夏洛滕堡宮，他口述了一份宣戰書，這是他有生以來最偉大、最沒有血腥味的宣戰書，同時也是最危險的：這位重生的查里曼大帝將歐洲所有的大陸港口都對英國關閉。如果他的武力不能讓他登上這個島嶼，那麼就讓英國也不能登上歐洲大陸！所有從英國及其殖民地來或者去那裡的貨物、郵包、信件等等，都在禁止之列，所有的英國人，只要在歐洲大陸，就都將淪為戰俘。

但是如何對這個政令的執行進行監督呢？以前他今天頒布的政令明天就可以執行。這次則不一樣，他需要和各國尤其是奧地利和俄國簽訂協定。奧地利現在還占著原來波蘭的領土，俄國想要這些地方，而波蘭人的態度是想要獨立，並不想聽命於奧地利或者俄國，所以他們眼巴巴地望著拿破崙，視他為救世主。法國皇帝主張每一個民族都有自由的權利，所以也應該解放波蘭人民。怎麼辦？波蘭問題該怎樣解決？

「波蘭的王室應該恢復，這個偉大的民族應該獲得重生嗎？這個謎，只有萬能的上帝才能解開。」狡猾的他的這些語意含糊、模稜兩可。他在這一公告書上簽字時露出的詭異微笑，也只有上帝能看見了。另外，他還有三步棋：第一，他要求波蘭人為他提供軍隊，因為「擁有一支4萬人的大軍，是你們有資格擁有一個國家的條件」；第二，他建議奧地利人，用加里西亞和普魯士去換西里西亞。最後，他認為要想將波蘭問題解決，關鍵在於博斯普魯斯海峽，他敦促土耳其蘇丹把俄國人從摩爾達維亞趕出去，然後在第聶斯特河上和他會面。這樣一來，俄國還有受驚的奧地利就都能被牽制在多瑙河下游了。

他端坐在無憂宮中，腓特烈大帝的書房裡，古老的枝形吊燈在頭上照著他，畫像裡的伏爾泰在衝著他微笑。他自己玩著棋子，想像那個並不存在的對手下一步棋會怎麼走。他的視野越來越廣闊。突然間，他浮想出來的先人的外表出現了變化，沒有了那褐黃色的大鬍子，鼻子也變

扁平了，眼神中看不到信仰了，又慢慢地變得勇敢：原來的查里曼大帝
一點點變成了偉大的亞歷山大大帝。沒錯，他現在要去印度，去給予英
國重創！在他的腦海中，一統天下的偉業漸漸變得清晰。

　　又一個敵人出現在了棋盤上：信使帶來了壞消息：西班牙發生了叛
亂。一個在場的人是這樣描述的：當時的他臉色鐵青。整盤棋危在旦夕。
他再次意識到：要想消滅英國，沒有俄國的友誼是不行的。但是要想擊
敗或者爭取到俄國，歐洲大陸上一定得有一個堅實的支點。這個支點除
了正在起義的波蘭，沒有別的可能。就這樣，拿破崙去了華沙。

　　最近的幾個星期裡，他一直在腦海中思考世界各大洲的命運，感到
十分的孤寂。但是他並沒有關心別的女人，只是透過信件向自己的妻子
獻殷勤：「我現在多麼的愛你，多麼的想念你……在波森的波蘭女人，
她們都是法國人，但是在我眼中，世上只有一個女子。你知道我說的是
誰嗎？我本來想要向你描述她的容貌，但是那樣我避免不了要大大地恭
維她一番，好讓你知道我說的就是你。實際上我除了說她好以外，確實
什麼都說不了了。啊，這長夜漫漫，我孤單一人！」

　　約瑟芬嗅覺像著獵犬般敏銳，在拿破崙這番對心情的描述裡，她提
前嗅到了情敵的氣味。醋意大發的她說要來到拿破崙身邊。拿破崙回信
中說道：「信裡你的激動在向我證明，你們這些漂亮女人從來都不懂得
天高地厚。你們想要的東西就一定要得到手。而我呢？我明白我是這個
世界上被奴役最重的人。我的主人毫不同情我，這個主人，就是事物的
天性。」

　　他剛用這個隆重的句子將這個瑣碎的話題畫上句號，就收到了一個
信差帶來的消息。原來，他之前的一件小事，現在產生了絕對不算小的
結果：去年的冬天，在卡洛麗娜的撮合下，他和一個漂亮女子幽會，他
出來前這個女子就已有孕在身，現在分娩了。這一天終於到來了！事實
已經證明，大自然賜予男子的能力他並不缺少！這是上天對他偉大的恩

賜：這是一個男孩。他轉身衝著他的心腹歡呼道，活像一個天真的少年：
「迪羅克！我有兒子了！」

十四、波蘭情人

舞廳裡燈火輝煌。美麗的珠寶和美麗的女人在波蘭都有很多。這個
夜晚令人難忘。今晚，在華沙的這座舊皇宮裡，人們準備向這位法國皇
帝展示他們這個民族。他會對波蘭的民族舞蹈、音樂和美女大加讚賞
嗎？這些斯拉夫女人的迷人秋波，能征服他的心靈嗎？那些諂媚的話
語、報紙上那些阿諛之詞，能讓他那凌厲的眼神柔和一些嗎？在樂天派
們的嚴重，這個民族的命運將由這一切決定。他在貴賓當中穿行，愉快
地與他們交談著。他現在站在大廳的一角，跟別人交談著，同時看著那
些跳舞的女人。他想念著巴黎，最近的 7 年當中，他每個 1 月都是在巴
黎度過的。

忽然，他的目光停住了，說話都因此終止了。幾百雙眼睛跟著這位
獵人的目光一起走。誰是他的獵物呢？很快，他就走近了一群賓客並
逐一問候他們，然後從這群人中，微笑著，用一種公開場合很少見的禮
貌，請出了那個他中意的女子。一個溫柔的金髮美人，年方十八，嬌小
玲瓏，湛藍的眼睛流露出她溫柔的性情。和別的貴婦相比，她的打扮略
顯簡單，舉止文靜。皇帝和她跳了一支舞，已經深深喜歡上了她的典雅
大方，還有她那嬌滴滴的聲音，而她那結結巴巴的法語，更讓他為此傾
心。當她表面微笑著，心裡恍恍惚惚的時候，她的芳名已經傳遍宮中：
瓦萊夫斯卡伯爵夫人。

她是誰？拿破崙隨後就去打聽他的好友迪羅克。她出身貧寒，所
以被迫嫁給了一個富有卻老邁的伯爵。伯爵的孫女裡最小的，都要大她
10 歲。

「我的眼中只有你，」第二天清早，他就寫了信給這位伯爵夫人，「我對你除了欣賞和尊敬並無其他。請你盡快回信，好讓我心中燃起的愛火平息。——N」但是，回信或者其他什麼消息都沒有，迪羅克回來了，一無所獲。皇帝愣住了：這可是聞所未聞、前所未有！12年前他碰過這樣的釘子，那時候他還是準將，當了皇帝以來，還從來沒發生過這樣的事。不管是貴婦還是女伶，哪個女人不是一見他召喚的目光，就迫不及待地隨侍在他的左右了呢？這位伯爵的表白十分露骨，很像一位少女的表現，更讓人覺得她擁有不可抵擋的魅力。

「我讓你感到了厭惡嗎？我希望沒有。難道你一開始的熱情已經消退？而我對你的熱情卻在與日俱增！因為你，我坐立不安！噢，我如此可憐，請你賜予我一點幸福、一點快樂吧！難道答覆我一下，是如此的困難嗎？現在你已經欠我兩封信了。」他沒有在第二封信上署名。如果這封信和一堆情書混在一起，誰能知道這是拿破崙寫的！這封信的風格處在穩重和專橫，動情和浮誇中間，還很浪漫。不過，在世俗的要求下，面對他的追求她只能置之不理，因此這第二封信依然石沉大海。這位副官在皇帝的委託下兩次出使，兩次都空手而回，可想而知他的處境之艱難。皇帝強壓心中的不滿思考著：

「如果我的懇求以及我的地位都無法影響到這個溫柔的女子的話，那我不妨試一試用一個我未必要兌現的諾言，來實現我的目的。」他寫道：「身居高位其實是我們生命中的一種負擔，我現在尤其能夠感受到這一點……噢，只要你願意！只有你，才能將橫亙在我們之間的障礙衝破。我的朋友迪羅克將為你提供幫助。噢，來吧！請你來吧！你一切的願望都會得到實現！如果我對你的這一片心意你能憐惜，那我也會更加看重你的祖國。——N」

這次即使他沒有簽上那個代表他的「N」，人們也可以看出這封信來自於他了。但是，透過這封信的字裡行間，人們也看到了這位獨攬大

權的人，他的內心實際上是那麼的孤寂！這第三封情書，這封充滿了智慧、最終獲得了成功的情書背後，卻將命運的本質呈現了出來，這是一個想按照自己設計的路線前進的人，一個為了英雄式的狂熱，而將人生的幸福全部奉獻的人。現在的他在富麗堂皇的宮殿裡倒背著雙手，來回踱步。幾個星期當中，他孤單寂寞的內心充滿了渴求。這幾個月，他哪個女人都沒有接近過，現在卻墜入了情網。心神不寧的他將祕書打發走了，拒絕接見將軍還有外國使團，也不騎馬外出，就好像一隻停擺的鐘。由他一手建立的政治機器停止了轉動：宮廷、軍隊、巴黎乃至整個歐洲都等待著！固執剛毅的他從不會屈從於任何事物的定式。他那位年過 40 的夫人，已經無法讓他這個 37 歲的男子沉迷了。現在他被一位年輕的女子迷住了，而她卻兩度拒絕了他，他必須在他其他的財富中找到誘餌，這個誘餌就是恢復她祖國的自由。他的感情已經沉寂了近 10 年，他還是頭一次在一位年輕貌美的女子身上寄託了感情！

當天下午的同一時刻，這位伯爵夫人，這位被這個男人強烈的欲望驚擾到的女子，正和她的親戚朋友們坐在一起。他們正在勸她，勸她為國家做出犧牲，一切都是為了波蘭的利益！心情是這樣的她終於去見他了。這天晚上，和他在一起有 3 個小時，她不停地哭泣。他溫柔地地安撫著她，好讓她恢復平靜。她驚奇地看出來，眼前這個令人害怕的鐵漢也有著溫柔的一面。

「瑪麗，我可愛的瑪麗，我今天第一個想起來的，就是你！」第二天早晨，這封信到了她的手裡。「我一定要在晚餐時看到你。我不會食言。請將這束花收下吧，在人群中，它將是一位祕密使者，傳遞著我們的感情，好讓我們心靈相通。當你把手放在我的心上就會清楚，它是完全屬於你的。請你將你的花貼近你，作為回應，啊，來吧，我迷人的瑪麗，請將手中的花束握緊！」

3 天以後，她才成為他的人。從這以後，她便每晚都和他相伴。此

外，他還要她去參加每一個盛會，否則他也不去了。她對他來說是什麼呢？這世界上，她是第二個對他一無所求的人，第一個是他的母親。他從來沒有遇到過這樣的女人，她從沒有向他索取過任何財富：寶石、宮殿、王冠、金錢，從沒有索取過。她不僅如此，還將自己的所有給了他。她，瓦萊夫斯卡夫人，正是拿破崙那激蕩的心靈要尋找的那種伴侶，恬靜而又不失可愛。所以，他不會這麼快就讓她離開。「可以說，她是一個天使。她的心靈和她的容貌同樣的漂亮。」

約瑟芬現在要來了？他笑了出來。從遠征埃及到現在，他從來都沒在外出作戰期間帶過情婦，而他手下的將軍們卻風流韻事不斷。當然，這個華沙之戀會避免不了地被誇大其詞一番，然後傳到巴黎，再透過某種隱祕的管道傳到約瑟芬那裡。現在她正等著被自己召喚。他拿出最優雅的方式欺騙了這位也欺騙了他好多年的夫人：氣候惡劣，路途遙遠，治安不好，她不能來的！沒錯，「我十分渴望想要與你一起度過那漫漫的長夜……如果你一直在哭，那麼我會認為你不夠剛強，缺乏勇氣。懦弱的人是我所無法忍受的。你是皇后，一定要有勇氣！」

現在該他欺騙她了。「你在信裡這樣寫道，你和男人結婚是想和他長相廝守，我看到這裡時笑了。在我的眼中，女人是為男人而生的，而男人是為國家、家庭和榮譽這些而生的。人們總是可以在漂亮的女人那裡學到點什麼……再說我實在找不到一個能和我書信往來的女子。我向你保證，如果真的存在這樣的一個女子，那麼她一定像綻放之初的玫瑰花一樣美麗。你信裡所說的，是不是一個這樣的女子？」

看出來了嗎，他是在多麼快樂地說出這一語雙關的詞句！有時他的心就可以這麼輕鬆，又能變得這麼風流，彷彿這世上不存在革命。幾週以後他再次出征了，向他的波蘭情人許諾，一定會再見到她。

現在，俄羅斯那廣袤無邊的疆土第一次在他的面前展開：它像是一片荒無人煙的沙漠。一望無際的草原上面覆蓋的是白雪和泥漿，路都看

不見了，而他們現在糧食短缺。幾次小規模的戰鬥之後，沙皇撤退了。要去追擊他們嗎？他會把我們帶到哪裡去？軍隊的糧食從哪裡來？這裡比不了富裕的德意志，什麼都沒有。如果不是那幾百個精明的波蘭籍猶太投機商一直在和我們做生意，我們的部隊說不定在 1807 年初就全都餓死了。馬車無法往前走了，皇帝改為騎馬前往普爾塔斯克時，士兵們的怨言傳進了他的耳朵裡。這讓他回憶起了 8 年前的阿克，那時他第一次聽到這樣的怨言，同時也是最後一次。將軍們告訴他軍中有士兵自殺，還有數以千計的士兵逃亡、搶劫，只是因為饑餓。皇帝聽後一言不發，因為他現在也無能為力。「我的士兵們我是了解的，」他說，「對他們來說，遠征太艱難了，我們的法國太美好了。」

面臨這樣的形勢，當他逼著俄軍交戰而第一次沒有能夠取勝時，人們還會感到奇怪嗎？雖然在普魯士 - 艾勞他沒有失敗，但是雙方都損失慘重而不得不撤退。這就是第一次警告他：不要去進攻俄國！戰後的總結報告裡面說：士兵們都在爭搶馬鈴薯，戰馬啃著茅屋上的枯草，傷兵遍地，每個上校都不知道自己還有多少部下。

皇帝說：「我們還得停留在這裡兩天的時間，再撤退數里。要派兵把守維斯杜拉河上的所有橋梁，任何人都不許通過，除了傷病員。不要盤問和處罰掉隊的士兵。」這種景象讓他更加苦惱了。而且他過去偶爾才犯的胃痙攣現在在頻繁地發作了。他說道：「我身上有我早死的跡象，我可能會和我的父親一樣，死於一樣的疾病。」這種病是一種家族病，他會和他的祖父、父親、叔父，再加上後來的呂西安和卡洛麗娜一樣，被這種疾病奪去生命。

「我們在泥漿和冰雪覆蓋的草原上生活，沒有麵包和白蘭地，也沒有葡萄酒。」他在寫給兄弟的私人信件中這樣描述。在奧斯特洛特，他和士兵同吃同住在一間穀倉裡。士兵們給他弄來什麼他就吃什麼。他和他們就像當年在義大利那樣同甘共苦。他在穀倉裡發捷報到巴黎，說已經

擊潰了俄國人，死傷人數則少報了三分之二，還說順利的話，法軍可以駐紮在俄國一年的時間。

他意識到自己的神經天生對等待無法忍受，這是他平生第二次。這裡和當年在埃及很像，這位統帥有一種感覺：停頓是一件恐怖的事。在他統治的 15 年中，像這樣在一個地方等了兩三個月的時間，遠離巴黎，只在後來還有過一次。在這兩次裡，他一邊謹慎地權衡、談判，一邊將封閉的心靈打開，讓洶湧的情感和詩情畫意充實自己的生活。

芬肯施泰因是一個普魯士城堡，非常的堅固，他現在活動在這裡。他在等著道路上的冰雪融化，同時也在等著敵人的心軟化。這裡的那幾個大壁爐能夠為他帶來安慰，因為「晚上失眠的時候，我喜歡看火焰的跳動」。這裡的廂房和庭院非常寬敞，足可以在這裡接待各國使臣和信差。有兩個半月的時間，他是在這裡統治著世界的一部分。他的臥室在樓上，他讓人將自己的那張鐵制行軍床，支在了那張豪華的大床旁。

除了兩個人 —— 貼身侍從貢斯當和馬木路克盧斯塔姆外，誰都不知道那位波蘭伯爵夫人住在他隔壁的房間裡。她基本是足不出戶，或者只在晚上出來一下。她通常是在靜靜的等候中消磨時間，看書、刺繡，直到拋下了公務的他推開了門，走進來陪她。他每天兩次和她單獨用餐。司令官的主要活動區域就是這兩個房間。遠離皇宮的皇帝在這裡尋找他夢想中的生活。這裡和巴黎不一樣，改朝換代的願望、爭風吃醋和購買珠寶的帳單都是沒有的。這裡有的只是一個請求，一個避塵的請求，來自一個 18 歲的溫柔女子的眼神。她在學著愛他。

「我明白，」他和她說，「你寧願我不在你的生活裡。對的，就是這樣的，我明白！但是你是那麼的美麗、溫柔，你的心靈是那麼的純潔！難道你要將每天給予我的短暫快樂都奪走嗎？人們還認為我是世界上最幸福的人呢！」

突然一個消息傳來了。他的侄子也就是皇位繼承人，路易國王的兒

子去世了。人們可以從他寫給約瑟芬的信裡看出這件事對他的打擊。但是他此時此刻的想法，卻不能透露給她。當初在埃及的時候，他不是盼著那個開羅認識的交際花為他生個兒子嗎？如果眼前這位他愛著的美麗貴婦給他生一個繼承人的話，又會是什麼樣的情況呢？他會讓她當皇后嗎？為什麼不呢？他看了看她，沉默不語。

巴黎方面有什麼消息？

經波蘭草原傳來的謠言進到了他的耳朵裡：公債下跌，街頭巷尾流傳著惡意的嘲諷，巴黎人問：「我們那些年輕勇敢的小夥子都去什麼地方了？」小心！綿綿細雨極有可能變成暴風雨。而知道怎樣將暴風雨趕走的人，現在卻遠在國外。現在，他單獨和戰敗的普魯士提出講和，甚至提議召開一次會議，但是普魯士王后卻堅持要和俄國沙皇結成同盟。奧地利對他的提議也是沉默來回應。

現在，儘管敵人就在周圍，他卻重新啟動了他成為亞歷山大大帝的計畫。信差帶著密函，從芬肯施泰因宮出發，外國客人則跋山涉水朝這裡趕來。萬王之王的波斯使節也來到了這個地處北方的軍營，來到這位西方皇帝的面前，向他行禮致意。雙方第二天達成了協定，拿破崙將逼著沙皇把格魯吉亞還給波斯；波斯國王則要去鼓動阿富汗和坎達哈人在印度對英國人發起襲擊，還為他們武裝一支軍隊進攻印度，以此作為對拿破崙的回報。如果法國皇帝派出軍隊前往印度的話，波斯會將邊境開放，讓法軍通過。

波斯使節前腳剛走，後腳就來了一個十分威風的土耳其人。他是帶著金光閃閃的禮物和一封書信來的。皇帝找來一位戴著眼鏡的東方學家充當翻譯，他坐在波蘭式的大壁爐前，將東式的誇張總結成了簡單的幾條，口授了一封給蘇丹的回信：「您只向我要求了500人而不是上千人，我對此感到非常遺憾……請您明確提出要求，只要是您所需要的，我立刻就會提供給您。請您保持和波斯國王的溝通，他也是俄國的敵

人……我把您所需要的炮兵和軍隊提供給您的使節，但是他卻不接受，因為他恐怕這會傷害到穆斯林脆弱的感情……我的權力夠大，也很關心您能否獲勝，不僅僅是因為友誼，也是出於政治上的考慮，您的要求我是不會拒絕的。」

這一天，他寫信給弟弟路易，因為新上任的國王路易發來了近乎絕望的請求。這封信是對國王們的訓導，內容很多，足足有 5 個印刷頁。同時他也寫了信給約瑟夫，告訴他在那不勒斯要做些什麼。他還給傑羅姆寫信，因為布雷斯勞的他沒有好好地統率自己的軍隊，卻整天和漂亮的女演員混在一起。拿破崙質問他，為什麼一份完整的報告都沒有呈上來過，為什麼在斯威尼茲派駐了 600 人、在布里格派駐了 400 人。他要的是一份詳細的報告。「請你事無鉅細 —— 彙報給我，這樣我才能全面地了解你現在的處境。」同時他又向法國的每一位主教都寫了一封信，讓他們舉行一場感恩彌撒，慶祝皇帝的勝利，實際上，他是想用個人勢力來控制住教會裡的所有人，因為他很清楚，他和教皇之間的爭執，讓他們越來越感覺到良心不安。

也是這個時候，他向富歇下了 12 道命令，內容和斯塔爾夫人的影響力、貴族區的沙龍有關。他又問起了巴黎兩大劇院的狀況、經費和上演的劇碼。「我的圖書管理員在什麼地方？」第二天他問道，「他是去鄉下了，還是死了？他這是在工作？我曾讓他要把所有新出版的書刊和文獻目錄都寄過來給我，結果他根本沒有做到。」他還為建立一所新的歷史大學制定了計畫，有了這個大學，年輕人除了古代史，還能研究現代史。他寫信給內政部長：「文學應該獲得鼓勵。請你給我提供一些建議，關於怎麼鼓勵文學。」他還問起了新的證券交易所和瑪德萊娜大道工程的情況。「國立圖書館裡有許多寶石都沒有經過打磨，應該把它們分給巴黎那些最優秀的雕刻家，這樣雕刻家們也有了工作，同時也促進了工業的發展。」如何籌措到 600 萬法郎來促進手工製造業，以及如何好好利

用？暗地裡，200 萬用在了他的宮殿修建之用。他還命人寫文章發表在巴黎的報刊上，說是從梯弗里斯和布加勒斯特寄過來的，內容描述的是俄國的絕境。

他又對著安靜的女友露出了笑容。「我的日理萬機有沒有讓你感到驚奇？我的職責我必須履行。從前的我只是一粒橡樹種子，而現在的我則是一棵高大的橡樹，是一位統治一方的君主。人們從各個角度看著高高在上的我。每個人都有需要充當的角色，做不到一直保持本色。為了你，只有為了你，我願意還做那粒橡樹種子。」他語氣平靜地說著如此簡單的話語。再和她共度一晚，他就得重返戰場了。因為已經是 5 月，冬天已經過去，火爐滅了，田園詩一樣的生活也隨即走到了盡頭。兩人都深知，他會和她重逢的。然而如果他忘記了她，他可以看一看在這枚戒指上刻的話，那是她贈予他的：

「如果你不再愛我，請別忘了我愛你。」

十五、與沙皇的和約

提爾西特，涅曼河的中游流經的地方，一隻大木筏停靠在那裡。樹幹和木板上面鋪著地毯，一個彩色的帳篷支在中間，法國和俄國的國旗飄揚在 6 月的朝陽下。東方和西方兩國皇帝的近衛軍駐紮在河的兩岸。小船從兩岸駛出，一起駛進了在河流中間、作為議和處的帳篷。雙方士兵站在一起慶賀這個時刻，10 天前他們還在互相廝殺。站在最前面的士兵將祝賀的話傳給了後面士兵。往日的敵人擁抱在一起，因為他們的主子已經成了朋友。

獲得弗里德蘭大捷後，拿破崙按照他的傳統，向戰敗的人伸出友誼的手。在第一次預備性談判時，蘇丹不怎麼順從，所以他暗示，說不定總有一天，沙皇會將十字架插在君士坦丁堡的索菲亞教堂上。他已經仔

細考慮過這句話的影響了，因為他明白，會在第二天聽到這句話的沙皇亞歷山大是一個兼具浪漫主義和神祕主義的人。沙皇很快就接過了他的友誼之手。現在，奧斯特里茨和弗裡德蘭戰役中對陣的雙方面對面地站在那裡。拿破崙的那雙灰藍色的眼睛，在仔細地打量著他的這位對手，也是在歐洲大陸上唯一的對手，他看見了一個容貌較女性化的青年，面色紅潤，身體纖弱，視力和聽力不佳。他看了兩眼就明白了，可以將眼前的這位沙皇爭取過來。

　　時間只是過去了兩週，本是敵人的兩個人，不僅結成了同盟，還交上了朋友。這是如何做到的呢？

　　「這個人和藹可親，是一個小說中的英雄。」拿破崙給予他這樣的評價。因為他自己實際上並不喜歡看小說，所以這句話裡帶著一點批評。但是他又繼續說道：「他是一位年輕漂亮的男子，比人們想像的更加聰明。」

　　後來，拿破崙對他形成了深刻一些的看法：「沙皇這個人非常具有吸引力，他的身材挺拔，每個和他交往的人，對他都會有一個不錯的印象。我想我也會從心底喜歡上他，如果我也是一個只看印象的人的話。但是，他本質裡有一些特點，是我無法贊同的。他的言行裡好像總是少了點什麼東西。有一點很特殊，那就是在具體事例中，想預料到他少的是什麼是很難的，因為他的這個特點一直在變化。」對拿破崙來說，和沙皇的友誼非常重要，在他眼中，這位沙皇長得更像一名女子。他對沙皇的評價，最終是以恭維的態度來收尾的：「我想我一定會追求他的，如果他是一名女子。」

　　這樣一個人在一個強者誘惑之下成了俘虜也就沒什麼可奇怪的了。至於後來沙皇又背棄了他，也一樣不奇怪。這和開始一樣，都像是一個女子才能做出來的。要說對亞歷山大的描述，要數梅特涅的最貼切了：「一個結合了男性的優點和女性的弱點的人。他的一些沒有經過深思熟

慮的觀點，會突然衝動，然後又會突然懊惱。他會輕易地答應別人，但是又因為做不到而困擾。他沒有多大的野心，但是對於純粹的虛榮，又算不上淡泊。他不像一個統治者，而更像一個通曉練達的人。他的冷淡和熱情是週期性的，週期是 5 年。在這 5 年當中，會產生新的想法，然後再全部放棄，然後再產生了新的想法。最初他追求自由，然後又對法國人無比仇視，接著又受到了法國人的影響。」

5 年後的今天，新的週期到頭了，他們又要開打了。

也許拿破崙在那個帳篷中的時候，就知道會有這一天。當時他們兩人的談判進行了兩個小時。他們還一起進餐，一起騎馬乘車。拿破崙看得出來，自己能夠控制得了他。最初他當著他的面表現得非常紳士，對俄國人的勇敢大加讚揚。然後又表示，他不得不讓自己的大臣們圍在自己左右，以免沙皇的魅力迷倒了自己。吃飯的時候，出於迷惑沙皇的目的，他說起了自己的運氣……這位命運的寵兒平時從來都不說運氣的。他說了一個故事：自己當年在埃及時，有一次在一堵古牆下睡覺，突然牆倒了，自己卻毫髮無損。醒來以後，他發現自己手裡有一塊石頭——他後來發現，上面刻著奧古斯都頭像，精美絕倫。這位皇帝在茶餘飯後杜撰出來的這個故事，哪位劇作家能寫得出來？皇帝試圖用這個故事來對那位信仰神祕主義的半理想主義者產生影響。

這個傳奇的人物講述著，沙皇認真地傾聽著。對，他不如拿破崙知道的多！「在我看來，我和您不一樣，我並不是一個名副其實的皇帝，因為我什麼都要依賴我的將軍們。」然後他不厭其煩地問起拿破崙各種問題，都是和戰爭藝術有關的。兩人騎馬溜達時，沙皇不無天真地問道：「這是什麼地形？怎麼才能守得住，又怎麼才能攻下來呢？」「我詳細地解釋給他聽，還和他說，如果我再和奧地利開戰的話，就讓他帶著 3 萬士兵跟著我吧，這樣就能跟著我學習戰術了。」

哪個女子曾經受到過這樣的追求？一個攻守同盟很快就形成了。

「易北河與涅曼河中間的領土，」這份條約中有這樣的祕密條款，「應該是一個緩衝地帶，將兩個帝國分割開來，這樣兩國就不會因為一點小矛盾而出現衝突。」這個條約中的雙方，付出的目的都是得到。透過這兩句話我們知道了，皇帝放棄了波蘭，沙皇則犧牲了普魯士，儘管他們兩人都分別向一名女子下了保證，會保全她的祖國。波羅的海的海邊，一座無名城市的一間小屋子裡，坐在地圖邊上的兩個人，分割著別人的國家，那種近似怪誕的從容，好像是在演戲。考堡、梅克倫堡和奧爾登堡被法國皇帝讓給了沙皇，他則從沙皇那裡得到了加答羅和愛奧尼亞群島。只是在沙皇想要博斯普魯斯海峽時，他才表示了反對：「君士坦丁堡？那裡可是和全世界的統治權有關！」人們能夠感覺出來，這兩個瓜分世界的人，早晚還是會一較高下。

普魯士國王也被招到這裡來了，但是既無威望又不機敏的，全然不被兩位皇帝放在眼裡。拿破崙背地裡管他叫「呆瓜」，認為他才能、性格全都沒有，而且他不管做什麼，都會受到他的嘲諷，包括他穿什麼樣的服裝。害怕普魯士會消失的國王想盡了所有的辦法，後來還把王后也請到了提爾西特。這位美麗的敵人讓皇帝很是好奇，告訴她自己非常想在這裡接見她。但他又找藉口，說大家現在在中立地區，自己前往招待她多有不便；不過他已經為會面準備好了一間漂亮的房子。他自己穿著最簡單的衣服，身後是一群衣著光鮮的隨從，騎著馬來見她。她站在門口的臺階上迎接他。

她戴著古色古香的珠寶，身穿白色絲質裙，臉上是美麗又滿含怨恨的神情。之後說了一句彷彿不含惡意的話語，將僵局打破：「陛下，希望您不介意這狹窄的樓梯！」

「為了能到這裡來，什麼都可以遷就！」當他問道，這樣的絲綢是否產自西里西亞時，她鄭重地答道：「陛下，我們來到這裡，難道就是來聊這些瑣事的嗎？」然後她拿出女主人和母親的姿態，博取他「勇敢而

博大的心」。

「重返柏林會讓您感到高興嗎？」

「不一定。我們能不能一點都不傷心地回去，完全由您決定。」

「夫人，我會非常樂意。」但是她想插一句的時候，拿破崙又突然問道，表情十分嚴肅：「夫人，普魯士怎麼敢加入這場戰爭的？」

「腓特烈大帝的威名讓我們對自己的實力做了過高的估算。」

「但我多少次建議你們議和！在奧斯特里茨一戰之後，奧地利可就學聰明了。」

「今天，請您接受我們的謝意。」

「破壞了我對普魯士的友誼的，不就是您嗎？」

「您光明正大，心靈高尚，有著偉人的氣度。」

「王后，很遺憾，我是非常的隨和，但我還是有原則的。」

「我並不懂政治。但是在我看來，這並不能作為一個女人的恥辱，如果我向您發誓……」他饒有興趣地傾聽著，但是她也看見了。「和藹的微笑掛在他的嘴角上，這讓我覺得獲得成功是有希望的。就在此刻，國王進來了。」

他們兩人之間的談話雖然不包含什麼政治意義，但是卻在私人感情上有重大的進展。「非常好，國王也來了，」皇帝這話是說給沙皇聽的，當然裡面有些賣弄的成分，「我差不多就要答應她了……這個女子如此迷人，讓人無法將她的王冠摘下。」在他再次和她談話後，他在給約瑟芬的信中這樣寫道：「一個很有魅力的女人，在我面前表現得非常可愛。不過你沒必要吃醋……我要是在這裡拈花惹草，代價將極為高昂……她的統治野心已經受到了懲罰，但是身處不幸的她卻表現出不少優秀的品格……不得不承認，她說的很多話都很有意義。」

還有更令人驚奇的，那就是拿破崙對她的影響。過去她曾經稱他為「地獄惡魔」，現在她卻這樣寫道：「他的腦袋非常勻稱，外貌看起來

像一名思想者，全身看起來，則讓人想到了古羅馬皇帝。他在微笑的時候，嘴角那流露出的表情，讓他看起來非常和善。」

拿破崙所獲得的最大勝利就是這個了：寥寥數語就把他描述得如此動人，還有哪個女人能夠做到？但是她還是恨他，理由十分充足，因為面對已經卑躬屈膝的她，他還是鐵石心腸，一點都不為所動。很快她就激怒了他。當他們簽署完所有的檔案，皇帝「僅僅因為與沙皇的友誼」，而沒有將普魯士王國肢解，雖然它的領土還是小了不少。王后卻想趁機再次軟化他。一切都已經塵埃落定，在皇帝送她上馬車時，她又一次問道，一個這麼偉大的人，為什麼要放棄她永遠的感激。皇帝的回答不失禮貌，但是又帶著一點嘲諷：

「您還想要什麼，夫人？應該同情我，因為很顯然這是我的命不好。」

十六、「上帝在人間的化身」

巴黎現在在說什麼？

「即使我現在離我的國家很遠，也不能坐視那些壞人鼓動首都的民眾鬧事！」他離開法國有 10 個月，時間如此之長，可謂空前絕後。但是他加強了對國內政權的控制，因為他十分擔心喜好責難的巴黎人難以駕馭。巴黎並不欽佩他，意含諷刺的笑話、歌謠傳遍了街頭巷尾，目前還在用懷疑的調子，對他的遠征進行嘲笑。對啊，他是正確的，得用「帶著絨手套的鐵拳」，來對付這些巴黎人。是時候讓那些巴黎人嚐嚐這個的滋味了，只是那絨手套，已經出現了一點磨損。會有怎樣的一種十分鬆散的氛圍呢？他們難道想回到督政時代，每個人都能隨意說話、發表意見？

更加嚴厲的新聞檢查制度頒布了。只能上演遠古時代的歷史劇，即

便介紹的是拿破崙所尊崇的高乃伊，劇本也得刪減一番。歌劇每次上演前都要請示他，創作後送交審查還不行，立選題時就要接受審查。宗教題材的作品全部禁止，神話故事卻大受推崇。雖然拿破崙很不喜歡耶穌會，但他還是以它的學校模式建立了一所大學。這所耗資巨大的大學規模宏大，教師可以不用服兵役，不過仍對獨身有一定的要求。夏多布里昂受到了攻擊，他的作品《法蘭西信使》也不允許發行，因為在反對派的沙龍裡，他對皇帝進行了批評，還舉出歷史學家塔西陀的話，說已經向暴君尼祿報了仇。

斯塔爾夫人重返巴黎的要求再一次被駁回，「原因是她能讓人們思想，讓那些從不知道該怎樣思想，或者已經忘記如何思想的人去思想。」拿破崙對大宰相下令：「把 R 伯爵找來和他說，他妻子的閨房已經淪為巴黎的笑柄了。」他又告訴富歇：「巴黎的員警工作比較差，所以惡意的謠言到處流傳。請您對西第尼大飯店和富瓦咖啡店內的談話多加注意。」為了讓每一個年輕人都知道上帝的寵兒是誰，法國的每個孩子都要學會背誦：「我們必須尊敬、愛戴並和服從拿破崙一世，對他忠心，為他入伍……熱情地為了他的福祉祈禱……因為無論是和平還是戰爭時期，上帝都將所有的才能彙集在他一人身上，他就是上帝在人間的化身。」

但是他這一步邁得太大了。歷代王朝的那些繼承人可能自己確實相信這些，但是別人，至少是別人中的一部分，是不相信的。3 年前加冕的時候，他自己都說過這樣的話，如果他宣稱自己是上帝之子，那麼連賣魚的婦女都會當面對他進行譏諷。

他再也不是之前那個人了嗎？他難道不是還和平常一樣，從來不在個人的事情上鋪張嗎？人們計畫花錢裝修他的書房，他都拒絕了。在他的書房裡，只有一張巨大的寫字桌和一個木榻。他在口授什麼東西時，要麼是靠在這張木榻上，要麼就是來回地踱步。房間裡還有一對枝形燭臺、兩個高高的書櫃，和腓特烈大帝的那尊半身像。另一個陳設一樣十

分簡單的房間裡，放的是凱撒的銅像。他一邊說，一邊翻著帳單：「我還在當尉官時，這些東西都比現在便宜得多。我可不沒有比別人多掏錢的想法。」當人們想對皇宮中的劇院大廳進行修繕時，他又說：「如果沒記錯的話，在我加冕典禮時，花了不少錢買的軟墊椅和枝形燭燈，肯定是放在哪裡了。」

雷卡米耶負責皇帝的衣物被辭退了，原因是超支了兩萬法郎。他的繼任者收到了一份清單，這是皇帝親自開列出來的。「我認為我們還能再節約一點。他讓裁縫仔細地縫製。衣服做好後，經我檢查通過後就放入衣櫃。」通常每個季度做一套制服。拿破崙對此又說：「這件衣服穿 3 年也沒問題啊……另外，48 套單價是 80 法郎的白短褲和馬甲，總共就是 3840 法郎；每套短褲和馬甲，每週交一套的貨，也能穿 3 年……24 雙鞋，每兩週交一次貨，能穿兩年，總共就是 312 法郎。」他大量訂制的只有襯衫，他一週需要 12 件襯衫，足夠穿 6 年的。

個人生活方面，他並沒有變，和他當年領兵出征的他一樣，什麼都沒有享受。但是宮中恢復了那些繁文縟節和各種慶典，拿破崙不惜在被他摧毀的舊政權過時的排場上，大肆揮霍寶貴的時間和金錢。更嚴重的是，他將他自己的尊嚴和自由都浪費掉了。

那些家在貴族區的人進宮觀見他時，面對的再也不是他的譏諷嘲笑，而是由衷的高興之情。他的情緒人們能夠理解，少年在軍官學校時，那些笑話他的貧窮的貴族同學，現在紛紛在這個科西嘉人的朝廷居官。鋥亮的地板倒映著他們的身影，彷彿在對他們的卑躬屈膝進行嘲笑。納博納家族、蒙莫勒內家族、諾埃爾家族、拉賽維爾家族、蒂雷納家族、孟德斯鳩家族，過去都曾聲稱和暴發戶拿破崙勢不兩立，現在也都來到了杜樂麗宮。身穿德意志式的制服的萊茵聯邦州君主王侯們在宮廷裡進進出出；梅克倫堡人則在向皇后大獻殷勤。巴登和巴伐利亞的王位繼承人有列席參政院會議的權利：對舊貴族來說，所有的這些，無非

是消遣而已,在皇帝看來則屬於政治手腕,他想讓這個階層對他效忠。

這樣一來,本不該發生的事發生了。拿破崙提拔的人都是有軍功的,而從來沒有封過任何無用之人的官職,即使他是某位高官的子侄;這位有過尉官經歷的統帥,經常和軍官們一起住在穀倉中,和擲彈兵們一起在篝火邊圍坐;在他自己制定的法典當中,他明確寫著,要將門第的特權廢除;他用新觀念和世襲尊位的舊觀念進行對抗,將全歐洲攪得地覆天翻──但是還是這個波拿巴,居然新封了一批貴族,「因為人們想留給子孫的,除了財產,還有榮譽。」之前,拿破崙只會讓那些最勇敢的元帥、最能幹的參議員和大臣們做親王、伯爵、侯爵,這是最高級的榮譽。現在,這些新貴族的後代,有錢但胡作非為、遊手好閒的人,竟然堂而皇之地享受著種種特權,而這正是一代法國人奮鬥了 10 年、流血流汗發誓要廢除的。

眼下,連榮譽軍團也被創立他的人褻瀆了。最早的時候,只有國家的有功之臣,才能成為榮譽軍團的成員;現在不一樣了,這一稱號和財產可以由他們的子孫繼承。這些貴族的後裔,也能夠繼承親王爵位和稱號。當然,這種繼承並沒有帶特殊的公民權利,然而這種新措施無疑是和《拿破崙法典》的精神相悖的。

頒布這個新法令時,拿破崙在一封私人信件中這樣說道:「只是少數那些天賦高的人,才需要自由,他們才能擁有比較高的能力。對自由進行限制並沒有什麼危險。大多數人對平等都是熱愛的。我賜封給他們頭銜的時候,並沒有考慮到那個老問題──門第出身,所以並沒有傷害到他們的感情。我賜予他們的,是每個人都可以得到的平民王冠。聰明的人用他的行動對他領導的人進行鼓舞。我個人的方向是向上奮進的,因此我們的國家也要沿著這個方向前進……我明白,我讓那些王侯們得到這麼高的賞賜,目的是我想讓他們獨立於我,他們將靠著他的等級精神脫離我。但是我比他們跑得快,很快就會將他們超越!」

這裡埋下了一個少見的、極大的謬誤。就在幾個月前，拿破崙還因為在荷蘭設立貴族制度，批評了他的弟弟。而現在他自己卻在如法炮製，他的理由是：荷蘭人是一個經商為主的民族，而法國則不一樣，是軍事帝國。實際上，把法國變成了一個軍事帝國，恰恰是他本人，這就是第一個危險。他的皇位是第二個危險，有了這個皇位，他不可避免地把這個古老的具有象徵性的權力傳播到整個國家。

當執政的時候，他能夠隨意地賜恩封爵，讓人們進入榮譽軍團。他可以讓國家的許多小輪子上，來分攤飛輪的巨大力量。而他把封地分賜給那些最優秀的人時，一定要有封號的，還是可以承襲的封號。而那些二、三流的人，他不給封地，只給封號。這樣用不了一代人，就會出現幾千名貴族，三代以後，這個數字就會變成兩萬。這些所謂的貴族功勞和作為都沒有，只有優越感。即使他們沒有政治特權，也能享受社會特權，而當年激起了民眾的反叛的，正是這種社會特權。

反叛和忘恩負義沉積著，到時候，拿破崙就會目睹自己犯下的大錯。他毀滅平等的做法是個大錯誤，這個錯誤遠比當日處決昂吉安公爵要嚴重得多。那個他只不過是殺了一個舊朝代的後裔，而現在，他卻是親手製造了一批復活舊政權的先驅。

他心情無比沉重，這一年，雖然他的身上並沒有發生什麼不幸，但是卻是拿破崙心裡面最灰暗的一年。「你對自己的動機並不了解，」那時他曾對一個民主主義者說，「你不知道自己跟別人有什麼區別。任何人的所作所為，都是出於他自己的利益。請看一下馬塞納，已經聲名遠播的他，還在對親王的頭銜垂涎三尺，和繆拉和貝爾納多特一樣；總有一天，他會戰死沙場，只是為了獲得這一殊榮。法國人前進的動力，就是野心！」

他現在的態度越來越冷漠。如果沒有得到召見，他的兄弟都不能隨便找他談話。安排工作也沒有之前那麼有規律了，經常開會開到12

點。在游獵歡宴之餘，即使是在楓丹白露宮，他也只允許演悲劇。他經常半夜起床，向祕書口授些什麼，一直到早晨。他的神經日益緊張，只能靠洗幾個小時的熱水澡來緩解。他那老毛病胃痙攣也總犯，還越來越嚴重。

有時候，拿破崙會有短暫的抑鬱，就像他年輕的時候患病一樣。他總會談起狂風的悲鳴、大海的怒吼。聽義大利歌手演唱歌劇，他會讓人遮擋住燭光。他的心裡在想什麼，誰都不知道，他的表現讓大家都很驚異，以為他這樣的憂鬱是因為政治。大家都無法理解，他現在抱負已經實現，如願以償，卻又感受到了夢想破滅帶來的失望；他所得到的，並不是他所想要的，再說夢想實現得也太遲了。「你與別的人一般見識，」一位大臣前來祝賀他簽訂提爾西特和約，被他嚴詞訓斥，「只有簽訂了君士坦丁堡和約，我才當上了主宰！」

世界霸權！亞洲！他的腦子想的全都是這些。他一直在尋找悲劇中的英雄人物，想在他們的身上找到自己的影子。其實，要想徹底搞清楚他內心活動的真實寫照，應該去讀一讀詩歌。當時德意志的詩人歌德的詩歌作品裡，對浮士德內心不安的情緒進行了描述。而皇帝的內心還要不安，他正在激烈地在歐洲的各個國家裡製造不安。

這段內心焦躁不安的時期過去了以後，他又和往日一樣的平靜與精明了。在寫給另一個統治著廣闊疆域的皇帝沙皇的信中，說到了他想像中的計畫：

「建立一支 5 萬人的、由法軍、俄軍組成的軍隊，再加上一些奧地利人也行，就能夠長驅直入君士坦丁堡，接下來再進攻亞洲。我們的軍隊一旦抵達幼發拉底河，英國就會投降歐洲大陸……只要我們達成和解，我們的軍隊一個月以後就可能到達博斯普魯斯海峽，影響遠及印度……當然，這所有計畫，一定要和與陛下進行會晤，才能做最後的決定……在 3 月中旬以前，所有的這一切都會確定。到 5 月 1 日，我們的軍隊就

已踏上了亞洲的土地，您的軍隊則可進軍斯德哥爾摩。這樣英國肯定會崩潰，形勢也會大為改觀。陛下和我已經達成了這樣的共識：由我們這兩個國幅員遼闊的國家共享和平……不過聽從上天的安排，永遠都是明智的。這會讓那些鼠目寸光的小人物低下頭去，他們不會看到的：應該去歷史上的遙遠過去中尋找現在這個時代的樣板，參考現在這個時代報紙上的文章是不行的……我謹藉這寥寥數語，將我的真心實意傳達給陛下，講述我現在的所思所想。」

真心實意？所思所想？不！這只是經過切割的寶石，目的是讓這位糊塗的理想主義者高興，後者的很多理想折射在寶石無數的平面上，閃爍著七彩的光芒。不過，這封信裡也有一部分是切實可行的。不久前，他接見了一位將軍，他曾經去過印度的，覺得這個計畫可行，皇帝無須憂慮。然後皇帝就伸出雙手不停地摸他的臉，而且「非常高興，像個孩子似的」。

拿破崙就是這樣，想像力十分強大。

他再一次被現實帶入了查里曼大帝的世界。他前一年曾經計畫去羅馬將自己加冕為「西方的皇帝」；教皇與此同時將失去所有的世俗權力，剩下的只有幾百萬的年俸。但是紅衣主教們拒絕了，憤怒的拿破崙宣稱：「我將讓整個義大利服從於我的統治。如果聖父在世俗事務上給予我一樣的待遇，那我也不會對教廷的獨立構成威脅。聖父在羅馬毫無疑問是獨立自由的，但是，我是羅馬的皇帝！」他的恐嚇行為，和與他的所有權力所依據的國家法律是衝突的。不管在羅馬還是印度，拿破崙都試圖用武力的手段，來將他幻想中偉大先驅所憧憬的事業實現。

現在有越來越多的跡象顯示，拿破崙對歷史的幻想，已經超越了現實可能性的範圍，這最終將帶來可怕的後果。

在羅馬，現在的他還是有優勢的。可是，他已經習慣了頤指氣使，越來越迷信對自己不可征服的武力，已經將 10 年前他用來反對專橫跋扈

的督政官們時的道德準則忘得一乾二淨。後來他甚至還不顧威望掃地的危險，將這些準則寫進了《教務專約》。現在，他竟然在給歐仁的信中提到了一本一個紅衣主教留下的歷屆教皇史，「如果這部遺著試圖證明教皇是如何傷害教會和基督教的，那麼你可以馬上就讓其出版。」

因為教皇不同意將英國船隻驅逐出港口，皇帝占領了安可納，在寫給教皇的信裡這樣說：「感謝上帝保佑，我的事業無比榮耀……如果聖父想將我的使臣驅逐出境，那也是您的自由。如果您選擇接納英國人或者君士坦丁堡的君主，這是因為我的緣故，那我也一點都不介意……所以，我向上帝祈禱，多給您幾年的時間主持聖母教會。您虔誠的兒子，法蘭西皇帝，義大利國王拿破崙。」

前一年，他不僅自己進行這些諷刺性的威脅，還透過他的舅舅費什進行警告，說他自己的職責很像當年的康斯坦丁皇帝，又說起了中古時代的受爵封地之爭：「對於教皇來說，我就是當年的查里曼大帝，因為我和他一樣，不僅已經成為法國和倫巴底的國王，我的帝國領土遠及東方……如果表現得好，我可以讓一切都保持不變，否則我就會把教皇貶成羅馬主教……還在義大利推廣《教務專約》，因為所有能讓法國幸福的事物，在義大利也會有一樣的效果。而反過來在一個國家對幸福沒什麼好處的事物，在另一個國家也不會行得通的。」

這的確是馬丁‧路德的話！當一個人的世俗事務在歷史神祕主義中迷失的時候，他通常都會富於幻想。而將宗教神祕主義作為世俗事務的藉口時，又會出人意料地清醒。拿破崙的理智，讓他這一輩子，實際都比較傾向於路德的新教，不過他並沒有在法國推行路德新教，這是考慮到了政治方面的因素。因為教皇依然不願背離英國，他準備和教皇決裂。然後，這個錯誤地自稱義大利國王的人，提出將分割了南北義大利王國的障礙清除，好最終能將整個義大利收入囊中。

現在，他寫信給義大利總督歐仁，以下達軍令的方式道：「現在的教

皇權力太大了。僧侶們並沒有進行統治的權力。他們有什麼理由，不將本來屬於皇帝的東西還給皇帝呢？為什麼不再讓我的屬國不安呢？估計用不了多久的時間，我將……撇開教皇，將德意志、義大利和波蘭的教會組織到一起開一個會議。」為了獲得多數票好贏了教皇，他想增加法國紅衣主教的人數，但是被教皇拒絕了。教皇表示自己可以為他加冕成西方的皇帝，以表和解。但是，現在對拿破崙來說，這個他一年前提出的願望，已經再也沒有吸引力了，因為這件事只要具有可能性，對他來說就算是實現了。教皇在金錢問題上妥協了，皇帝則趁機得寸進尺，又威脅道：「我將所有的這些領地併入法蘭西帝國，再將查理曼允諾的禮物收回。」

簡單地說，他的胃口已經大到還想將教皇的領地吞併。一怒之下的教皇中斷了談判，拿破崙則出兵占領了羅馬。到了 4 月，教皇的領地淪為一個行省。

拿破崙的一生中，腳步到過開羅和維也納，還有馬德里和莫斯科，還總會待在義大利。但是，不知是命運的安排，還是出於謹慎，他從來都沒去過羅馬，從孩童時代開始，對這個城市的印象就無從證實。現在，被他視為永恆之城的羅馬再一次被他的將軍們占領了。在他身邊的人，都沒有站出來表示反對，只有他的母親，察覺到這是一個巨大的錯誤。她為此而感到煩惱。過去，對於兒子事業的一切，她只是帶著懷疑的意味說：「希望這一切能夠長久！」而現在她卻已經預見到了毀滅。她和自己的密友訴說了自己心中的不安：

「我已經預見到了，他會為自己以及整個家族帶來災禍。他應該滿足於現在自己所擁有的一切。他想要的太多，最後的結果必然是一無所有！」

十七、渴望繼承人

「那些並非出身貴族、但是才能卓越的人物，在觀念和擔任公職方面的權利完全平等，好將統治者與無產階級之間的各種奴役關係和隔閡徹底消除，這才是德意志民族所熱切盼望的。《拿破崙法典》帶來的那些好處，還有審判和陪審制度，是你的君主制度的決定因素。讓我說出我所有的想法吧：為了實現鞏固君主制度的目標，我是非常重視上述的幾點的，重視的程度要遠遠超過對戰役的勝利的。你的子民一定對他們以前從未享受過的自由與平等十分的享受！這樣的統治，將在你和普魯士之間形成強有力的屏障，這屏障要比易北河，比眾多的城堡，比來自法國的保護強大得多。嘗到了自由政府的甜頭的人民，還怎麼會忍受普魯士的統治呢？」

這段內容來自一封家人間的私信。在傑羅姆受封為威斯特法利亞國王之際，拿破崙向他最小的弟弟闡明了託付給他的一項偉大使命，這是革命的基本概念首次扎根在德意志的土壤裡，是傑羅姆一定得完成的任務。這個原來只知如何服從國家的民族，現在要知道如何自治。回溯歷史，荷蘭人與義大利人早已熟悉了自治。但是對萊茵聯邦的君主們來說，即使他們採用了新的法典，卻又面臨著缺乏傳統和人才的問題，並沒有對國家的內部進行改革。波拿巴家族這個最年輕的成員肩負的歷史使命就是：進行民主政治的偉大試驗，將 400 萬德意志的人的身份，從臣民變成公民。如果這次試驗獲得了成功，在解放戰爭後，整個德意志民族就將不再為君主們所奴役！

但是，這個的年輕人只有 23 歲，在家中年紀最小的他從小便養尊處優，將當國王看做一個風流遊戲，肆意揮霍著金錢和精力。青春好像一瓶香檳，一打開塞子就會冒泡。他騙著他的符騰堡妻子，情婦不計其數，走到哪裡都留下一堆債務、私生子和醜聞。他的眼裡只有自己享

樂，對臣民的快樂漠不關心。他這種合法的惡習，對選拔賢才的革命思想是一種惡習。德意志人的想法也是有道理的：如果一定要找一位王子當執政，那也至少是一位一出生就是王子的。但是，無論是世人的譏諷，還是兄長的忠告，傑羅姆都認為非常的可笑。

　　拿破崙十分偏愛這個弟弟，就像父親會十分溺愛最小的兒子。生活瀟灑的傑羅姆非常符合他自己的生活節拍，而且和藹可親的他很少動怒。有一次他向拿破崙提出要求：賜予他最高指揮權，他的兄長這樣回答：

　　「你在和我開玩笑吧！等你有了出征 6 次，騎的戰馬倒下 6 匹的經歷，我們再談這個也不遲！」傑羅姆面對這樣的訓斥也絲毫不以為意。傑羅姆出征之時，他的後宮都會隨行，不過沒有王后，跟著的都是他最美貌的宮女們。他頒布公告都是和路易十四一樣的口吻，即使受到皇帝下面的申斥也不以為意：

　　「你下達的當日軍令我讀到了，真是太可笑了。你是國王，是皇帝的弟弟！一定要具備作戰的優良特質！我在軍營的時候，從來都不需要大臣，也從沒有講究過奢華。你一定要和先遣部隊在一起宿營，時刻騎著戰馬，這樣才能以最快的速度得到情報。你要是做不到，還不如不出來，留在宮中！作戰的你，很像東方的總督！上帝啊，這些你是在我身上學到的嗎？我打仗的時候從來身先士卒，即使是我的外交大臣，都不能跟著我……你提的要求這麼多，你也具備一些好的特質和一定的才幹，但是現在全都被你的胡鬧行為給毀了。而且，你還狂妄驕傲，無知得很！」

　　拿破崙的信被這位年輕的國王塞在胸前，只是一笑了之。皇帝呢？當他好像一個憂心忡忡的父親一樣告誡弟弟時，可曾想到自己讓這個不稱職的家人掌握了大權，就是在摧毀權力本身？他可曾想到，賜給這樣的家人金色的王冠和徽章，就製造了一群昏庸的皇親國戚？他可曾想

到，人造的小人會從玻璃瓶裡溜出來，然後譏笑它的主人？[1]在處理家族的問題時，他有時扮演的角色極不尋常：好好先生。雖然開頭一般是他下命令給兄弟們，但是總是以他妥協收尾。「我的弟弟，你王國的憲法隨信寄去。」他對國家要事的訓令這樣開始，和戲劇的對白有點像。如果心情好，他會在寫完一封全是指責的信時，以父親一樣的笑容說上一句作為結尾：「我的朋友，我愛你，但是，你真的是年輕得可怕！」

他自己也已經不是年輕人了。隨著他的計畫越來越大，他待人接物的態度，也在不可避免地越來越生硬。主要原因是過重的負擔。12 年前，征服者拿破崙翻越了阿爾卑斯山的，他的盛名已經響徹整個倫巴底平原。他的青春為這次征程賦予了浪漫的氣息，對同時代的人有很大的吸引力。現在，山間湍急的溪流早已變成了大江，上面行駛著裝滿世界各地寶藏的大船。大江奔向海洋，馬上要和世界上所有的水域匯合：他的臉上，他的心中，早已被他那些偉大的計畫帶來的重負留下了痕跡，刻下了紀錄。他擁有的寧靜時刻越來越少，歡樂和心情好的時候更是極為少見。對自己的偉大使命所擁有的豪邁的、憤世嫉俗的態度，讓他成為人們心目中的一尊雕像。

他已經將那位波蘭伯爵夫人召來了巴黎，還為她準備了一套房子，地點就在當年約瑟芬迷住了他的那條街上。因為某種迷信的想法，他已經不止一次地讓他的情人住在那裡。每天他都會派自己的御醫去那裡看望她。雖然大家都已經知道了這件事，但是她依然深居簡出，從來不去劇院，即使那裡已經為她準備好了包廂。即使在巴黎，她也不總和拿破崙見面。這只是一首插曲，處在田園詩一般的戀情和下一次戀愛之間而已。希望她為自己生個兒子，這就是他的法則，而現在，這可能引起比之前嚴重得多的後果。

---

1 歐洲中世紀煉金術士曾試圖製造霍蒙庫魯斯（Homunkulus），即人造小人。歌德《浮士德》中的瓦格納在玻璃瓶中造出霍蒙庫魯斯。

　　因為他的內心，並不接納他的第一個兒子，原因就是孩子的母親。很久以來，人們都對他的生育能力表示懷疑，這個孩子出生了，這讓當時身處柏林的他長出了一口氣。拿破崙回巴黎後沒多久，孩子的母親就想見他。拿破崙讓別人轉告她，所有未蒙召見的人，他都不會接見的。他給了她一筆錢和一套房子，然後就和她斷了來往。但是他讓人帶來了那個男孩，逗他玩，甚至一度產生了領養他的想法。這些都是私下裡進行的。但是，無形中主宰他的，也就是被他叫做「事物的天性」，偶爾也稱為命運的東西，禁止他享受天倫之樂，這人類生活中最自然的歡樂。將近四十歲的他終於有了自己親生的兒子，他本來能夠將他立為繼承人。但是，身為「西方的皇帝」，他無法站出來宣稱：「這是我兒子！」不過，他至少還能將自己的半個名字送給男孩 —— 他給孩子取名為萊昂[1]。

　　但是，拿破崙很快徹底放棄了讓萊昂當繼承人的想法。原因，有可能是他對孩子的母親一點感情都沒有了，也有可能是因為他預感到萊昂的品德不好 —— 他似乎有一種預感：這半個拿破崙將來會成為半個罪犯和徹頭徹尾的二流子。

　　隨著年齡越來越大，他也越來越急切，想要有一場新的婚姻。在拿破崙和約瑟芬之間，在理性和傷感之間，已經進行了多少次的長談。然後僕人們看見，不只是約瑟芬的臉上有淚痕。有一次他說：「沒有繼承人太可怕了！」但是，他對約瑟芬的眷戀卻絲毫沒有減少。一直有人勸他離婚。但是天性保守的他，對這個他發跡前的第一個愛人的愛，依然是那麼的執著。「如果我和她離了婚，」塔列朗勸他離婚，他說，「家裡就沒有迷人的女性了。我就得重新學習怎樣去適應年輕妻子的好惡。皇后很了解我，我們之間的默契很好。再說我和一個曾經幫助了我很多的女人離婚，有些忘恩負義。」這些理智、高尚、輕鬆和滿滿的柔情，將

1　萊昂（Léon）是拿破崙（法語為 Napoléon）這一名字的後半部分。

他繼續和他的妻子維繫在一起。

　　但是困難與日俱增，他不得不要採取決定性的措施。他想和妻子離婚，將給法國帶來道德層面上的影響，因為和他相比，約瑟芬更受歡迎。最終他提出了一個誰也沒有想到、能讓他一舉兩得的建議。有一個人，是他早就需要、而現在更需要見到的，他約見了她。對於調停他與呂西安之間的關係，他母親一直都沒有放棄，一直在為呂西安求情。現在，拿破崙巡視義大利的時候召見了呂西安。

　　這是流傳下來的拿破崙最有趣的一次談話了。呂西安真實而生動地記錄了這次談話，拿破崙被他描繪得栩栩如生。

十八、奇特的離婚計畫

　　呂西安現在也已經 30 出頭。12 月的一天晚上，他來到曼圖亞宮，帶著忐忑不安的心情，因為哥哥的召見讓他非常害怕，害怕自己會被逮捕。房間裡閃著耀眼的燭光，進去時，他什麼都沒看清楚。隨後他聽見盧斯塔姆小聲地說：「陛下，您的弟弟呂西安來了！」

　　然而，坐在一張大圓桌前的拿破崙，對僕人的稟報沒有做出任何反應，這張大圓桌完全被一幅歐洲地圖覆蓋住了，呂西安還從來沒有見過這麼大的地圖。皇帝左手托著臉頰，右手在地圖上插著彩色的大頭針，用來代表師團或集團軍的位置。呂西安已經由好幾年沒見過他的哥哥了，而這些年裡拿破崙的變化大到呂西安甚至都不敢確信眼前的這位就是皇帝。他愣在那裡有幾分鐘。終於，地圖前的皇帝直起了身，打了個哈欠，後背在椅子上蹭了幾下癢，又伸手用力搖了一下身旁的小鐘。這時，呂西安才往前走了幾步。

　　「陛下，是我，呂西安。」

　　皇帝很快站了起來，將僕人遣退，親熱地牽住了弟弟的手，雖然動

作有些不自然。呂西安覺得自己應該給哥哥一個擁抱，他的哥哥沒有拒絕，但是卻漠然地站在那裡沒有動，彷彿已經不習慣這種親密了。然後他又牽起了弟弟的手，輕輕地往後推了他一點，好能好好地打量他：

「真的是你嗎？你還好嗎？你的家人都還好嗎？什麼時候從羅馬出來的？路上還順利嗎？教皇他怎麼樣？他喜不喜歡你？」

呂西安感受到了這一連串問題下面的尷尬。他一一作答，又說他為哥哥的身體健康而非常的高興。

「對的，我挺好的。」他輕輕拍了一下自己的小肚子，「我胖了，而且我害怕我會越來越胖。」隨後他銳利的目光看著呂西安，吸了一下鼻煙，又說：「你呢？你知道嗎，你長得很漂亮。你以前太瘦了，如今，我認為你差不多可以算得上英俊了。」

「陛下可真愛說笑話。」

「沒有，這是真話。我們還是坐下來，好好地聊一聊吧。」他們面對面、隔著地圖坐了下來。皇帝手裡擺弄著彩色大頭針，呂西安則在等著他先開口說話。最終還是他先開口，說：「陛下。」此時皇帝弄散了所有的彩色大頭針，說道：「怎麼？你要對我說什麼話？」

呂西安希望兄長能夠原諒自己。

「我是否能夠原諒你，完全由你自己決定。」

呂西安表示自己願意為此做任何事，只要這對自己的尊嚴無損。

「很好，但是，和你的尊嚴相稱的，又是什麼呢？」

呂西安說了天性與宗教。

「那麼政治呢，先生，政治和你什麼關係都沒有嗎？」

呂西安否定了政治，說自己已不過問政治，現在只是個普通老百姓。

「一切都由你自己決定。你完全可以當國王，像你的兄弟們一樣。」

「陛下，我妻子的尊嚴，我孩子們的地位……」

「你總在說你的妻子。但是你非常明白，她從來都不曾是你的妻子，無論是過去現在還是將來。原因就是我永遠都不可能承認她。」

「唉，陛下！」

「不可能，永遠都不可能，即使天塌了！我可以原諒你的過錯，因為你是我的弟弟。但是對於她，我除了詛咒什麼都不會有！」於是他開始長篇大論地責罵，一直到苦笑著的呂西安插嘴說：

「陛下，請您克制一下！有句諺語很有道理：望彌撒的行列千變萬化，可是聖靈常在。」這句話被呂西安譯成了法語。當皇帝繼續咒罵著弟弟的妻子這個女人聲名狼藉時，呂西安有點不高興了。於是皇帝略微讓了一點步，承認有些大概是謠言，但是自己還是不能承認她。此外，基本法中有一條內容和薩利法典一樣：皇帝家族成員的婚姻將被視為無效，如果沒有得到皇帝認可的話。但是呂西安提醒他，他是在他稱帝之前結的婚。拿破崙回答：「沒錯，但是這部法典，就是為你頒布的！」呂西安被這個拿破崙式的邏輯逗笑了。

「你笑什麼！我不認為這有什麼好笑的！你和你的妻子，還有我的敵人們對這件事的議論我一清二楚。你唯一的朋友是我的敵人，但是任何一個善良的法國人，都不會認為你是對的……如果你想讓大眾重新支持你，那就和傑羅姆學，加入擁護我的事業的隊伍中吧。」

現在，皇帝掌握著呂西安的命運，因此現在該他要克制自己了。但是最終還是忍無可忍，他一下子跳了起來，此後就再也沒坐下：

「陛下您弄錯了！您就是以這種態度來報答我過去為您的效勞，如果您的朝臣都贊同您對我這種態度的話，那麼只是因為這是他們的職責而已。在我這裡，我的僕從們也會認同我的做法！」聽到這些話的拿破崙緊鎖眉頭，鼻翼顫動，兩眼閃光 —— 「這是我們家族即將狂怒的象徵！」但是呂西安沒有理睬這些，他繼續說：「國家應該怎樣感激我？國家是不是虧欠我很多？它應該視我為拯救國家的恩人……我引以為傲

的是，法國將我和您而不是傑羅姆相提並論！不，陛下，大眾輿論比所
有的帝王都要強大得多。不管你的朝臣說些什麼，每個人都會被輿論放
在他應該在的位置上！」

拿破崙現在恢復了平靜。他沒有像呂西安所擔心的那樣暴跳如雷。
他盡力克制自己，平靜地說道：

「塔列朗說的對。你談問題時，總是有那麼一種政治俱樂部的狂
熱。公民，我和你說，這樣的口才早就已經落伍了。你在霧月 19 日幫了
我的大忙，這一點我很清楚，但是還不能說是你救了我，沒有這樣的證
據。我對這一點記得非常清楚，為了拯救法國，我想要統一權力，可是
你跟我爭論，堅持自己的意見；我和約瑟夫為了說服你在對這些問題進
行討論時保持沉默，花去了半夜的工夫……最終獲得勝利的是我們，可
是在此後，你對我個人的晉升表示反對，所以我就不用再答謝你了。

「但是，難道你不應該感謝我嗎？當在聖克盧宮搭救我的你，自己
一樣也是身處險境嗎？我派出了擲彈兵，營救了身處謀殺者的陰謀裡的
你。而你，我不義的、墮落的弟弟，如果想讓議會通過決議剝奪我的權
力的話，我難道會束手就擒？我有那麼愚蠢嗎？」隨後的一個小時中，
他說到了那幾天的事，說到了曾經給予他幫助的科西嘉人。突然，他和
弟弟的談話氣氛親密起來，他又說起了他的將軍們如何忠心，說起了兄
弟們因為觀分歧而產生的政治衝突，還說他的觀點通常都是正確的。最
後他停了下來，換了一個話題：

「但是我想夠了。像霧月 19 日那天的這些事都已經是陳年往事了。
不過讓你來，並不是想讓你聽我的長篇大論的。」隨後就陷入了長時間的
沉默。

「你聽我說，呂西安，我的話你要仔細地斟酌。我們都不要激
動……大權在握的我，現在不想再發脾氣。你是帶著對我的信任來見我
的。法蘭西人的皇帝不會破壞科西嘉人的熱情好客。我們的先人和同胞

的這項美德，能夠確保你的安全。」皇帝在大廳裡踱著步子，好長時間，他又集中注意力，走向呂西安，將他的手緊緊地握住：

「這裡只有我們二人，不是嗎？只有我們二人。我們說的話沒有人會聽到。關於你的婚姻，我做的確實不對……因為我知道你的執拗，了解你的自尊——在你看來，只有自尊，才能可以稱得上是美德，你們的結合我本不該干涉……人們當著我的面詆毀你的妻子。雖然還是有人敢說起她的長處，尤其是我們的媽媽。她非常喜歡你的妻子，因為她談起了她讓你幸福，同時也是一位好母親……勒布倫對她也是讚不絕口，甚至讓約瑟芬產生了他一定是愛上她了的想法……我認為我妻子非常有意思，她的脾氣比人們想像的大得多。但是，當著我的面，她從來沒有這樣的牙尖嘴利過。其實，我並不是看不上你的妻子，但是我對她還是討厭，因為你對她的鍾情，讓我失去了我兄弟之中最能幹的那個。然而，她的容顏會隨著時間衰老，你會對此感到失望的。到了那時，你重返政治領域，會反對我的政策。那時我就不得不採取什麼手段來對付你了。因為我告訴過你，如果你沒有跟我站一邊，我肯定是要對你採取措施的。對我們倆來說，歐洲太小了！」

「您在笑話我。」

「沒有，我很認真的，不是朋友，那就是敵人！……現在要你的決定，比當日要容易很多了！你不用覺得驚奇：我已經對自己的家庭政策做出了改變，你很快就能看得到了。我過去很排斥你的子女，但是現在他們對我大有用處，前提是他們一定要獲得到朝廷的承認。如果一樁婚姻沒有得到承認，那這樁婚姻裡生下的孩子，也是沒有皇位的繼承權的。請你和我說，如果換做是你，你能怎樣去做？」

呂西安提出了自己的建議，議會通過決議，孩子們就能獲得繼承權。

「我清楚自己能夠做到這一點。但是我不能這樣做。就像你剛才說

的那樣，大眾輿論無所不在。家庭、朝廷、法國，都對我的一舉一動無比關注，他們對此會有什麼樣的評論呢！如此出爾反爾，這對我的傷害，甚至要超過我打了敗仗。」

呂西安能聽得出來，他的那椿在拿破崙登基前締結的婚姻，他可能是無法為其請求諒解了。「陛下，如果您同意我的請求，我將是您最忠實的僕人，一生都對您感恩圖報！」

呂西安說了很長時間，這其間拿破崙一直在從煙絲罐往外拿鼻煙絲，但是只吸了不到三分之一。神經質的他好像被呂西安說動了，同時又帶著一點慌亂，最後他大聲叫著：「天哪，你逼得太緊了，而我又是這樣的脆弱，但是我還沒有脆弱到讓議會通過你想要的那個決議的地步。你的妻子，我是不會承認的！」

呂西安徹底地不知所措了，他激動地喊道說：「陛下，您究竟想讓我怎麼樣？！」

「我想要你怎麼樣？我的要求很簡單，和你妻子離婚！」

「但是您始終在說，說我並沒有結婚，那麼又怎麼能離婚？」

「我早就料到了你會這麼說……你認為我為什麼要你離婚呢？顯而易見，我可以承認你的婚姻，但是我不會承認你的妻子。離婚對你的孩子來說，好處很大。趕緊宣布這個婚姻無效，和她離婚，過去的你一直拒絕這樣做，而我一直堅持要讓你這樣做。」

「對我和我的子女來說，這將是莫大的恥辱，我絕不同意！」

「以你的聰明才智，難道沒有看出我先前的和現在的建議是有區別的嗎？要是照我以前的想法來，你的婚姻將會被宣布無效，你的子女也都將是私生子！」

呂西安指出了他子女的民權和皇位繼承權之間的差別：「您能封您所中意的人為王，陛下，您用劍贏得了一切。但是，無論是誰，都不能將我的子女對我們的父親夏爾・波拿巴那份微薄家產的繼承權奪走，因為

不管是按照教會的規矩還是按照法律，他們和別的人都是一樣的合法。教皇甚至用他母親的名字，為我的一個女兒取名！」

「別激動！……我想讓你離婚，這就表示承認了你的婚姻……我也不是逼著你真的和你的妻子分開。如果為了我的政策和法蘭西的利益，她能作出一些犧牲的話，我也會按照她的功績賜給她榮譽。甚至說讓我親自去探訪她也都是可以的。但是如果她不同意的話，你們倆人就會遭到譴責，因為你們犧牲了子女的大好前程，僅僅是為了一己私利。等你們死了以後，他們都會咒罵你們！」

呂西安看起來非常激動。拿破崙繼續說：

「你現在真的是無可救藥，總是把什麼事情都看成悲劇。我要的可不是悲劇，你知道的！你好好考慮一下吧。」

呂西安再三強調自己的尊嚴，還好幾次想要離開。皇帝又提起了分配王位的事情。他暫時讓歐仁得到了義大利，其實他更想讓呂西安去那裡的。他還抱怨奧坦絲，大家都是牢騷滿腹。「在對待名和利上，最理智的要數波麗娜，因為她是時尚的皇后，而且她越來越美麗了。約瑟芬老了，非常害怕離婚。」

呂西安靜靜地聽著，拿破崙接著往下說，就好像在閒聊：

「你想一想，她一消化不良就哭，還以為是那些建議我和她離婚的人對她下了毒，太可鄙了。但是早晚我還是會離婚的。我早就應該這樣，那樣我的孩子都應該已經很大了。你應該理解的，」他突然用了比較嚴肅的語氣，「我和她沒有孩子，並不是我的原因。我的孩子已經有好幾個了，其中有兩個肯定是我的。」他提到了萊昂的母親，但是並沒有說她的名字，還令人吃驚地提到了波蘭的那位伯爵夫人：「這是一位非常迷人的女子，一個天使……你笑了，因為你看我現在是一副墜入愛河的樣子？沒錯，我在戀愛，但是我始終沒有忘記我的政治。她讓我娶個公主。從個人願望的角度來說，我當然十分願意將后冠戴在我所愛的女

人的頭上，但是我不能那樣做。在處理和你的妻子的關係上，你也要先考慮政治！」

「陛下，如果她不是我的妻子，而只是我的情人的話，我完全可以聽您的。」

皇帝現在更加激動了，堅決要他離婚。他後悔讓歐仁娶了巴伐利亞的公主，歐仁並不在乎她，因為她也不是他自己娶的。後來拿破崙又曾說過，他早就應該讓呂西安的女兒嫁給阿斯圖里亞斯王子，「或者嫁給另外哪個親王甚至是皇帝……你離婚一定要在我之前，或者跟我一起離婚，這樣我的離婚就不會引發人們過多的關注和議論。這麼久以來，你一直固執地不同意離婚，所以你離婚的事，一定會熱烈的關注的。請你為我幫這個忙！這是你應該做的！」

呂西安盯著他，那眼神令拿破崙吃驚。後者仔細打量了他一番，又說：「為什麼不呢？」這個無理的要求，呂西安的答覆是付之一笑。有些尷尬的皇帝並沒有做出讓步。他忽然管弟弟叫起了「親愛的議長」，因為呂西安曾經當過五百人院議長。他又補充道，用的是強調的語氣：「我們一定要等價交換，互助互利，而且這回我再也不能不知感恩了！」

呂西安發現自己好像「陷進了一種並非沒有甜蜜的夢幻裡」，以至於他有那麼一會，都沒聽見拿破崙說的話。隨後皇帝小聲地向他承認，他想讓呂西安離婚，就是想讓大眾輿論對他自己離婚不那麼地關注。呂西安盡量委婉地提出了有利於自己的條件：自己的妻子年紀還很小，具有生育能力。並沒有生氣的拿破崙說道：「我不是命人告訴你了嗎？你的妻子——是的，你的妻子——將成為巴馬女公爵，她的封號將由你們的長子繼承，不過他沒有你身為法國親王的繼承權。因為我這只是剛準備提升你，以後的情況視情況再說：我給你一頂獨立的王冠也是有可能的。」

「獨立」這個詞讓呂西安不禁露出了笑容，因為他想到了兄弟們所

扮演的角色。弟弟臉上的這個表情拿破崙也注意到了。

「沒錯，獨立的。因為你知道怎麼樣實施統治……你現在要做的就是選擇！」拿破崙雙眼放光，兩隻手用力地拍擊著桌上那張巨幅地圖。「我並沒有信口雌黃。這一切都是我的，或者很快就會是我的。我現在就可以發號施令。你想要那不勒斯？我可以從約瑟夫手裡把它拿過來……那麼義大利？我皇冠上最閃亮的明珠就是義大利了。歐仁不過是那裡的總督，他想當國王，如果他的壽命比我長，但是這件事上他恐怕要失望了：我會活到90歲，因為我要鞏固我的帝國，這很需要時間！再說我和他的母親離婚後，他再留在義大利也不太適合了。你想要西班牙？你所喜歡的波旁王朝犯下的錯誤，導致西班牙已經在我的控制當中了，你難道沒有看到嗎？你曾經在那裡當過公使，你難道不想當國王嗎？你想要什麼，只管說好了！只要你在我之前離婚，你想要什麼我都能給你！」

拿破崙這連珠炮似的一番話把呂西安嚇得呆住了，最後他說：「即便您用美麗的法蘭西，陛下，也不能讓我離婚。另外……」他這時有些猶豫，而他的想法已經被皇帝猜出來了，皇帝語調乾澀，並「帶著一種呂西安從來沒有見過的傲慢的神情」說道：

「難道你認為身為一個普通人，比統治眾多王國的我要更加安全嗎？……如果我想對付你的話，難道你覺得你的朋友教皇能力足夠保護你？」反覆幾番的威逼利誘後，他鄭重地總結：「這一點請你確信：離婚的話你會應有盡有，否則你將是一無所有！」

呂西安瞟了一眼房門，彷彿是在暗示皇帝他想告辭，但是卻被皇帝拉住了手，以「一種難以捉摸、並不明確的口吻」說：

「你要是離婚的話，除了我以外，你也不是唯一的一個。約瑟夫一樣也在等著我離婚，因為他也要離婚。朱莉夫人只會生女孩，但是我需要男孩！締結聯盟，女孩也就這一點用處了。另外你告訴過我，你的長

女已經14歲了，年齡正合適。你想送她去她媽媽的身邊嗎？如果行的話，我將請我們的媽媽給她安排一個好事。你該不能是擔心你喜愛的孩子一無所獲吧？你和她說，我會和她成為好朋友，而且我不會擰她的耳朵，那樣就是把她當做小孩了……我的侄子侄女越多越好，我很需要！離了婚的約瑟芬，奧坦絲子女的外婆，都將成為我合法的子女和養子們的敵人。」隨後他彷彿是在自言自語，「不，必須得這樣。除了這個辦法，我無法削弱路易和奧坦絲子女的勢力。」

接下來他又談起他的那些非婚生子女，說打算認領他們，還說起了具體的細節。突然他大叫了起來：「難道你覺得，我不能讓我的非婚生子變得合法？路易十四曾經讓他雙重通姦生下來的私生子們成為王位繼承人。」當他又說到了約瑟夫離婚的事情時，呂西安有些不敢相信，拿破崙開心地搓著雙手說：

「對，對的！約瑟夫和你都要離婚！我們三個都離婚，然後再在同一天結婚！」他又說了不少高興的事。突然他說道，「但是你又變得那麼嚴肅，別人還會覺得你是古代的智者！你在我這裡待上幾天多好啊，我可以派人為你搭張床，就在我的臥室隔壁！」

他再三邀請呂西安留下來，呂西安不得不找了一個孩子生病了的藉口，他比較害怕二哥的誘惑。

「你難道不想和妻子獲得我的諒解嗎？這一來，我就要和我的友誼計畫說再見了！」

呂西安強調，皇帝的不喜歡讓他的妻子感到非常痛苦，他擔心總有一天這種焦慮和不安會讓她崩潰。

「是嗎？那我會感到非常遺憾。不過你可得注意，她可別離婚之前就死了！那樣我就沒辦法讓她的子女變得合法了！」

呂西安假意說要考慮一下今天拿破崙的建議。

「那行。既然你一定要走，那就請回吧！但是不要忘了你的承諾！」

拿破崙與呂西安握手告別，還將臉頰湊過去讓弟弟親吻了一下，不過這裡面真誠的手足情成分並沒有多少。呂西安出了房間，當他走到前廳時，聽見二哥在喊「梅內瓦爾！」他趕緊加快腳步，生怕自己再次遭到囚禁。

無論是詩人還是歷史學家對拿破崙的描述，都再沒有誰比這更生動了。顯然，他弟弟呂西安的紀錄更加忠實。皇帝在那晚進退維谷——他需要一個人幫他的忙。他不能逼迫這個人，而且這個人在某些方面和他不相上下。在呂西安的紀錄當中，拿破崙擁有鮮明的性格，他就在我們眼前表演著他自己。

為了將對手說服，他極盡誘惑之能事。他周密地思考了每一個步驟，好觸動對方的野心。接待弟弟時，拿破崙先是坐在地圖前，盤算著歐洲的事務，然後問候了他，接著又嚇唬了他，隨後又恢復親密的氛圍；在說到呂西安的妻子——這是他們爭執的關鍵——時，拿破崙先是詆毀她，然後又讚揚她；他稱弟弟為「公民」——這是雅各賓派的詞彙——再三掀起感情的波瀾；他又說到了科西嘉和他們共同的種族，語帶諷刺地提出了挑戰，說對他們兩個來說歐洲太小了，然後又談起了媽媽、波麗娜、約瑟夫還有路易，這些名字都足以將他們孩提時代的記憶喚起。就這樣，他將感情的網撒在了呂西安的身上。

但是——令人吃驚的是——我們又目睹了他跳動的心靈、天性的流露還有閃爍的思維。他再次難以自制的想像和熱情，向已經是他公開的對手的弟弟袒露了心事。他聊著約瑟芬和波蘭伯爵夫人，聊著他的繼子繼女和將軍們，聊著自己犯過的錯誤和新的計畫，這些計畫都是有深遠的意義的。為什麼？

因為像塔列朗一樣才智卓越的呂西安雖然是他的對手，但畢竟還是他的弟弟，所以在家族觀念濃厚的拿破崙看來，他還是值得信賴的。他誠摯地留他在這裡住幾天，好和他促膝長談，一起解決問題。但是呂西

安堅持要離開，並不是因為他得非離開，而是因為他不想向這個天才的皇帝屈服。在他們兄弟當中是有潛在的競爭的，他們這次會面，並不是為了表面的愛情或者離婚，更不是為了神祕榮譽或者王位，靈魂最深處的自尊，才是唯一的目的。和 7 年前一樣，現在弟弟也不願對兄長俯首貼耳。呂西安心裡從來都覺得自己能比拿破崙做得更好。

不過，他在用他的方式愛著他的兄長。他心裡那種又愛又恨的心情，在他報告時的每一句話都能看得出來。所以他拒不讓步。又說起了霧月 19 日的舊事，他們還是覺得自己有道理。身為現實主義者的他們說話時，用著舊日的詞彙說著法蘭西的安全和偉大，其實，這不過是他們的狂熱罷了。我們似乎看見了在民眾面前故作姿態的他們。是的，他們倆單獨在在一座陌生的宮殿當中裡，頭頂上照著的是巨大的支形燭燈，差不多要燃盡了。

貴為西方皇帝拿破崙，不僅王冠無數，富有四海，而且擁有敏捷的思維和豐富的想像力。但是他也避免不了陷入命運的旋渦當中，也很可憐。他繼續編織一切，最終作繭自縛！他的權力大得無邊，可以說是無所不能，但是又成了那捉摸不定的大眾輿論的奴隸，無法和弟弟和解，弟弟的孩子都不能承認，還不能讓弟弟娶自己心愛的女人！這個人大權在握，但是卻只能用長吁短嘆，來表現自己的無能為力。他強大到任何事都可以做，但是又都不敢做。他們兄弟二人闊別多年，今日重逢，格外高興。要是弟弟能輔佐哥哥進行統治，那將是多麼好的事啊！如果呂西安願意留下來住幾天，哪怕只有 3 天，他們也會實現諒解。

這個晚上，皇帝讓他的弟弟隨便選歐洲的任何一個王位的時候，弟弟不是提到了他們的父親，那個身處偏遠小島的落魄貴族夏爾·波拿巴的遺產嗎？這個法國人的皇帝，從來不想讓別人說他是個外國人，這次卻引出來了科西嘉人的陰影。他是不是想將故國的神明召喚出來，好保護呂西安這個對方陣營的談判者？發生在曼圖亞宮的這次爐邊夜談，不

又是一個傳奇嗎？沒錯，這是這位小個子的科西嘉少尉，用他的生命之線編織出來的傳奇。一開始只是一根細細的長線，扭曲糾結成環，再加上顏色和圖樣，織成了一幅地毯，地毯上的圖案越來越大，從最開始的一根細線，變成了宏幅巨制，上面布滿了國土和王位、海洋和名士。

　　整幅畫卷的編織技法，體現的是人間最自然的方式。不存在奇蹟，只是在運用天賦，他才成了人類的主宰。他今晚想再贏下一個人。雖然他的理想是活到 90 歲，但是形勢緊迫，兄弟們只生女孩，或者和他們所愛的人結婚都是他不能容忍的。如果有了太多的侄女，他就需要侄子來對抗侄女們。即使誰的妻子憂鬱死了，那也要離完婚再死。如果他的兄弟們最終將他們只能生女兒或者乾脆無法生育的妻子們拋棄了，那麼他們就應該在離婚當天再娶。　——　一切的一切就這樣塵埃落定了。看哪，這個小個子魔術師，站在巨大的地圖前，談話要結束了，他十分得意地搓著手！他像是在製作蝴蝶標本，將彩色的大頭針釘在了歐洲各國的位置上 —— 此時，是的，這個時候蠟燭燃盡，天亮了，新的一天到來了。

十九、坐滿國王的劇院

　　西班牙王朝彷彿敗落了。兩國在這次談話之後就開戰了。事情和皇帝預言的一模　樣。國王無恥到遮掩妻子的醜行，王后和古羅馬的梅沙林娜一樣的臭名昭著，大臣忠義皆無，父子反目成仇，賄賂、腐敗橫行：西班牙的波旁王室竟然墮落到這樣的地步。誰想要將這個王室摧毀，就得以其人之道還治其人之身。在對待這件事上，拿破崙那毫不顧忌的腳步從來沒有這樣粗重過，對手的腐敗，也從來沒有過讓他正中下懷的感覺如此強烈。他平時都是根據其個人特點來對待每一個人。所以，面對已經是被腐蝕透了的西班牙王室，他也欣然採用了對方用來苟延殘喘的陰謀手段。但是，他忽視了西班牙的民眾，王公大臣的墮落腐敗，他們

並沒有責任，民眾與王公大臣不能一併而論。後來，拿破崙將會為此無比地後悔。

支持英國的就是我的敵人。按照這一原則，拿破崙已經將葡萄牙王室從王位上拉了下來。他現在又要對西班牙應用這個原則了，因為西班牙支持英國。他對此已是蓄謀已久了，他挑動國王與王儲鷸蚌相爭，自己好從中漁利。他先推出王儲，再讓他退出，讓他的父親復位，最後召集各界人士聚集在貝榮納，一番威逼利誘之後奪去了西班牙的王位。從直布羅陀海峽到加答羅：地中海必須是屬於他的，至少也要是它的海岸線。這就是對英作戰的目標。

一開始，他的將領們進展非常順利。「你知道我進攻西班牙的原因嗎？」他和梅特涅說，「我不能讓自己腹背受敵。」如果那不再是他的腹背，他可就陷入危險了！

在最關鍵的那天，他結束了和西班牙諸位大公的談判，決定先軟禁他們。他這一天有點飄飄然了，新的王位給他帶來了新的動力。在他的視野裡，不再只是西班牙，而是西班牙那些曾經擁有的大片的殖民地。有一個當時在場的人說：「出於這個目的，皇帝滔滔不絕地說了很長時間，準確地說，他是在像奧西昂那樣吟詩，就像一個人敞開了心扉⋯⋯他提到了墨西哥和秘魯那些強大的國王，還有他們的統治和影響力，描述得繪聲繪色。我還從來沒有見過他像那天那樣，展現了他如此豐富的想像力。他實在是太卓越不凡了。」

呂西安的拒絕合作，導致現在西班牙還差一個國王。要想解決，只能是像官場上的調動那樣，大家都往前挪一步。荷蘭無法再存在下去了，拿破崙決定把它從王國降為行省，把路易召了回來。路易提出了反對：「我才不是省長，國王之所以是國王，都是有上帝賜予的神權的⋯⋯如果我沒有做到登基時許給荷蘭人的誓言，那又怎麼去要求臣民們遵守他的誓言？」這又是家族王朝才會有的問題。如果管理行省的是將軍和

官員們，拿破崙就可以隨時召回他們。然而，為傀儡們穿上了貂皮大衣，又完成了加冕典禮、彌撒和塗聖油這一系列的儀式，就把人們那些曾想埋葬的觀念都喚醒了，同時也給了小小的路易國王現在拒不下臺的權利。

約瑟夫態度較好。他一直到昨天都還在那不勒斯當國王，那麼為什麼不能明天去統治馬德里呢？在貝榮納陰謀後，國王約瑟夫一世來到了西班牙首都，歡迎他的只有禮炮和儀仗隊，而沒有民眾的由衷歡迎。卡洛麗娜一直纏著她的二哥，想要一頂王冠，就這樣她的丈夫繆拉就去那不勒斯當了國王，而他是無產階級出身。從這以後，這對顯赫的夫婦有了搞陰謀詭計的基地，後來這裡又成了他們發動叛亂的基地。

然而，西班牙事件十分冒險，後果會很嚴重！「皇帝背後」怨聲載道，因為西班牙這個民族十分驕傲，無法忍受未經反抗，國土就被人侵占了。在萊茵河的對岸的前方，皇帝的所有仇人 —— 普魯士人和奧地利人，現在在不斷地展開反攻，目的是避免遭受和西班牙同樣的命運。拿破崙在柏林曾經說過，他在易北河上征服了恆河；但是有一點他沒有看到，那就是他在西班牙塔古斯河的所作所為，為他在多瑙河畔招來了新的敵人。他很清楚，只有沙皇幫他牽制住了奧地利，他才能真正地將西班牙問題解決。但是那個性格猶疑不定的沙皇 —— 要爭取到他，一定要對他施加影響，就像兩年前在提爾西特那樣。皇帝很快提出建議，雙方在德國中部會面。這次他的策略是全新的 —— 會談。他以前離開法國時，通常都是劍不離身的，和談要用戰爭開路。而這次不一樣，為了避免戰爭，在埃爾富特，他特地準備好了會議桌。

拿破崙準備會議，其細緻程度不亞於他準備打仗。他每天都在接召見大臣和各界名流，「這次我的旅行一定要非常得有氣派。我的總部需要來一些大人物……我要讓德意志為我的豪華而驚嘆。」因為來的不只有沙皇：這兩顆巨星會將所有的小星星都吸引來。怎樣對這此次聚會施加

影響呢？皇帝思考著。有一種抓住帝王心靈的法寶，那就是戲劇！所以他精心地安排了劇目單，演員陣容和臺詞也要仔細斟酌，又提醒塔爾瑪（他認為這位演員有點像朋友）什麼地方應該強調：一切的一切都是為了到場的那些特殊觀眾。「你的表演是要當著國王們的面。」

埃爾富特這幾個星期聚會的高潮，還真就是每晚的劇院演出，現場有 4 個國王，34 個親王，以及他們帶來的競相炫耀的僕從。東方的皇帝和西方的皇帝坐在包廂裡。差不多每天晚上，這些身份顯赫的觀眾，都在看著傳說故事裡的那些國王們怎樣宣講和爭鬥，又是怎樣受苦。在舞臺上，他們看見塔爾瑪扮演的俄瑞斯忒斯高聲地朗誦：

諸神統治著我們的時代，

但創造榮譽的只有我們的手。

為什麼要害怕從天而降的恫嚇？

樹立雄心在人間追求不朽，

讓你們的命運由自己主宰！

第二天晚上，演出的劇碼是伏爾泰的《穆罕默德》。這部戲是皇帝非常喜愛的，幾乎沒有從包廂離開過。劇裡，先知的門徒喊道：

人生而平等，卻命運各異，

與出身無關，唯力量與功業所使。

天才人物靠自己而成功，不憑先輩余蔭。

只有這樣的人，我才選為領袖，

只有這樣的人，才配擁有世界！

看看包廂裡坐著的那個人，誰能不為之怦然心動，即使是出於敵對情緒？在場沒有一個世襲的王公貴族敢正視皇帝，但是他們卻在互相看，好像在尋找共識。他們沒有勇氣微笑。在這個穿著綠色舊軍裝、叛逆的化身面前，他們瑟瑟發抖。有件事是坐在正廳裡的德意志王公貴族們不知道而他知道的事 —— 穆罕默德接下來的話更加可怕：

我看見了羅馬帝國四分五裂，肢體從腐爛的身軀脫離。

廢墟當中，遼闊的東方崛起，

一位新興之神將黑暗照亮！

最後，他們在臺詞中了解到了皇帝現在和未來的政策：

是誰讓他成為國王？

給他加冕的只有勝利！

征服者的名號不足慰藉，

他還想成為和平締造者。

這時，大家的目光全都落在了他的身上，彷彿要在他那裡獲得答案。拿破崙微微動了一下，以示這確實就是他的目的。戲劇的幻象被這現實政治的一刻驅散了。接下來的這天晚上上演的是《伊底帕斯》，當舞臺上的演員說到「一個偉人的友誼是諸神賜予的禮物」時，兩位皇帝站了起來，握手致意。

拿破崙當然很清楚，亞歷山大算不上偉人，他的友誼也不是諸神所賜的禮物，所以他打算利用心理暗示，將這個立場不穩的人爭取過來。為了讓沙皇保證照著那封信中的設想對世界進行瓜分，透過正式的、書面的形式擴大提爾西特條約的內容，每天都對他進行不一樣的心理誘導是必須的。他很少讓沙皇一個人待著，在每個方面對他都好像是在追求女人一樣。塔列朗是唯一獲准在旁協助的人。

這位外交家依然一瘸一拐地跟在皇帝的後面。而前不久人們還看出來了，他們之間的對立後果很嚴重。

還是這個老練的行家，最早看出來拿破崙體系中的裂縫，比皇帝，也比其他任何人都要早。一年前的普魯士-艾勞戰役，法、俄兩軍都損失慘重，塔列朗就預見到了，俄國有可能會是他的主子的戰敗之地。這是來自一個偉大政治家的先見之明。拿破崙和亞歷山大暗中安排了一些事情，皇帝需要仰仗著沙皇，他有的是夾雜著一部分凱撒思想的加洛

林王朝夢想。拿破崙那些征服世界的計畫中有一部分是異想天開的,塔列朗並不贊同。不過他並沒有就此離開他的主子,而只是找了一個冠冕堂皇的藉口辭掉了外交大臣一職,去做了待遇優厚的帝國高官。兩人覺得這樣的安排是各得其所的,拿破崙認為這樣可以更好地對塔列朗進行監視,而塔列朗則覺得能夠更清楚地窺探到拿破崙的思想活動,所以他還在做宮廷大臣。香巴尼接替他去做了外交大臣,卻成了皇帝嘲弄的對象。就這樣,他即使和主子分了手,卻還是皇帝面前的紅人,施行陰謀詭計讓他擁有了更大的權力。

塔列朗的懷疑被西班牙的局勢證實了。早在發現皇帝準備進行此次掠奪時,他就預感到這會導致不幸,所以他極力慫恿皇帝去冒這個險。他說西班牙的王冠一直就是法國的統治者的,從路易十四到現在一直是這樣。這個歪理根本站不住腳,但是卻讓拿破崙激動難抑,最後決定出兵占領卡塔羅尼亞,「一直到和英國休戰。」現在,這個陰謀的唆使者搖身一變又持批評態度。一部分西班牙王子們被軟禁在瓦朗瑟宮,當皇帝讓他去接待時,他偷偷地露出了笑容。

他下令絕對保密,好能監視這些被軟禁的王子們。而事實是,塔列朗從王子們那裡獲得了英國方面的情報,也將情報通過他們傳遞給了英國。他的行為距離反叛只有一步之遙了。塔列朗邁出了這一步,他的政治經驗告訴他要這樣走。從這以後,他開始將祕密「消息」透露給沙皇的駐法大使托爾斯泰和奧皇的駐法大使梅特涅。這種行為,怎麼能和他的主子託付給他的重任相匹配呢?這可是一位皇帝的重臣和親信啊!

看看這個場景吧:

「你看,」從西班牙回來的皇帝說,「他們全都在我布下的天羅地網當中!」

「我認為,陛下,您在貝榮納談判的結果,失去的要比得到的多。」

「何出此言?」

「非常簡單，我能舉一個例子說明。比如一個身份顯赫的人做了不善待妻子或朋友的蠢事，就會遭到人們的譴責。但是他能利用自己的財富和權力，再次獲得社會對他的好評。但是這個人如果是在打牌時作弊，那麼他一定會被逐出上層社會，永遠都不會獲得人們的原諒。」

皇帝臉色蒼白（塔列朗是這麼描述的），這之後的一整天，都再沒有和他說過話。拿破崙在道義上受到這個落魄貴族的譴責，但是還是把他留在身邊。為什麼拿破崙不將他從自己的親信圈子裡徹底趕出去呢？為什麼不放逐他去西印度群島呢？是不是塔列朗沒有說實話？他的回憶錄是百分百真實的，因為這是他寫於 20 年後的，當時的法國已經是復辟王朝的天下，他寫回憶錄就是要表示自己一直在當兩面派（當然，這是因為他對正統王室是同情的），他對皇帝始終都不是一心一意的。所以，可以認定塔列朗真的說過上面的話，而且是和一個人們幾乎不敢跟他說實話，更別說是侮辱性語言的人說的。但是，拿破崙為什麼還留著他？

「只有他理解我。」皇帝經常給予塔列朗這樣的評價，就這一句就夠了。塔列朗是一個無所顧忌、毫無廉恥的人，什麼良心的譴責，他根本都不在乎，這給皇帝在選擇政策時提供了自由發揮的空間。別的人呢，或者有所顧慮，或者講究原則，這些都得他去克服。在塔列朗那裡，什麼等級或時代的偏見都不存在的，同時他也沒有像拿破崙那樣條理分明的頭腦，也就不會趁亂建立自己的王國。所以，這個狡猾的、眼裡只有金錢的狡猾的投機分子，為一個現實主義者當顧問是再合適不過了。這位現實主義者總會產生新的計畫，來平息他異常豐富的想像力。

所以他們倆互相都能理解，但是這只是表面的。對這個叛徒的背叛行徑，拿破崙一直沒有認真地探究過。

現在正是這個兩面派出賣他的主子的大好時機。他的身邊圍坐著德意志的王公貴族們，都在從他這裡打探皇帝的情況，不過這些小角色根

本沒有被他放在心上。因為有人會出重金和政治上的好處作為報酬，來換取他的情報。

　　塔列朗立刻向亞歷山大發出了信號，而且他稍作暗示就可以。因為沙皇已經獲得了不少的情報，來源是他駐巴黎的使臣，現在他對這個法國人的好奇程度，不亞於對法國皇帝的。很快，沙皇的身影就出現在了圖恩和塔克西（Thurn und Taxis）這位德意志公主的會客室裡。每天晚上劇院的演出結束後，公主就在這裡接待各國貴賓。幾十年後的塔列朗在回憶錄裡寫下的這段話，讀起來和《浮士德》中梅菲斯特說的很像：「所有我準備用來爭取沙皇的手段都毫無用武之地：我一張嘴，他就知道我的意圖，而且和我想說的一模一樣。」

　　有了這樣的默契，兩人的說話中總是飽含弦外之音。第一天，塔列朗和沙皇說：「陛下，您來這裡的目的是什麼？您的身上承擔著拯救歐洲的責任，但是您要想獲得成功，就得先對付得了皇帝。法國擁有已經開化的民眾，卻沒有開化的統治者卻不是；俄國擁有已經開化的君主，卻沒有開化的臣民。因此，俄國君主應該聯合法國的民眾……陛下不應該受人慫恿去對付奧地利，而應該承擔應有的責任，像我的主子一樣。」

　　這無非是短短的幾句話。在這漫漫的長夜裡，他們或者在品茶，或者在飲酒。熟諳誘惑之道的塔列朗，他將自己所有能想出來的說動他的道理和希望都灌輸給了沙皇。沙皇給了這個法國皇帝的親信一個極大的好處，作為對這位不惜犧牲法國利益的外交家的獎賞：他同意讓他的侄子娶一位俄國的公主，她可是東方最富有的女繼承人。

　　亞歷山大的家人在臨行之前和他說的話，讓他對這次會面帶著幾分猜忌和謹慎。現在，受到塔列朗影響的他終於有了足夠的勇氣對抗拿破崙。在埃爾福特，兩位君主儘管多數時候都是私下會面，但是想的都是怎樣欺騙對方。當年提爾西特那種蜜月般的氣氛已經蕩然無存消失，沙

皇對皇帝的迷戀也已消失得無影無蹤。

拿破崙十分意外。他讓塔列朗負責起草新的聯盟條約，修改之後又親自謄寫（這多麼費勁啊！）清楚，就給了亞歷山大，又讓他當面發誓，絕對不會將這份機密檔的內容透露給任何人。沙皇答應了，但是就在當天晚上，他就讓塔列朗看了修改過的條約，他在拿破崙面前許下的神聖誓言就這樣被違背了。塔列朗也因此從談判對手這裡了解了主子是怎樣修改他起草的條約的。條約最終也沒有簽署。

這天晚上，皇帝召見了塔列朗。後者出色地充當了內奸和挑撥離間的人。皇帝說道：「我跟他意見不統一，他這個人沒有長遠的目光。」

「但是他已經被您的魅力征服，陛下。」

「他這是故意裝出來給你看的，他騙了你。如果他是真的這樣，為什麼不簽字？」

「他還算比較守信，」塔列朗這時心跳有些加速，好像有些緊張，但是他還在接著說，「所以和條約相比，他的性格更有約束力，會敦促他踐約。」

「我再也不會跟他提這件事了。否則他覺得我對這事很感興趣。我們這次的祕密會晤已經足夠讓奧地利相信，我們已經簽訂了祕密的條約……我不明白你怎麼就那麼喜歡奧地利，這個國家一切的一切，都和我們的舊政權一模一樣！」

在涉及基本的原則時，塔列朗總願意談一下自己的看法：「我倒是認為奧地利的一切是和新政權一模一樣。恕我冒昧，我認為您自己奉行的也是一樣的政策。陛下，人們為了捍衛文明，選擇了信賴您。」

「文明！……」走到了壁爐前的拿破崙停了下來，突然他的聲調柔和了起來：「為什麼誰都不願意直截了當地跟我談判？因為我沒有子女，什麼事都只能我一個人。原因就在這裡。人們都怕我，每個人都在絞盡腦汁地想要撈取好處。這種情勢對整個世界都是不利的，一定要改變

它。」

又過去了幾天，兩個統治者的來往和朋友一樣，宮廷禮儀都省了，大家自由地進出。拿破崙則偷偷地布下了天羅地網。他和沙皇說：「沒錯，我需要一個家，我需要安寧。但是，如果沒有子女的話，家又從何談起呢？我妻子的年齡要比我大 10 歲。」他替約瑟芬虛報了 4 歲。「原諒我，我剛才說的話可能有點可笑。但是，我內心的激動我並不打算向您隱瞞。」他有一會兒沒有說話。「現在離晚餐還有一段時間。我還要去和樊尚男爵告別。」

客廳裡的那些王侯貴族們總是譏諷拿破崙，說他是軍營裡的粗人。但是在晚餐前，就是這個軍人突然巧妙地將話題轉移了，讓人沒時間討論。晚上，他命人把塔列朗叫到自己的床前，討論、質疑。命令接二連三，好像毫無章法。終於，離婚兩個字從他的口裡說了出來。「這就是我的命運，也是法國的安寧所需。我自己沒有繼承人。約瑟夫資格不夠，再說他也只有女兒。我肯定要建立一個王朝，我肯定要娶一個皇室的公主。亞歷山大的幾個姐妹裡有一個年齡非常合適。你去和魯緬采夫談一下。將西班牙的問題解決以後，我就要開始研究將土耳其瓜分一事了。你告訴他這一點，再找點別的什麼理由，我知道，我離婚你一直都是贊同的。」

第二天，塔列朗直接和沙皇說到了這件事。沙皇還沒有完全從拿破崙昨晚憂鬱情緒的影響中擺脫出來。「誰都不是真正地理解他，」沙皇有些動情，「他帶來的所有不安，都是他所處的地位的必然結果。誰都不知道，他其實非常善良。你十分了解他，你怎麼看？」

塔列朗無論如何都不會將自己的真實想法說出來的，不過聰明的他明白現在應該讓沙皇了解他主子的想法。「我自己是非常樂意促成此事的，」沙皇當場就表態，「但是，在徵求我母親的意見之前，我自己也不能擅自把妹妹嫁給他。」

接下來就是兩位皇帝之間的長談，氣氛極為親密，還讓塔列朗參與進來，一起飲茶，談了好幾夜。不過在埃爾富特這裡，不管是擴大聯盟還是婚事都沒有作出決定。儘管沙皇很敬重他，但是拿破崙還是非常所望，因為他一無所獲——法、俄條約沒有簽訂，俄國新娘也沒有娶成。收穫頗豐的是塔列朗，他侄子的新娘家產數百萬。

與此同時，38 位王公貴族待遇大相徑庭：分別被皇帝還有他的隨從籠絡、恫嚇、褒獎或者冷落。「在埃爾富特，」塔列朗寫道，「我看到誰都不敢面對這頭獅子的利爪……最後一天，這群王公貴族們簇擁在他的左右。他們的軍隊要麼被他抓了俘虜，要麼被他殲滅，他們的國家被剝奪了存在下去的權利。但是，誰都不敢提出任何請求。被拿破崙看見，而且最好能成為最後一個被看見的，是他們唯一的願望，這樣才能使自己存在他的記憶裡。」

無論如何，拿破崙都認為奧地利會覺得他已經和沙皇簽訂了盟約（可惜並不是這樣），從而害怕，而害怕有時候能夠辦到條約辦不到的事。但是他不知道，塔列朗已經把他出賣給梅特涅了：「現在能讓俄、奧兩國的關係回到奧斯特里茨之前那樣親密的，只有您了。要想挽救歐洲的獨立，只有俄、奧兩國結盟。」這位奧地利人當然會將這句讓他欣喜若狂的話寫進報告裡：「我們的新紀元終於開始了。在法蘭西帝國的內部，已經有為我們效勞的盟友了。」

到了告別的時刻了。當著王公貴族的面，皇帝像兄弟一樣吻別了亞歷山大。這兩個統治世界的巨人間的友誼，讓在場的人都十分感動。只有手裡拿著禮帽的塔列朗，令人難以察覺的微笑在嘴角浮現。因為在德意志公主邀請大家品茶時，他已經成功地將這個友誼的基礎破壞了。

用不了 4 年，他的行動就會開花結果，而拿破崙則會深受其害。

二十、與歌德會面

雖然德意志的王公貴族們都是小人物，但是德意志的精神卻光芒萬丈。「在這裡能讓我帶回巴黎的成就只有一樣，那就是：你們將會愉快地想起我。」這句話是在臨行前的一晚，皇帝對魏瑪的知識界說的。他在魏瑪和埃爾富特，有幾個晚上，他都是和這些真正的德意志王公貴族們一起度過的。他們不是出身顯赫，有的只是自己的天賦。只有這些知識界的名流才能讓同樣不是出身顯赫的皇帝有親切感。雖然在這兩週裡他所經歷的一切，讓他對人類更加蔑視了，但是對日爾曼的精神，他還是讚賞有加的。其實他並不熟悉德意志大師們的傑作，只是了解他們的名聲，還有他們在德意志和法蘭西帝國占據什麼樣的地位。他就是用這個標準選出來的他們。

兩年以前，他就召見過一次約翰內斯・封・繆勒[1]，那是在波茨坦。要說這次會談的最重要的意義，那就是這位為普魯士效力的瑞士人對這件事態度的低調了。當時皇帝告別了他的將領們，直接上門去造訪了繆勒。憑著可以區分一切材料的精確思維，他什麼鋪墊都沒有，直截了當地提出了一個問題，一個讓所有歷史學家、尤其是眼前的這位感興趣的問題。3 分鐘後，兩人在討論的已經是最深層次的歷史問題了。

他先是提到了塔西陀，隨後又簡要地描述了人類文化的幾個重要階段。他熱情地說，希臘文化借助基督教實現了復興，而羅馬文化卻沒落了。這是非常需要技巧的。希臘曾經被羅馬占領了，但是卻靠著精神的力量，恢復了獨立的地位。在耶拿戰役結束後不久，拿破崙曾和一位普魯士學者談起過這一點，也得到了這位學者的認同。談話不斷深入，皇帝也越來越和氣，他向繆勒提出了一個建議，這是他從來沒有和任何一

---

1 繆勒（Johannes von Müller，1752-1809）：瑞士歷史學家。曾擔任普魯士的撰史家，著有《瑞士聯邦史》。被同時代人稱為「德意志的修昔底德」。

個法國人提起過的：為他寫傳記。他接下來，又說到了一切宗教的基礎，以及宗教存在的必要性。「談話涉及的內容十分廣泛，幾乎所有國家和民族都有所涉及……隨著他的談興越來越濃，聲音就越來越低，以至於我都幾乎要貼到他的臉了，否則聽不清楚。我估計房間裡別的人什麼都沒聽見。至於我們都談了些什麼，有一部分，是我永遠都不能透露出去的。」

我們可以在繆勒這句令人吃驚的結束語中看出這位歷史學家的謹慎和嚴肅，同時也能看出來，皇帝在和社會名流談話是多麼的坦率。

現在在魏瑪，拿破崙尤其關注年事已高的維蘭德[1]，將他比作伏爾泰，同時也很直接地問他為什麼要把歷史和小說混淆在一起。「像您這樣的學者，如此的博學多才，應該清楚怎樣區分歷史與小說。混淆了這兩者，很容易帶來混亂。」

但是他要說的並不是只有這些。因為機智的維蘭德為自己濫用歷史進行辯解，談到了道德的典範，卻被皇帝打斷了：「那些在創作中頌揚美德的人會怎麼樣，您難道不知道？人們最終會認為，美德也不過是只存在於文學作品中。」

接著他又說到了塔西陀。這位羅馬史學家是他一直都在關注，彷彿他現在還能讓沙龍無法安寧，就像斯塔爾夫人那樣。在舞廳中央，他運用了批評的工具，發表了一篇和人類行為有關的長篇大論：「事物的起因和內在的動機，塔西陀並沒有進行過充分的研究，對人類行為的神祕性和思想意識，他也缺乏足夠深入的調查，所以沒有能夠給後人留下公平的評價。身為一個歷史學家，首先要如實地反映人類和民族，參照他們所在的時代和環境，得出實事求是的評價……我聽到有人之所以對塔西陀十分讚賞，原因是他讓專制君主害怕人民。但是對人民來說，這將

---

1 維蘭德（Christoph Martin Wieland，1733-1813）：德國作家。1772 年起在魏瑪宮廷任卡爾·奧古斯特公爵的教師。

是不幸的！我說得有問題嗎，維蘭德先生？可能我的話讓您有些感覺不快，但是，我們到這裡來的目的，並不是討論塔西陀。您看啊，亞歷山大陛下的舞姿真是優美！」

維蘭德等的時刻終於到了。他精心準備了一篇講稿，為這位古羅馬人辯護，對眼前這個新羅馬人進行反駁。他發言十分精彩，在場的魏瑪名流等等聽得都出神了。

皇帝也很認真地聽完他的講話，大家的目光都落在他的身上，揣測著他會怎麼說。他會彬彬有禮地從這場辯論退出嗎？就像在戰場上，拿破崙思考了一會，分析對方突如其來的攻擊背後的原因是怎樣的，他又該怎樣回應。顯而易見，這位老先生的演講並不是一篇即興的作品，但他為什麼恰恰選擇塔西陀這個話題上發起了攻擊呢？皇帝瞬間想到了之前和繆勒的那次談話，儘管那已經是兩年前的了，而在這兩年中，他交談過的人有好幾百。

「我真的是棋逢對手了，」當這位老學者的演說結束後，皇帝說，「您每一個優勢都得到了充分的利用。您可能和我在波茨坦見過的繆勒先生有過書信往來？」

在場的人，包括維蘭德都笑了，這位偏愛智慧更甚於自己的人十分坦誠：

「是的，陛下，我是在他那裡知道的，您不喜歡塔西陀。」

「這麼說來，我認為我還沒有失敗。」皇帝說。接著他的話題又回到了他對希臘和基督教的認知，這次他的發揮更加大膽、更加淋漓盡致，因為他認為這個維蘭德總帶著一副懷疑的態度。「再說，」他靠近對方，一隻手掩著嘴，小聲地說，「再說是不是真的存在過耶穌這個人，都還是個問題。」

征服者和詩人。在他們兩人裡，一個是正當壯年的統治者，正在理性主義的廢墟上進行著基督教革新，不過現在和教會之間產生了一些

小小的摩擦；另一位是詩人及異教徒，拿破崙將他比作伏爾泰，提倡用理性來和宗教對抗。談話過程中，年老體衰的他一直在找椅子靠背。皇帝在他耳邊說，耶穌可能是一個並不存在的人。但是這位老先生，可是公認的德意志國家裡最機智的，在半個多世紀以來裡。他向皇帝證明，日爾曼人在知識界完全有和法國人抗衡的能力，所以他馬上回答道：「我知道，有些持有荒唐想法的人對此是懷疑的。但是，這和有人懷疑是不是真有凱撒這麼個人，或者懷疑陛下您是不是還健在一樣的荒唐！」

維蘭德就這樣用一個法國式的說辭做了回應，同時做到了維護德意志的禮貌和耶穌的歷史性。而對這兩件事，皇帝都不願意輕易表態，好岔開話題。他一邊說，一邊拍著老學者的肩膀：「好，妙，維蘭德先生！」接著他面向在場的聽眾，大聲地講起了在維護國家穩定方面基督教的價值。據當時在場的人說，他非常想繼續和維蘭德說下去，但顯然後者已經站不住了，所以這場對話不得不提前結束。如果提前準備好兩張椅子，這場對話一定會越來越精彩。

在現場默默地傾聽的人中，有一個就是歌德。

還是在埃爾富特的一個大廳裡，拿破崙幾天前曾經單獨和歌德聊了一個小時。拿破崙有幾個大廳是用來吃早餐、發布命令、接見賓客、簽署檔和進行思考的場所，這個是其中之一。兩名智者進行的對話，也是兩股力量在進行碰撞、尋找平衡，兩位當世最偉大的人物有了互相觀察的機會。在談話中，兩人都沒有什麼內心真實的想法流露出來，有的只是彼此的敬佩。在歌德看來，這次談話是他這一生最重要的幾件事之一，但是在皇帝那裡，卻沒有這麼高的評價。

10 年來，對波拿巴的奮鬥旅程，歌德一直給予了關注，並且為之驚嘆。歌德在晚年時所說的那些和拿破崙有關的話，深刻程度一個世紀內無人可及。但是在另一面，拿破崙對歌德卻知之甚少，更不清楚歌德

內心對他是何等的敬仰，因為這一點歌德只在和友人談話的時候透露過，在和他談話時隻字未提。《少年維特的煩惱》皇帝雖然也讀過很多遍了，但是他現在已經完全沒有這種心緒了，這種少年的心緒除了填補虛空的幻想，什麼作用都沒有。現在的歌德舉世聞名，但是在當時，看出了他的價值的人，全德意志不會超過 100 個，在法國則更是可以說一個都沒有。因為他在本國的名聲都不算響亮，距離婦孺皆知還有很遠，所以皇帝並不怎麼了解他，只知道他有幾部作品挺有影響力，而這些作品，皇帝身邊的人並不了解。另外他還知道一點，在耶拿戰爭那年歌德輔佐卡爾·奧古斯特為臣了，而當時的皇帝是非常惱怒這個薩克森的統治者的。所以就知道了，皇帝召見歌德時，對他的期望，肯定沒有對繆勒或維蘭德的高。

不過，對於拿破崙或歌德這樣的天才來說，打量一下就足夠了解對方的分量了。那天早晨，皇帝坐在一張大圓桌邊用早餐，達魯坐在他的左邊，塔列朗坐在右邊。走到門口歌德停下了腳步，皇帝請他走近一點。歌德當時差不多六十，精神矍鑠、瀟灑俊逸。現在的他正處在最泰然的時候，是一種之前未曾有過、現在好不容易達到的、之後又很快消失的和諧狀態。看見他的皇帝驚訝得說不出話來，過了片刻，他彷彿是在自言自語：

「好一個人才！」

這句話好像一支金箭，將全場都照亮了。這句讚嘆之語，雖然感觸頗深，但是卻不大像評價，而像第一印象。這也在情有可原的，因為這位統治世界的人不清楚的是，現在站在他面前的，也是一位統治世界的人。皇帝發出的感嘆，是過去從來沒有過的，此後對任何人也再沒有過如此評價。這兩位天才彷彿存在血緣關係，好像有兩股無法抗拒的力量將浮雲撥開，各自伸展臂膀，直到指尖碰到一起；隨後兩人又被時間之霧重新分開。眼前的這一時刻可以說是千年難遇的，也許只有亞歷山大

大帝與第歐根尼[1]的會面才能與之相提並論。

出於謹慎，多年以後歌德才這次談話的內容記了下來，還不是完整的。在別人的回憶錄裡，人們也唯讀到零星的片斷。

拿破崙先是稱讚了《少年維特的煩惱》，但又補充道：「但是我不喜歡您這部小說的結局。」

「我相信，陛下，小說有結局是您不喜歡的。」

這近乎威脅的話語皇帝平靜地予以接受，但是他還是指責說，維特的愛情並不是這場不幸的唯一原因，在這裡野心也發揮了不小的作用。歌德聽完大笑（後來在他的兩封信裡，證實了他在皇帝面前確實有這個放肆的、很不尋常的舉動），承認皇帝的批評很正確，但是他還是覺得，藝術家運用一些讓讀者難以發現的技巧，是無可厚非的。

自己在陌生的領域裡獲得了小勝，皇帝十分滿意。隨後他又談起了戲劇。「他的評價極為精彩，如同一位以悲劇為研究對象的人，還具有法官審案的精神。法國的戲劇背離了自然和真實，他深感惋惜。命運劇為他所不喜歡，認為那應該屬於黑暗的時代。」

「現在說命運還有什麼用！政治就是命運！」

話音剛落，他就把這句話變成了現實，用他自己的方式：他的臉轉向達魯，和他說起了徵稅的事，蘇爾特剛進來，馬上又和他說了幾句。然後他繼續和歌德談話，用高超的方式阻止了他和別人交談，問了他幾個個人問題，然後他話鋒一轉，又開始進攻：

「這裡您喜歡嗎？歌德先生？」

歌德也明白該怎樣抓住政治機遇，他回答道：

「很喜歡，我希望這幾天的時間，對我們小小的國家能有一些幫助。」

1　第歐根尼（Diogenes）：古希臘犬儒學派哲學（主張禁欲主義的自我滿足，放棄舒適環境）的代表人物。

「你們的人民是否幸福？」皇帝提問，不過他的措辭沒有注意，現在的文法似乎是在向一位君主發問，因為接見各國的君主時他經常這樣問。事實上，他現在對薩克森並沒有什麼興趣，他內心的想法是：我怎樣才能讓這位天才為我所用？他不寫歷史書太可惜了。不過他是小說家，也可以寫一寫這次會議，或者以劇作家的身份對我的羅馬生活加以描述。他肯定比我們法國人寫得好，無論寫的是小說還是劇本，而且，作者是外國人價值會更大。所以他說：

「整個會議期間，您都應該待在這裡，將您對這偉大一幕的觀感記錄下來。歌德先生，您怎麼看？」

拿破崙對這位詩人的進攻，以這個問題作為結尾，這完全不同於他一貫的態度。而不為所動的歌德回答得小心翼翼：

「古典作家的文筆是我並沒有的啊。」

「這聽起來政治意味挺濃的。」皇帝心裡想著，不過他是這樣說的：

「你們的公爵邀請我來魏瑪這裡。他當時有點不太高興，但是現在好多了。」

「如果他有點不高興，陛下，那麼一定是因為這懲罰有點重了。不過我也許不應該評論這些事。我們不管怎樣都要尊重他。」

「說得不錯，」皇帝心裡盤算著，「他比他的主子高明得很，他這是讓我知道，他其實也清楚公爵就是一頭蠢驢。就這麼定了，一定要讓這個人為我寫我的『凱撒』傳！這在法國的影響肯定超過贏下一場戰役！」但是他嘴上卻是這樣說的：

「悲劇應該是學校，供國王和人民學習，詩人們所能獲得的最高榮譽，就是這個了！建議您寫一寫『凱撒之死』，而且和伏爾泰寫的相比，您寫的要更有價值、更為壯麗。您一生最偉大的傑作，也許就是這部作品。寫這部悲劇的目的，就是讓世人知道，如果給更多的時間，他凱撒能夠將他遠大的計畫都實現，為人們帶來更多的幸福，如果給他更

多的時間的話。來巴黎吧！我在邀請您！在巴黎，您的視野將更加廣闊，您的資料將會無比充足，能夠進行新的文學創作！」

詩人非常有禮貌地表示了感謝，還表示自己深感榮幸。

「這就表示我並非一無所獲，」皇帝想道。「如果我還要堅持下去的話，」之前和沙皇的談話浮現在他的腦子裡，「他一定會認為我對這件事的興趣過大。好奇怪：這人竟然對我毫無所求，甚至在我面前表現自己的欲望都沒有。那麼，怎樣才能吸引到這個堅貞不移的人呢？應該將我們的劇本和戲劇給他看看，這樣能夠激起他的好勝心，想寫出更勝一籌的劇本來。」

「請您今天晚上來劇院！您會在這裡見到很多的王公貴族。大主教親王您認識嗎？您會看見，在包廂裡的他香甜地睡覺，腦袋枕在了符騰堡國王的肩上。沙皇您認識嗎？您該寫一些和埃爾富特有關的文字呈獻給他！」

這是皇帝第三次暗示他了。最終會打動歌德嗎？但是，這位詩人還是報以禮貌的微笑，非常誠懇地說道：

「這種事我從來都沒有做過，陛下，我擔心我哪一天後悔。」

這個法國人這時有點挫敗的感覺。不過讓人感到奇怪的是，這位革命之子又談起了太陽王路易十四：

「在國王還是路易十四的時候，我們的人作家們並沒有這樣做！」

「陛下，他們毫無疑問沒有這麼做，但是他們是否從來都沒後悔過，這是我們無法確定的。」

「非常正確。」這個帶著懷疑的回答讓皇帝閃過了這個念頭。這可以稱得上是這個德意志人的反擊吧。因此，當歌德提出告辭的時候（這是不合禮儀的，而歌德本人對宮廷禮儀十分熟悉），皇帝沒有留他。這次見面就這樣結束了。

這兩位天才的會談，讓人感覺最吃驚的地方是：皇帝對會談感興趣，

又有求於詩人，但是一無所獲；而在詩人看來，這次談話是他平生最偉大的會晤。原因非常簡單：皇帝用得上這位詩人，但是詩人用不上這位皇帝。拿破崙想讓歌德為他著書立說，歌德則透過觀察拿破崙的舉止，看到了這位天才的內心深處。所以他沒有必要再去巴黎。

雖然詩人拒絕了皇帝的邀請，也沒有用詩歌來表示自己對拿破崙的敬意，但是幾年後，已經落魄了的拿破崙，還是會回憶起這位他曾評價為「好一個人才」、以此將他和別人區分開的詩人。

二十一、被教皇逐出教門

馬德里，拿破崙站在腓力二世的畫像前，這是這次會談後的兩個月。他對王宮已經進行了仔細的查看，宮中各個地方都走了一遍，現在又回到了畫廊這裡。他在這位征服者的畫像前站定了腳步，好長時間都沒有離開。他的隨從也都沉默不語。皇帝似乎在和畫中的這位國王說話。「在我的國家，太陽永遠都不會落下。」他可從來都不曾擁有說這句話的幸運。建立這樣龐大的帝國，還需不需要宗教裁判所？他進攻西班牙的時候已經將這類機構取締了。他是太仁慈還是太民主了？他難道不是在自己統治的十幾個國家當中，束縛民眾自由，讓他們聽他這個獨裁者的嗎？可能是他說的和寫的都太多了。這位腓力二世眼睛看起來深不可測，大概一直這樣沉默不語。他看起來並不幸福。但是，誰又幸福？

皇帝被一場灰暗無聊的戰爭帶到了這個國家的首都。以陰謀作為開場的西班牙事件，現在得到了報應。去年春天被皇帝廢黜的國王和親王們，自然不會有好下場，但是皇帝卻錯估了民眾。為了自己尊嚴的西班牙人民起義了，卻被皇帝視為可笑的空談者。「他們都是堂吉訶德尊貴的同胞。愚昧，殘忍，傲慢，懦弱，我們目之所及就是這樣的。人民被僧侶和宗教裁判弄得愚昧而無知……西班牙軍隊只會躲在房子後面，跟

阿拉伯軍隊一個德性；他們的農民也沒有阿拉伯國家的多，無知的僧侶過著放縱的生活；他們的貴族腐敗墮落，權勢和聲望一樣都沒有。」

這個錯誤的想法讓他沒有注意到這樣一點：今天，他能夠征服他們，但是，他對他們的征服，也只能是在今天而已。明天，獲得英國支持的西班牙人民 —— 這裡是英國最大的基地 —— 再次在自己的家園裡抵抗侵略。誰又能阻擋得了他們！這一點當時皇帝就和跟身邊的親信說過，他和早年的戰友樊尚說：

「我一生中最大的蠢事就是這件事了！你能不能給我出個主意，讓我從這個困境出來？」

「建議您放棄這個國家，陛下！」

「你說得倒是輕巧！考慮考慮我的處境吧。我是一個篡權的人。為了有今天的地位，我一定要擁有歐洲最聰明的頭腦和最鋒利的寶劍。為了保住我現在所擁有的，每個人都要對這個堅信不疑。決不允許我的頭腦和利劍的威望有所削弱。我不能眾目睽睽之下，承認自己犯了錯誤，然後撤離大軍。這個你自己也能看得出來，這種事我肯定做不出來。請給我出一個好的主意！」

他知道自己犯了個大錯，卻又說不能進行更正或者彌補；坦誠向老戰友表示自己犯了錯誤並徵求建議，這還是那個年輕氣盛的波拿巴嗎？還不到 8 天就擊潰了腓特烈大帝著名軍隊的難道不是他嗎？但是現在，他在西班牙耗了 8 個月的時間，卻什麼進展都沒有。在有道路有城鎮的國家，在那些能養活他的軍隊的國家，他總能獲得勝利。但是如果沒有道路，比如沙漠，波蘭的草原，或者安達盧西亞的山區，這樣的地形就和他的速度格格不入，他的數學天賦沒有用武之地。

面臨著這樣的形勢，他的國王哥哥非但沒有對他表示支持，相反還一直在製造麻煩。約瑟夫想成為一個西班牙人，靠自己的仁慈贏得民心。他們兄弟爭執了好幾次，結果都是不歡而散。貴為國王的他卻狼狽

逃跑，現在他覺得自己已經成為一個笑柄了；現在，他又不得不躲在發動進攻的皇帝的背後，顯得更加狼狽了。因此，這位強硬的皇帝向他的老朋友羅德雷抱怨起來理由十分充分：

「約瑟夫想讓西班牙人都愛他，還想讓臣民們都相信他對他們的愛。國王的愛不應是溫情的，他應該讓臣民對他感到敬畏……他寫信給我，說要去莫爾豐塔尼隱居。我現在已經無暇分身，他卻在讓我陷入困境……還說他寧願在山林中終老，也不想留在這種用非正義的流血換來的土地上……這血是法國的敵人的！他現在之所以是國王，就是他自己想當這個國王；當初他完全可以留在那不勒斯，不來西班牙的。攔著我？我並不需要家人……我的兄弟們和我不一樣，不是法國人。但是我是法國人，只有我一個人是這樣……荷蘭國王也在嚷嚷著什麼退隱。我們 3 人當中，誰更合適去莫爾豐塔尼呢？是我。」

他為什麼不和約瑟夫決裂？現在在他眼前的蘇爾特將軍是法軍駐西班牙總司令，在拿破崙麾下眾多的將領中，他也是最受拿破崙賞識的將軍。為什麼蘇爾特沒有得到一頂王冠，就像繆拉那樣？「約瑟夫寫信告訴我，如果我覺得誰比他強，就讓他來當這個國王吧。那是肯定的！不過約瑟夫之所以被我任命為國王，並不是因為我對他的評價有多高。如果冊封國王是在論功行賞，那我確實可以有別的人選！但是，我鞏固我的王朝需要我的家人，因為這是我的體制！」

拿破崙現在在馬德里，發布了幾道命令重建秩序，不過並沒有受到多少歡迎，更不用說喜愛了，受到的只有西班牙民眾的痛恨，和英國的威脅。但是這一切都不能阻止他。10 月份，他寫給在魏瑪的妻子的信提到沙皇跳了舞，而他沒有跳，原因是「40 歲就是 40 歲」。他還總自嘲越來越胖了。但是就在耶誕節那晚，他頂著暴風雪前行翻越了瓜達拉瑪山，好像當年洛迪那個年輕將軍又回來了。他戰勝了英軍，但是泥濘的道路阻擋了他的乘勝追擊，和當年在弗里德蘭無法發動對俄軍的追擊一

樣。眼看著敵軍逃上了軍艦，他恨得咬牙切齒。他應不應該去追擊山裡的另一支英軍？這會讓他的軍隊離法國更遠嗎？他在卡斯蒂利亞等著消息的時候，巴黎在說什麼呢？

阿斯托加的軍營，信使來了。他現在能知道國內的情況了。讀一封信時，他突然暴怒，氣得渾身戰慄。一言不發的他，來回踱了一個小時的步。即使是他的親信，也不清楚到底發生了什麼。然後，他突然命令參謀部全部回國，他自己則讓手下的將領接管了軍隊。他急匆匆地從瓦拉多利回到了法國。

「腓力國王那深不可測的目光，確實有道理！」在回程的馬車上，皇帝思考著。「我非但不應該取締了西班牙的、對異端進行審判的宗教裁判所，還應該在法國也建立起這樣的場所！巴黎居然有人發動了陰謀活動，還不是由我的敵人策劃的！富歇和塔列朗這兩個人之所以獲得了我的重用，就是因為他們一貫都是互相仇視、監督、告發，但是他們現在已經和解了，已經在聯手對付我了！甚至繆拉也參與進來了！」

這封讓他當場決定回國的警告信，是歐仁和萊蒂齊亞寫的。現在，歲數大了的萊蒂齊亞又活躍了起來，還是在危險逼近時，而不是舉行慶典時。身為科西嘉人的她要保護她的孩子們。塔列朗的陰謀什麼時候開始的，進展怎麼樣了，他都只能猜測。至於塔列朗曾經建議過奧地利駐法大使，趁著皇帝分身乏術馬上進攻法國，拿破崙就不知道了，因為並沒有留下相關的檔案。即便是有，他這樣偉大的主人，又怎麼會將兩個如此位高權重的大臣抓起來呢？權力不知不覺中溜出了他的手，被這兩個人掌握了，現在他們反過來視他為敵人。在兩週的回國路上，他對這兩個他一手提拔的人的怒火越來越旺。

皇帝一回巴黎就開起了國務會議。很多參議員和所有的大臣都參加了這次會議，皇帝要讓他們來當他要演的這齣報復劇的觀眾。另外，兩個主角也來了。拿破崙馬上攻擊塔列朗：「你這個竊賊，這個無恥之徒，

藐視一切禮法！你甚至都能出賣你自己的親生父親！我對你無比恩寵，你卻背叛了我！之前慫恿我進攻西班牙是你，現在四處公開地指責我的也是你！當年告訴我昂吉安公爵的下落，又讓我嚴厲地懲罰他的也是你！……我讓你看管被廢黜的西班牙王室成員，你卻和他們勾搭在了一起。現在你認為西班牙事件從頭到尾都是錯的。你真的太厚顏無恥了，居然還說你多次告誡過我……我交給你這位宮廷大臣的全部鑰匙，你都還給我……我能把你摔得粉碎，就像摔一個玻璃杯一樣，我能做到！但是我太鄙視你了，我都不屑於在你身上浪費精力！」

拿破崙足足罵了 30 分鐘，在場的人都目瞪口呆。塔列朗什麼都沒說，只是鞠躬告退。「太遺憾了，」在外面，他遇到了一個朋友，笑著說，「一個大人物居然會如此地沒有教養！」而這時皇帝的矛頭又指向了富歇，指責他沒有去對大眾輿論進行引導，反倒是支持了皇帝的敵人。

舉座皆驚。富歇和塔列朗一樣也是深鞠一躬，不過沒有離開，而是留了下來。皇帝要求全體高層官員都放棄言論自由，因為現在的他們不過是他思想的工具。他話裡帶著威脅地宣稱，懷疑就已經是反叛的開始，持有異議那就是徹底的反叛了。皇帝的暴政就在這一刻日漸壯大。

這個時候全巴黎都相信，這兩個叛徒的命運只能是被放逐或者遭到監禁。但是事實是，這兩個人都沒有遭到罷黜！富歇留任原職，因為沒有人能接了他的位置。塔列朗嬉笑如常，繼續在宮廷中出入自由，因為他繼續留任他的國家職位，被撤掉的只是他的宮廷職務。星期日的宮廷招待會上總會看到他的出現，所以皇帝不得不總看見他。皇帝問他的鄰座問題時，卻總被他搶答。簡單地說，他用自己的行動證明了拉納對他的評價是對的：當人們和塔列朗說話時，即使有人從背後踢他，你也不會在他的臉上看到任何異樣的表情。用不了多久，當杜樂麗宮被慶典的燈光照亮時，人們又能看到跛著腳的他跟在主子的後面，從舞廳出來一

起去了書房，因為「他是我唯一能與之交談的人」。

現在有那麼多棘手的事情等著研究。已經覺醒的德意志慢慢地有所行動，每個人都在關注，對此奧地利會有什麼反應。普魯士國王還是那樣的猶豫不決，和往常一樣。施泰因男爵被一項從馬德里來的命令驅逐出了普魯士。蒂羅爾爆發了和西班牙一樣的兵變。奧地利又一次和英國結成同盟，而且還和土耳其成了盟友，第 5 次進行著備戰。所以，薩拉戈薩在一番奮力抵抗之後最終陷落，那又有什麼影響？一日不將西班牙的叛亂平息，法國大軍就一日不能撤走。西班牙困住了法國的 25 萬大軍，又怎麼去和別的國家宣戰？如果不是這種形勢，奧地利又哪來的勇氣再次拿起武器，對抗皇帝？

能夠力挽狂瀾的，只有俄國！當俄國公使魯緬采夫離開巴黎，要回彼得堡時，皇帝賜給他豐厚的禮物，還許下了不少的諾言。拿破崙為了討好沙皇，同意從普魯士撤離。他的要求就是沙皇向忐忑的中歐宣布：俄法兩國要結成同盟。

然而，亞歷山大卻在踟躕。他收到了維也納、巴黎和柏林幾個方面的保證，但是軟弱多疑的他屈從於本國的大公們，這些大公對拿破崙都無比仇恨。不過，完全倒向他們？他又下不了這個決心。維也納那邊想為某位大公迎娶沙皇妹妹的努力也是徒勞無功。沙皇決定自己誰也不幫，保持中立。

因為朋友背信棄義，皇帝受到的打擊要比人們想像的還要嚴重。他過於信任對方，結果傷害了自尊，他的一切努力都成了泡影。走投無路的他想到的唯一辦法，就是再徵募一支軍隊。第二年的預備兵役也提前徵召，動用了一切手段去籌措所需的軍餉。西班牙事件讓公債跌到了原來價值的 78%。奧地利那邊早就做好了準備，比他的預計快了不少。4 月傳來了敵人已經開始進軍的情報，晚上 10 點，已經入睡的拿破崙被手下喚起。他下令軍隊午夜時分準時拔營出發。但是他的全體人馬花了 4

個小時後才做好出發的準備，這讓他非常惱怒。

在巴伐利亞他發現了奧地利軍隊進軍中的錯誤，他幾乎不敢相信自己會有如此的好運。一個當時在場的人如此描述：「他雙目放光，眼神和舉止間都有掩飾不住的興奮，嚷著：『我抓到他們了！他們等著失敗吧！一個月以後我就要拿下維也納！』」他的估計是錯誤的，因為再度進駐維也納，實際上只花了 3 個星期。他勉勵部下在 40 個小時內完成 100 多公里的行軍，並且在接連取得了 5 場戰役的勝利。後來，他將這 5 天稱作他最出色的一次演習。在最後的那天，似乎是在反駁他那個刀槍不入的神話，他的腳被一顆子彈擊中了，而且正好是阿基里斯的腳踝部位[1]。在這之前，他的士兵們都相信戰場上他不可能受傷的，甚至連他自己都相信。

然後繼續前行的他從德意志橫穿了過去。他的馬車從外邊看並不起眼，但是裡面布置得非常舒服，能讓他睡在裡面。他白天的時候就在馬車裡辦公，處理政務，和在杜樂麗宮和軍營裡沒什麼兩樣。用在馬車上，為了減少行進中的摩擦的裝置是由他首先設計出來的。雖然和我們現在的旅行速度沒法比，但是已經比前人快了不少。他只用了 5 天的時間，就從德勒斯登來到了巴黎。馬車裡有不少鎖著的抽屜，裡面放的是報告、信函和備忘錄；一盞燈掛在頂棚上，能將整個車廂照亮。一張路程表掛在他的前面，他的必經之地都列在了上面，標著需要更換馬匹的地方。當信使到達的時候，貝爾蒂埃或者別的軍官必須寫下最緊急的命令，這時的馬車依然繼續往前走著。然後信使們就策馬趕往各個地方。

盧斯塔姆獨自坐在車夫座上，兩名車夫在他的前面，趕著 6 匹快馬。馬車的周圍總是簇擁著一大群人，他們是信使、輕騎兵和騎著馬的侍從。眾多人馬讓道路立刻狹窄起來。白天，熱氣彌漫，塵土飛揚；到

1　據希臘神話，阿基里斯出生後，其母握著他的腳踝將他的身體在冥河水中浸過，因此除未浸到水的腳踝外，他全身刀槍不入。後被阿波羅用箭射中腳踝而死。

了晚上則是煙霧迷濛。農民們擠在道路的兩邊，看著大隊的人馬急速而去，目瞪口呆。他們堅信偉大的拿破崙魔鬼附身。人們可以根據馬車和隨行人員的馬蹄印推測出他要去哪裡。因為在行駛的過程中，他會扔出來很多的紙團。他不僅會從車窗裡扔出來信封和廢紙，還有所有的沒用了的報告，不過會小心地撕成碎片後再扔出來。另外，那些他用來打發閒暇時光的報紙和書籍，也因為沒有地方放而被扔進了泥土裡。

不管他停靠在哪裡，侍從們都會為他做好熱水浴的準備。如果是夜裡兩點（皇帝一般會說是早上兩點），就會口授各項命令到 4 點，然後去睡覺，7 點起來。他從馬車上下來，4 名輕騎兵會以一個正方形的陣型站在他的周圍。白天他用小型望遠鏡查看戰場時，他們也跟著他一起移動。如果他需要用大型望遠鏡，那麼支架就是侍從們的身體。不管他停留多長時間，或者是在打仗的時候，他的手邊一定要有地圖。無論是在馬車裡、軍營裡或者篝火旁，地圖都是必不可少的。他想要研究的地方，如果隨從們沒有能夠及時地在地圖上找出來，就會被拿破崙一頓怒斥，即使是貴為納夏泰爾親王的貝爾蒂埃，也是一樣。終其一生，他的地圖都伴隨著他，無論何時何地。地圖上到處都插著彩色大頭針。晚上的時候，二三十支蠟燭擺在地圖周圍，指南針擺在中間。這是他祈禱的聖壇。他這個無家的人，這才是真正的家。

現在，他第二次一槍未發就拿下了維也納，在美泉宮住的還是幾年前住過的那個房間。但是戰爭還沒有結束。

因為現在，他統治下的廣闊帝國的形勢，對他非常不利，卻讓他的敵人都在蠢蠢欲動。不利的消息從西班牙傳來，義大利北部的歐仁作戰也失利了。因為現在繆拉應該從那不勒斯出兵，所以拿破崙就像當年霍亨斯陶芬家族所做的那樣，對教皇不再客氣。4 年前，在同一張寫字桌邊，他曾下令將那不勒斯王室廢黜。現在，教皇受到了一樣的對待。在被迫四處出兵的情勢下，他再也不能顧及道德或者政治後果了。他發布

這個危險諭令的目的，僅僅是集合他在義大利的軍隊。

當然也有惱怒的因素。年初他在西班牙時，就已經很不滿羅馬了：「教皇去年向各國君主都寄送了聖燭，但是唯獨沒有我們的，這很無恥。寫信和羅馬說我們用不著什麼聖燭，我家族裡的那3個國王也是一樣。和教皇說，聖燭我每年都會從我自己的神職人員那裡得到。聖燭的價值和紅衣紫袍和什麼權力象徵都沒有關係。陰間也有牧師，一點都不比教皇差！我自己的神職人員祝福過的聖燭，和教皇的同樣神聖！他的聖燭我根本都不稀罕，我家族裡的那些國王君主，也都不許要他的聖燭！」

他就這樣對付教皇，好像一個新教教徒或者革命者。當時拿破崙還在西班牙泥濘不堪的道路上打仗。現在，在美泉宮裡的他將教皇的世俗權力徹底剝奪，讓他謫居於梵蒂岡，每年給他兩百萬的養老金。

皇帝隨從中的不少人十分震驚，因為他們中有一些十分虔誠的天主教徒，而且還有5天就是聖靈降臨節了。他難道不是在挑戰上帝？那些虔誠得近乎迷信的人的預感很快就成了真：5天後，也就是聖靈降臨節那天，拿破崙吃到了第一場敗仗。

阿斯佩恩和埃斯林一戰人們可以認為是不分勝負，但是說拿破崙獲勝肯定不行。多瑙河上的大橋倒塌無非是巧合，就像拿破崙當年在洛迪、利沃里、馬倫哥以及別的那些戰役一樣，他是從上帝的手中搶來的勝利。拉納元帥在這次戰鬥中陣亡了，這是他青年時代便並肩作戰的戰友。當他趕到奄奄一息的元帥面前時，據說，這位老戰友的眼神和言語之中流露出的是對拿破崙的怨恨。這天晚上，他在飯菜前一個人坐了好長時間，沉默無言，飲食不思，誰都不想見。

「被打敗了？可打敗的？」他呆坐著，沉思著。難道真的是擊中了阿基里斯的腳踝？難道那個射手比塔列朗還要準？不是的，是我自己的原因。讓自己的大軍強行渡河，暴露在了敵軍的面前，這真的太冒險了！

拉納說得沒錯，他已經將一半的部隊渡過去了。巴黎現在怎麼說？怎麼和巴黎說這件事？懷著煩躁的心情，他回到了美泉宮——敵人國土上的一座宮殿，龐大卻空寂。他的波蘭情人！美麗的瓦萊夫斯卡要是現在在他身邊，那該有多好！她現在也一個人坐在波蘭的一座宮殿裡，想著他。去年，她想生個孩子的希望成了泡影。

他派人接來了她。

意想不到的消息從羅馬傳來。拿破崙發出諭令將教皇罷黜後，以牙還牙的教皇當即下令，將拿破崙逐出教門。皇帝知道了這個會吃驚嗎？他的反應是付之一笑，他嘲笑的是天主教還是一派中世紀的作風。身為一名軍人，一個自己主宰命運的人，他的心裡這樣想：

「難道這是在報復當年在巴黎聖母院加冕時，我從他手裡搶過王冠？什麼是神聖的？耶穌是不是真有其人是可疑的。只有一點可以肯定，那就是人們需要他。但是，現在已經是文明的時代，害怕詛咒的只有無知婦孺。霧月19日，還有當年在科西嘉，我不是也兩次被宣布過不受法律保護嗎？然而這種鬧劇，卻將好運帶給了我！」

這些想法振奮了他的精神。他開始準備反攻馬齊費爾德的敵軍。拿破崙在瓦格蘭姆再次取勝，虔誠的天主教徒查理大公，不是被逐出教門的拿破崙的對手。戰鬥持續了兩天，進展順利。在戰場上，這位疲憊不堪的總司令讓盧斯塔姆為他就地鋪好熊皮，過20分鐘再叫醒他。他剛躺下就睡著了，睡了20分鐘，又是精神抖擻。戰爭就此結束，是時候商談停戰協議了。第二天，在向妻子報捷的信中，他有這樣一句：「我被太陽晒黑了。」他已徹底恢復過來了，心情非常好。

他回了美泉宮，他的波蘭情人已經等在那裡了。過去，多少美麗的女子，都曾經從這裡這些僻靜的房間和祕密的小門穿過，為哈布斯堡王室的人們承歡侍宴！伯爵夫人現在住在附近，每晚這位從地中海來的冒險者派人去把她接入宮中，還關照僕從說，路況不好，注意駕駛，不要

翻車。這段兩人第二次的共同生活，持續了 3 個月。後來在芬肯施泰因和她暫時告別時，他曾向她，也是向自己保證，他還會和她在一起，至於是什麼時間什麼地方，就不是他所能說得算的了。

過了幾個星期，她有種感覺：自己懷孕了。這一次，她會為他帶來已經期盼了 12 年的禮物嗎？他就一個兒子。從這以後，田園詩般的愛情續寫了新的篇章。8 月 15 日，這一天的午夜時分，他躺在她的懷裡，靜候著自己的 40 歲生日到來，他想著第二天一早，法國全境還有他統治下的各國境內，都將響起慶祝他的壽辰的鐘聲（教皇將這一天定為拿破崙日）── 太美妙了，這個年方 20 的美人是第一個祝賀他生日的人。他說的兩種語言 ── 義大利語和法語，她都說不好，但是和語言相比，她的眼神更能傳情。現在，他的思緒彷彿又回到了 10 年前，當時他從埃及走海路回國，在海上漂泊聽天由命，英國海軍隨時能抓到他。現在的他，早已有了天壤之別，但是他並沒有比以前更幸福的感覺，原因就是他是「事物的天性」的奴隸。

跟兩年前在芬肯施泰因的時候相比，他也有所不同了。他再也不是世界帝國的締造者，再也不是那個東西方各國國王爭先恐後頂禮膜拜的君主了，他現在要做的只能是反攻為守，即使獲得勝利，也不敢對戰果進行太高的估計。

在瓦格蘭姆獲勝的那天，他的屬下做的一件蠢事傳到了拿破崙的耳朵裡。「你竟然敢逮捕教皇，我非常生氣。這真的是太愚蠢了！大主教才是你們應該逮捕的人，而教皇，就讓他在羅馬過安穩日子好了！」雖然「逐出教門」的象徵意義曾經被他譏諷，因為那不過一句虛無縹緲的空話而已，法國的主教們就能夠將其驅散。但是從政治家的角度，他馬上就想像到了逮捕和驅逐教皇的行為後果會多嚴重。他將被這個愚蠢的行為陷於不義，這是因為，一個流放別人的教皇，是不如一個被流放的教皇強大的。

另外還有從西班牙來的信，說英國已經彌補損失，實力獲得了恢復。看得見和看不見的西班牙人聯合了英國人，拿起武器活躍在叢林中，保衛自己的家園。與此同時，巴黎方面的消息說，越權行事的富歇四處召集國民自衛隊，顯而易見，他想在法國掀起對英國的恐慌情緒，煽動新兵的不滿情緒。

拿破崙處境十分危急，涉及的面越廣，面臨的困難和危險就越大！羅馬和巴黎來的信件是一週以前寫的了，而西班牙來的則已經是 16 天之前的了。他在美泉宮發布新的命令到送到瓦拉多立特這段時間中，局勢就可能發生巨大的變化。如果他的命令能夠迅速地送到前線的話，那他都不必出這個屋子就統治了世界！現在他要做的就是加緊談判。在英國和匈牙利的背後慫恿下，奧地利故意拖延著談判的時間，一拖就是幾個星期這麼久。奧地利要割讓三分之一的國土還有 900 萬人口，這是勝利者提出的要求，但是遭到了拒絕；現在他被迫另起爐灶了。他將舊式外交無法理解的坦率，運用在一次長談當中 —— 這次長談發生在拿破崙和維也納的巴布納伯爵之間，持續 7 個小時 —— 將自己的困境向對手和盤托出：

「阿斯佩恩一戰的失利，責任是我自己的，我也因此受到了懲罰，但是這並沒有讓士兵們的信心有絲毫的動搖。」然後他簡單地講述了自己在戰場上的戰術：「貴軍常犯的錯誤，我也要和您說一下……你們的作戰計畫通常在開戰前一天制定，對手的行動、該去占領什麼樣的陣地你們全都一無所知。而我呢，我從來都不在作戰前發布命令，在戰鬥的前一天晚上我會格外小心……天一亮我就會派人對地形進行偵察，除非心裡有了譜，否則決不分散兵力……然後我衝向敵人，只要是有利的地形，就進行攻擊。您說我大炮對你們帶來了大量的傷亡，是這樣的。但是我能怎麼辦？我的士兵疲憊不堪，但是又對和平十分渴望。因此白刃戰是我極力避免的，所以就要更多地使用槍炮。」

　　他之後又說起了盟國的情況：「現在沙皇是我可以信賴的，但是不是一直會是這種情況，誰又能保證？我早就預感到了普魯士會在你們和我當中搖擺不定。」說著說著，拿破崙突然表示割讓的土地可以減半，他的大臣當初提出的要求也取消了，又提議法、奧結成同盟。他是被逼無奈才這麼做的，因為他一定要返回巴黎，一定要為談判提出新的基礎。奧地利將一部分土地分別割讓給萊茵聯邦和俄羅斯，通往巴爾幹的通路拿破崙可以隨意使用。談判又進行了好幾週。儘管現在的拿破崙有點焦躁不安，但是他的波蘭情人那雙美麗的眼睛，會讓他的心情立刻得到緩解。

　　10月，美泉宮，他舉行了十分盛大的閱兵儀式。一個年輕人擠了進來，因為他異常的舉止而被拘捕了。對他搜身後發現了一柄廚房用刀和一個年輕女子的畫像。在守衛室裡，他拒絕回答任何問題，說除非見到皇帝。於是這個 18 歲的金髮青年當場被帶到了皇帝的面前。他一臉嚴肅而坦率的神情，勇敢而又有禮。他的名字叫弗里德里希·斯塔普斯，他的父親是個新教牧師。拿破崙用法語審問著他，拉普作翻譯。

　　「沒錯，我想刺殺您。」

　　「年輕人，你真的是瘋了，不然就是病了。」

　　「我並沒有瘋，也沒有病，我什麼都正常。」

　　「那為什麼還想刺殺我？」

　　「因為您在毀滅我的祖國。」

　　「你的祖國？」

　　「我的，還有所有德意志人的祖國。」

　　「是誰指使你來的？」

　　「誰也沒有指使我。我的良心和我說，殺了您，就是為德意志、為歐洲作了貢獻。」

　　「你之前見過我嗎？」

「在埃爾富特見過。那時我以為您不能再發動戰爭了。我那時可是您最忠實的崇拜者。」

皇帝把醫生找來，希望醫生認定這個年輕人是個精神病患者，好可以因此開脫。醫生進行了檢查和詢問——這個年輕人完全正常。

「您看，我和您說了吧，我什麼都正常！」

皇帝這時皇帝非常不安，有一陣子恢復了平靜，但是很快又焦躁不安起來。他不忍處死這個坦率勇敢的年輕人。他的心裡在想什麼？現在站在他面前的，不是一個黨派成員，不是一個理論家，也不是一個想摧毀一項原則的陰謀家，不過是一個理想主義者。德意志派出了幾個拿著廚刀的布魯圖。

「你太偏激了。你毀了自己的家庭。你應該請求我的原諒，並懺悔自己的行為，這樣我就會饒你不死！」拿破崙從來沒有說過這樣的話，至少沒有對一個謀殺犯說過這樣的話。但是這個年輕人卻根本不為所動。難道拿破崙不再具有感染力了？

「我用不著您的原諒！而且我根本也不後悔。我現在唯一的遺憾就是我沒有成功。」

皇帝這時發了怒：「真是見鬼了！難道犯罪對你來說，根本不算什麼事？」

「刺殺您可不是犯罪，而是功績！」年輕人還是那樣彬彬有禮地說道。

「這畫像是誰？」

「是我愛的女孩。」

「她贊成你的冒險行為嗎？」

「她會感到遺憾，因為我失敗了。因為她和我一樣，十分地恨您。」

「多麼美麗的女孩，」皇帝一邊想，一邊看著手中的畫像，「難道我就這樣敗在這個年輕人的手下？不，我要寬恕他，我要挽救他。就算他還恨我，那對我又有什麼影響呢？」他再次看向斯塔普斯，那卷畫像握

在手裡，說道：「如果你得到了我的寬恕，這個姑娘會感到高興嗎？」

年輕人那雙深藍色的眼睛睜大了，他堅定地說道：

「即便如此，總有一天，我還是要殺死您！」

皇帝轉了過去，命令將年輕人押走，然後和在場的香巴尼說了好長時間和光明會[1]有關的事。突然，他一點徵兆都沒有地換了話題：

「我們一定要講和。你立即回城去和奧地利人見面。關於幾個關鍵的問題，我們已經談得差不多了，只是戰爭賠款還比較麻煩。我們和對方的出入是 5 千萬。我們要的賠款減半吧。你定吧。我比較喜歡最後的那份草案。你將一些你認為比較合適的條款補充進去。對你我非常信任，就由你負責講和吧。」

這個年輕人對他的觸動很大。雖然說是驚駭是有點過分，但是說成警告，就太溫和了。這件事給他的心靈蒙上了一層陰影。談判已經持續了 3 個月，皇帝將講和的事交給他的大臣負責，目的就是節省一天的時間！與此同時，他命令再次對斯塔普斯進行審訊，但是這個狂熱分子卻沒有任何動搖。第二天清晨 6 點，他的大臣將這一夜談妥的協議帶了回來，被皇帝握在手裡，他看起來非常滿意，表揚了他的大臣。

也是在同一天的早晨，那個刺客被槍決了。

軍隊出發之前，皇帝又說到了這件事：「這可以說是史無前例了！一個年輕的德意志人，一個新教教徒，有良好的教育經歷，卻犯下如此的罪行！他臨死前怎麼說的？」回答是 —— 他衝著槍口大喊：「自由萬歲！殺死暴君！」聽到這些，皇帝一言不發。

然後，他讓人將那把德意志廚刀帶回了巴黎。

---

1 光明會：原文為 erleuchte Menschen（英譯為 Illuminates），應該就是 Illuminatenorden，1776 年由威斯豪普特（A.Weishaupt）在巴伐利亞成立的祕密組織，其宗旨是通過啟蒙原則促進世界公民思想，反對君主制。歌德曾是光明會的成員。1785 年起受到迫害並解散。1896 年重新成立。1925 年在柏林組成「世界光明聯合會」（Weltbund der Illuminaten）。拿破崙懷疑刺客為光明會成員。

二十二、再婚

　　約瑟芬皇后昏了過去。拿破崙將宮廷內侍長召來，讓他將皇后抬回她自己的房間，自己則拿著蠟燭走在前面。樓梯十分狹窄，皇帝讓一個侍從拿著蠟燭，自己和內侍長一起抬著約瑟芬。他將她小心翼翼地放在床上，情緒十分激動地離開了。他剛出來了，床上的約瑟芬就睜開了眼睛，原來剛才的哭鬧、昏倒全都是假裝的。後來宮廷內侍長將這件事說了出來，因為當時抬著皇后下樓時，她小聲地和他說：「您抱得太緊了，我有點疼。」

　　但是她的驚慌和痛苦倒完全是真的，因為皇帝要求她離開杜樂麗宮。她已經在這裡當了 10 年的女主人。皇帝在這天晚上跟她攤了牌，再也不能這樣下去了，每個人都在盼著他死，外邊有德意志人拿著廚刀要刺殺他，內有和英國人勾結的富歇。他現在需要一個兒子，而且這個兒子的母親必須是一位皇室的公主。從美泉宮回來後沒多久，他就和約瑟芬攤了牌。這可能是一個非常理想的報復，因為他不能讓懷著他孩子的波蘭情人做皇后。有一點可以確定，那就是他的新娘會是誰，他現在也不知道。

　　很快，他的母親、兄弟們和妹妹都坐在桌旁圍坐，開起了家庭會議，個個都是面無表情，一言不發。約瑟芬也在，她能察覺出來，這些見證人都懷著一種掩飾不住的喜悅，終於夙願得償：這個老女人總算要走了。激動讓皇帝的聲音有些反常：皇后沒有生子的希望了，只是因為這個，他才被迫和她離婚，因為「只有上帝清楚，我是多麼地艱難，才走出了這一步……但是考慮到法國的利益，什麼都能犧牲……在這 15 年當中，皇后給了我美好的生活。我親自為她戴上了后冠。我希望她永遠都視我為她最好的朋友」。約瑟芬看起來非常鎮定，同意離婚的聲明，她讓國務祕書替她宣讀。

　　然後在場的人都在離婚協議上簽了字。拿破崙的簽名有力，而且是最好辨認的，比平時包括簽在公文上的要清楚得多；他的最後一筆拖得非常長，好像為整個名字加了一道底線——就這樣，他頗具男子氣概地將一件非常嚴肅的事解決了。約瑟芬拿著筆的手有點顫抖，她的名字簽在了右側緊挨著拿破崙的地方，好像打算再次獲得他的保護。皇太后寫的「M」[1]和她兒子寫的「N」很像，最後一筆也是那樣，和她的兒子如出一轍。

　　這天晚上，面帶淚痕、披散著頭髮的約瑟芬，出乎意料地來到他的床前。第二天，皇帝親自攙扶著哀傷的她離開了杜樂麗宮，上了馬車去馬爾梅松宮。臨行前，她愚蠢地請求梅內瓦爾在皇帝面前，盡可能多地提起她。

　　好像為自己的婚姻辦了一場葬禮，皇帝一個人去了空著的特利亞農宮，在那裡住了3天，什麼都沒做：不做任何口授，不接見任何人，閱讀和紀錄全停了。一個巨大的、靠自己的力量推動的輪子停止了轉動，這是15年來的第一次。這件事情的非同尋常，就如同一位佛門高僧做了3天拿破崙每天要做的工作。在這個世界上，恐怕再不會有哪個男人，會這樣隆重地哀悼死去或者是永無再見之日的愛人了。過了一段時間，他去了馬爾梅松宮園看望約瑟芬，他離異的妻子。回來後他這樣寫道：

　　「我的朋友，在我看來，你現在的心情比我預料的還要糟糕……你不應該這樣過度的憂傷。請多加保重，你的健康是我非常關心的。如果你愛我，就請堅強一些吧！我對你的眷戀之情毋庸置疑。你也要相信，你不幸福的話，我也不能感到幸福……我回到杜樂麗宮時，心情十分惆悵。坐在空蕩蕩的宮殿裡，我非常的寂寞……親愛的朋友，請好好活下去，保證良好的睡眠，而且一定要記住，我希望看到這樣的事情發生。」

1　「皇太后」（Madame Mere）是拿破崙稱帝後給他母親的封號。他母親全名為 Maria lae-titia Ramolinl-Bonaparte。

15 年的共同生活後，這個 40 歲的男人心懷感激，流露了真情，不過他的話裡，也能隱隱約約地覺察到一個慣於發號施令的意志。

接下來就是沒完沒了的帳目：他將每年給她 300 萬法郎，另外還要替她支付紅寶石首飾的錢，「這筆錢估計得 40 萬法郎，不過我得提前找人估一下價，免得上了那些珠寶商的當……馬爾梅松宮的櫃子裡那 50 到 60 萬的法郎是你的了，可以買些銀器和衣物。我為你訂製了一套瓷製餐具，非常精美，不過他們也會來徵求你的意見，好讓它更精美……今天早晨我聽一個侍從說你又哭了。我現在都一個人用餐……你去了馬爾梅松宮後，難道就將所有生活的勇氣了都喪失了嗎？那裡可見證了我們的幸福和情感，這份情感將亙古不變，至少在我這裡是這樣的……我非常想去看你，但是前提是我得知道你是不是堅強。我自己現在也有點脆弱和痛苦。約瑟芬，請你好好地生活，晚安。」

他的語調又恢復了哀傷。在米蘭當統帥的那段時間，他的妻子留在巴黎，他曾向對他不忠的她寫了不少飽含情感的信。現在他的感傷則讓人有這樣的感覺：當年的澎湃激情已經變成了哀傷的小調，當年管弦樂團合奏的那首樂曲，也變成了大提琴的獨奏，在冷寂的杜樂麗宮中迴盪。

過了不久，大宰相舉行了一場假面舞會，曾經做過奧地利駐法大使的梅特涅的夫人也在賓客當中。她被一個披著連帽化妝斗篷的人抓著她的胳膊拉到了一旁。大家都清楚這個人是誰。雖然不戴面具的拿破崙，沒有人敢說完全了解，但是戴了面具的拿破崙，卻是一眼就能認出來的，對於這個天才來說，這真的是一齣悲喜劇。開了幾句玩笑後，他問她，奧地利公主會不會接受他的求婚。

「這我不清楚啊，陛下。」

「假如您是奧地利公主的話，您是否接受？」

「我一定不會接受！」這位來自維也納的夫人笑著回答。

「您這樣可不夠友好。請您寫信給您的先生，問問他對此事怎麼看。」

「您最好和施瓦岑貝格親王說這件事，陛下，現在的駐法大使是他。」

就這樣，拿破崙又恢復了大革命時期的那種乾脆的作風，開始了他離婚後的求婚。這天晚上，他讓歐仁第二天一早去找奧地利大使。哈布斯堡家族當中，誰都無法理解這種快速簡單的作風，雖然在皇帝看來這非常的自然。沙皇那裡始終沒有回音，而 4 次開打 4 次失敗的維也納，最終不安撫一下是不行的。還有比這個方法更直截了當的解決辦法嗎？如果不馬上去盡全力實現無法實現的事，那又為什麼離婚？如果遲遲沒有再婚，他對兒子的渴求將很快變成一個笑柄。

他那科西嘉家族觀念又一次發揮了作用。這個連軍事會議都很少召開的人，卻在離婚前和再婚前，都組織了家庭會議。和 6 個星期前一樣，他們圍坐在桌旁，所有的皇親國戚和達官貴人全部到場。根據一個參加了會議的人的回憶，與會者都有點窘迫。皇帝當眾宣布，他想要個繼承人，然後說道：

「要是能夠按照個人意願行事的話，我的新娘，會在榮譽軍團成員的家族中，在法國英雄的女兒中誕生，我要讓最值得尊敬的人當上皇后。但是，每個人都要去適應他所處時代的風氣，和別的國家的習俗步調一致，也要有政治上的考量。有幾個國王想和我結盟，而且我並不認為我的求婚會遭到歐洲哪個王室的拒絕。現在可供考慮的有 3 個王室：奧地利、俄國和薩克森。我想聽聽你們是怎麼看的。」

這個獨裁者的頭腦又被正統主義的想法占據了。他會在這個正統主義的礁石上面撞得粉身碎骨。為什麼不能讓他所愛的瓦萊夫斯卡伯爵夫人當皇后呢？如果不是法國人不行的話，那為什麼不在被他冊封為親王的英雄的女兒中選一個呢？是他徹底地將舊世界摧毀了，親自在自己

的頭上戴了兩頂皇冠。他讓世襲君主等候在前廳是常有的事，他曾將一個世襲的國王廢黜，又讓一個旅店老闆的兒子當上了國王。他的這些行為，難道就是為了像今天這樣，告別自己心愛的女人，為了獲得一個繼承人而去「適應他所處時代的風氣」，去適應以前被他打破的習俗嗎？

但是在這個冷漠的帝王廳室當中，這樣的言論是不會出現的。每個人都被他所影響，不同意他娶法國女子。歐仁和塔列朗對娶奧地利公主持贊成態度，但是繆拉卻提醒路易十六的王后瑪麗·安托瓦內特為法國帶來了不幸，她也是一位奧地利公主。還有一些人贊成娶俄國或薩克森的公主。聽完了眾人不一樣的看法，皇帝就宣布會議到此結束。隨後他就開始了行動，之前他自己已經作出了決定，當晚就給維也納傳遞了資訊。家庭會議的與會者當中，只有一位大臣看得非常清楚，他急切地提出正確的做法是和俄國聯姻，至於理由，他卻只能在私下說出來：「用不了兩年，我們一定會和這次沒有聯姻的兩個國家開戰，而在這 3 個國家裡，奧地利是最容易對付的！」

皇帝讓人告訴彼得堡，俄國讓他等的時間太長了，再說在杜樂麗宮也不方便安排一位東正教的牧師。他最後還這樣說道：「安娜公主年方十五，還沒有發育成熟。女性從青春期到完全成熟還得兩年，這不符合皇帝再婚的目的。他不能再等 3 年的時間再生育。」打著婦科學的旗號，皇帝就這樣將當年始於埃爾富特、向俄國求婚的篇章劃上了句號。

哈布斯堡家族人丁興旺，所以生育問題不必擔心。當他知道被他選中的這位新娘的母親一共有 13 個子女，還有生了 17 個甚至 26 個孩子的祖輩時，他不禁叫了出來：「我就是要娶這樣的！」法蘭茲皇帝肯定會同意他的求婚的，他那 18 歲的女兒也不會有二話。梅內瓦爾協助他親筆寫下了第一封信，有些地方的字跡無法辨認：

「親愛的表妹，你天生麗質而又才華非凡，讓我如此地傾慕於你，願意與你同享榮華富貴，終生為你效勞。所以我寫信給你的父皇陛下，

請他同意將你許配於我。但願你能接受我這誠摯的愛慕之情。希望你決定終身大事，並不完全是因為父母之命……只要你對我有一絲好感，我會竭盡所能培養對你的感情，想方設法讓你高興，希望終有一天，我能獲得殿下的垂青……」

如此幼稚可笑的信，還有哪個天才寫過嗎？其實他一清二楚，如果她接受了求婚，那肯定是因為父母之命，根本不可能對他這個魔鬼有什麼好感。在她小的時候，她的父親就被他奪走了一個又一個的省份，以至於一聽見他的名字，她就趕緊在胸前畫十字。但是他明白，他還有很多更加重要的事等著他去做，沒有必要去討好這個女孩。她什麼可取的地方都沒有，除了生在哈布斯堡家族，她既不漂亮，也不聰明，還不勇敢和熱情——但是就是這矛盾的處境，逼著這個從來不求人的拿破崙寫給了她這樣一封信！

他的朋友貝爾蒂埃將成為她的代表去維也納出席婚禮。拿破崙簡直和蘇丹一樣奢侈，委託他為新娘送去了愛情的信物：鑲在鑽石當中的拿破崙畫像，還有一大批珠寶，價值 150 萬法郎。婚禮在霍夫堡舉行，由新娘的叔叔查理大公代表拿破崙，他曾被拿破崙擊敗了 12 次。

皇帝自己則將國事暫時拋開，關心自己的婚禮籌備情況，精挑細選傢俱和材料。他為瑪麗·路易絲送上了價值 500 萬的聘禮，而她自己的嫁妝只有 50 萬。他對當年瑪麗·安托瓦內特嫁到法國時的行程路線進行了仔細的研究，以免出現失禮行為，而遭到哈布斯堡家族的人嘲笑。他向裁縫定制時尚的禮服，向鞋匠定制帶扣的鞋。他還外出騎馬打獵減肥，甚至重新開始學習跳舞。

在前往巴黎的路上，瑪麗·路易絲收到一封信，字跡難以辨認，唯一看懂的只有信末的簽名「N」。每天都會送鮮花來。明天在貢比涅，她將見到那個可怕的人，他會帶著他的家人迎候在那裡。

但是，拿破崙忽然覺得青春的熱流在心中湧動，革命者的堅定意志

將古老禮節的樊籬一舉衝破。他脫下新制的禮服，換上了舊軍服，和繆拉一起跳上一輛沒有紋章的雙馬四輪馬車，迎著新娘的佇列疾馳而去。途中下起了傾盆大雨，他們換上馬匹繼續前進。本來想給新娘一個驚喜的他，卻被馬車夫認了出來，他大喊著：「陛下駕到！」他登上她的馬車，坐在她的身旁，將婢女遣退，親吻了一下新娘，然後大聲笑了起來，因為他已經是渾身溼透的了。一陣尷尬之中，她恭維了她一句：「陛下，您本人十分漂亮，和畫像中一樣！」

「她不怎麼漂亮。」他心裡想著，「臉上長著雀斑，嘴唇有點厚，水藍色的眼睛，胸部按她的年齡來說算是豐滿的了。但無論如何，她擁有青春的活力。」

這天晚上，宮廷司儀們忙活了幾個星期的歡迎典禮被徹底地弄亂了套。大家看見，皇室家族並沒有拘泥於禮節，而是隨意地四處走動；獻花的女孩子不得不將自己的祝詞縮短，因為她們個個都混身溼透了，瑟瑟發抖。卡洛麗娜陪著這對新人一起用了臨時準備的晚餐。凌晨1點，大家都上床睡覺了，皇帝卻拉住了他那個當紅衣主教的舅父，問了一個不太好回答的問題：維也納的婚禮過後，瑪麗·路易絲是不是已經是他的妻子了？「是的，陛下，按照民法，她已經是您的妻子了。」這位神父回答道。他已經知道了接下來會發生什麼。

第二天早上，皇帝命人將兩人的早餐送去了皇后的床邊。過了一小時，這件事大家都知道了。

拿破崙夜間發起了突襲，就好像在戰場上似的，將正統主義的世界征服。他將哈布斯堡的堡壘攻克了，這和他征服者的身份是相稱的。

第二天，他寫了信給岳父，信裡用上了尖刻的雙關語，剛剛發生的事情後者一無所知：「她讓我所有的希望都獲得了滿足。我們情投意合，我們一直互訴傾慕之情……請允許我對您表示感謝，賜予我這可愛的禮物。」他們隆重地進入巴黎以後，在皇帝舅父的主持下，他們才舉行了正

式的婚禮。過去，拿破崙和約瑟芬補辦正式婚禮時已經是晚了 8 年，而這次不過晚了兩個星期。

在皇帝看來，他的新娘非常迷人。「你們都應該娶一個日爾曼女子為妻，」他這樣和親信們說道，「溫柔，善良的她們好像玫瑰一樣嬌豔。」她和他的家人相處十分融洽，他對此十分高興，對他而言，「家庭和睦」是一件新鮮事，他經常在她的梳粧檯前親昵地摸著她的臉頰，還給她起了個昵稱：「我的小東西」。

過了幾個星期，消息從波蘭傳來：在美泉宮孕育的那個孩子已經降世，是個男孩。拿破崙心裡有一種不可名狀的感覺：他的妻子也是從這座宮殿來的（他也在主人不在時在那裡住過幾個月），但是她還沒有任何懷孕的跡象。他有些動搖了，派人將他的波蘭情人接到巴黎。不久，瑪麗·路易絲也懷孕了。「皇帝的喜悅之情無法形容。」梅特涅這樣向維也納方面彙報。皇后剛懷孕，這個消息就正式地告知了參議院和全國，每個人都在為這個未來的皇位繼承人祈禱，同時還要舉行隆重的慶典。

漂亮的瓦萊夫斯卡抵達巴黎後，他給了她想要的一切，他去看望了她，又擁抱了他的兒子，冊封他為帝國伯爵，又指派宰相做他的監護人。然而這對戀人之間除了這些，就再也沒有別的往來了。現在的拿破崙是一個安分守己的丈夫。

拿破崙的事業在各個方面好像都超越了常規和傳統。這些和他有感情糾葛的女子之間的關係也在發生了新的變化。之前約瑟芬恨不得將波蘭伯爵夫人的眼睛挖出來，現在卻邀請她去馬爾梅松宮做客。瓦萊夫斯卡去的時候，帶著拿破崙的兒子。約瑟芬之所以淪落到離婚的境地，還不是因為沒能替拿破崙生孩子。她們倆站在陽臺上，一個已是人老珠黃，出生在西印度群島的她也曾有過一段鐵窗歲月，後來登上法國皇后寶座；另一個則青春貌美，來自於波蘭沒落貴族家庭，不得不嫁給一個年邁的富翁，因為一場舞會上拿破崙的偶然一瞥，從此境遇大變。一個

男人的兒子處在她倆中間，這個男人先後愛上過她們，最後又都將她們拋棄。為了讓自己青史留名，他又娶了一個哈布斯堡王室的蠢丫頭為皇后。實際上，他早就讓自己千古不朽了。

後來在皇后臨產的時候，他遭遇了艱難的抉擇。巴黎，乃至全法國都知道了這位少婦即將分娩的消息。每個人都在等待著皇太子的到來：他的敵人，在他的孩子還沒有出生，就感到了害怕，而那些普通老百姓已經習慣了忠君，則在祈禱著母子平安。拿破崙整夜都守在妻子的床邊，寸步不離。在他剛出去的那麼一小會的時間裡，醫生那裡傳來了一個不好的消息：胎兒的胎位不正，母子倆都面臨著生命危險！

他計畫的整個皇朝大廈彷彿有些搖搖欲墜。當醫生問他：保大人還是保孩子？，這個意志像鋼鐵一般堅定的人該怎樣回答？他會選擇先保孩子嗎？不只是他，等著嬰兒呱呱落地的人不計其數！瑪麗‧路易絲又算得了什麼？！為他生一個健康的男孩，這就是她的使命。他還有其他的選擇嗎？

「你們就當現在分娩的是一個普通的女人。先保大人！」

過了兩個小時，嬰兒出生了，他的媽媽也平安無事。全巴黎的人都全神貫注地數著禮炮聲：19，20，21 —— 炮聲如果現在停了，那就說明是一位公主，但是當響起了第 22 聲禮炮時，整個巴黎沸騰了[1]。在波旁王朝的舊王宮周圍，人們狂熱地歡呼著，這個當年的炮兵少尉則站在窗邊，機械地透過炮聲的高低，推測著大炮的口徑。他俯身看著窗外狂歡的人群，心裡面回首著往事，也思考著遙遠的未來。

他的貼身侍從看見了：淚水充滿了他那冷峻、灰藍色的眼睛。

1　拿破崙沿用王朝舊制：公主出生鳴禮炮 21 響，王子出生鳴禮炮 101 響，教堂亦按此數敲鐘。

第四章

海

必須再一次將此人消滅！……
當時世間萬事自有他的規律，蟻多
咬死象，在遭遇了接二連三的災禍
打擊後，最終即使是拿破崙，也倒
了下來。

—— 歌德

一、幻想與理智

　　在拿破崙的心靈深處，一直存在數字與幻想、理智與夢想之間的爭鬥，最終促使他做出抉擇的也是這個爭鬥；世界霸權的歸屬，也最終由這場內心的衝突決定。

　　因為，就是在這個時候，他的人生已經到達了巔峰，他背棄了和他相伴十餘年的皇后，只是為了和全歐洲最著名的哈布斯堡家族聯姻，不過他也因此收穫了一個合法的繼承人，也因此鞏固了他那傳奇般的王朝。他控制了所有的黨派，粉碎了各種陰謀。如果說 11 年前的馬倫哥大捷，讓法國從此獲得了建設需要的穩定的話，那麼現在的他和當時一樣，人生道路又變得非常順暢自由。儘管還沒有征服英國，但是俄國現在是那麼的友好；儘管西班牙好像還沒有投降，但是從挪威的哈默費斯特到義大利的里喬，大部分的歐洲都已經和法國結了盟，換句話說，他們都聽命於法蘭西。他能夠從從容容地做出重大抉擇，不過這在拿破崙的人生當中，也是最後一次了。

　　如果他不過是一個擅長數字理性計算的人，那麼查理曼大帝當年的這片帝國，已經足夠讓他殫精竭慮的了；如果他不過是一個幻想家，那麼他將會追尋著亞歷山大大帝的腳步，再一次遠征恆河，而英國不過是他為了攻占印度，而在現實中找的一個藉口。但是，他卻將這兩點集於一身，因此產生了否定自我的危險。因為恰恰就是擅長理性計算的他，卻將一個最為現實、但又不能用資料精確演示的因素忽略了：西班牙與德國的民眾們的民族情緒，這個根本不在這位統帥的考慮範圍之內，他終日思考的只有軍團大炮，但是向他的想像力發出了挑戰的，正是這種情緒。

　　就這樣，即在他有了子嗣和再次做出戰爭的決定之間的這幾年，這具有決定意義的幾年中，他的心思總在這兩種基本力量當中搖擺。而所

有的一切，都是由行動時某一種占了上風的心緒所決定的。幻想能不能就憤怒的民族那裡潛藏的危險向他做出警示，而他擅長計算的頭腦能不能告訴他遠處潛藏著危機？一旦受到兩種力量左右的他做出了錯誤的決定，那麼將是什麼樣的後果？那將意味著毀滅。

他有一種感覺：自己已經成熟了。在他的內心裡，第三種力量正在那兩種基本力量之上滋長，那就是宿命的意識。而一些他之前並不知道，或者很少表達的話語，現在已經十分清晰：「我感覺自己正在被推向一個目標，而這個目標是什麼我並不知曉。但是，那個目標一旦實現了，那個逼著我的使命一旦完結了，那麼那時，即使是一粒微小的原子，也能夠將我擊倒。不過在那之前，人間已經不會有什麼力量能夠打敗我了。終結的那一天，已經為期不遠了。」

確實，剩下的日子已經為數不多。這幾句讖語，就已經讓我們似乎有一種即將顛覆的預感，儘管那通向終結的路途，依然被一團迷霧籠罩。他現在正走在前往悲劇的路上，他內心澄明的智慧之光已經變得晦暗不清。對俄國的遠征被他稱為「第五幕」[1]，儘管他好像沒意識到，這個詞是具有言外之意的。新的和絃中又響起了年輕時的語調。在尼羅河畔，30 歲的拿破崙說：「我現在已經來到了萬事的盡頭。」而現在在參議院，43 歲的他宣稱：「所有的這一切，都將和我一同存亡。我死以後，4萬法郎的年金也許就會讓我的兒了心滿意足。」

與此同時，他的熱情卻沒有這般消極，而是在與日俱增！從埃及戰爭開始，宗教般的信念一直在鼓舞著他，他認為自己將成為第二個亞歷山大大帝，這是命中注定的。而到了現在，他第一次擁有了足以實現它的力量 —— 難道要讓自己的夢想被數字摧毀嗎？對於統治世界來說，那些數字並沒有夢想更有力量。當首相向他祝賀新年時，他彷彿突然煥發了青春，說道：「為了實現讓您在今後的 30 年裡一直要進行這個祝賀，

---

1 在西方傳統戲劇中，第五幕即是最後一幕。

我一定要更加地理智才行。」

　　拿破崙從來都和理智不沾邊，但是他從來都很聰明。他覺察到商業戰爭是不利於法國的，所以就將自己制定的禁令打破，透過頒發許可證的形式允許從英國進口某些染料和原料；這有兩個原因，它們是法國不可或缺的；某些物品也是巴黎必不可少的奢侈品。但是很快，在所有國家，這些許可證變得像紙一樣，甚至最後北海與波羅的海的走私者開始從殖民地進口產品，大發其財，而皇帝禁止他的主要敵人銷售的正是這些產品。什麼，他這個歐洲最精明的人會上了那幫走私販子的當了？他寧願馬上就將這種生意徹底杜絕。於是，他下令，所有殖民地商品，只要輸入歐洲大陸，就要徵收 50% 的關稅，所得收歸國庫。同時，他又下令，將英國的棉紡織品全部焚燒，然而有成千上萬的人由此有了非法牟取暴利的機會，因此即便有嚴刑峻法在前，依然無法阻擋躍躍欲試的人們。從事貿易的人們和皇帝展開了周旋，和打遊擊的西班牙人一樣。

　　同時，這也是一場諭令之戰。巴黎禁止英國產品交易，倫敦因此就要求所有停靠在封鎖港口的中立國船隻都要交納高額的許可稅。巴黎則以牙還牙，再次宣布，將截擊每一艘不遵守禁令、停靠在倫敦或馬爾他的中立國船隻。但是倫敦卻有對策：讓英國的商船掛上了別的國家的旗幟，停靠在歐洲大陸的港口，於是巴黎就徹底排查地中海的所有中立商船。美國不允許美國公民與歐洲大陸有一丁點的貿易往來，連私人交往都不行。但是法國皇帝卻做出了承諾，只要美國商人再也不去英國的港口，就可以獲得所有類型的許可證：眼前的荒唐局面完全是扼殺海上貿易的舉動所造成的，而拿破崙竟然想用這些手段來對海洋的自由進行控制。

　　拿破崙的希望在增大。英鎊貶值了，1 英鎊才能兌換到 17 法郎，英國的銀行業危機重重；議會中的在野黨反對戰爭繼續下去。但是，拿破崙的和平建議又一次被拒絕了 —— 西班牙那個爛攤子，這既是英國態度

如此強硬的原因，也是結果。

在西班牙還駐紮著 25 萬法國及其屬國的部隊。人數上的優勢卻並不能讓他們把威靈頓統率的 3 萬英軍趕出去，原因是潛伏在各處的、由軍官或僧侶領導的遊擊隊不斷地襲擾著法國入侵者。皇帝和教皇之間的齟齬，讓僧侶們的影響大增。比利牛斯山脈北麓的法國兒童們是這樣被教育的：寶座之上的拿破崙是代表上帝的，而南麓的西班牙兒童卻被灌輸：法國的皇帝是魔鬼的化身，而殺死一個法國人都會使上帝十分高興。

在這個充滿了狂熱的國度裡，基本不存在什麼正規軍對抗法軍。拿破崙的將領們面對這樣的形勢，都有些手足無措，但是他們還在互相傾軋。拿破崙派馬塞納去了葡萄牙，同時又將約瑟夫國王的 4 個行省收回。約瑟夫馬上親自來到巴黎讓皇帝收回這一成命，但是皇帝卻說他的哥哥是自願將這 4 個行省放棄的。每個省都被他交給了一位將軍管理，另外又派了一位帥統轄四省，是最高的統帥。他如此堅決地實施古羅馬的軍事統治制度，還是因為家族皇室、尤其是他的兄弟們的統治太讓他失望了。激烈的戰鬥以及疾病和饑饉，讓馬塞納不得不撤軍，然後就被憤怒的皇帝召回了。

拿破崙最終認清了自己的用武之地了嗎？元帥們，軍官們，尤其是士兵們都十分熱切地希望他能來。這一點他十分清楚，但是並沒有採取行動。他是在擔心那個瘋狂的民族又暗殺他？還是擔心國內會出現什麼陰謀，像上次他駐紮在阿斯托加時那樣？在他正要從整個帝國的角度考慮時，難道又要被南部的小地方這個拖了後腿嗎？西班牙對他而言根本算不了什麼！他早年的老戰友瑪律蒙最終被他選中，去結束這一切。

另一個國王、他的弟弟路易也無咎退位。在這之前，拿破崙先是將萊茵河左岸全部的荷蘭領土收回，又提出要求，在剩餘的王國領土上不再對法國徵收關稅。更糟的是，這個以經商和航海著稱的民族，被這種嚴格限制他們對英貿易的舉措激怒了。他曾經對他的兄弟們寄予希望，

希望他們能在自己統治的王國裡對這種民族程序進行控制和打擊，但是他卻過度低估了民眾感情的力量，以及那兩位不得不戴上王冠的國王的榮譽感。而實際上，是可以透過派遣軍事總督的辦法解決上述兩種因素，國王會擔心以後王位的傳承問題，但是軍人就不會有這種顧忌。

再也無法忍受皇帝壓制的路易將王位傳給了次子，他自己則連夜逃走了，失蹤了。拿破崙的密探搜尋了全歐洲，終於發現他在奧地利。拿破崙儘管非常生氣，但是事已至此，他也被迫承認，自己應該承擔比弟弟更多的責任。所以，他並不打算懲罰弟弟，還將自己的御醫派過去給他，因為那位憂鬱的國王退位，是找了一個生病的藉口。拿破崙又給母親寫信說已經找到路易了，她不用擔心了。但是他也這樣說道：「他的行為，除了疾病，別的什麼解釋都不合情理。您親愛的兒子拿破崙。」

上面這封信在這位歐洲的獨裁者所寫的無數信函的當中，有一點是比較獨特的，那就是它的措辭。因為他習慣透過書信表達自己強烈的意志，這常常會把收信的人嚇得渾身發抖。這時，那位逃亡的國王終於長長地出了一口氣，隱姓埋名在格拉茲的他，開始了平靜的文學創作。他寫了一部題目是《瑪麗或愛情的煩惱》的三卷小說，裡面描寫的是他那曾遭到皇帝橫加干涉的愛情故事。約瑟夫也想和他一樣，當他不再想當皇帝手裡的傀儡國王，打算回自己的宮殿隱居時，他終於知道了皇帝的鐵腕是什麼樣。在拿破崙看來，和這位有民主傾向的兄長在巴黎為所欲為相比，還是讓他去當那個傀儡國王更安全一些。所以約瑟夫被迫再次關心起戰事，但他對這個根本一竅不通，這又惹得皇帝非常惱火。

也是在這個時候，傑羅姆和波麗娜，這兩位家族中最輕狂的成員，正沉溺於風流韻事當中。繆拉和卡洛麗娜則心懷不軌，成天搞著陰謀詭計；至於愛麗莎，她閱兵或者打獵的事情更是經常見諸報端。她的所作所為皇帝倒是可以容忍，但是深惡痛絕她的好出風頭的個性。皇帝在信中告誡她：「歐洲根本沒有人關心托斯卡納的女大公在做什麼。」

這時，他還沒有意識到，家族裡某個人對他的威脅，才是最危險的。因為原來的瑞典國王和英國恢復了友誼，因此拿破崙逼著他將王位讓給了自己的一位叔父，又讓他重新對英國宣戰。這位新國王倒是忠心耿耿，但是歲數已經不小了，還沒有後代。他覺得選擇皇帝的親戚繼承自己的王位是最能取悅皇帝的了。在富歇的陰謀幫助下，約瑟夫的連襟、曾經在瑞典的屬地波美拉尼亞進行的戰爭裡善待過瑞典戰俘的貝爾納多特，突然被選為瑞典王儲，這實在出人意料。皇帝認為讓一位法國將軍去繼承外國王位的建議是很難拒絕的，儘管這個人曾在霧月政變中差點推翻了拿破崙，現在還是拿破崙之前戀人的丈夫，拿破崙卻不能反對他。「他是個好軍人，」皇帝粗著嗓子說道，「但是不具備統治的才幹。他是一個老雅各賓黨人，和別的雅各賓派一樣那麼的古怪，這種人恰恰是無法長時間地坐在王位上的……但是我卻無法進行干涉，沒別的原因，就是為了對付英國，能讓古斯塔夫王朝的寶座上坐的是一位法國的將軍，那真的是再好不過了……能把他甩開，我非常高興。」

他真的是這麼的放心嗎？從前，那些居心叵測的人可都是被他放在巴黎，放在他的眼皮底下的呀！

貝爾納多特贏了！用不了多久，他也會戴上一頂王冠，而且還根本不用去感謝那個他痛恨的波拿巴！所以，他寫信給昔日的統帥，用的是一種酸溜溜的得意口吻，表示自己是瑞典的皇儲，可以為他提供士兵和武器，不過皇帝需要為此付錢。皇帝付之一笑，他明白這字裡行間的意思，卻根本沒有寫回信，只是托人轉告貝爾納多特，他沒有和國王的繼承人通信的習慣。這番奚落，皇帝的這位勁敵永遠都不會忘記！用不了兩年，貝爾納多特將會就此，也就過去的一切展開報復！

拿破崙眼看著自己辛苦構建起來的帝國大廈正火苗四起，內心是十分苦澀的，而原因正是他對家族觀念的偏執。他毫不掩飾自己對親屬和貴族們的失望，即使是在親信們面前：「我根本就不該讓繆拉和我的兄

弟們去當國王。但是人總是這樣，不經一事不長一智！……那些財產也應該收歸國有，不應該發還給逃亡貴族，他們這些人就發一點退休金就可以了。那群舊制度的遺老們我一點都不喜歡，他們輕浮的態度和我嚴肅的個性完全不相容。我自己從來沒有碰過別人的財產，只是取了一些沒有主人的產業。我只任命省長和總督就對了。還有我的元帥們，他們中也有一些人竟然也在做著什麼偉大和獨立的夢。」

他現在才終於發現當皇帝的危險了！他所有的麻煩，都指向一個目的——他要保住自己的皇朝，這也顯示了拿破崙的叛逆精神和天才思想（他的成功正是因為這兩者的結合），從此要走在一條正統主義的中庸之路上了。同時，他的煩惱之源也是他的意志偶爾會變得軟弱；在他意志無比堅強的時刻，他深信偉業和英明一定會永垂不朽，覺得根本用不著依靠血緣延續來實現百世流芳。啊，他的那些兄弟、妹夫和元帥們，那些靠著他才飛黃騰達的人們，在將來將會帶來什麼樣的惡果！就在他的光芒有些暗淡的時候，自不量力的他們卻妄圖從拿破崙那裡反射過來的殘輝餘光，去將整個歐洲照亮！

把自己的好運傳給兒子，拿破崙現在內心深處最大的幻想就是這個了。生下兒子後，他舉行了規模宏大的招待會，各界名流貴賓紛紛到場祝賀，奧地利駐法大使施瓦岑貝格夫婦也在前來覲見的人當中。施瓦岑貝格曾為法奧聯姻出了不少的力。皇帝從上衣口袋裡拿出一隻聖甲蟲胸針，贈給了施瓦岑貝格夫人，以示自己的感激之情，又說：「這只胸針是我在古埃及法老的王墓裡發現的。我一直把它帶在身邊，當作護身符。請您收下它，因為我用不到它了。」

如此可怕的言語，居然來自一個迷信的天縱奇才，平常的拿破崙根本不會有這樣足以褻瀆神靈的傲慢表現。在他眼中，兒子的出生讓他從此萬事大吉，遠離一切危險。從現在開始，一切都必須好起來，都會好起來。護身符已經沒有必要存在了：他再也用不著它了。

之前因為子息艱難，作為替代，他暫且將兄弟們冊封為王，而現在，自己的親生兒子來到了人世間，他知道了自己犯下的錯誤。而這時，約瑟芬多年不孕的危害更加凸顯出來。戎馬倥傯，歲月蹉跎，他所做的一切，本來目的都是讓子嗣在他的體制中起到關鍵的作用。但是，這個男孩的到來卻是為時已晚！看一下拿破崙的人生軌跡，他的 22 歲時還不過是個尉官，34 歲就成為了皇帝，44 歲方才得子，屬實是太晚了。他將自己寶貴的精力極其迅速地消耗掉了，他的人生道路已經沒有幾年了，他已經不能親眼看到自己的兒子真正接他的班了。

看，這景象是多麼的動人啊：這個正在迅速老去的男人，讓期盼已久的小傢伙坐在自己的膝頭，愛撫著他，給他戴上自己的帽子；吃早飯時，他甚至可以讓孩子爬到書房裡去玩耍。如果他正在地板上攤開一些小木棒進行著戰爭演練，盤算著怎樣迎頭痛擊西班牙的威靈頓時，兒子恰恰被帶到他這裡 —— 宮裡的要求是保姆不能進入他的房門的 —— 他就會親自站起來，走到門口接過孩子放在地板上的木棒軍隊旁，眼看著他將整個「戰場」攪得一塌糊塗，他對兒子的溺愛，就像是在對待他自己。隨後他會開懷大笑，對著鏡子扮著鬼臉，將他那把征服了整個歐洲的軍刀帶在這個只有兩歲的孩子身上。具有演員天賦的拿破崙，現在已經渾然不覺嬉戲和嚴肅的界限：好像幻想成為現實，而現實則成為幻想。

他觀察到，這個孩子「敏感而又驕傲，正和我所希望的一樣……我的兒子非常健康結實。他的嘴巴和眼睛和嗓門都非常像我……希望他未來會有出息」。如此小市民氣而又單純的言語，只會出現在寫給他前妻約瑟芬的信裡。他堅持讓她繼續過去那種親密的口吻，在離婚後寫給他的信裡，她一直稱呼他為「陛下」，他對此十分不滿：「我收到的是一封你寫的、不近人情的信。我一直都是之前那個的我，我的感情還是那樣……我不想再說什麼了。請你先比較一下我們二人的信吧，然後你就知道了，我們倆當中，誰是更好的朋友，是我，還是你。」可能不算對那

333

個他經常稱作他的「妻子」的貝爾蒂埃外，他從來沒有對別的活著的人說過這樣坦誠率直的話。但是有一點讓他惱火，那就是約瑟芬依然是債臺高築。他覺得，約瑟芬每年 300 萬的年薪最好省下一半來，「這樣 10 年以後，你就能夠為你的孫子們存上 1,500 萬了……請和我說，你的身體現在已經恢復了健康。聽說，現在的你就像一個好樣的諾曼第農婦那麼健壯。」但是約瑟芬還是那樣的揮霍無度，所以他向管理她財產的管家下令，再也不許替她付帳，除非她已經結清了所有的欠款。

但是，他差不多是再也沒有去看望過她，其他昔日的女友也是一樣，都被他疏遠了，因為他對待婚姻的態度，不僅像一個普通市民，還像一個義大利人。再說他是一國之君，也希望能給自己的臣民做一個榜樣。瑪麗‧路易絲倒是不存在什麼民族偏見，她那脆弱、遲鈍而又隨便的個性很快就法國化了，因此他們夫婦二人的關係倒是非常地融洽。他總會找時間陪她，她學著騎馬時，他會耐心地跟在鞍前馬後。拿破崙從來都沒有等人的耐心，而現在不一樣了，當她用餐來晚了時，他甚至也會耐心地等著她一起吃。她對他並沒有怕的感覺，她甚至頑皮地和她父親的大使說，她甚至有一種拿破崙有一點點怕她的感覺。對法國皇帝來說，讓維也納的宮廷留下不錯的印象非常重要；當他從政治的角度考慮，需要在維也納宣傳他妻子的生活是多麼的幸福時，他帶著梅特涅去了皇后那裡，讓他親眼看看皇后美滿的生活。然後拿破崙就出來了，還帶著了房門的鑰匙，一直揣在他的兜裡，過了一個小時，他才將兩人放了出來，當時他還一邊問梅特涅，一邊狡黠地笑：「現在是不是已經知道皇后有多幸福了？」

這些不過是玩笑而已。但是在這個要進行關鍵抉擇的時期，拿破崙還有這份閒情，說明他那負擔過重的內心放鬆了一些。在那些日子裡，瑪麗‧路易絲的青春活力給他帶來了一定的慰藉，這大概是她所做的唯一貢獻。

　　但是，這椿婚姻並沒有給他帶來政治局勢的緩和，像他期望的那樣。狡猾的奧地利最擅長的就是透過聯姻撈取好處，本來希望能從法國這裡拿到幾個省份當做聘禮，但是最終卻一無所獲：因為小個子的科西嘉人羞辱了自己，法蘭茲皇帝的內心備受煎熬。因為如果把皇宮大門關上，自己好好想一下，這次通婚都是一種恥辱，無論對誰來說，對王室的尊嚴都是一種極大的傷害。為了安慰一下自己的正統思想，他派人去托斯卡納翻找舊檔案，搜尋拿破崙的祖先的資訊。等到又見到女婿時，他和拿破崙說，他的家族譜系能夠上溯到十一世紀的特雷維索。而第一任也是最後一任波拿巴的回答卻非常的巧妙：

　　「謝謝您，陛下，我寧願做我家族的魯道夫[1]。」

　　一個皇帝裡的新貴居然如此出言不遜，那位世襲君主的心著實被刺痛了。如果說過了不久就有這樣的情形出現：奧地利皇帝需要就支援還是反對自己的女婿而做出決定，那麼到時候，像上述這樣的奚落的作用，就是不可低估的了。拿破崙後來也意識到了這個，然而為時已晚：「如果我當時對那個蠢貨稍假顏色，好言奉承他幾句，在萊比錫戰場上，我就很可能少了 10 萬的敵人！」

　　但是，那位正統帝王的某些作風也會讓這位革命者讚不絕口。有一次，他看見妻子在寫信給她父親，稱呼是這樣的：「神聖的陛下，教皇祝福之皇帝」，他非常認真地大加褒獎起這種用法來。這時他的內心裡肯定想到了亞歷山大大帝，大帝曾經宣稱他是主神朱比特的兒子。

　　那位受教皇祝福的皇帝，即他的岳父對拿破崙極為惱火，因為教皇。拿破崙對教皇的控制不斷加緊。教皇被他軟禁在薩弗納，為了逼教皇就範，他不僅將教皇在羅馬教教義方面的顧問撤走了，還把他的檔案拿走了。教會有分裂的危險。皇帝舉行婚禮時，沒來的紅衣主教就有 13

1　魯道夫：哈布斯堡王朝的創立者，法蘭西斯皇帝的先祖。拿破崙的意思是說他寧願當波拿巴王朝的開國之君。

位之多，因為由費什宣布的拿破崙與約瑟芬的離婚，在教皇看來絕對無效。現在，他又命人去梵蒂岡把那些宗教檔案箱搬到了巴黎，好像巴黎已經被他選作基督教的首都了。他召開了一個所有歐洲王國的主教都參加了的會議，他強頒諭令，將教皇在與皇帝政見不一致時的神職人員任命權撤銷。教皇最終也不得不在這道諭令上簽了字。至少對法國而言，這是有效的。

　　這個問題讓整個歐洲鬧得沸沸揚揚，意見分歧極大。羅馬教皇日子不好過的消息傳來，俄國和波蘭的感覺是非常高興，而普魯士和英國則是還能夠接受，當時有一方的反應最令人驚訝：表示支持皇帝的，有義大利教皇屬地的公民。這個小小的國家，曾一度被雙重的統治者剝削，現在卻非常感激地接受了《拿破崙法典》，還接受了理性的行政管理、現代教育、積極高效的道路建設，還有彭當沼澤地的排水工程。在早年間，古羅馬精神曾被這位革命之子帶回到巴黎，而現在，巴黎新鮮的革命實踐又被他推廣到了羅馬。就這樣，兩座名城之間由拿破崙架起了一座交流之橋。

　　這位被驅逐出教的皇帝，挖空心思地想要懲罰教皇。在剛被他吞併的荷蘭，他接見當地的神職人員時責問那些主教，現場還有許多的新教教徒：「你們信仰的宗教，是格利高裡七世那個宗教嗎？我不是的，我信奉的宗教，是耶穌基督的宗教。基督曾經說過：屬於凱撒的東西，就要還給凱撒。按照這個要求，屬於上帝的東西我也會還給上帝。我的權力是上天賜給我的！我手持塵世的利劍，並知道該去怎樣使用它！是上帝設立的這個皇位！是上帝將我扶上的這個寶座，而不是我自己將自己捧上來的！而你們這幫可憐鬼，竟然妄圖頑抗到底？你們不為你們的君主祈禱了，只是因為羅馬的神父把他驅逐出教？在你們看來，我是那種能去親吻教皇的腳趾的人嗎？……懦夫們，我需要你們證明給我看，是耶穌基督讓教皇代表他，給了他權力，讓他把一位君王從教會驅逐了出

去的嗎？……還是做一位安分守己的好公民，在教務專約上簽上你們的名字吧！而您，省長先生，您應當採取措施，讓這樣的事情再也不會發生！」

有的時候，拿破崙竟然會這樣誇張地將自己內心的思想曲解。他盛怒之下咆哮出來的東西，他自己都不相信，而在私下裡，這類官腔也是為他所瞧不起的。不過，當初當著羅馬教皇的面，他自己為自己戴上了皇冠，畢竟還是給自己加了一層君權神授的色彩。頂著這樣的皇冠的拿破崙是否感覺一點尷尬？答案也許只有他自己知道。

二、未來藍圖

「請您和我說，斯特拉斯堡一帶的鹽價，為什麼會漲了一分錢？」

對軍務部長進行了這樣的質詢後，拿破崙緊接著又寫給海軍部長一封信，在今後的 3 年中，讓他建立 2 支強大的艦隊 —— 1 支地中海艦隊，1 支大西洋艦隊，前者的目標是西西里和埃及，後者則是為愛爾蘭準備的。一旦扭轉了西班牙的戰局，1812 年他就要發動對好望角的遠征，派出一支 6 到 8 萬軍隊進攻蘇利南還有馬提尼克島，「離敵軍的巡洋艦遠一些」，將兵力均衡地部署在東西兩半球。

直到這個時候，就在拿破崙的幻想馬上就要變成冒險的時候，這位一國君主那精確的觀察力，還是和他征服世界的狂熱計畫緊密相連。一直以來，這都是拿破崙的夢想：為了實現夢想，他的心中升騰起了無比強大的精神能量，這是他平生的第一次，不過也是最後一次。

「有人想了解一下我們的前方在什麼地方嗎？我們要先了結一下歐洲的戰事，然後再去對付那些沒有我們勇猛的劫掠者，身為劫掠者的劫掠者去奪取印度，從儼然占據支配者地位的英國人手裡……在對阿克要塞發起進攻後，我一直在和自己說，當年的亞歷山大大帝都沒有能夠打

過恆河。現在，我卻必須要從歐洲的這一端出發去占領印度，從後方對英國進行打擊……設想一下這樣的情況：我們已經拿下了莫斯科，已經讓沙皇不得不妥協，或許他已經被他的臣民殺死了，一個新的、依賴於法國的朝廷出現了 —— 請您和我說，有了第比利斯的援軍的協助，法國軍隊難道無法直搗恆河，並在那裡一舉將整座英國貿易大廈摧毀嗎？只需要一場戰役，法國就能夠將西方的獨立和海上的自由建立起來！」一個當時在場的人是這樣描述的：「異樣的光彩在他的眼睛裡閃耀，隨後他又滔滔不絕地對冒險的理由進行了分析，包括可能會遇到哪些困難，如何將問題解決，以及那些無比光明的前景。」

沙皇會被殺還是妥協？拿破崙被這個問題困擾了整整一年，因為無論是理性的計算，還是感性的預想，都告訴他還是和亞歷山大結友而不是敵對更好一些。戰敗的俄羅斯對拿破崙什麼好處都沒有；相反，被迫進行的戰爭是他一如既往害怕的、想要避免的；但是這有個前提條件，就是沙皇會與法國結盟，像先前承諾的那樣，參加這最後的偉大戰爭。拿破崙一直都對沙皇保持著關注，但是發現自己的種種暗示與啟發的作用越來越小，於是他在寫給萊茵聯盟一位君主的信，有了這樣一段驚人的話：「無論沙皇是怎樣的意志，無論我是怎樣的意志，也無論兩國是什麼樣的利益，這場戰爭都一定會爆發。」

不管是以執政還是皇帝的身份，他還是頭一次以這樣的口吻宣稱戰爭是無法避免的。正因為這場戰爭實際上是沒有內在的理性必要性，因此他才只能找一個將這是命運的安排的理由。其實，早在當年涅曼河上那個議和帳幕裡，戰爭的種子在兩位皇帝的握手的時候就已經埋下了。在他們的親密交往朝友誼的方向發展時，這顆種子也在悄然萌發。後來塔列朗的陰險外交，又為它的成長提供了呵護。在埃富爾特，當這兩位國君互相擁抱時，他們已經明顯地感覺到了，一條毒蛇盤繞在他們之間。兩國沒有能夠結為秦晉之好，既不是偶然的，也不是故意的，唯一

的原因就是沙皇心中的不信任感，一直揮散不去，而且更加遺憾的是，它也獲得了證實。這兩個男人想著瓜分歐洲，但是都不想把另一半領土拱手相讓。因此不管他們當初是懷著多麼真誠的意圖，都是根本不可能實現的。最終，兩軍對壘的日子到來了，這是不可避免的。「唯一一個對我構成過威脅的人就是他了，我的對手正是好年紀，他擁有源源不斷的精力，而我卻已是日薄西山。」驅使拿破崙不斷前進的，正是這個令人黯然神傷的認知。

其實，這種宿命的觀點，是可以用政治上的因果關係進行解釋的。

在這之前，皇帝曾要求沙皇對他唯命是從，扣押中立國船隻，好對英國進行「致命的打擊」。這個要求沙皇很難表示同意，因為這對俄國的海上航運會有很嚴重的影響。他還是和之前一樣，只是將被查獲的違禁商品沒收，但是他也得從中立國進口殖民地商品。既然東方的這個漏洞是堵不上的，那麼拿破崙就只能對德意志沿海地區進行加倍的警戒了，魏澤河和易北河的入海口，還有自由漢莎同盟的各個城市和漢諾威的一部分都被他占領了。他是這樣解釋的：「實際情況需要這樣，為了抗擊英國人，必須得採取這個新的保障措施。」但是這個時候，奧登堡公國也被吞併了，王儲可是沙皇的近親。

皇帝如此強硬的手段，雖然是他的新政策的必然結果，但是它會極大地激怒沙皇也是必然的，在沙皇看來，這是對歐洲的打擊，這也是在破壞提爾西特條約，因為保證奧登堡的主權和領土完整是在條約裡明文規定的。歐洲諸強都收到了他的通函，抗議法國侮辱俄國皇室，而這個抗議，實際上已經和宣戰沒什麼兩樣了。沙皇在通函中質問，如果不能嚴格他們簽訂的盟約，那麼同盟的價值又在哪裡？不過沙皇在通函的結尾部分還是這樣強調俄法同盟還是十分牢固和持久的，這句話讓歐洲各國的宮廷一陣竊笑。緊接著他又頒布敕令，殖民地產品可以自由進入俄國，但是法國的產品也就是葡萄酒和絲綢將會被收重稅。

　　大幅地圖同時攤開在聖彼德堡和巴黎的桌子上。什麼地方能夠給對方製造點麻煩呢？沙皇在打算和土耳其議和，而皇帝則在慫恿奧地利先出兵占領塞爾維亞，再挺進摩爾達維亞和瓦拉西亞，並保證法國肯定不會干預：這樣就能把沙皇拖住了。梅特涅點頭表示同意，但卻一直按兵不動。還有波蘭！加里西亞不是已經被拿破崙併入華沙公國了嗎？誰又能保證他沒有重建波蘭王國的打算呢？法國駐俄大使科蘭古對沙皇的為人非常欽佩，並且一心希望和平，因此他願意為此擔保。但是皇帝卻只打算私下承諾，而沒有公開保證的想法。因為現在俄法齟齬不斷，如果最終爆發了戰爭，他還需要波蘭，這裡可以當作他進攻俄國的基地，因此他一定要讓波蘭人滿懷復國的希望。沙皇也是因為這一點才要求要公開締約，目的就是徹底打消波蘭人的希望。

　　西班牙的馬塞納傳來了戰敗的消息，皇帝又疑慮重重了，而此時科蘭古的歸國，無疑又加重了他的這種疑慮。他對沙皇的和平願望進行了詳細的描述，甚至還在極力為他辯護。拿破崙很有耐心地聽他說完，然後開始詳細地詢問，差不多能問了上千個問題，內容廣泛，包括沙皇、宮廷，宗教還有貴族和平民的情況，涉及俄國的方方面面。隨後，他非常親熱地拉了一下科蘭古的耳朵，說道：

　　「你好像愛上他了？」

　　「我愛的是和平。」

　　「我也一樣。但我決不會受任何的擺布。從但澤撤出來？哼！照這麼下去，可能我要在美茵茲閱兵，都得沙皇同意呢！……你真是個傻蛋，而我可是一條老狐狸，我很了解我的對手……我們一定要採取行動了，不能讓俄羅斯那個大個子和他的遊牧部落再次向南擴張……我將挺進北方，在那裡，我要將歐洲昔日的疆界重建起來。」

　　這些不過是理由、幌子和藉口，完全沒有依據。科蘭古將沙皇的話轉述給了他，希望能夠起到警告拿破崙的作用：「他的教誨中讓我受益，

他是一位大師，他當之無愧。我們將會靠著我們這裡的氣候抵擋敵人，法國人可沒有我們耐寒。皇帝親臨哪裡，哪裡才會有奇蹟出現，但是他是不可能無處不在的。」這番話讓拿破崙激動地在屋裡來回踱著步。這次談話進行了好幾個小時，他無法將科蘭古駁倒，他給出的答覆都是含混的、曖昧的。隱藏在這一切背後的，是他種種無比宏大的幻想：

「一場勝仗，足以將你的朋友亞歷山大的一切美夢都毀掉……他虛偽而又野心勃勃，但是又那麼的軟弱無能，性格上和希臘人很像。相信我，是他而不是我要挑起這場戰爭的，他之所以要發動這場戰爭，還有一個不可告人的目的……我們產生了分歧，唯一的原因就是我和奧地利聯姻了，就是我沒娶他的妹妹就讓他惱羞成怒了。」而科蘭古對此提出反證時，他卻說：「我都忘了那些細節了。」……忘記了？對拿破崙來說，這可是一個新字眼。他現在發現自己處在劣勢上，所以這個從來都是實事求是的人，也被迫竭力地將不利於他的證據抹去。

他換了一位更強硬的大使去了俄國。當聖彼德堡提議要用和華沙交換奧登堡時，皇帝對俄國大使提高了嗓門，大廳所有的人都能聽見他的威脅：「我一個波蘭的村莊都不要！」

但這種種的政治問題，都不過是命運採取的形式罷了。他的頭腦中閃現的是如何雄奇的計畫，他內心的願望又是怎樣將他的靈魂吞噬，這些他寧願講給危險的敵人比如富歇聽，卻不願透露給科蘭古這樣聰明的臣僕。他一直無法擺脫這個出身神父的雅各賓黨人。一年前，因為富歇露骨地勾結英國，因此拿破崙撤掉了他警務大臣的職務。但是拿破崙還是那樣的寬宏大量，還和上次平息政變時一樣，又讓他當了參議員，在寫給他的信裡，將皇帝和奸細之間可怕的爭鬥暴露了出來：「雖然你的忠誠是我從不懷疑的，但是我卻不得不派人時刻都對你進行監視，這讓我身心俱疲，而且我也根本沒有這樣做的義務。」

雖然他將富歇的職務撤掉了，還監視著這個曾經負責監視別人的

人，但是拿破崙還是不能離開他，甚至內心最隱祕的事情都和他說了：

「我結了婚後，有人以為獅子睡著了，但是我到底睡沒睡，我會讓他們會親眼目睹。現在我有了我需要的 80 萬大軍：我會將整個歐洲踩在腳下。歐洲不過是個老太婆，擁有 80 萬大軍的就能夠隨意擺布她……你自己也曾這樣說過吧，你將聽任天才肆意馳騁，因為在天才那裡，一切皆有可能。如果我被一股巨大的力量推上了世界獨裁者這個位置，我又能怎麼辦？你自己，還有別的那些批評我、想讓我這個君主變得溫和一些的人，當初你們不都曾經幫助過我嗎？我還沒有完成我的使命，我要做的事情不過剛剛開始，而我的願望，是將它做完。我們要的是一部歐洲法典、一個歐洲上訴法庭，一樣的貨幣和度量衡，我們想在全歐洲推行統一的法律，我想讓所有的民族而合為一個民族……這，公爵先生，就是唯一能讓我滿意的解決辦法。」

說完這些，他突然就命令富歇退下了。

拿破崙在這裡十分明確地提出了建立歐洲合眾國構想。這個計畫是非常合理的，它來自於拿破崙超凡的想像力，而將它記錄在回憶錄裡的，卻是一個寧可敗壞皇帝聲響的人。歐洲再也不是米蘭和里佛利時代那個狹小的鼴鼠丘了，當時的他還不過是個將軍，在這個年輕的天才看來，所有的對手都微不足道。而現在已經是 15 年以後了，他已經是一位皇帝、立法者、偉大的統帥，同時也成為那個孕育出了他的無政府主義的勁敵，而歐洲已經變成了一堆任其塑造的材料，他將會將其利用起來，塑造出一尊無比美妙的形體。在這 15 年裡，他的精神所走過的路程，是必不可少的：他確立那個的目標為我們揭示的，也恰恰是他所預想的建設性結局，但是，通往這結局的道路，卻是無比的血腥，需要不斷地犧牲很多的人。查里曼大帝統一歐洲的偉大設想在他身後；在他面前的，則是不斷湧現的新形式。而這位身處其中的凱撒大帝十分清楚，精神終將打敗武力。他本人也這樣說過，他準備用手中的 80 萬大軍建立

起來的東西，有朝一日，將會因為理性和內在的必然性，而自發地和合為一體：所有的民族都變成了一個民族。

「公爵大人，這就是唯一能讓我滿意的解決辦法了。」

三、普魯士與俄國

就在拿破崙將種種設想灌輸進富歇的耳朵裡時，亞歷山大也在把黃金往塔列朗的口袋塞，他需要和富歇平分這筆錢。沙皇給錢，是因為塔列朗為他提供了資訊。將這筆錢匯到法國銀行的，是俄國使館新任祕書涅謝爾羅德伯爵，銀行應該會和皇帝說，這筆俄國來的款項最終支付給了誰。月復一月，俄國人就是透過這樣簡單的手段了解了不少法國備戰的情報，還有何時結束備戰的消息。俄國偶爾會將送給塔列朗貿易許可證作為酬勞，有了這個許可證，人們就能在俄國港口進口英國商品，所以這個許可證他能在巴黎賣個不錯的價錢。每當這時，幸福的笑容都會浮現在這個瘸腿魔鬼的臉上。

難道沙皇比皇帝還要有錢？俄法剛結盟的時候，沙皇就封鎖了國內市場，由此法國那頗具盛名的埃爾佛葡萄酒一下就少了一個大主顧。再加上英國和西班牙早就不買法國酒了，法國的工業開始蕭條。但是，當財政部長建議和平，好讓混亂的財政狀況穩定下來時，卻被皇帝粗暴地打斷了：「正好相反！就是因為財政混亂，我們才要打仗！」

但是這種觀點只對過去適用：拿破崙還在義大利當將軍時，曾向督政府送過不少的錢，當時的督政府可是債臺高築；他當第一執政和皇帝的時候，也總能透過戰爭大賺特賺。但是現在法國推行的封鎖政策卻是作繭自縛，最大的受害者就是法國自己。國家第一次出現了財政赤字，儘管不多，還不到 5 千萬。但是皇帝依然不同意發行國債，一直到現在：「這是在給我們的子孫後代增加負擔，這是不道德的做法。」不過，他還

是允許了增收間接稅和施行產品專賣政策。他打算利用俄法戰爭獲得新的市場，並將財政穩定下來。這種意願並不是沒有道理，只不過有一個前提：一定要獲勝。

他向商會講著自己的計畫，神情神采飛揚：「英國的封鎖，只能讓它自食其果，它倒是教會了我們怎樣不用它的產品。用不了幾年，歐洲大陸的人民對新的食譜就會適應了。很快我就會有足夠的甜菜糖，可以徹底取代蔗糖。我們國家每年的稅收中我只動用了 9 億法郎，其中還有 3 億被我存了杜樂麗宮的地窖裡。法蘭西銀行現在已經存滿了白銀，而英格蘭銀行卻是空空如也。自從簽訂提爾西特條約以來，我拿到的賠款已經有 10 億法郎。奧地利破產了，英俄也快了，有錢的只有我一個。」

但是，他的誇誇其談，誰也不信。他越是為了他的征服世界計畫加快了徵兵計畫，就越注重國內的穩定，由此變本加厲的獨裁統治，使得國內一片民怨沸騰。無論是在哪個省份的哪個角落，只要是一句牢騷或者不滿，都會遭遇迫害。3 千多名罪犯直接被投入了監獄，未經任何審判，而究其原因，不是「仇恨皇帝」，就是「堅持宗教觀點」，或者「在私人信件中詆毀政府」。政府還新設立了一個新聞檢查機構，名字十分古怪 ──「公共輿論局」，用途就是製造各種的政治氛圍。一家荷蘭報社發表的一篇文章說教皇有將皇帝驅逐出教門的權利，結果是報社不得不關門，作者也被抓進了監獄。某一本書裡，一段對英國憲法表示讚賞的文字被刪除，而另一本書名原來叫《波拿巴史》，也不得改成了《拿破崙大帝征戰史》。

在嚴重壓制思想的同時，這個國家也在持續地朝帝國的方向發展，甚至包括蒙熱、拉普拉斯、蓋蘭、熱拉爾在內的學者名流，還有別的出色的帝國藝術家們，都接受了皇帝的爵位。而在漢堡，禁止發行席勒的作品《強盜》的法文版，這時最後一批的共和黨人不由得回憶起 20 年前的情景，那是大革命時期，也是這一部戲劇，讓席勒被賦予了法國的公

民權。現在他們的心裡，一定是啼笑皆非中還帶著一絲苦澀的感覺。

　　這些意識形態的東西，和皇帝又有什麼關係呢？現在的他正沉溺在擴張自己的勢力當中，他的眼睛裡，除了自己平生的抱負與目標之外，什麼都沒有。現在的他忽視了自己留給大眾的道德印象問題，和當年和教皇爭鬥時一樣，這在以往可是他非常重視的。以前的他每次做決定之前，都會詢問一下大眾的意見，而現在他只會交給公共輿論局去處理。「那些沙龍裡的意見，還有那些饒舌者們的言論，我為什麼要理睬？我知道的意見只有一種，那就是農民們的意見！」在過去，農民們過去肯定是他最忠實的支持者，因為他為他們保住了自己的財產，沒有受到革命的危害。但是現在就不一樣了，越來越多的士兵被西班牙戰場吞噬了生命，為了保住最後一個兒子好經營自家的祖產，那些農民最多時不得不繳納 8 千法郎，才能免服兵役。所以，逃亡他鄉的青年成千上萬，過去人們入伍參軍是爭先恐後的，而現在，政府需要派出緝察隊，對家人和所在鄉鎮進行威脅，才能徵到士兵。

　　這位皇帝會不會對這樣的轉變感到驚訝呢？對於那些從前在帝王們的桎梏下呻吟的農民來說，難道把革命思想傳播給他們的，不正是這位波拿巴將軍嗎？在一系列戰爭中擊退了帝王們的聯合進攻的，難道不正是這位第一執政和後來的皇帝嗎？在這些自衛反擊的戰爭中，除了捍衛了祖國的自由之外，他還收穫了更多的東西，在奧斯特里茨、耶拿和瓦格蘭姆這幾次戰役中，他從敵人那裡奪取了大片土地；這些都是這位天才的成果，也將國民軍建功立業的熱情激發了出來。即使是和英國的敵對與較量，也獲得了法國人的理解。畢竟雙方的不和與敵對的歷史已經有幾百年了。但是，又怎麼能期待普羅旺斯的農民懂得發動對西班牙和俄國戰爭的政治意義呢？皇帝也不能將建立歐洲合眾國的事情解釋給他們聽。農民們眼睜睜地看著安達盧西亞的河水吞沒了自己的兒子們，他們甚至都說不出來那些河流的名字。他們不得不掏錢，只為了自己老來

有個依靠。他們對此當然是怨憤難平。

　　當德國的農民們聽從本國國王的命令，以「分遣隊」的身份，跟著一位外國皇帝南征北戰時，他們又會有什麼樣的感想呢？成千上萬來自緬因河谷的農民被派去了西班牙，3萬威斯特法利亞人被傑羅姆派去了奧得河戍衛，維斯杜拉河則由薩克森人負責把守，符騰堡人和巴伐利亞人則不斷朝東方湧去，因為「萊茵聯盟的諸位君主們」，皇帝在給其中一位的信中這樣寫道，「如果我對聯合防禦產生了哪怕一丁點懷疑的話，恕我直言，他們就徹底完蛋了。和心懷叵測的朋友相比，我寧願選擇公開的敵人。」主人訓話的聲音非常音刺耳。他對哈布斯堡王朝的態度則比較有禮貌，他甚至答應如果發展順利，奧地利能夠拿到西里西亞作為回報。

　　在拿破崙看來，最適合進行他出於需求而被迫進行交換和拉鋸遊戲的地方，就是小國林立的德意志了。他可以隨意割讓或者交換南方三國的疆土和人民。此外，還臨時拼湊起來一個的「法蘭克福大公國」，因為歐仁已經把自己的王國讓給了皇帝那個被封為「羅馬王」的兒子，他被冊封為這裡的大公當作補償。

　　普魯士呢？它還有什麼留下來的價值？當年簽署提爾西特條約的時候，拿破崙留下它，不就是為了取悅沙皇的嗎？而現在，他已經在想將沙皇消滅了。紀錄和報告顯示，應該在拿破崙發動對俄的戰爭之前，就將普魯士瓦解掉。一年前的時候，普魯士就和沙皇簽訂了祕密協議，沙皇答應援助它，難道他不知道嗎？不管怎樣，這位法國皇帝已經聽膩了道德聯盟的論調，聽膩了大學裡的聲討還有自由軍團和反抗歌謠。小心！記住西班牙的教訓，別把「北部德意志人較為寬容和冷靜」當真。在將普魯士軍隊消滅之前，先充分地利用它，這才是比較聰明的做法。

　　忠心耿耿的莎恩霍斯特急切地和他懦弱的國王說：現在已經是迫在眉睫！但是在維也納，這位普魯士將軍卻被梅特涅卻欺騙了。當莎恩霍

斯特提出普奧結盟的建議時，梅特涅直接勸他不如去和俄國組成聯盟。因為，只有將這位中了梅特涅虛情假意的圈套的將軍變成自己的敵人，只有將普魯士變成奧地利的敵人，奧地利最終才能再次將西里西亞據為己有。在普魯士內部，哈登堡還和往常一樣，唯維也納馬首是瞻；至於膽小怕事的普魯士國王甚至認為拿破崙是不可戰勝的，所以選擇和拿破崙結盟。遺憾的是他的決心下得太晚，什麼有利於己的結盟條件都沒有得到。拿破崙在西里西亞和波蘭早已駐紮了重兵，普魯士已處在重重包圍當中：普魯士在這種情況下當然只能是當個附庸，允許他國軍隊從本國領土橫穿，任憑法國征糧征物，東部的要塞也拱手交出，一併交出的城堡輔助軍團的指揮權，由外國元帥接管。在寫給主子的信裡，梅特涅非常興高采烈：「普魯士已經一蹶不振了！」

　　且慢！1812 年初，雖然歐洲大陸，從卡普亞到提爾西特都已集合在了拿破崙的戰旗之下，他的手可以從費尼斯泰爾一直伸到布科維納，但是對自己的作戰，他還是缺乏信心。據說，又一次塞居爾伯爵也在場，拿著統計表格的拿破崙正在進行演算，突然跳著大叫：「這次遠征我還沒準備好呢！我還得 3 年的時間！」

　　但是，戰爭的機器一旦開動，就再也沒有誰能夠阻止得了它。拿破崙被內心的渴望激勵著，被自己的全部發跡史，以及往昔歲月的追憶推動著，不斷地往前走。他之所以要建那麼多的港灣，就是要在惡劣的天氣裡，能夠找到地方可以避風，結果現在他卻又被推到了茫茫大海之上，身處驚濤駭浪之中，這是他始料未及的。在這之前，他從來都是用政治家的理智控制前進的船舵，而現在，他將那輪舵緊緊抓在手裡，靠的卻是一個偉大的冒險家的大膽和狂熱。「你難道沒看出來嗎，」他對著他的弟弟叫著，「當年讓我登上這個寶座的，是我的聲譽。而現在要保住這個皇位，還得靠我的聲望。像我這樣白手起家的人，永遠都不能停下腳步。我必須一刻不停地前進，停了下來，就是意味著毀滅。」

激動讓他的靈魂搖擺不定，心神陷入了極度的不安。他既希望來一場決戰，但是又恐懼這場戰爭。他和往常一樣，先禮後兵地寫給沙皇一封信，言辭還是那樣的友善。同時，他召見了一名俄國上校，他在巴黎搞間諜活動，他的話語閃爍：「因為我和沙皇都很年輕，因此我曾經認為我們之間的友誼，就能夠維護歐洲的和平與安定。我的感情沒有變化。請你將這些轉告給他，再加上這麼幾句：如果在命運的安排下，只是為了一點女孩子氣的口角，這個世界最強大的兩個國家就要兵戎相見，那麼我會全力以赴，就像一名英勇的騎士，並沒有仇恨和敵意。而且如果條件允許的話，我建議我們倆在兩軍陣前共進早餐……我還是希望不要只是因為就一條緞帶是什麼顏色而產生了分歧，我們就讓數以萬計的勇士血流成河！」

他這樣說的目的是想打動亞歷山大那略帶女性特質的天性，但是掩飾在堂皇的辭令下的，實際上是他那不安的內心！身為終結舊時代的人，誰又能夠想到，他能提出這樣如此富有騎士精神的挑戰！在這裡，一個世界帝國，將它用鐵與血鑄成的手套朝另外一個世界帝國擲去，即將開始一場血統和天才之間的偉大較量——而他在做夢做了 20 年之後，終於看見了自己的夢從雲端朝地面墜落，但他卻嘴上說得輕鬆，把戰爭比作女孩子間的口角，或者是因為緞帶的顏色而產生的分歧。但是實際上，它涉及的乃是全世界的命運。

四、俄國荒原上的李爾王

現在的亞歷山大，又在想什麼呢？

貴族疏遠他，母親責怪他，寄託在索菲亞教母身上的希望也都落空了，波蘭的命運堪憂，他的敵人一直放話要解放波蘭——政治和宮廷生活裡發生的這一切，都讓他有充分的理由告誡自己，冷淡曾經的朋友

拿破崙吧。梅特涅曾經下過斷言，沙皇轉變情緒的期限是 5 年。從簽訂提爾西特條約那年到現在，正好是 5 年到期了。雖然沙皇是那種略顯神經質的性格，行動容易為情緒所支配，但是他也可以賦予這場戰爭崇高的意義。但是，他並沒有遠大的目標和崇高的思想。因為他太像個沙皇了，所以他並不是為自由而戰的；而且他如此脫離實際，所以也不是為了世界霸權；更不是為了打敗那位戰神，而博取名聲。他只是在一種無法捉摸的神祕主義驅使下，他昔日對那位提爾西特魔術師的好感，已經被這種神祕主義的洪水徹底淹沒了。

他在政治上成功地推行了兩個措施，其中一個非常適合人性的特點，所以成效顯著。為了累積力量，他需要國家南北邊界保持安定，於是他設法讓土耳其蘇丹維持了中立；對瑞典的外交更是獲得了成功，雙方變成了盟友。他在俄國邊境會晤了貝爾納多特；在那裡，所有俄羅斯人的沙皇第二次為一個法國革命者的魅力所征服。在利益上，瑞典和俄國有不少相通的地方，瑞典非常擔心英國報復自己，而且它還想得到挪威。但是當時統治挪威的丹麥是親法的，因此俄國做出承諾，只要瑞典在戰爭中為俄國提供援助，俄國就保證瑞典能夠得到挪威。

但是，光是這些，還並不能讓貝爾納多特這樣的心甘情願：當年儘管拿破崙很不情願，貝爾納多特還是成為瑞典國王。但是他和那些靠著拿破崙才當上國王的一樣，對瑞典臣民也沒有什麼感情。而富有想像力的沙皇現在差不多也能預見到了，如果同盟能夠援助他，那麼拿破崙就不僅僅是遭遇失敗了，等待他的將是毀滅。所以，當拿破崙率領著歷史上最龐大的軍隊緩緩前進，打算將俄國吞掉的時候，沙皇向拿破崙的這個勁敵承諾，自己會幫著他登上法國王位。

兩隻敵對的雄鷹要在這個夏天振翅翱翔，高空搏擊。

皇帝邀請各國君主在德勒斯登參觀閱兵典禮，和 4 年前在埃爾富特一樣。不過有一位當年的來賓這次沒有來，就是即將和他交戰的那位。

不過，哈布斯堡的皇帝取代了沙皇的位置。拿破崙過去就見過他一次，就是奧斯特里茨戰役的第二天那次。從那以後，打贏的法國皇帝兩次地將奧地利不得不放棄的首都占領。後來就是勝利者迎娶了戰敗者的女兒，並帶著她回了巴黎。

現在，金碧輝煌的餐桌前，瑪麗‧路易絲正坐在丈夫和父親中間，看起來一切都是那麼美滿和諧：拿破崙答應和岳父結為盟友，讓妻子做攝政王。但是，傻乎乎的瑪麗卻在席間炫耀自己的首飾比繼母的好，拿破崙怎麼攔都沒有攔住。然後就是因為他的阻攔，巴黎的皇后就哭個不停，而維也納的皇后也淚流滿面，原因是自己的珍珠。兩國之間本來就有的那些恩恩怨怨，也透過家庭間的齟齬發揮了出來，朝臣們不得不極力掩飾。當大家在為維繫著 4 個人的男孩的健康舉杯祝福時，兩對夫婦才勉強把各自的情緒藏進了香檳酒裡，但是每個人都對其他人的心思十分清楚。

女婿與岳父第一次見面，是在 12 月份，在奧斯特里茨的一間磨坊，第二次則是在 5 月份，在薩克森王宮。從這以後，他們就再也沒有見過面。

與此同時，在哥尼斯堡與萊姆堡之間駐紮著 50 萬大軍，他們的統帥則去了波森，宣布開始「第二次波蘭戰爭」。官方對戰爭的原因的說法，是拿破崙想從沙皇手裡奪回來波蘭，也就是最大限度地奪取領土，一直到斯摩倫斯克。「在那個地方，或者是在明斯克，」他和親信們說，「我將結束本次進軍，接下來在維爾納過冬，幫助立陶宛建國，我們將由俄國人來養活。如果那個時候和平還沒有實現，那第二年我就率軍直進敵人心臟地帶並在那裡駐留，一直到沙皇投降為止。」拿破崙的軍隊就是按這個計畫部署的。讓俄國人養活他的軍隊？從俄國那裡他能得到什麼呢？這個陌生的國家的資源他了解嗎？

他在古比甯曾問過一位普魯士的官員。他說起了軍隊儲備的麵粉，

他說在德意志港口徵集到的糧食，都要運到科夫諾去。這時，拿破崙問道：

「科夫諾的磨坊應該足夠多吧？」

「不多，陛下。那裡沒有幾座磨坊。」

皇帝用「很疑惑」的目光看了一眼貝爾蒂埃。

這位最高統帥看他參謀長的這一眼，可以說預兆了在涅曼河的對岸那不熟悉的曠野上，他即將經受的失望與幻滅。讓他感到不安的，不只是沒有磨坊，而是他對此竟然一無所知。皇帝為這次偉大的戰爭整整作了一年的準備：有包括萊茵聯盟在內的七個國家供他調集軍隊、預備役、兵工廠、1,400 門火炮，還有攻城炮隊、橋梁部隊、浮橋等等，又將波羅的海沿岸的八座要塞改成了倉庫，數以千計的馬車和成百上千的船隻負責將麵粉和小麥運送到前線。有一部分車輛是牛車，到了目的地牛就會被宰殺了：那些不得不上了戰場的士兵們何嘗不是這樣？先是血汗灑盡，最後悲慘地死去。但是誰也沒曾想到，這個國家居然連磨坊都沒有？他們當然能夠建造磨坊，可這是要求付出人力和時間的代價的！── 再說世事難料，誰知道在前面還有多少意外已經在等著他們了？為 15 萬匹戰馬輸送草料這個任務是不可能完成的，因此他才一直等到青草已綠的 6 月份。但是，如果俄國的草原也不能在這一點上滿足他，他又該如何是好呢？如果軍中士氣低落，他又該如何是好？

現在在邊境上已經是怨聲載道。有人說，年輕的士兵受不了那長途跋涉和無法忍受的炎熱。早在德勒斯登繆拉就要請假，但是沒有獲得批准。現在在但澤，拿破崙和他還有貝爾蒂埃、拉普一起用餐，大家都默默無言，都在想著自己的心事。正在想著怎樣將世界征服的皇帝突然問拉普：「從但澤到西班牙卡迪斯距離有多遠？」拉普鼓足勇氣回答：「非常遠，陛下！」他們的主子這時發話了：

「我的先生們，我看出來了，你們都再也不想打仗了。那不勒斯的

國王，想的是要回到他美麗的王國去。貝爾蒂埃還是想在格洛斯 —— 布羅斯打獵，而拉普則惦記趕緊回去享受巴黎刺激豐富的生活！」

元帥們都沒有說話，因為確實是這樣的。但是這樣的情況，卻是拿破崙以前沒有經歷過的。

到達涅曼河這裡的時候，因為對他來說，跨越俄羅斯的邊境具有的象徵意義是無與倫比的，因此他策馬狂奔第一個過河，足足跑出去一英里才又慢慢地騎回了橋頭。就像當年發動內戰的凱撒決然地越過羅馬的界河盧比孔河一樣，他也過了河，也是過得如此決然。他示意 3 支大軍慢慢地進入了波蘭的腹地：他自己指揮主力軍，第二支和第三支軍隊分別由歐仁和傑羅姆指揮。為什麼要讓傑羅姆這個在戰場上出盡洋相的門外漢來指揮軍隊？雖然有元老宿將給他當顧問，但是拿破崙真的就這麼放心嗎？「我們這次不妨冒這個險，因為敵軍最多也就 40 萬。」

但是敵人在哪裡呢？敵軍分為兩支，首領是巴克萊和巴格拉吉昂將軍。在立陶宛的大後方他們總兵力也就 17 萬人。拿破崙對敵人的兵力做了過高的估計，這個錯誤是災難性的，因為如果他的軍隊沒有如此龐大的話，那麼部隊的供給問題可能根本就不是問題。他為什麼會對人數上的優勢如此重視呢？當年的波拿巴將軍，曾經用以 4 萬人的兵力將人數遠超自己的敵人擊敗，他使用了各個擊破的戰術。現在的他出征，卻率領著如此龐大臃腫的軍隊，這暴露出年事已高的他醉心於權勢，所以只知道要在人數上占據優勢，卻忽視了對士氣的振奮。里沃利時代的那位名帥，難道已經不再風光了嗎？

他當然還是原來那個他，因為，即使是率領著如此龐大的一支軍隊，他所想的還是要用突破的方式獲勝。他的第一軍團應該取道提爾西特挺進維爾納，將兩支俄軍的連繫切斷，然後第二軍團和第三軍團就能把俄國人分割、包圍、殲滅了。但是他的影響被俄國遼闊無垠的土地削弱了。戰線如此之長，拿破崙無法在每一個地方出現。而他麾下的將領

們一方面是都在各自為戰、互不通氣 —— 達武和繆拉差一點就進行決鬥了 —— 另一方面他們又都對拿破崙過度依賴。他是整個大軍的神經中樞，所有行動都要根據他的號令才會進行。他還是頭一次這樣如此的苦惱，只是因為缺乏快捷的通訊工具。所以，這時候如果有電報的話，它對拿破崙的幫助，肯定是遠遠大於對對手的。

俄軍兩位統帥都清楚自己勢單力薄，不敢和法軍正面交鋒，所以並沒有溝通的情況下，就一同撤退，好能在後方會合。這並不是什麼絕妙的戰術，只不過他們因為存在對優勢兵力的恐懼，又非常敬畏拿破崙的大名，所以在無意之中做出了理智的決定。他們都是命運操控的棋子而已，命運決定事物時的高謀遠略，永遠都是人力無法窺測的。

但是拿破崙卻認為這是一個陷阱。他在維爾納說：「如果巴克萊先生覺得我會一直跟著他到窩瓦河，那他可就是大錯特錯了。我們的大軍會跟著他到斯摩倫斯克和德維納，在那裡我們獲得一場勝利，我們的大軍就能有一個立足點了……如果我們今年就到德維納河那邊去，那就是自討苦吃。我會回到維爾納過冬，然後命法蘭西劇院把一些話劇和歌劇演員派過來。我們會在明年的 5 月結束戰爭，除非今年冬天和平就實現了。」

外面也有好消息傳來：美國終於和英國宣戰了，在海戰上美國的成果也不小。倫敦主和的反對黨勢力也越來越大，而西班牙那裡的戰事還算順利。前進！打個勝仗！

但是，敵軍在什麼地方呢？到了科夫諾以後，皇帝親自帶著一名軍官找最佳的渡河地點 —— 對岸根本看不見俄國人的影子！他開始有些焦躁不安。沒有遭到一點抵抗的部隊向前推進的速度有些太快了，而且環境十分惡劣，一部分人馬必須冒著暴雨和酷熱、在非常糟糕的道路上行進，他們與後援部隊失去了連繫。而所有的供給都是由後援部隊提供的。在維爾納，沙皇消失了，不久前他還在那的。就在此時又傳來了消

息，運送供給的車輛陷在了泥沼裡，運送供給的船隻擱淺在了河裡；另外，還有一萬匹馬倒斃路上，因為吃了毒草。軍中這些消息不脛而走，於是士兵們只好劫掠所到的城市，結果後來的部隊什麼都沒有了。

皇帝對這個國家的百姓恩威並用，但是無濟於事。他對劫掠十分痛恨，因為這會帶來騷亂。立陶宛人發現直到現在，他對波蘭人承諾的王國也沒有兌現。和當年的倫巴底人不一樣，他們壓根就不相信拿破崙會解放他們，所以他們什麼忙都不幫，什麼東西都不提供，那些皇帝命人在巴黎印製了那幾百萬張的假盧布他們碰都不碰。他們唯一做的就是祈禱。

怎麼辦？現在是時候爭取沙皇了。「截止目前，所發生的這一切，」拿破崙寫信給沙皇，「並不適合陛下的性格，也不適合以往您對我所表示出的尊重……我剛才在渡過涅曼河的時候，曾想過派一名副官去您那裡，就像以往歷次戰爭前夕我所做的那樣。」但是因為他上次派出的使節被沙皇拒絕接見，「我這才知道，這件事與很多別的事情一樣，需要讓萬能的上帝來決定，我尊重他的權威……因此，我只請求您相信，我對您永遠都是懷有善意的，除此之外，我再沒有別的心願了。」

這封長信非常言不由衷，只有對處境的尷尬和宿命的思想的描述是真的，其餘都是假的。在沒寫這封信的時候，他曾和一名被俘的俄國將軍交談，請他將這封信轉交給沙皇。皇帝恫嚇這個俄國人的方式，還帶有一定的喜劇色彩，他說：「沙皇想要在這場戰爭裡獲得什麼？我沒費一槍一彈，就將他最美麗的行省占領了，而現在我們倆都不知道這場戰爭的原因到底是什麼。」隨後他又和往常一樣，不停地責問了俄國軍官一個多小時：他們都出現了哪些錯誤？他們為什麼不守住維爾納？那場景和他在給派去西班牙的將軍訓話是一樣的。「難道你們沒有羞恥的感覺嗎？」在談話中他一直在重複這句話。他對波蘭人視死如歸的氣概進行了讚美，而平時的他對他們實際上是不屑一顧的。他發誓說，他擁有

3倍沙皇的兵力，錢更是要多少有多少，他可以打上3年的戰爭：這些其實都在說謊，是他在偽裝的憤怒中捏造出來的。然而那位俄國將軍也將計就計，也開始了大肆吹噓，他們的準備十分充足，戰爭打5年他們也不怕。皇帝這時突然上來了坦誠的勁頭，對著這位偶然被俘的將軍說出了實話，實際上這些話是說給沙皇的，因為這位將軍肯定會轉達給沙皇的：

「我這個人善於權衡。當年在埃爾富特的時候，經過一番權衡我確認，和俄國修好比翻臉好處更多。本來我們現在也能夠這樣……沙皇和我簽訂和平協議時，全俄國都是不同意的；而現在沙皇想和我兵戎相見，全俄國卻在盼望和平的到來。他這麼高貴的人，是不能為那群鼠目寸光的人左右的……怎麼能根據一個戰爭委員會的決定，就決定發動戰爭？如果半夜兩點我想出了一個好點子，那麼一刻鐘以後這個命令就已經傳達下去了，而再過半小時，這個命令就已經由我的先遣部隊在執行了。你們呢？」拿破崙拿出一封信，這是法軍截獲的俄軍指揮部的信說：「這個你可以拿著，回去的路上不妨當做消遣讀物讀一下……請你和沙皇說，我能跟他保證，現在在維斯杜拉河的西岸駐紮著55萬大軍。不過，我這個人很懂得如何權衡利弊的人，而不能感情用事。我現在還是願意和他談判。他的統治將會是何等的輝煌榮耀，如果他和我的關係沒有破裂的話！」

這番滔滔不絕的自白讓俄國將軍有些感覺不安。但是，後來他和皇帝還有3位元帥共進晚餐的時候，卻突然發現，其他的人對他的態度變得非常傲慢，皇帝不停地盤問他，就像一位旅行者在考察土著：「你們有吉爾吉斯兵團嗎？」

「沒有，不過我們已經在嘗試編一些和吉爾吉斯人差不多的巴什吉爾和韃靼兵團了。」

「我聽說，沙皇在維爾納時每天都要和一位美麗的女士喝茶，她是

誰？」

「沙皇對每一位女士都是彬彬有禮的。」

「聽說施泰因男爵曾和沙皇一起用餐？」

「每一位高雅之士都在受邀之列。」

「他怎麼忍受的施泰因這塊石頭[1]在他旁邊坐著！他不會真的以為那傢伙喜歡他吧？天使和魔鬼永遠都不會在一起……莫斯科有多少房屋？多少居民？多少教堂？……為什麼會這麼多？」

「因為我們的百姓是那麼地虔誠。」

「現在這個時代，人們再也不虔誠了。去莫斯科走哪條路路程最短？」

「條條大路通羅馬，陛下。道路您可以隨便選擇。查理十二世[2]當年走的是普爾塔瓦那條道。」

這個惡意的回答終於讓皇帝有了改變話題的想法，但是他緊張的情緒已經被聰明的將軍覺察到了，他回聖彼德堡後肯定會說這一點的。

緊張的情緒日益彌漫。皇帝急於求戰，但是俄軍卻在避而不戰。巴克萊打算和巴格拉吉昂會師，所以在沒有目標地撤退；但是巴格拉吉昂卻沒有來，因為他以為面對的是法軍的主力部隊，實際上那是傑羅姆的軍隊，這樣的誤判讓巴格拉吉昂選擇了撤退。傑羅姆本來可以趁機追上去，但是他的行動太慢了，一直在苦等著和他會師的達武只能乾看著敵人就這樣溜走了。盛怒之下的皇帝將弟弟撤了職，讓滿腹委屈的他回了卡塞爾，由達武指揮軍隊。但是已是為時已晚！因為對這個輕浮小子的偏愛，他已經徹底喪失了決戰的良機。形勢越來越嚴峻，皇帝不得不提高了行軍的速度；但是行軍速度越快，形勢也就越嚴峻。全軍已經斷

1　德文中施泰因（Stein）的意思即石頭。

2　查理十二世：瑞典國王，1697-1718 年在位。1709 年在普爾塔瓦為俄軍所敗。這個俘虜是在暗示拿破崙會重蹈查理十二世失敗的覆轍。

了供給了。俄軍撤離時進行了堅壁清野，所有的倉庫都被他們燒掉了。蔬菜沒有、麵包沒有，法軍除了肉一無所獲。痢疾肆虐，吃了房頂上的葺草的馬匹紛紛倒斃，道路上全都是屍體。前進的路上並沒有發生戰鬥，但是按照巴伐利亞的統帥估計，每天他的軍團每天都差不多要損失900人。

巴黎現在又在說些什麼？

消息非常少，少得驚人，就連皇后都不寫信給他了，似乎信使都被抓了變成俘虜，郵路徹底中斷了。不過杜樂麗宮還是有消息傳來，皇太子的家庭教師在對孩子的狀況進行彙報。拿破崙在回信中說：「我希望，很快就能聽到你們說，他最後的4顆牙全部出齊了。我已經答應保姆，她所需要的一切都會給他。請你讓她放心。」

驕陽籠罩著大草原，皇帝就在那裡坐著，前面那些被焚毀的、升騰著滾滾濃煙村莊他還沒有去，腐爛的屍體在他的身後散發出著汙濁的臭氣。天氣炎熱，再加上飲食不習慣，他的胃痙攣又犯了。騎不了馬了，車子又不能走太遠，因此他大部分時間是在步行，所有的參謀人員跟在後面。現在推動他的就是一個念頭：到什麼地方，才能打上一仗？信使越來越少，即使偶爾有到來的，在眼下這個緊張不安的形勢下，也沒有什麼能夠讓他關注。在帳篷裡暫時歇息的時候，他會在裡面走來走去。沉默的祕書站在一旁，手裡拿著筆，他所記錄的不再是往常的那些發布命令或者調動軍隊，而是皇帝如何關心他兒子的那4顆牙齒。現在的羅馬王正遠在千里之外的那座冰冷的宮殿裡，因為還差那4顆牙，他咬起東西來有點吃力。「我們很快就要到魏特伯斯克了，那裡到巴黎路程有多遠？」

「非常遠，陛下。」一個聲音回答。

終於！我們找著他了！巴克萊就在前邊，繆拉把他給截住了！據說明天他們就要撤往斯摩倫斯克了！時機來了！可就在此時，皇帝得

了病，一時猶豫不定。他突然非常慎重，這可是前所未有的，他不想讓剛進行急行軍、十分疲憊的士兵們，馬上就進行激烈的戰鬥。他還想再集結更多的軍隊，再開始進攻，讓「奧斯特里茨戰役」再來一次。就這樣，他一直等到了天亮。

俄國人開心地笑了。晨霧瀰漫四野，掩護著他們進行了一次成功的撤退 —— 濃霧散去之後，俄軍早已無影無蹤。中午，搜查歸來的皇帝把寶劍扔在桌子上，大喊著：

「我就留在這裡，我要集結我的部隊。1812 年的戰爭已經告一段落。」而當繆拉建議他繼續往前走時他說：「我要在 1813 年進軍莫斯科，1814 年拿下聖彼德堡。要打 3 年的仗！」

混亂不堪的軍隊必須整編了！一仗沒打，部隊已經折損了三分之一：被這個無比廣袤的國家吞噬了。側翼軍團在什麼地方？麥克唐納率領的普魯士軍隊在什麼地方？施瓦岑貝格率領的奧地利軍隊又在什麼地方？誰也沒有確切的消息。太遠了！這是個什麼國家啊！仗都不能打，那還能做什麼？等待！在開羅的時候，他的左右有上百名的學者，而且埃及那個國度有的是不解之謎。皇帝的情緒透過一封簡短的信表露了出來，自從他當少尉以來，還從來沒有過如此無聊和鬱悶的時刻：

「請寄幾本消遣性的書給我們，」他的祕書在給巴黎的圖書館長的信中這樣寫道，「如果是不錯的小說，只要皇帝沒看過的，不管是新的還是舊的，還有輕鬆一些的回憶錄，都是我們歡迎的。我們現在非常閒，想將這些閒置時間都填滿，可不太容易。」

你們很容易就想像出來拿破崙現在站在帳篷前的情景。穿著那身舊的綠軍裝的他吸著鼻煙，不時舉起望遠鏡，看著遠方的平原。一個士兵走了過來，將一張紙條遞給了他，他看完了以後就放在了一旁。帳篷的陰影裡，兩個祕書木然地站著，張望著這邊，就像兩隻等待馴獸者指示的動物。身穿土耳其式服裝的盧斯塔姆也坐在旁邊，只有他不覺得天氣

炎熱。全部的行動都癱瘓了，全部的活動都中止了，前進和後退都不可以。拿破崙突然衝著帳篷吼道：「梅內瓦爾，趕緊去弄幾本小說來！」

消息終於來了：英國分別和沙皇和西班牙攝政簽訂了條約，這急得皇帝跳了起來：他在這裡面看見了新的反法聯盟，甚至看見了對法國的包圍！他難道真的要躺在這裡，一直等著整個歐洲都奮起反抗他的統治，或者等著歐洲進入夢鄉？斯摩倫斯克就在前面！那兩支俄軍肯定已經在那裡會合了！那裡才是俄國的土地。俄軍在他們自己的土地上應該不能像之前在波蘭和立陶宛那樣，轉移物資，堅壁清野，甚至把聖母的故城都燒毀了吧。如果能在斯摩倫斯克打個勝仗，那他就能隨心所欲地朝莫斯科或聖彼德堡發起進攻了。拿破崙向將領徵詢意見，很多人都警告他。「俄羅斯再也不會犧牲任何一個城市了，」拿破崙說，「不經歷一場大戰，亞歷山大是不會和我們談判的。我們現在都沒有流過血。我要找和俄國人作戰的機會，我還要取勝。我必須進逼聖城莫斯科！」

然而，當這場大戰即將打響之際，他卻去了河的另一邊，因為在他看來，如果在河的這一邊進行戰鬥不過是一場平平常常的戰鬥，並不是他需要的大戰，戰後俄軍完全能夠順利撤離。沒錯，兩支俄軍終於到了一起。他們準備按計畫撤退。疲憊的法軍潮水一般朝城牆湧去，但是卻遭到了頑強抵抗。那些老兵們不由地回憶起了 13 年前進攻阿克的場景。斯摩倫斯克最終陷落了，但是那裡已經是一片火海，勝利者得到的只是一座廢墟。皇帝現在是否已經感覺到了這個民族的精神力量了呢？俄國人的情緒日益狂熱，難道他沒有看到？他們寧願將神聖古老的財富一火焚之，也不留給敵人。這支軍隊現在飽受饑餓之苦，已經沒有任何東西可供他們劫掠了。

皇帝現在的境地非常可怕：和荒野中的李爾王一樣。權力在他的身體上碎裂，每一個神情都消散在了空氣中，理智世界的嘲笑在遠處響起，迴盪在曠野當中。是時候作個了結了。得再給沙皇派去個使者，寫

信不行，上次在維爾納寫的信石沉大海，到現在都沒有回應。就這樣他又找來了一個被俘的俄國將軍，他觀察那個將軍很久，然後突然對他說：

「你可以寫給沙皇一封信嗎？不能？但寫信把我說的話告訴你在總司令部的哥哥，總可以吧！如果你能和他說你見到了我，而且告訴他是我委託你寫信給他的，你就算幫了我一個大忙。要是你哥哥自己能夠見到沙皇，透過大公爵轉告沙皇也行：和平是我本人最大的願望，那我將對你不勝感激……我們到底為了什麼要打仗？當然，如果你們是英國人，那就是另一碼事了！俄國人和我沒有什麼仇怨。便宜的咖啡和糖你們需要嗎？這沒問題。我可以去辦。但是如果你們覺得我是可以輕易地被擊敗的，那就請你們的戰爭委員會，再對形勢進行一次估量吧。如果委員會認為自己穩操勝券，那就可以去選擇一下戰場了……否則我就要拿下莫斯科，而且莫斯科會不會毀於戰火是我無法保證的，無論我怎麼告誡我的部隊。一個堂堂大國的首都被敵人控制，就好比一位婦女失節受辱……你怎麼想：如果沙皇要停戰，總不能有人不同意吧！」

尉官拿破崙很少求人，將軍拿破崙從來不求人。他根本就不會求人，他只會指揮、命令別人。即使寫信給國王，他的語氣也是和下命令一樣。過去的 10 年當中，他說「請」字只有兩次：第一次在皇帝登基典禮上，是他請教皇為他塗聖油；第二次，則是他請求奧地利皇帝將女兒嫁給自己。可現在，他居然會這樣的低聲下氣！當那個被俘的將軍接過自己的佩劍時，會有什麼感想？ —— 世界的主宰就是這樣？居然會求我，求我這個微不足道的人和我的哥哥幫他忙？怎麼會到這樣的地步？難道他就不能派遣個信使嗎？咖啡和糖真的是禍根，導致了幾十萬人陣亡於此的後果？戰爭就像一場對弈，象棋大師向我們發起挑戰，就好像眼前的這一切不過是一場精彩的對局 —— 誰能知道，偉大的母親俄羅斯此刻正在受苦受難！她眼含熱淚地看著一座座城市化為焦土，看著一尊尊聖像化為灰燼！

那個被俘的將軍寫好了給哥哥的信，經貝爾蒂埃審閱後就送了出去，還是沒有回音。拿破崙怒髮衝冠：現在的他的情緒總是間歇性的，一會猶豫，一會果決。當拉普請示他軍隊究竟是前進還是後退時，他這樣回答：「酒已斟滿，勢必盡飲。我將朝莫斯科進軍……我已經當了太長時間的皇帝了，我現在要再當一把將軍！」

在場的所有人都兩眼放光，他們好像又聽見了皇帝當年的鏗鏘之聲！這時是九月初。

博羅迪諾附近，在神聖的草原上，巴克萊的繼任者庫圖佐夫終於停下了撤退的腳步。雙方勢均力敵，拿破崙要的對決終於來了。當夜沒有人睡覺，因為明天終於要打仗了。金色的莫斯科將在我們腳下稱臣，所有的苦難終將變成過去。夜半時分，從巴黎趕來的信使到了這裡。正俯身研究地圖的拿破崙問是不是緊急報告，一聲不響的祕書將一份西班牙公文遞給了他：在薩拉曼卡戰役中，威靈頓徹底地戰勝了瑪律蒙。皇帝看完報告什麼都沒說，繼續研究地圖。幾個小時以後，他將在歐洲的最東端，也就是在歐亞兩洲交界的地方對俄國人展開痛擊。儘管英國人在歐洲的最南端取得了令人吃驚的勝利，但是現在並不適合考慮這些。天將破曉，今天的近衛軍還在一如往日地大喊：「皇帝萬歲！」

他拿出兒子的畫像給他們看，這是昨夜的信使從巴黎帶過來的。這些久經沙場的老兵站在那裡，誰都不知道法國在西班牙戰敗的消息，他們只是在一個勁兒地讚美皇太子的可愛美麗。隨後畫像被送回了帳篷，拿破崙突然說道，好像一位詩人：「收起來吧。孩子太小了，見不了流血的戰場。」

兩軍展開激戰，那些重要的要塞攻下來又失守，然後再攻下來，幾度易手。高呼的近衛軍要求皇帝和之前一樣，讓他們參加莫斯科瓦河畔的決戰。將軍們讓他同意，親信們也在極力說服他。但是拿破崙拒不同意。他平生第一次沒有離開自己的位置。在發燒的他咳嗽、呼吸困難，

雙腿腫脹。他坐在馬上，十分猶豫，將近衛軍派上去，似乎能夠扭轉戰局，但是他卻不能作出決斷：「如果明天再有惡戰，我能怎麼辦？我還能派誰上去？」俄軍晚上開始撤退。第二天打掃戰場，陣亡或重傷的多達 7 萬：比以往任何一次戰鬥都要慘烈。皇帝說道：

「幸運之神就像一個娼妓，我總這麼說。現在的我更是深有體會。」

不過，他們終於打通了前往莫斯科的道路。當初他率領 50 萬大軍進攻俄國，現在他的左右隻剩下 10 萬餘人了。當拿破崙背對斜陽，登高望遠的時候，看見了一座擁有上千個圓頂建築的城市，那座東方城堡聳立在市中心的小山上 —— 克里姆林宮。他看著這座城市並沒有什麼興致，只是感覺疲憊，他小聲地說：「莫斯科！危機已經過去！」

五、莫斯科

「城市的鑰匙在什麼地方？負責交接的市政官員在什麼地方？」

這一下午，他都在等著城市的各種鑰匙。不管是在維也納、米蘭、馬德里還是柏林，他都是以勝利者的姿態，從城門進入這座城市。這一高貴的羅馬風俗，難道那些韃靼人居然不知道？什麼動靜都沒有。庫圖佐夫士兵嘈雜的聲音從遠處傳來，這支還沒有被徹底擊敗的軍隊正在從城中撤走，他的軍隊則衝進城裡，氣勢洶洶。殿後的俄軍和法軍的前哨甚至已經短兵相接。入城儀式非常的安靜，眼前的莫斯科已經成了一座空城。不過房屋還有很多，疲憊至極的士兵們都想知道，我們能夠找到吃的，然後舒舒服服地睡上一覺。

這寂靜令人不安，皇帝帶著他的參謀部慢慢地縱馬前行，朝克里姆林宮走去。就在那裡。所有的目光中，都能看出來無言的驚嘆，他們打量著飽含異國情調的宮牆。每一扇門戶都已洞開，卻沒有一個能夠充作嚮導的人。金碧輝煌的廳堂帶著夢幻、孤獨而又淒涼的氛圍。他們走進

一個大廳，窗子都被木板釘死了，當士兵用槍托把木板砸開時，皇帝才透過那個華蓋上認了出來這是當年沙皇的加冕廳，只是寶座被罩住了。

此時此刻，一切都已圓滿，就差和平了。這就是他想要的和平嗎？現在除了勝利，他什麼都沒有。勝利的果實被誰騙走了？就是這片遼闊但是陌生的土地。13 年前，他被沙漠愚弄，現在則是被這大草原愚弄了。他為什麼不參照以前解放阿拉伯人的計畫，也把立陶宛的那些農奴解放，以此獲得兵源和嚮導呢？如果他現在這樣做，再將附近的農民召集到這座空城裡，和他們講和，那麼又會是怎樣的情況？我們還是這裡的主人，我們許多的願望，還能被這個謎一樣的帝國滿足我們。

夜深了，他卻一點睡意都沒有。「為了放鬆放鬆，我們工作吧。」他和科蘭古說。

他將波蘭地圖打開，說明不在那裡停留的原因。而他將在 6 週後進入彼得堡。他找出了他的聖經……每次出行他都會隨身攜帶部隊的花名冊，即使和平時期也不離手。花名冊會告訴他的兵力還有多少。一行行的數字讓他的精神有所恢復：「用不了幾週，我又能在這裡集結 25 萬的大軍。每個人都有住的地方。不過吃的怎麼辦？城市的周圍都是沙漠。」

窗外突然明亮了起來。著火了！沒什麼，對此我們早就習慣了，昨天就有好幾個地方著火。但是突然傳令兵、將軍、信使先後來到，同時來的還有幾百條消息，全城多處起火。是的，這是一場早有預謀的縱火，因為所有的水泵都消失了！這些瘋子難道想親手把神聖的莫斯科燒成灰燼？皇帝會怎麼辦？塞居爾這段時間與皇帝在一起，他是這樣為後世描述當時的情景：

「皇帝的心靈似乎也被周遭的火勢灼傷。他時而坐下，時而站起來，時而快步從多個房間穿過。他這短促激烈的行動暴露了他正被可怕的精神折磨著。他將手裡的緊急公文放下，突然又拿起來，再放下，然

後他使勁地將窗戶推開。他急促地呼喊著：

「『多麼恐怖的景象！他們自己縱火燒城！這麼多的宮殿！一個偉大的決定！誰又能想到！這都是些什麼人啊！他們簡直就是斯堪特人[1]！』

「……突然消息傳來，克里姆林宮地下埋了地雷，嚇得幾個僕人魂不附體，衛兵們則靜候命令。皇帝對此只是付之一笑，並不相信真有這回事，他的步伐還是那樣的堅定有力，他走到每扇窗前，都會停下來，看著那熊熊的烈火，將所有的橋梁和宮門吞噬。空氣中到處都是煙霧和灰燼，在秋天的狂風之下，大火更加肆虐。

「繆拉和歐仁這時急匆匆地趕來，衝到皇帝面前一定要讓他離開。沒有用。終於成為沙皇皇宮主人的拿破崙固執己見，烈火也不能讓他動搖，突然有人大喊：『克里姆林宮著火了！』皇帝打算直接面對危險……

「人們在火藥庫的塔樓裡抓到一個俄國人，這是一個憲兵，將他帶去了皇帝那裡。他供認自己奉命在克里姆林宮放火的，皇帝聽了這些，做了一個異常鄙夷和憤怒的動作。士兵們將這個俘虜拉到廣場上處決了。因為這件事，皇帝徹底下定了決心。

「我們匆忙走下了北樓梯，皇帝讓我們帶他出城。但宮門被大火封住了，根本沒法找到出路。最後，我們在岩石當中發現了一條溝塹通向莫斯科瓦河，順著這條窄窄的通道，我們總算從克里姆林宮裡逃了出來。但是這又能怎樣呢？怎麼渡過河去？被煙塵迷住了眼睛、被狂風堵塞了耳朵的士兵們，茫然不知自己身在什麼地方，滾滾濃煙籠罩了所有的街道。一條彎彎曲曲的街道是從這人間煉獄逃出來的唯一出路，兩側的房屋已經被火焰吞噬。

「皇帝毫不猶豫地踏上了這條可怕的道路。他快步向前，在燒得劈啪作響的屋頂和房梁下穿行……無法控制的烈火，過度消耗的空氣，灼人的熾熱，讓我們幾乎不能喘氣了……嚮導都迷了路，如果不是第一軍

1　斯堪特人：古代住在黑海以北即南俄羅斯草原上的遊牧民族。

團那幾個正在劫掠的士兵認出了皇帝，又帶著我們逃了出來，我們的生命肯定會就此劃上句號。

我們遇到了達武，他在莫斯科瓦河邊作戰的時候負了傷，但是還是讓人把他抬去，希望能把皇帝救出來，不然他也不活了。達武見到了皇帝，萬分驚喜，一把就把他緊緊地抱住了。皇帝也很感動，但是依然保持著鎮靜，正是這份鎮靜讓他即使面臨危險，也能從容不迫。」

拿破崙去了郊外的一座宮殿，在那裡等著大火熄滅。三天後他又回了克里姆林宮，大火並沒有在那裡造成大的損害。過了兩天他終於按捺不住，寫給了沙皇第三封信。雖然他現在都把敵人的首都占領了，但是心裡還不踏實。他與敵人的所有的連繫都被切斷了，他被迫再一次去向一名被俘的軍官求助，這次他的求助對象是一名上尉，在加冕廳皇帝接見了他。他有沒有一種荒誕的感覺呢？一名小小的、無權無名的軍官，卻代表了神聖的俄羅斯。而在著名的沙皇大廳裡，站在他面前的卻是顯赫的法蘭西皇帝，讓全歐洲都要顫抖的征服者。他和這個上尉攀談、談判、提出了自己的條件，好像這裡變成了提爾西特，而上尉成了那個沙皇。

「現在進行的戰爭，是純粹的政治性戰爭，」拿破崙進行著強調，「我之所以這樣做，目的就敦促沙皇履行我們簽訂的條約。我如果占領了倫敦，肯定不會馬上離去。但是我會馬上從這裡撤出去。如果沙皇也在渴望和平，那麼他就應該讓我知道……我會把你釋放，但是有個前提，你要去一趟彼得堡。沙皇會樂於接見一個目睹了莫斯科近況的人的，你要將這裡的一切都講給他聽。」

「我不會被引見給沙皇的，陛下。」

「你去求內廷大臣的托爾斯泰，他這個人很正直。或者你還可以讓內廷侍衛為你通報，再或者等在沙皇每日散步的必經之地那裡。」上尉感到身上發冷，他有種自己是被收買了去行刺沙皇的感覺。他並沒有答應

什麼，支支吾吾地說不出什麼來。「好吧，我現在寫一封信，請你轉交給沙皇。」最後的一位皇帝寫給另一位皇帝的信，居然是要透過這麼尷尬的一種方式，在拿破崙寫給沙皇的 3 封信裡，可以說是最奇特的：

「敬愛的皇兄……壯麗宏偉的莫斯科已經沒有了……貴方的舉動可以說是既可憎又無用。您想把我的供給奪走嗎？它們都儲存在大火燒不到的地窖裡。這座城市是世界上最美麗的城市，人類花了幾個世紀的時間，才建成的不朽傑作，怎麼能出於如此微不足道的目的，就把它毀掉了呢！……出於人道主義的考慮，也是考慮了陛下您的利益，這座被俄軍放棄的城市由我接管了。起碼市政當局和民兵團應該留下來，維也納兩次失守，還有在柏林和馬德里時都是這樣做的。甚至當年蘇瓦諾夫率軍進駐米蘭的時候，丟了米蘭的法國人也是如此……您的思想是如此高貴，心性是如此善良，縱火焚城這樣卑鄙的惡行是您不可能同意的，對於您這樣偉大的統治者來說，對於俄羅斯這樣偉大的民族來說，這樣的行為實在有失體面。您的臣民只顧著把滅火的設備都搬走了，卻將 150 尊大炮留下了……我與陛下作戰並不是因為怨恨。在上次戰役前後，如果您能有所表示，我是可以停下腳步的，我甚至可以因為您而不占領莫斯科……如果您還能念及你我舊日的友情，就會善待這一封信。無論如何，您總要對我將您目前的情勢告訴了您表示感謝。」

這封信很像是老師寫給學生的，寫信者非常的孤立，惱怒和怨恨充滿了字裡行間，目的是打動收信人：很像是一位極其克制的道德家寫給一個流氓的信。其實全信的主旨就是這幾個字：「善待此信」，寫信人的目的和希望都在這裡了。它能夠發揮作用嗎？

在彼得堡，持續推進的敵軍，近在咫尺的威脅，莫斯科的大火，這些都讓大家人心惶惶。朝廷是比較傾向於和談的。現在的時機還不夠好嗎？越來越狼狽的敵人急著要談判！魯莽的康斯坦丁大公，甚至沙皇的母后——皇太后對暴發戶拿破崙十分痛恨，拒絕將女兒嫁給他，提爾西

特會談後，她責罵沙皇長達好幾個星期 —— 都主張雙方握手言和：現在非常合適！

但是沙皇卻不為所動，促使這位個性優柔的人保持堅定的是兩個人。一個是法國人貝爾納多特，他們再次在芬蘭會晤，貝爾納多特讓沙皇的決心更加堅定，幫助瑞典攻占挪威的俄國援軍，甚至都被他遣回給了沙皇：貝爾納多特懷著強烈的仇恨，他已經下定了決心，一定要將拿破崙消滅；而且他又是那麼的野心勃勃，一心想要將沙皇承諾的法國王冠弄到手。

另一個人是個德意志人，這個民族在生死存亡的關頭，在救亡爭鬥中孕育出他這樣一位菁英。過去的 4 年裡，曾是帝國男爵的施泰因慘遭拿破崙驅逐，不得不背井離鄉、到處流亡，現在做了沙皇的顧問。在每個方面，他都是拿破崙的對頭，現在他要和皇帝決一死戰。

這一次，獲勝的將是施泰因。

六、時代雙雄

在很多的國家裡，過去的 17 年裡，塔列朗和施泰因是那些奮起反抗拿破崙的才智之士中的佼佼者，從來沒有人能夠像他們那樣，讓皇帝如此頭痛：前者憑藉他那陰險狡詐的天才，將拿破崙的傳奇意志瓦解，後者則用其內心強大的道德力量，和拿破崙無道德的活力進行對抗。德意志人的良好品德在施泰因身上體現了出來，拿破崙則將義大利人的各種天賦集於一身。這二者並不是排斥的關係，而是互相補充的關係，在很大的程度上，這兩種天賦是可以相互理解的。如果施泰因像卡爾諾那樣是法國人，可能會成為皇帝最得力的助手，他們會在榮譽感與務實精神的作用下很好地合作，相得益彰。

但是，這種惺惺相惜還是無法將他們之間強烈的疏遠感彌合。道不

同，不相為謀。對於沒有祖國意識的拿破崙來說，他可以在任意一個國家建功立業。他重視法國人的原因，不過是他剛好當的是法國皇帝。與之形成鮮明對比的是，施泰因卻在為祖國投入了全部身心，故土是他的力量泉源，他那沉重又豐富的靈魂，和機敏靈活等這些特質毫不相關，而那些卻是拿破崙性格重要的組成部分。施泰因這位政治家的心中，只有德意志和德意志人民。同文同種的德意志人統一起來，這是他的希望，即使這與某些弱小君主的意願是相悖的；但是拿破崙則是一位心懷歐洲和歐洲人的政治家，他必須要和那些君主進行爭鬥，和施泰因一樣，不過統一歐洲才是他的目標。

施泰因身為一個獨立的小國國君，背後是他無數的先輩。700 年以來，他們在這塊日爾曼的熱土上勤於治理，辛勤勞作。他之所以離開父輩的城堡，是要報效民族。對於德意志其他的諸侯，他都是不信任甚至是蔑視的態度，這些人把國土和自由拱手送給別人，把自己的臣民乃至自己，都出賣給了異族的征服者。拿破崙則出身一個破落的貴族家庭，對他來說沒有故鄉，早年被迫從父親的葡萄園離開。他和施泰因一樣，對那些臣服於自己的諸侯十分鄙視，而對少數不肯妥協的君主，則是暗自欽佩的態度。

看著歐洲那些腐化墮落的君主，拿破崙除了蔑視，還帶著一絲取笑逗弄的心情。而施泰因則是痛心不已。君主們天生的無能，將那位暴發戶對於自己天才的自信激發了出來，但是卻生為騎士的施泰因的自尊產生了動搖。如果說透過自己的成功，科西嘉人向世界大膽地證實了新時代已經到來；那麼德意志人他自己在貴族階層的遭遇，則讓他悲哀地發現，舊時代已經崩潰。對普魯士國王他是打心眼裡鄙視的，鄙視程度，可以和他對法國皇帝的憎恨相提並論。

所以，皇帝將施泰因流放這件事，實際體現的是兩個時代、兩個民族還有兩個階級的差異與矛盾。如果施泰因男爵的身份是國王，他會比

哈布斯堡、霍亨索倫或其他失敗的王室更有尊嚴，更能成為正統信念的代表，更能去和那位大革命之子抗爭。德意志民族捍衛正統信念的熱忱，絲毫不比他們抗擊拿破崙的鬥志差。不算布勞恩斯魏克親王和幾位年紀較小的王子，在這個時代中，唯一一位能夠挽救德意志諸侯們的尊嚴與價值的人，就是施泰因了。

現在他的偉大時刻到了。當初皇帝在馬德里宣布將這位普魯士大臣流放，現在他將因為這個行為而被對手回擊，這還是第一次。他的厄運也很快因此鑄成。施泰因正是因為當年的一紙敕令，才不得不投奔了沙皇，並從此和他的敵人對沙皇的心展開爭奪。當沙皇陷入猶豫不決時，這位德意志流亡者的勇氣和熱忱，能夠讓他堅定起來，他能讓沙皇聽進去他的意見。遠方的皇帝也正是因為發現了這種影響，才會在那位被俘的俄國將軍面前，對他進行惡意的詆毀。他怕施泰因。他是一位無所畏懼的君主主義者，一位實業的理想主義者：關鍵時刻，他一定能夠左右沙皇的意志。沙皇雖然也是一位理想主義者，但易受恫嚇，又缺乏決斷。深諳人情世故的施泰因，明白沙皇有一種隱約的渴望：想過上那種恪守道德法則的生活，因此就不時地對拿破崙的無視道德、醉心獨裁進行譴責。他從來都不用擴張領土來引誘沙皇，而是勸導沙皇要堅持自己的原則，他還希望能在沙皇身上誘生出第一位現代君主，一位和德意志諸侯們相比，更了解如何保護君權世襲的現代君主。

德意志人是沙皇的朝廷中，獨一無二的、誠懇進言、不謀私利的人；無家無國可言的拿破崙將他驅逐出了家園，他巴不得早日從這個好客的避難所離開。沙皇很清楚，施泰因不是那種謀求高官顯位的人，而是一個擁有超然地位的外國人，他的建議裡，沒有一絲一毫的個人利益。因此，在這次俄法戰爭期間，他十分地信任施泰因，程度超過很多親法的大臣。可能這個德意志人最近的妙語他也聽說了。當他們聽說莫斯科大火的消息時，餐桌上的施泰因舉杯說道：「有生以來，我已經丟棄過三

次行囊了。我們一定要習慣把這些拋在腦後。既然我們終究死去，為何我們不勇敢地活下去。」

他在莫斯科的敵人拿破崙馬上也要這般行事，把過去的種種拋到腦後：他做出了決定，撤退。因為彼得堡那邊始終音信皆無。他白白浪費了 5 個星期的時間 —— 冬天越來越近了！沉悶中的皇帝等待著消息，他的神經和精力已經受不了這樣陰鬱的氣氛了。他和巴黎要的小說還沒有送來，於是他就把在克里姆林宮內找到的書拿來翻開。但是他看得很少，一反常態的他延長了吃飯的時間。他的部下有時會發現，飯後的他會躺在那裡很久，書拿在手裡，眼睛卻呆呆地注視著書的上方。

一座被大火焚毀的城市裡，沒有需要安排的事情。人們還能做些什麼呢？有那麼一兩個晚上，他讓一個沒撤走的劇團為他演出法國的戲劇。隨後，統治者利用這段少有的假期，對法蘭西劇院的章程進行仔細的推敲，並把修改的命令傳給了巴黎。發布軍令用去了另一半的時間。這些命令看起來絕對不平庸，也肯定不是出自一個疲憊的大腦，還是那樣一如既往的準確凝練。但是，形勢並沒有出現改觀，儲備即將耗盡，寒冬即將到來。他在 10 月中旬召開了軍事會議，雖然他很清楚，眼下可走的路只有一條。

達律的建議是就地過冬，等著被解放的立陶宛將補給運來，春天一到，就進軍彼得堡。沉思良久的皇帝說道：

「這是一個獅子的建議，但是巴黎會是什麼態度？離開巴黎 6 個月，會有怎樣的影響？我沒在國內是法國人所不習慣的，而普魯士和奧地利則會抓住這個機會。」全軍撤退，這是唯一能下的命令！回巴黎，帶什麼戰利品呢？他命人從城堡的拱頂上，將聖伊萬教堂巨大的黃金十字架取了下來，巴黎殘廢軍人大教堂的頂上是他為它準備的新去處。但是，對付沙皇這個虛偽的朋友，沒有別的更好的報復方式了嗎？他下令炸掉克里姆林宮。他是如此的震怒，以至於當著眾人的面 3 次失了態。

　　他在莫斯科城外等候了 3 個小時，等著爆炸的消息。拖拖拉拉的大軍從他面前走過，因為傷病人員和戰利品，軍隊行軍的速度大打折扣，士兵們獲得了充分的休息，但是紀律非常鬆弛。最後他得到了消息：爆炸失敗。他沒有說話，但是當拉普表示擔心嚴寒時，他訓斥他道：「今天是 10 月 19 號，你難道沒有看到這麼好的天氣嗎？你難道沒有看見我的幸運星嗎？」

　　他以前從來沒有說過這樣的話，今天他卻如此的憂心忡忡。他明白，輜重會對行軍速度造成影響，但他又不忍心下令不讓士兵帶些東西回家。俄軍已經將法軍包圍了，最近他們甚至逼著繆拉的騎兵連退回城裡。當初向東挺進時，皇帝一心求戰，而現在向西撤退，他卻什麼都不怕，唯獨怕打仗：「千萬不要有事！」他只想盡快回到斯摩倫斯克，那裡是他想過冬的地方。

　　難道他事業的終點要呼應起點嗎？和在埃及一樣，大軍前進，中間是輜重，時刻小心敵人的騷擾。有一次，要不是他沉著機警的部下，皇帝就要當俘虜了。「哥薩克人！馬上掉頭！」拉普一邊喊，一邊用手指著灌木叢。但是皇帝不聽他的勸，於是這位副官伸手抓住韁繩，拽回了皇帝的坐騎：「您必須掉頭！」拿破崙生平還是頭一次聽到有人這樣跟他說話。他應該怎麼做？逃走是唯一理智的做法。

　　但是皇帝還是一動不動，他拔出了劍，拉普、貝爾蒂埃和科蘭古也都拔劍，他們站在路的一側，等著 40 步外的哥薩克騎兵發起攻擊。就這樣一直到近衛軍騎兵隊趕到，將哥薩克人趕走了。

　　這次險情之後，他的腦海裡出現了一個新的念頭。他會被亞歷山大會綁在凱旋的戰車上嗎？他和醫生要了一劑毒藥，裝進了一個黑色的絲袋中，掛在了脖子上：好在被俘時吞下去。這次襲擊之後，這個邪惡的異教徒的首級，成為所有俄國騎兵的目標。俄軍司令部發了通緝令，上面是皇帝的畫像，同時讓所有軍團的司令都俘虜中「每個身材矮小的

人」提起注意，也許裡面就有法國的皇帝。

　　埃及的酷熱曾將他上千士兵的生命奪去，而現在又有近萬名士兵，被俄羅斯的嚴寒吞噬掉了。冰雪中，大炮被牢牢凍在地上，彈藥車被炸毀了，戰馬倒斃，騎兵不得不步行，路上凍死的官兵隨處可見。

　　最後到斯摩棱斯克這裡的士兵還不到 5 萬，差不多是原兵力的十分之一，儲備的物資都沒有了，不可能在這裡過冬。這支挨餓受凍的部隊只能趕緊繼續撤退。成千上萬的士兵丟下了武器，就算是近衛軍現在也意志渙散。皇帝這時走到了步兵當中說道：

　　「我的部隊現在無組織無紀律，你們都看到了。這些喪失理智的傢伙甚至把自己的武器都扔了。如果這樣可恥的行為為你們所效仿，那我們真的是毫無希望了。軍隊有沒有未來，全在你們自己的身上！」說完這句話，他就走向隊伍的最前方，和大家一起徒步前進。一個人曾在在路上巧遇他們，是這樣描述當時的情景：那支隊伍毫無生氣、將軍們領著頭，騎馬的人很少。他們就像一群衣衫襤褸的鬼魂，穿著被燒得破破爛爛的大衣，面黃肌瘦，臉如土色，鬍鬚板結，弓腰駝背，沉默不語。跟在後面的是神聖軍團，都是軍官，大部分人都拄著拐杖，腳上纏著破羊皮。騎兵衛隊的倖存者跟在他們的後面。

　　現在走過來的是 3 個步行的男人：那不勒斯國王走在右邊，他都顧不上那美麗的孔雀羽毛裝飾了；義大利總督歐仁走在左邊；中間那個人最矮小，他拄著一根樺木杖，頭戴火狐皮帽，身穿波蘭皮衣，一言不發地穿行在俄羅斯的大地上。

七、逃亡的冒險家

　　巴黎現在都在說些什麼？

　　他不知道。這是從埃及回來以後，他第一次毫無根據地推測對巴黎

的情況。他的首都發生了什麼他不知道：他現在是十分躁動不安的心情，就像出門在外的人不知道在家的妻子是否有不忠的行為。他寫信給在維爾納的大臣馬熱：「我已經兩個多星期沒有接到任何的音信了，法國和西班牙現在發生的一切……我一無所知……我的部隊已經散了，越來越多的人掉隊，我們重新集結起來，至少需要兩週的時間，但是時間從何而來！維爾納我們能守得住嗎？但願前一個星期敵人不發起進攻！食物！食物！……在維爾納一個外國使節都不能有：軍隊現在的狀態不宜觀瞻。必須要把那裡所有的使節都轉移走。」

信使終於到了 —— 但是為什麼皇帝臉色發青？他知道了巴黎什麼可怕的消息？那裡到底出了什麼事，竟然要比他現在的經歷還糟糕？透過英國報紙、信件還有流言，法蘭西當然早就知道了事情的真相。但是皇帝的新聞公報卻對此隻字未提。有些巴黎人容易陷入狂熱，但是也同樣容易陷入絕望，他們已經把皇帝放棄了，街頭巷尾到處可聞可怕的消息和惡意的諷刺。等等，這又是什麼新聞？

有人策劃了一場政變，不過沒有成功，但是它揭示了一個怎樣的背景！一名共和時代的將軍，幾年前被捕，因為他捲入了一場陰謀，隨後他被送進了瘋人院。這位馬勒將軍抓住皇帝的消息很少還有莫斯科大火帶來的恐慌從瘋人院逃了出來，和同謀偽造了一份電文，稱皇帝已經死了。他們將警務大臣逮捕，還成立了臨時政府，國民衛隊、部長們甚至老將軍們都被他們說服了，直到最後被司令部兩位勇敢的軍官看破了他們的把戲，把他們抓住並捆了起來，又在陽臺上高呼「皇帝萬歲」，才結束了這場鬧劇。

在白雪覆蓋的帳篷當中，驚恐萬分的皇帝翻看著這封信。和最近法軍在西班牙戰敗的消息相比，這個消息更加糟糕。謀反者已經槍決了，巴黎沒什麼變化，整出滑稽戲最終以喜劇告終 —— 但是有人竟成了巴黎員警的主人，然後還有可能成為全法國的主人？叛亂的那段時間裡，華

麗的馬車都不敢出門！而有一位老貴族詢問發生了什麼事時，一個工人笑道：「公民！皇帝已經死了！中午就要宣布成立共和國！」皇帝無比震驚，任由信紙從手裡滑落，他和他的心腹說：

「那麼我的王朝呢？居然一個想到過我的妻子、我的兒子，還有帝國的一切機構的人都沒有？！ —— 我一定要立刻回到巴黎！」

這幕插曲所暗示的危險，閃電般劃過他的腦海：「嘲笑的工人，他可是民眾的代表！為了他們，我，日夜操勞，宵衣旰食，積數年之功，才有的現在這個王朝；為了他們，我不得不放棄了心愛的女人，迎娶了奧地利的公主，好有人繼承我的社稷，我的王朝能夠不朽 —— 但是就是這麼一個膽大妄為的軍官、一個無名之輩，只需大喊幾聲皇帝死了，民眾就又開始念叨共和、公民這些字眼了？攝政王、皇儲、參議院 —— 難道這些都不算數？人心果然是無底洞！但是我現在就要給它加個底。我要仿照卡佩王朝[1]的做法，我活著就要為皇儲加冕！」

新的危險刺激了皇帝，他重新將統治權牢牢抓在手中。「他臉色蒼白，但是神色鎮定。表面上『一絲痛苦或煩惱』都看不出來。」他的身體有所好轉。現在部隊離別列西納河已經很近了。因為側翼部隊處境不妙，他收縮了軍隊，命令將剩下的輜重全部燒掉，好省下馬匹運載剩下的大炮。但願河上的橋還在！他這樣寫道：「如果敵人占領了橋頭並且燒掉了橋，我們就過不了河，那將是一場災難。」

第二天，大軍來到了河邊：沒有橋，也沒有船，對岸，兩支俄軍嚴陣以待，兵力都遠超法軍。這裡的河面十分寬闊，岸邊全是沼澤，還能從這裡脫困嗎？

這時，他想出了奇招，就像當年還是將軍時那樣。他要給俄國人設下陷阱，用佯攻將他們誘開。他冷靜地對所有的事情進行著安排：在他的近衛軍裡，有1,800名騎兵沒了坐騎，他們中有武器的只有1,100人。

1　卡佩王朝：法國封建王朝，起止時間為987-1328年。

他將他們分成兩營，然後下令將所有兵團的鷹旗全都燒毀：現在已經是千鈞一髮之際，拿破崙的榮譽感還是那樣的強烈，作為榮譽象徵的軍旗落入敵手，是他無法容忍的。午夜之後，他終於在營帳中躺了下來。以為他已經睡著了的迪羅克和達律低聲地談論著，認為很有可能大難臨頭。突然，拿破崙聽到了「政治犯」這幾個字，他伸手摸了摸掛在脖子上的黑絲袋，坐了起來：

「你們覺得他們敢這麼做？」

「我不相信敵人可能那麼寬容。」很快恢復了鎮定的達律回答。

「但是法蘭西！法蘭西將如何去做？」

顧左右而言他達律禁不住拿破崙的追問，只好回答：「陛下，您還是盡快回到巴黎為好，在那裡，您也許能更好地拯救我們。」

「我現在在這裡已經成了你們的累贅嗎？」

「是這樣的，陛下。」

「你們都不想當政治犯吧？」一陣久久的沉默。隨後皇帝說道：「大臣們的報告都毀了沒有？」

「截至目前您還沒有下達過這個命令。」

「一定要毀掉。都毀了。我們現在的處境非常艱難。」從莫斯科撤退到現在過去好幾個星期了，承認情況危急，這還是第一次。他那個語氣，和一個垂死的人在交代身後事沒什麼兩樣。但是他的天性要遠比他的命運聰明：很快，他就進入了夢鄉。

第二天早上，敵人被他誘到了河的下游，又被他的炮火擊退。士兵們匆忙地在浮冰上造好兩座浮橋。大軍整整用去兩天的時間用來渡河，連涉水過河的騎兵也算在內，總共還剩下差不多 25,000 人。雖然每一分每一秒都有當俘虜的危險，但是皇帝還是一直等到最後一名士兵渡河完畢，才在第三天，在衛隊的簇擁下過了河。後來還有一些掉隊的士兵趕了上來，但是隨後幾天內，他們卻都死在了冰雪和炮火當中。

在隨後的一星期的時間裡，皇帝又兩次遭遇到生命危險。他們再次遭遇哥薩克人的襲擊，緊跟著就連法國人，也加入了想要他命的人的行列。12 月 5 日，在皇帝的帳篷前，拉庇少校鼓動著普魯士榮譽軍團的軍官們：「先生們！現在時機到了！」他建議應該由最年長的普魯士上尉先把那個馬木路克僕人刺死，接下來刺死他的主人。席勒的劇本《華倫斯坦》[1]，他們都應該在德意志看過吧？普魯士人又把行動推給了法國人，拉庇卻說，他不放心自己的手下。這時科蘭古走了出來，對這些人的表情和手勢產生了懷疑，他拍著手叫著：「先生們，該走了！」

對此皇帝一無所知，當晚他召集了他的元帥們開會：「還是在杜樂麗宮的寶座上發號施令更適合我，而不是對著一支被嚴寒摧毀的軍隊講話，坐在皇座上的我是更加強大的……如果我是波旁王室的人，生來就是王位繼承人，那避免犯錯就更容易。」然後他單獨和每個人談話，傾聽他們的建議和意見，他讚揚，鼓勵，微笑，恭維，逢迎：顯而易見，他是為了避免叛亂發生。

隨後，他把最新的公報給歐仁，讓他宣讀，公報中第一次暗示了法軍眼下的遭遇：「有一些人被大自然鍛造得還沒有足夠堅強，他們無法擺脫命運的無常變化，以致不再擁有平靜和勇氣，想的只有不幸和失敗。而有的人，即使面對危難，也會凜然不懼，他們會一直堅守自己的信念與鬥志，新的困難，會成為他們奪取獲取榮譽的新機遇。」

兵敗俄羅斯，彷彿嚴寒是唯一的原因。「皇帝陛下的身體情況，從來沒有像現在這樣的好過。」

語氣如此鏗鏘有力。那位曾經的波拿巴將軍重新回來了，他重新在命運與健康面前找回了往日的語言。巴黎的老百姓已經長達幾個星期不知道他的現狀，考慮到這一點，他最後在公報上又加上了一句，強調自

1　（《華倫斯坦》）（1799）三部曲以德國 17 世紀三十年戰爭為題材，劇中主人公華倫斯坦是個真實的歷史人物，作者席勒在他身上寄託了德意志民族統一的訴求，並指出了他失敗的原因。

己身體狀況非常好。儘管這個結尾有點突兀，但是整個公報，還是體現了一種英雄式的犬儒主義色彩，這次為期剛好半年的遠征，也是以這個態度宣告結束。他讓繆拉指揮軍隊，負責帶著剩餘部隊回到法國，其中還帶著武器的士兵只有 9 千名。

不過，一樣新鮮事也是在這時發生了：皇帝擁抱了每一位在場的將軍。這是騙子用來避免他們忠心動搖的最後一招嗎？還是他無法抑制內心的衝動？那天晚上，在場所有的人都感受到了皇帝的心臟的跳動。

他帶著達律還有科蘭古一起登上雪橇，先走一步。但是出於安全起見，他用了雷內瓦爾這個名字，這是他祕書的名字：。這是他第五個名字了，拿破崙是第四個。

他們疾行在波蘭的雪地上。忽然到了一個十字路口，他讓雪橇停了下來。瓦萊夫斯卡伯爵夫人的城堡一定離這裡不遠的地方，他想去那裡。現在的拿破崙正在逃離俄國的路上，震撼世界的計畫充滿了他的腦海，他離開軍隊單獨行動，是因為巴黎現在十分需要他，而現在他也十分需要巴黎 —— 而現在，一個詩意的念頭湧上了他的心頭，那是對與幸福生活擦肩而過的悔恨！但是他的同伴趕緊提醒他，他們現在只有兩隻雪橇，而且孤身在外，而周圍隨時有哥薩克人出沒，這才讓他作罷。於是，他重新躺了下來，用皮大衣裹住了身體，睡著了。

5 天後，他讓雪橇等候在華沙城外的橋邊。中午，他與科蘭古走著進了城：如果被人認了出來，他們只能矢口否認，說對方肯定是發瘋了，要不就是見鬼了。他派同伴去了法國大使館，而他為了隱藏身份，自己去了一家小旅館。巧的是，這個旅館偏偏名叫英倫旅館。白色的房間非常低矮，裡面溫度很低，取暖用的木頭都是剛剛砍伐下來的，女僕費了好大的力氣都點不著。拿破崙只能用皮衣、皮帽、皮靴將自己裹得嚴嚴實實的。兩位他請來的波蘭貴族走進來的時候，正看見他在房間裡來回踱步，還揮舞著胳膊以驅散寒氣。兩位貴族簡直無法相信自己的眼睛，

而這個鬼魂卻對他們露出了笑容：

「我何時到的華沙？一星期了？不，也就兩個小時。偉大和可笑的距離只有一步之遙。您好嗎，斯坦尼斯拉斯先生？……危險？一點兒都不危險！刺激緊張，可以使我活躍！我受的顛簸越多，我的感覺就會越好。那些傀儡皇帝們在宮殿裡尸位素餐，我卻騎著一匹老馬，在戰爭中發福……你們這邊非常擔心嗎？軍隊的情況非常好！我現在還有 12 萬士兵！俄國人望風披靡，一直沒有和我們交戰的勇氣。部隊將要在維爾納過冬。我還要回巴黎去集結 30 萬大軍。6 個月以後，我會再次回到涅曼河……

「我身經百戰！在馬倫哥的時候，在晚上 6 點之前，敵人一直壓著我們打，但是到了第二天，我就是全義大利的主人了。在埃斯林根，我一戰成為奧地利的主人，查理大公還以為能夠阻擋我前進的腳步。不過有一點是我沒有料到的，一夜之間，多瑙河暴漲了 16 英尺！如果沒有這個，哈布斯堡王朝早就完蛋了。但是上天注定，我要迎娶一位他們的公主為妻！……

「俄國的情況也是一樣。天寒地凍，我控制不了這個。每天早晨我都會聽到這樣的報告：昨天夜裡，一萬匹戰馬倒斃。我們的諾曼第馬在耐寒方面不如俄國馬，士兵也是一樣……也許有人會認為我在莫斯科待了太長的時間，但那個時候天氣非常好，而我是在等著和平的到來。這是一幕偉大的政治戲劇！不入虎穴，焉得虎子。偉大和可笑的距離只有一步之遙！……誰又能料到莫斯科會發生大火呢！……我的感覺從來沒有如此好過，而如果我的脖子被魔鬼掐住了，我的感覺可能就更好些！」

就這，拿破崙滔滔不絕地高談闊論了兩個小時，遭受了無法描述的巨大損失後，他想要表現出自己擁有瘋狂的勇氣。

拿破崙變成了一位冒險家。因為他的話會被波蘭人到處傳揚，因此

軍隊、嚴寒和戰鬥都被他虛構一番。事實上，軍隊早就沒了，而被嚴寒奪走的，只是那些殘兵敗將的性命，而戰鬥，壓根就沒有發生過。他為了進行比較，舉了世界歷史上的例子，剛剛結束的事情被他當成了很久以前的歷史。失敗被他歸因於天意，他還多達 4 次地提到了犬儒主義的那句偉大名言：偉大和可笑的距離只有一步之遙，好躲開種種批評的鋒芒。對於這位偉大的現實主義者，全世界，以及他在這個世界上的所作所為，都已經成了一齣戲劇。

這兩個波蘭人並沒有在這一切中發現什麼蛛絲馬跡：他們心裡想的只有國家的債務，想要從這位還那麼偉大的人物手裡要出錢來。一直到黃昏時分，拿破崙的懸河之談才告一段落，他下了一道命令給法國的國庫司庫，立刻支付 600 萬，好讓波蘭人對他產生一些好感。兩個波蘭人衝他鞠躬，祝他旅途愉快，看著這位微服而行的旅客上了雪橇，疾馳向了遠方，眼神裡略帶嘲諷。

日以繼夜，夜以繼日，他們急速向西前進，德國的境內現在也是白雪皚皚。

日以繼夜，夜以繼日，種種疑問、命令和構想在他的腦海裡縈繞 —— 英國真的是無法戰勝的嗎？現在，英國能夠在波羅的海上自由開展貿易，英國的商品貨物隨意進入加迪斯港還有義大利以東的那些地中海國家。征服印度的計畫他不得不放棄了，但是別的計畫他絕對不會有一點變化！萊茵聯盟還能和從前一樣，那麼的俯首貼耳嗎？兵敗俄國，該如何解釋呢？這次慘敗，是做不到長期掩飾的。回了法國，還能徵到一支 12 萬人的軍隊嗎？明年的適齡青年一定要提前徵召。必須趕緊和教皇媾和，還有西班牙人，再也不能後院起火了。一定要組建國民衛隊，大革命時期最成功的構想就是這個了，這樣以來，3 個月後，我就能夠擁有 100 萬全副武裝的公民了……

深夜。換馬。他將腦袋探了出去：「我們現在在什麼地方？」

「魏瑪。陛下。」

「魏瑪？公爵夫人還好嗎？還有歌德先生怎麼樣？」

八、正統主義的詛咒

40 個官員列隊鞠躬，歡迎打了敗仗的主人回家。一看到這些他從來都瞧不起的燕尾服們，他再一次確信，這些人不僅愚蠢還很軟弱，受人統治是他們唯一的願望。但是他的目光隨即碰到了這金籠子的牆壁，這位自由之子甘願將自己封閉在這裡。他不知道，巴黎人民已經產生了厭倦和反感的意識。現在的他已經和青年時代完全不同。那時的他能承認自己的錯誤，以圖改進，坦率程度十分驚人；現在的他，在那些低眉順眼的官員面前，他以凱撒自居，大肆抨擊著氣候之神的暴虐。而直到昨天，他還以歐洲的氣象之神自居。

從華沙到巴黎他走了 9 天，在這段時間裡，他那冒險家一樣忐忑不安的心緒，又一次變成了皇帝應該具有自高自大的心理。儘管俄羅斯這一年的冬天實際上來得很晚，他還是這樣對此次失利進行總結：「軍隊損失巨大，原因就是這個冬天來得太早了……那不勒斯國王指揮無能，我一走他就完全懵了……即便這樣，我還是擁有 300 個營的士兵，而且我並沒有從西班牙調回一兵一卒。」

怎麼能夠這樣？他對別人的輕視，竟然已是如此荒誕，面對這幾個月來完全了解內情的下屬，他居然還編造這樣的謊言。不過他的朝臣們也自覺有罪，10 月發生的政變，他們覺得自己都有責任：沒有能夠儘早地挫敗它。皇帝雖然良心上也受到了譴責，但是還是欣然願意扮演譴責者，緊急關頭，人們竟然將皇后和皇儲棄之不顧，這對他的心靈是一個深深的傷害。他回來後第一次在宮中接見群臣時，話語意味深長，試圖點醒他們：

「那些天賦人權的信徒們，他們應該為過去的所有負責。除了他們，再沒有人會這樣宣稱：造反也是一種權利。是誰給了民眾無從運用的權力，只是為了討好他們？是誰，一邊將人民對法律的尊重摧毀，一邊鼓吹國民大會至上？那種國民大會根本置遵循事物的本性於不顧，對於行政和法律，完全是一無所知！想要重建一個國家，就一定要依照與之相反的原則。歷史可以反映人心，我們一定要利用歷史，對立法的利與弊進行探討……當重建法蘭西的事業落在我的肩上時，我祈求上天給我充足的時間，因為破壞，一瞬間就夠用了；但是重建，卻需要很長的時間。國家要的是勇敢的官員。老王已死，新王萬歲：這是先輩們留給我們的格言，我們由此了解了君主制的優點。」

如果不是這段話中夾雜了一些和歷史和人心有關的妙語，人就會以為它來自奧地利的法蘭茲皇帝，而所有和老式君主政體有關的教科書，也一定會非常願意引用它，裝點自己的門面。人們為什麼還要為了這個不停地爭鬥呢？從革命之子宣稱自己皈依傳統的那天起，傳統與變革之間已經不再存在分歧，因為王朝的繼承人不管是姓波旁還是波拿巴，對照這兩個家族的祖先就會知道，他們其實是那樣的相似！與舊式君主的聯姻導致的厄運，讓問題變得複雜了，也因此影響了拿破崙的天才。

可能他自己對此也是半信半疑？出征前，他曾向梅特涅十分坦率地解釋自己的計畫：「立法機關聽我的，我要做的，無非就是把立法人廳的鑰匙裝進口袋裡。和許多其他的國家相比，民主並不適合法蘭西……等我這次回來的，我要把參議院變成上議院，參政院變成下議院，我要親自任命大部分的議員。這樣才是一個真正的人民代表機構，裡面全是經驗豐富的專業人士，而不會是空頭理論家。這樣法蘭西即使碰上一個昏庸的君主──這樣的人是總會有的──也可以治理得很好，而對君主來說，接受普通的王儲教育就行了。」

這些帶著凱撒色彩的思想，顯示拿破崙同時是一個君主主義者和懷

疑主義者。當他當著自己兒子的畫像，和別人誇耀這樣：他是地球上最漂亮的孩子，雖然這位父親立刻為眾人所恭維，不過他心裡也非常明白，王朝能夠延綿長久，但是天才卻是轉瞬即逝的。拿破崙研究過每一個國家王室如何走向衰亡的歷史，因此他也料到了，自己的血脈終有墮落的那一天，因此他才想要將動搖分子清除，目的就是鞏固繼承人的地位。他正是因為意識到了君主制的矛盾，才要建立新的、屬於他自己的君主制度。

重新用武力來穩定他的王朝，這是第一個要做的。他的那些形勢計畫現在在哪裡？為了將這些計畫實現，他曾經率領幾十萬人橫掃整個歐洲大陸！那些漂亮的羊皮公事包在哪裡？內藏的部隊花名冊裡，無數青年的死刑判決被記載在了那些整整齊齊的數字排列，儘管他們中的極少數傑出者，將元帥的權杖握在了手上！老近衛軍中突破敵人防線回到了哥尼斯堡的，只有4百人，近衛軍騎兵隊中這個數字則只有8百人，還有幾千的散兵游勇分散各地：不算外籍軍團組成的側翼部隊的話，皇帝那支無比龐大的軍隊，現在就剩下這些兵力了。內伊元帥逃出俄國，彷彿古希臘悲劇中的英雄。當來到普魯士的他找到第一處法軍辦事機構時，認識他的人都懷疑地看著他，都在猜測他的身份，而他精彩地回答：「我為大軍殿後。」

必須組建新軍，而且一定要在幾星期內組建完畢：1813年的適齡入伍人員只有14萬，剩下的那些到什麼地方去徵集呢？皇帝有根神奇的魔杖，如果需要兵源，就能夠找到他們。他需要做的就是通過一項新的、組織國民自衛隊的法律，然後先在法國的屬地徵8萬士兵；再額外徵召10萬士兵，最高服役年限的；與此同時，再招募明年的適齡青年——提前一年：這樣，他的手裡就再一次有了50萬人的武裝。「法國人民，」他和普魯士使節這樣說道，「唯我是從，而且到了必要時刻，婦女我也會武裝起來！」

　　就這樣，他憑藉不屈不撓的意志，又生產了無數個機構，沒有這些機構，他就不能將戰爭進行下去。但是，這些非常的措施，該怎麼去和民眾解釋呢？敵人現在還遠在國境之外呢！

　　好運氣來了！在這一年的年底，自作主張的普魯士將軍約克和鄰國俄羅斯締結條約，宣布恪守中立，他的部隊退出戰爭。德意志民族期盼已久的軍事轉變之門由此打開。皇帝正好也需要這個，他能夠利用這一事件，去將法國民眾的情緒煽動起來。

　　盟國的背叛不過是讓他少了 2 萬的援助兵力，不過他卻借此在巴黎發表宣言，又寫信給萊茵聯盟的諸侯們恫嚇他們：如果不是約克背棄盟約，讓他的軍隊不得不撤退，他根本用不著他們幫助。

　　果然：他的徵召獲得了法蘭西回應了，包括哈布斯堡王朝在內的德意志的君主們又開始為他招兵籌款，其中一位的態度十分的奴顏婢膝，「可以為皇帝提供獲得新的榮耀的機會，非常的幸福。」普魯士國王將約克將軍撤了職，又和皇帝下了保證，一定會忠於聯盟，暗地裡卻在向沙皇暗送秋波，還親自去了一趟波蘭的布雷斯勞。就在普魯士國王搖擺於法俄兩位皇帝之間的時候，民族熱情持續激昂高漲，衝出了普魯士的邊界，讓青年、政治家和詩人們心靈激蕩，他們威脅著，要把這位軟弱的國王推翻。在波蘭，身為沙皇的代表和自己的祖國談判的，正是施泰因男爵，他負責全權處理的哥尼斯堡一切事務。

　　皇帝對這一切保持著密切的關注。他在一封通告中對那些德意志諸侯提出了警告，要小心某些人的陰謀，「那些人企圖利用革命與顛覆來改變德意志的形象。一旦這些人將自己的思想成功地滲透進萊茵聯盟，這些國家將會蒙受無法估量的痛苦。」

　　皇帝發現了一種精神，一種陌生的精神。似乎直到這時候，皇帝才發現德意志人也和西班牙人一樣，是擁有民族感的。就在遠征俄國前不久，對他來說，這個民族似乎都不值得提高防備：「德意志既沒有海洋，

也沒有美洲那樣廣闊的殖民地，還沒有大量的要塞，還不像西班牙那樣，有很多英國人駐紮在那裡，所以真的不值得擔心。雖然德意志人和西班牙人差不多，都挺懶散、怠惰、迷信，僧侶隨處看見，但是這些都不足為慮。這個民族順從、理智、冷靜，又有耐心，任何不法活動，他們都是敬而遠之的態度。戰爭期間，我們的軍人在德意志境內遭到謀殺的數量是零，這樣一個民族，還有什麼可怕的呢！」

拿破崙對德意志人的判斷，出奇得準確，不過有一點他也算錯了，那就是德意志人的浪漫。誰明白這一點，誰就能懂得並鼓動起來這個民族。當然，這個充滿了熱情洋溢的想像力的義大利人，是沒有辦法掌握那種安靜的、沒什麼激情的幻想的。拿破崙知道的只是在感情上，德意志人都是君主主義者，因此他斷定，控制德意志君主和控制德意志人民可以劃上等號。

但是，德意志可以算得上一個民族嗎？10 年前神聖羅馬帝國最後一個皇帝不得不退位以後，這個形式上的帝國的歷史已經宣告結束。除了作為「形而上的觀念」存在以外，它什麼意義都沒有了。不久之後，德意志人會暫時地統一起來，不過只有兩年的時間，為時很短；然後，當法國人拿破崙打了敗仗，它們再一次恢復了四分五裂。一直到 50 年之後，當另一個拿破崙威脅到了他們時，他們才最終形成了一個國家，不過得到統一的，還是只是一部分而已[1]。拿破崙自己是嫉妒缺乏民族精神的意識，以至於德意志諸侯們之間的爭吵與相互嫉妒讓他得出了這樣一個結論，德意志民族會永遠地分裂下去。關鍵的一點他卻沒意識到，這些家族勢力間的相互猜忌，才是造成這些兄弟部族無法統一的唯一阻礙。

但是歷史決定了時代的走向，天才的意志有時也會被違背，儘管有了天才，歷史才變得生機勃勃，光彩更足。在這些年的時間裡，迂迴曲

1　1870 年的普法戰爭使德意志最終統一，但是同為日爾曼民族的奧地利卻被排除在外。

折的時代精神繞了幾個大彎，終於又回到了它的源頭。當年，拿破崙打著自由的旗號打擊君主王公，並將民眾喚醒；現在，各國民眾卻打著自由的旗號，奮起反抗他這位法國皇帝。正統主義的力量正在集結當中，它們的目標卻是在 20 年後，將反叛的精神最終消滅。和這樣唯一一位靠著自己的力量登上皇位的君主相比，反法同盟那些老邁的君主們腐敗、軟弱、不團結，而且沒有一個擁有偉大的靈魂。

　　但是，西班牙和德意志的民眾卻逼著他們的君主奮起反抗，這裡面的正義性讓這個篡位者悲劇式的結局獲得了平衡。這可能就是後世人看到眾多獵人亂箭齊發、射殺雄獅時，為什麼還能忍受吧。

九、家庭

　　萊蒂齊亞滿臉愁雲地看著自己的兒子。他緊鎖的眉頭傳遞給她的消息是他現在心事重重。她又能幫他什麼忙呢？為他找到靠譜的人。她看得十分清楚，各個方面的人都在背叛他，他需要他的兄弟，需要獲得忠誠心靈的支援，即使對他來說，他們的才智稍顯不足。於是，她開始遊說她另外的幾個兒子，他們現在都在遠方，在倫敦和格拉茨，她在為他們的和解打通道路。就這樣，兄弟鬧翻的 10 年後的一天，野心勃勃的呂西安寫了信來，表示自己隨時聽候拿破崙的差遣。

　　然而皇帝卻不想承認，自己貴為法國皇帝，竟然還要別人來幫助他。即使他認為在他愛的兄弟中，呂西安是最有能力的那個，但是他想給予呂西安的，也只是形式上的安置。他端起了帝王的架勢，透過母親給了答覆：「請您用我的名義給他寫一封回信，他的信激起了我心中的共鳴。我想讓他當托斯卡納國王，他應該去當佛羅倫斯的統治者，並讓那裡重現米第奇時代的榮光，因為他無比地熱愛藝術。」這是徹底的、高高在上的姿態。路易表示願意為國盡力，只要他的尊嚴能夠得到保證。

他還將最近的詩作隨信寄了過來，但是這位前荷蘭國王接到的回信卻更加傲慢：「你對我處境的設想錯得極其荒謬。我現在還有 100 多萬的武裝部隊，我的軍費還有 2 億法郎。荷蘭現在還是法國的……但是，我還願意以撫養你長大的父親的心情，對你表示接納。」

皇帝親自念了這封回信給母親聽，她馬上寫了一封長長的附函，想要緩和一下皇帝信中的僵硬態度。她和路易說他的孩子們都特別可愛，要他不管怎樣都要回巴黎來。「皇帝忘了給我看你的詩。我會和他要的，讀後感等下一封信裡再和你說吧。」

第二天，老夫人在政府機關報上讀到一篇文章，措辭十分嚴厲，說那不勒斯國王應當將他駐維也納的使臣召回。她問親信這是什麼意思，親信吞吞吐吐地解釋，繆拉受了妻子的蠱惑，暗中勾結維也納，現在這對夫妻都成了兩面派。萊蒂齊亞非常嚴厲地警告了女兒。她隨後又透過長媳去勸解約瑟夫，因為約瑟夫認為在西班牙戰爭中，自己沒有獲得足夠的支持。接著她還要去安慰傑羅姆，他被皇帝怒遣回了家。最後，她又去奧坦絲那裡做工作，因為她不想讓她的丈夫路易回巴黎。

於是，這位已經 65 歲的老夫人，為了兒子、女兒、兒媳、女婿之間的調停用盡了全力。這個家族的顯赫富貴雖然為世人所豔羨，但是在她眼中，其實帶給他們自己的，卻只是不和、放逐、嫉妒、傲慢還有背叛。她不由得想起了家鄉，在科西嘉島那裡，她的宗族從來都是團結對外，抵禦別的家族。雖然她年事已高，但是目光如炬，這個家族的氣數將盡，她看得十分清楚。

處在現在形勢下的皇帝，考慮這些事情，根本不會從感情角度考慮，而只是從政治的立場。他很可能這樣和自己說，繆拉和卡洛麗娜都是叛徒；但與此同時他也在想，該如何才能讓繆拉的軍隊支持、效忠自己呢？所以，他擺出和解的姿態，寫信給妹妹讓她告訴丈夫，就要打仗了，要調用他們的軍隊。繆拉最終同意出兵，因為他們夫婦都覺得，皇

帝可能會再贏一次，但是如果現在不妥協，那就可能會被立即廢黜。但是無論怎樣，他們想的都是左右逢源，所以又同時和英國還有被他們驅逐的西西里國王簽訂了祕密協定，只要他們跳到對面的陣營裡，就能獲得相應的支持。

皇帝甚至願意放下身段，去拉攏貝爾納多持，儘管在他眼裡這人和繆拉一樣，身兼親戚和叛徒的身份。不過他拿出的結盟和勝利的獎賞，卻只有波莫瑞。因此貝爾納多特選擇了反法同盟。因為他的目標是法國國王，而法國當然比波莫瑞價值大多了。在柏林斯塔爾夫人的舞會上，他和普魯士結成了同盟。對皇帝的同仇敵愾，讓他的這些法國同胞和被他壓迫的普魯士人坐到了一起。

這幾個星期裡形勢十分緊張，那個囚禁中的教皇，就是皇帝想要拉攏的第三個敵人。他請教皇來到了楓丹白露，讓支持自己的主教們去遊說他，然後自己再去爭取，直到年邁的教皇做出了讓步。皇帝情緒高昂地向教皇描述著，一旦他讓全部的德意志重新天主教化，可以想像一下，教會會有多麼龐大的勢力！透過狡獪的手法，以及在形式問題上做出的一些小讓步，他最終和教皇締結了一項新的政教協定。主要問題上他都是勝利的。他隨即在所有屬地內，利用所有的大型宗教慶典徵召天主教士兵。簽字後一週，教皇又想反悔，皇帝笑了：「教皇陛下永遠都是對的，絕對不會出現錯誤的。」

和平的呼聲在這幾週裡一下傳遍了全歐洲。教皇希望波蘭的維斯杜拉河畔能作為簽訂和平協議的地點，而梅特涅則認為應該在倫敦締結和約。布伯納伯爵 —— 他曾在維也納美泉宮和拿破崙談判 —— 來到了巴黎，建議和平，因為維也納現在沒有一兵一卒可派，但是又無法拒絕皇帝的要求。在這一年的 2 月份，和平是完全可以實現的，只要法國要求和平。為什麼最需要和平的人卻提出了那些根本不現實的條件呢？

最近的 10 年當中，因為他最初的勝利，接二連三的戰爭基本上是強

加在他頭上的。現在，處境危急、日益孤立的他，心裡再次升騰起了早年才有的那種對戰爭的渴望。戰無不勝的時候，他從來都不主動追求戰爭；而現在遭遇挫敗的他，卻渴望新的軍事勝利。無論這位統帥怎樣渴望修復自己那因遠征俄國而受損的榮譽，無論他怎樣渴望目睹法國和他本人的聲望再一次熠熠生輝，這一切都無非是他個人宿命的藉口而已。實際上，他對和平是拒絕的態度。在1813年的3次會議上，他多次重複這個舉動，因為他本性中的一切因素都已經恢復了活躍，「照事物的天性去做」，他已被放在最後一條通往覆滅的路上了，誰也無法阻止他。

前進！既然戰爭無法避免，同盟國就四處擴軍備戰。英國和瑞典、普魯士結成同盟，為了拉攏普魯士，沙皇不再對東普魯士有要求。普魯士向所有的德意志人發出號召，奮起反抗，奧地利和俄國人不再打仗，尋求和巴伐利亞、薩克森甚至和傑羅姆締結協議。法蘭茲將軍隊撤回了克拉科夫，找的藉口是為皇帝的下一次遠征儲備力量。

「這是撕毀盟約的第一個步驟！」知道這件事後，皇帝忍不住大嚷。現在，他不得不將把剩下的部隊從維斯杜拉河回撤到奧得河了。他在維也納又重提舊事，要把西里西亞交給奧地利，維也納對此的態度是婉言謝絕。在這個過渡時期，奧地利扮演的角色是武裝調解人。3月中旬，每個國家都準備就緒，普魯士對法宣戰。戰爭的第一個信號傳到巴黎的時候，塔列朗笑著說：「時機來了，拿破崙皇帝即將變成法蘭西國王。」

真是一句見地極深的妙語，說這話的人卻根本不希望這麼理性的局面出現 —— 說到底，現在還有人希望行動保持理智呢！人心的準備和部隊的軍備都已經走得太遠，任何人都非常清楚，終極的決戰已經是箭在弦上，已經無法挽回了。唯一能阻止它的人，卻又沒有去阻止的意願。他自己也是在被推著走，身不由己，而他早已是身心俱疲。種種新的跡象都可以證明這一點。

首先，他要求一切從簡：「以後我出行，要和以前完全不一樣。隨

行人員的數量要盡量少，少帶廚師和餐具，每餐 3 道菜就可以⋯⋯一個
僕人我也不想帶了，他們對我什麼用處都沒有。只要 2 副床具，用不著
4 副，只要 2 個帳篷，不用 4 個等等。」同時，他命人製作一些小宮殿的
建築草圖，「宮殿的舒適與華麗二者不可兼得，我更喜歡一座舒適的宮
殿，周圍是花園和庭院。我的房間必須通向花園⋯⋯房間要一間朝南，
一間朝北，以便交替使用。一切布置要像個富有的紳士⋯⋯它應該是休
息度假的行宮，或者是年老退休的居所。」

　　「人適合打仗的時間沒有多久，」1805 年，還在事業巔峰的拿破崙
曾如此說道，「我還能打 6 年的仗，然後我就退役。」現在，遠征俄國後
才 4 個月，他就又上了戰場。在聖克盧宮院內，當他登上馬車啟程時，
人們看見的是一個默默無語、思慮重重的拿破崙。在馬車裡，他靠著椅
墊，手放在前額上。突然，他向一旁陪侍的科蘭古傾訴：「又得從我親
愛的路易絲和可愛的孩子身邊離開了。在我的帝國裡，即使是最貧窮的
農夫，我也羨慕。在我這個歲數，他早已將兵役服完，可以待在家裡，
幸福地守著妻兒。只有我，卻被這神祕的命運推著，上了戰場。」

　　再也用不著僕從，已經日漸衰老的他現在想的只有在家和妻兒共享
天倫之樂，距離他 1805 年確立的退役計畫，現在已經過去 7 年了：人
生之劇已是第四幕的種種無奈充滿了他的內心，重重陰影籠罩著他的靈
魂，難道這些都只是遠征俄國失敗帶來的嗎？這是一個早衰的人的心
態。他疾病纏身，已經總會影響他的工作。他年過四旬，心中日益升起
對凡俗生活的渴望，希望儘早和家人一起安度人生的黃昏，而他卻又不
能像母親和兄弟那樣高壽，能夠活到七八十歲。進攻俄羅斯時，在但澤
的餐會上，他曾經對將領們的貪圖享樂大肆斥責，說他們眼睛裡只有田
園、狩獵和宮殿；現在，這些也都成為他的心願。他已經將 20 年的光陰
傾注在了工作上，對於一個家族紋章標示是勤勤懇懇的蜜蜂的人來說，
這些都是他經過深思熟慮的願望。

但是，命運女神垂青某人，並不是無緣無故的，讓一個人春風得意、少年得志，也受到終究會讓他在老年為此付出代價。這個男人既然成就已是如此輝煌，就沒辦法再指望現在可以安享成果了。他曾挑戰諸神；現在，他們真的來了。

十、「我的棋局亂了」

在美茵茲第一次閱兵時，拿破崙發現集結的軍隊只有 18 萬人，而不是他的目標 30 萬人。嚴重缺乏騎兵，因為時間倉促，裝備也不怎麼夠，大炮裡那些最優良的，不是正在西班牙服役，就是之前被丟在了俄羅斯。參謀部大大減員，救護和管理系統錯誤層出不窮。這些缺陷皇帝也看到了，但是他卻因為這支殘缺的軍隊，而回憶起了過去的幸運和輝煌。他追憶著當年在坎城和尼斯的日子，那時候是 4 月份，他接過了一支食不果腹、衣不蔽體的軍隊的指揮權，帶著他們翻越高山，拿到了勝利。現在，已經是 17 年以後了。往事翻滾在他的心頭，他鼓舞精神，說出了那句豪邁但有些不祥的話：「我將以波拿巴將軍的身份指揮這場戰爭。」

這是一個信號，這個信號既表示奮進，同時也代表了放棄。帶著這樣的信號，他開始了第一場戰鬥。在盧岑，他比從前更加地奮不顧身，開始戰鬥的第一天，他一分鐘都沒有睡。第二天，當戰事順利進展時，他命人在瑪律蒙軍中將熊皮毯鋪好，倒頭睡下。一小時後，人們喚醒了他，向他報捷，他翻身躍起，語帶嘲諷地說：「看啊，總在睡覺時有好事！」

將軍身份的波拿巴的勝利還沒有完全到手，政治家身份的皇帝已經跳出來，開始大肆利用這次戰果：他寫信給各方面宣揚這個消息，鼓動搖擺不定的薩克森國王和他一起行動，對萊茵聯盟的君主們說起了天意

和武運，好讓他們的信心堅定。他派出的大臣去了俄軍前哨，十分唐突而又非正式地建議沙皇用波蘭來和普魯士交換，以及其他領土分割安排，以軟化沙皇。他寫信給法蘭茲皇帝，口吻中帶著異乎尋常的自誇意味：「儘管軍隊的所有行動都是由我親自指揮的，我有時還進到榴霰彈的射程範圍裡，卻什麼意外都沒有出現。」這麼做這麼說的人，肯定是一個色厲內荏的人。從這以後，命運的警示越來越強烈。

雖然他不久後在鮑岑再次打了勝仗，但是卻一個俘虜都沒有。戰鬥打響的第二天，他又騎馬去了火線，陪同他的還是科蘭古和好友迪羅克，10年來，後者一直在戰場上形影不離地陪著他。不斷有人在他的身旁倒下，但是他還是縱馬上了一個小丘，他的副官緊緊地跟在後面，煙塵飛揚中，他身邊一棵樹被炮彈擊斷了。他急馳而過。一位年輕軍官追了上來，結結巴巴地向他報告：「迪羅克大人陣亡了。」

「不可能！剛才他還在我的旁邊！」

「擊斷樹的那顆炮彈擊中了大人。」——皇帝異常緩慢地策馬回了營。他說：

「命運什麼時候才會長眼睛？這一切什麼時候才能了結？科蘭古，我的雄鷹們又取勝了，然而我的命星卻越來越暗淡。」

迪羅克並未當場斃命。拿破崙看著他垂死的同伴，這景象真的太可怕了。祝福，告別，兩人都是一樣的淚流滿面。垂危的人不住地呻吟：「我在德勒斯登就和你說過會發生什麼；這內心的呼聲……把鴉片給我……」

聽著這個有點突然的稱呼——「你」，聽著好友的語調，聽著一個對死亡蔑視的人最後請求——一皇帝再也無法控制自己，跟跟蹌蹌地走到了外邊。

他在穀堆後的農夫小院旁站住了腳步，又在好友倒下的地方停留了一會，然後繞小路走上了一個駐紮著近衛軍的土坡，他們排成四方陣

形，將皇帝的營帳圍在中央。當晚，他披著灰色大氅，坐在那裡，悶悶不樂，他諦聽著軍營裡的聲音，那邊傳來衛兵們的喧鬧聲，他們在做晚飯，狙擊兵團的士兵在唱歌。5月的晚上並不幽暗，燃燒的篝火躍動在空氣中，烈焰在兩個被焚的村莊升騰，好像兩支碩大無比的火炬。一個軍官走了過來，欲言又止的樣子，皇帝看著他的神情明白了，迪羅克死了。

第二天，他命人一塊土地買了下來，要立一個紀念碑，他寫好了碑文：「迪羅克將軍，拿破崙皇帝的內廷大臣，不幸身中炮彈，光榮戰死。在他的朋友拿破崙的臂彎中，他與世長辭。」

身為波拿巴將軍，以前的他是沒有時間顧及這些情感的。儘管他的內心隱隱作痛，但是他還是在勇往直前，失去了妻子的愛情時的他也是一樣。現在他應該執行這樣的任務，長驅直入西里西亞，對俄軍展開乘勝追擊並進入波蘭，利用同盟國的疑慮，用快速有效的攻擊，逼著動搖的奧地利和自己聯手。他後來也承認，沒有執行這個計畫是他一生中犯下最大的錯誤。將軍的進取再一次被皇帝的顧慮所牽制：他從親信從巴黎寫來的信裡讀到的都是和平的呼聲。而有一點更為重要，「奧地利的戰備和爭取時間的願望是決定我行動的關鍵因素，它們打斷了我勝利的進程。」六月初在西里西亞，他同意停戰 6 個禮拜，敵人因此獲得了充分的時間，得以透過在賴興巴赫和布拉格的兩次會議完全達成了共識。

德意志那些諸侯們內心的動搖，難道拿破崙就真的不知道嗎？他對他們每一個人都瞭若指掌。「和其他德意志人一樣，薩克森人也願意效仿普魯士人。國王對我忠心，但他的軍隊我並不信任。奧地利簡直是最無恥的那個。他們妄圖用甜言蜜語，從我這裡把達爾馬蒂亞和伊斯蒂利亞……天底下就數維也納宮廷最虛偽了！如果今天奧地利的要求我都滿足了，那麼他明天一定會得寸進尺地跟我要義大利和德意志。」現在的拿破崙意識到哈布斯堡的統治者會加入敵人的陣營，他這時才明白，在

婚姻的問題上，他犯的錯誤有多麼嚴重。這門親事什麼好處都沒有，卻讓他失去了不少的東西。他考慮問題是站在自己富裕市民式的家庭觀念上，還以為奧地利皇室也會和他一樣，念及骨肉情分。於是，我們再次在他自由而又寬廣的心靈裡，聽到了舊日那種蔑視世襲君主的聲音。他對世襲君主們是怎樣的看法，曾多次和親信們說過：

「那些世襲君王一點骨肉之情都沒有。法蘭茲皇帝只會對內閣的決議唯命是從，絲毫不會為他女兒和外孫的利益而出現動搖。他們的血管裡流的不是血，而是政治，十分的冰冷！這些奉天承運且承我恩惠的君主啊，他們難道不是徹頭徹尾的小人嗎？寬大，就是我最大的錯誤！我完全可以在提爾西特就把他們打得粉碎……但是當時的我過於寬宏大度了。我本來應該從歷史中吸取教訓，這些王朝如此腐敗墮落，根本配不上人們的效忠和信賴！現在英國在拿金錢收買他們……然而，身為政治家，我將證明，和那些從來沒有從金絲籠裡出來的世襲國王相比，我是更偉大的。」

他的周圍都是那些既不想順從他、又沒有膽量反抗的君主，空氣中到處都是陰謀的味道，在這樣的形勢下，叛徒就是他最好的心腹。

於是，他把富歇召了進來和他說：「您的朋友貝爾納多特和梅特涅是我最危險的兩個敵人。您的貝爾納多特會給我們帶來無法估量的損失，因為他會將我們的戰略關鍵和我們的敵人和盤托出，還會將我們部隊的戰術講解給給他們聽……他們被正統君主們的奉承沖昏了頭腦。」在這裡，「正統」這個不起眼的小詞再一次鑽進了我們的耳朵，拿破崙身上一半的動力和不安，都可以說是來自於它所蘊含的神祕的力量。一提到正統君主，他就會不由自主地戰慄。事實上對正統君主，拿破崙的態度是既蔑視又妒忌。不管他是在模仿還是羞辱他們，出身和門第的問題一直困擾著這個暴發戶的內心。

歐洲各國民間的呼聲一浪比一浪高，沒多久就將君主們的空談和拿

破崙的對此不屑一顧壓了下去，皇帝注視著各國內閣的頻繁活動，心裡在幸災樂禍：在援助普魯士的問題上，英國是多麼的吝嗇；沙皇亞歷山大和法蘭茲皇帝怎麼議論他們的盟友普魯士國王的懦弱；這位普魯士國王對革命十分害怕，把熱情愛國的國民軍都解散了，臣屬中最勇敢的沙恩霍斯特和最能幹的施泰因也得不到重用，施賴爾馬赫就因為在一次講話中勇敢地將人民的心聲說了出來，就遭到了解職放逐。皇帝讓富歇去參加布拉格會議，又交給他一項祕密使命，準確地說，這個任務就是去當間諜。

在這段時間裡，儘管他用兩場勝利穩定了自己的陣腳地位，但是在西班牙的維多利亞一役，英國的威靈頓把約瑟夫的軍隊打得落花流水，這位西班牙國王也只能倉皇逃命。在參加布拉格會議的君主們獲悉英國可以直接對法國南部發起進攻時，除了幸災樂禍，他們的立場也更堅定了。最好的將領被皇帝留給了約瑟夫，但是現在傳來的卻是慘敗的消息，這讓皇帝怒不可遏：「他要負所有的責任！」在寫給巴黎的信中他這樣說道，「從英國的報導裡我們知道了，約瑟夫的指揮是非常的愚蠢、非常的幼稚！根本是聞所未聞！當然，他不是軍人，但是依然要負這個責任。自己不了解的事物卻要插手，這就是最大的錯誤……和國王說，在我回國前，他誰都不許見……否則他在巴黎的住的地方就會將成為陰謀的中心，那樣我一定會逮捕他，因為我已經忍無可忍了。那些既不是軍人、也不是政治家的蠢貨，我再也不會為了遷就他們，而影響我的事業了！」

他的哥哥也是他最親近的人之一 —— 而現在，皇帝卻認為在馬德里當國王的約瑟夫，不如待在巴黎的宮殿裡的可怕！拿破崙真的會吸取教訓，從現在開始就讓約瑟夫賦閒在家了嗎？絕對不會！因為就連最小的那個傑羅姆都重掌軍權了，當然他也再一次把事情搞砸了：他下達進軍的命令給某位將軍時聲稱這是按照皇帝陛下的指示。後來拿破崙知道

這件事時已經晚了：「我不想再仔細描述你的行為了，同時我也不能再容忍下去了！你要是再假傳諭旨，我就會曉諭全軍，讓你的命令完全失效……你的這種行徑會影響整個大軍的前進。這是徹頭徹尾的欺騙！」

後來不久，跟隨他時間最長的戰友朱諾瘋了，在伊利裡亞戰敗的他，在狂亂中從窗戶跳了出去。因為侵吞公款而被解職的布里昂，又去當了漢堡代辦，再次被免職，因為貪汙，「如果他再敢插手政務，我就下令把他逮捕，再讓他吐出在漢堡貪汙的所有贓款！」至於貝爾納多特這個最沒有信義的人，已經率領瑞典軍隊登陸波莫瑞，調唆盟友背叛皇帝，實際上他對他們只是利用。莫羅將軍，這位皇帝舊日的死敵，也加到了敵對陣營之中。他當年因為謀反而被放逐美洲，眼下已經起程，加入法國敵人的陣營，背叛祖國的聲譽將由他與貝爾納多特一起分享。

皇帝在這種情況下，似乎已是進退維谷。他太審慎了，以至既有的勝利無法獲得充分的利用；又太倔強，並不甘心接受媾和的所有條件。於是，他又拿出了他的老一套方略，邀請梅特涅到德勒斯登這裡，想用啟發暗示的手法爭取他。這是一次典型的拿破崙方式的會見，持續地進行了 9 個小時。雖然皇帝一無所獲，但是後世卻從中獲益頗豐。

皇帝腋夾帽子，腰懸佩劍，站在屋子的中間，等著這位大臣的到來。見面後，他先是出於禮貌，問候了自己的岳父，然後就發動了進攻：

「你們想要打仗，是不是？好，你們會如願的。在盧岑我將普魯士人消滅，在鮑岑我將俄國人打跑。你們是不是也想加入進來？很好。我們會再次在維也納見面。有的人真的是不可救藥。我 3 次讓法蘭茲皇帝重回寶座，答應和他一世修好，娶了他的女兒。那時我就告訴自己，你做的是一件蠢事，但是我並沒有停止，現在我非常後悔。」

看得出來，他天性直率，不懂得什麼叫做委婉。本來梅特涅是他應該極力爭取的人，結果他對待這位岳父的使節如此直接粗魯，那程度竟然超過在奧斯特里茨勝利的第二天對待法蘭茲皇帝的那樣。梅特涅認

為，只有皇帝答應合理地縮小自己的權力範圍，世界和平才有可能實現：把伊利裡亞還給奧地利，華沙還給沙皇，漢薩同盟城市獲得自治，普魯士的領土得到擴大。

「你們竟然盼著我自取其辱！我寧願死，也不會放棄一寸土地！你們這些世襲的君王，就算失敗 20 次，還能安安穩穩地過日子。我這個幸運之子，卻做不到這一點！一旦我不再強大，不再被人害怕，我的權力就會隨之消失……我雖然在俄羅斯的嚴寒中失去了所有，但是並不包括我的榮譽……我現在又有了一支軍隊，您不妨看一下，我可以為您舉行一場閱兵儀式！」我們在這裡再次看到，拿破崙面對世襲君王時會表現出來那種天才軍人的驕傲，這就是波拿巴將軍。而當梅特涅冒昧地說，想要和平的恰恰是法國的軍隊時，皇帝將他的話打斷，態度是那種驚人的坦率：

「想要和平的不是軍隊，而是我的將領們！其實，我現在已經沒有將領了，他們全都在莫斯科的嚴寒中失魂落魄，在那裡，每個人都像孩子一樣哭號，即使是最勇敢的人。兩週之前，我還能夠實現和平；而現在，兩戰皆勝後，我就不能再提議和的事了。」

「陛下，全歐洲和您，」梅特涅準備和拿破崙攤牌，「永遠都不可能達成一致。您的和約從來都不過是停火協定，不管是勝還是敗，都只能敦促您繼續打下去。這一次，和您為敵的將是整個歐洲。」

皇帝放聲大笑：

「你們想結成同盟來將我毀滅？同盟國先生們，你們究竟有多少國家呢？4 個、5 個、6 個還是 20 個？越多越好！」接著他提醒梅特涅，不要算德國，那裡的民眾已經被他的法國駐軍約束了起來，而那裡的諸侯們則會親法，因為他們都害怕奧地利。拿破崙建議奧地利在布拉格會談的時間裡，應該嚴守武裝中立，而梅特涅則堅持自己的立場：奧地利要武裝調解。這些老式的外交手腕和辭令，不過是為了掩飾兩國間的裂

痕罷了。然後，他們又爭論了一個小時的雙方軍隊的規模，雙方都宣稱，對方兵力的準確情報自己已經完全掌握。

「我有貴軍的詳細名單，」皇帝說，「我派出了大批的諜報人員去前線，你們軍隊裡有多少名鼓手他們都向我報告了……不過這些情報有什麼樣的價值，我比誰都清楚。我的推斷有著更精確的基礎，我要進行精確的數學演算。最後，人們所擁有的，不會比他所能擁有的多。」皇帝拿出了奧地利部隊的花名冊給這位奧地利大臣看，昨天這些部隊還是他的盟軍。他讓梅特涅看一下這些數字是否準確。然後，他不厭其煩地講起了征俄戰爭，花了好幾個小時。梅特涅說皇帝的士兵太年輕了。當他問拿破崙如果連這些孩子也都死在了戰場，他要怎麼辦時，皇帝突然變得怒不可遏，他臉色蒼白，表情都扭曲了，他向梅特涅大聲咆哮著：

「你又不是士兵！一名士兵心裡在想什麼，你根本就不知道！我可是在戰場上長大的。對於我而言，100 萬人的生命根本算不了什麼！」他把帽子扔進了角落裡，現在他是真的發怒了：他被這番話擊中了要害，這是他靈魂深處沒有辦法回避的真實。拿破崙這個人，看到要死的馬匹都會變得臉色蒼白，他不忍去看任何一個人的死亡。在看部隊的花名冊時，他卻要把數以萬計的人名從一欄移到另一欄，勾掉陣亡者的名字，再加上新兵的名字。此刻的他對於這些都無動於衷，也必須得無動於衷。戰爭不就是在拚人命嗎？累累白骨不就是戰爭的結局嗎？這番話深深地刺痛了拿破崙的內心，他只是一個要用工具進行創作的工藝大師，不應該責備他。不過現在，梅特涅輕而易舉地就獲得了道義上的勝利，他真的希望，剛才皇帝說的話讓整個法國都聽到。

「法國人沒有什麼抱怨的理由，」皇帝平靜了下來，「我犧牲了德國人和波蘭人，都是為了照顧他們法國人。我在俄羅斯損失了 30 萬人，但是法國人只占十分之一！」說話間，他親自把自己的帽子撿了起來，他肯定已經有 10 年沒有做過這樣的事了。他現在的行為十分理智，像一個

將軍。但是突然,他又走到奧地利人面前,態度十分傲慢:

「我竟然娶了奧地利的公主,真的是做了一件蠢事,……我本想融合新與舊,讓舊有的偏見去適應這個全新的時代:直到現在,我才明白到自己犯下的錯誤有多大!代價就是我的寶座,這很有可能 —— 但是,我會在它的廢墟之下,將全世界埋葬!」

會談在這個飽含悲劇意味的自述中達到了高潮,同時,戰爭與和平問題的轉捩點也在這一刻來臨。他正是無比悔恨自己曾犯下的錯誤,所以拋掉所有的理智,不顧後果,下定決心,和力量是自己3倍的同盟國交戰。他就像一個偉大的賭徒,自知犯的錯誤已經無可挽回,卻還是以魔鬼一樣的固執,無比決絕地孤注一擲:他要向自己證明,即使先犯了錯,他還是能夠取勝。

將梅特涅送出門時,拿破崙已經徹底恢復了平靜。他說到,同時手扶著門把手:「在你回國前,我們是否還能再見一面?」

「悉聽您的吩咐,陛下。不過,對完成我的使命,我已經不抱什麼希望了。」皇帝看著他,拍了一下他的肩膀:

「將會發生什麼,你知道嗎?你們不可能向我宣戰!」

梅特涅將在3天會談結束後起程離開,但是害怕決裂的皇帝又一次宣召了他,請他清晨在花園裡見面,兩人在這裡來回散著步:

「行了,別再裝著委屈了。」10分鐘後,雙方談妥了延長停火的時限,並在布拉格進一步進行會談。什麼都沒有最終確定。皇帝在備忘錄中承認了岳父的武裝中立地位,而那也只是參戰的過渡形式罷了。拿破崙隨後去美茵茲看望了他的妻子,那位奧地利皇帝的女兒。他再次封她為巴黎的攝政女王,但有些方面的檔案,是明令禁止她閱讀的,因為「年輕婦女的靈魂不能讓某些細節汙染了」。

這位哈布斯堡皇族的公主,如果他是一位堅強的妻子、理性的女兒,那麼現在她應該做的,就是前往維也納,讓翁婿間和解;事實上,

除了性格的差異，他們之間什麼障礙都沒有。她還是具有一定的理解能力的，皇帝在幾星期前，還跟她的父親保證，「她在攝政位置上的表現，讓我非常滿意。」這一點很難想像：如此緊要的時刻，拿破崙會故意不告訴她情勢有多危急。哪怕他的目的確保如果法奧關係破裂，她能站在法國一邊，也應該將一切都告訴她。但是這個愚蠢的女人竟然毫無作為，她的心裡只有贈送貴重的禮物給奧地利的親戚們，就是為了炫耀。

在布拉格會場上，各國互相牽制。到處搬弄是非的富歇對他的主子為害不淺。貝爾納多特和新交的朋友來往甚密，好讓他們的反法立場更加堅定。最後一刻皇帝準備做出讓步，讓沙皇和普魯士國王大吃一驚，他們逼著梅特涅將條件變得更加苛刻，因為他們覺得這樣稍縱即逝的良機萬萬不能錯過。一怒之下，皇帝退出了會談。停戰協定結束次日，他就收到了岳父的宣戰書。當然，他自己的力量在這段時間裡也變強大了一些，但是他已經信不過萊茵聯盟了，因此他們派來的援軍，他還得派人進行監視。他的部隊駐紮在薩克森和西里西亞，施瓦岑貝格統率的 3 支軍隊正面和他對峙，布呂歇爾和貝爾納多特各率一支部隊駐紮在西里西亞及其以北地區。剛從美洲趕回來的莫羅和施瓦岑貝格在一起，而在上一次從德意志離開的時候，他還是德意志的征服者，法蘭西的將軍。

參戰雙方的人員組成非常的奇妙：，3 位德意志的國王身為法國皇帝的手下，在和 ·位德意志將軍對陣，而不久前，這位將軍還是皇帝的部下，參加了遠征俄國；在和拿破崙對陣的則是兩個法國人，其中有一位，這麼多年以來，一直為拿破崙所提拔，現在他卻帶著普魯士軍隊和拿破崙打仗，與其說他是保王黨人，不如說他也是一位革命之子。百分之百的敵人只有布呂歇爾，他從來沒有和皇帝並肩作戰過，也從來沒有擁護過他的事業，而且在 7 年前，他還曾敗在拿破崙的手下。敵方的 3 位君王，是唯一有利於皇帝的因素，他們都在插手施瓦岑貝格的軍務，而他們和西班牙國王約瑟夫一樣，在軍事上是徹底的外行。

　　8月底，皇帝以德勒斯登大捷為契機，開啟了他新的征程。但是在第二天，他應該對盟軍部隊展開乘勝追擊並殲滅時，他的胃痙攣突然犯了，非常劇烈，持續了整整一個小時，他懷疑自己被人下毒了，鬥志一度十分渙散。他因此下令撤軍而不是追擊，一個軍團由此損失掉了。在每時每刻都追隨他的左右的達律看來，正是這件事「導致了 1813 年的厄運」。莫羅在第一場對抗死敵波拿巴的戰鬥中陣亡。這是一個預兆？這個消息傳到皇帝耳朵裡時，他的鬥志再次被青年時代爭強好勝的火焰點燃，他發自內心地喊著：「莫羅死了，現在的我吉星高照！」

　　但是與此同時，在卡茨巴赫河畔，布呂歇爾擊敗了他的另一支部隊。將軍的計算再次被政治家的考慮取代：我怎麼樣才能分化對手？因此，他想不再進軍波希米亞，因為戰局的失利已經夠讓奧地利人慌作一團的了。他更願意對柏林發起突然襲擊，這樣就能將普魯士人從西里西亞引出來。

　　但是，就像沙皇之前說的：奇蹟只會發生在皇帝親臨的地方。因為他的偉大計畫三番兩次地受挫，供給匱乏，士氣不振，側翼部隊經常出現逃兵現象。他被迫頻頻對出事的地方進行視察。因為他經常來回奔走，人們為他起了個綽號：「鮑岑信使」。同時軍隊的供給日益匱乏，因為他們駐軍的地方太小了，當地早已被士兵們吃喝一空。

　　儘管如此，他的兵力還是出現了嚴重的不足。因為 1814 年的適齡青年早就已經入伍了，他不得不要求參議院現在就徵召 1815 年的適齡青年，就連歲數較大，本來都不用服役的人也逃脫不了徵召。當然還有那些農民。而在剛打仗的時候，當他和妻兒告別、哀嘆自己命運之時，還曾經對那些農民表示過羨慕，因為不會再讓他們上戰場了。但這些新增的部隊什麼時候能來？誰來訓練他們，什麼時候能訓練完？9 月底，他枉費心機地將一名議和使者派到了他的岳父那裡：他打算做出重大犧牲，「只要您同意坐下來和談。」但是法蘭茲的態度十分堅決，現在萊茵聯盟

終於被他成功地打開了一個缺口：巴伐利亞國王被他說服了，即將脫離皇帝。看見壓頂的烏雲越來越濃重時，皇帝這個憂心忡忡的棋手向他的老戰友說出了這樣一句話，這可是他從來都不願承認的：

「我的棋局亂了，瑪律蒙。」

這句話代表，皇帝已是雄風不再。

十一、萊比錫之戰

一個薩克森城堡坐落在杜本草原上，那就是杜本堡。一天清晨，坐在裡面的皇帝正在擬訂作戰計畫，準備進軍柏林，先將貝爾納多特擊退，然後再對布呂歇爾發起進攻，用突然襲擊將敵人的部署徹底打亂。

一群將軍這時求見，他走出房間迎著他們走了過去。他們的來意他十分清楚：親信們早向他彙報過，將領們的不滿情緒日益增長，他們只是想在萊茵河邊好好地過一個冬天。不久前內伊元帥告訴他，「我再也不是我軍隊的統帥了。」一個來訪者壯著膽子，吞吞吐吐地提出好多沒法站住腳的理由，隨後有人附和著他，在場的人都點頭表示贊同：他們表現出最恭順的態度，請求皇帝放棄進軍柏林的計畫，而轉向進軍萊比錫。

皇帝聽著他們的勸說，一言不發，心裡卻在想 —— 我的權力沒有了嗎？最後他這樣答道：「巴伐利亞的背叛已經是迫在眉睫。進軍萊比錫意味著撤退，這會讓我們的士兵有絕望的感覺。我得思考一下。」他一個人在屋裡待了一整天，蹲在地圖前面，誰都不許靠近。守在外面的科蘭古，留神聽著屋裡的聲音，但是聽到的只有古堡外，窗子被10月的大風吹得嘎嘎作響。最後他被叫了進去。屋內皇帝來回踱著步，好像是在自言自語：「法國人無法承受挫折。」科蘭古隨後看到他陷進了沉思。

第二天，10月18日，他宣布進軍萊比錫。在和瑪律蒙說起哈布斯

堡統治者近期的行動時，他這樣下了結論：「我喜歡有榮譽感、信守承諾的人，不喜歡那種恪盡職守、按所謂良心辦事的人……法蘭茲皇帝認為他做的事是有利於臣民的，他這個皇帝是盡職盡責的——但是，他稱不上一個有榮譽感的人。」

　　第二天，歐洲大會戰開始了。皇帝率領他的 18 萬士兵迎戰 30 萬同盟國大軍。一直到黃昏，他才在局部取得勝利。貝爾納多特的援軍在第二天清晨趕到，看到情況不妙的皇帝想要撤退，卻又下不了這個決心，擔心給別人留下戰敗的印象。他又試著用談判打開出路。他讓被俘的梅爾費特將軍將他的停火建議轉達給法蘭茲皇帝，發完了誓，將軍收回了他的寶劍。

　　「我會把我的軍隊撤回到薩爾河的另一邊，你們奧地利撤到波希米亞，俄國人和普魯士人撤回到易北河的彼岸，薩克森還應該保持中立。」拿破崙這時又變得興致勃勃，好像在將自己對新歐洲的設想告訴敵人：北海沿岸辟為自由區，漢諾威還給英國，萊茵聯盟的成員國都可以退出，只要它們自己願意。波蘭、西班牙、荷蘭，都承認它們的獨立，唯獨義大利，不能交給奧地利。「您去吧！您承擔了一項偉大的和平使命。如果命運給您幫忙，您會為一個偉大的民族所擁戴。一旦我們的和平願望被拒絕了，怎樣自衛我們也是知道的！」

　　將軍面露驚愕地走了，而對法蘭茲來說，這個消息實在難以相信。什麼？在戰爭過程中，拿破崙皇帝竟然主動提出願意半個歐洲都不要了，還是透過一個俘虜轉達他的想法？他竟然如此屢弱，這實在出乎我們的意料。

　　在另一邊，皇帝心急如焚地等著梅爾費特回來，他為此一直等到深夜，什麼命令都沒有發布。他在談論親屬、妻子和孩子上花了很長時間地。突然他的胃病又犯了，靠著營帳慢慢坐了下去，臉色慘白，人們都要去叫醫生。

「別！每個人都在盯著我的帳篷！只要我在這裡，所有人都會堅守自己的崗位。」

「請您躺下，陛下！」

「不！我寧願站著死去！」

「請醫生來吧，陛下！」

「我已經說了，不行。一個士兵生病了，我可以下令讓他入院治療，但是誰又能對我下令呢？」最難受的那一會兒過去了。「我好些了。注意，誰也不許進帳篷。」

過了半小時，他開始下發命令，但是不是撤退，而是命令部隊往萊比錫這裡靠攏；現在敵軍的兵力是他的兩倍。

第二天，他在一個磨坊旁停了下來。敵人從三面對他的部隊發起攻擊。中間一團亂：貝爾納多特成功地說服了薩克森軍隊調轉炮口，對準了法國人。「卑鄙！」皇帝大叫著。一片怒罵聲在四周迴盪。那些對皇帝忠心的薩克森軍官，都將自己的佩劍折斷了。一個警衛隊裡的龍騎兵驅馬回轉：「我們一定要將那幫混蛋幹掉！我們法國人依然在這裡！皇帝萬歲！」所有的警衛隊成員都跟著他一起衝了上去，一名十分年輕的軍官奪下了一面薩克森鷹旗，他策馬回奔，想將這面鷹旗交給皇帝，但是因為受傷倒在了地上。

「真是法蘭西的好男兒！」皇帝小聲地說。

這場戰役打了兩天，他損失了 6 萬軍隊。他打敗了，然而，就算是德國的評論家也這面覺得：「反法同盟並沒有取得和他們優勢兵力相稱的壓倒性勝利。」

當大軍如潮水一般穿萊比錫城而過敗退時，皇帝口授了撤軍命令給貝爾蒂埃。「有人給他搬來一條木凳，」當時一個在場的人寫道，「他坐在上面打盹，張開的雙手無力地放在膝間，看起來已是筋疲力盡。情緒低落的將軍們站在篝火旁沉默不語。軍隊正在不遠處行進。」

　　第二天早上，敵軍追擊而至，街上頓時陷入了大亂。一座橋被炸掉了，但是匆忙中炸早了，負責殿後的部隊不得不選擇了投降，一位泅水過河的元帥僥倖逃脫，另一位元帥則不幸淹死在河裡。一部分將領受傷被俘。麥克唐納帶隊和奧熱羅會師時，奧熱羅嘲笑麥克唐納：「您以為我會傻到讓自己白白死在萊比錫郊外？我永遠都不會為了一個瘋子去送死！」

　　我們這是第一次看到，皇帝的勝利和榮譽並不為他早年的戰友關心，他們想的只是怎樣能夠苟且偷生。如果是士兵，這樣做是無可厚非的；但是如果是法蘭西元帥，那就是非常不體面的了。因為為將之道，講的就是要臨危不懼。同一天，拿破崙另一位青年時代的戰友寫信給皇帝，埋怨前一天的戰報忽視了他的戰績。那天，他獨守陣地長達 10 個小時，但是這個功勞卻出現在了另一個人的名下。「這輩子，我從來沒有像這次這樣對您盡忠盡力……陛下，在這樣的時刻，我竟然被忘卻和忽視了，我實在無法忍受。」信最後的署名是：瑪律蒙。

　　在同一天這兩個老戰友的言論，實際上也預示了日後的變故：在關鍵時刻，瑪律蒙和奧熱羅都背叛了他。

　　還是在這一天，歌德坐在數英里外魏瑪的寓所裡，突然，牆上的拿破崙畫像掉了下來，萊比錫的陣陣炮聲傳來，皇帝敗北的第一道消息迅速傳到了這裡。雖然任何一個盟軍將領都無法確定，不久之後，拿破崙能不能收拾殘兵重振旗鼓，雖然在幾個月前，歌德自己也曾認定拿破崙是不可被打敗的，但是現在，詩人還是已經預感到了真正的命運。法軍的撤退那天，他寫下了無比慷慨的詩句，好像這一切是幾百年前發生的事，已經成為永恆的傳奇：

> 王者的胸中激蕩著勇氣，
> 他毫不猶豫，欣然踏上
> 通向寶座的艱辛之路，

明知險阻，卻無所畏懼

閃閃的金冠也是千鈞重擔，

他無心估算，果斷而又鎮靜

他把它放在天才的頭上，滿心歡喜

輕鬆自如，彷彿頭頂花冠，

這正是你的作為。

不管天高路遠

你都能從容奪取

無論前路荊棘密布，

你均能明辨、思索和認知⋯⋯

歡樂的日子召喚著你，

眾口齊呼你名，一切從此改變⋯⋯

你巋然挺立，無論預感如何，

無論敵人如何猖狂

無論戰爭，抑或死亡⋯⋯

世人驚愕、議論、胡亂猜疑──

他們要的只是一場遊戲⋯⋯

這個卑劣世界，向我們索取，

財富、恩惠，甚至是地位，

即使你與所親之人同榮同貴

整個王國卻才是他的夢寐。

這位也曾如此！── 大聲宣告吧！

他們把你的一生四處傳揚。

舉世之人，無論是誰

幸運終有盡，末日會來臨。

也是在這時，哲學家謝林寫道：「我不相信拿破崙已經到了他的末

日。如果我的估計是對的，他將逃過這次劫難：即使已是眾叛親離，他依然活著，嘗盡命運釀造的苦酒。」很快巴伐利亞宣布倒戈，加入反對皇帝的同盟。另一個哲學家黑格爾寫道：「紐倫堡的群氓歡迎奧地利人入城，那歡呼的姿態，令人齒冷⋯⋯市民的思想和行為就是最無恥的東西了。」

萊比錫大會戰，三位偉大的德國思想家分別表達了自己的感想。

但是，末日還遠沒有到來！皇帝邊撤退邊作戰，取得了一些勝利。在埃爾富特，繆拉向皇帝辭行，他一定要回他自己的王國。皇帝同意了，說道：「在明年 5 月，在萊茵河畔，我的軍隊會有 25 萬人！」他的頭腦、智力和想像力還是那樣的宏大，計算什麼的單位，還是 10 萬呢。美茵茲突然流行起了傷寒。他立刻將剩下的部隊撤到萊茵河對岸。撤退這段時間，他每天經常從清晨三四點鐘一直工作到夜裡的 11 點。

與此同時，背離拿破崙的君主王公們，擠滿了挺進中的盟軍總部。一切都在被忘記，被寬恕。只有一個人犀利地指出：「這些可憐蟲的行徑，您怎麼看待？⋯⋯他們根本配不上享受這樣的禮遇！⋯⋯這些君主王公就是一群廢物，他們的行為真的有辱於他們享受的那種無比榮耀生活⋯⋯妄自尊大、尋歡作樂、權慾薰心，就是他們所謂的主權。他們可以犧牲無數臣民的鮮血，只是為了保住這樣的主權。」

德意志男爵施泰因就是這樣為德意志的諸侯們進行的蓋棺定論。

十二、「一切都面臨崩潰」

萊蒂齊亞坐在火爐的邊上，手裡拿著兒子在美茵茲寫的信，拿破崙在信裡答覆了她為路易的求情。她並不在意信裡提出的條件，有一句話讓她十分著急，因為他暗示了自己命運的逆轉：「當下的情況是，全歐洲都在群起反對我，我陷入了重重的憂慮當中。」她從來沒有提醒過他要

小心危險，原因是她的驕傲根本不允許她這樣做，他們母子都過於矜持了。不過，她常常和她的親信傾訴自己的擔憂：「但願這一切能長久。」她從來都沒有為自己的不幸煩惱，她所擔心的，只有她的兒女們。她常常問自己：如果發生了災難，誰能來幫助他們呢？皇帝還有誰能夠依靠呢？

眼下，當他回來時，她痛苦地目睹了禍起蕭牆，背叛竟然發生在了子女的中間。繆拉從來都是聽聰明的卡洛麗娜的，他和英國簽訂了停戰協議，又和奧地利結了盟。愛麗莎請了富歇作為她的貼身顧問，他和這位皇帝的妹妹說：「目前，唯一能挽救我們大家的辦法，就是皇帝的死。」

皇帝不垮臺，富歇是不會回到巴黎的。而伊麗莎在給母親寫的信裡，卻只知道問巴黎這個冬天會舉行什麼樣的舞會。不顧禁令的路易沒有得到允許就回了巴黎，因為他無法再待在奧地利了。拿破崙把他驅逐到離巴黎 40 英里以外的地方，他極力反對，一直到母親出面調停，兄弟倆才見了一面，結果讓他們的關係變得更加疏遠。傑羅姆拋棄了他的國家和人民，化裝從卡塞爾逃了出來。約瑟夫置二弟的一再請求於不顧，堅決不接受守衛巴黎的任務。還是耿耿於懷的呂西安在隔岸觀望。

這就是他的兄弟姐妹的真實表現，這就是 10 年來，皇帝嘔心瀝血、想著讓他們都成為王朝柱石的同胞骨肉們。而這個受苦最多的兒子是他的母親一直以來最為鍾愛的，看到這樣的情形，她現在的心情又會怎樣！

現在的莫爾楓丹卻還是一片笑語歡聲：約瑟夫在那裡，這個沒了國土的西班牙國王；傑羅姆的王后坐在他的旁邊，情形和約瑟夫差不多，她的父親已經倒戈；前西班牙宗教審判庭的大法官正在做彌撒；還有兩位從印度來的主教；還有一些沒了宮廷的西班牙、德意志和義大利的廷臣們……這個社交場所，真的是金碧輝煌而又高雅華貴。他們彷彿是一

群看客，都在等著一齣戲劇落幕，等著演員們走進客廳。在他們當中，只有一個人透過危機看到了希望，她就是貝爾納多特太太，約瑟夫的妻妹，皇帝 20 年前拋棄的女人。她知道她的盟軍統帥丈夫已經率軍到了萊茵河。她在幻想，用不了多久，在巴黎聖母院，約瑟芬的后冠就會被貝爾納多特戴在自己美麗的褐色卷髮上。

　　種種針對拿破崙的陰謀正在這座鄉間別墅裡醞釀，而約瑟夫，這座別墅的主人卻對此知之甚少。他自己並不是一個陰謀家，他無非是愛慕浮華、貪圖安逸。皇帝終於發覺了這一點，但是已經為時太晚，他和親信羅德雷說：

　　「這是我一個大錯誤，我原本覺得，我需要我的兄弟一起建立皇朝。但是事實是，沒有他們，其實是更安全的。我的皇朝本來就是在風暴中誕生的，它只需要依賴事物的天性就能發展。有皇后就行了……過去的一年風平浪靜，但是前提是約瑟夫不在巴黎，否則就會雞犬不寧……他對自己是家裡的長子念念不忘，還有比這還要荒唐的事嗎？我們不是要去繼承先父的葡萄園！……女人、房產、傢俱，都是他感興趣的，他還喜歡打野兔，還喜歡和女人玩捉迷藏。但是沒有什麼可以讓感興趣，不管是女人也好，或者是房子，我只關心我的兒子。」

　　所以，在形勢最為緊張的那幾個星期裡，他的偏執狂傾向越來越明顯。能看得出來，對他來說，包括朝廷在內的其餘的一切，都不過是一場遊戲。除了內心的一種激情以外，所有的事情都是無關緊要的，當然，不包括他的兒子。

　　他當機立斷，準備把西班牙的王位還給費迪南國王。此外，他還答應釋放費迪南，只要西班牙議會通過了這個條約。這是塔列朗建議的，他現在又被召到杜樂麗宮裡來了。這個叛徒打算讓西班牙議會拖延時間，好牽制住法國南部的軍事力量，從而削弱法國的力量，這對盟國是十分有利的。約瑟夫表示反對。

「我目前的處境，已經決定了我沒有統治任何國外領地的可能了。」皇帝在寫給他的信裡這樣寫道。「如果我能透過締結合約，保住法國舊日的疆界的話，就已經是十分幸運了。一切的一切都有崩潰的危險。我的軍隊已經遭遇毀滅，損失是無法彌補的。荷蘭已經丟了，義大利也快要丟了……比利時和萊茵省那裡的情況也很不樂觀，西班牙的邊境已經被敵人控制了。形勢如此危急，我還哪能考慮國外的王位！」當員警總監提議留守巴黎的任務交給精銳的國民自衛隊時，拿破崙反駁道：「誰能保證他們對我會忠心耿耿？難道我會把如此龐大的兵力放在自己的身後？」

絕望！現在形容他的心情，這兩個字是最合適的：家庭、盟友以及自己的首都，對他來說，都再也不可靠了。他的情緒在萊比錫戰役之後徹底地變了。在巴黎，郵政大臣拉法萊特伯爵是最誠實可靠的幾個人之一，現在的晚上，拿破崙總在臥室裡接見他。有一天，站在壁爐旁的拿破崙伸手烤著火，伯爵感覺皇帝的情緒十分低落。拉法萊特勇敢進言，他建議拿破崙媾和，並勸他一定要小心法國人的善變。但是當他進一步說到，皇帝的衣缽可能由波旁王室繼承時，拿破崙沉默不語，轉身離開火爐，躺在床上。過了幾分鐘，拉法萊特走近了床邊，發現拿破崙已經進入了夢鄉。

這樣健康的反應，乃是重振勇氣的跡象。這時的拿破崙已經有所預感，危難即將來臨，旦夕之間他就會垮臺——但是當別人提到，被他取而代之的波旁王室現在又有復辟的可能時，他的神經對此已經不耐煩了，對他來說，這個話題是最最無聊的：所以，他睡著了。

醒來的他精神煥發。他意識到了，北方諸省同情波旁王室，這是一個危險的信號。他發現，公債現在已經跌落到 50 法郎了，法蘭西銀行的股票價格也只有原價的一半。還有，他力排眾議、試圖建立的新國民自衛隊，遲遲沒有得到落實。所以，盟國在法蘭克福會議上提出的建議他

欣然接受了。和他期望的一樣，反法同盟內部並不是鐵板一塊。身為一位政治家，梅特涅覺得最好別占領巴黎，浪漫主義者的俄國沙皇則想將杜樂麗宮炸掉，以報莫斯科之仇。奧地利的意見最終勝出。這次會議給法國的建議是：應該保持法國的天然疆界，也就是萊茵河、阿爾卑斯山和比利牛斯山。皇帝頓時如釋重負，馬上就表示了接受，馬雷甚至已經把給盟國的回函都擬好了。

突然，他改主意了。為什麼？可能是他被議會裡的反對意見激怒了。議員們在那裡終於將自己的勇氣表現了出來：「軍備預算，我們再也不會批准了，除非政府答應這些軍費只會用在自衛上。所有保障自由的法律，皇帝必須要保證得到真正的貫徹。」這時，全場掌聲雷動。議會敢批評拿破崙，十五年來，這還是第一次。異常憤怒的皇帝，帶著對所有議會的憎恨，禁止印發這些議員的發言，並且把議會解散了。元旦這天，他將幾名議會代表找來，聲色俱厲地斥責：

「皇位無非是一塊木頭蓋著錦緞罷了。只有我才能代表人民，我就是國家。如果法蘭西想制定另外一部憲法，那就麻煩另找一個皇帝吧。你們覺得我太狂妄了？那是因為我有足夠的勇氣，法蘭西能有現在的規模，都是我的功勞。」他這番話的語氣，不由得讓人想到了太陽王路易十四。後來，拿破崙又當面威脅這些議員，說要祕密地監控他們。

也是在這一天，布呂歇爾渡過了萊茵河。

就這樣，在 20 年的努力、6 次大戰之後，歐洲各國勉強地站在了一起。古老的帝制思想以這位普魯士的元帥為代表，跨越了革命的界河。與此同時，在革命的發祥地，繼承了現代思想的人卻在將現代思想的代言人驅逐，還恐嚇要剝奪他們的自由。同樣顛倒的邏輯，也在兩個不同世界的宣言上體現了出來。20 年來，人們在巴黎聖母院只能聽到感恩之聲，而現在，人們第一次被迫祈禱法軍獲得勝利。而在反法同盟這邊，多少年來的說法都是，法軍獲得勝利，他們被征服民族就能夠獲得解放

了，而現在，他們卻在和被征服的法國公開地說，他們乃是法國的「解放者」。

最終，正統主義者向他們偉大的敵人學習，知道了作戰和宣傳的技巧。現在他們終於利用這些戰勝了強敵，而這一切的原因，無非是他們在兵力上占優勢，以及一個民族實在太疲憊了：20 年的榮耀輝煌過後，法國別無他求，除了休息。

最初，盟方因為要求太多而處在劣勢，他們只想承認 1792 年法國的邊境，拿破崙決定不和談了，他親自上了前線，儘管有如此多的困難，他還在想著鞏固陣地。他重新振作了精神。當一位虔誠的伯爵建議他，可以讓皇后還有她的侍從女官去吻聖徒熱納維埃夫的遺骨時，拿破崙不由得笑了出來道：「那裡有的是禱告的人。我會獲勝的。」

但是，現在這危急時刻，首都，他能託付給誰呢？誰可以讓他充分地信任？

約瑟夫！對戰爭，約瑟夫是一竅不通的，他還姑息了不少皇帝的敵人，現在竟當上了法蘭西的中將，以及巴黎總督。這個家庭和約將皇上的孤立充分地暴露了出來，他不信任下屬，而對家族感情又過於執著。啟程之前，他冷酷地讓兄長在兩件事裡選一個：要麼公布自己是攝政皇后的朋友，要麼被趕出巴黎。「只要我活著，你就可以在那裡過著平靜的生活。但是只要我死了，你就會被囚禁或者處決。在那裡，你對我、對家人還有法蘭西，都是什麼用都沒有的，但至少不會讓我有任何的損失。你選一個吧。個人感情，不管是敵對還是友善，都不合時宜，也一無是處。」

這是一個為了挽救皇位而不惜苦戰的人。他都想到了死亡，所以將好多重要文件都燒掉了，又對私生子的生活進行了妥善的安排：給小萊昂一筆固定的年金，給波蘭女伯爵的兒子一大筆不動產。至於他的合法子嗣，都快滿 3 歲了，拿破崙把他抱在懷裡，和國民自衛隊的軍官們告

別：「現在，我要把我的至愛託付給你們，你們可要為他負責到底。」他又叮囑約瑟夫，一定要堅定，並又任命皇后當他們兒子的國家攝政。第二天一早，他告別了巴黎。

過了一年多，幾經漂泊與曲折的他，才再次回到這座城市。

十三、陰謀與背叛

很快，他被打敗了。

最開始的戰鬥還算順利。在布列訥堡，布呂歇爾不得不撤退。他冒著生命危險上了前線，甚至有時得拔劍自衛。他想起了那棵樹，他站在樹下，真的認出了那棵樹。「我在 12 歲的時候，曾在這棵樹下看塔索的書。」他又回到了他夢想起航的地方，這可以稱得上一次浪漫的邂逅。在此時此刻，他高漲的歷史使命感，達到了傳奇的境界。

緊接著在拉羅蒂埃，布呂歇爾獲得了勝利，直接對巴黎構成了威脅。皇帝的力量好像都被摧毀了。科蘭古給他寫信，懇求他作出讓步，馬雷也當面勸他。拿破崙一開始並沒有理會馬雷的規勸，他心不在焉地拿著一本孟德斯鳩的書翻看著，然後一邊用手指著書裡的一段，一邊和馬雷說：「請您大聲地讀一下這個！」馬雷讀道：「據我所知，再沒有比當代某位君王的決定更崇高的事了，他寧願選擇葬身王座的廢墟之下，也不會去接受那些國王不應接受的建議。」

「但是，我知道，還有比這更加崇高的事情！」馬雷大叫著，「那就是，您應該犧牲自己的榮譽，去將那深淵填平。要不然，法蘭西將會和您一起被埋葬。」

「行了，」皇帝說道，「媾和吧。科蘭古和他們去和談吧，然後在和約上簽字，這一恥辱我來承擔。但是，這一屈辱的檔案，可千萬不要讓我來口授。」馬雷寫信給待在夏蒂榮的科蘭古，讓他重開和談。嚇了一跳

的科蘭古請皇帝給他下明確的指示。就在這時，皇帝的主意又變了，他寫信給巴黎的約瑟夫：「你一定要勇敢地守住每一座城門！架起兩門大炮，接下來安排國民自衛隊去守衛……每一個城門都要配備 50 名手槍隊士兵，100 名鳥槍隊士兵，100 名長矛隊士兵，這樣守衛每個城門的就有 250 名士兵了。」

富有的國王現在已經成了乞丐！在 6 個月以前，甚至可以說 3 個月前，拿破崙還完全能夠在 250 後面加上 3 個零。但是現在，盟國部隊現在將他重重包圍，他用來守衛巴黎的，卻只有兩尊大炮和 100 支鳥槍了！他很可能已經覺察到這一點了，因為在這天晚上，他的意志看起來十分消沉，馬雷勸說他口授媾和條件獲得了成功：萊茵河左岸和比利時恢復自由，放棄義大利；波拿巴時期和拿破崙時代奪來的一切，都要還回去。這樣，巴黎和那塊覆蓋著錦緞的木頭就能保住了。他說第二天再簽字。一想到他大筆一揮，這些靠著浴血奮戰才有的一切都得拱手交出，所有鍾愛他的人的心情都是一樣的，無比沉重。

但是命運再一次放過了他！夜裡傳來最新消息顯示，敵人的處境還不如昨天。就這樣這位戰神又一次開始發揮他的想像力。第二天早上，當馬雷拿著檔來讓皇帝簽字時，看到他正站在地圖前，根本沒有發現他的到來，他聽到皇帝急急地說了這樣兩句話：

「現在徹底是另一回事了！我能戰勝布呂歇爾！」約瑟夫的信這時也到了：巴黎告急。拿破崙的回信是在發布軍令的間隙裡口授的，這是只有抱著必死信念的人，才能說出的誓言，是那樣的斬釘截鐵：

「如果敵人占領了巴黎，那麼我會就此結束我的生命……我曾對你下過命令，為了保護皇后、羅馬王和我們的家族，你要採取一切必要的措施……我有尋求家人幫助的權利，因為在過去我也曾多次幫助他們。

「如果塔列朗覺得，不管什麼情況，皇后都應該留在巴黎，那麼顯然這已經是一個陰謀了。別信他！我和他打交道已經 16 年了，對他的

恩寵從來不少，但是自從我們家族不再被幸運之神眷顧，他就成了我們最大的敵人，這一點毋庸置疑。我的勸告，你一定要牢記！我論了解世事，我遠超年輕的一輩！假如我戰敗而死，第一個知道的人會是你……我覺得，母后可以待在威斯特法利亞王后那裡。但是，皇后和羅馬王千萬不能落入敵人的手裡，看在上帝的份上！這樣一來，奧地利就不會再對戰爭有興趣，皇后還會被帶回維也納。主導權就會落在英俄兩國手裡，法國不得不服從他們的意志，而我們的事業就結束了。

「可能過幾天我會講和……在歷史上，君主在不設防的城市被俘，這樣的事情從未有過。人們必須要服從我，只要我還活著。如果我死了，為了全法國的榮譽著想，也不能讓王儲和攝政皇后當了敵軍的俘虜，我們應該做的是，集結最後的兵士，撤到最偏遠的鄉野。要不人們會說，是我葬送掉了兒子的帝位。

「想一下腓力五世的王后[1]是怎麼說的吧！……如果他們兩個人都成了俘虜，那麼包括你在內所有的反叛者，也都會是一樣的下場。與其看到我的兒子成為奧地利親王，在維也納長大，我寧願選擇他被殺了。每次看《安朵羅瑪赫》[2]這部劇的時候，阿斯蒂安納克斯[3]的命運總會讓忍不住悲嘆一番。幸而他的父親之前就死了，沒有目睹這一慘劇。我認為這是一種幸運。您對法國人民並不了解！這類大事的後果，將是不堪設想的！」

這個被追逐的人現在十分緊張，簡直無法呼吸，他的心臟狂跳個不停。從青年時代到現在，他還是第一次，如此近距離地看到死亡或崩

---

1 指伊莎貝爾·德·法內西奧（1692-1766），西班牙國王腓力五世的王后，曾長期左右西班牙政局。目前的西班牙王室就是她的後裔。

2 《安朵羅瑪赫》是法國作家拉辛所作的悲劇。描寫特洛伊英雄赫克托爾的妻子安朵羅瑪赫和兒子在城破之後被阿基里斯的兒子當作俘虜帶走，而安朵羅瑪赫為了保護兒子而與阿基里斯之子展開周旋。

3 阿斯蒂安納克斯：特洛伊王子，赫克托爾和安朵羅瑪赫所生之子。特洛伊城破，被希臘人從城上摔下而死。拿破崙此處暗指一旦自己戰敗，羅馬王可能會遭遇的命運。

潰，實際上這兩者可能都已經是迫在眉睫。當他讓約瑟夫準備應對這兩種情況時，構成他性格的兩種稟賦又糾纏在了一起，並且又都迸發出了火花：他那精於計算的天性讓他得以預見：一旦奧地利不再對戰爭有野心，將會帶來十分嚴重的後果。但是他的鬥志，又被他對親人命運的設想激發了起來。如果他明天就戰死了，他那英雄般的想像力，在最後時刻迸發出來的，還是名譽與光榮，這封信就是證據。但今天卻一如往日，拿破崙還在將過去的歷史與自己的命運相對照，歷史上那些偉大的先輩，正是他們激勵了他的一生，讓他得進入偉大人物的行列。

冰與火在這封信裡交織，政治家的冷靜思索與詩人的萬丈豪情融匯在一起。也只有如此情懷，才能和拿破崙這樣的偉人，以及他的毀滅相稱。

而且，直到最後，他仍然稱得上一位偉大的軍事統帥。他將剩下的軍隊一分為二，運用其雄才大略，一半的兵力勇於進攻，將布呂歇爾擊敗。從尚波拜到蒙特羅，9 天的時間裡打了 6 仗，那氣勢可以說是狂飆突進，波拿巴將軍當年的雄風絲毫不減。然而，這些戰役都是在法國本土進行的，就這一點，足以說明現在的一切。而在從前，他取得勝利的戰役裡，從來都是有一個外國的地名的。他在蒙特羅再一次當起了炮兵親自調炮，就和當年在土倫那樣。他大叫著：「前進！同志們！能把我打死的炮彈還沒造出來呢！」

於是他擊敗了布呂歇爾，接下來該輪到施瓦岑貝格了！但是害怕自己英名受損的奧地利人，決心避免進行決戰。他直接寫信給貝爾蒂埃提出建議：在夏蒂榮簽署停火協議。讀到這封信的皇帝信心大增，他甚至親筆寫信給約瑟夫，字裡行間充滿了信念、機敏和勇氣：

「你已經跟我妻子說起波旁家族的事了，請盡量注意，不要說這類事情。我不打算生活在妻子的庇護下。那只會讓她形成壞的印象，並且導致我們關係的惡化……我並沒有贏得巴黎人的恭維的打算，因為我並

不是在舞臺上表演的戲子……再說，那狂熱的 3,000 個人並不真正代表巴黎，他們唯一能做的就是製造噪音。當然，和實際去徵兵相比，解釋為什麼不該徵兵容易太多了……我擁抱你！」

他有好多年沒在信尾上這樣說了！從馬倫哥之役到現在，他寫信給任何一個兄弟或者將領，都不曾用過這樣的結尾。而且非常遺憾，約瑟夫同時具有兄弟和將領的身份。他的心跳動得那麼猛烈，一直被將自己的意志貫徹在兄弟和將領身上的想法激勵著。第二天，員警總監薩瓦利報告，各國君主都收到了請願書，裡面還提到了攝政，人們的恐懼，還有巴黎內部的各項陰謀。而拿破崙的回信更為激烈，這表示他現在的內心有著極強的衝動：

「你們應該知道，我還是當年獲得瓦格蘭姆和奧斯特里茨大捷的那個我！國內有任何陰謀存在都是我所無法容忍的……我和你說，如果有人擅自遞交什麼針對政府的請願書，我一定會將約瑟夫國王還有每一個簽字的人員都抓起來……什麼民眾領袖，我不需要！我自己就是最大的護民官！」

這時候，盟國方面還在爭吵個不休：沙皇建議在法國選擇貝爾納多特或者別人做國王之前，巴黎由一位俄國總督接管。奧地利則堅決讓波旁王朝復辟。施瓦岑貝格想馬上講和，他不想再打仗了，只想保持著「一種軍事姿態」。但是重振旗鼓的布呂歇爾，卻還在極力高喊「前進！」而且他真的已經在「前進」了。盟方再次提出讓法國維持天然的疆界時，這讓皇帝非常生氣：「我很憤怒，這種建議簡直就是在侮辱我。」有人提醒他現在他的兵力只有敵人的三分之一時，他的回答十分豪邁：「我的兵力現在是 5 萬人，再加上我自己，那就是 15 萬人了。」

現在正是 3 月初，他打算再次進攻布呂歇爾，但是考慮得與另一半兵力聯合作戰，他必須找一個最優秀的代理人。在這樣生死關頭，他的選擇是他最早的夥伴：瑪律蒙。

但是，反叛情緒在持續高漲。拿破崙早在去年秋天，在杜本古堡的時候，就已領教到了。進入冬天以來，反叛情緒又在他的兄弟身邊獲得了發展，目前已經發展成戰場上的叛變了。在還活著的人裡，第一個投奔拿破崙的是瑪律蒙，第一個背叛了拿破崙的也是他。歐迪諾和麥克唐納在奧布河畔的巴爾之戰中打了敗仗，而當時駐紮在拉昂的瑪律蒙卻只裝裝樣子，而不參戰，他甚至將大炮閒置在城裡的空地上，這讓他的主子錯失了獲勝的機會。他的部隊在自己的營地裡被敵人襲擊，他都坐視不理。貝爾蒂埃說：「其實皇帝一刀把他殺了都不過分，但是皇帝實在太寵信他了，只不過表面上罵了他一頓，但是還讓他繼續當大軍的統帥。」

這也是自然而然的事情，現在已經是生死存亡的關頭，不信任年輕時的夥伴，他還能選擇相信誰呢？但是受他姑息的叛臣，並不是只有瑪律蒙自己。曾在義大利的利沃裡和他並肩作戰的奧熱羅，竟也擅離職守，開始和奧地利人暗通款曲。但是拿破崙責備他也是不痛不癢的，拿破崙給他寫信，口吻還是在和昔日的戰友的對話，雖然他早已不太習慣這個腔調了：

「什麼？休息 6 個小時，你還嫌少？……你的理由讓我好傷心，奧熱羅！你怎麼能沒有錢，沒有馬？我命令你在接到信後 12 個小時之內前往戰場。如果你認為自己還是當年在加斯蒂里昂那個奧熱羅的話，你就能夠繼續當將軍。如果你認為自己已是年過花甲，無法勝任，你就讓你軍中歲數最大的將軍接過指揮權。國家現在正處在危難當中！……前面就算是槍林彈雨，你也要奮勇向前！我們每個人都要全副武裝起來，拿出 1793 年那種無所畏懼的勇氣來！只要你軍帽上的羽毛出現在法國士兵前方的視野裡，他們就會追隨著，一直到所有你想去的地方。」

我們再一次領略了波拿巴將軍的英勇氣概。落日的餘暉，一點都不比旭日東昇的光芒遜色。

　　瑪律蒙的後撤，導致在奧布河畔的阿爾西的皇帝陷入了孤立無援的境地，他的手上只剩下數千兵力，在和敵人的大軍苦苦周旋：失敗已無法避免。當戰鬥達到了高潮時，戰場上，一陣旋風刮了過來，數以千計的龍騎兵驚慌失措，一邊轉身逃跑一邊叫著：「哥薩克人！」此時，皇帝策馬躍前攔住了他們：「龍騎兵們！回去！你們逃跑，但是我會選擇留下！」他拔出劍，策馬殺向了敵陣，身後只有參謀人員和他的近衛兵跟隨。6,000 哥薩克騎兵終於潰散了下去。多年以來，這還是他第一次率領騎兵展開攻擊。他的戰馬死了，他又換了一匹馬接著戰鬥。貝爾蒂埃說：「顯而易見，皇帝打算戰死疆場。」

　　然而，求死卻不能死：和凱撒、克倫威爾還有腓特烈大帝這些人一樣，拿破崙不可能擁有那種痛快的、英雄一般的死亡方式，這是注定的。他們這類的人，可不只是一位軍事統帥這麼簡單，他們還得實現作為民族領袖的使命，即使有時候，他們不得不對抗自己的民族。從這以後，他經受的打擊與日俱增，而且每一次打擊，都具有象徵的意義。

　　不過，如果這個蔑視人類的人者最終被人們所拋棄了，那也不會有誰會感到奇怪。他手下的士兵都被他封王封侯，這些人對自己的爵位無比愛惜，從而再也不願戰死沙場，這一點都不值得吃驚吧？一位天皇貴胄的公主不得不下嫁給了一個暴發戶，而這個暴發戶一旦垮臺，她馬上就把他拋棄，又回了哈布斯堡娘家，這一點也不值得大驚小怪吧？他那些無比信賴的兄弟們，一旦大難到來，就都只顧著自己，卻都把他這個最大的恩人拋在腦後，這也根本不足為奇！

　　在寫給夫人最後的幾封信裡，他懇求她寫信給父親，她非常勉強地答應了。她沒有像她的祖輩瑪麗亞·特蕾西婭[1]那樣極力地呼籲，對於她

1　瑪麗亞·特蕾西婭（Maria Thereia）為神聖羅馬帝國查理六世的獨生女。因其女子身份引發奧地利王位繼承戰爭和七年戰爭。情況危急時，她曾懷抱幼子，籲求臣民支援皇室。她的孫子即奧地利法蘭茲皇帝。

的父皇和梅特涅來說，她那冷冰冰的信件反倒成了充分的暗示。盟軍總部得知英軍已經登陸波爾多，波旁王朝的旗幟已經在那裡豎起。盟軍又截獲了一封皇帝寫給皇后的信，皇帝說他要將軍隊撤到馬恩河附近。現在的情報已經足夠充分了，大家達成共識：進軍巴黎。

拿破崙已陷入重圍，在這緊要關頭，他還有最後一個十分大膽的計畫：武裝農民，成為戰時後備軍。這些農民肯定樂意為他所調遣，因為他們特別痛恨那些外國入侵者。但是這時傳來消息，瑪律蒙又一次戰敗，正和莫蒂埃一道撤向巴黎。焦急萬分的皇帝，就彷彿知道了自己的後院著火了一樣，匆匆地去了巴黎，貝爾蒂埃接過了軍隊的指揮權，他自己只帶著衛隊策馬回巴黎。最後，他把一切都拋下了，和科蘭古坐著驛車日夜兼程，一心想著還來得及奪回大權。從前多少次凱旋之時，他不都是和現在一樣，驅車從首都的城門穿過嗎？每次他都是在思考同樣的問題：巴黎現在怎麼說？我怎麼去把一切的情況弄清楚？而這一次，他的腦海裡只有一個疑問在盤旋：帝國的安危被我託付給了3個人：攝政皇后，巴黎總督約瑟夫，還有最強大軍團的統帥瑪律蒙。他們是否能夠堅持到我回來？

深夜。換馬。一名帶著一隊士兵的軍官走了過來，向他報告說：「奉莫蒂埃將軍的命令，我們正在為撤退的軍隊尋找宿營的地方。」

皇帝趕緊問：「軍隊現在正在撤退？皇后呢？約瑟大國王呢？」

「皇后昨天已經帶著羅馬王逃往布魯瓦了，約瑟夫國王也在今天離開了巴黎。」

「瑪律蒙在什麼地方？」

「我不知道，陛下。」

冷汗出現在皇帝的額頭上，他的嘴唇神經質地抽搐著，這些消息讓他震驚。他突然下令：「前進！明天衛隊就能來了！國民自衛隊現在還支持我。只要能進巴黎城，不成功，則成仁！」

　　科蘭古費了好大的勁，終於讓皇帝打消了這個瘋狂的念頭。皇帝對瑪律蒙下令，讓他去埃淞河的對岸布防。然後，他轉身對科蘭古說：「你立刻就去巴黎！不要再和談了！我被出賣了！我把一切都委託給你！我就在這裡裡等著你！目標沒有多遠。前進！」

　　他只要驅車往前走幾百步，就能看到塞納河。那裡閃閃發光的是什麼？原來是敵軍用作警戒的烽火，河對岸，敵軍的前哨士兵正在做飯唱歌，而皇帝在河的這一邊，卻只能和幾個僕人以及兩輛驛車，一起佇立在黑暗中。

　　他下令掉轉車頭，慢慢駛向楓丹白露。

十四、退位

　　第二天一早，塔列朗坐在他的宮殿的臥室裡，正在讓僕人為他梳洗打扮。這位革命時代的政治家，卻還戴著洛可可式樣的假髮：門忽然開了，俄國伯爵涅歇爾羅德等不及讓僕人通報，直接匆匆地走了進來，他是來問候塔列朗這位老朋友的。據塔列朗說，這位伯爵當時還敷著香粉，從頭到腳都是。過了兩小時，擔心愛麗舍宮有炸彈的沙皇，就以貴賓的身份入住了他的密友塔列朗的府邸。在過去的 6 年裡，塔列朗 —— 這位拿破崙的大臣 —— 不辭辛勞為之奔走的時刻終於來臨，所有的努力都沒有白費。勝利者們笑顏逐開，他們握手言歡，強烈的道義感在他們的心裡油然而生：正義終於取得了勝利！

　　時隔 22 年之後，在漫長的努力之後，巴黎的城門終於朝正統的君主們敞開了。對於他們來說，這是偉大的時刻：他們入城是騎著馬的。聖日爾曼區的貴族們夾道歡迎，一小隊波旁黨人向解放了他們的人歡呼著，喝彩著。然而巴黎的別的城區卻還是一片沉寂。一位當時在場的人這樣寫道，明天的統治者到底是拿破崙還是波旁王朝的路易十八，居民

們都在靜靜地等待著。

膽小的約瑟夫倉皇逃走了，而且他沒有帶走塔列朗，即使皇帝已經提醒過他了，他還是把這個最聰明也是最危險的敵人留在了巴黎。從此，皇帝的命運就已經注定失敗。拿破崙的失敗，並不是因為民眾的反抗，而對於他的命運，盟國的那四位君主達成共識，是從來都沒有發生過的事情。是不忠的臣僕，還有叛變的朋友合力摧毀了他，而他們又都為一個即是「臣僕」又是「朋友」的人所指使。有了沙皇的支持，在這以後的 10 天裡，塔列朗成為了人們的精神領袖。眼下，這個八面玲瓏的人物春風得意，大展拳腳。

他昨天又接待了一個客人。不管怎樣，塔列朗對皇帝並不憎恨，但是拿破崙初露敗相的那一刻起，他就將自己的主子拋棄了，目的就讓自己往上爬。他並不想報復一個囚徒，而且他也沒有這以做的理由。但是，這個擾亂和平的人，如果能讓他徹底消失，那麼也能給他省去不少的麻煩。所以，他出重金將一個叫毛布萊的人收買，讓他「去楓丹白露執行一項重要任務」。這個毛布萊是波旁時代的軍官，做過一些不甚光彩的勾當。但是在最後一刻，這個冒險者卻膽怯了，只是襲擊了傑羅姆勇敢的夫人，還把她的首飾搶走了，並沒有傷及拿破崙。與此同時，布呂歇爾也曾派出小分隊，明令他們將拿破崙幹掉，但是也是無功而返。

「法國究竟需要什麼？」沙皇向這位飽經世故的主教請教。塔列朗一直以來都在打著讓波旁王朝復辟的算盤。但是這時他卻反問沙皇，有沒有合適的建議。沙皇猶豫地說出了「貝爾納多特」，塔列朗笑著回答：「法國再也不需要軍人了，如果我們需要，那就保留現在這位了。他是這個世界上最優秀的軍人，如果這個位置換成別人，恐怕追隨者不會超過一百人。」這幾句話他是當著勝利者沙皇的面說的：楓丹白露宮裡的皇帝，在現在這個處境下，根本無法想像從他這樣的人的嘴裡，居然還能說出對他如此推崇的話。

　　第二天，塔列朗召集參議院開會，這個立法機構批准了決議：皇帝一定要退位的。大家都表示同意。唯一替拿破崙辯護的人是科蘭古，他還想爭取爭取沙皇。多愁善感的沙皇真的被打動了，昔日老友的形象浮現在他的腦海中。動搖了的他答應將在別的盟國那裡盡力幫羅馬王保住皇位。

　　但是，就在無權無勇的科蘭古試圖將猶豫不定的沙皇說服，以挽救波拿巴家族時，4月3日，塔列朗已請來了瑪律蒙元帥，他在塞納河的對岸還有12,000人的軍隊。現在這可是一支無法忽視的力量，因為巴黎現在並沒有盟軍的主力。

　　那裡坐著的正是拿破崙最親密的戰友，他也是最早追隨拿破崙左右的軍官，在他的對面，坐的是最早侍奉皇帝的大臣。外交家正和軍人冷靜地對局勢進行分析，而軍人根本用不著動員，他對這一切早已厭倦。早在3年前在西班牙的時候，他的信仰就出現了動搖。他在想：「難道我要和一個死人共進退？老王已死，新王當立！當年還在軍官學校上學時，我們都是保王黨的一員。他的失敗就可以證明波旁家族是有權復辟的。現在的選擇無非是被逼著去支撐即將傾覆的舊牆，不然就主動去站在舊王朝寶座的旁邊。當年的效忠誓言？都取消了。友誼呢？就在前不久，他還為了拉翁的事情把我一通痛罵呢！」塔列朗建議瑪律蒙向盟軍的統帥施瓦岑貝格寫了一封信：

　　「經參議院決定，法國軍隊與人民已經不再具有向拿破崙效忠的義務。我願在人民與軍隊間促成諒解，以避免發生內戰。」打著這個藉口，皇帝最早的元帥將皇帝給毀掉了。後來他又打著愛國主義的旗號為自己辯護，這是所有的叛徒都擁有的可恥作風。奧熱羅不甘落後，發表聲明，正式背叛了皇帝。

　　與此同時，楓丹白露的皇帝正在檢閱他的衛隊。他朝他們喊道：「我們絕對不允許流亡分子的白色帽徽出現在巴黎！……過不了幾天，我們

就進攻巴黎的敵人！」軍官們十分興奮，揮舞著配劍喊著：「進攻巴黎！皇帝萬歲！」拿破崙面帶笑容，朝他們揮著手，在最後幾個穿著繡花大氅的大臣們簇擁下，步履輕快地上了臺階。

隨後一輛馬車進了院子，走下來的是徹夜未眠、臉色蒼白的科蘭古，他來到皇帝面前，這時貝爾蒂埃問他：「喂，親愛的朋友，什麼情況了？」科蘭古並沒有回答，因為他不喜歡貝爾蒂埃說話的這個腔調。難道連最親近的人也準備離開嗎？他看到皇帝正忙著工作。

「他們究竟想讓我怎麼樣？」皇帝十分急切。

「您要是想保住您兒子的皇位，就得付出重大的犧牲。」

「這麼說的意思是他們不想和我談判。他們想讓我成為一個奴隸，任人宰割，他們這是想用我殺一儆百，警告所有那些靠著天賦統治人類、讓世襲帝王心驚膽戰的人！」

這才是當年的那個波拿巴將軍的鏗鏘之聲！之前皇帝一直忙著檢閱他的近衛軍，研究地圖，翻閱最後的士兵花名冊，這一切工作都讓他的勇氣倍增，情緒高漲。而現在科蘭古將沙皇提出的最溫和的要求轉達給了他：拿破崙必須讓將皇位讓給羅馬王，接下來再說攝政的事情，隨後，他又說起了波旁王朝可能復辟的事，這讓皇帝當場就跳了起來：

「他們瘋了！波旁家族居然回法國！他們都撑不過一年。全國至少九成的民眾是不會容忍他們的，我的士兵也不會效忠於他們。這 20 年的時間裡，他們之所以能存在，一直靠的都是外國人的施捨，而且還公然對抗祖國的基本原則。參議院的那些人，要麼是當年曾親手送國王上了斷頭臺，要麼就是那些弒君者的後代。而我不一樣！我是新來的，沒有任何仇恨等著報，建設才是我的工作……他們從我的垮臺中撈取利益，可以；將我和我的家人放逐，也可以；但是想把波旁王朝找回來 —— 休想！」

他的豐功偉績一幕幕地閃過他的腦海，彷彿一首狂想曲。對他所繼

任、現在又要接替他的那個家族的蔑視充滿了他的內心。然後他的軍人本色又顯露了出來：「他們讓我退位，但這樣能保證皇位歸我兒子所有嗎？我現在還有5萬的軍隊，我要帶著他們進軍巴黎！拿下勝利後，再由法國人民進行選擇。那時候如果法國人民讓我離開，我也會離開。」我們看得出來，政治家的他已決定給兒子讓位；但是軍人的他還是想為自己保留一切。

然而，就在軍隊的士氣大振、自豪感陡大增的時候，元帥們卻產生了不滿的情緒。雖然瑪律蒙的背叛他們現在並不知道，但是他們都有和瑪律蒙一樣的想法：他們都願意解除對拿破崙的效忠，只要不讓他們太難堪。將領們這種和士兵們截然不同的情緒，可以說，正好是對拿破崙稱帝後大肆封賞、將軍們都封為元帥這種做法的懲罰。第二天，團結一致的他們──內伊、麥克唐納、歐迪諾和勒費夫爾等拿破崙最早冊封的元帥們──用盡可能最謙卑、最婉轉的態度，向他陳述退位有哪些好處。

往這裡看！皇帝讓他們看地圖，上面還是那樣，插滿了彩色的小針，密麻麻的。他告訴他們，敵人現在的位置不利，又詳細分析了己方的實力。他這是枉費心機！將領們一年前在杜本城堡裡產生的想法，現在已是無比堅定的了，這個想法和皇帝是背道而馳的。他沒說話，只是示意他們退下，這時他想到了一個辦法。他計算了一下所有的兵力，情況還可以。所以，有條件的退位最多就是意味著停戰或拖延，這樣就能夠多爭取一些時間。

在這幾小時之後，他將科蘭古找來，用手指著桌上他親筆寫的一份文件說：「這是我的退位詔書，帶著去巴黎吧！」

科蘭古讀道：

「因為盟國已宣布，拿破崙是歐洲大陸實現和平的唯一障礙，所以拿破崙皇帝宣布，為了忠實於自己的誓言，為了祖國的利益，還有和祖

國利益密不可分的皇太子的權利、皇后攝政的權利和帝國法律,他本人願意退位,離開法國,甚至犧牲他的生命。」

這是多麼的巧妙!標準的外交言語,用詞考究,造句謹慎,含義卻又含糊其辭,一派舊式外交家的風格,一點都沒有拿破崙的文風特點。因為使命重大,科蘭古請示加派兩名元帥跟他一起去。

「你帶內伊和瑪律蒙去吧,」然後皇帝又說,「瑪律蒙是和我相處時間最長的戰友。」

「瑪律蒙沒在這裡。」

「那就帶麥克唐納去吧。」

3個小時以後,已是深夜,在愛麗舍宮,3位全權代表和盟國君臣展開談判,但是多數都是在科蘭古和沙皇之間進行。科蘭古堅稱,法國所有人民都從心底往外反對波旁王朝復辟,讓對方留下了一定的印象,所以談判進行了很長的時間。突然,一個人用俄語念了一則通告,法國人沒有聽懂。沙皇這時就說:「先生們,你們所仰仗的,不過是貴國軍隊對帝國制度永不動搖的忠心。但是據我最新的消息,第六軍團,就是你們的先遣部隊,已經背離了皇帝,已經加入了我方。」

同盟國那邊頓時輕鬆了不少。他們要求皇帝馬上無條件退位。與此同時,皇帝從楓丹白露一封接一封地送信給科蘭古:

「如果他們拒絕和我協商,那這又怎麼能算得上一個條約呢!⋯⋯我命令你,拿回來我的退位詔書!⋯⋯我什麼條約都不會簽署!」

第二天早晨6點鐘,皇帝正在和貝爾蒂埃一起忙碌,一名上尉、也是莫蒂埃的副官求見皇帝。

「有什麼消息?」

「第六軍團已投降敵方,現在正在進軍巴黎!」── 皇帝抓住他的胳膊拚命地晃著:

「瑪律蒙?你確定嗎?士兵知道自己要去的地方嗎?」

「他們被帶往奧地利軍營是在夜裡。他們得到的命令是，他們在朝敵人的方向進軍。」

「想從我的手裡把軍隊拉走，他們得靠欺騙術！你出發時看到瑪律蒙了嗎？」

「沒看到，陛下！」

「騎兵也一起走了嗎？」

「對，是以密集隊形走的。」

「莫蒂埃呢？」

「他派我來報告您，無論生死，他的部隊都會對您效忠到底。他現在正等著陛下下命令。青年近衛軍已經做好隨時為您捐軀的準備，全法國的年輕人也都準備好了！」

拿破崙走近這位年輕的軍官，和藹地看著他的眼睛，手順著他肩章的流蘇滑下，似乎要撫摸他的肩膀。拿破崙雖已日見衰老，但還是再次獲得了法國青年的支持。

當科蘭古帶回了敵方的新要求時，同他在一起的只有麥克唐納。

「內伊呢？」皇帝問道。

沉默良久。隨後，他知道了新的條件是什麼，這深深地刺傷了他。放棄皇朝！這可是他這十幾年來，所一直追求的！

「我的退位都無法讓他們的野心滿足。難道非要讓我簽字，剝奪我妻兒的權利嗎？我做不到。我為他們贏得了皇位，靠的是我的功業！」在他的頭腦中，這種似是而非的想法已經根深蒂固，以至於他自己都沒有感覺到它的存在。然後，他又計算了一下自己的兵力：

「我這裡還有 25,000 人，從義大利我能很快調 18,000 人來，絮歇那裡還有 15,000 人，而蘇爾特那裡還有 40,000 人。我要繼續戰鬥！戰場，才是我應該在的地方。」

剩下這些部隊還是支持他的，但是疲憊的將領們腦子裡，卻只有趕

緊回自己的宮殿，市民們也盼望著過上和平的生活。

　　元帥們又來了，對他提出警告，甚至連貝爾蒂埃也表示同意：楓丹白露非常容易被包圍起來。他聽著，沒有說話，神情是那麼的嚴肅而莊重，然後突然他問他們，是否願意和他一起進軍盧阿爾河，或者義大利，可以在那裡會師歐仁的軍隊。實際上，這個冒險家的全新計畫就隱藏在這個建議的背後。然而現在站在他面前的這些元帥們都是法國人，他們陳述了可能爆發的內戰，都在勸他退位。他們為他努力爭取到了厄爾巴島，作為他的居留地。他現在最好馬上作出決定。他示意他們退下，然後這樣說道：

　　「這些人全沒有良心和感情！我的失敗原因，並不是時運不濟，而是戰友們的背信棄義。真是卑鄙。現在什麼都完了。」

　　外面的客廳裡坐滿貴族和朝臣，大家都在小聲說話，彷彿是在某個國王的靈床前。大家都在等著皇帝簽字。皇帝對此了然於胸，誰也不准進來，他準備讓他們就這麼等著，一直等到天亮。一夜痛苦的煎熬過後，談判代表們看到穿著睡衣的皇帝坐在壁爐前，看起來心灰意冷，令人心生憐憫。

　　他們將夜裡在巴黎簽署的檔案帶了過來。他將會得到厄爾巴島，還有兩百萬法郎的年金，他可以保留皇帝的頭銜，還有 400 名衛兵。塔列朗曾經提醒盟國，這頭兇猛的獅子，可不能放在離法國這麼近的地方。他的建議是流放他去科孚島，甚至聖赫勒拿島。富歇則不打算讓皇帝緩慢地從高處下落，他要為這一過程提速。因此，富歇在一封措詞十分巧妙的信裡建議皇帝不妨直接去美國，在那裡以一名自由公民的身份，重新開始新生活 —— 離歐洲越遠越好。

　　這一切都讓皇帝十分寒心。此時此刻，一些不一樣的東西獲得了他的關注，那就是麥克唐納的忠貞不渝。他暗中將這位將軍和那些背信棄義的傢伙進行比較，認為賞賜此人的太少了。在即將簽字的時候，覺得

非常過意不去的他說：

「我始終沒有好好地賞賜過你，但是如今我卻已是無能為力。這把塞利姆蘇丹送給我的寶劍你拿走吧，作為一個紀念。」大家都在等著他簽字，他卻命人取來那把鑲金的土耳其彎刀，並和這位將軍深情地擁抱。隨後，他簽署了退位詔書：「因為盟國已經宣布，拿破崙是歐洲大陸實現和平的唯一障礙，所以拿破崙皇帝恪守自己的誓言，宣布他本人及其後嗣從此放棄法蘭西和義大利的王位。為了保障法國的利益，他願意作出包括他的生命在內的任何犧牲。」

終於如願以償！在場的人全都長出了一口氣。大臣和將軍們都離開了楓丹白露，只有大臣馬雷沒有走。每個人都匆匆地趕往巴黎，就連貝爾蒂埃，也都迫不及待地投入了臨時政府的懷抱。掌握大權的是塔列朗和富歇。

不過，皇帝又在宮裡住了 9 天，但是他並不寂寞，25,000 人的、忠貞不貳的近衛軍還在他的左右。還有別的人嗎？他的弟兄們早就全部溜之大吉。在瑪律梅松的約瑟芬在做什麼？痛哭流涕的她發誓自己要追隨廢帝。但是緊接著她卻接待了拿破崙的征服者，態度殷勤又無比哀痛，讓人憐惜。沙皇想成為一名風流的騎士，拜倒在前皇后的石榴裙下，但是她的女兒奧坦絲卻非常冷漠。沙皇一走，她就馬上去了楓丹白露，和皇帝待在一起，一直到他離開。

一開始，他母親陪著他住在這裡，但是考慮到她的安全，他勸她和傑羅姆一起離開這裡。他們以後一定有團聚的時候。當皇后和萊蒂齊亞告別時，說了一些非常禮貌的客套話，又祝她的婆婆安好，但是老太太早已看透了瑪麗·路易絲，明白她只在乎安全和享受。因此她和這位哈布斯堡的公主說：「這完全取決於你，和你未來怎樣做。」

皇帝寫了好多封信，派出好多位信使，但是他都沒有得到妻兒的隻言片語。雖然他自己已經對土地和金錢沒有什麼興趣了，但是還一直在

為妻子的利益考慮。按照條約的規定，她將成為帕爾馬的女大公，而他則在信裡勸她，再另外提出要求，要托斯卡納，至少也要得到離厄爾巴島近的一些土地，這樣夫妻間連繫方便。他還在信裡告訴她，路上最好在什麼地方停留，御醫會向她提出建議，什麼地方的溫泉有利於她的健康。她個人的珠寶，她應該隨身帶上。接下來他又寫信給內廷總管，應該歸還所有不屬於他和皇后的鑽石，因為它們都是法國的。

在這期間，政府已經派人前往杜樂麗宮，奉命查抄皇帝的財寶。包括一切金子和有價證券在內的個人財產都被查封了，總價值約為 1.5 億法郎，其實這就是強取豪奪，因為這些都是在過去的 14 年裡，拿破崙從自己的薪俸中省下來的。全部的銀器，全部的個人物品，從金質的鼻煙盒，到上面繡著「N」字樣的手帕，全都被收走了。搜查令的簽字者中的一個，就是塔列朗。昨天，拿破崙還是全歐洲最有錢的皇帝，到了今天，他卻只能帶著 300 萬法郎，前往流放他的厄爾巴島了。

他的情緒非常平靜，還有什麼事情能讓他失望呢？在他退位的第二天，呂西安就寫了信給教皇，當上了羅馬的一個親王。在這幾週的時間裡，富歇布下了他的陰謀之網。他唆使繆拉進軍羅馬和托斯卡納，後者可是他妻姐愛麗莎的領地，也被他入侵了。和從前一樣，又被妻子卡洛麗娜調唆的他又勾結了英國，讓英國將托斯卡納占領。錯誤地估計了形勢的愛麗莎，在最後關頭賭注下錯，仍然效忠皇帝的她不得不在妹妹的軍隊入侵之前倉皇出逃，然後在山間的小旅店裡，她生下了一個孩子，最後在博洛尼亞成了奧地利人的俘虜。他的家人裡，只有傑羅姆夫婦的表現還可以，沒有做什麼過分的事情。

最後幾天的氣氛是不詳的沉寂。如果庭院裡駛入一輛馬車，大家都會馬上豎起耳朵：是不是誰來和拿破崙道別了？沒有人來，除了那些來處理事務的人。就在拿破崙出發前幾天的一個晚上，來了一個貴婦人，她戴著面紗罩，誰都不認識她，所以她沒有獲得召見。瓦萊夫斯卡夫人

就這樣在這裡等了整整一夜，第二天一早，她留下了一封信給拿破崙。他派人去找她，但是她已經走了。他寫了封信給她：

「瑪麗！……我深深地被你的感情打動了，這些真情，真的無愧於你那善良的心地和美好的靈魂……思念我時請帶著愛戀……永遠不要對我產生懷疑！N.」

自從在心靈上重新獲得了平靜以後，皇帝再一次鼓起了勇氣，他現在不是還有一個島嗎？那裡不是能夠再次作為他的用武之地？未來會發生什麼事，誰又能知道呢！科西嘉不也就是地中海上的一個小島嗎？他隨身特地帶了一本專業書籍，對厄爾巴島的地理和統計資料進行研究：「那裡擁有清新的空氣、誠實可靠的居民。希望這個地方能讓我親愛的路易絲喜歡。」他為自己挑選了400名士兵，大家都想繼續追隨他，即使付出拋妻棄子的代價。他們中有不少人是22年前他在土倫當上尉的時候，就開始追隨他的，從開羅到莫斯科，他們差不多一起經歷了60次大大小小的戰役。

他的情緒重新高漲。他與內廷大臣聊起了天命，說起在最近的幾次戰役中，他是怎樣的九死一生。他又補充道：

「輕生是一種怯懦，用這樣的方式來逃避自己的責任，就好像一個賭博輸光了財產的人，我實在沒看出哪裡偉大……自殺與我的原則相悖，也不符合我在世界上所處的地位。」他們在陽臺上默默地踱步，然後他又笑著補充道：「這是我們私下裡說的：活著的鼓手，肯定比死了的國王價值高！」

所有手續都辦好了，4位陪著他去厄爾巴島的盟國專員也來了。當天下午出發。他十分平靜地寫了封信給妻子，告訴她即將出發。他在結尾處這樣說：「再見了，親愛的路易絲。請相信你丈夫的勇氣、鎮靜，還有對你的愛情。N，」 —— 最後，他又補上一句：「吻一下我的小羅馬王！」

起程彷彿應該非常簡單，因為沒有送行的人。

不對。在院子裡，集合的老近衛軍站成方隊，在等著他。當他步下臺階，千百雙眼睛都在看著他：他現在必須得講幾句話了。不過，說點什麼好呢？20年來，他對他們的訓話，一直都是在開始戰役前，或者獲得勝利後：要麼是激勵他們，要麼是感謝他們。現在雖然 不是獲得勝利，但是，他還是要為過去的數以百計的戰鬥對他們表示感謝。他走了過去。「皇帝萬歲！」士兵高喊。他走到士兵當中，開口說道：

「我的老衛隊士兵們！我現在和你們道別。過去的20年當中，我始終陪伴著你們，走在輝煌的道路上。在最近的這些歲月裡，你們依然可以稱得上是忠誠和勇敢的表率，一如我們全盛時期那樣……但是那樣可能帶來內戰。我已經將我的一切利益都犧牲了，只是為了祖國的利益。我要走了……不過你們，我的朋友，還要繼續效忠於法蘭西。過去，法蘭西的幸福是我唯一所想到的願望。現在，我將這個願望寄託在你們的身上。不要為我的命運感到惋惜，我之所以要繼續活下去，也是為了你們的榮耀。我打算把過去我們一起取得的那些偉大成就都記錄下來。別了，我的孩子們！我想將你們每個人都緊貼在我的心坎上。現在，再讓我親吻一下你們的軍旗吧！」

一位將軍走了過來，手裡擎著軍旗。拿破崙先給他一個擁抱，又親吻了軍旗。「再一次別了，我的老夥伴！」他上了馬車。「皇帝萬歲！」他的車漸行漸遠……

這些身經百戰的士兵們就站在那裡痛哭不已，好像個孩子。他們的父親走了。他還是第一次對他們說如此動情的話。公告中那些熱情的形象，古羅馬式的莊嚴，所有的慷慨激昂，所有的比喻，都和戰爭的狂熱一道隨風飄散了。這個皇帝說話像一位統帥，這位統帥說話像一位隊長：話很少，十分簡潔，語調中洋溢著男人的剛毅。他親吻著軍旗，那個姿態是那麼的動人，無與倫比：他之前從未做過這個動作。近衛軍的戰士

們會給他們的孫子講偉大的皇帝、也就是他們的隊長的所說的話，孫輩們再將這些說給自己的孫子們，就這樣一代一代，一直傳到現在。

　　他就是在這種軍人的氛圍裡成長起來的。沒有人能料想到，他剛剛離開這裡，就遭遇了暴民的襲擊。近衛軍士兵的哭泣聲剛剛消失，他的耳朵裡就傳進了喧嚷、叫喊和咒罵，車隊飛快地從普羅旺斯穿過，車外，人們雷鳴般的叫罵聲直衝他的鼓膜：「打倒暴君！把這個無賴殺死！」在鄉下換馬的時候，他的車子被憤怒的婦女們圍住了，向馬車扔石頭，向他尖聲喊叫，他們又逼著車夫喊：「國王萬歲！」在一個村子，群眾把一個稻草人掛在了絞刑架上，稻草人的身上裹著拿破崙那樣的軍裝，上面滿是血塊和汙泥。他們大叫著：「打死殺人犯！」車子不得不加快了速度，旅行變成了逃竄，這還是有生以來，拿破崙頭一次逃跑。

　　皇帝呆呆地坐在那裡，看著、聽著。當年飛奔到車子旁、爭先恐後地目睹皇帝風采的，不也是這些人嗎？他們這些人，市民和農民，也就是書面語裡的人民。當年他們看到他的時候，不都認定法國之所以偉大，全都是因為有了他嗎？沒錯，就是他們。當年第一次進駐巴黎時，他這位勝利者受到的是萬眾的歡呼。在那時，他就憑藉自己藐視人類的先見之明，預料到了今天發生的這一切。他蜷縮在馬車的一個角落裡，面色蒼白，沉默無言。每到一個停留地，隨行盟國的專員都會跳下馬車，為他提供掩護。難道他真的可以做到無動於衷，默默忍受了這一切嗎？他會拔劍自衛嗎？現在他的身上已經沒有佩劍。他可以穿著市民的深色便服離開法國，但是穿綠色的軍裝是絕不可以的。在他的過去，類似的經歷僅有一次，那是在霧月十九日，一些激進分子向他揮舞著拳頭，不過當時他並沒有拔劍：那時有一點和現在一樣，那就是面對暴民，他束手無策，這是因為，他的天賦和職業決定了，擊退或者說服暴民的工作，他是無法勝任的。他是一個皇帝，並不是什麼護民官，發號施令和統率軍隊才是他所擅長的。在他的字典裡，奮起爭鬥等於發動一場

戰爭。

運動！空氣！他命令車子在一條寂靜的街道上停了下來，卸下了一匹拉車的馬。他把一個大大的白色帽徽放在圓帽上，然後騎著馬在前邊走，他的僕人跟在後面。他一直走到離埃克斯城不遠的地方才停了下來，走進路旁的一家小店，說自己是英國上校坎貝爾，這是他的第六個化名。

一個普羅旺斯的女孩為他這桌服務，她一直喋喋不休地說著：「人們要在他出海之前把他幹掉！」他頻頻點頭，附和著她每一句話：「當然，當然！」當只有他和僕人的時候，他的頭靠在僕人的肩膀上，他打了個盹，他已經幾個晚上沒有闔眼了。他倒頭便睡：無比仁慈的大自然啊，你賜給你最偉大的戰士的這件禮物，是多麼的美好啊！當他醒來時，心裡又出現了剛才的叫喊聲和群情激動的景象，他不禁打了個冷顫，小聲地說：

「不行，我再也不回來了！我在厄爾巴島，我會過上比以往任何時候都幸福的生活。從今以後，我要投身於科學研究工作，任何歐洲的王冠，我都再也不要了。人民的真面目你也看到了。我鄙視人類難道錯了嗎？」

當馬車到旅店時，這一路上的遭遇讓他換了一身衣服。因為時間倉促，他換上了一身奧地利將軍的制服，那來自於科勒專員。再戴上一頂軍帽，來自普魯士上校特魯赫塞斯，俄國專員蘇萬洛夫的大衣披在外邊。皇帝集 3 個盟國專員的衣帽於一身，這一身好像狂歡節式的裝束，活像一個落荒的小丑：拿破崙就是這樣告別了他的國家。

終於到了弗雷瑞斯！他從埃及回來時，就是在這個港口登陸的。那時的他是一位敗軍之將，將法國的所有軍艦都丟了，本應被送上軍事法庭接受審判。但是他卻受到了沒有領袖的民眾們的熱烈歡迎，因為他在義大利取得的輝煌勝利，人們還是記憶猶新的。當時的那一路，他經歷

了多少次的萬眾歡呼場面才來到巴黎，他自己都不知道。而這一次，他反方向順原路南下，卻危機四伏，差點被石塊打傷，最後不得不偽裝起來，才逃得一命。一個民族贏得了榮耀，一個國家獲得了重生，轉眼之間，已經過去了 15 年！在這 15 年裡，整個歐洲不斷發生紛爭，墳墓裡士兵的屍體早已腐爛，與此同時，凱旋的英雄接受人民的歡呼，平民當上了元帥，從酒館走進宮殿。對於這個獲得勝利的民族，有人反抗，有人擁護，人們在精神受到的衝擊極大 —— 而一個從地中海小島來的外國人，靠著自己那無比自信的魯莽和大膽，最終戴上了那頂金葉皇冠。

十五、厄爾巴島

科西嘉島多大啊！它的山，又是多高啊！巴斯蒂亞這個港口很好，用望遠鏡能夠看見港口的炮臺。如果誰從東面發起進攻 ——

每次這位厄爾巴島的統治者騎著馬登上山丘，眼前就會出現故國家園的剪影。隔海望去，那邊所有的東西都要大於這邊的。面積上要大 40 倍，而人口也是厄爾巴的 10 倍。這些數字，他都了然於胸。在他眼中，厄爾巴島無非就是一個鼴鼠丘。

5 月一個早晨，天氣晴朗，他登陸時，費拉約港的農民和市民代表在道路兩旁歡迎他，還向新的統治者致敬問好，有些靦腆。他並沒有接受為他準備的歡迎宴會，而是直接跳上馬，去視察島上的防禦工事了，這讓他們有些吃驚。第二天起開始，這個小島終於忙碌了起來 —— 之前沉寂太久了 —— 下達的命令源源不斷：皮亞諾沙那裡得增修兩座炮臺；必須延長防波堤；所有的路況都要進行改善。小島上的居民目瞪口呆地看著那 400 名步兵登陸，就好像在看一個突然到來的外族部落。很快他又新組建了一個外籍部隊，他們被他組成一支國民自衛隊，兵力大為增強 —— 拿破崙現在又擁有了一支千人左右的軍隊。不久之後，他又有了

一支為國民自衛隊提供保障的小艦隊。隨後他又組建了一個參政院，成員是貝特朗和德魯奧這兩位陪著他流放的將軍，還有 12 名當地的居民，參政院主席是拿破崙自己。他們在一起討論怎樣對鐵礦和鹽井進行改造。你們島上沒有種桑樹嗎？在里昂，養蠶是特別賺錢的。如果法國政府朝我們徵收關稅，那我們可以將商品賣去義大利。

節約！我們現在太窮了，而法國方面又沒有支付答應的年金的打算。這所白房子都沒有我的家鄉阿雅克肖那座老房子大，而且太簡陋了，但是現在沒有錢進行修繕。「宮廷總管」貝特朗寫了一張清單，上面開列了所有的褥墊床具，但是被他的主人指出其中是有錯誤的，因為他現在所有的財產，都被他牢牢地記在腦子裡了。

這個永遠都不知道什麼叫疲倦的人統治著這個小島，經營著他的迷你房子，管理著他的微型軍隊。難道他就一點都沒有意識到，這樣單調的生活其實十分可笑嗎？一點都沒有！在厄爾巴島上，他身康體健、精神抖擻，全身心地投入到了這個全新的事業裡。

他意識到，並不是民眾在吸引他工作。發布命令、改造人民、施行建設，這一切都是在他藝術家式的靈魂驅使下完成的。然而，人們並不好改造，他的建設想完成也很難，人們並不是黏土，可以任人揉捏，即使戰勝了他們，他們的反抗卻仍在繼續。他唯一的辦法就是採取強制措施，征服人們的靈魂，他提出意見，發布命令，不斷改造，不斷警惕。一句話概括，就是持續加強統治，好完成自己的使命。他始終都不是暴發戶和半吊子，所以，現在的他推動這個小輪子時的認認真真、兢兢業業，和當年推動整個地球時是一樣的。

島上的大部分工作很快都走上了正軌，他卻發現自己有些倦怠懶散的感覺，即使在研究數學時也是這樣。這讓他不得不重新開始考慮自己的處境。

他寫道：「要讓自己適應沉思的生活沒有什麼難的，只要你自己累

積得足夠多。我在書房當中勤奮地工作。當我走出屋子，看見我的老衛兵們，這種感覺十分幸福……那些世襲的國王們，一旦遭到了廢黜，就不得不忍受極度的痛苦，因為在他們的生活裡，奢華的場面和宮廷典禮已經成為不可或缺的要素。而我一直都是一名軍人，當上了皇帝純屬偶然。所以對我來說，各種場面和典禮都成為一種負擔，只有戰爭和軍營才能讓我有舒服的感覺。回首我偉大的過去，我的士兵們，是我唯一感覺愧對的人。在我的珍寶裡，有兩套法國軍服，是別人留給我的，這是我最寶貴的財產。」

　　一個神祕國王此時此刻真情流露。人們是否相信他的話？他在這個微型的國家裡，還煞有介事地維持著他的皇朝，這會招致歐洲的取笑嗎？很快，歐洲就產生了懷疑：島上是不是有什麼祕密。好多年以前，那時的他還是一位年輕的將軍，就靠著天生的尊嚴，為世襲貴族們所尊敬。現在，他還能夠對那些想嘲笑他的來訪者產生震懾。人人都對這位孤獨者的天性簡樸大加讚賞。身居陋室的他還保留著「皇帝陛下」的尊稱。他現在住的這個島上，既沒有宮殿，也沒有朝臣，只有功勳的光環還圍繞在他的左右。

　　這次回歸故里，也為他心靈帶來了一些慰藉，因為厄爾巴島也是義大利管轄的。農民們回答他的問題用的是他的母語。生養了他的地中海，海邊靜靜的小島，這些難道不會讓他追憶起自己的童年嗎？五針松、無花果還有懸崖峭壁，船帆和漁網，葡萄園裡的白色平房，家族的高貴以及禮拜堂裡戴著的頭巾。這一切都彷彿一隻溫柔無比的手，將他拉回了美好的童年時光。他那飽經風雨激蕩的神經在此時此刻，終於得以放鬆片刻。在這幾個月的時間裡，皇帝的健康逐漸恢復。有時候，眼前的場景，會讓他恍惚中產生了錯覺：自己做了一次夢幻般的旅行，回到了童年的幻境。只有他看著老衛隊的士兵時，才能真正體會到，從科西嘉到厄爾巴，這中間的確有很多事發生。

「島上的皇帝生活非常滿意。」他的陪同中的一位曾經寫過，「他好像已經將過去都忘記了。他在布置他的房間上花了不少的時間。他現在正尋找蓋鄉間別墅的地方。我們坐車、騎馬、划船，玩得十分開心。」

因為他現在有的是時間，又一定要節儉，所以他事必躬親，任何微小的細節都不放過。以前在杜樂麗宮時，衣物清單就是他就自己開列的。現在在厄爾巴島，他對貝特朗說：「我的衣服管理現在十分混亂，，有一部分箱子都還沒有打開，也沒有做上記號。請你傳下令去，全部衣服都要放進衣櫥，不管是誰要領取宮中物品，都得填寫收條。房間裡現在缺少普通的椅子，請你命人去比薩帶一個樣品來，每把的價格不能高於 5 法郎。」

歐洲知道了這件事後大笑不已。後人也對拿破崙這樣的節制簡樸而十分震驚。

只有一次，人們聽見了一聲短暫的嘆息。那是一個傍晚，他站在山頂上，俯視著他的所有領土。他說道：「我們不得不承認，這個島真的是太小了。」就像是遠處轟鳴的雷聲，一個人的命運在這句話裡全體現了出來。他如此宏大雄奇的想像力，卻被局限在歐洲這個的狹小範圍內，禁錮在 19 世紀普通百姓的智力水準裡，可想而知他內心是何等的苦悶。

他的母親在夏天時來了。對拿破崙現在的處境感到高興的，只有她一個人。如今，她的兒子再也不會有被暗殺或者戰死的危險了。這裡溫暖如春，平和安謐，差不多和科西嘉一樣美麗。她和他朝夕相處，重溫了往日的天倫之樂。她的到來十分及時，因為她給兒子帶來了他所需要的東西 —— 她一個人就攢下了幾百萬的家財。當他接到她的錢時，我們可以想像當時母子相視而笑的場景。她還在他的命名紀念日那天，為他組織了一個小型的鄉間宴會。

從前在巴黎，她曾親歷過的拿破崙命名紀念日有十幾次：在殘廢軍人榮養院裡發射禮炮、放焰火，彌撒與宮殿，參議院議員和大臣們，杜

樂麗宮裡，宮廷官員和外國使節雲集。到了晚上，這裡賓客滿堂，音樂聲中，法國各界名流來回穿梭個不停，這裡美女如雲，珠光寶氣。8月的夜空被燃放的焰火照亮，上千盞小燈組成一個巨大的「N」字。圍繞在萊蒂齊亞左右的，都是她生下來的帝王們。她安靜地站在那裡，雍容典雅而又高貴。她不由得想起了那句古老的格言：「但願這一切能長久！」現在的她卻十分興高采烈，甚至將這裡的快樂氣氛和故鄉阿雅克肖小城放在一起比較。今天她第一次想道：「我們現在做得非常好了。」

萊蒂齊亞有很多過去意氣用事導致的心靈創傷，在羅馬時都平復了。已經回了羅馬的教皇，也原諒了這位昔日敵人的母親。滿朝的官員，甚至連她的科西嘉祕書在內，全都投入了復辟的波旁王朝的懷抱。她並不對這個驚訝，因為這早在她的預料當中。只有她的女兒卡洛麗娜，她拒不和她見面。

另一個女兒波麗娜卻為母親所寵愛。性格開朗的她一直是這個家庭裡最可愛的那個，而且聰明過人，對王冠沒有興趣，鑽石和情郎才是她的最愛。她搬到了島上住，和母親一起為哥哥排憂解悶，她還為他帶來了好多的趣聞軼事。

他基本沒有別的兄弟們的消息。有一次，呂西安寄了一封信來，他能建議被放逐的兄長什麼呢？他在羅馬是親王，過著豪華的生活，他能慷慨地送些金錢來給拿破崙嗎？他能利用自己的影響，為自己兄長奔走嗎？這位教皇新近冊封的「加尼諾親王」，究竟在信裡寫了些什麼？他現在在經營一家冶煉廠，而厄爾巴島有鐵礦，正好可以為他的熔爐提供原料，因此他請求哥哥為他提供礦砂。想當年，他都可以拒絕黃金和王冠。而現在，他哥哥手裡有的只是鐵礦了，他卻想要進行利用。可能他認為自己是一個詩人，喜歡創作熔爐煉鐵題材的滑稽戲吧。這不是也挺好的嗎？至少還有一個人想起了他。還有誰會寫信給他呢？

約瑟芬去世了。在拿破崙告別巴黎的幾星期後，她死在了瑪律梅

松。她在寫給拿破崙的信裡寫了什麼，誰也不知道。大家知道的，只是她留下了大筆的債務——據說高達 300 萬法郎——讓拿破崙得為她償還。奧坦絲已經和她的丈夫分手，被封為女公爵的她就住在她們母女曾經統治的宮殿裡，向復辟的波旁家族大獻殷勤。小萊昂，曾和萊蒂齊亞在羅馬住過一段時間，據說和他的父親很像，非常勇敢，也非常頑皮。以上就是他所知道的和家人有關的所有情況了。

　　一位貴婦乘坐著一艘英國船來了，她就是那晚去楓丹白露的、卻沒有透露姓名的女士。皇帝在栗子樹下的營帳裡接見了瓦萊夫斯卡伯爵夫人。他們難捨難分，在一起度過了兩天兩夜。拿破崙只是在需要他下命令時，才會出來一下。而那個 4 歲的、穿著波蘭民族服裝的小男孩，正在草地上和老衛隊的士兵們玩耍。皇帝有把伯爵夫人留下來的想法，但是又怕妻子路易絲因為這個就不來了。對他的妻子，他一直還抱有幻想呢，因此，在哈布斯堡公主的祭壇前，他再一次將自己的幸福犧牲。她走時坐的船後來遇到了風暴，拿破崙知道以後坐立不安，一直到她到了里窩諾捎來消息，他才放了心。

　　人世間的事就是如此奇妙！這位 45 歲的男子，用他的魔力，將不一樣的時代和風俗緊密地聯結在一起。現在的他是地中海一個小島的國王，他的愛人漂洋過海來看他。他們上一次見面，還是在維也納美泉宮的皇家宮殿裡。那時的他，在與那個國家為敵，而現在的他再次成了那個國家的敵人。他還把另外一個女人從同一座宮殿裡帶去了巴黎，又娶她為妻，但是現在她早已拋棄了他。他的私生子在波蘭一座孤獨的城堡裡出生，現在，他卻在南方的樹下玩耍，身上穿的是異國的服飾，那是皇帝曾經答應解放的國家。誰又能相信，所有的這一切都是發生在短短的 5 年裡呢？按照正常的節奏，這些變故的發生至少得 100 年的時間。也許很多年以後，人們會認為這一切是一個美麗的傳說：在 1,000 以年前，一位偉大的皇帝被放逐到一個小島上，一個美麗的、悲傷的女子，

從遙遠的國度遠渡重洋而來，為他帶來了他們的兒子。

事實是，妻兒都已離拿破崙越來越遠。對他來說，失去親人和失去權力是一樣的殘酷，以對他的打擊程度來看，前者甚至是更深的，因為他看待婚姻，是以非常保守的市民意識去看的。即使是在最後那次穿越法國的傷心之旅的路上，他也還是和往常一樣寫信給瑪麗‧路易絲。到了島上以後，他甚至把她的住處都準備好了，還自己動手設計了一套新居。但是他始終沒有收到答覆。於是他認為，信在路上被人扣下了。最後他只能去求托斯卡納大公替他轉達消息，因為「我希望殿下還能保留一點和我的友情，儘管最近發生的一些事情改變了很多人的本質……在現在的形勢下，我還想請求您對待這個小島友善一些，島民一直抱著敬愛殿下的心情，就和托斯卡納一樣」。唉，一個小島的統治者，手下臣民都不到兩萬，給大公寫信竟然用這種口吻，當然被大公置之不理。

當拿破崙感受到了人心難測、世態炎涼之後，他昔日的抗爭精神出現了再度升騰的現象。如果不是為了妻子，如此奴顏婢膝的信，他是肯定寫不出來的。遭到冷遇讓周圍的人們終於可以放下心來，因為他們再次聽見他那鏗鏘有力的聲音：「這些帝王們，當初都是那麼的畢恭畢敬，向我這裡派使節來，把親生女兒送上我的床，還管我叫『兄弟』。如今他們卻罵我是篡權者。啐不到我本人，他們就啐我的畫像。帝王的威嚴都被他們糟蹋完了。皇帝的稱號又算得了什麼！如果我除了這個，別的什麼東西都沒有留給後世，一定會被後人恥笑的……在古希臘羅馬時代，征服者會擄走打了敗仗的人的孩子，在慶賀勝利、舉行入城式時，把他們放在最前面遊街示眾。」

當拿破崙知道，在那混亂而又恥辱的一天，他那 4 歲的兒子曾經激烈地拒絕從父親的皇宮離開，他又會怎麼想呢？小羅馬王第一次和他的外祖父見面時，天真地說：「我見到了奧地利皇帝，他長得並不漂亮。」而這正是拿破崙所想要避免的。這個男孩注定要和阿斯蒂安納克斯一樣

的命運。雖然他受到了很多的寵愛，但是他可能也已經意識到了，他父親的名字，他再也不能提了。雖然他獲得了一個象徵性的名字：「拿破崙·法蘭茲」，但是這個名字體現了兩個敵對的世界並不幸福的結合，和他身上流著的血一樣。但是沒過多久，「拿破崙」這個名字就被徹底摒棄了。他就像是一隻小布穀鳥，可憐巴巴地寄居在哈布斯堡的巢穴裡，自然只能保留「法蘭茲」這個名字了。後來，當要離開維也納的皇后祕書前來和皇后告別辭行，被孩子拉到窗角，孩子匆匆地和他小聲說：「請您和我父親說，我十分愛他！」

有個微不足道的奧地利軍官名叫奈普堡，他被載入史冊，只是因為他進入了一名哈布斯堡公主的臥室，而這位公主如果不是拿破崙的妻子，也一樣會是名不見經傳。當拿破崙知道了這件事，他又會怎麼想呢？命運的打擊，讓他陷在無比的痛苦之中無法自拔。拿破崙對著兒子的畫像哭泣，看到這一幕的親信們無不倍感同情。

好在波麗娜來了，風姿依舊的她情緒很好。為了逗拿破崙開心，她故意學島上那些裁縫和鞋匠受皇帝垂詢時的動作和神情。每週，皇帝都會接見幾位島上的居民，詢問他們有幾個小孩，島上是否需要建一個醫院等等。隨著時光的流逝，拜訪這個小島的義大利人越來越多的。如果來的人帶了有力的推薦信，就會被皇帝接見，這些人裡有貴族、有詩人、有歷史學家，甚至還有英國人。他們一談至少幾個小時，當然只談往事，未來隻字不提。他喜歡聽來訪的客人對奧地利捲土重來，又恢復了對義大利的統治大加指責。但是有些陰謀家還打著讓拿破崙能去義大利帶著他們起事的算盤，拿破崙這時就會打發他們回家。因為他的心思一直在另一個海岸上，現在相關的計畫正在慢慢形成。

巴黎現在怎麼說呢？

一直到現在，這對他來說，還是最為重要的問題。他從一週兩次的報紙，再加上來訪的客人那裡獲得了法國的音訊，這也讓他開始考慮其

441

他的可能性。不過不要有這樣的想法：拿破崙開始他新的紀元，都是按照之前定好的計畫來的。實際上，在登陸厄爾巴島時，他甚至都不知道自己還能不能離開這座小島。但是，在經歷了莫斯科的慘敗後，他已經成為一個冒險家。讓他振作起來的，恰恰是冒險家才會有的直覺。「活著的馬夫也比死了的國王價值高！」隨著情況的變化，他開始慢慢地制定計畫，又否定了；再制定，再進行修改。巴黎和維也納的情況就是計畫的著眼點。

巴黎如何看待波旁王室？國王們一般都會這麼說，拿破崙前腳剛走，波旁王室就將首都「光復」了。拿破崙時代有嚴厲的新聞檢查制度，因此報紙可以稱得上是滿紙謊言，但是他即使遠在小島，還是知道了真相：當時，他們來巴黎的時候，是 4 個人擠在一輛小車上。這下天生愛譏諷的巴黎人，可算有了取笑的對象了。坐在馬車上的國王裝束非常奇特 —— 他穿的是便裝，但上面卻有巨大的肩章。胖得有 3 個下巴的國王，向好奇的圍觀群眾微笑致意。一位面容憔悴的貴婦坐在他的身旁，那是安古勒默女公爵，回首往事的她，不禁讓淚水模糊了雙眼。年邁的孔代親王，還有波旁公爵坐在對面。他們穿著舊王朝的制服，年輕人都沒有見過。這輛馬車將 22 年後終於復活的鬼魂載回，護駕的是拿破崙皇帝的近衛軍，個個都神情不悅。他們那彈孔密布的軍服顯示出，在路易十六和路易十八的馬車這一出一進之間，曾經有多麼波瀾壯闊的爭鬥發生。

皇帝急切地問起繼任皇帝的人生活習慣是怎樣的。他欣喜地聽說，路易十八直接住進了他的皇宮，什麼改動都沒有。路易十八看起來並不具備王者的氣質。當時一位德國人曾這樣描述，路易十八「特別肥胖，胖得幾乎都走不動路了。他腳穿黑緞靴，兩手都得扶著拐杖，即使一根草都能絆倒了他。他穿的藍色長袍上面是紅色的翻領，老式的金質肩章掛在上邊」。皇帝在諸如此類的描述中度過了十分愉快的一個小時。在

過去的 12 年裡，英國報刊一直在用漫畫對拿破崙在波旁王宮中的軍人習氣進行諷刺。現在這個英國人一手扶植起來的正統國王，卻成了一幅非常正宗的國王諷刺畫。路易十八又有什麼取悅人民的事呢？

他頒發了一部憲法？非常遺憾。但是很快就有消息傳來，國王恩賜的這件禮物現在還只停留在紙面上。當初的不平等、等級特權——現在國王的哥哥就因為這個被送上了斷頭臺——現在又全都回來了，是悄無聲息地順著後門溜進來的。貴族不用服兵役，出身卑微的人不可能躋身高位。新貴族被瞧不起。路易十八是個做事很理智的老好人，但是他什麼都聽他弟弟——具有陰鬱性格的阿圖瓦伯爵的。報仇心切的流亡貴族簇擁在伯爵的左右。他們要求將大革命中被沒收的財產歸還給他們，但是現有的法律對實際所有者的權利是保護的。為了安撫他們，國王就讓他們都當了貴族院議員，還給他們大筆的年金。

為什麼會這樣？教會再度掌權？僧侶們和舊貴族狼狽為奸，他們搬出地獄焚身的說法，恐嚇那些垂死的人，逼著他們立下有利於財產原主人的遺囑。雖然宗教自由為新憲法所保護，但是在禮拜日，街道兩旁卻是百業關門休息，不關門的就會被處罰。大街上又出現了宗教儀式的遊行。一個生活浪漫的女演員為不少巴黎人所喜愛，但是她死後，教會卻不同意為其進行天主教的葬禮，復辟之後的第一次暴動由此爆發。

很快，民眾就開始感受到了那些外國解放者帶給他們的「好處」了。被放逐的皇帝饒有興致地看了一幅漫畫：騎著馬的路易十八跟在一個哥薩克兵身後，踩著法國人的屍體進入了法國。威靈頓曾在西班牙戰勝法國軍隊，因此當他以英國公使身分在巴黎閒逛時，人們看他的眼光都帶著憎惡。退伍軍人的成千上萬，新政府又為他們做了些什麼呢？軍官到手的薪水只有一半，拒不皈依天主教的人會遭到開除。與此反差強烈的是，成員都是貴族子弟的新皇家衛隊，待遇卻十分優厚。重新開辦了貴族的軍官學校，而榮譽團軍官的孤兒則為安古勒默女公爵所庇護，

在這些事情上，新舊政權倒是有融合的趨勢……在整個法國，失望的情緒不斷升級，其速度之快，就算是拿破崙也沒有想到。

但是，盛行厄爾巴島上的，並不是雅各賓式的論調。拿破崙從來都沒有放棄他的政體主張，雖然他自己犯下的錯誤他也承認：「法國還是需要貴族統治的。然而，想建立這樣的貴族統治，需要給人們時間和傳統。我封了好多個親王還有公爵，賜給他們大量的財產和土地，但是他們出身的貧賤讓我不能把他們變成真正的貴族。因此，我就讓他們和舊貴族家庭聯姻。我需要20年的時間，如果上天能給這些時間去把法國建成偉大的國家，我能做太多太多的事情。可惜天不遂人願。」

總體來說，他好像一個棋手，下完了一盤棋，坦率地承認了讓他輸了的錯誤。他承認自己的失誤甚至不分對象。他和那些不認識的英國人說，他在德勒斯登時就議和就對了。當英國人問他不在夏蒂榮議和的原因時，他傲然地回答：

「有辱法國尊嚴的和議是我所不能做的。在我當政的時候，比利時就是屬於法國的。我可以退出那些被我占領的國家，然而讓我退回原來波旁王朝那個疆界？休想！……我生來就是一名軍人。但是我忽然發現自己已經身在大革命當中。國王的寶座沒人了，而我不過是坐上去罷了，能坐多長時間就坐多長時間。而如今，如今的我又和當初一樣，又成為一個軍人了……當人們看到別人的痛苦之後，只有膽小鬼才會去害怕那些痛苦。」

只要是熟悉拿破崙秉性的人，都能夠從這樣的心態中得出結論，他並沒有被打倒。有一點是令人吃驚的：現在的他能夠完全自由地談論往事。在厄爾巴島上，他從來沒有過篡改自己歷史的企圖表現出來。不過，在剛去的幾個月裡，他覺得自己的事業已經窮途末路，什麼暴力侵襲都不想搞了，而他更多的是在考慮去英國當一名名譽法官。「如果我去了英國，人們會針對我嗎？他們是否會向我扔石頭？倫敦的那些暴民

倒是個危險的事情。」和他談話的英國人都向他保證，英國這個國家十分好客。他會把這一點記住的。

維也納會議是促使他採取行動的第一個因素。4 位君主聯手對付一個共和國，用了 10 年，終於將它消滅；5 位君主現在結成了同盟聚在一起，目的是建立歐洲的新秩序；他們已用不著再提防任何真正的敵人。但是很快，這個由四個半勝利者（波旁王朝只能算半個）組成的同盟就分崩離析，原因是內在的嫉妒。為什麼呢？沙皇不是要吞併整個波蘭嗎？而薩克森不是早就讓普魯士垂涎已久嗎？然而，加里西亞怎麼處理？波旁家族的親戚薩克森國王又怎麼處理？出現了裂痕。會議開始 3 個月是新年，這個聯盟宣告解體。就是這些君主和大臣們，不久前，為了慶祝勝利，他們還一同舉行了一系列的活動，現在卻在互相欺騙：為了對抗俄國和普魯士，哈布斯堡和英、法兩國結盟。而在前不久，他們還曾並肩戰鬥。

根據施泰因男爵的紀錄，梅特涅那懶散、輕浮、虛榮而又陰險的天性決定了全域。「他將那些善良的、獲勝的君主們玩弄於股掌之上。」一個薩克森貴族從維也納寄出的信裡這樣說，「普魯士國王看起來總是滿腔怒火……丹麥國王善意滿滿，有時也非常機敏……巴伐利亞國王看上去，卻像一個粗俗的、脾氣乖戾的車夫……巴登大公外表黝黑，身體強壯、胸無城府……魏瑪的老公爵還是老樣子，過著無拘無束的生活。」

厄爾巴島上的流放者一直對這一切保持著關注，心中不斷升騰起希望。他覺得一旦會議破裂，他的機會就來了！從那時起，他經常得到一些祕密情報，尤其是忠實的馬雷將維也納的情況都彙報給了他。這次會議就像一艘張燈結綵的遊船，在搖晃飄浮、上下顛簸。在每個人都在忙著策劃陰謀或慶祝勝利的時候，卻有一個人坐在瞭望臺上，擔心地看著這一切。拿破崙的死對頭塔列朗警惕性很高，在義大利的里窩諾安排了間諜，每一艘去厄爾巴島的船隻還有乘客都有誰，都會被他們記錄下來

並彙報給塔列朗。

就這樣，兩個夙敵隔著大海和群山，透過外交檔，注視著、監視著對方。全世界雲集維也納，彷彿都是為了這兩位大師的棋戰當配角的，看他們怎樣一爭高下。不知道他們兩個人是不是還記得霧月十八日前的那個深夜：正在策劃政變的他們，卻被街上傳來的馬蹄聲嚇得臉色慘白，還以為是來逮捕他們的。

有一點毋庸置疑，那就是塔列朗再一次表示：他十分擅長識人：在他眼裡，繆拉也是個危險人物，所以建議將拿破崙與繆拉一起都送到離歐洲大陸足有 500 英里的亞速爾群島去……但是這個計畫最終卻因為他貪財的毛病而擱淺了。繆拉這個人也是詭計多端，在維也納會議上，孤立無援的他為了將自己的王國保住，承諾出高價將塔列朗在貝尼凡特的封地買下，從而讓塔列朗放棄了這個計畫，而是另想別的辦法：他想綁架皇帝，但是里窩諾的間諜傳回的資訊是，除非將統率拿破崙船隊的四大艦長中的一個收買，否則這個計畫不會成功。

當拿破崙知道了這些情況後，科西嘉人那冒險家的血液又一次湧上他的心頭。他命人鞏固島上的防禦工事，又對炮兵進行手榴彈投擲訓練。「身為一名軍人，我隨時做好了被槍決的準備。但是再次被流放，是我絕對不想的，他們得先要問問我的堡壘同不同意！」不過他們並沒有來。人們在維也納又暫時達成了諒解，破裂的會議有挽回的趨勢。但是法國民眾的不滿情緒卻持續高漲，正是這些情況，讓皇帝做出了決定。他是這樣想的：

如果維也納會議形成了和平協定，所有的條約也都簽署完畢，那麼敵人就會再一次站在一起，組成嚴密的陣線。但是他們現在的聯盟並不穩固，稍加衝擊就會分崩離析。法國人正在對波旁家族議論紛紛，巴黎對他們也是嘲笑的口吻，而他們的保護人同盟國，卻被人們一致痛恨。種種跡象顯示，以前的軍隊對他們的皇帝依然保持著忠心。波旁家族的

人全都膽小如鼠，必然會逃跑。一旦我再次將局勢穩定下來，他們就會送回我的兒子。

他一直在籌畫、計算，他從來沒有像現在這樣冷靜地計畫過。雖然他非常擅長數字計算，但是最後，他還得靠心理因素。他和親信們說：「我準備利用一把突然襲擊。人的精神在面對一個勇敢的行動時，會變得不知所措。一件重大新聞會讓每個人都十分震驚。」他又補充道，「法國的不幸是我造成的。我一定要挽救它。」

2月底的時候他把宮廷司庫找來，問他：「你現在的錢還多嗎？價值100法郎的黃金有多沉？價值100萬法郎的黃金有多沉？箱子裝滿了書又有多沉？……你去找幾個箱子來，裝進去全部的金子，然後把我的書放在上面。我的書我的僕人會給你。將當地的僕人辭退，把他們的行李弄好，結清薪資。所有的行動都要祕密進行。」

這個人慌慌張張地跑去了德魯奧將軍那裡：他們面面相覷，默默無言。第二天，拿破崙命令所有的船隻都不許離開港口。他靜靜地坐著一切準備：和當年遠征埃及一樣，只不過這次的規模要小很多。

在出發的前一個晚上，他還在和夫人們玩紙牌。但是沒玩多長時間，他就起身走了，去了花園就沒有出來。他的母親後來曾這樣回憶，在一棵無花果樹下，她找到了他。片刻的遲疑過後，他將手放在她的額頭，有些動情地說：

「我要將一切都告訴您。別讓任何人知道，包括波麗娜。」然後他又換上了當年的口吻，好像聽他說話的是貝爾蒂埃，「我告訴您，我會在明天夜裡出發，從這裡離開。」

「去哪裡？」

「巴黎。」停了一下，他又繼續說，「我想聽一下您是怎麼看的。」

剎那間，母親的心停止了跳動。半年以來的安寧、平靜還有天倫之樂，所有的這些全都結束了。但是，她依然是那個十分要強的萊蒂齊

亞，也是一位理智的母親。她知道，兒子的想法既然已經產生，就沒有人能夠改變，而自己的擔心，只會對他的決心產生影響。因此她說道：

「跟著命運對你的安排走吧。上帝不會為你安排中毒而亡，或者碌碌無為、壽終正寢的結局。你拿著劍戰死疆場，也許就是他的旨意。願聖母馬利亞保佑你！」

在島上最後的這個晚上，皇帝召集了所有的部門，告訴他們他就要走了。「我非常滿意在這裡的生活。我決定將母親和妹妹留在這裡，以示我對你們的信任。同時，我也將我格外珍視的這個國家，託付給你們了。」總督和市長表示自己十分遺憾。所有的這些，都彷彿是在為一位貴賓送行：在這美麗的小島上修養了幾個月，這位貴賓到了應該回去的時間了。

隨後，他上了船。晨曦當中，七艘載著 100 名士兵和幾尊大炮的小帆船，駛向法國海岸。他站在指揮臺那裡，遠方，是他曾經過著平靜生活的厄爾巴島，還有他飛黃騰達的起點的科西嘉島。漸漸地，它們的輪廓看不見了。坎城與尼斯的海岸線在 3 月第一天的晨霧中逐漸清晰起來。皇帝這時心裡在想：

「最壞的結果會是怎樣的？失敗和死亡。最好的呢？全部的歐洲？別再去想歐洲了！那個歐洲合眾國的夢想，已經宣告破滅。100 萬法國人民和歐洲別的民族都還沒有做好這個準備。我一定要為法國制定一部憲法，預算要和議院一起制定。獨裁的時代已經一去不復返了。再說我們現在還沒有到巴黎呢。軍隊的反應會是怎樣的呢？」

一個已經 45 歲的人，他所擁有更多的並不是未來，而是過去。雖然思想具有極強的時代色彩，但是他這個年齡，已經無法掀起一場驚天動地的風暴了。不過他還沒有老到不得不垂死掙扎的程度。就這樣懷著勇敢與放棄的矛盾心情，拿破崙再次靠近了他無比熟悉的海岸。

十六、東山再起

　　群山齊鳴！山谷迴盪！就這樣，他由千名士兵組成的隊伍——在坎城港集結成的——從一個又一個的阿爾卑斯山村經過，受到熱情群眾的夾道歡迎。這些老近衛軍沿著歷史的大路大步前進，堅若磐石，無喜無憂。這些農民是大山的兒子，在很久以前，在同一個村落裡，他們見過這個人。當時，他還是一位身材矮小的將軍，名不見經傳。他讓他們擺脫了一支紀律渙散的軍隊的壓迫，又帶隊翻過阿爾卑斯山脈，獲得了勝利。最早目睹他創造奇蹟的就是他們，他們始終以此為傲，在他們看來，皇帝發跡，就是在他們的村子裡——而如今，這個人又回來了！這支一千多人的隊伍必然擁有什麼魔力，彷彿一支先知或救世主的隊伍。

　　他們走出了山裡，婦女和孩子跟在後面。還有人編唱了歌曲反對國王。不少的小城裡，一些人比較魯莽，逼著市議員去迎接新的客人。他已經走了50多英里了，遇到的人們除了農民還是農民。

　　拿破崙已經預料到了這一切，他絕對不會從艾克斯和阿維尼翁那裡走，因為那些省份的保王黨勢力非常強大。眼下他寧可將手裡為數不多的大炮扔到覆蓋著白雪的山間小徑上，好能盡快到達多芬內。在大革命時期，那裡的農民曾經從政府手中獲得了土地，而那本來是屬於貴族的，他們對國王、僧侶和流亡貴族無比痛恨，因為已經過去25年了，這些人居然還敢對土地歸誰所有提出異議。難道大革命的目的不是保護窮人們的利益嗎？難道不是農民和無產者發動的大革命嗎？第一執政從未拿走過他們任何東西，當了皇帝後，也不過是把他們的兒子征走入伍。在他們緩慢而又固執的意識當中，皇帝從來都是和自己站在一起的。但是如今國王又跑回來了，還出來人和他們爭奪土地。

　　因為幸福要被逆轉，農民們變得心事重重。他們自發地跑出來，歡迎皇帝。15年前也是這樣，坐著小船的埃及征服者登陸時，被整個法國

南部當成了救世主歡迎。而如今，不過短短的 10 個月，到底發生了什麼，讓這些之前對他進行詛咒、唾罵的人，又如此興高采烈地對他表示歡迎？在整個國家遭遇災難時，總要有一個替罪羊承擔責任。民眾對他的怨恨，就和他的失敗一樣十分短暫，而對他的信賴卻是天長地久的，像他的不世威名一樣。

最早遭遇的軍隊會如何對付我們？在離別的時候，他曾親口囑咐他們，要效忠祖國，而國王即是祖國。現在的他們戴著代表波旁王朝的白色帽徽，領著國王的軍餉，貴族的軍官和他們說的，都是他們昔日領袖有多麼罪惡滔天。誰能支持他呢？一切都要靠他的影響力和說服力了。當他在海岸往內陸行進的時候，內心是忐忑不安的。他從坎城離開時，看見了左邊的那尊昂蒂布炮臺。可能他也認出那座有柵欄圍著的高塔，當年羅伯斯比垮臺時，他曾經被囚禁在那裡。如果明天他不能像以前那樣，靠著他的神情和演講將軍隊爭取過來，那麼也可能會被波旁王朝關在這樣的塔里，或者會被歐洲逼入這樣的絕境。

在拉繆爾 —— 格勒諾布爾附近 —— 他第一次遇上了國王的軍隊！他們奉命將他徹底消滅，軍官們都宣過誓對國王效忠，和他們當年宣誓效忠皇帝一樣。他們現在下令發起進攻。難道一定要進行流血的內戰嗎？他一生都在竭力避免這樣的事情發生！難道這條公路，就要成為內戰的戰場嗎？跳下馬的他走出了隊伍，又往前走了 10 步，對著他們喊道：

「第五軍團的士兵們！你們是否認出了我？如果你們當中有誰想將皇帝消滅，那就趕緊動手吧！」一邊說，他一邊敞開了他的灰色大衣。

可怕的沉寂，將會發生什麼？

對面的真的是我們的弟兄！他也真的是我們的將軍！在營地裡，在山頭上，在烈火旁，我們曾經目睹過他的身影出現在多少次的戰鬥中！難道人性與舊情，還不能夠將新近立下的誓言推翻嗎？士兵們齊聲高呼：「皇帝萬歲！」近衛軍也在回應：「皇帝萬歲！」軍官們交換了眼神，

然後一起高呼：「皇帝萬歲！」就這兩支隊伍合成了一支隊伍，他們用刺刀挑著軍帽，他們寧願在波旁王朝的藍色制服上再來幾個洞。一小時後，領袖身後的隊伍從 1,000 人變成了 2,000 人。

格勒諾布爾公路上的這次遭遇可以稱得上千鈞一髮之際，他的目光，他的呼喊，都發揮了決定性的意義。這個男人用自己的實際行動重奪領導權，這個已近中年的戰士，再一次靠著自己的眼神和話語挽救了自己的生命，再一次掌握了權力和國家。就這樣，他在格勒諾布爾發表宣言，闡述了自己的思想：

「法國人民！……我的心在巴黎淪陷後碎了，但是，我的精神卻從來沒有產生過動搖……我的生命是你們的，而且即將再次為你們服務。在我被放逐的這段時間裡，我聽見了你們飽含痛苦的申訴和呼喚……你們批評我，說我酣睡了太久，說我犧牲了祖國的利益，只顧個人的安逸。現在，跋山涉水，衝破了重重艱難險阻，我 —— 又回來了。如今，我來到你們的中間，來要回本是我的權利 —— 那也是你們的權利。」

「士兵們！我們並沒有失敗！……瑪律蒙的叛變導致了首都的淪陷，從而讓我們的軍隊發生了動搖……現在我來了。你們的將軍，全民投票產生而登基的皇帝，你們愛戴的領袖，如今重回你們身邊。請團結在他的左右吧！再次將三色的帽徽戴上，那是我們勝利時代的象徵。將你們的鷹旗舉起來吧，無論在烏爾姆還是奧斯特里茨，在艾勞、耶拿或者弗里德蘭，在瓦格蘭姆和愛克米爾，還是在斯摩倫斯克與莫斯科河，在蒙特米萊和盧岑，它都曾陪伴著你們共同走過，讓它再一次飄揚在空中吧！……你們和你們的子女的財產、地位和名譽所面臨的最大的敵人，就是那些外國人強加在你們頭上的王公貴族……勝利將在風暴中為我們指引方向，我們的鷹旗將從一個又一個教堂尖塔的上空飛過，一直飛到巴黎聖母院！」

皇帝萬歲！高舉著舊日皇帝的鷹旗的格勒諾布爾駐軍投奔了過來。

追隨他進軍里昂的有 7,000 人。里昂也爭取過來了。馬塞納，這個曾經侍奉過路易國王的人，也從馬賽趕來，宣誓為皇帝效忠。

「內伊在什麼地方？」一陣尷尬的沉默。「在國王那？」

他知道了巴黎軍事委員會現在的情況。胖國王和弱小的朝臣們得知這可怕的消息時，都坐在那裡瑟瑟發抖。在最近的 15 年裡，政府公報始終在為拿破崙說謊，現在卻在為國王說謊，它說皇帝已經死了。就在大家研究採取什麼樣的行動時，上了歲數的孔代伯爵走了進來，問國王復活節前一天的禮拜四洗腳禮，他能否不親自去主持了。國王正在寫軍隊的公告，他旁邊坐的那個人，就是他的得力助手，波旁軍隊的真正統帥也是他，他是誰？他的名字叫什麼？

他就是內伊元帥。當他從俄國撤退時，和大部隊失去了連繫，好像是失蹤了。拿破崙焦急地大叫：「內伊失蹤了！杜樂麗宮地窖裡那兩億黃金我寧願都拿出來，只要他能生還！」而如今，內伊卻在綠色桌子旁，和路易國王的全權代表一起站了起來，嘴裡咒罵著什麼，發誓要將他的老上司消滅。然而，在發現群眾的呼聲持續高漲時，他又轉向了，他的部隊再次戴上了三色帽徽。在貝桑松見面之前，他派人和皇帝說，他會寫一份書面辯解，解釋他自己的行為。但是皇帝並不在意這個，他說：「請轉告他，我還愛著他，明天我還會給他一個擁抱。」

這一招是多麼的巧妙啊！他雖然原諒了內伊，但卻讓他始終是惴惴不安的。第二天，內伊結結巴巴地對他說：「我愛您，陛下，但是身為祖國的兒子，我不得不在那頭肥豬面前委曲求全，並接受了那枚聖路易十字勳章。即使您不回來，我們也要趕走他。」

真有趣！他是那麼的容易動搖，他的臉色又是那麼的蒼白！皇帝問話時，這樣的想法從他的心頭掠過。

阿圖瓦伯爵已經逃跑了，也是在他逃走的那個早上，近衛軍還宣誓要和他同生死、共存亡。但是到了中午，他們就集結在皇帝的麾下了。

這種行徑並不為皇帝所欣賞，這部分近衛軍讓他敬而遠之。不過，有一個人卻一直都對波旁王室十分忠誠，他一直將他們護送到安全地點。拿破崙召見了這名士兵，還親自為他頒發了榮譽團的勳章。

在他進軍首都的路上，前來投誠皇帝的士兵好像滾雪球，越來越多，但是他說的話卻越來越祥和平易。每到一個城市，他都向市議員和市民發表演講說：「戰爭已經結束了。和平和自由才是我們現在需要的！革命的基本原則必須捍衛，不能被流亡分子所損害。與歐洲簽訂的各項協議也要信守。法國不用戰爭，就能重新贏得榮耀。我們一定要安於成為聲望最好的國家，而不是去征服別的國家。」

人民是否體會到了這段講話中的新色彩？如果體會到了，那麼他們是否相信他的真誠？人們是否滿足？不用戰爭就能贏得榮耀嗎？在行軍的路上，他遇到了一個高級官員，這是他一個舊相識。在對著愚昧的市民與單純的軍官反覆講了好多天之後，他終於等來了一個聰明的聽眾，拿破崙為他在政治上進行了解釋：

「民眾的精神已經有了變化。從前人們只想著名聲和榮譽，現在卻更看重自由。從前我曾為他們帶來了榮耀，而現在我也沒有控制他們自由的打算。當權力在一部良好的憲法之下運行時，人們將獲得充分的自由……但是無政府主義不行！那會使我們退回混亂的共和時代，每個人都會肆意對政治進行干涉。我只要保留正當統治所必不可少的權力就行。」

在這句稍微帶點天真的結束語裡有一個新問題。這個問題，他已經明確地將其展開了，他已經下定決心，要親自鞏固他所開創的民主的基本理念。只有一點和霧月十八政變時是一樣的：政黨政治不行！當有人建議他對變節者進行寬恕時，他回答說：「不，我不想寫信給他們。他們會以為我要答應他們什麼。杜樂麗宮現在是什麼樣的情形？」

「什麼都沒有動，甚至連鷹旗都沒有換。」這個消息讓拿破崙非常高興，他笑著說：「他們可能覺得那是裝飾品。現在劇院在上演什麼劇碼？

塔爾瑪怎麼樣？您去沒去過宮廷？我聽說，波旁王室外表看起來很有暴發戶的樣子，連怎麼說話和行止都不知道。」

他十分好奇，喜歡幸災樂禍，又對巴黎的氣氛十分渴望。過去他經常被人嘲弄，現在他也打算用嘲笑作為報復。有人和他說國王現在財政緊張，還讓他看了一枚面值 20 法郎的硬幣。

「你看見沒？他們又在硬幣上刻了『上帝保佑國王』這幾個字。當時我刻的可是『上帝保佑法蘭西』。他們去掉了這句話。他們一貫如此：只為自己，不為法蘭西。」然後在 3 分鐘裡，他詢問了 20 個人。當得知奧坦絲被封為女公爵時，他語氣十分平淡地說：

「她不如稱自己為波拿巴夫人，和任何其他稱呼相比，這個稱呼才是最寶貴的。」

他的話裡帶著新時代的氣息。如果他真的用波拿巴來稱呼自己，制定憲法，給予人民自由，如果他真的只保留正當統治所必不可少的權力，那麼他現在就能夠成為法蘭西國王。那麼，在他企圖統一歐洲失敗後，被放逐時吸取了教訓後，他還是能夠成為奉天承運的現代君主的幸福典範。他始終都根據形勢的變化而施行統治。現在，他再一次掌權，在光芒萬丈的太陽離地平線越來越近之際，他還會證明自己的王者風範。道路是敞開著的。

去巴黎的道路一樣也是敞開著的。國王跑了，大部分人都支持皇帝。如果還有誰在為與國王剩下的部隊正面交鋒而擔心的話，那真的是過高地估計了他們的實力。王室的最後一支近衛軍逃離了巴黎，這時皇帝離首都還有 40 個小時的路程。皇帝的軍隊雖然追上了國王，但還是讓他逃去了港口，只把他的 60 車銀子還有大炮截了下來。差不多一半的法國人都看著國王肥胖的背影捧腹大笑：當初，外國軍隊護送著他從英國來到巴黎；而現在，他又被本國的軍隊追著攆著，灰溜溜地從巴黎逃回了英國。

一片寂靜的巴黎早已學會了順從，而將怎樣主動忘得一乾二淨。皇帝從登陸到到達巴黎，一共花了 20 天，在這期間，新聞界這支溫度計記錄下了如下的刻度：

「惡魔已逃出了放逐地」——「科西嘉狼人登陸坎城」——「老虎出現在加浦，已派兵阻截，亡命徒逃入深山」——「利用陰謀的怪物竟已到達格勒諾布爾」——「暴君到達里昂，恐怖籠罩一切」——「波拿巴飛速前進，但是他永遠都別想進巴黎」——「拿破崙明天就會兵臨城下」——「皇帝陛下已經到達楓丹白露」。

最終，皇帝的部隊兵不血刃，就將巴黎控制在了手裡，皇帝再一次踏上了 13 個月前不得不離開的杜樂麗宮的臺階，而那些流亡貴族，已經跟著國王一起跑了。現在十分安靜。他發覺到了這一點，認真傾聽著周圍的輿論。

現在，他第一次感到了失望！進軍巴黎的過程太完美了，後來，這段時間被他稱為人生中最輝煌的那段。但是，在這座最終決定了他的命運的城市裡，在這座他始終曲意逢迎的城市裡，在這座他從來都沒有真正征服的城市裡，他在道德上遭遇了抵抗。這座城市就好像一個美麗的、他苦苦追求的女子，雖然已經和新交的朋友路易分道揚鑣，但是對拿破崙，她卻已經變得無動於衷，彷彿他們之間那麼多的激情，已經讓她不再具有愛的力量。但無論如何，事已至此，他一定要有所行動。

他轉頭看向維也納，想知道那邊怎麼表示。

在拿破崙在坎城登陸後的第八天，忙著慶典籌辦工作的梅特涅凌晨 3 點才上床，6 點一個信差將他喚醒，他送來的這封信信封上寫著的地址是：熱那亞總領事館。他十分生氣，把信扔到了一旁，幾個小時以後，他才將信打開開始讀：「英國專員坎貝爾剛才過來問在熱那亞有沒有人見到了拿破崙，他已經不在厄爾巴島了。」

晴天霹靂！昨天還在爾虞我詐的他們，在今天面臨生死關頭時，又

成了朋友。他們又在信誓旦旦，即使他們之前一再背棄誓言。施泰因男爵第一個想到宣布拿破崙不受法律保護，因為 5 年前，他曾被拿破崙這樣做過。大家對這個問題進行了討論了，但是和拿破崙有姻親關係的哈布斯堡王朝卻猶豫不定，他們想先看看瑪麗‧路易絲是怎麼想的。她和丈夫相親相愛長達 4 年，從來沒有和她的父親或朋友說過一句怨言。她又有什麼好抱怨的呢？拿破崙對她百依百順，她什麼要求都可以滿足。她為他所寵愛，既富且貴。他是她最可靠、最好的丈夫，他們夫婦倆一起陪兒子玩耍。她會為他說話嗎？

　　這位奧地利軍官的情婦竟然欣然提筆，寫了一份正式聲明給維也納會議：她和拿破崙已經什麼關係都沒有了，她讓盟國為自己提供保護。當年她難產時，拿破崙選擇先保住母親的性命，這就是她的報答！在自己的妻子都投了反對票之後，拿破崙被正式宣布為非法：「同盟各國宣布，拿破崙‧波拿巴已經將自己置於一切民法與社會關係的束縛之外，成為破壞世界和平的敵人。他將會受到大眾的普遍制裁。」

　　拿破崙不為所動，他已經經歷 3 次這樣的情況了：當年他和他的家人，也曾被逐出科西嘉；後來在聖克盧的花廳，他也聽到過同樣的話；他也曾被教皇驅逐出教。但是，這三重詛咒都無法將他的鎧甲穿透，他彷彿對詛咒免疫。但是，他卻被這第四道咒語擊垮了。

　　他繼續將希望寄託在哈布斯堡家族的身上。他宣布召開帝國大會，又稱這次大會為五月校場大會，這是法國洛林王朝的詞彙。他還準備在那裡為皇后和兒子進行加冕，他想透過這個確保奧地利支持自己，於是，他在給妻子的信中這樣說道：

　　「我是法蘭西的主宰！整個法國的人民和軍隊全都備受鼓舞，除了那個逃到英國的、所謂的國王……我期盼你和兒子能在 4 月份回來。」

　　在他的頭腦中，皇朝的思想已是根深蒂固，即使他最自然的情感也遭到了抑制，因為他已將它賣給了舊世界。他給剛把他逐出法外的岳父

寫信：「在命運召我重新回到首都的這一刻，和我的妻兒重逢就是我最大的願望，他們是我的最愛。」然後他又說起了妻子，認為她現在一定也在強烈地思念著他。「我的所有努力，目的都是鞏固我的帝位，這是全體法國人民賦予我的使命，現在，再一次交到了我的手上。我要讓它擁有一個永不動搖的基礎，然後在未來的某一天，將它留給我的兒子……為了實現這一神聖、重大的目標，持久的和平是必不可少的先決條件。所以，我心中最為嚮往的，就是和每一個國家都和平相處。」

這是崇高，還是可笑？拿破崙將戰爭以及征服歐洲全都放棄了，他只想著保住法國，這是他的真心話。那些打敗了拿破崙的君主們，又結成了新的聯盟，宣布剝奪他全部的權利，也不受任何一部法律保護。法蘭茲皇帝在維也納親自簽署了這項判決，也獲得了他女兒毫不含糊的授權。她在他上次失敗後就離他而去，將她曾發誓履行到底的攝政權也不要了，帶著孩子投入了另一個男人的懷抱，現在就和他在一起生活。皇帝對這一切都一清二楚。但是，他並沒有和這些曾經推翻他、讓他失望的事情一刀兩斷，從此開創一個全新的紀元，而是正相反，盲目的他一味地在和將他的新皇朝推翻的舊皇朝乞求友誼，保持親緣關係。

拿破崙正是被這個禁令，被這個剝奪他全部權利的判決，第二次推進了毀滅的深淵。

十七、憂慮與困境

冒險家搖身一變成為誘鼠者[1]！

波旁王朝非常聰明，邀請每一位有才能的人入朝為其服務。一旦奏響國王的讚歌，人們都會跟在國王的身後，表示心悅誠服。現在突然拿

1　中世紀傳說，有一個捕鼠人來到鼠患嚴重的哈墨恩市，用笛子誘出了城中所有的老鼠，後因為報酬問題，又用笛子拐走了城中所有的孩子。

破崙又回來了，有幾個猶豫不決的人不知道該何去何從，能做的只有靜觀事態的發展。一貫只知發號施令，不知道怎樣籠絡人心的拿破崙，這時將誘鼠笛拿起來，放在了自己的唇邊。他明白，現在需要他進行暗示和微笑了。馬雷、達武、科蘭古這些立場堅定、和皇帝一起被流放的人，僅僅和皇帝握了一個手，就官復原職了。

　　那些忘恩負義的人投身波旁王朝後有哪些所作所為，拿破崙也都十分清楚，他根據其具體言行予以接納。他將他們都算在他原來的陣營裡。朝臣權貴和文武官員們，又都成群結隊地來出席朝會了。來湊熱鬧的還有一個舊貴族伯爵。當年拿破崙曾召回被放逐的他，讓他坐了參議員。但是波旁復辟時，他又加入了國王的陣營。拿破崙走近他時，這位伯爵卻雙眼望天，那意思彷彿他非常抱歉，他的所作所為完全是由上帝不可思議的意志支配的。皇帝笑了。兩人什麼都沒說，但是從這以後，這位伯爵再也沒在出現在宮中過。但是，當一位歸屬瑪律蒙的將軍站在他面前，結結巴巴地為自己辯解時，拿破崙卻收起了笑容。在瑪律蒙元帥決定叛變的作戰會議上，這位將軍曾經作過關鍵性的發言。拿破崙對他進行斥責：「你現在想讓我做什麼呢？你難道看不出來嗎，我根本就不認識你！」

　　歐迪諾來了，20年來，他始終是波拿巴的好夥伴，後來也是皇帝的得力助手，現在他又回來了。「你知道嗎，歐迪諾？洛林人崇拜你，就像崇拜上帝一樣，有20萬農民願意為你赴湯蹈火，這就是去年的事。但是現在我卻得反過來保護你，不讓這些農民傷害到你。」

　　拉普也來了。他猶豫了很長時間，即使現在他站在皇帝面前，他還不是十分確定。「我等你等了太久。難道你真的想和我打仗嗎？」

　　拉普是一個有一半德意志血統的阿爾薩斯人，所以他考慮更多的是自己的職責，而不是怎樣討人喜歡。「陛下，我被我的職責束縛住了，我是被逼無奈的。」

「真是活見鬼！士兵們不應該服從你的命令，你們阿爾薩斯人應該用石頭砸你。」

較真的拉普說：「陛下，有一點您也得承認，當時的處境太困難了。已經退位的您離開了法國，勸我們效忠國王，而現在您卻又回來了⋯⋯」

「你總來這裡嗎？他們對你如何？是不是先恭維你，然後再把你從門口扔出去。當然了，你們的命運就是這樣的。⋯⋯夏多布里昂的小冊子你看過了嗎？戰場上的我真的像個懦夫嗎？有人抱怨我野心大，那是因為他們沒法找到其他的藉口了。一個日夜被野心所驅使的人，哪裡會像我這樣胖？⋯⋯我的將軍，我要再說一遍，我們一定為法國效力，這樣才不能愧對我們的祖先。」

他和這位勇敢正派的將軍爭辯時的姿態，是如此的鮮明而動人，但是不甘示弱的拉普說道：「您不得不承認，尊敬的陛下，沒有在德勒斯登戰役後議和是個錯誤。我向您報告了德意志民眾的情緒，但是您根本沒有理會。」皇帝趕緊辯解：「和談意味著什麼，你根本就不知道。」突然間他的語氣變了，好像他們倆現在在軍營裡，雖然在宮廷會面的嚴肅場合用這種語氣不太合適，但是拉普的心卻被打動了。「還是說你對進行新的戰爭感到恐懼？15 年來，你可是一直當我的副官。從埃及回來的時候，你還不過是個普通的士兵。我將你栽培起來。今天你什麼要求都可以提，我都能滿足你⋯⋯我永遠也不會忘記你在莫斯科的表現。你在但澤立下了赫赫戰功。你還有內伊，都屬於不可多得的、品格堅強的人才。」皇帝突然擁抱了他，又吻了他，然後一邊拉著拉普的小鬍子，一邊說：

「什麼？難道你 —— 埃及和奧斯特里茨戰場上的勇士 —— 也打算離我而去嗎？以後我和普魯士人還有俄羅斯人談判的時候，萊茵兵團由你統率。兩個月後，我希望你能去斯特拉斯堡迎接我的妻兒。從現在開

始，你就是我的副官。」

「遵命，陛下。」

皇帝有沒有在德意志境內看過《瓦倫斯坦》這齣戲？還記得那個在波蘭遇到的刺客嗎？他必須將拉普留在身邊，這人不僅忠實可靠，還很勇敢。他是軍官當中受的傷最多的。他投奔國王主要還是因為責任感，而利誘對他並沒有什麼作用。一刻鐘過後，他不僅又成為皇帝的人，而且還當上了皇帝的副官，這是一個軍隊的領導職務。他認為，現在皇帝身邊最缺乏的，就是別人的忠誠。

內伊的情況有些複雜。雖然拿破崙回來的第一天，他就重新為他效力了，但是他還是因為良心上的譴責而無法入睡。不久，極度不安的他來到主子眼前，語無倫次地說道：「陛下，您可能已經聽說了，在我去貝桑松之前，就是在這個杜樂麗宮召開的國王作戰會議上，我曾承諾國王……」

「承諾他什麼？」

「把裝進鐵籠子的您帶到他的御座前。」

皇帝愣了一下，接著說道：「胡說八道！這不是軍人該有的想法。」

「您弄錯了，陛下。」這位元帥趕緊說道，「請您聽我將話說完。是的，我的確說過這樣的話，但是那不是我的真實想法——」

這句話激怒了皇帝，內伊趕緊退下，兩個月以後，他才重新回到戰場上。這些鋼鐵般的軍人，為責任與感情之間的衝突折磨著，他們的堅強意志已經消磨光了，他們痛苦得差不多要瘋掉了。曾經侍奉路易國王的貝爾蒂埃，也在經歷這樣的痛苦。

「這個笨伯！」皇帝提到這個總參謀長，還是願意用以前寵愛的口吻，「他這個人不錯。我只要求他來見我的時候穿著國王衛隊的制服！」皇帝重回巴黎後，貝爾蒂埃卻整夜在府邸裡來回跑著，最後和朱諾一樣，縱身調下了陽臺，沒有沙場捐軀的他最終死在了地面的碎石上。

　　前進！我們可耽擱不得！還差誰呢？啊，斯塔爾夫人又開始露面了？他的這位老對手在給他的信中表示：他的行為讓她十分欽佩。法國欠她父親 200 萬法郎，如果他能把這筆錢還給她，那麼她的筆從此將只為法國辯護。太遺憾了！就是因為這句話，這位勇敢的女性就損害了自己在歷史上的美名。而她的對手則故意搞惡作劇，和她說她的話打動了他，但是非常可惜的是，他現在也沒有錢，不能滿足她的要求。

　　再往下還有誰？瑪律蒙？奧熱羅？皇帝宣布剝奪了他們的公民權，因為他們向敵國出賣了自己的國家。還有塔列朗，皇帝終於給予了他相同的對待！從維也納到巴黎，再從巴黎到維也納，兩人互相將致命的閃電擲向對方，將他們中間長達 18 年的、飽含敵意的友誼徹底擊毀。私下裡，兩個人的想法卻非常冷靜：「如此聰明的人竟然為敵方效力，真的是太可惜了。」

　　「帝國雙奸」裡另外那個人呢？富歇又回來了。他再次當上了警務部長，不過這被他作為繼續背叛他的主子的機會。他是這樣描述皇帝的：「他又回來了，我們誰都不想讓他回來。如今，他的一舉一動我們都得密切監視……這次回來的他更加張揚了，但是我看 3 個月他都堅持不了。」在這段時間裡，他保持著和梅特涅的保連繫，然而警務部長也有仇人，拿破崙從前的諜報人員在皇帝面前揭發了這件事。皇帝不禁怒罵：「你這個叛徒！」當時門外，拉法萊特正等著召見，他透過半掩的門外聽見了這些話。「如果你一門心思打算出賣我，那為什麼還答應當我的警務部長！我知道，你透過巴塞爾一個銀行官員和梅特涅保持著通信！我可以將你絞死，這一點會獲得全世界的贊同。」但是富歇是怎麼回答的，卻沒有被記錄下來！

　　富歇的職位來源於他的過激思想，他是在羅伯斯比時期形成這一思想的。出於吸引民主人士的考慮，皇帝的內閣需要他。但是，富歇不僅能把自己的主子出賣給梅特涅，還能將梅特涅出賣給極端主義分子：他

的目標是建立一個共和國，當然是要他自己當領袖的。還有卡爾諾，身為一個比拿破崙更反對國王的人，從督政府時代到現在，他還是第一次加入內閣。

然而，身為精神領袖，皇帝卻爭取到了他的一個夙敵本傑明·貢斯當。這是一位老牌的民主主義者，和斯塔爾夫人是朋友。就在皇帝回巴黎的前不久，他還在報紙上發表文章，對拿破崙展開大肆攻擊，把他和當年的匈奴王阿提拉還有成吉思汗相提並論。如今，拿破崙宣布要施行議會統治，因此這批 1813 年的民主派人士是他所需要的。所以，他馬上召見了已經 15 年沒有見過面的貢斯當，和他一起就現在的形勢與發展進行了高屋建瓴的分析。貢斯當將和皇帝的這個會見記錄了下來，內容足有 4 個印刷頁那麼多。這份紀錄將政治家拿破崙最後的轉變，以及造成這個轉變所有的現實政治原因，清晰地展示了出來

「人民再一次想要講壇和集會，他們並不是始終都想要的。我上臺的時候，他們全都拜伏在我的腳下……我使用到的權力，遠沒有國家實際賦予我的多。現在，一切都變了。人們對憲法、選舉還有言論自由的追求，再一次成為了時尚。但是，這不過是少數人的要求罷了。大多數人想要的，還是只有我，我這個人而已……我除了是士兵們的皇帝，還是農民和無產者的皇帝……因此，即使發生了太多的事情，人民還是再一次回到了我身邊。我對他們非常嚴格，從來都不會去討好他們，但是他們還是高呼著：『皇帝萬歲！』因為休戚與共的我們已經渾然一體……

「但是貴族就不一樣。他們擁進我的前廳來，乞求我給他們所有的官位……然而我們之間絕對不存在共同利益。在騎師面前，馬表現得俯首貼耳，那是因為它受到了良好的訓練，不過我還是能感覺到它在顫抖……建立一個世界帝國曾經是我努力的方向，為了這個，我得有無限的權力。處在我這個位置上，誰會不想要這樣的權力呢！鼓勵我這樣做的，不正是這個世界嗎？君主和臣僕都在我的權杖下跪倒……但是假如

我想統治的只是法國一個國家的話，那麼最好還是制定一部憲法。

「和我說一下你的觀點！選舉自由、言論自由、出版自由、責任內閣？……這一切尤其是出版自由，都是我想實現的。壓制出版自由是荒唐的做法……我是人民的皇帝。如果人民的確想要自由，我肯定會給他們……我再也不是一個征服者，以後也不會是了。什麼是可能的，什麼是不可能的，我都清楚。重建法國，並成立一個符合民意的政府，這就是我的使命。

「儘管自由讓我敬而遠之，但我並不恨它，相反我能理解它，我正是在這樣的思想薰陶下成長起來的。我 15 年來的辛苦付出已經徹底付諸東流，如果重新開始，至少得 20 年的時間，而且還得付出犧牲 200 萬人的代價。我需要和平，但是想獲得和平，我唯一的辦法就是戰勝別人。我可不想讓您抱有錯誤的幻想，我預見，會有一場可怕的戰爭發生。我需要人民的支援，才能進行這次戰爭。人民就會要求自由作為交換。好吧，自由是他們應該享有的……我的處境出現了新的變化。我也會一點點變老。我現在都 45 歲了，不是 30 歲了。立憲國王的清閒生活對我非常合適。而且，我的兒子也會贊同這一點。」

這就是從厄爾巴島回來的拿破崙皇帝的基本想法，他只想當法國的國王。他的這些想法都是真的，而且目的非常純潔，這一點從他動機的現實性中看得出來。現在在我們面前的，並不是一個裝出來回心轉意的樣子的人，也不是一個和上帝對完話變成聖人的英雄。他只是一個遵從大眾意見的人，一個根據情況對統治進行調整的人。他已經意識到了，一個新的時代已經來臨。即使這個新時代並不是他所開創的，但是至少，是他的失敗，讓這個時代的到來具有了可能性。拿破崙意識到，經歷了一個天才的獨裁統治過後，沒有一個國家會想回到世襲君主的獨裁統治。老實說，就算革命之子成了暴君，也不能讓一個號稱君權神授的世襲帝王做他的接班人。取而代之的，除了民主，沒有別的選擇。

　　所以，現在皇帝更堅決地反對流亡貴族。他將他們的財產沒收了，將國王衛隊解散了。有些事是他執政之初就該做的，而他現在到了政治生涯的末期才做：取消了封建爵位，從而徹底擺脫了舊貴族，他們的曲意逢迎曾經為害不小。他透過各種諭令，重新煥發了革命精神的光彩，他之前 11 年的統治甚至都相形失色。他給每個部門發布了這樣的文告：

　　「我今天回來，和我當年從埃及回來，是基於一樣的原因，那就是祖國的情況越來越不好……我再也不想發動戰爭，我們一定要忘記我們曾經稱霸世界這一點……當初我追求的是建立一個龐大的歐洲合眾國，所以國內的建設被我忽略了，而正是國內的建設，才能充分地保證國民的自由。如今，我想要的只是法國的和平穩定，讓私有財產得到保護，讓思想交流的自由得到保障，因為君主就是國家的第一公僕。」聽眾中有不少人曾在一年前那個黑暗時刻，聽見同一張嘴裡說出「我就是國家。」即便是這樣，他們還是對由貢斯當起草的新憲法寄予了信任。

　　當憲法完成以後，他們卻對上面的「憲法附加條款」大吃一驚。民主派人士不禁反思：難道我們又一次上了當？與此同時，他們從維也納了解到：各國都向拿破崙宣戰了，但是沒有傷害法國的打算。這是一個信號！在這 20 年裡，整個法國都在說我們要尋求和平，現在和平終於實現了。難道拿破崙又要這樣將和平斷送嗎？一位參政員和皇帝說：「我不能再瞞著您了，女人們已經宣布您是她們的敵人，這些反對者在法國非常危險。」誰都不願意應徵入伍，他原計劃徵召 25 萬人，但是實際響應他號召的，卻只有區區 60 人。

　　盟國的宣戰決定只是各國君王的意願的表達，代表不了各國人民的心情。因為和法國人民一樣，他們需要和平。至於決定將拿破崙各項權利都剝奪，與其說是一種政治姿態，還不如說是一個面子問題，是渴望報復的哈布斯堡的舉動，但是這個決議，卻從根本上將拿破崙的權力摧毀了。一開始法國人民還是支持他的，但是看到各大國都反對他，人民

再也不想為他付出任何的犧牲了。在他剛到巴黎的時候，公債曾經一度上漲，現在又開始下跌了。

皇帝慌了。他拿徵兵的事問一個親信，親信這樣回答：「陛下絕對不會孤軍奮戰的。」這時，皇帝小聲地說：「這樣的事情恐怕離我不遠了。」

人們發現他沒有以前活躍了，他又胖了，面容鬆弛。他得泡很久的熱水浴，而且睡覺的時間很多。一個親信這樣寫道：「他看起來憂心忡忡，他講話時的自信，還有語調裡的威嚴都看不見了。」

不過 4 個星期以前，就是他剛回到巴黎時，他還是那樣的神采奕奕，生機勃勃。這種突如其來的倒退，源自哪裡？

第一個是因為他對夫人的失望。拉法萊特收到一封維也納寄來的半匿名信，這封信落到了他的手裡。信裡的內容有瑪麗·路易絲嘲諷皇帝以及她和奈普堡的熱戀。在昏暗的房間裡，皇帝蹲坐在火爐旁，拿著信的他不發一語。信中有一些可恥的細節。

那個祕書梅內瓦爾 —— 他曾奉命陪著皇后去奧地利 —— 從維也納回來了。在那風雨飄搖的幾週時間裡，他經常看到皇帝坐在沙發上陷入了沉思。在回來的當天和第二天的半天，他一直在向拿破崙彙報，一講就是幾個小時，內容就是他在維也納看到的一切。皇帝說話時，「沉靜中流露出強烈的痛苦，他的意志非常消沉，旁觀的我深有感觸。我發現，對勝利他已經沒有什麼信心了。重返巴黎的時候，一路支撐他的那種對運氣的信心，現在彷彿已經消失了。」

他讓梅內瓦爾講述小羅馬王每一個細微之處。後來在 5 月的一天，年事日高的皇帝孤單地徘徊在花園裡，他兒子的樣子，到底是像他的父親還是外祖父，他只能去從一個陌生人的嘴裡去了解。

他的心因為這一切而十分沉重。然而還有更悲哀的，那就是這一切又在他的內心重新造成了衝突。現在他想當一個民主派，好符合時代精

神的要求。雖然他強烈地要求民主和自由，然而來自外界的威脅，卻讓他兩處受挫。如果歐洲沒有人給路易十八幫忙，拿破崙可能會安心地統治著以舊疆界為邊界的法國，讓人民享有他答應好的自由。然而，雖然那些大國已經把大革命以後失去的東西都拿回來了，已經沒有什麼領土可以收復了，但是，他們還是要發動戰爭，因為從這個歐洲風暴之角吹出的風，已經對他們世襲的王位構成了威脅。只要他們的波旁表兄還站在英國的海邊，隔著英吉利海峽眺望他祖輩統治的那個國家，這些君王們就不會睡得安穩。

在維也納會議達成了決議後，拿破崙意識了戰爭的威脅越來越近，他從來沒有像現在這樣感覺迫不得已。面對這輩子最嚴重的危機，他對快速與明確的獨裁統治的需求，也達到了極為迫切的地步。他也從來沒有像現在這樣，感覺一定要控制輿論。然而也正是在這一刻，大家都對安定無比渴望，而他卻不得不擴軍備戰。正是在這一時刻，他想讓人民享受自由，但是他的行動卻處處碰壁。這位天才和正統主義的君主之間爭鬥再起，當年的爭鬥曾讓他自己成為一名正統主義者，還戴上了皇冠。而現在，他並不想再當正統的君主了，但是為時已晚，戰爭又逼了過來。他重返自由的同時，也面臨著最後的失敗。

於是，一場偉大的革新剛邁出了猶豫的幾步就戛然而止。和以前的別的重大法令一樣，他把憲法的附加條款留給了「擁有最高權力的人民」去決定 —— 全民公決。

即便這樣，由貢斯當創制的 67 條憲法條文，還是將一切新穎的民主因素都包含在內了。比英國憲章還要進步的它堪稱全 19 世紀的楷模：法官，沒有隨意撤換任何一個人的權利；拘捕或放逐任何人都要走法律手續；出版自由，宗教信仰自由；立法機關改為下議院，參議院則變成上議院，參議院以前的特權取消；議事公開化；兩院都能否決預算，制定法律；內閣成員須向議會負責；議會擁有法律解釋權。

　　都是從來沒有過的新權利：每項都是 1 柄尖刀，刺向獨裁者心頭。拿破崙除了兩點全部同意。在和貢斯當進行了一番激烈的辯論後，他將他自己的關於這兩點的方案付諸實施了。第一點是和貴族的世襲問題有關的。貴族後嗣在獲得了一到兩次軍事勝利後，就能獲得這個特權。第二點是關於拿破崙擁有的沒收權的，因為「如果沒有這個權利，我將不能和黨派對抗。我又不是天使，不過是一個普通人，不能對他人的攻擊聽之任之，而不給他們適當的懲處」。

　　這兩點帶來了非常壞的負面影響，和「附加條款」這個詞一樣。因為他忍不了別人和他爭論，而只答應將這個爭端訴諸空洞的民眾投票，他從前要當終身執政和皇帝時，就是這樣做的。民主人士開始有怨言了。誰都沒有意識到，這位領袖最近的這項工作對法國的後來產生了多麼大的正面影響。在當年的全民公決中他有 400 萬張票，但是這次參與投票的，卻只有 5 個城區，絕大部分的公民都對此保持了沉默。

　　幾個勇敢表示反對的人中的一個是卡爾諾，他誠懇地說：「您的附加條款人民並不喜歡，他們肯定不會接受的。請您答應我，修改它們吧！我一定要和您說實話，因為您和我們的命運，都取決於您的寬容。」他所說的話正氣凜然，不過拿破崙也從來沒有經歷過這樣的情形。從他當了中尉以後，就再沒有人這樣和他說話了。他做了一個不怎麼情願的動作。卡爾諾接著說：「陛下，您可能會對我的話感到吃驚，但是這就是事實，您一定要面對人民的意願而表現您的寬容。」

　　這位老兵這樣回答：「敵軍就要來了，首先我需要別人幫忙趕走他們，然後我才有考慮自由這個事的時間。」但是對於他來說，這些都是不可能的！雖然他深刻地感受到了新時代的要求，他還是不懂得怎樣去和人民的代表協商。

　　拿破崙知道的只有發號施令！

十八、滑鐵盧

　　早晨，春光明媚，巴黎郊外的一處草地上人山人海，熱鬧得像在舉行什麼盛大節日。整個城市萬人空巷，所有人都湧向五月大校場，因為新老軍隊將在那裡彙聚，主席臺上三色旗飄揚，幾百名上議員貴族和600名下議院議員正等著皇帝，他準備在迎戰盟軍前，宣誓對新憲法效忠。生活這個世界大都市裡面的人們，終於有個機會可以盡情歡樂了，這還是兩三年來的第一次。路易十八國統治期間，人人都過著單調的生活，終日虔誠禮拜。

　　皇帝一行現在已經出城了，遠遠地都能聽到喇叭聲了。每個人都對今天的主角翹首以待，盼著一睹身著戎裝的他的風采，因為幾天以後，皇帝將再次率領他的部隊，為了國家和皇位而戰。巴黎一直在傳皇帝會穿以前那套綠色的制服來，這是人們最喜歡的裝束。

　　但是，人們現在看見的，卻是另外一番景象！

　　榮譽團首先出場是，後面是鷹旗以及其他的各色旗子，然後是身著彩衣的傳令官還有宮廷侍從，簡直是童話中才有出現的景象。再後面是皇帝的加冕車，由8匹駿馬拉著。裡邊坐的那個人頭戴鴕鳥翎帽，身穿白綢華服，外披加冕斗篷：一個珠光寶氣的孤家寡人。難道這就是皇帝？

　　民眾們全都怔住了。他們本想在今天和他親近親近，沒想到看到的卻是這樣一場表演，這位凱撒拒人於千里之外的態度把他們嚇呆了。華麗的車隊慢慢地駛過，車上就一個人，他的妻子與孩子都沒陪在他的左右，這個中年男子的孤寂，著實讓人心碎。

　　舉行完盛大的彌撒典禮後，新議會的議長走向皇帝，曠野中迴盪著他的聲音：「我們相信您的誓言，議員們將會明智地對法律進行修改，使其符合憲法。」這也就意味著，事情還沒完，人們想要的，不只是憲法的附加條款。接下來這位公民號召人民起來作戰、全力爭勝，希望軍隊

能夠早日凱旋。

不得不強作歡顏的皇帝讓人公布了新的憲法，並對它宣了誓，又讓士兵為之歡呼。但他的士兵們，卻差點沒有認出他們高高在上的主子。那套綠色軍裝才是他們想要見到的，他們希望看見他們的英雄戴著三色的帽徽，而不是黃金和羽毛的裝飾。歡呼聲聽著並不怎麼熱烈，一個在場的人這樣寫道：「這可不是奧斯特里茨和瓦格蘭姆的歡呼，這一點皇帝應該也注意到了。」

過了一星期，他宣布召開議會。他發言時盡量不提五月大校場大會上讓民眾感到不滿的事情。下院同意盡全力保護國家。然而，「就算是獲勝的統治者，也不能靠著他的意志，讓國家超過了自衛的限度。」上院的代表演講時也同樣發出警告：「法國政府不能因為勝利而偏離了正確的軌道。」拿破崙站在那裡一言不發，但是他氣得渾身發抖。他恨不能將他們全都趕走，但是現在都不能指責他們在說謊。

呂西安也當上了參議員，他終於和他哥哥站在了一起。見面、握手，兩兄弟就這樣又和好如初了。被稱為親王和殿下，這是他有生以來的頭一次。他服侍在皇帝的左右，發表演講，甚至去科學院做報告，也接受了不少的金錢。路易因病來不了。傑羅姆表示自己隨時聽候差遣。皇宮裡的奧坦絲代行皇后的職責，對於沒有兒子的皇帝來說，她的兒子又變得重要了：帶著侄兒們的拿破崙站在陽臺上，告訴法國人民他還是有繼承人的。命運在冥冥中彷彿又和拿破崙的皇朝幻想開了一個玩笑，一切的幻想注定要有一個悲劇的結局。

有一天，皇帝與奧坦絲驅車去了瑪律梅松，然後他自己走進約瑟芬病逝時的房間，最後走了出來，一句話都沒說。

明天他就要上戰場了。他心裡默默祈禱這是他的最後一次戰爭，事實果然是這樣。

皇帝告訴卡爾諾他的作戰計畫，卡爾諾堅持等援軍到齊再做打算，

因為現在部隊還太少。而在 7 月底之前，俄軍和奧軍都不能到達指定的地點的。盟軍沒來，因此英國和普魯士也不敢貿然進軍。所以，在接下來的 6 週時間裡，他能讓軍隊的人數翻一倍，將法國變成一個大軍營，巴黎的開闊地帶都要加強防禦工事。皇帝晃了晃頭：

「這些我都清楚，但是我現在需要的，是一場漂亮乾淨的大勝仗！」

他明白，他現在所有的一切都有很大的危險。他打算先發制人。但是，這位數字計算大師並沒有積蓄力量的耐心，而是準備倉促應戰。「我現在很需要一場偉大的勝利。」這不正體現了一個失敗的冠軍急著扳回的心理嗎？事實也許是這樣的，但是，他除了淪落的凱撒外，還擁有一個將軍的記憶；用小兵團作戰，沒有預備隊，行動一定要敏捷迅速，從青年時代起，他就沒有冒過這樣的風險了。他是這樣計劃的：不讓四個對手有會師的時間。各個擊破眼前的兩個敵人。這就是他腦海裡一直浮現的想法。拿破崙皇帝在沙勒羅瓦和普魯士和英國軍隊對陣。他現在要做的事情，和當年籍籍無名的波拿巴將軍在米萊齊末和奧地利和義大利對陣時要做的一樣。他生命的最初一戰和最後一戰，是多麼地相似啊！

但是，這 20 年當中，這位戰爭大師的戰術，歐洲每一位統帥都已經是瞭若指掌了，而在這 20 年裡，他卻過度地消耗了自己，現在已經出現了燈枯油盡的跡象。他這次進軍的速度還是快得驚人，但是照比以前還是差遠了。和前幾次的戰事如出一轍，他的勇氣遇到的最大阻礙是他的優柔寡斷。占領了沙勒羅瓦後，第二天他卻沒有對戰敗的布呂歇爾發起追擊。他撥給內伊一半的隊伍，讓他去布魯塞爾那邊對付英軍。在這個下午，當他獲悉對面是普魯士的所有軍隊時，不禁嚇了一跳，趕緊命人召回內伊元帥。他寫道：「您的手裡現在掌握著法國的命運。」拿破崙讓內伊馬上停止前進，立刻去包抄敵軍。但是為時已晚。內伊已經在瓜

特布拉和威靈頓交上了火，他能調出的只有一個軍團，但是這一部分人馬，卻被他派去了毫無用處的方向。而他自己，則因為兵力不足而被英軍擊退。

而也是在這一天，拿破崙卻只靠著另一半的軍隊，在里尼獲勝。這是他最後一次獲勝。布呂歇爾騎的馬受了傷，把他摔了下來，據報已經失蹤。格耐森奧臨危不懼，拚命挽救了這次撤退，又通知盟軍明天可以在瓦弗會合。取得勝利的皇帝並沒有在當天就乘勝追擊。如果我們不清楚拿破崙已經過早衰老，身體狀況還欠佳的話，一定為對他的遲鈍而感到驚訝。後來他才派格魯希帶著 3 萬人去追擊普魯士軍隊，但是已經太遲了。他不相信普軍能夠馬上恢復，不相信遭到重創的他們還能和英國軍隊會合。他只相信，既然他昨天可以單獨戰勝普軍，那麼明天他也可以戰勝和友軍失去了連繫的英軍，他的 7 萬人馬足夠用了。他卻低估了布呂歇爾的頑強和格耐森奧的冷靜。

這是他生涯頭一次低估了對手。無論是在弗里德蘭、阿斯佩恩還是拉昂，他都沒有被打敗過。遠征俄國也是一樣。但是在萊比錫和奧布河畔的阿克西，他卻戰敗了，但是那是因為兵力不足的他為幾個大國所夾擊，敵人軍隊的優勢是壓倒性的。直到現在，也沒有哪個國家的統帥可以說：「我戰勝了拿破崙。」

現在，他過高地估計了自己的勝利，又過低地估計了敵軍。他平生第一次焦點沒有對準，導致他的計算忽略了一點。這並不是因為他過於驕傲，而且已經是現在這個地步，他也不會讓什麼經驗都沒有的親屬來指揮軍隊。如果格魯希的部隊被他留在身邊，那麼敵人的兵力也不比他多很多。但是從決戰的過程可以看出，他之所以戰敗，主要並不是因為計算上的失誤。

如果讀者對本書前面列舉的其他命運上的原因很熟悉，那麼就可以得出結論，他失敗的主要原因，是他的年事已高。

　　病痛影響了他的行動，以至於在滑鐵盧戰役那天的早晨，他沒能及時地發起進攻。6月中旬的凌晨4點鐘，太陽已經在地平線以上了。如果普魯士的軍隊能夠在多日大雨後的泥濘路上行軍，那麼身經百戰的法國軍隊也一定能，因為拿破崙的身邊都是久經考驗的老兵。但是他一直等到中午才有所行動，理由是好把大炮安放在更堅硬一些的土地上。回想當年的耶拿戰役，身先士卒拿破崙激勵士兵，趁著10月清晨濃濃的霧色發動了進攻，睡夢中的敵人這才被驚醒。而現在，他居然能一直等到中午。

　　這耽誤的半天時間徹底將他摧垮。他縱馬上了一個小山丘，這個山丘的名字非常的不祥：「美好的同盟」。他把手中的部隊分成3片，他沿著前線縱馬前行，向士兵們發表依然鏗鏘有力的演說。他將衝垮敵人的防線，直搗布魯塞爾。〈告比利時人民書〉已經裝在他的口袋裡了，他也就是耽誤了半天的時間而已。

　　下午，在戰鬥的中段傳來了消息，普魯士的比洛軍團正在趕來。皇帝立刻臉色蒼白，他馬上下令讓格魯希撤回來！格魯希能不能接到命令？即使接到了命令，那麼他能輕鬆地擺脫敵軍嗎？接下來這一個小時決定了一切：一定要在普魯士軍隊趕來之前擊敗英國軍隊。拿破崙用騎兵猛攻英軍的中央陣地。但是英軍巍然不動。要不要用上老近衛軍士兵？不用，時機還沒有到。比洛的軍隊已經開始射擊。一定要保證退路的暢通，不惜一切代價！否則就要面臨滅頂之災了。已經消滅了一半的英軍，現在時間是下午5點，如果讓老近衛軍參戰，可能就能殺出一條道路，因為這時威靈頓在寫給普魯士的信裡說：「除非貴軍繼續前進，並且持續發動進攻，否則我們就要失敗了。」老近衛軍出擊的最佳時機就是現在了。但是皇帝太謹慎了，在性命攸關的時刻他居然又退縮了。他還以為對面普軍的第二軍團已經發動進攻了。

　　可怕的決定！一個天才的賭徒將最後的賭注放在了賭桌上，但是就

是今天，他無論如何都不能輸。一直到傍晚 7 點鐘，他才讓最後的 5 千名老近衛軍士兵上了戰場，但是此時有的只是絕望了。皇帝萬歲！

曾幾何時，半個歐洲都被這種喊聲所震撼。那是不是已經十分久遠的往事了？在過去的 10 年裡，這種喊聲發揮了神奇的力量，曾經響徹整個歐洲大陸！但是，又有什麼是永遠都不會改變的呢？難道馬倫哥勝利時的鷹旗就能一直飄揚嗎？這喊聲會隨著太陽的墜落，而不再擁有那神奇的力量嗎？明天，這種聲音即將成為絕響。

普魯士的第二軍團猛烈炮擊老近衛軍，他們被迫後退，但是兵力占據優勢的敵人還在不斷地增加。8 點的時候，普軍的第三軍團到了，12 萬盟軍對人數只有其一半的法軍發起進攻。失利的法軍四處逃竄。在戰爭生涯的最後一刻，波拿巴將軍第一次目睹了他的軍隊崩潰的慘景。皇帝在英軍的槍林彈雨中縱馬疾馳了一個小時，來到了剩下的兩個法軍方陣中。當這兩個方陣也被敵人攻破時，兩名騎馬的步兵保護著他從田野穿過疾馳而去。他一直策馬前行，即使身體痛楚不堪，一直到第二天早晨 5 點，他才找到一輛破車，在裡面休息了幾個小時。

他是不是氣餒了？

正相反！巴黎現在怎麼說？支撐著他前進，就是這個念頭。他再也不敢像去年那樣對戰爭的可能性進行反覆斟酌，例如在拉昂和蘇瓦松這兩個地方收容隊伍，或者自己退守一個堡壘。現在的他心裡想的只有巴黎，那是他力量再生的地方。他在心裡思考著：「我還能再動員到 15 萬的人馬，把國民自衛隊加上就是 30 萬人，阻止敵軍前進足夠用了。」他向巴黎下達了最後一項命令，用「勇敢！堅定！」做了結束語。

過了兩天，他再次回到了愛麗舍宮。整個戰役不過是一場夢嗎？9 天的時間裡，他失去了經過 9 年的戰爭才贏下來的帝國。

十九、黯然離去

還沒有輸！

內閣和國會意見不一致。他和他的兄弟還有大臣們一起研究朝政。坐在那裡的他即使已是心力交瘁，但仍咬緊牙關堅持。他會建議什麼呢？建議和議會攜手合作嗎？正好相反，他想要獨裁。在這個遭遇全民族的危機的時刻，行動的完全自由是必不可少的，當然是暫時的完全自由。有人指出議會已經不信任他了。這時呂西安站了起來，他一副年輕氣盛的樣子，督促皇帝將議會解散，宣布巴黎進入緊急狀態，再集中一切的武力，集結全部軍隊。只有這樣，才能挽救法國！

他什麼都沒說，靜靜地聽著。16 年前的霧月 19 日，在聖克盧宮，也是這個呂西安，進行完全一樣的提議，一番簡短的演說之後，就把他處在危難中的哥哥解救了出來。後來，他把他的二哥抬得過高，已經超過了他的本來意願。皇帝對他的提議表示贊同，但是並沒有當場採取行動，而是繼續傾聽其他人的看法。軍務大臣達武不同意將殘餘部隊的指揮權交給皇帝。就在他們爭論的時候，議院那邊有了消息：議會宣布將長期開會，任何宣布解散議會的打算，都會被以叛國罪論處。誰膽敢去嘗試，一定會被彈劾。講壇上，老拉法耶特高呼：「我看到阻礙我們得到和平的只有一個人。只要他走了，我們就實現和平了。」

這就是百姓的呼聲嗎？城市裡十分安靜。這不是百姓的呼聲，而只是被解放的民主派的呼聲罷了。另外這還是社會的呼聲，這個社會喜歡變革，但卻無法承受挫折。上院也組織了投票，內容與下院差不多。人們對皇帝提出了要求：出席議會。他不這樣做的原因是什麼？誰有公然站出來反對他的勇氣呢？他後來這樣說道：「我本來應該那樣做，但是我已經身心俱疲。我本來應該將議會解散，但我又沒有這樣做的勇氣。我也不過是個普通人。霧月 19 日那天的會議讓我不寒而慄。」

現在人們提出了要求：內閣大臣們出席議會，然而皇帝卻不讓他們去。然後皇帝得到了這樣的答覆：如果他禁止大臣們參加議會，就將他罷黜。他這時才讓了步。接受了他的委託，呂西安和別的部長去了下院進行遊說，說皇帝已經組建了議和委員會。但是兩院異口同聲：「所有大國都不會和他談判的！」他們已經將他的各項權利都剝奪了。「他一定得退位！如果他不同意，我們就將他罷免！」

開會的時候，皇帝與貢斯當在花園裡心神不寧地地來回踱著步。最後，他終於將疲憊不堪甩開，再次迸發出熱情，他滔滔不絕地說道：

「現在處在危難中的不是我自己，而是整個法國。我退位會有什麼樣的後果，人們想過了嗎？部隊的士兵們都圍繞在我的身旁。他們以為有了意識形態，就能戰勝人們信念的普遍渙散嗎？如果在我剛剛登陸時，他們就把我踢回去，我還能理解的。但是在現在，敵人離巴黎都不到 25 英里了，他們卻在嚷嚷著要把政府推翻，他們必然會為這個行為付出代價。兩星期前他們拒絕我，那可以說是勇敢的行為；但是現在，我已經成為敵軍進攻目標的一部分，也是人們要奮起保護的法國的一部分。把我犧牲，法國必然遭殃。將我罷免的根本不是什麼自由，而是這場滑鐵盧戰役，是人們的害怕心理！我會成為軍隊的統帥。如果我的兵力損失了一部分，我還能夠立刻讓工人補充進來，他們會隨時回應我的號令，奮起反抗。」

這時，喊聲從大街上傳來：「皇帝萬歲！」這最後一批為拿破崙吶喊歡呼的人是什麼人？是聖安東尼區的民眾們，在他們最困難之際，拿破崙惦記著他們。對於他們來說，遭受壓迫與獲得自由差別不大，因為對於他們而言，平等就等於自由。現在他們就站在花園的牆外面，一道宮廷花園的柵欄，將革命之子和他們隔開，和以前國王和他們之間的距離一樣。皇帝將自己關進樊籠裡，而穿過欄杆的工人們的喊聲傳進了他的耳朵：「獨裁！國民自衛隊！皇帝萬歲！」

他和貢斯當說：「你看見了嗎？我從來沒有給過這些人一點褒獎和榮譽，他們為什麼還對我如此感激呢！是我讓他們飽嘗貧困的痛苦。他們之所以來到我身邊，是因為本能。一個小時之內我就可以將反叛的議會解散，只要我願意……我只需說一句話，每一位反對我的議員都會丟了性命。但是只是為了我一個人，這個代價未免太高了。巴黎不應該流血。」

這種對暴力的徹底否定，這種近乎正義的自我抑制，和 16 年前的霧月 19 日一樣，最後關頭他拒絕使用武力。然而他當年的謹慎可以稱得上是政治家的明智，不想在事業開創之初就傷了自己的名聲。但是，現在的他這樣的謹慎，就有些過分了，這不符合他現在的冒險家身份。不過，他不想用刺刀去把議會解散，倒是說明他對新的時代認知十分清醒：時代潮流的要求就是，少一些暴力多一些自由。

與此同時，兩院召開了祕密會議。呂西安把皇帝的諭旨帶了過來。議員們表示可以進行進一步磋商。有幾位議員很有禮貌地表示，退位，是拯救法國需要付出的犧牲。誠實的卡爾諾走上講壇，在這不幸的時刻，他差不多單槍匹馬地為皇帝辯護。想當年，在每個人都對這位皇帝卑躬屈膝時，他也是唯一那個敢公開批評他的人。西耶斯這時也出來支持皇帝，他說話的樣子很像一個羅馬人：「拿破崙吃了一次敗仗……讓我們先幫他趕出那些入侵我們國家的野蠻人，因為這個工作換了誰都不行。如果獲得成功後的他還想獨裁，我們就把他絞死。但是現在，我們一定要和他並肩作戰！」拉法耶特又跳上了講壇，說道：「我們的兄弟和孩子的屍骨都埋在哪裡了，難道你們都忘記了嗎？在非洲，在塔古斯河邊，在維斯杜拉河畔，在俄國的冰雪裡，200 萬人，就這樣成了這個與歐洲公敵的犧牲品。我們全都受夠了！」這會議一直開到第二天的凌晨 3 點鐘。議會決定，拿破崙一定得退位。

皇帝遲疑了。清晨，在內閣的大廳裡，在親信面前，情緒激動的他

來回踱著步，對雅各賓黨人進行著嘲諷，預言著將來一定會有一個督政府。這時，宮廷總監受了兩院的委託前來見他，他期期艾艾，不過最後還是宣讀了議會的決議：如果拿破崙堅決不退位，那麼議會將會宣布，將他的所有權利都剝奪。薩瓦里和科蘭古也進來了，每個人都在請求他退位，即使呂西安這時也不再堅持了。皇帝說：

「一直以來，我讓他們習慣了輝煌的勝利，現在他們甚至無法承受一天的挫折。不知道今後的法國會怎麼樣？」然後，他小聲地說了一句，「我已經竭我所能了。」

這句足以說明一切的話說完之後，他在中午口授了一份〈告全體人民書〉：他決定犧牲自己，他的政治生命宣告終結。他宣布自己的兒子是拿破崙二世，兩院得成立輔佐幼主的攝政團。他這是向誰口述的這番話呢？在他的親信裡，還有誰能拿起這般沉重的筆，記錄下他的這段話呢？

是呂西安。多年以來，他的這個弟弟一直在海峽對岸的敵人那裡，盯著這個首都，盯著這個皇位，滿心的妒忌。如果他不是詩人，說不定早就已經在自己的身邊籠絡一批對拿破崙不滿的人，他甚至能夠利用現在這個機會把自己推上臺。雖然不能當拿破崙二世，但成為第二個波拿巴還是可以的，這也非常好了。現在坐在那裡的呂西安也已年過四十了，在他的生涯當中，也曾雄心勃勃，對戰鬥與輝煌無比渴望，但是，他卻漸漸地安於藝術鑑賞家和贊助人的生活。他曾經做了整整一個月的帝國親王，記錄了兄長的退位詔書，一絲不易察覺的微笑掛在他的嘴角。現在這一次還是口授，他只是一個助手，但是卻充滿了傷感，兩人多年的齟齬也被這傷感沖淡了不少。

因為，實際上不少的事都是舊事重演。和當年一樣，議會方面又嚷嚷著，要把他所有的權利都剝奪，15 個他以前罷免的督政再次走馬上任。他們稱自己是臨時政府。他們透過投票決定誰來當督政府的主席：

是誰可以直接從拿破崙的手中奪過權力？是誰為自己投上一票的呢？

富歇！

不過議會那邊情緒已經安定了。那些昨天還恨不得把拿破崙殺了的人，今天卻派了一個代表團來感謝他。皇帝和這些彬彬有禮的先生們說：「現在我有些擔心，如果國家無主，事情的發展趨勢不會好。我希望法國一定要記得，國家的福祉和我的兒子，這是我退位的唯一目的。法國只有由我的皇朝統治，才會有幸福和自由。」

他在說這幾句話時，富歇他們已經在研究讓奧爾良波旁王族旁支或者布勞恩斯魏克家族的一員，甚至是薩克森國王來做拿破崙皇位的繼承人的可能性了。因為這5位先生被委任組織的不是攝政團而是政府，因此在公告中富歇只使用了「國家」一詞，隻字未提所謂的「拿破崙二世」。皇帝注意到了所有的這些，但是他一言不發。皇朝的年頭已經漸漸消失，他為了這個皇朝，已經奮鬥半生。但是如今，這個夢想對他來說已是遙不可及了。晚上拉法萊特來看他時，他泡在浴缸裡已經好幾個小時了。

「您問我要去什麼地方？為什麼不去美國呢？」

「因為那是莫羅去過的地方。」在皇帝看來，這個回答過於感情用事。因為他曾十分認真地考慮過，把美洲作為自己的避難所，再和政府要一艘戰艦。但是政府現在想的卻是他趕緊離開巴黎，因為又有很多群眾朝愛麗舍宮用來，要求實行獨裁。他燒毀了很多文件，然後去了瑪律梅松。

在約瑟芬的這座莊園裡，他過了兩天夢境一樣的時光。在他的身旁，最後一批忠於他的人陪伴著他：他的母親、奧坦絲、科蘭古、拉法萊特、呂西安還有約瑟夫。但是當他問起誰願意和他同行時，卻看到了眾人的閃爍其詞。他的母親願意陪他去，但他覺得母親年事已高，太危險了。拉法萊特有一個女兒還沒有成年，而且他妻子即將臨盆，他可能

過後再去。曾隨他一起流放厄爾巴島的德魯奧但現在在法國有事無法抽身。昨天還同意和他一起去的祕書，現在又說他雙目失明的母親要他別走。「你說得對，留下來陪著你的母親吧。」皇帝說完，轉身離去了。

在他上次出征之前，波麗娜曾要將珠寶首飾送給他；而現在，奧坦絲送給他一個鑽石項鍊，多年來皇帝都在賞賜她，這是她的回贈，但是卻也符合他那滿是幻想的生活。他下令給奧坦絲 100 萬法郎，但是沒有人知道這筆錢能否兌現。呂西安和歐仁也都獲得了一筆錢，他還為小萊昂還有他的母親留了一筆錢，依然多達幾十萬。

所有的這些都在悄無聲息中進行，就好像一個人正在慢慢地走向衰老。他隻字不提前幾週發生的事情，只說一些以往的事情，大多數話題都和約瑟芬有關。「我已經承諾富歇要從法國離開了，今晚我就要動身了。對我自己，對法國還有巴黎，我都已是十分厭倦了。請你們準備好出發吧！」

去什麼地方呢？大家都在考慮著，猜測著，甚至連他寫的〈告士兵書〉，都有一些陰氣森森：

「士兵們！……就算我不在法國了，我的心還是和你們在一起的。軍團每一個士兵我都熟知。無論獲得勝利的是誰，我都會為你們的勇氣鼓掌喝彩。將來，你們要忠於我們的祖國。而這一行為，現在就可以表現為聽從我的安排。如果你們真的愛戴我的話，那麼也是因為熱愛我們共同的祖國母親，，我才為你們所摯愛的。再來一次衝鋒，就可以粉碎盟國！拿破崙會透過你們發動的攻擊認出你們來。請為法國人的自由和榮譽而戰吧！一直保持你們 20 年來的優良作風，你們將是無法戰勝的！」

這個公告被政府禁止發布。其實，即使發表了這個公告，也不會有什麼危害。再沒有誰能像他這樣超然於歷史之外，他說起自己，就像在說一個和自己毫無關係的人。他的精神彷彿已經脫離肉體了。

突然，他大吃一驚。他耳邊響起了熟悉的聲音：聖丹尼平原傳來了

炮聲，敵軍正在朝巴黎逼近。驚慌失措軍官和士兵們又重新聚在一起，告訴皇帝這個消息，七嘴八舌的，就像是四處亂飛的子彈。他馬上擺脫了心靈的沉醉，恢復了清醒。敵人的兵力是兩個縱隊？那就應該分而殲之。清晨，彷彿熟悉的炮聲又讓他找回了青春，他寫信給 5 個督政，那架勢儼然當年的波拿巴將軍在給他們寫信：

「我請求統率軍隊。一看到我士兵們就會士氣大振，衝向敵人，狠狠地懲罰他們。身為將軍、士兵和一名普普通通的公民，我向你們發誓，一旦我們戰勝，我就會自動辭去統帥的職務，一個小時都不會耽誤。我發誓，我只為法國而戰，而不是為我自己。」

在這番話後他還戰勝不了敵人是不可能的，除非在最後的衝鋒中他陣亡了。他正是在這籠罩著死亡的氣氛之下，寫出了這封堪稱偉大的信。現在在花園中，在所剩無幾的軍官們陪伴下，他忐忑不安地等著消息。

富歇終於等到了他揚眉吐氣的時刻：面對曾經的、他憎惡的主子，他甚至連一封回信都不屑寫。皇帝心急如焚，渴望拿起武器上戰場，在他成年以後，他還是頭一次這樣請求過別人的許可。他急切地從送信人那裡打聽情況，答覆非常簡單：皇帝如果覺得政府成員全都是傻瓜，竟然會考慮他的建議，那他真的是大錯特錯了。他們只想讓他趕緊離開。皇帝轉過身去，說道：「我早就該讓人吊死他，現在這個麻煩，我只能留給波旁家族了。」

他身著便裝，立刻收拾好了行裝。他讓奧坦絲將她送給他的項鍊縫在了黑綢帶當中。有幾分鐘，他的腦海裡出現了科西嘉島的形象，可以讓呂西安去當這個島的總督。他的母親眼睛發亮，覺得這主意不錯。但是他清楚這個計畫不可能的，他唯一可以去的地方就是美國。現在就是還差他已經要求了 3 天的戰艦。每個人都能感覺到，對他的自由的威脅越來越大，多待一個小時，他就多增一分被囚禁的危險。據說威靈頓要

求交出來拿破崙，而在議會內部，對該意見表示同意的議員越來越多。拉法萊特要求皇帝現在就走，但是他不同意。

「政府不向艦長下命令，我不能走。」

「陛下，為什麼不能走呢？讓船起錨，答應給水手們優厚的報酬，如果艦長不同意的話，可以讓他自己上岸。富歇肯定已經同意把您交出去，給盟國那邊了。」

「那你就去海軍大臣那邊走一趟看看。」這位國務委員驅車去了德克雷家，已經上床休息的他懶洋洋地說道：「你還是去和富歇說吧，我無能為力。」但是根本找不到富歇。凌晨1點鐘，拉法萊特回了瑪律梅松。被叫醒的皇帝起床了，還是覺得美國是他最合適的去處，但是他依然有些遲疑。他說：「到了那邊他們會給我土地，或者我買一個莊園也行，我自己耕作。我將在那塊人類的發祥地終老。我將靠著田產和畜牧過活。」

他的祕書問道：「如果那裡的人要把您交出去，那該怎麼辦呢？」

「那我就去墨西哥。我會被那裡的愛國人士擁戴為首領。」

「您會被那裡的領袖反對的。」

「那樣的話，我就離開那裡去南美，去卡拉卡斯那裡。如果我不喜歡那裡，去布宜諾賽勒斯或者加利福尼亞也行。一句話，我要渡過大西洋，直到找到一個容身之所為止。在那裡，我能免遭同類的迫害。」

「陛下，如果您被英國人抓到了，那又該怎麼辦？」

「我一定要冒一次險。雖然英國政府一無是處，但是英國人卻是一個偉大、高貴而且慷慨的民族。他們一定會以禮相待我的。而且，我沒有任何選擇。難道我能在這裡等著威靈頓來抓我嗎，就像個傻瓜似的？難道要我被人拉著在倫敦遊街，就像昔日的約翰王[1]那樣？既然我在這裡什麼用處都沒有了，那我就一定離開。別的那些事情，就讓命運安排吧。」

「陛下，您不應該逃跑。」

---

1 約翰王：法國國王。1350-1364年在位。英法百年戰爭期間被俘，被押往倫敦，後死於倫敦。

「逃跑？你這話是什麼意思？」他向祕書投去一個「疑問中包含自豪」的眼神。

「英國人一定已經準備好了要來抓您。您既使失敗了，也一定要盡可能地尋求一種高貴的、讓人值得回憶的方式。」

「自殺嗎，像漢尼拔那樣？這樣的事情，還是留給那些意志軟弱還有精神不正常的人去做吧！不管在前面等著我的是什麼，我都絕對不會自己動手，把我的生命縮短一天。」

「陛下，我說的並不是這個意思。如果您為了全法國，而把自己的自由和生命交到了法國的敵人的手中：那才是您 —— 拿破崙大帝應該有的舉動。」

「很好。但是……我該把自己交到誰的手上呢？是布呂歇爾，或者是威靈頓？他們都不是他們政府的全權代表。在他們那裡我只會成為俘虜，然後被任意處置。」

「或許能夠交到沙皇的手上？」

「俄國人你並不了解。我要再考慮一下這件事。我個人做出一點犧牲並沒有什麼，問題是，我的犧牲，對法國是不是有益。」

從這段非出人性化的對話中，我們能看得出來，存在於拿破崙身上的政治家因素，正在慢慢消失。我們在這裡看見了一位冒險家，迫切地想在世界每個角落尋找新的航線，一位沒有祖國，一寸土地都沒有，一直在船上任憑風吹雨打，一個勇敢的、不懼死亡的海盜。是的，不懼死亡。他用無比堅定的態度，又一次否決了自殺的想法。對於前途，他那單純的現實主義的想法，在瞬息萬變之際，依然體現了科西嘉島上傳統的大無畏精神，這是多麼強大的、不可征服的生命力呀！

現在他該上路了。最後一個和皇帝單獨說話的人，是他的母親。但是有一個士兵急匆匆地趕了過來，誰都無法阻攔他，他就是塔爾瑪。在內心的呼喚，還有對悲劇人物的熱愛的驅使下，塔爾瑪趕來這裡，要親

眼目睹這場偉大人物的動人告別，他認為自己一定要在場。他要用悲劇的形式，將母子訣別這一畫面表現出的高貴的樸素搬上舞臺。皇帝隨後請青年將軍古爾高，一位浮躁的理想主義者登上了他的馬車，馬車上還有貝特朗夫婦 —— 他們在厄爾巴島時就陪伴著他 —— 和另外兩個陪同。他們驅車去了羅什福爾港，打算在那裡找到一艘軍艦。

身為一個逃亡者，他的速度過於緩慢了。他一直在不住地回頭張望，他的耳朵在留神傾聽，還幻想著在最後一刻，會有人前來召他回巴黎。他們在路上遇到了兩支往北去的軍隊，他停下了腳步，士兵們向他歡呼。他和部隊的將軍們協商了一下，是否進軍巴黎，前提是不反對政府。協商中斷，拿破崙繼續上路前行，漫長的旅途過後，他終於來到了大西洋的岸邊。站在那裡的約瑟夫敦促拿破崙租一艘雙桅船，這艘船是向美洲運送燒酒的。皇帝化名米爾隆 —— 他的這第七個名字勾起了他對另一個海岸的回憶：那有很多島嶼的地中海、科西嘉，還有義大利，再一次地出現在了他的腦海裡。

一個年輕、個子矮小的將軍形象浮現在他的眼前，冷靜而灰藍色的雙眸，長長的頭髮。他回憶起了阿爾科橋，那裡決定了一個人還有國家的命運。年輕的副官米爾隆用自己的身體擋住了將軍，自己卻永遠地告別了這個世界。正是這悲壯的死亡，讓他青史留名。

這時，拿破崙再一次躊躇滿志，他相信在這個能幹的天才面前，即將出現一個新的時代。在海的對面，在新的土地上，在荒無人煙的草原上，這個冒險家會再一次跨上戰馬，靠著他的地產和畜牧過活，或者去墨西哥當叛軍的首領！

但是，上帝卻棋高一籌！

他要給這個偉大的生命的結局，是前所未有的，讓他生命的悲劇色彩達到了極致。現在，上帝再次抑制了他的內心深處那種冒險家的衝動，他的心靈再次被疑慮、協商和動搖占據，在下最後的決定之前，他

又耽誤了整整 10 天的時間。

皇帝要駛向一個小島。他們打算訂購兩艘都配有一個桅杆的漁船，這樣就能瞞過英國人，但是他卻不同意這樣的做法。兩艘美國的船隻已經準備好了。一艘丹麥的單桅帆船也曾出現在過他們的計畫裡。海軍訓練學校的熱血青年還計劃用通訊艇帶走他，16 個海軍實習生能夠在深夜帶他出港。他們坐在一間小屋裡，同皇帝的新親信拉斯卡斯對這個計畫進行著激烈的討論。皇帝冷靜地權衡著這些為他制定的冒險計畫，反覆思考著計畫的細微之處。大部分人認為他應該回軍隊去，因為南方的部隊還會站在他的這一邊，局勢較為樂觀。但是這個意見他卻堅決反對。

「我永遠都不當國家內戰的導火索，我也再也不會參與政治，我現在想過安靜的生活，美洲才是我所需要的。」

但是，他的自尊心卻又讓他無法讓自己化裝潛逃。

這期間又傳來了消息，在盟軍的支援下，波旁家族再次踏上了祖國的土地，在海上，一艘英國巡洋艦「貝勒羅芬號」將去路擋住。皇帝已經錯過了機會。現在他在想：重回巴黎的道路已經被堵上了，港口也被封鎖了。我難道就這樣被他們像抓海盜一樣抓走，然後關在倫敦嗎？這 20 年當中，英國始終是我的敵人。在法國人眼中，英國是一個偉大優秀的民族。我不是曾經當過皇帝嗎？從古至今，對打了敗仗的敵人展現騎士風度，不正是舉世稱頌之舉？在科西嘉，違背了好客之道的人是會被殺死的。

突然，他命令一個親信，口述了一封信，是寫給英國攝政王的：

「攝政王殿下！鑑於內有黨派紛爭之患，外有歐洲列強與我為敵，我決意將我的政治生涯結束，並效仿特米斯托克利[1]投奔貴國，覓一安身

1　特米斯托克利（約西元前 528- 前 462）：古代雅典的大政治家和統帥。拿破崙在信中提及特米斯托克利，有人十分讚賞，但也有歷史學家指出，比喻不當。特米斯托克利早在和平時期就與波斯密謀反對雅典，後被發覺，於是投奔波斯，因變節而受賞。不可取。拿破崙的情況完全是另一回事。

立命之所。望貴國法律保護為盼。殿下當不會讓我失望，因我的敵人當中，以殿下為最強大、最守信且又最寬厚者也。拿破崙。」

這封信一共8行，用了3個最高級的形容詞來表達尊敬，不卑不亢，有禮有節，極具君王氣度。但是這其中的一個詞，讓我們明白了是什麼促使拿破崙採取了這個行動，這個詞就是特米斯托克利。這個詞實際意味著，他根本是在假設，敵人會在道義上給予他保證。在現在這個世紀，在經歷已經如此豐富之後，拿破崙居然還在幻想，英國會把他當做貴賓歡迎，就像古波斯國王薛西斯[1]對待雅典的特米斯托克利那樣。在過度的自信的驅使下，他做出了生涯中最後一個重大的決定，就像年輕的時候，在自信的驅使下，他做出了生涯最初的一個決定 —— 投奔保利一樣。導致他最後的毀滅的，也正是這種自信。

第二天，拉斯卡斯將這份信轉交給了貝勒羅芬號的艦長，並和其他拿破崙在船上的接待進行商議。這位艦長身為一名軍人，同時也是一名英國人，他是正直的，可以信賴的。現在的談判他的上司英國海軍大將並沒有參加，但他早已接到了命令，要抓捕這名逃亡者。這樣做從國家法律的角度來說，是行得通的。因為在維也納宣布的拿破崙不受法律保護的決議上，也有英國的簽字，但是有一點事實是無可爭議的，那就是身為一艦之長，梅特蘭已經為客人的自由進行了擔保。他說：「在英國，拿破崙將受到所有適當的待遇，我們英國從來都是寬大而民主的。」

當年的歐洲之主登上了敵人的戰艦，不過這一歷史意義十分重大的事件，雙方並沒有文字紀錄，僅僅達成了口頭協定。不過，拿破崙這樣的決定並不是心血來潮，而是研究了很多天的結果。這是一系列邏輯推論的結果，而不是倉促冒險的決定。拿破崙過去20年的親身經驗告訴他，口頭協議是信不過的，書面協議才是可靠的。但是在採取這最為關鍵的最後一步時，他卻並沒有簽字和蓋章，也沒有交換書面材料，這是

1　波斯國王薛西斯當年友好地接待了前去投奔的雅典政治家特米斯托克利。

因為實際上，他沒有等待倫敦方面答覆的時間。讓他相信的，是他這個舉動的道義效應，而不是一個小小艦長的口頭承諾。這就是在登上戰艦之前，他向那個國家的攝政王寫了上述那封英雄一樣的信件的原因。

然後，身著制服的拿破崙登上了英國戰艦的甲板。

二十、英國與「永遠的恥辱」

甲板上，艦長梅特蘭站在那裡，拿破崙向他脫帽致敬，他以前在君主們面前，都不怎麼做這個動作。他站在這天海之間，大聲地說：

「我來到這裡的目的是將自己受到貴國國王和法律的保護。」隨後，他讓艦上的軍官——一一介紹自己，了解他們曾經參加過哪些戰役。艦長顯然是將法文中「陛下」和「先生」這兩個發音相似的詞弄混了，他稱呼拿破崙為「先生」，這一稱謂被拿破崙自豪地接受了。拿破崙接著又用他評論歷史的超然態度，對英國和法國的海軍進行了評論。在他看來，英國海軍更加能幹。然後他又和艦長就歷次海戰後海軍慣常的懲罰措施展開了爭論。最後，他轉而又說到了整體性的問題：

「其實我真的搞不懂，為什麼我們的軍艦能被你們的戰艦那麼輕易地擊敗。你們那些漂亮的戰艦，以前都是法國海軍的。在任何方面，法國軍艦都比英國同類的軍艦堅固。而且法國軍艦上的大炮更多，附件更完整，兵力也更多。」

「先生，我已經向您解釋過了。和你們的水手相比，我們的水手經驗更加豐富。」

聽見對方這麼說，拿破崙一下眼睛都沒眨。雙方在進行嚴肅的學術交談，他們還聊起了對方的造船藝術。艦長說：「您當初逃亡如果乘的是法國艦艇，那麼您就會領教我們射擊的精準和火力兇猛。」

這裡並沒有爭吵和怨言，站在這裡的，是一個賭輸了的賭徒。只有

一點為皇帝所否認，那就是兩艘裝著幾尊24磅重炮的法國快艦，竟然不是一艘裝有74尊大炮的「貝勒羅芬號」的對手。艦長證明了法艦不可能戰勝英艦。接下來，拿破崙對船上的火炮進行了檢閱，讚揚的同時也有一些批評。後來艦長和部下說，皇帝豐富的專業知識讓他十分欽佩。

戰艦駛向了茫茫的海洋。

在這段時間裡，正統主義的大臣和君王們正在研究對策。在這群人裡中，擁有偉大的胸襟和膽識，能夠在歐洲和在歷史面前做出一個偉大的姿態的人一個都沒有。「貝勒羅芬號」離港10天後，停在了普利茅斯港。那是一個7月的早晨，數以千計的小船停泊在港口的水面上，上面的人都是想來一睹被囚雄獅風采的。因為倫敦方面還沒有做出最後的決定，因此誰都不得接觸這艘船。而船上的水手們卻在經歷他們這一輩子最偉大的一天：每天他們都能見到這個偉大的人物。如果他們能夠用法語回幾句的話，他還和他們交談。在岸上、小船上，引頸而望的群眾成千上萬，在最近的20年裡，他們聽到的看到的，都是對這個人的謾罵和諷刺。他們現在的心理都是一樣的：這樣的怪物，必須要一睹為快！

拿破崙始終待在船艙裡，他可沒有讓自己任人觀賞的打算。再說這種情況也不會持續太常見的，他用不了多久就能登陸，然後就重獲自由了。但是到了最後，還是想呼吸點新鮮空氣的他走上了臺階，上了尾樓。他站在那裡，還穿著那套著名的軍裝，看起來是那樣的無依無靠。剎那間，他的身上落上了無數道目光，這熾熱的目光簡直要把他燒毀了。

眼前的這個人表情凝重、神色難以捉摸，這一刻他好像被釘在了英國人的恥辱柱上，痛苦中的他依然表現出一種不屈的尊嚴。這時，意想不到的事情突然發生了：數以千計的人都在向他脫帽致意。拿破崙放眼看去，小船上、軍艦上、海港內，一片人山人海，每個人都在向他脫帽致敬。他並沒有吃驚。但是還戴著三角帽的艦長是個例外。雖然在船

上，有些狹隘的艦長並沒有給予皇帝充分的敬意，而是所有英國人民彷彿都願意對他進行補償。

在這動人的時刻，大不列顛民族給出了他們對這位偉大人物的仲裁結果。他們是清白的，雖然很快就會有一個陷害皇帝的罪名落在他們的頭上。拿破崙在這裡默默地等了三天的時間。第四天，英國軍官進入拿破崙的船艙，他們並沒有帶來攝政王的答覆，而是將英國政府的決定轉交給他。英國政府寫道：

「如果英國政府給予波拿巴將軍機會再次擾亂歐洲和平，那將是對英國及其盟國應盡的義務的背叛。所以，非常有必要限制他個人的自由。」他將被遣送去聖赫勒拿島上去，那裡不僅對他有益，還與世隔絕。他去的時候可以帶上 3 名軍官、1 名醫生和 12 名僕人。

現代的波斯國王薛西斯就是這樣答覆現代的特米斯托克利的。

據說，當時拿破崙「把文件放在桌子上，停頓了一下，然後開始強烈抗議」。

「難道船上就不存在一點公正嗎？我又不是戰俘！……我登上這艘船是自願的，目的是獲得你們的保護，我有要求獲得相應的客人的禮遇的權利。我上船時，在羅什福爾和波爾多還高高地飄揚著三色旗。我本來能夠重返軍隊，或者藏在仍然忠於我的民眾中間，隱居幾年。

「另外，我來到貴國，是以私人的名義。我曾經問過你們一艘軍艦的艦長，能不能把我和我的隨從帶去英國。他和我說他曾接到政府的命令，這樣做是可以的。如果我上當受騙掉進了陷阱，那麼貴國政府行為實在不光彩，有辱於你們的國旗……在聖赫勒拿島，我用不了 3 個月就會死。我已經習慣了每天騎馬來回走 30 英里。在那塊世界盡頭的小礁石上，我可以做什麼呢？我不去！……如果你們政府如果想把我殺掉，那就在這裡動手吧，都是一樣的。本來我給了你們的攝政王一個讓他和他的政府在歷史寫下最光輝的一頁的機會。身為你們國家最大的敵人，我

讓自己去尋求你們的保護，這是我給予你們最高的榮譽……你們現在的所作所為，對大不列顛民族來說，是一個永久的恥辱！」

在他這裡提出的抗議，還有後來的書面抗議中，它所激起的道義上的憤慨是最關鍵的一點。只是稍稍涉及了國際法，因為他所要求的，是一個英雄應該有的權利。這些都是在那個逼仄的船艙裡，那個英國軍官宣讀了這個判決他命運的通告時，盛怒之下的他說的話。而英國軍官將其記錄了下來，傳到了後世。雖然是脫口而出的話，但卻非常具有歷史的意義，甚至其中的幾句還成了傳誦後世的佳句。一個靈魂就這樣受到了傷害，原因並不是他從此失去了自由，而是他偉大的人格沒有獲得世人的認可。

所以，在聽到判決後的最初一刻，他就已經知道了自己的命運。而在百年以後，後世每一個研究他的人，都未必能夠做到將這一點深入地闡釋清楚。現代的特米斯托克利有一種感覺：自己被出賣了。在正統君主當中，又有一位錯失了完成一生中最偉大善舉的機會。他們都沒有什麼想像力，只會揮舞自己軟弱無力但是殘忍的拳頭，將落進他們手中的偉大人物摧毀。

但是，即使面臨鐵拳政治的殘暴壓力，他們打算摧毀的人的精神卻十分高昂，直衝雲霄。被命運折磨的他產生了一種自我克制的力量，讓他即使無可奈何，還是挺立不倒，這就是堅忍。他堅強不屈地承受著不公正的一切。口頭提出抗議後，他又在普利茅斯這裡忍受了 10 天的屈辱。英國人把他的行李和金錢都拿走了，而他卻默默地、鎮定自若地看著這一切發生。

終於，起錨時拉動鐵鍊的聲音從甲板上傳來。拿破崙和隨從被送上了「諾森伯蘭號」。在兩艘軍艦的護衛下，船隻緩緩駛出港口，與海岸漸行漸遠。這是 8 月的一個清晨，拿破崙透過薄霧看著法國的海岸，這是他最後的一次了。這些海岸他都十分熟悉，可是這現在又和他有什麼

關係呢？在更遠的東部的巴黎，才是他所感興趣的，他所熱烈嚮往的城市，但是，他卻被巴黎拒之門外。

到了晚上，他曾統治過的歐洲已經看不見了。遠方除了漆黑的海水就是遼闊的海洋，那是他從來沒有統治過的世界。和當年出征埃及一樣，他站在船頭，既沒有回望，也沒有往前看，他抬著頭看著天上的星辰。他正在尋找那個為他所有的星座。

一個偉大的傳奇告終了。

第五章

岩

「末日審判到來之際，拿破崙這個英雄最終站在上帝的王座之前。魔鬼歷數波拿巴家族的斑斑罪狀，王座上的聖父抑或聖子大聲呵斥：不要用這樣德意志教授的口吻，在神的耳旁邊聒噪不休。只有勇於進攻，才能把他送入地獄。」

——歌德

一、肉體與神經

海面原本平耀似鏡，現在卻陡然上湧。這個男子雙手背後地站在一塊岩石上，凝視海面。一種深深的寂寞感油然而生。

從遠處看，這是一個短腿的肥胖男人，不知道歲數，穿著件綠色外套，他從不離身的榮譽軍團星章佩戴在上面，三角帽拿在手裡。大腦袋，禿頂，但是後腦上的褐色頭髮卻十分濃密，一絲灰髮都沒有。有力的雙肩托著粗短的脖子。他的面廓彷彿已經石化，泛著一種淡淡的黃色，好像一尊飽經風雨侵襲的古希臘大理石雕塑，一絲皺紋都沒有。這具有某種古典氣質的面龐，卻被那臃腫的下巴徹底破壞了。在常人眼中，他只有鼻子、牙齒和手可以說是美的。他一顆牙齒都沒掉。在戎馬生涯中，他一直精心地保護著他的雙手。這也是他一直用鉛筆而不使用墨水批閱文件的原因。

他的情況醫生略有所知：脈搏每分鐘從來沒有超過 62 次，豐滿的胸部彷彿女性，體毛稀疏，陰部好像孩童。他十分了解自己的身體，為了將體力合理地分配，他曾對生命這一戰場進行仔細的研究。

「我從來沒有聽到過自己的心跳，好像我沒有心臟似的，」他曾帶著一些戲謔地說。他成功的祕訣是中庸之道。「大自然賜給了我兩項珍稀的本領：適度的飲食和隨時入夢……那些偏食的人，他們吃的東西種類很少，但是遇上愛吃的東西卻毫不節制。暴飲暴食會導致生病，但是吃得少卻不會。」長年征戰與內閣議事在他的生命中交替，讓他即使那些呼吸室內空氣的日子裡，也常常感覺自己在乘船或者騎馬出行。「我的藥庫中，水、空氣和清潔是最主要的藥劑。」

靠著這訓練有素的強壯體魄，他可以在馬車上坐 100 個小時，從提爾西特一直到德勒斯登，到那的時候他還是那麼的精神抖擻；他也能夠馬不停蹄從維也納趕到西梅林，在西梅林用早餐，晚上則在美泉宮這裡

繼續工作；他甚至能從弗拉多里德縱馬狂奔到布林葛斯，長達 80 英里，用不上 5 個小時。他可以連續騎馬行軍穿過波蘭，午夜時分到達華沙，然後還在第二天清晨 7 點接見新政府的官員。他還有許多類似這種的、用來恢復體力的怪異行為：長時間伏案工作後，他會驅馬狂奔 60 英里，或者是出去整整一天都在打獵。而在筋疲力盡之後，他又會整整 24 小時都待在房間裡。在他看來，他的命是他充沛的精力救的。他對梅特涅說：「死亡有時是因為缺乏精力。我昨天從馬車上重重地摔了下來，在落地的那一剎那，我以為所有都完了。但是我還是利用這點時間鼓勵自己：我不能死。如果是別的人，估計都已經死了。」

　　肌肉發達但是神經脆弱。他已經習慣於發號施令，所以一絲一毫的限制都是他無法接受的。不管是外套還是鞋子，只要他覺得有一點束縛，就會馬上脫下，然後打他的僕人一個耳光。當他不得不穿朝服時，僕人們給他穿衣時都會小心翼翼的，始終留神他的眼光裡的暗示。如果他在思索，（他又什麼時候不思索呢？）他就會把早餐推開，踢開椅子，在屋裡來回地走，要麼是大聲發出命令，要麼是自言自語。他的筆跡不過是手的一連串劇烈痙攣的產物，和速記有點像，但是還是跟不上思想。其中有不少地方，即便已經揣摩了幾百年，還是無法釋讀。他受不了油漆和膠水的味道，總會用香水來掩蓋異味。當他的神經感覺疲憊不堪時，他恢復的辦法是熱水浴。對英作戰的時候，他和 4 名祕書在一起工作了 3 天 3 夜，然後泡在浴盆裡長達 6 個小時，其間還一直在口授命令。在他看來，這種神經質和緩慢地流淌在他體內的血液正好是兩個極端，「以我這樣的神經結構，如果體內的血液流淌的不是這樣的緩慢，肯定早就發瘋了。」

　　他有癲癇病的傳言顯然是無稽之談。他的同學中，誰都不能回憶出他犯病的情況，這就從反面否定了這一說法的真實性。要知道，癲癇病必然會在孩提時代有所徵兆。再說，拿破崙的一生都為世界矚目，那

麼，應該會有很多能夠證明他患有癲癇病的資料，但是事實卻是正好相反。僅有那麼幾個目擊者的證詞也是模糊不清，可信度自然大大打折扣。

他能夠承受一切的緊張與不安，只要他身體健康。年近四十時，拿破崙第一次為胃病所煩擾。人們當時將這些病籠統地稱為癌症。顯然，胃病是遺傳的。在他戰爭生涯的最後 3 年裡，每到緊要關頭，就會被胃痙攣拖後腿。如果不是因為胃病犯了，即便是在當時那麼艱難的條件下，他的勇氣和決心也不會受到影響，而他的衰敗史可能也要重寫了。

二、三種動力

主宰這一軀體的靈魂有三種動力：自信、精力、想像力。

「我和常人不一樣，對我來說，道德和習俗的規範不具有約束力。」他用這些冰冷的詞句肯定了一個「我」，而在青少年時期，他的第一篇政治論談的開頭，也是這個「我」。就這樣，他不慕虛榮地將一個 30 歲人的坦白表達了出來。「只有我，並經由我的地位，才能確切地知道，什麼是統治，」他在當執政的時候曾說過，「我深信，現在，除了我而外，再沒有人能夠治理法國了。對於這個民族來說，我死了將是一個巨大的不幸。」他通常很少說這些話，即使說也是和親信。而這卻表示，他正在以一種自然科學家的冷靜，對拿破崙現象進行關注。侵俄戰爭失敗後，有人問他，在法國還能有誰保護他，他的回答是：「我的名字。」

這種基本感覺，通常會被同時代的人和後人認定為野心。事實上，常人的野心和拿破崙的自信心相比，那差距就好像是一個躁動不安的動物和雄鷹相比。而在自然規律中，雄鷹的飛行軌跡通常會是一條不斷攀升的螺線。而拿破崙的追求則既不是出於躁動，也不是出於嫉妒：那只是因為他的天性，他任執政時的摯友羅代萊曾這樣解釋：

「我什麼野心都沒有，即使有，那也是與生俱來的，而和還和我的存在息息相關，就像湧動在我血管中的血液一般。然而這種野心從來沒有教唆我超越我的同儕。我既不用想著怎樣才能滿足它，也不必費心怎樣才能壓制它。這種野心並沒有成為激勵我前進的動力，它從來都是和理想與環境相得益彰。」

正是理想和環境，讓這位年輕的將軍萌生這樣的想法：重建法國之人，就是他。懷著這這樣使命感的他曾和羅德雷說道：「環境已經不一樣了。我現在不是掘墓人，而是開國者。」還有一次他說起了詩人高乃依，實際就在說他自己：「他在什麼地方贏得了古典的偉大？從他自己？或者是從他的心靈？非常好。紅衣主教閣下，您了解這是什麼嗎？這就是天才。您看，天才是來自上蒼的火焰，卻基本不會遇到與之契合的腦袋……高乃依這個人洞悉了世界。」當紅衣主教指出，詩人並沒有見過上蒼的火焰，他又是怎樣知道它的呢？皇帝的回答十分輕蔑：「就因為這個，我才覺得他是一個偉人！」

他在向世界暗示自己是天才，就像歌德曾經做過的那樣。

權力意志在他的內心深處扎根，而這種意志不是一種追求或者思索，而不過是一種本能。興趣被他視為普通事業的鑰匙，而統治人的意志，則是那最為強烈的熱情。關於天才的迸發他是這樣描述的：「我熱愛權力，是的，但是我是以藝術家的身份愛它，就好比音樂家十分熱愛他的小提琴，是為了用它演奏出優美的音樂。」

這就是他為什麼天生喜歡發號施令。「不管在哪裡，我如果不能主宰一切，那就一言不發。」他還應該再補充一句：「除了談判。」因為在他的一生中，花在談判上的時間占去了四分之一。他能讓所有接觸過他的人都心生敬佩時，年僅 27 歲，而這也表示他的歷史從那時就開始了。他從來不知道順從是什麼，他那君臨天下的氣質，完全是與生俱來的，就像牛犢一出生就會站立和行走一樣。因為他是一個天生的指揮官，所

以完全不知道求情為何物；還因為誰都沒有他會發號施令，因此他也從來不指望別人的恩賜。

　　他的自信力讓他具有一種天然的威嚴，而這讓正統的貴族感到震驚和憤怒，因為在他們的眼中，這種尊嚴，只有血統高貴、有教養的人才能配得上。他從前的同學視他為戰場之王，也對他那種高處不勝寒的寂寞有所感受。每個戰友談論到他時，就會油然而生發自肺腑的敬意。他的一位好友這樣說過：「只要他說話，大家就會側耳聆聽，因為他的講話從來都是頭頭是道；即使他陷入了沉默，也會讓人對他充滿敬畏之情。誰都不會試圖打破這片沉寂，倒不是因為害怕他生氣，而是所有人都覺察到了，有一種偉大的思想橫亙在我們與他的中間，這思想充滿了他的心靈，讓人不敢和他親近。」在拿破崙最初幾年的軍旅生活中，這種表現是非常明顯的，而軍營中的氣氛通常是比較輕鬆隨便的。有一次在瑪律梅松，他和朋友還有女伴閒聊著，他曾非常認真地說：「我從來沒有認為有什麼東西可笑。權力也是一樣，從來都不可笑。」

　　拿破崙擅長分析人性，可以稱得上那個時代最偉大的心理學家；自己的一切稟性他都了解，還一點點地將這些本能擴展成了原則。「帝王之道，」有一次，他教導他當荷蘭國王的弟弟路易時說，「並不是可以隨意賜予，而在於擁有帝王的威嚴……帝王享有的愛戴，一定要是一種博大的愛，和民眾的敬重、畏懼和仰慕相伴。如果他被人民稱為『好好先生』，那麼就是在對他的統治判死刑了。」

　　即便這樣，這種帶有一點隔閡的威嚴並沒有給人矯揉造作的感覺，而是顯得極其自然。隨著歲月的流逝和成就的堆積，這種自然的威嚴逐漸增長，而且一點僵化的感覺都沒有。他的詼諧自嘲，也就是他天性中的坦白，都透過他的手勢和話語中，透過他充沛的精力體現了出來，他經常借此重現自己激情四射的演講。對此他曾進行過深刻的總結：「一個真正的偉人，總會不斷超越已經取得的成就。」他十分清楚自己成就的前

因後果，卻經常在親友面前付之一笑，這一點不少人都提到過。無論是軍人粗獷的笑聲，還是嘴角優雅的笑意，他的每一個表情都意味深長。

在加冕的前一天晚上，他說：「這個和帝王們稱兄道弟的結果有意思嗎？」有一次，他囑咐前往聖彼德堡的大使時說：「我們的俄國皇兄喜歡奢華，喜歡遊宴，那你就盡量給他的錢找幾個地方發洩吧。」有時候，他的自然和率直和禮節相悖，這讓權貴們十分尷尬。在德勒斯登和眾王聚會的宴席上，他曾這樣說：「當我還是一個默默無聞的中尉時，」全場驚愕，每個人都在低頭盯著自己面前的盤子看。他清了一下嗓子，又接著說，「當我有幸當上了瓦朗斯第二炮兵團的中尉時……」還有一次是在提爾西特，他和沙皇坐在一起，勤奮好學的他隔著桌子直接地問沙皇：「您每年的糖稅收入是多少？」宮廷書信中這樣記載，這個問題讓所有在場的人都十分狼狽。為什麼呢？因為他直接用了錢這個字眼，就像一個大商人一樣；而只會索取錢財的帝王們卻能從來都不提錢字。

他從來都不愛慕虛榮，自信讓他從來都不會諱言自己的錯誤。在他的一生當中，他總說這樣一句話：他明天就可能打了敗仗。每到一處營地，他都會徵詢專家或者好友的意見。他經常發表即興的演講，總會帶著一種不吐不快的迫切感。瑪律蒙成為見證人一定是當之無愧的，在被皇帝公開譴責為叛徒之後很長時間，他才把自己的回憶錄寫完。他是這樣描述的：「拿破崙的正義感極強。只要沒有別的人在場，即便前來訴苦的人說錯了話，或者情緒上有不恰當的表現，他都不會介意。不用等對方自己開口，他就會考慮他們的請求。他十分同情人類的弱點，不想直面悲哀的目光。人們可以在合適的場合和時間對他直抒胸臆。他從來都喜歡聽真話。雖然他不一定都會接受，但是，聽真話這件事，任何妨礙都不會有。」

對於獻媚者的動機他洞若觀火，將他們晾在一邊。那些一點政治價值都沒有的諂媚姿態，只能讓他十分憤怒：「我甚至不能保證一條漁船

可以安全出海，你又怎麼能設計出法國鷹撕碎英國豹的圖案！趕緊把它毀了，這種破玩意再也別讓我看見！」

　　和這個正相反的是，直陳真相的人會被他牢記在心。攻擊過他的夏多布里昂獲得了他的讚揚，他當執政的時候，每次參院會議後，他常常邀請敢直接批評他的人一起進餐。一名被俘的俄國將軍跟他講了莫斯科大火的真相，他先是大怒，趕走了將軍，然後又命人叫回了他，一邊說，一邊握著他的手：「你是一位真正的勇士！」梅玉捉弄過他，拿自己最近的作品冒充義大利的歌劇演奏給皇帝聽，獲得了讚譽；這樣的花招帕西羅也用過：拿破崙不喜歡的西瑪羅薩的作品，但是卻被他偷偷地加進了自己的作品，讓拿破崙擊節稱讚。後來拿破崙知道了，也只是付之一笑。

　　廣泛地宣揚歐洲自由的斯塔爾夫人折磨他長達 15 年。他將她的書全部禁毀，還把她驅逐出境，即使是遠征俄國時也沒有放過她，說她是挑起巴黎沙龍叛亂的主力；但是事與願違的是，他的畏懼反倒讓這個政敵的聲響更高了，這一點可以從他的一些私人信件中看出來。

　　他在巴伐利亞的軍官名冊中看到了一個當年的軍團戰友的名字，那是一個死硬的保皇派。他把這位故友找來，當了自己的侍從官。他們已經 14 年沒有見過面了，現在相見卻是在戰場上。這位故交報到的時候，拿破崙和他一起騎著馬離開人群，下了馬，坐在一塊石頭上。那人準備為他牽馬，拿破崙卻說：「不用，這不是你的工作。」一個僕人過來將馬牽走了。皇帝直截了當地說：「有一次，在貝尚桑的尉官席上，你把餐巾扔到桌上，大聲地嚷嚷著：『我絕對不會和一個雅各賓黨軍官在一張桌子上吃飯！』現在，我們就把這筆舊賬一筆勾銷了吧。」隨後他招手將隨從喊了過來：「看，這就是軍校中出類拔萃的人物！我們曾經一起解過方程式。」緊接著他步入正題：「你的彈藥充足嗎？裝備怎樣？什麼時候能全部準備好？」

　　要說拿破崙一生中最不尋常的經歷，可能要屬在 1813 年，在埃爾富特，魏瑪總理封・繆勒直犯盛怒當中的拿破崙。法軍前哨截獲了兩名樞密官的密碼通信，還抓到了通信的人，繆勒被召了過來。這時的拿破崙十分惱火，放出話去要火燒耶拿城，並把那兩名樞密官槍斃。但是遭到了繆勒強烈的反對：「不，陛下，您不能犯下如此暴行！您不能為自己聲譽塗上無法洗刷的汙點。不能讓無辜的人流血！」德國人萬分激動，不由自主地逼近了皇帝。心中一凜的皇帝不由地緊握住了劍柄，這時繆勒才被他的同伴拉了回去。沉默片刻之後，拿破崙說道：「你膽子很大，但我覺得你是一位不錯的朋友。貝爾蒂埃將會再次對此事進行調查。」後來，那兩名樞密員獲得了釋放。

　　這一幕又一次將拿破崙天生的尊嚴展示了出來，這種尊嚴即使歷經風雨，也不受屈辱，但是如果被一支毒箭擊中，它也會顫抖，也會抽搐：自信心最薄弱的軟肋，就是榮譽感。

　　「如果法國人民想要在我這裡獲得什麼好處的話，」他當執政的時候曾經這樣說過，「就得容忍我的弱點。而我這個人最大的弱點，就是忍受不了屈辱。」他說過一句話擲地有聲：「我可殺而不可辱。」布里昂也說過，早年的拿破崙從來都不相信法律和道德，但是卻對榮譽堅信不疑，這足能夠彌補他缺乏的基本道德觀念了。這種榮譽感施加於他本性的力量，讓他和文藝復興時代的傭兵首領完全不一樣，而由於種種原因，我們也絕不能把他和那些人相提並論。他多年的摯友布里昂，還長期當他的祕書，但是因為捲入了受賄醜聞，就被他決然地趕走了。過了很多年，他依然拒絕布里昂進入榮譽軍團：「一個唯利是圖的小人可以擁有金錢，但是他絕對不配擁有榮譽。」當國王傑羅姆的匯票遭到拒付時，拿破崙訓斥他：「把你的鑽石、銀盤、傢俱、馬匹都賣了吧，一定把債務都還清了！榮譽永遠是至高無上的！」

　　在這一點上，他是這樣的敏感。很久以前，一位公證人曾經勸約瑟

芬，這個人品行惡劣，可不能嫁給他。他加冕後，就召來了這名公證人，好恢復自己在他心裡的名譽。在前往聖赫勒拿的路上，他想起了在布列訥堡上學時一位德國老師，當年瞧不起他：「我只想知道，波利先生有沒有看到我的出息。」

　　他崇尚榮譽，對良好的社會風氣同樣也很推崇：「不道德的當政者最糟糕的事情，這將有傷風化，毒害社會。」波旁王朝和執政們的前車之鑑並不是他重視道德的全部原因，還有他天生的氣質，這是他尊嚴的要求。從來沒有誰聽軍人拿破崙說過，或者是開心地聽過一個猥褻的笑話。他當上執政後，馬上就不讓約瑟芬和她昔日那些風流的女友往來。多年以後，他知道約瑟芬再次和塔麗昂夫人見了面，就在信裡責備她：「什麼開脫我都不想聽。帶著 8 個私生子的她嫁給了一個可憐蟲，現在的我更瞧不起她了。以前她還可以說是一個可愛的婦人，現在她就是一個庸俗的婊子。」

　　塔列朗和女友同居多年，拿破崙給他下了命令：娶她為妻，否則就要在 24 小時內辭職。他將貝爾蒂埃封為伯爵，但是一樣是有附加條件的：「你的風流史已經足夠長啦。現在你 50 歲，可以活到 80 歲，那這 30 年的時間你就過合法的婚姻生活吧。」革命帶起了一陣鑄造裸體神像的潮流，但是拿破崙卻反對這一潮流。人們準備在公開場合建一尊女水神像，並讓她的乳房噴水。他下令移走這些有傷風化的「奶媽」：「女水神應該是處女之身。」他從來不允許自己的女友四處招搖，他大方地給她們非常多的錢，但是絕對不會提升她們的地位。他和所有的中產階級都不一樣，提倡夫婦在一張床上睡：「對於共同生活來說，這非常重要，能增強對丈夫的影響，促進親密，保證他的忠誠。夫婦終夜共眠，就不能形同陌路。只要我堅持下去，約瑟芬就能熟悉我的心思。」

　　他自負的終極形式，是報恩。這並不是普通的仁慈，而是一種自命不凡的驕傲。只要是有恩於他，他一定會回以厚報。無論什麼情況，他

都不願意欠下人情，這也正是他一條引以為豪的政治原則：他什麼黨派都不會利用，也就沒有任何約束。我們倒不用用浪漫的眼光看待這些事情。事實上，他上臺以後，獲得任用的，除了他少年時代的朋友和軍校的同學還有別人，一位神父曾在布列訥堡軍校做過校長，退休後又被他任命為瑪律梅松的圖書管理員，實際上那裡並沒有一本書。當年學校的門衛為他的鄉間別墅看門。有一位貴族小姐，他做炮兵中尉時曾經追求過她，16 年後她有求於他，拿破崙幫了她忙，給她的兄弟一份差事，還給她寫了一封彬彬有禮的回信。他的遺囑中，也提到了不少人，都是對他有過滴水之恩的故交。

他與喬治娜已經分手多年，當他知道她境遇困窘時，沒等她開口求助，就給了她一大筆錢。

上面這些都是些金錢或物質上的回報。而如果和愛情有關，比如對於約瑟芬，他的報恩方式又是另外的一種方式了。他的夙敵瑪律蒙在這裡說得非常明確，拿破崙「有一顆感恩、仁慈，甚至稱得上是重感情的心」。他在加冕典禮上和羅德雷說：「我怎麼能為了自己的青雲直上，就將糟糠之妻拋棄呢？首先，我要成為一個正直的人。」此後不久，他寫信給約瑟芬：「在我看來，人類最大的弱點就是忘恩負義。」

三、革命與正統

拿破崙在革命和正統中間搖擺，真正原因，就是他的自負。拿破崙能夠發跡，完全靠的是自己的才能，因此他看不起所有那些靠著出身門第的紈絝子弟，但是如果是確有成就的人，他也會尊重他人的自負。但是實際上，他又做不到平等地對待他人。自負的他一定要堅持唯才是舉的原則，但是他又不得不顧及大多數。他必然要支持人人平等，同時又要對個人利益表示關注。就這樣，這些矛盾不可避免地產生了一種衝

突，這種衝突是悲劇性的。

對他來說，最革命的就是他生存爭鬥所依仗的兩種武器：精神和劍。「為什麼法國軍隊戰無不勝？因為貴族軍官都逃亡了，取而代之的士官升為將軍。士官成為統帥的軍隊，是人民的軍隊，因為士官們都是從民間來的。」這些年來，拿破崙一直不同意頒給梅特涅和施瓦岑貝格榮譽軍團的大十字勳章。直到有一天，施瓦岑貝格住宅著了火，兩個人拚命救火，才最終獲得了這一殊榮。他的弟弟荷蘭國王隨心所欲地頒授勳章，他禁止這些受勳的人在巴黎佩戴勳章，並命令手下寄給弟弟一份備忘錄：

「我們怎麼能隨心所欲地濫發功勳章呢，而且還是發給陌生人？可能沒多久就會發現這個人是一個十足的無賴。花點時間來把你左右的人看清！頒發勳章不能和外出打獵似的，什麼都由心血來潮的興致決定。授勳的首要標準，是要有突出的功勳……你還沒有用你的肖像授勳的資格。」

因為自負，他在淡化門第的限制。一次，幾個馬屁精請他對義大利先祖進行追封，但是被他斥為愚蠢。有一次在維也納，梅特涅給他看編好的托斯卡納·波拿巴家族的世系表，他說：「拿走這破玩意。」他下令在國家公報中聲明如下：「波拿巴家族之源起，一言以蔽之：霧月十八。世人時沐皇恩，奈何以探究祖先源起為報？」有人曾和他爭論這個，他激動地叫著：「把我看成國王是我所不能容忍的，這是一種侮辱！」

他的思想後來發生了變化，衝突也越來越激烈。「我要成為帝王們的布魯圖，成為共和國的凱撒。」這段話語的含義比較模糊。「我不知道什麼是貴族，只知道我將一批賤民放走了；我也不知道什麼是賤民，只知道我將一批貴族扶植起來了。」這段話的含義則是再明顯不過了。「塔西陀獲得了讚揚，是因為他讓暴君害怕人民，而對人民而言，這卻是糟糕透頂的。」這句話代表什麼意思是非常清晰的。

面對如此一個靈魂，那些膚淺的流言 —— 信奉自由不過是拿破崙用

來奪權的假面具，一旦掌權，馬上就會過河拆橋，將這個假面具棄如敝屨——誰也不會輕信的。這裡和拿破崙的內心爭鬥有關，這可能是這個完美的人唯一需要面對的問題，他的一生都在為被這個問題所困擾著。

「我來自人民，和民眾血脈相通……貴族則一直都是那麼的冷酷無情，從來不知道寬恕是什麼。」透過這番話可以看出他的本性，但是他並沒有就此止步。他成為一位真正的天才政治家，這是因為他並不是一個百分百的理論家，並且同時也被迫將自己與生俱來的同情心壓下去。但是，頗具諷刺意味的是，從來都秉承唯功是賞的他，也會在他小兒子的搖籃上，掛上了榮譽軍團的綬帶。此外，當被西班牙廢帝稱為皇兄時，他讓塔列朗告訴他：他得管我叫陛下。這些弱點很顯眼，但是畢竟只是表面上的。他知道自己的弱點，有時也是能克服的。有一次，他需要派一個人去埃爾富特那裡布置帝王會議，在歐仁和老貴族塔列朗這兩個人選中猶豫不決。突然，他語氣果斷地說：「我為什麼要在意旁人怎樣指摘呢？我和他們說，我無所謂。」

真正稱得上問題的，是皇室王位繼承的來源還有法律程序：「管我叫篡位者簡直是滑天下之大稽，我不過是登上了路易保不住的皇位。如果我是他，一定會盡全力阻止革命的爆發，無論它為人們的精神帶來多麼大的進步……我的力量泉源是我的好運。」得出這一稍微有些混亂的結論後，他又繼續進行發揮。「我不允許對我的前任進行毀謗，」在寫給弟弟路易的信裡他這樣說，「從克羅維斯[1]時代到公安委員會，這期間發生的所有的事情都由我負責，只要是在惡意詆毀歷屆政府，我都認為是在攻擊我個人。」

因為要維護正統王權，他的自負陷進了一種自相矛盾的境地。他甚至滑進了君權神授的觀念之中，竟要為以前的君王的行為負責！要知道

1　克羅維斯：法蘭克王國的建立者，墨洛溫王朝的奠基人。墨洛溫一詞就來自其家族所屬半神話性家族的創始人。

為他掃清道路的，正是舊王的退位。

他被地位和身份的問題困擾了一生。取得奧斯特里茨戰役勝利的那天晚上，奧俄軍旗、敵軍將領俘虜和敵軍文件先後被了送來，但是一看見從巴黎來的信使進來，他就將手裡的一切拋下，他把從巴黎來自的公函所有都放到一邊，只在其中撿出一封全是流言蜚語的信。寫信的婦人說，聖日爾曼富人區的弗隆德人最近發誓自己再也不會入朝覲見了。他非常生氣，咆哮道：「這些人還覺著能鬥得過我？可以，失勢的貴族先生們，就讓我們走著瞧，走著瞧吧！」這是在奧斯特里茨勝利之夜發生的事！

追求一個女子，卻是一廂情願、屢遭拒絕，最終由愛生恨。拿破崙世襲罔替之夢和這個很像。他不惜一切代價，只要能贏得傳統的精神！比這件事早幾天的一個晚上，他帶著羅德雷從客廳來到了撞球室，擊球開始後，他直截了當地說：「你們參議院缺乏貴族情結，對帝制也不夠忠誠。」

「陛下，它只為您一個人效忠。」

「這不是我想要的。它應當服從的是我的衣缽，不管承襲了它的是誰。這件皇袍一定要足能夠保障穿衣人的安全。這就是你們所沒有的貴族精神，你們都是一群理論家！」

這番話說的就是皇位世襲的事情。繼承權問題帶來的最直接的後果，就是拿破崙第二次婚姻悲劇性的失敗。有兩件事情，是拿破崙永遠都解決不了的：子嗣和出身。所以他想要和正統王室聯姻，好一次把子嗣與出身兩大難題解決。其實他並不是平民，而是一名貴族。他這樣為自己定位，誰又能反對呢？

「我的處境比較特殊，譜系研究者試圖將我的家譜一直上溯到洪荒時代。而在有些人眼中我是出身卑賤的人。這兩者都有一定的偏差。波拿巴家族雖然算不上顯赫，但是確實是科西嘉島上的名門望族。即便是

最低限度的，也比那些妄圖羞辱我的紈绔子弟高貴。」

這句話出自一個 16 歲的年輕人。在軍校和巴黎的住宿學校，拿破崙總是會被一小撮貴族子弟奚落，他就在自己的信件與文章中寫下了上面的這句話。當年這些惡少對他的羞辱始終在他的記憶裡揮之不去。如果這段經歷不存在的話，政權的合法性、宮廷、婚姻、他以及歐洲的命運，也許都將是另一幅完全不一樣的圖景。

他的自負，不僅在與法國的爭鬥中有所表現，在與貴族的爭鬥同樣也能看得出來。對於這兩者，他都是有一部分的認同。他雖然也是出身貴族，卻並不是真正的上層貴族，這讓他對貴族這一階層的態度，始終是批判的。表面上看他也是法國人，但是並沒有法國血統，因此他心裡面還是反感法國人的。他雖然把這兩者都征服了，但是任何一方他都不能徹底放心。

他在法國的成就巨大，遠勝他在血統上的成就。由於拿破崙算不上真正的法國人，因此法國也算不上他的合法妻子，而是一個情人而已。這一點他知道：他追求她，並且為她獻身，最後卻又將她拋棄。「我只有一種愛情，一個情人，那就是法蘭西。我和她同床共枕。她對我從來沒有過不忠。她為我奉獻財產，拋灑熱血。我要是需要 50 萬人，她會馬上毫無保留地為我呈上！」他責備這個情人，也剛好表示他的深情裡充滿了嫉妒。他對她的態度是「恩威並用」，他順著她的性情，她所有的願望都會滿足。與別的任何人相比，他更知道怎麼用虛名和幻想來將她迷惑住。所以，她向他嫣然而笑，迎接凱旋的他，還將孩子託付給他。

然而兩人之間的相互指摘和妒忌，從來沒有一刻停止過。雙方都想操控對方。聽一下這位專制的情人怎麼說的吧：「我發誓，我做的所有事情，都是為了法國！如果我沒有讓她獲得更多的自由，那根本是因為她已經不需要了！」他站在客廳中間，對著在座的客人，大聲地說著，他那犀利的目光掃視著每個人。他和親信說話更加刻薄：「死性難改的

高盧人！還是如此的輕浮、如此的愛慕虛榮！他們什麼時候才能用真正的自豪感取而代之呢？」

不過法國人對他同樣也是心存疑惑。拿破崙在寫給弟弟路易的信裡說：「從登基到現在，您已經把自己曾是法國人給忘了。為了讓自己相信自己其實是荷蘭人，您絞盡了腦汁。外國的環境和您的口味很合，但是它畢竟是陌生的。」而這段話同樣可以被法國人送給拿破崙自己。在談到拿破崙時，羅德雷說：「他弄錯了，他們對他的熱情比不上對拉法耶特的，即使後者並沒有給他們出謀劃策。一言以蔽之，他們對他這樣的敬佩、讚賞，不過是因為他對他們有用。」

這種關係最終落得個悲劇的下場。當他對她不再有用時，這個情人就把他拋棄了。

他自負的最高體現，是收場也是一個悲劇。「來生，我希望能夠成為自己的子嗣，讀一下一個高乃依一樣的詩人對我的評價和感受。」從少年歲月到流放時代，從出生之島到棄世之島，攀比青史留名之人，是他的自負的依託。如果沒有這種歷史情結，沒有這種在他眼中是唯一正確的哲學觀，他的事業將會有很大的不一樣，甚至成為泡影也是有可能的。他在政治上卓越的統籌觀是從歷史和想像中來的。歷史是純粹的理性，而想像是純粹的情感。歷史為他提供肆意飛翔的支點，因為他在他那個時代根本是無與倫比的。而他唯有在歷史的長河中，才能找到一些人能夠與他比肩，可供借鑑，指導他的前進。將凱撒當作偶像，這位中尉開啟了自己的騰飛之路。在羅什福爾的港口，過於自信的他曾經以為自己能夠達到提米斯托克利斯曾經的高度，但是最終夢想還是破滅了。

他的一生裡對古代和現代都有過很多的評論，其實這些可以顯示他自己對現實是個什麼樣的態度。他為什麼反對塔西陀和夏多布里昂？刺殺凱撒之事，他為什麼是譴責的態度？因為他要維護對當甘的判決。當執政的時候，他曾有過寫一些有關羅馬史的片段的打算，只是為了證明

「凱撒從來沒想過當國王。他之所以遭到了刺殺，不過是因為他要將各黨派聯合起來，重建秩序」。他還提到刺殺凱撒是在元老院裡，當時的元老院有 40 名龐培派的成員，都是他的敵人。拿破崙透過這個在暗示，他得對自己的參議院進行清理了，而他確實也這樣做了。

他設計了 8 塊羅馬風格的、刻著自己豐功偉績的石碑，安裝在凱旋門上。碑文中只是對一些歷史事件的記述，並沒有進行自我吹噓。但是，石碑的設計還是表現出了他對歷史的自負。他將世界各國的修史者和作者請到巴黎，和他們促膝長談，想利用他們讓自己流芳百世。如果他認為自己的畫像過度逼真了，就說阿佩勒從來沒有給亞歷山大畫過坐像，所以大衛也應該為自己畫一幅戎裝像，「身騎駿馬，神態自若」的那種。在無憂宮裡宴請腓烈大帝的傳記作家、在腓特烈大帝的書齋裡簽發軍令、在倫巴第參觀奧古斯都門、在埃及觀賞龐培柱，還將陣亡將士的姓名刻在上面、在馬德里和莫斯科了解腓力和葉卡捷林娜的生活習慣，以上這些並不完全是出於興趣。他是在體會成為英雄的時刻：以上這些都曾是他早年的夢想，而他如今終於可以和他們同日而語了。

他一直在譜寫自己的歷史。隨著時光的流逝，這位年輕的將軍透過一道道命令獲得的勝利，逐漸變成了歷史，而他則用藝術家的手法專注於將來的每一次戰役，每一次遠征，好能夠流芳百世。當人們向他獻上義大利的王冠時，他回顧了自己五年來堪稱奇蹟的成就：「幾年後，在尼羅河岸，我們得知我們一切的事業都毀於一旦，我們陷入了極度的痛苦。但是，感謝軍隊那不屈不撓的鬥志，我們又回到了米蘭，而義大利卻還以為我們還在紅海的岸邊呢。」在這段時間裡，他已經當著大眾的面，踐踏了法國的憲法，即使是亞平寧山中的牧人，都清楚他已經從埃及回來了。

在和教皇的較量的時候，他寫了一封長信給歐仁，讓他抄送給教皇。他自己寫道：「能和拿破崙比肩的，只有居魯士和查里曼大帝。」他

在事業的巔峰的時候和奧地利公使說：

「你別弄錯了，我可是一位羅馬皇帝，凱撒的後代。夏多布里昂把我和提比留斯[1]比，他的轄區僅僅是從羅馬到卡布裡那麼小的地方。他可真敢想啊！圖拉真、奧勒留[2]，他們的情形就大不一樣了，他們自強不息，透過自己的努力將舊世界改變。你沒覺得我的統治和戴克里先[3]的政權非常像嗎？普天之下，皆是王臣。這個國家崇尚武功，但是文治也毫無紕漏……凱撒是天生的，並不是後天教育出來的。」

這既不是公開宣言，也不是政治信件，更沒有收買人心的意思。這只是沙龍裡的悄悄話，沒有偽裝，沒有什麼目的，有的只是一個純潔但是又很自負的靈魂。

功成名就之際，他對自己的歷史感越來越客觀，就好像一個棋手，贏棋不是為了利益，而是出於興趣一樣。他會和戰勝了的對手一起探討，找到他們哪裡犯了錯，分析自己的謀略哪裡高出一籌。面對被俘或求和的敵方將領，他會說：「你其實應該這樣，你才能獲得有利的地位，這是多麼絕妙的一步啊。」在獲得瓦格蘭姆戰役的勝利後，他和巴布那伯爵說：

「我相信，你的堅強遠超我的想像。你的打擊十分猛烈。你估計我的實力怎麼樣？……你顯然擁有極為靈通的情報。你想不想參觀一下我的部隊？……不想？那你也可以看一下這幅地圖上我是怎麼布陣的……埃斯林大捷唾手可得時，我出了錯。如今，我已經獲得了應有的懲

1　提比留斯·格拉卉：羅馬貴族，西元前133年當選保民官，開始進行土地改革，但遭到當時保守貴族的強烈反對。後因其舉動有獨裁之嫌，給保守的元老採取暴力提供了口實在謀求連任過程中被殺害。9年後，他的弟弟蓋約·格拉古繼承了他的事業，但遭到同樣的命運。

2　涅爾瓦（96-98）、圖拉真（98-117）、哈德良（117-138）、安東尼·庇護（138-161）、馬可·奧理略（161-180）並稱「五賢帝」，在他們的統治下，羅馬帝國盛極一時。尤其是在圖拉真時代，羅馬帝國的疆域達到最大。

3　五賢帝之後，羅馬走向衰亡。但284年，羅馬皇帝，同時也是傑出的軍事家戴克里先開始重組帝國。這是羅馬中興的開端。

罰。」

　　讓拿破崙終身無法釋懷的，只有一件事——滑鐵盧。在聖赫勒拿島，一個英國軍醫仗著膽子問他，英國人民想聽聽他對威靈頓是如何評價的，他沉默不語。榮譽是他自負的最高目標，差不多也是唯一的目標。這一目標吸引了他的全部精力，還有他的自我意識，榮譽感，歷史感，少時的夢想，尊嚴，青年的規畫，壯年的事業以及被囚的不安。後世成為一個巨大的幻影裝滿了他的想像。法語裡的「勝利」並不是他追求的目標，拉丁語中的「光榮」才是。後者流芳百世，而前者只能福澤當世。雖然明知道難逃一死，但是在內心的深處，他還是那樣的渴求永生。「無所作為，虛度一生，還不如永不出生。」

　　首先，他把加冕誓言修改了，宣誓他的統治不僅要保護法國的疆土和福祉，還要為了人民的榮耀而奮鬥。他讓人在諾曼第亨利時代一處古戰場上豎了一根石柱，上面鐫刻著這樣一句話：「偉人們熱愛他配得上的榮譽。」對他來說，「普魯士國王所有家當」加起來都不如腓特烈大帝的劍寶貴。但他想的不只是在沙場上流芳百世。一次，他準備建造一些住所供失業者居住。在給主管大臣的命令最後，他這樣寫道：「為官一任，當造福一方，澤及後世。而非來也空空，去也空空，令後人無蹤可尋。」他退位之前，敵人提出簽署合約，前提是他放棄部分領土，被他拒絕了，他的榮譽正是靠贏得的這些土地所成就的。在棄世前，他打了這樣一個比方，意義模糊，孤寂盡顯，和他的命運一樣。

　　「對榮譽的愛好像一座橋梁，魔鬼曾試圖利用這座橋梁翻越混沌，進入天堂。榮譽將過去與未來連在一起，而在榮譽和過去未來之間，還橫亙著一條深淵。除了我的名字，我什麼也沒有給我兒子留下。」

四、充沛的精力

精力可以算是構成他本質的第二要素。這一點可以從哪裡看出來呢？

計算首當其衝。這與天才的閃現一點關係都沒有，而只是反覆的衡量、考慮和摒棄。

「在為一次戰役進行準備時，我會和自己辯論，以期能把自己駁倒。制定作戰方案時，則生怕失之謹慎，總會考慮到一切危險和意外，做最壞的打算。表面的興高采烈，並不能掩飾內心的緊張。而我，就像一個馬上臨盆的孕婦。」藝術家進行創作時就是這樣的心緒。有一次，他向羅德雷講述自己的謹慎，語氣裡帶著玩世不恭：

「我不停地工作，進行最周密的思考。如果說，對每件事情的始末，我都做到了瞭若指掌、應付自如，那不過是因為我早就做了最充分的考量。我考慮周詳，即便是最微不足道的細節。這就使得我對即將發生的一切心中有數。並不是有先知在我耳旁，將預言和破解之法告訴了我，而是因為不管是在劇院還是在用餐，甚至是在深夜，我也會突然醒來，繼續我未完成的工作。」

這種持續的思考沉澱為一種東西，他將這種東西稱為事物的靈魂——精確性，這種精確性具有的穿透力是無與匹敵的，能讓他將一切看穿。他獲得成功，一部分原因是他的數位化思維，而拿破崙則認為這是他數學天賦的功勞。他的頭腦中的資訊，沒有一條是不重要的。整個世界的架構，就是由成百上千的細節彙集成的。如果一名將領給他的信裡說命令已執行，他就會將這個報告打回：他需要了解全部的細節。他就是這樣事無巨細、事必躬親。歐仁駐義大利，他給他寫的信裡說：

「你怎麼能分發 3,747,000 份牛肉呢？……所需乾菜、酒、鹽和酒精的總數我大致能算出來。我希望計算數量能按照軍隊的編制來。我已

經損耗了五成甚至七成的軍餉……你怎麼能讓他們一次算出 1,371,000 捆乾草來呢？這都夠 12,000 匹馬吃了！你了解的，我就 7,000 匹馬。辦公費用太高了，高得離譜：4 個月就要 118,000 法郎，算下來一年就得 400,000 法郎！這麼多錢，管理整個義大利都夠用了！」

這不過是其中的一個例子。他的信札中，像這樣由他口授，再從戰場或政府機構發出的信件有成千上萬份。如果誰只是想在他的信札中尋找理想與熱情，恐怕會失望而歸。他在對德意志作戰時，不忘向國內寫信，命令手下裝作德意志愛國人士的口吻偽造一封談論奧地利政治的信，並在德國各地散發。

在征戰的路上途中，他給那不勒斯國王繆拉寫信，教他在舞會、劇院的時候怎樣做到舉止得體，應該邀請誰，應該婉拒誰。在籌備埃爾富特會議的時候，他忽然想到，應該專門有一個負責向風流大公們介紹女演員的人。他認為用數字就可以概括生活，下面這段對社會生活的看法就是最有力的證明，：「每個家庭應該生 6 個孩子，平均來說，會有 3 個夭折，其餘的有 2 個會接替他父母的位置，最後 1 個可以為國效力。」他思維竟然精確到了可笑的程度。

他第三個能展現他超人精力的方面，是速度。他好幾次在命令下邊又這樣寫道：行動起來！普魯士國王曾經十分生動地說起這一點：看他騎馬就行了，「他總是策馬狂奔，從來都不管身後是不是有誰墜馬了。」但是拿破崙實作的能力要遠超他的馬術。行動之前，他從來都是要進行一番深思熟慮。即使可以從容地作出決定，他也會說：「分秒必爭。」吾生有涯，而任重道遠，這是定格在他的直覺裡的。有了這種觀念的驅策，他一定要全速前行。要達到事業的巔峰，他彷彿總在嫌自己的速度太慢。一次作戰當中，他給貝爾納多特寫信：「你讓我浪費了整整一天的時間，也許就因為這一天，世界的命運都出現了改變。」

他不知疲倦地工作，同時也把他的屬下都忙壞了。拋開戰爭不說，

對於一般的政府來說，有些不談上幾個月都不能解決的事務，他也會催著他們快馬加鞭。起草對俄協約，他只給了塔列朗幾個小時。向各國大使和執政解釋他再婚的原因的文件，他要求一定要在「當日」完成。他曾經用了一個晚上思考這樣一個問題：怎樣美化巴黎。第二天一早，他問內務大臣：「我要用 10 年的時間，讓巴黎擁有 200 萬人。我要為這個城市做一點有益而偉大的事情。對此您有什麼建議？」

「陛下，那一定要建造完美的供水系統。」大臣提出引烏克河的河水進巴黎的辦法。

「這是個好主意。去把 G 叫來，叫他明天往拉維萊特送 500 人，開始修運河。」

記憶力是他的另一種武器。「我對自己的處境熟稔於胸。我可能記不住詩詞的格律，但是卻可以如數家珍地報出軍隊的部署。」這樣的記憶力是偏實用的。雖說他的發音不怎麼樣，但是他能把所有重要的地名還有征戰過的國家都說出來。郵政大臣說過，皇帝可以隨口報出某段路程有多長，而他就得去查資料。有一次，從布倫營地回來的拿破崙遇上一隊士兵，他們迷路了。他讓他們報出番號、出發地還有出發時間，然後就說，同時手指著一個方向：「你們應該往那個方向走，你們營今晚會在 H 宿營。」而這時，這裡差不多集結了 20 萬大軍。

他記憶是有技巧的：他把頭腦分成若干個儲憶箱。「當我想把一件事情中斷時，就把一個箱子關上，將另外一個箱子打開。這樣就不能出現雜亂無章了。如果想睡覺，我就把所有箱子都關上，這樣就能安然入夢了。」

星星、守護神、聖賢、野獸等圖徽為很多暴發戶所鍾愛，但是這些拿破崙一個都看不上。他為自己選擇的徽記是蜜蜂，他還強調說，天才就是勤奮，不停工作，不懈追求，以期能夠擁有一切。但是有些浪漫主義的觀點使用這個詞，卻是以一種悠閒的口吻。他說天才就是勤奮的意

思是，勤奮只是其中一個要素。工作是他生命的全部，他就是為了工作而生的。即使他死後什麼都沒有留下，即使他的事業全都毀掉了，後世的青年也會在他的勤奮和榮譽中獲得無窮的激勵。

其他人先不說，他做第一執政時的好友羅德雷曾這樣說他：「為了處理一件事情或者連著的幾件事情，他可以連續工作18小時，我從來沒有見過他的頭腦出現一點鬆懈。即使是身心疲憊，或者是盛怒之下，抑或是劇烈運動，他都沒有停下思考。他從來都不會因為一件事而對另一件事分心。埃及戰事的勝負，並不能影響起草民法典的會議。他總是聚精會神地做一件事，絕不會為接下來要做的事，而分散對現在必須做的事的注意力。他會極其固執地把此時此刻相對來說不那麼重要的事推開，等有合適的時間再去處理。」

他的很多屬下都被他剝奪了健康和青春，因為他要求他們，用的對他自己的標準，而這是超出了他們的承受範圍的。他會在半夜裡叫私人祕書和他一起工作，一直到凌晨4點，然後7點時又給這位祕書安排新的任務，一直到9點。他們一起工作時分工明確：一個口授，一個筆錄。到了用餐時刻，他會命人送來兩個人的飯，在辦公桌的一角草草吃下。而如果是在戰場上，他和副官的餐桌就是界石了。當執政時，他經常會從晚間6點一直開會到第二天凌晨5點。他在美泉宮逗留的那3個月裡，發出了435封公函，用去的4開大紙有整整400頁，這還僅僅是和政務和管理有關的行政信函。除了這些，他下達的口頭命令無數，還寫下了非常多的私人信件。

這些就是他精力的主要表現形式，也是他靠著征服世界的資本。他可以任意組合它們。在他的計畫與命令中，「在當前的情況下」這個短語為他所偏愛。他從不會受任何的框架限制，隨時準備根據情況對計畫進行修改，透過重組來操控局勢的微變。鋼鐵般的意志和靈活的智慧他兼而有之。他能夠把自己的意志強加於人，同時也可以讓其靈活地適應

外部的環境。

「一個船長的弱點在於他寧願在公海上被人追逐，也不敢強行進港，而這一點，再加上別的一些缺點，讓我沒有能夠將世界的面目改變。如果攻克了阿克，就能快速推進到亞萊坡，基督徒、德魯茲人還有亞美尼亞人的幫助也會接踵而至，我就可以快速抵達幼發拉底河，然後就能進抵印度，將新體制在世界各地運用。」

在歷史上，這番話能不能站住腳是要打個問號的。但是他自己對此堅信不疑，而這也正是他務實精神的表現。在這個由數字組成的世界中，他認為當局者的所有舉動可以為一切負責。每個人的哪怕是一丁點的失職，都可能影響到整個形勢。所以他總是因時論事，根據情況研究對策。但是，他並沒有把自己的成就全都歸功於這一點，而是推崇時勢造英雄的說法。他宣稱，如果他生在路易十四時代，最多也就能當一名元帥，像杜倫納那樣的。

拿破崙極少有感情左右了精力的時候。他的自信與尊嚴，是他控制自我的根源。即使是突發事件，他也總能泰然自若。「對我來說，即使是所謂的大事也是早已司空見慣的。所以在從旁人口中知道它們發生的那一瞬間，我總是什麼感覺都沒有。但是，一個小時後，我會慢慢地有了痛苦的感覺。」這種經歷讓他的處變不驚不僅讓人們預料不到，也是超出他自己的預期的。他勸兒子夭折的奧坦絲節哀順變：「人生就是在受苦受難。但勇者能夠不懈抗爭，最終實現主宰自我。」

不過他有時也會大發雷霆，這種怒氣是從他的自信、敏感以及創造力的急躁中來的。他需要成千上萬的人來和他一起前進，完成偉業。有流言說他對使節或大臣拳打腳踢，那純是空穴來風。不過貝爾蒂埃因為言語不當，惹得他怒氣衝天，卻是確有其事。在塔列朗這個魔鬼的教唆下，貝爾蒂埃去了皇宮，跪著請求執政官稱帝。執政官聽了眼中冒火，嘴角抽搐，伸出拳頭頂著貝爾蒂埃的喉結，一直把他頂到牆邊，嘴裡吼

道：「是誰唆使你來冒犯我！你再敢說這樣的話，我一定不會饒了你！」

盛怒並不會影響他進行清醒的推斷。他的心中當時一片雪亮：這樣的主意，只怕不是貝爾蒂埃這樣的好好先生能想出來的。這一幕在心理學上具有極為獨特的意義。

他有時候也會像一介武夫，神經質而又粗暴。合不上的窗戶，他會直接扯下來扔到街上；他會鞭打他的僕人；他會一邊口述信件，一邊對收信人破口大罵，當然祕書不會把這些話寫到信裡。他盛怒的時候，即便是主教監督，在他這裡也得吃憋：「是你們中的誰把主教這頭蠢牛帶來的？」

長年在外的一位主教監督到他這裡報到。

「你這個賤胚去什麼地方了？」

「在家裡。」

「你很清楚你那個主教是個混蛋，你還敢出去這麼長時間！」

有一點更重要，那就是有時候他為了實現某種政治上的目的而佯裝發怒，一些時候他會在事後說出真相：「你以為我真的生氣了？」他有一次在華沙說，「那你可就誤會了。我從來不會讓我的憤怒超過限度。」一天，他一邊和宮女們聊天，一邊和小姪子嬉戲，心情很好。這時有人進來報告英國大使求見。在那一瞬間，他的臉色大變，甚至變得蒼白，就像演戲一樣。他大踏步地朝大使走去，當著大家的面，發了一個小時的脾氣。他討厭大使打擾了他，對英國的不滿也借此發洩了出來。這些憤怒的面具、言語和動作，都無非是些政治手腕罷了。

這麼多的例子讓很多目擊者認定，他愛發脾氣。但是塔列朗的看法一針見血：「我們大家被這個魔鬼騙了。他的情緒就是他的把戲，因為他明白怎麼用它來做戲，儘管其中可能也有某些真實的情感存在！」

他的權力和神經質般的榮譽感，本來應該和有仇必報相得益彰。但是因為他內心的自製和冷漠，他並不喜歡報復。他對對手或叛徒的懲罰

從來沒有超出過限度。即便討厭一個人，也只是放逐了他了事。而對敗軍之敵從來都是統統釋放，無論大小。他的騎士精神充分地顯示了出來。

接見巴登使臣時出現過這樣一幕：使臣為布勞恩斯魏克公爵請求補償，皇帝憤然拒絕了這一要求。據說，原因並不是這個公爵調唆普魯士對法宣戰，而是一次著名的演講：早在 1792 年進攻法國時，他曾在科布倫次聲稱，一旦占領巴黎，一定會將這個城市化為灰燼。當時的拿破崙只是一個中尉。「這個城市怎麼把他得罪了？」皇帝 20 年後嚷道，「一定要一雪前恥！」

五、將軍與國王

拿破崙的精力從征服者的身份上看最為明顯。和一般的軍人不一樣，他的精力主要是在精神的層面上。「我很少拔劍，我奪取勝利靠的是雙眼，而不是武器。」想了解這一境界的精髓，倒不一定非得熟悉他戰爭藝術的新形式。戰前、戰後和作戰期間這些不同的時刻，他的生命所呈現各種形態，才是唯一需要關注的，他也正是在這個方面是獨一無二的。

勇氣是軍人力量的泉源，拿破崙表現出的勇氣也是獨具特色的。他的表現無比英勇，不管是前期還是後期的戰役。但是，他還是認為，始終視死如歸的軍人是不存在的。不過，這種膽怯應該成為一種手段，可以用來制服對手。他認為，現在這個時代，具備「凌晨 2 點的勇敢」的 —— 就是一種泰山壓頂而面不改色的勇氣 —— 只有他自己。這是得具備非凡的鎮定與果敢的。和這個相對的是，他看不上個人逞騎士之勇，他斥其為食人族的勇氣。「參加過馬倫哥和奧斯特里茨兩大戰役的你們，是不用再表現你們的勇敢的。女人多變，幸運也一樣無常。回到

營地，我們將再次並肩作戰！」

這位軍隊的統帥擅長區分人道和冷酷。在書房裡，他曾經和梅特涅說過：「一將功成萬骨枯。」還是他，在戰場上他又會痛心疾首地說：「各國君王要是能夠親見此景，他們也許就再也不會嚮往戰爭與征服。」還有一次，他寫給約瑟芬的信裡說：「這裡屍橫遍野，血流漂杵。戰爭的另一面就是這樣。無論是誰，只要親眼目睹此情此景，都會無比痛苦。」理智與情感在此刻相互交織。他搬出工作的職責，來給自己辯護：「一個人如果做不到對戰爭冷眼相看，就一定會將更多無辜的人送上這片刑場。」而這是他所不齒的。實現最偉大的目標，他犧牲整個歐洲 100 萬生命是值得的。為了一個小的目標，比如在進攻一橋一堡時，一定要保證損失最少。「如果最多犧牲 2 人就行了，但是因為無知的指揮，而將 10 條性命葬送掉了，那麼指揮官要為那 8 條生命負責。」

他所參與的戰爭，都是出於政治上的需求，但是絕不是心存恨意。因此敵人隨著戰鬥的結束也就消失了。他在美泉宮中寫道：「聽說樂堡島上有 18,000 名忍饑挨餓的戰俘，這實在是太聳人聽聞了。毫無人性，這是不可原諒的。請你馬上往那裡送 20,000 份麵包，再給麵包房送去同等數量的麵粉。」停戰後，蒂羅爾人心存嫉恨，還在殘殺法國士兵，這種行徑讓他變得出奇憤怒，下令：「洗劫至少 6 個大型村落，再付之一炬……好讓山地居民終身不要忘了，這是對他們的報復。」

他將戰爭視為藝術，而且是「最重要、無所不包的藝術」。他以一個藝術家的角度宣稱這種藝術是不能傳授給別人的：「你們以為看了若米尼的兵書，就知道怎麼指揮打仗了嗎？……我打的仗有 60 多場，唯一學到的東西就是：我什麼都沒學到。凱撒在第一役和最後一役中所用的戰術並沒有什麼差別。」這是一個純粹的藝術家。他是這個領域的權威，但是他給出的定義是自相矛盾的。西班牙戰役結束後，他這樣和一位將軍說：「戰爭的勝負主要由戰略計算的能力決定，和這個相比，物資力量

的多寡根本不值一提。」還有一次，他的看法又變成了，取勝的關鍵是優勢兵力或者高昂的士氣，有時他甚至說勝負由靈感決定：「勝負懸於一線，一個突發的念頭就能扭轉戰局。雙方按照各自的方案行軍，接近、試探、交鋒、決戰。此時，突然靈感的火花閃現，一支小小的後備隊就可以去清掃整個戰場了！」

　　他認為，初次交鋒後，人們馬上就清楚了決戰是什麼樣的場面。這樣的論斷不僅理智，還帶有一定的藝術氣質。「那個場景只能持續一刻鐘的時間……在每次戰役中，即使是最勇敢的士兵，在這時也會心生怯意。不過只要對他們略加勸解、稍加鼓勵，就可讓他們重新鼓起勇氣。」他就是靠著這樣的鼓勵，拿下了不少的戰役，因為只有對士兵，他的演講的效果才最好。他質樸，因此為士兵所理解。他甚至說「戰爭藝術是簡單的，和一切美好的事物一樣。」在他眼裡，戰爭似乎是藝術中最高級的形式。「軍隊就是共濟會……而我就是它的總管而已。」

　　他的個人魅力來自於發跡，他的這段歷史任何一個士兵都很熟悉。身為一個年輕將領，他知道怎麼依靠文官。身為皇帝，他還覺得那些不知道怎麼依靠文官的敵人可憐。另一方面，他覺察到了紙上談兵的危險。在寫給約瑟夫的信中，他說：「如果國王御駕親征，士兵就產生沒有統帥的感覺。他們朝著國王致敬、歡呼，好像他面對的只是皇后，前來檢閱軍隊的。如果國王他不是一位帥才，那就把軍權徹底交給自己的元帥吧。」

　　全歐洲，出身行伍的帝王只有他一個。從青年時代起，他就對軍隊中的一切細節和軍官心理無比熟悉。他自豪地說：「在戰場上，我做不了的事是不存在的。裝火藥、操作器械、放炮，我都會。」當然，他只在必要時才會親自去做。一本書提到一則故事比較浪漫：有一次，巡夜的他換下了一個睡著的哨兵。對此，他的反應是笑著說：「這是老百姓們編出來的，或者是哪個律師憑空臆造的。沒有哪個士兵們敢自己承認出

過這種事。」

　　他主張軍隊裡要絕對平等，在這一點上他一直都是忠於革命的。他提倡無功不受爵的原則。即使他破例地提升了自己的兄弟，但他依然訓斥他的國王弟弟們，就像在訓斥一個中尉。有一次，他接到西里西亞的傑羅姆送來的一份報告，回覆道：「順便說一句，我認為您的遣詞造句太文縐縐了。戰爭裡這完全是沒有用的。精確、肯定和扼要，這才是我們現在所要求的。」

　　在布倫，約瑟夫大擺起他的王公架子，站在索爾上將的身旁接見軍官。拿破崙批評了他：「在軍隊裡，誰都不能僭越最高的統帥。閱軍期間設宴的不能是親王，只能是將軍。閱軍的時候，即使是皇家上校，終究也不過就是個上校。軍紀無例外。軍隊是個整體，永遠都不能僭越統帥之權。你的責任無非是約束好自己的部下。」

　　但是在醫療上，統帥和普通士兵的待遇是一樣的。法國在艾勞戰役中損兵折將。他卻不讓一名軍醫區別對待一位受傷的將軍：「你的病人是每一位傷患，而不是只有一個將軍。」據一位德意志軍官說，每次打完仗，他都會到前線上看望傷患，命人小心翼翼地把他們抬上擔架。「如果他能挺過來，我們的損失就會又少一個。」

　　我們可以在他所有的日記裡讀到他在軍營中的片段：和士兵一起坐在營火前，打聽他們的伙食，有時士兵們的回答會讓他開懷大笑。有時他們也會對他推心置腹，吐吐心裡的苦水，或者以「你」相稱。他的這些舉動這並不是在故作親切、拉攏人情，而是一種父子溫情的表現。他把他們稱為「我的孩子們」，而他們稱他為「我們的小隊長」，就是實際指揮官的意思。一個老步兵還想回到軍中服役，拿破崙在給他寫的信中這樣說：「親愛的同志，業已收到您的來信。當年之勇你無須贅述。你是軍中那個最勇敢的士兵。我非常想再見你一面。軍務大臣會把一切都替您安排好。」

　　他從來不讓別人提前知道他的作戰計畫，而下層兵士的意見對論功行賞十分重要。一次戰役結束了，他總會把一些軍官和士兵召集到一起，讓他們圍成一圈，依次發表意見。他會問起作戰最勇敢的是誰，當場就發放獎勵，親手給他頒發鷹章。「軍官提名，士兵核准，皇帝批准。」在過現場的塞居爾是這樣描述的。

　　沒錯，拿破崙酷愛戰爭，但是和他熱愛權力一樣，只是因為這是一門藝術。一個旅行者和他說中國有一座島，島上什麼武器都沒有。他笑了，並不相信：「什麼？他們一定會有武器！」

　　「沒有，陛下。」

　　「長矛總該有吧，或者至少弓箭有吧？」

　　「這兩種武器都沒有。」

　　「那匕首總該有吧！」

　　「那也沒有。」

　　「那裡的人打仗怎麼辦呢？」

　　「那座島上從未發生過戰爭。」

　　「什麼！沒發生過戰爭！？」

　　在旅行者聽來，皇帝似乎被這個島的存在激怒了，他身體裡流淌著的軍人血液，讓他有了這樣的反應。

　　但是，他也意識到了一個和平時代正悄然來臨，這個時代他也許不會喜歡，但他一定已經預見到了它即將到來。他認為運籌比蠻幹強，這讓他成為新時代的第一士兵，也讓他的成就遠在同時代的統帥之上。著名雕塑家卡諾瓦曾為他塑一尊塑像，為他擺出的架勢是極具威脅，他卻輕蔑地說：「難道他以為我之所以有這樣的成就，靠的是拳頭嗎？」除了這個，他還曾就統帥超越士兵的地方下過一個定義。當執政的時候，他曾在參議院中這樣說道：

　　「統帥高明在什麼地方？他的思維獨特：眼光、口才、計算、決斷，

還要洞悉人性。這些也是治理天下所必不可少的……只要有足夠的勇氣和體力，隨便哪個士兵都可以征服天下……現在，不管是什麼地方，暴力都已經讓位於道義了。得天下的人拜倒在治天下的人腳下。為什麼身為一個軍隊統帥的我，同時還擁有科學院院士頭銜，我很清楚：即使是最年輕的鼓手，都能清楚我想做的是什麼。」

後來他說得更清楚：

「戰爭是時代的錯誤。終究會有那麼一天，獲得勝利所依仗的將不再是大炮和刺刀……誰想破壞歐洲的和平，誰就會導致內戰。」

統帥拿破崙就是這樣說的。

六、與人奮鬥

與人鬥是拿破崙的精力最主要的「戰場」，他幾乎從來都不與天鬥不與地爭。每次和天鬥，他的結果都是失敗。通常他只驅使人們為他將山川和土地征服。他這位藝術家，在人這種實體上殫精竭慮，所有的精力和想像力都消耗在這上了。他完成自己的偉業，只能透過對人的治理。誰都不能征服更多人。他不僅做到了讓軍隊和人民對他俯首稱臣，同時也將那些卓爾不群的菁英征服了。

榮譽和金錢是他的手段，瞧不起人是他的方法。自信心和經驗讓他堅信：無論是誰，他的行動都是以自己的利益作為出發點。享樂、占有欲還有榮損與共的家族觀念，讓人好利；虛榮、嫉妒還有野心，讓人好名。他並不具備出世超俗的動機，只是擁有一些現實的手段。有時，他那過於鋒芒畢露的自負，蒙上了追名逐利的陰影，這其實是違反了他的本意的。他企圖用名利來引誘他人，殊不知自己的人格竟然散發強大的吸引力，比名利更加強烈。歌德說：「拿破崙生活在理想之中，但是他自己卻沒有意識到這一點。他對理想矢口否認，但是又對現實不滿，努

力地追求自己的理念實現。」

　　不過，和歌德一樣，拿破崙對梅菲斯特人性本惡的觀點是不贊成的。他說：「大多數人都是這樣的，心裡是善因和惡緣並存的，英雄之氣和懦夫之質同在。人的本性就是這樣。教育和環境無非是後天的因素。」目的只是保證本性遠離誘惑。20 年來，這類對人心的認知他每天都要使用上百次。他成功的首要條件，就是對人的這種天性的善加利用。他使用的各種手段中，人心是最得心應手的那個。

　　「我最喜歡分析……『為什麼』「和『怎麼樣』，這些是十分有用的問題，人們總會用到的。」就像一名冷靜且理智的精神病醫生，他可以使用各種手段，來探知他人一切心理特點，他對相面書尤其精通。他喜歡罵人，因為「我可以從他們的反應裡摸清他們的靈魂」。用手套敲打心臟，什麼回音都不會有的，但是如果用錘子擊打，迴響就會極大。第一次見他的人，通常都會為他的眼睛著魔。

　　拿破崙利用講話和提問在心裡為各種人進行分門別類，還會不時地加以補充。他提問時會窮根究底，從來不管對方是不是尷尬、迷惘甚至膽怯。有時他的提問竟會越來越幼稚。沒人和他交談時，他就學習。在聖赫勒拿島上時，有一次與他和一名醫生坐在一起，讓我們看看這20 分鐘，他是怎樣地加以有效利用的。

　　「您的船上患肝炎的有多少人？害痢疾的有多少人？在英國掛號需要多少錢？一名軍醫的退休金會有多少？……死亡是什麼，怎樣定義？靈魂什麼時候離開軀體？軀體什麼時候有的靈魂？」

　　講話是他另外一個方法。按照他一名親信的說法，皇帝唯一真正的樂趣，就是講話，或者說一言堂。而能擁有這種樂趣，則是他的地位的功勞。實踐者我們見過不少，但是像他那般能說會道的幾乎沒有！他從來都是一個人直面這個世界，所以他一定得能口若懸河，才能為這個世界打上他自己的烙印。他與人交談經常達到5 或 8 個小時，有時甚至達

到 10 或 11 個小時。而且在大部分的時間裡，都是他自己在說。他的語速非常快，有一點外地的口音。這些都讓他說話的義大利味更重，而沒有什麼羅馬味。不過他基本不用手勢，說話時一般雙手背後。只在十分激動時，他才會分開雙手，大有氣吞天下之勢。

他對屬下和一個揮霍無度的東方君主沒什麼兩樣，鉅賞厚賜，從不皺眉。但是在自己的開銷上，他卻十分節儉。他當執政時說過：「打了這麼長時間的仗，不管你是不是有意的，都會有那麼一點的財產。我的退休金差不多有 8 萬到 10 萬法郎。兩處房子分別在城裡和鄉間。我也不需要別的了。一旦我對法蘭西不滿或者反過來，我就退隱，毫無後顧之憂⋯⋯但我身邊所有人都是小偷，大臣們意志都很薄弱。他們肯定都聚斂了大量的財富⋯⋯怎麼辦呢？國家越來越腐敗。從來都是這樣：媳婦熬成婆，便把令來行⋯⋯你清楚，為了建造杜樂麗宮，你們跟我要多少錢？ 200 萬⋯⋯一定要削減到 80 萬。我身邊每個人都是無賴。」

「連年征戰花的錢，」羅德雷回答，「一定比這些內賊多。」

「就是因為這個，我得對內務支持嚴格控制。」

透過這段話，就可以了解一個 30 歲的國家首腦對金錢是怎樣看的：他自己無欲無求，對周圍的人貪汙、講排場也是抱怨不止。他坦言自己透過戰爭發了財，又對經辦人破口大罵，說他是個騙子，因為要裝修宮殿的後者跟他要 200 萬，而他自己其實一分錢都不想花。革命滋生了腐敗。面對貪汙成風的現實，他要和軍需商和發戰爭財的人進行爭鬥。但當他使用嚴刑峻法將這些掃清後，他又開始給那些有功的將領大筆的退役金，甚至可以高達一年 100 萬。他當執政的時候是掃清了國家的蠹蟲，但是後來，他的厚賞還是增加了國家的負擔。

有些人掙錢，則靠的是與他的關係，而不是直接透過他。他和塔列朗說：「如果哪天我一文不名了，可就得來找您了。您實話實說，您在我這裡撈了多少？」

「我並沒有多少錢，陛下，但是我的一切都聽您的調配。」

拿破崙的待人方式和很多因素都有關係。如果想探究其中的種種訣竅，得分成幾組來討論。

將軍和元帥是最好就範的，他們立功的機會很多，可以憑此獲得他的賞賜。他用錢可以實現雙重的目的：即為自己增光添彩，又控制住了那些突出的軍官。他甚至樂於看到這些彷彿沒見過錢的軍人揮霍無度，最終債臺高築，又求助於他：他引導著他們因揮霍而變貧窮，再逼著他們從貧窮回到揮霍。同時，他們在軍務上只需要依附著他就行了。他一個人負責所有的決斷。他的將軍們很少有施展自己才華的機會。他也會在戰報中，在最合適的地點和時間給出最合適的獎賞，就是想挑起將領們的虛榮和妒忌。

這讓他們對拿破崙是愛恨交織。而他們反倒被這樣複雜的情感牢牢地拴住了，效果要好於純粹的熱愛。真正稱得上對拿破崙死忠的，可能只有貝爾蒂埃和迪羅克。他曾經把自己對他們的愛，和孩子對父母的愛、小狗對主人的愛相提並論。內伊認為自己是一把上膛的步槍，可以在皇帝需要的時候，朝皇帝需要的方向射擊。能獲得拿破崙信賴的，只有那些和他一起白手起家的戰友。他在自己的回憶錄中，專門為他們設了一個榮譽榜：他對德塞的沉重冷靜大加讚賞；莫羅是本能比天賦多；拉納開始時是勇猛多於指揮，但是後來逐漸找到了平衡；克萊貝爾因為享受才追求榮譽的；馬塞納的力量，只有在火線上才能迸發；繆拉 ──「一點思想都沒有，但又威猛無儔！他既是蠢貨，又是英雄！」他們中沒有誰沒見識過拿破崙的怒火，但是拿破崙還是不願把這些舊時的同伴拋棄。輸掉了瓦格蘭姆之役的瑪律蒙被拿破崙罵得狗血噴頭，但是過了一刻鐘，他就又成為了元帥。

有時，他會流露出厭倦塵世的情緒，「我甚至連自己的戰友都會懷疑，這讓我非常痛苦。所以我會想盡各種辦法來擺脫這種情緒。」事實

是他什麼都清楚。拉納之死讓他傷心欲絕，但是他並沒說過那些感人肺腑的祭文，像報刊刊載出來的那樣。他對梅特涅是非常信賴的，他對他說：「拉納恨我。當我聽說重傷的他在呼喚我的名字時，我就知道他一定是要死了。他呼喚我的名字，和無神論者臨終前呼喚上帝是一樣的。」

這些將軍們和最高統帥青少年時代的友誼，根本不足以讓他們免受責罵。他們只要有一點蠢行或者心存畏怯，他就會對他們破口大罵，就像在教訓孩子一般。他寫給朱諾的信裡這麼說過：「你的荒唐簡直前無古人……你對你的軍事職責並沒有一個正確的認知，我真的沒有看出來這會是你！」他寫給一位倫巴底的將軍的信裡說：「你的指揮讓人們沒有了誠信，有的只是貪婪。可是直到現在，我才看出來，你原來是個懦夫。滾出我的軍隊，再也別讓我看到你！」

一位將軍在西班牙戰場上選擇了投降。半年後閱兵時，他居然有膽量在拿破崙的面前出現。拿破崙一看見他就怒不可遏，據說他臭罵他足有一個小時：「交出城堡，可以。戰爭中的幸運之神從來都是無法捉摸的，所以我們也可能失敗，也可能當了俘虜，說不定明天這件事就發生在我自己的身上。但是我們永遠都不能放棄榮譽！先生，軍人的天職就是在戰場上打仗，而不是投降。就應該把投降的人拉出去斃了……軍人一定要懂得獻身。我們不都是必將有被死亡折磨的那一天嗎？對你而言，投降就是犯罪。身為將軍，這個舉動也極其愚蠢；身為士兵，這則是一個怯懦的行為；而身為法國人，你把這一榮譽都給玷汙了！」

當時的外交家對他的坦誠十分震驚，要知道，拿破崙可是誰都信不過的。「有人情味和打明牌比耍弄手腕能給外交帶來的好處更多。對於舊時外交家來說，不僅他們那些伎倆早已山窮水盡，那些貓膩也早已是盡人皆知……和玩弄手腕比起來，自暴其弱並不是更糟糕的。」

在再次和英國開戰之前，他和英國使節進行著分析，法國能夠挑戰英國的海上霸權，他需要多少年；擴軍到 40 萬，他又得至少需要多少

年。在美泉宮，他和奧地利談判代表說：「這就是我的最後通牒了。如果你們能獲勝，那麼我這些條件也會更有利於你們；但是如果獲勝的是我，那麼毫無疑問，條件將會更加苛刻。我只是想要和平而已。」

他會仔細斟酌對外國的大使施壓的每個細節。也正是因為這個，他極力地迎合著哈布斯堡王朝的傳統。他舉行生日宴會的那天，使節們站成了一個半圓形，他來到梅特涅面前對他說：「大使先生，貴國皇帝究竟想要做什麼？他不是想讓我去維也納吧？」他透過這個對奧地利大使進行恫嚇，並公開向整個歐洲示威。但是兩天後梅特涅以私人的身份來見他時，皇帝卻說：「我們用不著再扮演法國皇帝和奧地利大使的角色了，現在又沒在大眾的眼前，我們也用不著那些外交辭令來遮遮掩掩了。」

在第一次對奧和約締結前，為了不讓對方討價還價，他接見敗軍之將艾爾茲大公的地點沒有選在美泉宮，而是在狩獵場的一間小屋裡。「我會待在那裡兩個小時，一個小時用來用餐，另一個小時則可以討論戰爭並相互致敬。」在當第一執政的時候，有一次接見科本佐伯爵前，他親自重新布置了一下杜樂麗宮：寫字臺放在角落裡，椅子撤走了，如此一來，這主賓雙方就只能坐在沙發上了，燈只點一盞，沒有吊燈，即使當時已經是晚上了。塔列朗帶著奧地利伯爵走進房間，他的面前現在是一片漆黑。門和執政之間還有那麼遠，所以他根本看不清執政在哪裡。而尷尬的是，他還不得不坐在主人指定的座位上。

對付王公貴族，他手腕也很絕，他接見他們的地方喜歡選在自己的府邸裡。事實上，他在權力巔峰的那些年裡，他從來沒有主動拜訪過他們。在提爾西特，他的客人只做了兩天，就反客為主了。在德勒斯登他時時以主人自居，雖然他實際上是薩克森國王的客。他絕不和皇后們打交道。普魯士王后路易絲假惺惺地請他出面，維護公平，這時他讓她先坐下，「因為要想轉悲為喜，這個辦法最有效了。只要坐下，悲劇就會變成喜劇！」

他在和人民打交道時的手段，就顯得很拙劣了，對法國人和義大利人還算可以。任執政時，有一次參議院的會議上他說：「按照大多數人的意願來統治，這就是我的統治。所謂的尊重人民主權就是這樣的。為了讓旺代的戰爭結束，我成了天主教徒；在埃及，我又變成了土耳其人；我成了極端教權主義者，只是想獲得義大利人的支持。如果統治猶太人的是我，那我一定會下令重建所羅門的廟宇的。也是這個原因，我會在聖多明哥的解放區說起自由，而在奴隸制區主張繼續奴隸制。」

和在黑人共和國比，他的政策在波蘭要更成功一些。他試圖透過宴會和演說拿下波蘭。他最拿手的是對付猶太人。猶太人在革命中獲得了平等的地位，一部分猶太人在萊茵河地區透過放高利貸盤剝人民。清楚他們經商天賦的拿破崙並沒有下逐客令。他下令在巴黎召開了猶太人的最高層會議，讓他們自己決定。要知道，這種會議已經好幾個世紀沒開過了。最後，這個猶太人的權威機構判定放高利貸是有罪的。他在西班牙卻沒有察覺其中的危險，而犯下了大錯：他讓約瑟夫「以暴易暴，以悅民眾」。

德意志人是最讓拿破崙感到驚奇的。他在他們身上找見了自己所沒有的一切，而他自己所擁有的，又是德意志人缺乏的。所以，他稱霸歐洲的時期，對德意志人始終是敬畏參半的態度。他們讓他感到恐懼。他到了埃爾富特後，試圖用戲劇影響德意志的大公們。他給劇院經理下令劇院：不要再演喜劇，「在萊茵河那邊，看得懂喜劇的人是不存在的。但是高乃依的《西拿》是可以上演的，那部趣味盎然的戲裡面有一個專門是表現王室仁慈的場景，效果一定會很好。接下來他引用了《西拿》的臺詞，但是他記得不夠準確，被雷穆糾正了：「天賜神座，授之於王。承天之福，惠賜下民。回溯過往，公正無私；眺啟未來，自由不羈。履此王位，無愆無咎；王之所為，天之所佑。」

「太棒了！」皇帝叫著，「那些冥頑不靈的德國佬看這個真的太合適

了。他們現在還在談論昂吉安公爵的死！我們應該為他們拓寬道德視野提供幫助。對於思想抑鬱的人，這是很有好處的。德國人裡這樣的數不勝數。」此時，他談論的彷彿是他一竅不通的德國音樂，但是實際上他在說德國哲學。不過無論是哪一種，都讓他又敬又畏。其實，他喜歡的是義大利的詠嘆調，還有和伏爾泰的智慧。他說：「康德太晦澀了。」擁有這種觀點的他沒能預見到，一個這樣遲鈍的民族也可以迸發出激情。

這種誤解也許是由民族隔閡造成的。他在義大利北部十分成功，原因是那時的他還很年輕，思想單純，對被壓迫的人十分同情，所以成為革命的先鋒。他成為獨裁者後，卻再也沒有將革命的火種傳遞給別的民族。但是人民大眾始終是他的立足點。「統治以民為本，而不是考慮能否獲得某某先生的滿意……高瞻遠矚的聖人超越了一切黨派，因為只要加入黨派，就變成了奴隸。」他是這麼說的，不過卻不是這麼做的。

法國人民十分敬畏他，這種情緒綿延了長達十年。但是，一旦他失敗，也會馬上產生懷疑。「面對民眾，統治者不應該曲意逢迎，而應該充滿威嚴，」他說，「否則，一旦你的承諾無法兌現，群眾就會認為被愚弄了。你問我為什麼恫嚇人民？原因就是不讓恫嚇的事變成真的！」

但是，這種恫嚇對他的天性是一種背離，也違反了群眾的本能。他再也不能拿金錢和榮譽引誘他們，而只能把皇冠和加冕、宮殿、大排場還有王孫子弟展示給他們。但是人民覺得自己和他日益疏遠，這一點他們沒有上當。

巴黎的群眾聽說，皇帝不允許戲裡的亨利王說「我戰慄」，只能說「我哆嗦」。因為國王雖然也是一個人，也是會戰慄的，但是不能承認。所以他們嘲諷拿破崙，不過有一點他們不知道，那就是皇帝曾和塔爾瑪說怎麼去扮演凱撒：

「凱撒曾發表長篇演說表示對帝制的反對，曾說過：『我對皇位不屑一顧。』可惜言與願違。因為羅馬人正在背後看著他，所以他才這麼

說。他要讓他們相信，他是不喜歡當皇帝的。但是實際上，這是他一直以來的目標。所以，念這段臺詞的時候，不能表現得那麼信誓旦旦。」

宗教和戲劇都是他用來麻痺群眾的工具。當執政的時候期間，有一次在參議院，他精神飽滿地說道：「宗教對我來說一點都不神祕，它不過是社會秩序的一種。它將平等和上天連繫在一起，避免發生窮人屠殺富人的事情。宗教和接種疫苗的功效相似：它可以滿足我們對神奇世界的好奇，不讓我們受到欺騙，因為牧師們比卡格李托、康德和德意志所有的夢想家都更有價值。沒有分配財產上的不均，就不會有社會；而沒有宗教，這種不均就無法維持了。窮人忍饑挨餓，乃至凍死街頭，他們能做的只有幻想還存在更高一級的權力，幻想在永恆的世界裡是一種不一樣的秩序。」

即使他知道這些，也實施了很多扶危濟困的措施，但是，他始終都不能擺脫被視為暴民、暴徒的印象。無論是王公還是民眾，他對人類的蔑視沒有減少，不過也沒有增加。他對民眾只是利用，這和他利用別的階級是一樣的。他說：「改變世界的道路不是影響領袖，而是要發動群眾。前者只能產生陰謀家，結果最多也就是二流的成就，後者則可以改造整個世界。」對於議會制度，他並無什麼建設性的意見，始終都是在批評：

「共和這種國家形式，可以起到振奮精神的作用，而且包含偉大事物的萌芽。但是也正是因為它的偉大，所以走向滅亡也是早晚的事。因為為了將權力統一，它一定要使用暴力，而暴力則會朝獨裁或貴族制發展。這種專制是最糟糕的。我們在羅馬、威尼斯、英國包括法國，都可以找到非常好的例子。共和國如果想要有所成就，那麼中央權力就一定要依賴議會裡永久性的多數……想實現這一點，只能透過腐敗，而腐敗作為中央權力手裡最可怕的武器，堪稱民族之癌。自由主義者們創建了一種新的政體：君主立憲制。這是一種折中的辦法，還不錯，有一

定的優點，不過一定要由普選選出人民大會，才能對軍權進行有效的限制。」

19 世紀應當面臨的所有問題都被拿破崙看見了，但他無法理解成就他歷史的社會問題。

七、歐羅巴合眾國

拿破崙本性的第三因素是想像力，這也是他自信與精力的來源。他的幻想不斷地和他精密的天性爭鬥，最終將這一矛盾的載體毀滅。在想像力的作用下，詩人與政治家兩個身份融為一體，這讓他了解別人的同時，也能了解自己。這就是他的識人和待人祕訣所在。而這些又和他的精力相互影響。

「我不了解自己會做些什麼。我沒有任何的主觀意志，不過是聽憑事物自由發展而已……越是偉大的人，就越不能擁有自己的意志。人們總是對事件和環境十分依賴。」這些話出自他寫給夫人的信，表現出他的想像力十分清晰。因為唯有敢幻想的人，才可以掙脫一切原則和體制的束縛，參加時代的運動，讓心靈自由地飛翔，在前進的過程中創造自我。從這個角度來說，他的發跡並不只是一個偶然，而是正好相反：他總會事先將所有細節都算好；而他的雄心壯志卻是環境和發展的結果，是突如其來的。「一個實踐者任何理論都是看不起的。他行動起來就像一位幾何學家，不是想要沿著提前畫好的直線前進，而只是想不迷失方向而已。」

這種方向是用來作為一名政治家的基本思想，不是那種既想像力豐富又擅長計算的人，是無法做到的。歐洲就是他最熱切的夢想，也可以說是他政治目標、希望和雄心所在。他的這一夢想，只能透過武力實現，因為歐洲第一個共和國被各國君主猛烈攻擊，還不止一次。我們已

經目睹他是怎樣地渴望和平，但是他的軍人本性上的缺陷，又容忍不了這一點。他使用的方式是錯誤的，這一點我們可以從時代、環境和性格等上進行解釋。不過不管怎樣，這都不會將他天才的高瞻遠矚抹殺。他逝去的 100 年後，更多的政治家還在為一個大國家的目標而奮鬥。

「歐洲有 3,000 萬的法國人，1,500 萬義大利人，1,500 萬西班牙人，3,000 萬德意志人……每個民族我都要建立一個簡單但是統一的民族國家……到那時，我們可能就有機會推行統一的法律、基本準則、思想感情以及觀點和利益……接下來就有可能創建歐羅巴合眾國，用以美利堅合眾國或者希臘城邦聯盟作為範本……未來是多麼的興盛、強大、繁榮啊！……法國已經完成了統一，但是西班牙的統一還是遙遙無期。我統一義大利，得用去 20 年的時間，而德意志的統一需要更多的耐心。我一定要將那些古怪的憲法簡化。我將像將我們的政黨統一一樣，準備統一歐洲各國的利益……各民族的怨言我並不會放在心上，結果最終會讓他們擁戴我的……整個歐洲真的即將成為一個民族的歐洲。在歐洲旅遊，每個人都會覺得自己這是在祖國裡轉悠……這是大勢所趨，這樣的聯合早晚都會到來。這種潮流是不可逆轉的。現有體系消亡以後，我相信，歐洲想要實現均勢，除了謀求民族間的聯合，別無他法。」

他這裡說的聯合，並不是用獨裁推進各民族間的融合，也不是那種狂熱的兄弟友情，而只是建立在共同利益的基礎上的聯合。19 世紀，各個民族忙著建立自己的國家，這也是在為融合鋪墊。而到了 20 世紀，拿破崙的理想開始實現。

八、女人與愛情

他思維清晰，所以可以出色地支配自己的精力和想像力。他是愛多恨少的，儘管他不願意承認這一點。而在戰場上，他的同情心與此完全

相反：他能夠做到有 100 萬人犧牲而無動於衷，而一個流血的士兵，就能刺疼他的心。他的幻想得依賴大眾。約瑟夫有一次說：「唯一關懷您的人就是我。」他回道：「錯，我需要的是 5 億人都愛我。」這冰冷的話語好像火山噴發，他年少時的老師，早已聽到了它那隆隆的響聲。

為了將各民族治理好，他會拋開一切讓他分心的活動，也就剩下偏執狂了。他甚至不贊成在戲劇裡插入愛情故事，原因是「就悲劇而言，愛情不能是題材，而只能作為主題……在拉辛的時代，它是生活的所有內容。這種事情只有在那種碌碌無為的社會才會發生」。如果他被這種感情影響到了，就會奮力掙脫：

「我可沒有為愛情而煩惱的時間，像別的人那樣……人類的一切行為，都可以用兩種動機概括：趨利和避害。相信我，愛情是愚蠢而盲目的……我從來沒有愛過任何人，包括我的兄弟 —— 也許對約瑟夫能有一點，但那不過是因為習慣，他是我哥哥也有關。我也愛迪羅克。他嚴肅，而又十分果斷。我認為他從來都沒有流過淚……多愁善感，那是女人們的事！男人們就要意志堅定，心如鐵石，否則就別來摻和戰爭和政治。」還有一次他說：「除了達律，我一個朋友都沒有。他冷酷無情，和我很像。」後來在聖赫勒拿，他說：「50 歲的人，再也不會有愛情了……現在的我已是心如鐵石。我從來沒有真正地愛過一個人，可能對約瑟芬有過那麼一點，不過那時我只有 27 歲。加桑的觀點我是支持的，有一次他和我說，他對生活的愛，還不足以讓他產生改變生活的想法。」

總是有一點靦腆，又總會突然道歉，總會用「也許」、「有些」這樣的字眼。 —— 但是就是這個人說過：「我是自己的奴隸，不管是感情上還是行動上。因為我覺得，心靈是遠比頭腦高的。」他在這裡的意思是感情比思想更重要，而實際上，感情指的就是他的想像力。

自視甚高的人，更容易陷入嫉妒，而非愛情。在他最初寫給約瑟芬的信裡曾說過，他現在正妒火中燒。若干年以後，任執政的他去視察建

設中的塞納河大橋。當時為了給對面開過來的車輛讓路，他和隨從閃到了一旁：車裡坐的是他曾經的情敵 —— 伊波利特，那已經是好多年以前的事了。隨著歲月的流逝，一切都已經過去，並獲得了諒解。從來沒有人在他面前提起過這個名字。而他們卻在這次偶然的情況裡擦肩而過。拿破崙臉色蒼白，心神不寧，過了好長時間才恢復了平靜。

除了這些，他還擁有一種仁慈，儘管這不是他所想的，也違背了他自己的言論。在義大利戰場上，他看見一具屍體旁，有一條狗坐在那裡，不停地哀吠。「看起來，這可憐的傢伙想尋求幫助，或者是想找人復仇。這條狗的痛苦將我深深地打動了。在那一剎那，如果有敵人向我求饒，我一定會寬恕他的。也正是在那一剎那，我想通了，阿基里斯把赫克托爾的屍體交還給哭泣的普里阿摩斯[1]的原因。人就是這樣，性情變幻無方，不可捉摸。我派我的士兵上了戰場，我的內心卻是毫無感觸。我看著他們往前衝鋒，我卻一滴眼淚都不曾流過。在他們當中，可能有數以千計的人將是一去不返。但是我卻被一隻狗的哀吠弄得心神不寧。」

我們可以在他很多信件裡找到情真意切的話。他寫給康巴雷斯的信裡說道：「聽說你生病了，我感到十分不安。希望你早日康復。如果你不吃藥的話，身體可能會更好……不管怎樣，你還是要盡快康復。即使是為了我們的友誼，你也要痊癒。」他寫給科維薩的信裡這樣說道：「親愛的醫生，我希望您可以去探望大法官和拉西佩德：他們中的一個一週前就得病了，我怕他的命會喪在江湖醫生的手裡。另外一個他的妻子也是體弱多病。請你去為他們看看病，並把他們治好。」

薛尼長年寫文章對他進行抨擊。而他在陷入了窮困潦倒時，卻被皇

---

1 阿基里斯和赫克托爾分別是希臘軍和特洛伊軍中最勇敢的人。阿基里斯由於和希臘主帥阿伽門農鬧矛盾，曾一度離開希臘軍隊，這導致了他最要好的朋友被赫克托爾殺害。在得知好友被害的消息以後，他重新披掛上陣並為好友復仇。但在普里阿摩斯的眼淚面前，阿基里斯動了惻隱之心，將赫克托爾的屍體還給了他的父親。

帝所接納和保護。卡爾諾這個政敵和皇帝爭鬥幾十年。後來皇帝了解到他債臺高築後，直接為他償清了所有借款，甚至連文契都懶得看。同時，他讓人把卡爾諾身為現役將軍應領多少薪金算出來，又一次性給了他一大筆退休金。在卡爾諾表示自己願意為這筆錢做點什麼時，他的答覆是讓他寫一篇軍事論文，這就讓卡爾諾沒有違背自己的意願，被迫為敵人效勞。

在百日王朝期間，他讓人匿名為一些窮困潦倒的波旁親王送去一大筆錢。有一次，他的祕書睏得睡著了，而精神抖擻的他又恰好沒什麼事可做，於是就隨手翻閱了一下求助者的信，並將他們應得退休金的數量寫在了每封信的旁邊。他曾經氣得賭咒發誓，要把幾百名軍官都槍斃，後來卻又保留了他們的職位，但是最終，這些軍官全都選擇背叛了他。他曾命令幼弟傑羅姆離婚，但是很快他又擔心自己太嚴厲了，在那個略帶威脅的命令後，又馬上寫信給他母親，讓她寫信和傑羅姆說：「請您也和他的姊妹說一下，讓她們寫信說服他。因為我的判決一旦下達，就沒有更改的餘地了，他的一輩子就毀了。」

他要求他少數的幾位朋友對他絕對效忠。在被放逐時，他曾和蒙托隆這樣說過，拿破崙以自我為中心的性格彰顯無遺：「我視你為自己的兒子。你只愛我一個，對我堅信不疑。如果不是這樣，那你就一點都不愛我。我的感情告訴我，我們的天性決定了我們絕不會同時愛上幾個人。關於這一點，人們經常是自欺欺人。就算是對自己的孩子，他們也做不到不厚此薄彼。至少對我而言，我會熱愛，我會尊敬那些我信賴的人，而他們也只能用最熱烈的愛作為給我的回報。這種愛，我是不能和別人分享的。分享會像一把利刃刺進我的胸膛。我天性敏感，精神上的毒藥對我的損害，要比砒霜還嚴重。」

當然，他對西方的婦女啟蒙運動十分討厭。他雖然沒有去過東方，但是卻對東方無限嚮往，因為「上天命令女人當我們的奴隸。如果我

們沒有產生婦女啟蒙這樣怪異的念頭，她們是不敢聲稱是我們的主人的……如果能有一個女子給我們帶來的是積極的影響，那麼帶領我們走向愚昧的女子至少有 100 個女子……男女平等，這個想法真的是荒謬絕倫！女人是我們的財產，而不是反過來。是我們用女人來我們傳宗接代，而不是他們用我們來生兒育女。女人是我們的財產，就像園丁占有了開花結果的樹木一樣……男女地位不一樣，這並不是歧視。每個性別都有它的優點和義務。尊敬的女士們，你們擁有美貌和魅力，但是，你們也必須依附於男人」。

九、命運與生死

終其一生，拿破崙的想像力一直被他關於造物主的思考所困擾。有一點讓這位統治者始終無法釋懷，那就是在傳說裡，居然曾有人實現了對全人類的統治。他當然沒有認為自己是神，所有神化他能力的傳說，他都會一笑而過。但是，的確有一種不可駕馭的力量存在，不管是稱為上帝、命運或是死亡也好。自信和精力又如何能做到超然物外呢？

首先，一定要將一切教條摒棄。「我堅信，不管是什麼時代，都有不少自詡為先知或彌賽亞的人，最終都被處死了，耶穌只是他們其中的一個。和《新約》相比，我個人還是比較傾向於《舊約》。在《舊約》裡我發現了一個出類拔萃的人 —— 摩西……而且這種瞧不起蘇格拉底和柏拉圖的宗教，我又如何能夠接受呢？我不認為存在什麼賞罰分明的神。因為我都看見了，老實人倒楣，流氓卻逍遙法外。塔列朗會躺在床上，安詳地死去……如果一個牧師拿對地獄的恐懼，就想讓我就範，那我又如何能夠保證自己思想的獨立呢？一個流氓在這樣的職位上，他的權力將有多麼的大啊！在歌劇中，後臺的燈光師豈不是可以利用他手中的燈光就操控了舞臺上的赫拉克勒斯，而怎麼操控，完全看他自己的

喜好？」

　　他在這一點上是始終如一的。他從小就不做彌撒。終其一生，他都拒絕做內心懺悔，不管是什麼形式的。他堅持不認為自己完成過任何神跡，而是把這些都算作健全的人類理性、果敢、知人善用以及想像的功勞。這樣一個人當然對《聖經》中的任何神跡都不會相信。他從一名後勤軍官的角度斷定，200 萬人汲摩西泉止渴的故事簡直就是無稽之談。

　　害怕受審，對他來說就如天書一般。他提及了道德，只有道德連繫上了政治這一種情況。在他在聖赫勒拿島最後的時光裡，有一天夜裡，他和親信說：「此時此地，我們是非常幸運的！我能和上帝一訴內心的苦悶，並且期待他會賜予我幸福和幸運！難道我竟連這樣的權利都沒有嗎？我創下了功績無與倫比，卻從未犯下任何一宗罪行。我可以昂著頭走向上帝的審判桌，並對他的判詞十分期待。我從來沒有產生過謀殺的念頭。」

　　所以，即使身處逆境，他也從來沒有動搖過。在去世前 5 年他說過，他死時不用牧師。人之將死，其行也真。這說明他心靈的冷酷始終如一。

　　和這個正好相反的是，他關於上帝創世紀的想法卻始終都在變化，就像他的立場一樣，從革命派逐漸變成正統派，從唯物主義者逐漸變成了有神論者。但是這兩種變化並不是轉折性的，而只是拓寬了基礎。這些變化他自己也從來沒有否認過。終其一生，這種自然的天性始終伴隨著他：「狩獵時，我命人把死鹿剖開，發現它的內部結構和人的基本一致。人不過是比狗或樹高級點而已。植物處於生物鏈的開頭，而人類是在結尾。」皇帝那時既不知道歌德形態學，也沒有看過拉瑪克的著作，後者甚至被他直接拒絕接見。

　　他對心理 —— 物理方面的推斷則更加有意思。在聖赫勒拿島上，有一次過耶誕節，他提出下面的這個懷疑：「上帝居然坐視一個統治者隨心所欲，把數以萬計的人送上戰場，就是讓他們去送死。這樣的事情實

在太荒謬了，無法理解！……兒童的靈魂在什麼地方？瘋子的靈魂又在什麼地方？……電是什麼？電學和磁學又是什麼？大自然的奧祕就在這個地方。人是這些流體和空氣的產物，我傾向於這種假設是真的。腦子把流體與空氣吸進來，而死了以後又把它們放歸自然，這樣它們就可以被別人的腦子再吸進去了。」他闡述了這段歌德式的思想後，好像也被自己嚇著了，因為這時他突然愣住了。然後，彷彿是一個軍人在面對一群軍人，他說：「啊，親愛的古爾戈，我們如果真的死了，那還是死了算了。」

和這種懷疑論相伴的，是他始終發展的有神論，雖然對後者他基本沒有過讚揚的話。拉普拉斯不相信上帝，皇帝告訴他：「你應該比誰都樂於承認上帝是存在的，因為對造物主創造的奇蹟，你的了解更加深刻。如果我們看不見上帝，那只是上帝不想讓我們擁有這麼寬泛的知識而已。」還有一次他說：「我們相信上帝的存在，因為我們身邊的一切，都在顯示他是存在的。」他在聖赫勒拿說過：「我從來沒有懷疑過上帝的存在。即使我的理智無法理解他，我的內心也可以感受到他。我的身心總是和這種感覺步調一致。」

這樣一個靈魂，要如何才能對抗命運呢？他的自信決定了他不能被任何人擊敗，那麼就只有命運可以擊敗他了。這樣的感覺並不是他在失敗之後才有的。命運伴隨他的一生，就像別的人為了生存，需要敬畏、忠誠和信仰一樣。他懷著對命運的信仰，踏上了他英雄一般的征途。在其巔峰之時，他感覺自己身披鎧甲，「大理石鑄成了我的靈魂，即使是閃電也無法將其毀滅，甚至一點作用都不能有。」還有一次，他語帶詩意地說：「如果我們頭上的天塌了，我們完全可以用矛尖把它撐住！」

但是這種反抗的時刻是非常罕見的。更多的時候，他都是服從了命運的安排。他說過的很多句話都可以證明這一點。比如，「萬事皆有定數。上天已經安排好了我們的時日，誰都不能讓時間逗留……誰也不能

逃避命運。」他和魏瑪公爵夫人說：「相信我，冥冥之中，上天操縱著一切。我也只是它的工具罷了。」他和封·繆勒說：「其實萬物都有關聯性，而它們都在被一隻看不見的手，用一種不為人知的方式操控著。我的偉大無非是因為我吉星高照而已。」

　　在上面的這些話語裡，對上帝存在的認知，和對上帝的依賴之情，似乎融合在了一起，並以對自身使命的自豪感的形式表現了出來。他的身上放射著先知才會有的光芒。但是他實在是太自負於自己那鋼鐵般的精力了，以至於將這一光芒掩蓋住了。

　　拿破崙並沒有像別人相信上帝或護身符那樣相信自己的星座。他甚至容忍不了別人對他的好運大書特書，同時將他自己的功績抹殺掉了。所以，他是他這類人裡最不迷信的。路易絲遲疑不決，不知道將一把名貴的刀獻給他是否合適，他一把把刀抓過來，說道：「這破玩意，也就切切麵包還行！」約瑟芬找人算命遭到了他的責備，但是事後，他又好奇地問算命的人都和約瑟芬說了什麼。簽訂普萊斯堡和約時，他希望簽約的日期能夠推遲幾天，這樣就正好能和恢復使用舊曆的那天重合了。他並沒有直接下令這麼去做，而是用如下說法，這措辭令人大感意外：「這會讓我非常高興。」施瓦岑貝格的去世讓他感到如釋重負。因為施瓦岑貝格的官邸在他第二次結婚的當天起火了，他將其視為不祥之兆。現在施瓦岑貝格死了，他心裡的陰霾也就煙消雲散了。

　　他叱吒風雲的那 20 年裡，如果不算這些小事，他還從來沒有因為迷信的原因，而有過做出、推遲以至修改決議的事情。正相反的是，星座和命運這些字眼又是他非常樂意使用的，因為可以實現某些政治目的和修辭的目的。因為他想自己在歐洲，是以命運之神的形象出現，所以他特別喜歡尋找那些容易左右的目標，沙皇就是個例子：「命運讓我們怎麼做，我們就怎麼做，事物不可改變地朝什麼方向發展，我們就朝什麼方向前進。只有這樣，才是明智和實際的。」他的思想在幾個相似的概念

之間游離：命運、環境還有機遇。雖然他認為這些概念都不好捉摸，但是他相信，可以用精確的數字將戰爭的勝率提前計算出來。「我們可不能在這一點上犯糊塗。一個極其微小的錯誤，就可能將一切都改變……在普通人那裡，概率只是一個謎。但是對於非同尋常的人就不一樣了，概率將會成為現實。」

他有時會把一切混為一談：才能、命運還有權力。從下面這段話裡可以看出來，他是一個擁有旺盛精力的宿命論者：「我的天才、我的運氣還有我的衛隊，可以保佑我免遭謀殺。」

在一齣現代悲劇中，他對劇中對一個男人的刻畫給予了高度的讚揚，因為他願意去死，但是他又覺得這個描寫不夠自然：「人必然想要活下去，也必然想要去了解死亡。」這就是他從小就和自殺行為爭鬥的原因。場景一直在變：先是在作文裡，後來是在日常的命令裡，再後來就是他幾次三番地表態：「自殺就是懦弱的表現，特別是在困境裡自殺。」

曾經有這樣的傳說，說第一次遜位後他曾有自殺的打算；但是據史料記載，這根本是空穴來風。少數記載也是根據的二手材料，一點都不可靠。在那些最最重要的回憶錄裡，一點都沒有提過這件事。在最後幾次戰役裡，拿破崙曾打算戰死疆場，但是他從來沒有打算過服毒自殺。

在楓丹白露或者滑鐵盧戰役後，他的確已經厭倦了人生。但是這並不是他厭世的全部。他 16 歲寫下的口記、他 30 歲時寫在開羅給哥哥的信裡，都曾流露過厭世的情緒。但是隨著他的精力日益高漲，這些情緒就銷聲匿跡了。拿破崙不會享福，他天生就如此。即便是這樣，他在事業達到巔峰時，也曾有過滿足的感覺。不過他也產生過疑惑：

在盧梭的墓前，他說：「如果這個人不曾來過人間，對法國的安寧來說，也許是更有益的。」

「執政官，為什麼？」

「他給大革命做好了準備。」

「您不埋怨那些革命者吧？」

「讓未來告訴我們吧，如果我和盧梭都沒有降生，是不是更有益於世界的和平。」

這些疑惑漸漸地消失了。但是那魔鬼般的孤獨感是無法驅走的。在他盤旋而上時，他被這種孤獨感帶向更冷漠的大氣層。「有時候我呼喚危險，有時我又感覺生活無法忍受。」海對他而言是陌生的，因為它與他為敵。只有在一個地方，他才能找到他自己：對他來說，沙漠象徵著無限，那裡有一種至高無上的空虛。千萬片影像破碎之後，只有這種空虛展現在他的面前。

他會一個人坐在包廂裡，傾聽著演出的悲劇。這一刻，他就徹底擺脫了他的思想。甚至可以這樣說，他的幸福莫過於此。

能引起他內心的共鳴的，只有悲劇，因為他付出的愛要比一般人少，因此已經注定忍受悲劇性的寂寞，這是他為自己的自負付出的代價。有一次，他說：「既然生活無所謂幸福，當然也就無所謂不幸。」「幸福者的生活好像黑色的星星閃爍在銀色的夜空上；而不幸者的生活，則是銀色星星閃爍在黑色的夜空上。」但是，這英雄般的圖畫還不是最能體現他內心的孤寂的：在日常生活中，他發出的塵世回音，更能將這痛苦的心情體現出來。

「科蘭古，這裡發生的事你不能理解嗎？我找來的這些人就除了享福什麼都不知道。這幫可憐蟲壓根就不懂，想要獲得人所渴望的安寧，就得戰鬥！你說我？你的意思是我也有皇宮還有老婆、孩子？難道我每天不都在全力以赴，一直到身心俱疲嗎？難道我沒有將我生命中的每一分每一秒，都奉獻給我的祖國了嗎？」

他把自己的生命奉獻給了事業。而他的祖國就是他的事業。他在島上曾這樣說過：「我這一輩子，都在用我的雙肩扛著世界。這項工作真的有點累。」他說這話的語氣是略帶抱怨，但是又極盡諷刺之能。

十、聖赫勒拿島

　　這個島是幾千年前的一次火山爆發造就的。一塊黑黢黢的岩體聳立在海中，地勢陡峭，直上雲霄。冷凝的岩漿形成了黑色的峭壁。那深溝峭壑，令人看著就有敬畏之心。對於第一次坐船來這裡的人來說，港口上那深溝峭壑，看起來很像地獄之門。那黑色的天然圍牆，盡顯大自然滄海桑田之能事。除了架在岩間的大炮，這裡找不到一點人類的痕跡。踏上這片土地，腳下的地面在吱吱作響。這是地震的遺跡，岩漿冷凝在腳下。這是一條死亡之路。

　　這座死火山地處大西洋裡，離非洲大概 1,000 英里，離歐洲要有 2,000 英里。山上到處都是英國的大炮。這就是聖赫勒拿島，在這裡即使你的生命是無盡的，也會以一齣埃斯庫羅斯悲劇的形式宣告結束。可是，在世紀復古者的虛偽、英國特權階級們的狡詐還有島上總督的刻薄的共同作用下，一齣悲劇在這座島上上演了。

　　這座小島有了農夫的辛勤勞作和東印度公司的經營有方，成為一塊美麗的土地。數以百計的戰艦源源不斷地將泥土、建築材料及木材運到這裡。但是除非是逼不得以，誰都不願意長時間待在這個岩島上的。島上大概有 1,200 名黑奴和中國人，他們服侍著只在這裡住上幾年的白人們，大概有 500 人。

　　沒有人能夠長時間待在這裡。在這裡，還沒有過活到了 60 歲的人，能活到 50 歲的就已經算鳳毛麟角了，因為島上的氣候糟糕透頂。這裡是潮溼的熱帶，赤道的酷熱總是和大暴雨形影不離。剛才還是溼熱難耐，一個鐘頭以後就可能下起了瓢潑大雨。剛剛還熱得汗流浹背，過一會就可能突然吹起東南信風，讓皮膚瞬間冷卻。岩石還會把信風帶來的水汽留住。暴晒一天之後，如果晚上想外出散散步，就會感覺胸悶心慌。在這裡住上一年，患上痢疾、眩暈、發燒、嘔吐、心悸等等疾病是在所難

免的。而肝炎算是這些病裡最可怕的。每次來一批新的海軍將士換防，總會有幾百人死去。船隻只能下海，繼續往前走。島上的移民們都患著病，只是程度不一樣。島上只有四五個地方可以避風，如果他們在那裡無法找到安家之所，就得舉家搬走了。

島上居民會和你說，這個島上有一塊寒冷的平地，是最不適合居住的地方，那裡海拔 500 多公尺，霧氣繚繞，終年潮溼，孤零零地向風而立。那裡稀稀落落地長著幾棵橡膠樹。在信風的侵襲下，它們都是歪歪斜斜的，隨風而動。人們管這裡叫死亡之林，又叫長林。英國人選中了這裡，是為了確保能將患病的敵人殺死。這並不是非常時期匆忙中選出的臨時避難所，也並不是提前就決定了讓一位皇帝住在這裡。事實是，皇帝在島上環境比這裡好一些的地方健康地生活了一段時間後，英國人又重新在這裡為他建造了住所。

在過去的 50 年裡，長林這裡一直是個馬廄。現在才被改建成人的住所。黑奴和木匠甚至懶得清除馬糞，就開始鋪木地板了。皇帝住進去沒多長時間地板就朽壞了，臭水上溢。他不得不搬到別的屋子。牛圈、洗衣房和馬廄改建為皇帝和他隨從的住所，其中歸他使用的有 6 個房間。他的臥室在最狹窄陰暗的角落，牆紙已經硝化，在這裡都能聞到廚房的味道。

他彷彿又回到了 30 年前，他在瓦朗斯當中尉時待的那個咖啡店。然而當年他的書是乾燥的，而現在他的書全都發霉了。餐廳為了透光，安了一扇玻璃門。一套紅木傢俱擺放在客廳裡，只是有些蟲蛀的痕跡。僕人們住的、經常漏雨的閣樓都可以游泳了。他們的屋頂鋪著油氈。

皇帝住著兩個房間，每個房間都是 4 公尺長，3 公尺寬，2.5 公尺高。屋裡的窗簾很薄，地毯已經破爛不堪，還有壁爐、五斗櫥、沙發、兩張小桌子和油漆過的木椅。書房裡陳設很少，有一張桌子和幾把椅子，粗糙的書架上滿滿地都是書籍。旁邊是一張床，因為他晚上有時失

眠，就到這裡踱步。臥室裡還有一些小東西，是他隨身帶來的：一張行軍床，在奧斯特里茨用過的，一盞銀燈還有一個銀製的臉盆。

這些房間甚至整個房子都因為有了老鼠而平添了許多生氣。它們咬病馬的腿，咬死小雞，咬貝特朗將軍的手。皇帝去取自己的三角帽時，甚至還會看到它們從帽子裡蹦出來。

除了這些老鼠，屋子裡還有誰呢？

三位伯爵，一位男爵，帶著他們的家屬。他們都是軍官或者宮裡的貴婦。此外還有兩個僕人，幾個皇帝的侍從和他們的家屬：剛來這裡時，一共差不多有40人。6年後拿破崙去世時，還在這裡的就剩不到一半了。

拉斯卡斯帶著他年幼的兒子在這裡只待了一年。身為侯爵的他也是流亡客，年紀比皇帝大，出身富堡區的一個富裕家庭。一直到百日王朝時期，他才被封為伯爵，為拿破崙所信任。處事老練的他還寫過幾本地理著作。他早就看出來了自己日記的價值，明白它為自己帶來的收入將是以百萬計的。他個子沒有比皇帝高，和皇帝一樣瘦。他性格好，又有修養，隨時聽候皇帝的差遣。在流放的這段時間，他是皇帝身邊最好的夥伴和祕書。他將巴黎人譏刺皇帝的笑話講給他聽，這為這場悲劇加上了一點喜劇效果。他教皇帝英語，讓皇帝的讀書範圍得以擴大。在屋子裡時，他們也用英語交換意見，這時他總會指出皇帝的錯誤。但是最後，他還是找了種種藉口，離開了皇帝。這在皇帝最後4年的歲月中，留下了一個巨大的空白，最終這個空白也沒有人能夠補上。

曾經當伊里利亞總督的貝特朗對皇帝也是忠心不二的，但是他的性子太急躁了，而且自視甚高，不想筆錄皇帝的口述。別的方面倒還可以，除了有些怕老婆。他的太太十分漂亮，是個混血兒，有一半的英國血統，還有一個年輕貴族的頭腦。從一開始她就不想跟著皇帝去流放，在普利茅斯時就曾打算投水自盡。剛開始的幾天，她緬懷青春，思念巴黎，還和敵人來往甚密。有一天用餐時，皇帝看見她的座位沒有人，就

說他的房子不是旅館。貝特朗覺得這是在侮辱他，第二天就沒有來。皇帝也非常沮喪，沒有心思用餐，小聲說道：「在長林這裡不尊重我，要比在巴黎這樣做更讓我痛苦。」

古爾戈讓人無法忍受。這位青年將領以副官的身份參加了最後的幾次戰役。忠誠的他跟著皇帝來了這個島。遺憾的是他的這種激情，消退的速度有些太快了。他來到島上幾週後，就遇到了一個漂亮的女人。他在日記裡這樣寫道：「啊，自由，我為什麼成了一個囚犯？」他對皇帝來說是很有用的，因為皇帝可以和精通地圖和數學的他討論戰略。然而古爾戈沒有哪天覺得舒服：過於狹小的交際圈子讓他天生的虛榮和嫉妒一直在膨脹。皇帝到了這個島以後發生了一連串荒誕的事，主要都是由他製造的。現在的他就是一隻咬人的瘋狗，什麼事都要和拉斯卡斯搶一下。皇帝的調停也毫無作用，只得下命令，才將一次決鬥阻止住了：「你們到這裡來是為了安慰我的。你們應該成為兄弟。我不是還在這裡關心著你們嗎？難道你們不知道現在有多少雙眼睛正盯著你們看嗎？」

皇帝在這座岩島上學會了忍耐和寬容，他寬容的對象主要就是古爾戈。他常常像一個父親一樣，勸他和同伴要和睦。他答應把一個有錢的科西嘉侄女嫁給他。他派他去一個小城參加節慶，就像對待兒子一樣：「你在那裡會遇到施蒂姆男爵夫人和羅威女士。像你現在這個年齡，應該多和漂亮的女人接觸，這樣晚上你就能做個好夢。第二天清晨，就能精神抖擻地投入工作。我們現在來說一下對俄之戰，你來當總策畫！」

說這話的他很像一個從地獄來的巨人。然而到了第二天，古爾戈又感覺自己被輕視了，因為在一幅集體畫裡，一個隨從將他畫成了身著便裝的模樣。幾天後，他再一次提醒皇帝，在布列訥堡附近，曾有一個哥薩克人圖謀行刺，是他砍翻了那個人，救了皇帝的性命。但是拿破崙卻裝作早就忘了這個事了，古爾戈因此非常生氣，說這個事曾經轟動整個

巴黎。皇帝笑著說：「你屬實是個勇士，就是太孩子氣了。」

古爾戈的鑽石十字架被拉斯卡斯的僕人偷走了，想要息事寧人的皇帝就把十字架放進自己的口袋裡，親手還給古爾戈，還說是他拿的。古爾戈又抱怨錢太少，都養活不了自己的母親。皇帝這時突然向他咆哮道：

「將軍，現在的我們處在一條船上。因為錢太少就要當逃兵的人就是個懦夫。我可是一點都不欠你的！如果你現在還在法國，可能早就被處死了，因為 1815 年的那場戰役你也有份！」拿破崙這樣宣洩內心的感情是很少見的。拿破崙曾告訴過他，他隨時可以走。但是皇帝馬上又把話題轉移到大炮、炮車和炮彈上。第二天皇帝說：

「古爾戈，你擺什麼臭臉！去洗個冷水澡吧，這很有效的。別想入非非了！那樣會瘋掉的。就像多瑙河，我們在它的源頭就能一躍而過。如果我死了，在這裡的就只有你們了，我連家庭都沒有。我雖然沒有從以前那麼富有了，但是幾百萬還是拿得出來的。除了這些，你們還把我的手稿保留著。你們的功績我都十分清楚，但是我希望，在這裡你們能讓我快樂，而不是擺出一張哭喪臉，這會讓我更加悲傷。尤其是我在深夜醒來時，看一看現在，回想一下過去，你們以為我就非常自在嗎？」

他是在餐桌上說的這段可怕的話語，大家全都沉默不語，渾身戰慄。他們都認為會像火山噴發一樣，有一個巨大的回聲，傳出這個房間、這幢房子、這個島上，一直傳到歐洲的海岸上。有那麼幾天，陰謀與敵對沉寂了，但是過了一週，它們又爆發了出來，這是在新的事情上。兩年後，再也無法忍受這種辛苦的古爾戈開始結交英國人。當他告別皇帝，從聖赫勒拿島離開時，他手裡拿著一封推薦信，寫信的人是皇帝的死對頭、島上的總督。

蒙托隆伯爵是最忠誠的那個。他 10 歲的時候就跟著波拿巴上尉學數學。後來，他又跟著拿破崙一起參加了 40 多場戰役，也經常出入宮廷。即使拿破崙去世幾十年後，他依然對波拿巴家族保持著忠貞不二。在這

個島上，他陪著拿破崙過了 6 年的時光。後來在另一個堡壘裡，他又陪著拿破崙的侄兒 —— 拿破崙三世過了 6 年。遺憾的是，他的太太和貝特朗伯爵夫人互相看不順眼。她竟然公開地說，貝特朗的孩子發育不良，原因就是他母親的奶水太稀了。

貝特朗夫人預料拿破崙二世登基的時候，她的長子一定會當上大元帥的。宮廷中的人互相猜忌，因為在拿破崙一世被囚荒島的時候，貝特朗是「大元帥」，廚房由蒙托隆負責管理廚，馬廄則是古爾戈的。他們的工作全加到一起，也不會超過兩個小時，所以一天就顯得無比漫長。到了最後，在這個用毛氈和木板構成的宮殿裡，大家交流竟然全靠書面形式，因為超過 250 法郎的事情，就能夠挑起一場爭端了。最終結果，蒙托隆夫人也帶著她的孩子，告別了皇帝，告別了岩石島。

誰才是真正的忠誠，發自肺腑的忠誠呢？

是他的三個僕從：一個內侍叫瑪律尚，已經服侍皇帝 4 年了。另外兩個是科西嘉人，皇帝倉促地離開法國時，帶了他們過來。他的出生之島和終結之島就這樣連繫在了一起。他們從來沒有想過暗通英國人，即使英國人想透過他們這裡弄點消息。齊普里尼的原因比較特殊：當年他還在當下士時，就在卡普里島總督的手裡奪下了這個島。而那個島當時的總督，現在就在聖赫勒拿島當總督。桑蒂尼有時候會請假，外出打鳥。但是沒多久人們就知道了：他是想先開槍把那個「魔鬼總督」打死，然後自殺。

一氣之下，皇帝不讓他再外出打鳥。因為整個歐洲每個人，都會把這筆賬記在他的頭上。桑蒂尼走了以後，皇帝卻不無驕傲地想：「我們科西嘉人從來都是好樣的！」

十一、英國人的殘酷

　　一個紅頭髮的中年人，滿臉都是雀斑，臉頰上有一塊褐色的胎記，眉毛是淡黃色的，喉結凸出，體態瘦削，看起來煩躁不安，從來都不正眼看人，穿著一身英軍制服：這是這個監獄的看守。

　　他的住所是一個鄉間別墅，四周是這個島上最古老而豪華的花園，這個地方是島上最安全的地方。他首次去拜訪過皇帝後，皇帝說：「相貌猥瑣！天生一副奴才相，簡直是一個威尼斯員警。他看我那個眼神，活像一隻獵狗掉進了陷阱裡，說不定，殺我的劊子手就是他了。」

　　被囚者極其厭惡赫德森·羅威爵士，但這並不是因為他是總督。皇帝和英國一些軍官還有海軍將領們都處得不錯。而羅威就是英國的富歇，他曾在義大利當過特務頭子。也是因為這一點，他才接下了這項十分微妙的任務。有一點毋庸置疑，歐洲能否實現和平，就取決於他是否警惕了。在歐洲，人們更想自己能睡個安穩覺，而不稀罕有什麼大事發生。所以在一部分大眾看來，他應該殘暴對待囚犯。

　　在英國的報紙上，這個囚犯和倫敦的小偷放在了一起說，這導致了一場大轟動。英國一家著名的雜誌說，他是劊子手，曾經屠殺雅法的俘虜；他的妹妹們個個都是娼妓；繆拉就是一個服務生。英國還通過了這樣一項法案：只要是企圖救走拿破崙的，都會被處以死刑。而且行刑之前，犯人會被剝奪所有宗教上的安慰。攝政王曾經將幾支鳥槍贈給拿破崙，這也被視為於其名譽有損。只有輝格黨和上院裡兩位議員的抗議，能算是稍稍補償了一下大英帝國的名譽。他們是蘇塞克斯公爵和霍蘭爵士，霍蘭太太還送了些書和水果給皇帝。還有一名貴婦，從前她曾準備組織一支娘子軍對抗他，現在她卻勇敢地站出來，為他發聲。英國一位著名律師為了證明議和後囚禁拿破崙是非法的，寫了 21 篇文章。在英國的歷史上，湯瑪斯·摩爾和拜倫爵士也維護過英國的榮譽。德意志也透

過常年批評羅威拯救了自己的名聲。

　　整座島都被總督變成了監獄。他下發了 24 條禁令，一切在此停靠的船隻，一旦違反禁令，都會受到嚴懲。街上到處貼著嚴禁和法國人來往的通告。沒有通行許可，誰都不能靠近長林。囚犯的一舉一動，都在望遠鏡的嚴密監視之下。6 年的時間裡，英國軍官們始終盯著這塊巴掌大的地方，目不轉睛，房頂的壁虎是他們唯一的發現。消息透過信號旗源源不斷地傳到總督這裡：波拿巴將軍越過 4 英里邊界了。有人陪著他。他現在自己。有一面藍旗是為緊急情況準備的，就是報告：波拿巴將軍失蹤了。但是這面旗從來沒有派上過用場。

　　離長林 4 英里的地方是一道圍牆，那裡 50 步一哨。到了晚上，他們會將拿破崙的住所緊緊包圍。晚上 9 點以後，如果拿破崙召見了貝特朗，一定要有兩名刺刀出鞘的士兵押著他才能去。規定裡寫著了他們的刺刀「一定要指著這個法國人的胸膛」。

　　過去的 30 年裡，皇帝已經過慣了騎馬的生活。但是眼下，他不能越界一步，除非有英國軍官陪著。即使有他們陪著，他的活動範圍也不過是 8 英里。他提出了抗議：「我並不是厭惡紅色的軍裝，而是喜歡別的顏色的軍裝。所有經受了戰火洗禮的軍人都會變得相似。但是，我決不認為現在的自己是囚犯。」剛到這裡的時候，他的心情還可以，有一次他曾和古爾戈一起躲開英國人，騎著馬闖進了一個農夫的花園。他和農夫說：「別告訴別人我今天到這裡來了。」後來他又想騎馬出去，就命人把馬準備好。但是他一看見陪同的英國軍官，就索然無味了，於是取消了命令，又回了自己的房間。

　　因為很少進行戶外活動，他的健康狀況每況愈下，他的死亡也因此加速。光是氣候就足夠把他弄死了。因為缺少運動，他是雙腿出現了腫脹。如果趕上總督舉行宴會，他會連續幾週都喝不到新鮮的水和牛奶。他的胃病越來越重。他想把現在的床換成寬一點的，但是這麼小的屋子

根本放不下。他只能把沙發挪到行軍床的旁邊。

　　總督把他和他的侍從們的錢全都扣了下來不發，另外被扣住的還有他寫往法國的信件。被逼無奈的他只能將自己的銀器拍賣。總督從信號旗那裡知道了這個消息後，就一邊不許居民去買，一邊又派人去低價收購。過了半年，總督從報上得知他的行徑被歐洲大肆批評，怒火中燒的他，又增加了不少限制條款，都比之前還要苛刻。他甚至將變質的肉和發酸的酒送去給囚犯們吃。

　　羅威活像是民間故事書裡的那種壞人，一直在絞盡腦汁地折磨這個囚犯。滑鐵盧戰役周年紀念活動時，他有意在長林組織了盛大的遊行。他還曾邀請皇帝出席攝政王生日的慶祝活動。還有一次他叫皇帝來「見一下勞頓的夫人」。當他收到郵局寄來的諷刺拿破崙的新作後，會送給皇帝的侍從閱讀。但是有一次收到了一個崇拜者寄來的羅馬王的半身像，就被他沒收了，理由是裡面可能藏著信件。皇帝寫給攝政王探聽妻兒消息的信都被他扣留了。總督還禁止一位曾經見過小王子的維也納旅客拜訪長林。最後，因為女看守的惻隱之心以及他的僕人們的忠誠，皇帝收到了一束孩子的頭髮。羅威知道以後，立即向國內發了一份詳細的報告，闡述這件事情有多麼的危險，他說有人企圖把這個囚犯弄走。

　　一開始時，這個看守也來這裡看過幾次囚犯。他走了以後皇帝就說：「倒了那杯咖啡，剛才離那個傢伙太近了。」羅威從一開始就挖空心思，想讓皇帝快點死去。皇帝一感到精力不濟，他就會調走那個皇帝最信賴的英國醫生。這名醫生只向他彙報醫務，別的什麼事都閉口不提。所以總督不得不對他也有所提防。長林和整個島到處都有暗哨。他們一開始只是監視這些將軍，最後竟然變成了互相監視：不久，這座小小的房子就被一張陰謀網包圍了。而在房子裡面，還有一張別的網，當年在杜樂麗宮，這張嫉妒之網可謂盡人皆知。

　　第3年，英國醫生奧馬拉向倫敦彙報，因為島上的氣候十分惡劣，

住處極其潮溼，而病人缺乏運動，再加上飽收凌辱，所以他的肝病急劇惡化。「他的病沒有繼續發展，已經是一個奇蹟了。病人一定是以極大的毅力和病魔進行著抗爭，還非常注意保養自己的身體，從來都不縱欲過度。」這一報告被送到了英國外相的桌上，估計也被送到了攝政王的桌上。即便這樣，皇帝依然被關押在這裡，度過了他人生最後的 3 年，而沒有被遷到亞速爾群島或別條件好一些的地方。這是一種典型的不仁不義，而羅威不過是執行它的人而已。

他的一份官方報告中的詞句將他惡劣的政治手法暴露了出來：「我會安排的，讓他可以重新騎馬。要不他就會死於中風了，要是這樣就會讓我們極為難堪。我覺得他最好的死因是一種慢性病。這樣我們的醫生就可以證明他是自然死亡的了。」

剛來的時候，皇帝就草擬了一篇正式的抗議書，長達 12 頁，裡面是各種抗議的理由。他祕密地把它寫在一塊綢緞上，試圖能想辦法把它寄到歐洲去。在抗議書裡，他強調自己拒絕「波拿巴將軍」這個稱呼，因為這意味著他的民選執政官和皇帝的地位被否定了。同時他也提議雙方各退一步，用迪羅克或米爾隆的稱呼 —— 這兩個名字屬於他已經去世的兩位副官。但是英國不同意給予他這種「帝王特權」，而總督甚至打算把他原來姓氏 Buonaparte（波拿巴）中的「u」再還給他。

於是，在用了 7 個不一樣的名字後，在第 8 個名字時，他又回到了起點，這齣悲劇可真是夠諷刺的。

很快衝突就爆發了，這個囚犯的嗜戰願望再一次被激發了。以前，他幾乎不會用言語來發洩怒火，因為那時的他把憤怒的對象幹掉就可以了。長林也是有一套信號體系，即使沒有旗語那樣的明晰。總督一靠近圍牆，皇帝就會走進房間，以此表示拒絕總督的探訪。不過還是有一回他們倆在花園裡不期而遇了，總督說他的開銷太大，一定要進行削減。這時皇帝的軍人脾氣一下子就爆發了：

「你真有勇氣來跟我扯這些雞毛蒜皮的事！你無非是個獄卒！你也就能帶一些土匪和逃兵！英國所有名將的名字我都知道。我知道，你就是布呂歇爾的一個祕書，一個連正規軍都沒帶過的土匪上尉。不用你再替我送食物了！我可以和 53 團的勇士一起吃飯。誰都不會拒絕和一個老兵一起用餐的！你隨便整我，但你永遠都對付不了我的心！在這個岩島上，我的心還是那樣的高貴，和從前一樣，和當年全歐洲都臣服在我的腳下時一樣。你這個不僅野蠻，鬼主意還多，還無惡不作。如果你有那個膽子或者接到了命令，你會毒死我的！」

總督一言不發，轉身上馬，疾馳而去。皇帝撫今追昔，也是一言不發，彷彿他已幹掉了那個總督。過後他說：「我怎麼能會發這種火呢！如果還是在杜樂麗宮，我一定會為此羞愧難當的。」

從這以後，總督還是對這些囚犯進行嚴密監視，所有的事都會來和隨從們交涉，即使是雞毛蒜皮的小事。不過他也再也沒能見到過皇帝。有一天他前來拜訪，被拒絕後仍然固執己見：他一定要親眼所見將軍還在島上。僕人稟告了他的主人。總督這時從門縫裡聽到皇帝大叫著：

「跟他說，他可以帶著砍頭用的斧子來，只要他願意！但是他如果想進來，一定得從我的屍體上跨過去！給我我的手槍！」

直到拿破崙躺在了停屍床上，總督終於親眼所見了，他的確還在島上。

十二、消磨時光

為了打發白天的時光，皇帝盡量晚起。一聽到他按鈴，瑪律尚就會進來。他問一下什麼天氣，然後披上晨衣，戴著一頂小帽，那是紅色的馬德拉斯式樣的。這頂帽子他晚上睡覺時也戴著，它很像穆斯林的那種頭巾，那是他曾經的夢想。他先洗個冷水澡，然後把身體擦乾，遺憾的

是現在沒有香水了。然後奧密拉醫生會來看他，他們交談用的是義大利語，皇帝有時會從他這裡了解一些島上發生的奇聞異事。喝的咖啡有時候沒有糖。郵船把報紙送來了嗎？沒有。游泳還是可以的，即使有點擠。一會，古爾戈來了，皇帝口述，他作筆錄。我們現在在什麼地方？在金字塔的附近嗎？皇帝在房間裡來回踱步，一張埃及地圖鋪在桌上。

　　如果古爾戈在，皇帝會和他一起用早餐。他們會討論怎樣防守炮火的攻擊。下午，皇帝會躺在臥室的舊沙發上讀書。科西嘉島上的祖宅裡一定比這裡舒服得多。他的讀物是幾本報紙的合訂本。看累了就把書放下，看著他妻兒的那幅畫像，那是伊沙貝的作品。畫的這邊是有一個塗著白漆的木書架，兩座鷹雕擺在上面，雕塑的上面有兩盞他從聖克盧宮帶來的小燈。他兒子的大理石胸像放在兩座鷹雕中間，4幅小畫像掛在鏡子的鑲邊上。除了這些，還有一幅約瑟芬的畫像，一隻掛在牆紙上的金表，他在利沃里戰役中用過它，錶鏈是瑪麗·路易絲的金色髮辮編成的。旁邊放的是腓特烈大帝的銀質鬧鐘。他一生的縮影，都透過這個小小的臥室體現出來了。

　　他出席正餐會穿戴整齊，上身是一件舊綠上衣，戴著榮譽勳章，腳上是白色的襪子，金色的紐扣盤在鞋上。侍從們都穿著巴黎式的金制服。屋裡散發著一股發霉味，桌上擺著塞普斯瓷器餐具，上面的圖案是一些拿破崙指揮過的戰役。另外還有幾隻玻璃球，上面站著雄鷹。為他切肉的齊普里尼服侍得非常周到。有時候他們也會簡單地交流一下，話題一般都和巴黎的物價有關，有時也會談到王權的代價，會說得比較謹慎。飯後，大家都會到客廳讀高乃依的劇本，但是翻來覆去就是那麼幾齣。有些人會看著看著打起了瞌睡。皇帝這時就會說：「夫人，你睡著了！」或「醒醒，古爾戈！」

　　「遵命，陛下。」

　　有時他會和蒙托隆打牌，或者和貝特朗下棋。然後就是散場的時

刻了。

「幾點了？」

「11點，陛下。」

「我們又一次戰勝了時間，日子又少了一天。」

他的 2,000 多個日日夜夜，就是這樣度過的。而他這一生花在義大利、埃及和帝國上的時間，也就這個數字的一半。

讀書和口述是打發時間最好的方式。過去的 25 年裡，他一直沒有時間讀書。以前，他批閱的書能有一個圖書館那麼多。現在，他在看些什麼書呢？

他小時候沒看過的書。對於那時的他來說，世界之門是緊閉著的。他繞過那些蓋棺定論，而是注意去找來原始材料看。他是一個實用主義者。而現在，世界之門又在他的身後關上了。他開始對這些材料進行重新審視。他這位哲學家是持懷疑論的。他以前對歷史十分關心，但是現在，他研究起了詩人，特別是那些命運和他相似的。他自己創作了一部英雄史詩，同時也在別的英雄史詩當中尋找著自己。

《伊利亞特》是其中最重要的一本。有時，他會高聲誦讀這本書，一直到深夜：「現在我終於可以理解荷馬了，他和摩西類似，都是時代的產物。他是詩人、演說家、地理學家、歷史學家、立法者、神學家……令人奇怪的是，那些英雄雖然行為十分粗暴，但是卻擁有崇高的思想。」拿破崙就這樣在荷馬的著作中找到了一點安慰。他不怎麼喜歡奧德賽。在他看來，那就是個冒險故事而已，而他自己可遠不是一個冒險家。他對索福克勒斯的《伊底帕斯》十分欣賞，這是一個以放逐為主題的悲劇。對他的胃口的，還有埃斯庫羅斯的悲劇《阿伽門農》，彌爾頓的《失樂園》以及《聖經》。高乃依和拉辛描寫古代英雄用的是法國的筆調，這些英雄在過去的 30 年裡一直是他的榜樣。《西拿》和《費洛克太特》是他百讀不厭的作品。大西洋的洶湧澎湃，讓他想到了奧西昂，

他讀的是義大利文譯本。另外他還讀一些諸如莫里哀的著作這樣對歐洲的社會生活進行諷刺的作品，他在帕托斯時對這些還是不屑一顧的呢。博馬舍的《費加羅》和《塞爾維亞的理髮師》他也讀過。最後，新出版的回憶錄或小冊子也是他非常喜歡讀的，尤其是那些他的敵人的作品。

拿破崙最快活的日子，就是那些裝著書箱的船隻靠岸的時候了。他漸漸蒐集了差不多 3,000 多本書，他弄成了一個光禿而又潮溼的圖書館。頗為遺憾的是，看起書來一目十行的他，一個鐘頭就能把一本書瀏覽完。於是，他的僕人總是忙著拿走他前一天剛從書架上拿下來的書，因為某本他看完或者懶得看的書就會被他隨手扔到地上。

一開始他做事還是保持著之前的速度。這 30 年裡，不管做什麼，他的速度都比別人快好幾倍。但是他忘了，目前的他還是慢一點好。要不這個囚犯唯一能做的事情估計也會很快就結束了。

第一次告別自衛隊時，他曾許下了諾言：在厄爾巴島，他會把他們的事蹟都記錄下來。但是這不過是他消遣時日的一個辦法而已。再說第一次流放時，他還沒有動手寫呢。而現在，在這第二次流放的前幾年，他就開始口授他的回憶錄。這是因為一時的衝動，這一點和別的事情是一樣的。他讀的幾本小冊子扭曲了他 1815 年登陸坎城的細節。他將當時的真實情況講給奧密拉聽。他在房間裡來回踱著步，一邊走一邊講，同時還示意蒙托隆，讓他將自己從厄爾巴島回來的那一段記下來。相關的檔案遠在 2,000 多英里之外，他的手頭什麼參考文獻都沒有。他是靠著精準的記憶，還有旁人難以匹敵的衝動，口述了百日王朝的故事。說著說著，他忽然停了下來。這些又有什麼用呢？

有一次，一則來自下院的消息讓他十分激動。他一口氣口述了 14 個鐘頭，中間一分鐘都沒有休息過。但是這把筆錄的人累趴下了，中間不得不換了好幾次人。皇帝笑他們太無能，還接著口述。有時他晚上睡不著，就讓人喊來蒙托隆，將他最近的回憶記錄下來。

　　他早期的勝利史是他最喜歡講述的內容。他周圍的人經常提議：「陛下，您不妨回憶一下當年在義大利、埃及還有任執政期間的事情。」皇帝於是開始回憶：誰也沒意識到，包括皇帝本人在內，他這些回憶的，就彷彿是在討論 30 年戰爭。當年，他憑藉自己的智慧與激情贏得了一切。他的思想傳播到世界的每個角落，他的命令傳達到戰場上的每一名士兵，以及軍隊的每一門機械那裡。關於 1796 年至 1799 年間他指揮的戰役，他只用了幾週的時間口述。他口述的時候總是全神貫注，來回踱著步。開關門的聲音和人們談話的聲音都在折磨著筆錄的人，但是皇帝卻充耳不聞。他的口述語言簡練，過程明確，說到情緒激動的地方，他的呼吸就會變得急促而粗重。

　　將阿克勒戰役記錄完後，拉斯卡斯大聲喊著：「這比《伊利亞特》精彩得多！」皇帝向他做了個鬼臉，笑著說：「嘿！你還以為是在宮裡啊！這章就算再改 20 遍，也未必會讓我滿意。」他的這番話無非是想諷刺一下那些阿諛奉承的人，因為他從來都沒有修改它的打算。只有在別人把記下的稿子念給他聽時，他才會稍稍修改一點。

　　但是他口授了很多次滑鐵盧之戰。即使他可以冷靜地對待歷史，但是這場決定了他命運的戰役，他還是無法理解，因此他一直在試圖尋找新的表達方法。幾個同情他際遇的英國軍官答應幫他偷偷將手稿運回歐洲，因此滑鐵盧這一段他修改了很多次，就是為了在歐洲貶低英國人的勝利。不過，「我總是被這項工作弄得十分痛心」。

　　這些書裡難免會有一些錯誤，這倒不完全是記憶的問題，主要是因為拿破崙試圖強調自己的歷史地位。這些錯誤和凱撒的著作裡的錯誤相比根本不算多，更不算嚴重。他說自己當中尉的時候曾經解決過某個問題，然後里昂科學院因此頒給他一塊金牌，他的母親由此度過了經濟上的難關。他在講述馬倫哥戰役等戰爭時，會把手下的功勞安在自己的名下。遠征俄國之前，沙皇曾打算和他訂立條約，一起瓜分歐洲。在他的

敘述裡，性格被扭曲的只有幾個人。基本的史實並沒有什麼大的錯誤。他用他的英雄氣概，將已經發生的事情理想化。從我們現在的角度來看，他這樣的做法是得不償失的。他能描述自己平步青雲的歷史，但是捏造不了事實。前期的他是攻無不克的，這就導致了一個必然的結果：貶低他人、抬高自己。即便是這樣，這部回憶錄基本只是這位統帥叱吒風雲的一面的紀錄，如果想全面地了解拿破崙，它的意義並不大。人們還得找來那些跟著他一起流放的人、將和他談話的內容記錄下來的回憶錄，作為參考。

　　過了不久，皇帝對口述的興趣開始消退。1800 年那次持續了數週的戰役，本來是在他的敘述計畫內的，準備幾週後開始口述，但是他後來取消了，又讓古爾戈接過了這項任務，讓他搜集遠征俄羅斯的材料。這位參加了 1812 年戰役的將軍，卻坐下來讀一本作者是英國人而不是俄國人的書。而此時此刻，可以為他提供全部細節的皇帝和他的距離，只有三個房間！

　　拿破崙基本都是從現實到理想，而不是從理想到現實。接到一則巴黎來的消息後，他會將應對的方法口述出來，措辭都很得當，還會由此制定一系列的財政計畫。在這個小屋，在這個岩島，他對外界的聲音進行著回應。但是這聲音並不是呼喚他的，而他的回應，也漸漸地消失在空氣中了。他曾經有過寫一本兵法的想法，但是後來還是取消了。他解釋道：「那些打了敗仗的將軍一定會說他們之所以失敗，就是因為使用了我的兵法。如果我真的去教，我能夠教育出優秀的將軍，因為我可是一個出色的教授，但是我絕不會寫一本兵法的書。」他從來不認為有系統的學說存在，因為他這個人特別感性，只相信實際。他曾在讀書時碰到了一個問題，就讓古爾戈算一下一個小型滅火器能裝下多少水，因為他打算用這種東西作為對付火藥的武器。

　　白天的時間，也可以用聚會或拜訪來打發。英國的學者、旅遊者以

及從殖民地來的顯要，他都可以接見。回歐洲後的他們都對他思維的犀利讚不絕口，這也是拿破崙想要的效果。例如，回到歐洲後的拉斯卡斯將自己的日記公開發表了，這又在全歐洲引發了一輪對他新的關注。

「你們可能會抱怨天下人負我！而我自己則永遠都會歸咎於別人！」他還說了一句意味深遠的話作為補充：「或者是我說了算，或者我什麼都別說。」

這些拜訪的人有時候會向他講一些趣事。其中有一名英國海軍上將，滑鐵盧戰役時他的軍艦就停在法國海岸邊。他和皇帝說，因為布呂歇爾的援軍沒來，威靈頓已經下令英軍全都上船。侍從們後來和拿破崙說，這些來自敵國的將領走的時候都是興奮無比。拿破崙這時會用革命者的語氣說道：「顯然這些人是和我們一夥的。他們屬於英國的第三等級，是那些傲慢的貴族天然的敵人。」

所有的士兵都站在他這一邊。上島後，有些英國水兵會到岸上休息一兩天，夜裡會四處閒逛，試圖接近他，然後會突然出現在他的面前，手裡拿著花，結結巴巴的，話都說不出來了。他的回應則是拍拍他們的肩膀。駐軍進行換防時，他會接見所有官兵，就好像他們是一支由他指揮的法國軍隊。這些士兵站成一個半圓形的隊形，皇帝問他們：服役多長時間了？受過多少次傷？他還說：「你們 53 團是我非常欣賞的，期待還能有你們的好消息。賓漢將軍，這些勇敢的士兵們就要離開了，您一定非常難過。您太太肯定會為您生個小賓漢，作為對您的安慰。」士兵們笑了，不過將軍的臉卻紅了。第二天軍艦起航時，士兵們向這個囚犯誠摯地歡呼了 3 次。過了 3 個月，全歐洲都知道了這件趣事。

有一次，一個上尉胸前佩戴著的一枚勳章吸引了他的注意力，他伸手拿起來讀道：「維多利亞勝利紀念。」他放下了它，走向一旁的客人。

英國的各個盟國都派了代表駐紮在這個島上，其實這無非是想滿足那些君主的好奇心。但是皇帝拒不接見他們，所以在這個荒涼的小島

上，這4位先生一待就是好幾年，但是皇帝的一面都沒有見到。要知道，他們待在這裡唯一的目的就是這個了。實在無聊的他們決定，也成立一個自己的陰謀中心。只有一位法國的侯爵先生獲得了與皇帝的侍從來往的許可，他奉路易十八的命令，對這個危險的前任進行監視。皇帝在他這裡能得到最新出的雜誌，會摘錄一些。皇帝也借書給他作為回報。一位波旁公爵遇刺的消息傳來，波拿巴將軍透過出身貴族的貝特朗伯爵向這位侯爵表示悼念，這真是太滑稽了。

有時候，情緒不錯的皇帝也會找點別的事消磨時間。他曾經翻閱了帝國的年譜，翻了整整一個晚上。他把書合上時，就像童話裡那個神奇的補鍋匠：「這個帝國曾經是那麼的美好啊！我的治下人口曾達8,300萬，比歐洲人口的一半還多！」有一天晚上，他和拉斯卡斯談起了年輕時的事，不時地放聲大笑。興致高昂的皇帝讓人拿來香檳，不知不覺就11點了。皇帝心滿意足地說：「時間過得太快了，多麼美好的時光！親愛的夥伴，今天我可非常的高興，就到這裡吧。」

任何的怨言都比不上這番話令人心酸。

他有時也會讓7歲的小蒙托隆坐在自己的膝上，向他講狼和羊的寓言，那是拉封丹寓言裡的。這個孩子不是很懂這個故事，總把羊、狼和陛下弄混了，皇帝會因此有半個鐘頭的開心時光。還有一次，吃過飯的皇帝在屋裡來回踱著步，一邊哼著一首義大利小調，一邊笑。因為他剛在書裡讀到，路易國王總是把他稱為 Buonaparte[Buonaparte 為拿破崙家族的姓氏，開始對意作戰後拿破崙去掉了其中的字母 u（見本書第二章第一節）。] 先生。

如果他晚上失眠了，就把拉斯卡斯找來，讓他講富堡區的歷史，要不就是和古爾戈說：「我們探討一下羅曼史吧！我從來沒在女人身上花什麼時間，否則就會被她們反客為主地控制了。」他如果在洗澡時感到無聊，就會向古爾戈證明，物體受到的水的浮力等於物體排開的水的重

量。他和僕人們還用手肘靠著客廳的門量過身高。

早晨起來，他有時會不穿外衣，也不出房間，而是下午再說。有一天晚上天氣極熱，他一直到半夜才進房間，說自己他剛贏得了一場勝利：他指的是他熬過了這個小時。有一天，他順著梯子爬上了閣樓，那是隨從們的住處，因為他聽說這裡的布置井井有條。他讓人打開衣櫥，十分吃驚：他的衣服竟然有那麼多！他摸了一下當執政時穿的那套衣服，那是里昂市贈給他的；又看了看馬倫哥戰役時穿的大衣，瓦格蘭姆戰役中用的馬刺。看完之後，他什麼都沒說，又順著梯子上下去了。

他掙扎於絕望當中，期望能消遣這些時間。難道就沒有誰可以走進他的心靈嗎？

有。在這個島上，最合皇帝的脾胃的是一名奴隸。他是個馬來人，名叫多比亞斯，被人綁架後賣到了這個島。皇帝總能看到他在花園裡工作，有時還能在路上遇見他。皇帝一直在打量他，每次都會給他一個金幣。這個馬來人每次也都會用不倫不類的英語感謝他：「好心的先生。」

「這個可憐蟲。」皇帝和他的隨從說，他好像是在利用這個上帝創造的有色生靈來暗示他自己的境遇，「這個可憐蟲被販為奴，別妻棄子，背井離鄉，世上還比這更邪惡的嗎？如果這事是船長自己做的，那這個混蛋實在該死。但是如果罪犯是一船人，他們卻能逍遙法外了。法以誅過，但是法又不責眾。約瑟的兄弟下不了狠心把約瑟殺死，但是猶大卻能把他的主人出賣。」

後來，他又遇到了那個奴隸，他說道：「人就是一臺可憐的機器！只是外在的皮囊各不相同，靈魂也不一樣罷了。看不到這一點的人就會犯下很多的錯誤。如果多比亞斯是布魯圖，他可能早就自殺了。如果他是伊索，那麼現在可能都當上總督了。如果他是一名十分虔誠的基督徒，可能在為他的枷鎖祈福。但是，他誰也不是，他只是倒楣的多比亞斯，所以他只能是現在這副模樣，卑躬屈膝，埋頭勞作。」

他們接著往前走，皇帝說：「當然，多比亞斯和理查國王之間的差距十萬八千里都不止。然而在他身上犯下的罪行，卻並不能因為他的微不足道而忽略不計。他也有自己的生活，有自己的家庭、朋友。把他販賣為奴，折磨他一直到死去，這種罪惡是不可饒恕的！」突然，皇帝停下了腳步，看著拉斯卡斯說道：

「我從你的眼神裡讀出了你的心思：在這個島上，他並不是唯一的那個。」拉斯卡斯點了點頭。忽然皇帝好像變得年輕了，他一邊激動地大叫著，一邊往前走：「這種比較沒有任何的道理。是的，他們迫害我們是十分隱蔽的，我們是那高貴的受害人……全世界都在關注著我們！我們將自己的全部都奉獻給了不朽的事業！有千百萬人在為我們哭泣，祖國在為我們嘆息。我們為了反抗上天的壓迫，在這裡爭鬥不止……厄運有時也可以帶來英雄之名和英雄之氣。如果死在皇位上的我臨死前還獨攬大權，那麼在很多人看來，我會是一個謎。現在，這所有的偽裝都被剝下了，大家現在看到的是一個赤裸裸的我，他們也就能夠評價我了。」

後來，皇帝從奴隸的主人手裡買下了這個奴隸，還想將他送回故鄉，回到他自己的家園去，但是卻遭到了總督的反對。他說：「現在，波拿巴將軍是想爭取這個島上的有色人種，還打算在這裡建立一個黑人共和國，就像聖多明哥那樣的。」

就這樣，馬來人多比亞斯，一個被囚禁在這個荒島上的奴隸，將皇帝的影子折射了出來。

十三、脫逃計畫

「我已垂垂老矣。我不清楚自己是否還能挺過兩千英里的旅途。但是那沒關係。即使到了目的地後我就死去了，那也是死在了你的身邊。」

這來自世界的一番話被帶到了聖赫勒拿島這裡。這是皇帝的母親寫

給他的第一封信。皇帝讀了好幾遍。他收到這封信，已經是它寄出來的一年後了。但是，各國都不允許他的母親前來探望他。大家都很清楚，這位老太太有可能會為他帶來自由。皇帝家所有的人都被趕出了法國，她也第二次無法回科西嘉島。第一次是那裡發生了動亂，而這一次的原因卻是她的兒子在歐洲遭遇了失敗。這以後的時間裡，她一直住在羅馬。在那裡，教皇在道德上給予了他強有力的支持。她一直在想辦法把兒子遷到一個更有利於健康的地方去。雖然俄國沙皇點頭了，但是哈布斯堡和英國卻已經下了要把他置於死地的決心。這一切誰也無法改變了。他們還禁止他的母親還有兄弟姐妹向島上寄錢。

她趁著各國君主聚在亞琛時給他們寫了一封信：「一個母親現在是心如死灰。這位母親一直寄希望於各位的聚會能讓她重獲新生。拿破崙皇帝被囚之事一定會是這次大會的議題。你們一定會在自己的寬容、權力還有對往事的追憶敦促下，給予一名君王自由，你們對他的友誼因此得以體現。我祈求上帝的同時也祈求你們，因為上帝在塵世間的代表就是你們。國家利益也是有個限度的，而後世的子孫在評價我們時，將對那些大度的勝利者倍加讚賞。」

然後這封信如泥牛入海。

皇帝不久後聽說了，這些國王誣陷他母親正在科西嘉島上搞陰謀，說她拿出數以百萬計的鉅款，還走遍了整個法國。就連教皇也將自己的祕書派去探訪這位老夫人，順便對這件事進行調查。她和來人說：「請你轉告教皇，也可以順便和那些國王說，我即使真的有他們說的百萬鉅款，才不會把它們花在收買人心上呢，因為他始終都很得人心。我寧可拿這些錢去裝備一支艦隊，去那個島救出我的兒子，讓他不再受那偏頗的待遇。」

這番回答實在鏗鏘有力。她的兒子讀到後，內心將會是多麼的自豪、多麼的驕傲！不過他卻沒有聽到他母親送一名奧地利貴族回家時的

抱怨：「為什麼我的兒媳還在義大利那裡到處晃蕩，而沒打算去聖赫勒拿島和她的丈夫作伴！」

那麼，別的行星現在在圍著哪個太陽旋轉呢？這個囚犯透過報紙知道了他們的命運。

呂西安和約瑟夫都去了美洲，傑羅姆後來也去了。他們在那裡又獲得了外國的爵位。西班牙革命者將他們的前任國王約瑟夫擁戴為墨西哥國王，拿破崙知道了這個以後十分興奮：

「約瑟夫肯定不能同意。他太會享受了，肯定再也不願為王冠所拖累了。對英國來說，用這種方式將西屬美洲問題解決，真的是太幸運了。如果約瑟夫真的當了墨西哥國王，必然會和西班牙還有法國決裂。對於我來說，這是有百益而無一害的。他是愛我的，因此一定會用武力逼著英國改變對我的態度。遺憾的是，他一定會拒絕的。」在被囚的前幾年中，他就是這樣，眼看著機會來了又去。

他別的那些兄弟姐妹都默默無聞，活得久的只有傑羅姆。拿破崙三世當政的時候，他又開始在宮廷中出入。拿破崙基本不會收到他們的來信。卡洛麗娜曾跟母親要錢，遭到了母親的斷然拒絕：「我的一切都是皇帝的，因為所有的東西都是他賜予我的。」她在寫給呂西安的信裡這樣說道：「擺排場的廢王只能被人恥笑。戒指對手指的作用只有裝飾。摘掉了戒指，手指還在。」

還有一些消息讓他感到心神不安：貝爾納多特當上了國王，德西蕾——拿破崙年輕時的那個戀人——將后冠戴在了頭上，她看到了第二帝國的建立。丈夫死了以後，瓦萊夫斯卡又和一個法國貴族結婚了，對此皇帝表示理解。想一下她的遭遇，再想一下他為她的兒子所做的那些，他放心地說道：「她肯定非常富有。」但是這時古爾戈缺心眼地說，皇帝曾每月給她一萬法郎時，皇帝頓時臉就紅了，他尷尬地問道：「你從什麼地方知道的？」

　　繆拉國王和內伊元帥被槍決了，在皇帝看來這是一個軍人的必然歸宿。他只是埋怨繆拉居然可以缺心眼到在卡拉布裡亞那裡登陸。不過他的話語，一丁點抱怨沒命運的意思都沒有。即使是評價那個現在在波旁王朝裡八面玲瓏的瑪律蒙，皇帝依然是那麼的客觀：「我之所以埋怨瑪律蒙，是因為我愛他。他並不是壞人，他們用情感打動，讓他以為自己即將拯救祖國，所以才做出了那樣不合情理的事。對他而言，自殺都比當叛徒這個結果好。但是畢竟，人性是十分脆弱的。」

　　可現在壓制所以對這個囚犯有利的舉措的，正是這個瑪律蒙。全國對於波旁王朝越來越不滿。流亡貴族和新興貴族身無尺寸之功，卻都身居要職。幾乎在國外流亡一輩子、對法國恨之入骨的黎歇留，現在卻搖身一變，成為了商界顯要。自由的鬥士拉法耶特現在是無產階級領袖，正在準備革命。他現在在俱樂部和學校裡積聚力量，還在軍隊裡尋找著「未來人物」，好能將靠著外國勢力扶植才上臺的波旁王朝推翻。一些省份比較激進，想要重新掛起三色旗，擁立拿破崙二世，但是被鎮壓下去了，領兵來的正是波拿巴的老戰友 —— 瑪律蒙，他也憑藉這個當上了大臣。

　　皇帝全神貫注地讀著消息。他讀到了國王怎樣將議會解散。議會裡，有一部分是擁護奧爾良派的，還有一部分傾向於拿破崙，兩邊的首領都遭到了處決。波旁王朝最可倚重信賴的人，到底是誰呢？國王最喜歡叫誰為「我親愛的兒子」？一個科西嘉的小個子，為了謀生，曾經當過萊蒂齊亞的祕書，但是整天無所事事。這些都是皇帝的健康還算可以的頭幾年裡發生的事，這讓拿破崙心裡又燃起了希望，開始考慮一次新革命的契機。

　　他叫道：「無情的命運竟然把我囚禁在這裡！誰將出去領導這些？絞刑架下那成千上萬的犧牲者，誰又去保護他們？」他一個人待了很長時間，第二天卻說起了厄爾巴島，態度是那麼的慷慨激昂。過了不久，有幾艘外國船隻出現在大家的視野當中，英國的軍艦馬上跟了上去。一

陣煙霧在海上升起，他們交火了。大家數著炮聲，也不知道到底發生了什麼。皇帝立刻派人前去打探。雖然最後一無所獲，但是皇帝對此卻是滿懷希望。還有一天，他說：「對於孩子來說，我們到底是什麼樣的人？我除了可以給一個例證，真的提供不了更多的東西了。我要是在美洲的話，我只會關心自己的花園。」

但是他是寧願死，都不會去美洲的。他承認：「如果我和約瑟夫一樣去了美洲，而不是在這裡遭罪，那麼惦記我的人就再也不存在了。我的事業也就徹底毀了。這就是人。可能我的壽命還有 15 年。但是我死在這裡是我命中注定的事了，除非被法國召喚回去。」

這些希望並不是不切實際的。從這種考慮出發，200 人的守衛被英國人增加到 3,000 人，任務不過是看住他一個人，這筆軍費十分高昂，每年達到了 800 萬法郎。即便是這樣，也不是無懈可擊的。島上的全體士兵都支持他。有一次，6 名來自里約熱內盧的英國軍官遭到了逮捕，因為他們計畫用一種類似潛水艇的設備將皇帝救走。還有一次，兩位前往印度船長在這裡靠岸後，為皇帝出主意逃離此島。拿破崙認真地聽了他們的想法，但是最後還是沒有同意。有一天，皇帝正在和古爾戈一起工作，蒙托隆突然闖了進來。他搞到了一張有效期還有一個小時的通行證，皇帝需要當機立斷。蒙托隆後來這樣回憶：「曾有人提出可以偷偷地把皇帝帶到美洲，只要出 100 萬法郎就行，而且還可以到美洲海岸後再給錢。皇帝只要點個頭就可以。可惜在這裡不能將這個計畫的細節全都說出來，那會危及策畫者的安全。這個人對皇帝非常忠心，我也由衷地對他表示感謝。皇帝聽我說完，思考了好一會，他在房間裡來回踱著步，其間他不時地問古爾戈，還詢問我是什麼意見，但是他自己卻沒有表明態度。最後，他只說了一句簡短的話：『算了吧！』」

那時是他剛遭遇囚禁，到這裡還不到一年，健康狀況良好、還要有所作為的他卻在被一個強大的政府和一個總督折磨著。但是在英國軍官

的幫助下，他還是有逃走的機會的。對於這個慣於冒險的人來說，這次冒險根本不值一哂。但是就在他的生命即將結束之際，他的面前突然出現了一個朋友，提出了一項十分實際的計畫。他沉默了一會，又問了幾句，接著又陷入了沉默。「算了吧。」可是，這到底是為什麼呢？

法國當時時局不穩。這就是他為什麼決定不走。人民的情緒將會出現根本性的變化，他對這一點很有自信。後來，一艘駛向港口的船發出了信號。他和他的親信說：「說不定這艘船就能為我們帶來好消息，會把我們接回去。要是攝政王死了，年輕的英國女王一定會把我召回英國的。她始終不贊成送我到聖赫勒拿島這裡來。」後來，巴黎又一次發生了暴動。議論紛紛的民眾還以為法國會將皇帝召回。皇帝自己也是這麼想到，但是他又說：

「他們讓我回去有什麼用？我還能再上戰場嗎？我已是垂垂老矣，力有未逮。我還能繼續去追求榮譽嗎？我何種榮譽不曾有過！……不過考慮到我的兒子，我最好還是待在這裡吧。耶穌要是沒有死在十字架上，也就不是上帝之子了。我的死將有利於我的兒子將王位重新奪回來，只要他沒死。」

他雖然重新燃起了希望，不過也還有某種視死如歸的英雄氣概，但是他內心的失落也是無法掩蓋的。他絕望、沮喪，他的情緒會因為房間裡發生的雞毛蒜皮的小事而出現波動。有一次，發脾氣的貝特朗沒來吃飯。皇帝因此一整天的情緒都很低落：「我很清楚，現在的我是垮臺了。但是這種感覺，卻是拜你們中的一個所賜。唉！」如果這時拉斯卡斯過來調解，他就會說：「不用了。我用不著。我就是隨便一說而已，現在已經忘了。就當沒發生過這件事。」在這個時候，想來看他的人，一定會遭到拒絕：「跟他們說，死人不會客。」郵件會在每天晚上到達，有時他也會因為這些郵件而不快。有時他晚上會躲在房間裡，不時叫幾個人進去，說不了兩句話就打發出來。

　　應該先裝修誰的房間？這個問題會在蒙托隆和古爾戈之間引發一番唇槍舌劍，皇帝不得不出面調停。蒙托隆太太哭了，皇帝會提議：不妨下下棋，吃吃飯，或者念一念《聖經》裡的《以斯帖記》。有時也會有些場面比較滑稽：一頭牛跑丟了，皇帝知道以後龍顏大怒。牛丟了這事得找古爾戈。皇帝不高興，導致他的心裡也不舒服。飯後，皇帝說起了伊斯蘭教以及它的優點，隨後又扯到了基督教的三位一體。從客廳出來時，他盡量壓著火氣，只是小聲嘟囔著：「莫斯科！150萬人……」

　　有時，皇帝前一天晚上情緒還不錯，但是第二天早晨來做記錄的古爾戈卻看到皇帝情緒十分低落。「我的兒子，他們是怎麼教育的？他們會不會教他恨自己的父親？想一想都恐怖。」而拉斯卡斯將滑鐵盧之戰這一章記錄完後，曾表現出了惋惜：千古功績，功虧一簣。皇帝則沒說什麼，而是「語調幽遠」地和拉斯卡斯的兒子說：「我的孩子，拿《在奧立斯的伊斐妮亞》來，我們現在要用。」他也可能讓人朗讀拉辛的《安東馬赫》。這會讓他回憶起不得不退位之前，他的親信忠告他的話語。在詩中拉辛寫道：

> 我親至我兒被囚之所，
> 雖只一刻卻已涕淚交流！
> 赫克托爾與特洛伊僅此遺我！
> 願主許我日見一面。

讀到這裡的時候，皇帝總會嚷道：

「行了，我想要自己靜靜！」

十四、持犁的皇帝

　　消遣越來越少，同時無聊越來越甚，那顆飽受傷害的心，也就越來越痛苦。這部多音組的樂器越來越不好掌控，而不和諧也就越來越明

顯了。

　　他曾是皇帝，雖然他現在的臣下還不夠半打，而敵人又在對他肆意詆毀，但是他又怎能因此而將皇位放棄呢？為了對被稱為將軍、被非法拘禁表示抗議，一開始他出遊時，還是擺著皇家的排場：拉車的是 6 匹馬，身著戎裝的侍從們分隨兩旁，陪皇護駕。他的臣下觀見他時，都要穿著朝服。他不發問，沒人敢說話。在花園裡散步時，他不示意，沒人敢上前。有來訪的客人，必須要由一個足蹬長靴、腰佩利劍的副官進行通報。有一次，蒙托隆夫人進來時古爾戈站了起來，被皇帝批評違反禮節。

　　同時，他又對這一切進行嘲笑：古爾戈被他戲稱為「我的賽馬飼養場總管」。有時候他也會在桌邊說：「受了教皇塗油禮的我已經是主教了，因此我能夠行使授職權，讓你們都當上神父！」他看過《貳臣傳》後，就總用裡面的人物來諷刺自己所處的這個小社會。當時古爾戈竟然脫口說道，應該也把皇帝列入本書。皇帝問他：「哦，為什麼呢？」

　　「因為開始您是支持共和的，後來卻當了皇帝。」

　　「你說得沒錯……但是帝國是最好的共和！」

　　三王來朝節時，他讓人烤了一個蛋糕給孩子們吃，還將小拿破崙·貝特朗封為國王。有人告訴他島上的肉要 40 蘇，非常貴。他笑著說：「胡說。你得這樣回答：我們付出的可比一頂王冠多啊！」

　　皇帝從來沒有像今天這樣對自我進行克制。貝特朗曾將一份抗議呈送給總督，抱怨這個島對「皇帝的存在」視而不見。但是總督卻這樣回覆，他根本不知道這個島上還有皇帝。心平氣和的拿破崙讀完了全文，然後命人備馬。但是古爾戈回答，他已經 3 天沒看見馬了。釘馬掌的師傅說，取馬得支付三個拿破崙幣。皇帝並沒有說什麼。第二天，他卻對古爾戈大發雷霆：「為什麼你要羞辱我！你為什麼要說你和鐵匠的那筆賬！」這一場景真的可怕。前一天，他以超人的忍耐力壓制住了怒火，

但是越想越生氣，覺得自尊遭到了嚴重的踐踏，最後還是爆發了。這個副官自來就是一副臭脾氣，而論起對皇帝的影響，他的這番話甚至不亞於奧地利當年的背叛。

有時候，這個來自南方的軍人也會萌生復仇的念頭。有一次，餐桌上的肉實在令人作嘔，他只是說：「我自己倒是可以承受。但是我可以斷定，總有一天，我們的遭遇會被公之於眾的，那些罪魁禍首將會遺臭萬年。」

他內心的尊嚴在持續增長。他也想用這個來平衡自己天性裡的叛逆。他說：「在這裡，我的生活充滿了重負。這種負擔壓緊了彈簧，但是沒有壓壞。懂得隱忍，才是真正地懂得了理性，這也是靈魂真正勝利的標示。」這個男人就是用這條原則做為準繩，對他自己進行約束。他說：「不幸也可以有好處，它教給了我們真理……現在我以一個哲學家的視角，對過去進行審視。」

他現在也可以心平氣和地面對現實。他剛來這裡的前幾週裡，有一次他和一位漂亮的英國少婦散步，談天說地，談奧西昂，談種植園，談氣候對肌膚的傷害。正說著，有幾個抬著沉重的箱子的黑奴經過他們的身旁，這時少婦斥責他們道：「滾開！」

這時皇帝說道：

「夫人，請您想一下他們的負擔！」

那位夫人頓時十分狼狽。這種話，從前的拿破崙·波拿巴可說不出來。

有時候，他會當著總督的面擺出皇帝的派頭。但是現在，他生活的一切都十分節儉，不能和皇帝比了，甚至比當年當中尉的時候還差。有段時間食物匱乏，能吃的只有菜豆。不過皇帝卻吃得津津有味，還直誇廚師的手藝好。

「在巴黎的時候，我一天花 12 法郎：一直待在閱覽室裡，只有午飯

得用去一個半法郎。晚上去劇院，買的是最便宜的座位。每月 20 法郎。只用一名僕人，結交的都是身份地位差不多的人。無論如何，都能夠快樂地生活。當我還在繈褓當中，我母親唱著歌曲，搖著搖籃，歌詞並沒有告訴我未來是什麼樣的。我相信，『波拿巴先生』的生活會和『拿破崙皇帝』是一樣的幸福。生活中的所有事情都是相對的。」

有一次，奧密拉醫生突然暈倒了。醒來時，他發現是皇帝而不是侍從在照顧他。皇帝將他扶上床，跪在他身邊，解開他的襯衫領口，為他灌醋。皇帝的科西嘉僕人齊普里尼臨死的時候，皇帝問醫生，自己去看他能不能挽救他的生命。

「他會激動而死的。」醫生回答。

「那還是算了。」

他在平時的打牌活動裡設立了一個基金，這是為誰而設的呢？是為這島上一個美麗的女奴設的，他要用這筆錢為她贖身。有一天晚上，侍從們看見坐在燈下的他正仔細地、慢慢地裝訂著手稿。

他有時從夢中醒來後，會輕輕地晃著欄杆。他突然說道：「我希望，我被他們送到一個荒島上去，我能夠挑選出兩千名士兵，再用槍炮將他們武裝起來。我能夠在那裡建起一個輝煌的殖民地。那裡會成為全世界的楷模，也將是我養老的地方。在那裡，不用費盡心思去考慮怎麼和陳腐的思想爭鬥。」最後，他竟然真的開始籌劃了，還口授了具體的計畫：建立這樣一個殖民地需要多少錢，得有什麼樣的儲備。

但是，這樣的心願卻是鏡花水月一般，遙不可及。和這種奇想共存的，是他那英雄式的樸素。剛來到島上時的一天，他和拉斯卡斯騎著馬閒逛，沒有其他的人陪同。「當我們來到一片耕地的旁邊，皇帝跳下了馬，接過農民手中的犁，速度極快地犁了一條壟溝，又直又長。他什麼都沒說，就是在犁完後讓我給了那個農民一個拿破崙幣。接著我們上馬繼續往前走。」

　　高尚的時刻！他以這種不無幽默的舉動，這輩子唯一一次地拿起了犁。他弄好它，又快又好地犁出了一條筆直的壟溝。而這一切，都發生在沉默之中。被英國送到了這個小島上的他，做起什麼來，還是那樣的精細。這位全歐洲的皇帝，為這片小島進行了神聖的賜福。百年之後，他犁過的那塊土地作物繁茂、碩果累累，彷彿是被他耕種過的歐洲大陸的縮影。當時，站在一旁的農夫驚愕地看著這一切，那枚拿破崙金幣捏在手裡。後來他把它傳給了他的孫子。他要告訴自己的孫子，那個陌生人雖然有一雙細嫩的手，不像他的祖先似的，滿手都是老繭，但是那握犁的姿勢卻是相當在行，絲毫不比自己的祖先差。

十五、自我批判

　　「我的失敗是咎由自取的。我最大的敵人就是我自己，我是我自己命運的始作俑者。」

　　拿破崙被放逐以來，這是他最為深刻的反省。這顯示出，他已經從中年時期的那種凱撒式的幻想中蘇醒了。他要是一名虔誠的基督徒，倒是可以在岩島上，透過懺悔進行贖罪。可是他不是，他天生就不認為自己對上帝負有使命，他相信的只有自己的責任。因此，這段話只能代表這位偉人在和他的命運算總帳，同時我們也由此看到了他極端的自負。他從來不承認這世上存在比他更強的。擊敗拿破崙的，只能是拿破崙。

　　這段話並不是他一時的感慨。在他統治最後的那幾年，他曾多次和親信說到自己犯下的錯誤。現在到了這個島上以後，他反省的時候越來越多。有些太過分，有些則太冷酷了。而且，幻想交織著現實交織。這和一名懺悔者的心聲很像：「閉上眼睛，當年犯下的錯誤就都出現在了眼前。這真的是一場噩夢！」或者是「我的欲望太多了……弓滿易折，我太過相信自己的好運了。」

　　和這些相反，他能非常冷靜地分析著自己的用人不當。當年一些極具洞察力的觀察家的觀點，現在的他最終表示了同意。理解下面的這段話，並不需要太多的說明：

　　「我覺得法蘭西斯皇帝人不錯，就是實在是太笨了。梅特涅利用他摧毀了我……我應該把塔列朗留住。他居然收了外國人的賄賂，這實在讓我痛心。我本應該派人去對他進行監視的！只要示之以利，他便會為我盡忠。如果我把他留住了，現在我可能還穩坐在皇位上……富爾頓和他的汽船要是真的能派上用場，我可能已經是世界之王了！然而那些笨蛋學究卻都看不上電這類發明。但是汽和電真的蘊含著巨大的能量！」

　　他後悔在提爾西特時沒有消滅普魯士的霍亨索倫王朝；他後悔在1812年太早渡過了涅曼河，當時西班牙還在打仗；他後悔把卡爾諾的勸告當耳旁風，過早地開始了最後的決戰；他後悔在滑鐵盧戰役裡，太晚派近衛軍增援。而讓他最後悔的是：垮臺後他沒有投靠沙皇或是逃亡美國，而是投靠了英國。一聽到法國出現危機的消息，他就後悔自己當年沒有去美國：

　　「在美國，我可以不讓法國遭遇外侮和內亂。我隨時可以回國，足夠威懾一切了。我可以在美國建立新法蘭西帝國的中心。只要一年，我就能拉起6萬人來。那是一個十分理想的避難之地。人們自由自在地生活在這片廣袤無垠的土地上。如果心情抑鬱了，我就縱馬疾馳幾百里，遊歷大自然。我在歐洲真的太出名了，和哪個國家都有點這樣那樣的麻煩。我可以偽裝或者逃亡去美國。但是這樣的方式會讓我威信掃地。我還是希望能爆發一次危機，這樣我就會被法國視為救命稻草。這就是我在瑪律梅松和羅斯福德逗留了那麼久的原因。我現在被囚禁在這裡，就是因為上面的這些想法。」

　　他最成熟的反省就是這個了。但是他一生中犯下了太多的錯誤，因此後果也非常複雜，想對每個錯誤進行尋根溯源是根本做不到的。只有

一個是可以斷定的，那就是在羅斯福德的最後決定導致了現在這改變不了的流放生涯。他的腦子裡還一直在想著別的可能，一會兒幻想縱馬馳騁，一會兒幻想在美洲建國。拿破崙用愛國當自己犯錯的藉口。看到這些，人們就很容易理解人心叵測了。

他自我批判最犀利的部分其中有是建立王朝的思想。在帝國晚期，他曾暗示過幾個親信，但是現在看來，已經為時已晚：

「在治家這個問題上，我是個膽小鬼。他們只要堅持就可以得到自己想要。這就犯下了大錯！如果我的兄弟們能把我交給他們的人民管好，我們早就統治整個世界了！……我沒有成吉思汗那樣運氣好，他有4個兒子幫他忙。哪個兄弟被我封王，他們會覺得這王權是上帝賜予他們的。他們都是在思想上中了這種毒！他不僅再也不是我的代表，還成了我一個新的敵人。他根本不想幫我，想的只有獨立，我成了他們前進路上的障礙。很快在我的保護下，他們都成了貨真價實的國王，品嘗到了統治和權力的滋味。但是擔子卻是我一個人在挑。這幫可憐蟲！一旦我完了，他們的王位也就保不住了。」

他的懺悔也就到這裡了。無論怎麼反省，稱帝都不在他的後悔之列。他曾好幾次提到他基本的社會思想：「我是革命與復古的爭鬥中那個天然的斡旋者。我的帝國不僅對統治者有利，對大眾也是有利的。實現歐洲的社會復興是我的目標，可惜功虧一簣。」在國王的立場，他覺得不該殺繆拉。他認為，國王應該告訴民眾，他們並不為自己所創制的法律制約。雖然路易十六的被殺為拿破崙的稱帝掃清了障礙，但他還是對篡弒這種行為持譴責的態度。他這麼做的原因不是波旁王朝稱職，而是他覺得延續性也非常重要。

他不會錯誤地判斷歐洲的歷史條件。他雖然曾經也有過這樣的夢想：在美洲或者哪個烏托邦式的小島上建立一個王國，但是他清楚，在歐洲永遠都不可能發生這種事。他始終覺得，現實總應該立足過去，著眼未

來。他從來都不提倡徹底摧毀、另起爐灶，而更喜歡挖掘舊有形式的潛力，為新生事物營造空間。他從來沒有想過創建什麼全新的事物，所以他永遠都不會將原有的形式放棄，而是利用它為新的思想創造活動的空間，他不想捨棄，只想拓展。在如此穩固的基礎上他最終能取得怎樣的成就，他是有切實的感受的。「我在臺上的時候，人們希望我去當華盛頓，說得簡單！在美洲我可能可以，因為歷史上那裡是沒有帝制的。而在法國這裡，我只能當那眾王之中的華盛頓王。」

他心裡就是這樣想的。他討厭紫色 —— 那個代表皇帝的紫色，他也肯定不會帶它們去美國。當年華盛頓的部下就建議他稱帝，但是被他拒絕了。既不是王公貴族，也不是無產者，他不過是出身一個處於階級的夾縫中的、破落的士族家庭。有一次，他和英國人談論英國，顯示出他的階級意識十分天真，以及對繼承權的徹底信賴。最後，他用一段令人吃驚的話對英國的貴族進行了攻擊：

「一個國家指的不是一小撮貴族或者特權階級，而是所有人民。當然，暴徒一旦上了臺，就會將自己洗白，說自己是人民；不過他們一旦垮臺，人們就會抓幾個當成替罪羊絞死，還說他們是暴徒、強盜。世道從來都是這樣的：成王敗寇。戰爭決定一切。」

看完伏爾泰的《凱撒之死》後，他說自己年輕時也有過寫一本《凱撒傳》的想法。這時有個人語帶雙關：皇帝已經寫過了。皇帝對著他笑了：「誰，我嗎？可憐的孩子！對，如果我最終完全成功的話！只有一點是對的：凱撒的運氣和我一樣都不怎麼樣，他最後死於刺殺。」

除了反省，他還經常對自己的所作所為進行評價。在他的本質中，歷史感是一支基本的力量，讓他可以客觀又清楚地了解自己。這估計是前無古人的。拉斯卡斯說，皇帝對自己的一生進行評價，好像是在評價300年前發生的事。蒙托隆伯爵夫人也激動地說：「我也有置身於另一個世界的感覺，好像在聽死人說話。」

他對那些莫須有的罪行堅決予以否認，諸如在雅法投毒，處死昂吉安公爵。有一天，他突然將當甘事件的全過程講給了一個英國船醫聽。他是執政，隨時可能遭遇暗殺，因此他一定要反擊。有一次他想知道奧密拉醫生對他怎麼看。這個醫生十分忠於他，但是始終都保持著他自己的獨立性。他們在一起坐著，正喝著葡萄酒，他突然發問：

「在認識我以前，你覺得我是個什麼樣的人？你怎麼想就怎麼說！」

奧密拉說，之前他以為他是一個惡棍，為達目的而不擇手段。

拿破崙說：「我已經猜到了這個結果！不少法國人也是這麼想的。他們是這麼想的：他確實靠著自己的能力攀上了名利的巔峰，但他的腳下都是其他人的屍體。」隨後他會極力為自己辯解。

一天晚上，他又睡不著了，腦中思緒煩亂。他派人叫來蒙托隆，讓他記錄下這些思緒。他說自己從來都是心向和平，不管是無論開戰前還是獲勝後，和談都是他的首選。他將英法兩國的革命進行了對比：「克倫威爾盛年之時，已遂生平之志，但是他憑藉的是偽善和狡詐。而拿破崙少年得志，憑藉的是他自己，他一步一個腳印，才獲得了那些榮譽。我的前進之路上，可曾有誰的屍體？在我這個位置上，誰敢說能做得比我好？面臨一樣的困難，有哪個時代會要求得有實績，還一丁點的副作用都不能有？我相信，一個普通人要實現這樣的高度卻什麼罪行都不曾犯過，是史上絕無僅有的。即使我死了，這種觀點也不會改變的。」

確實出了一些出乎意料的事。他花了 6 年的清閒時間，來對自己的一生進行概括。他沒有將失敗的責任推給他人，沒有因為自己的不幸，而在心裡積蓄對人類的痛恨。在流放的歲月裡，他的正義感日漸增多。他這一輩子都覺得人性本貪，欲壑難填，最終成為一名十分謹慎的分析家。他從一個當政者變成了哲學家，他更能容忍了。

現在他聲稱，人性裡面，知恩圖報要多於忘恩負義。只是人們在施恩幫助別人之時，總是在希望獲得更多的回報。拉斯卡斯說：沉默是他

現在最嚴厲的責備。他甚至在為叛徒開脫了。他說奧熱羅、貝爾蒂埃身居高位，但是力有未逮。他的兄弟們獲得了他的原諒。這些評價能夠看出他的寬宏大度。看一看下面這段話，不知道的，還會以為是身陷囹圄的蘇格拉底正在進行演講：

「對一個人進行正確的評價非常困難……他們認得清自己嗎？那些背叛了我的人，在得意之際，從來沒有離我而去的想法。最後的考驗已經超越了人類理智的範圍。其實他們最多是見死不救，並沒有落井下石。與聖彼得不認耶穌完全不一樣。他們說不定已經為此流下了懺悔的淚水。世界上誰的朋友還有支持者比我多？還有誰比我更受人愛戴？……我的命運本來可能比這還要慘！」

十六、最幸福的時刻

他的侍從們也寫日記，皇帝也是知道的，有一本他還讀過呢，不過沒有說什麼。身為一名現實主義者，他會以這種眼光來對這些記載的價值進行估量。他告訴他們他死了以後，將這些日記出版可以賺到多少錢。但是他低估了。他口授的這部分回憶錄誰記錄下了，誰就擁有了這部分。有一點被他正確地預見到了，那就是對於後人研究拿破崙，這些侍從的日記的價值巨大。

他習慣進行口述，每一個字每一個詞都要斟酌再三，這也讓筆錄變容易了。這都在無形中讓這些文獻的價值更高了。對這些思想進行總結，也讓他自己超然物外。在對歷史的熱愛的驅使下，他完成了這些綜述。這種熱情一點都不比他對於後世的關照差。

有時，有可能連著 5 天都看不到他。不寫不讀，也不思考未來。他在這 5 天裡，會對自己的一生進行回顧，他的靈魂會有所觸動。在這100 個小時當中，思想的光芒是無孔不入、無所不窺的。這樣徹底的反

省可以稱得上前無古人。和在奧斯特里茨或者在參議院相比，現在無疑更緊張：如今，他認為自己就是那個被縛的普羅米修斯。他想為人類造福，但是又不是上帝，只能被困在岩石上，獨自哀嘆。他無非是一個穿著一件綠色的陳舊外套的矮個子，20年來，他一心想要將這些夢想實現，現在，他能做的，卻只是把它們封進概念之中。這樣他不僅創造了自己的一生，還親自為它做出了注解。

　　他得到了這樣一本書：裡面是他全部的宣言和政令。他正讀著，突然將書扔到了一旁，在房間裡來回地走，還和拉斯卡斯說：

　　「未來的歷史學家都會支持我的。事實勝於雄辯。將無政府主義這個無底洞填平的，是我；將混亂與動盪結束的，是我；將革命的汙穢清理的，是我；讓人民變得高貴，強化王權了的，還是我。我，唯才是舉，賞罰分明，唯功是賞，澤及全歐……看看這些吧，哪個歷史學家會站在我的對立面？……不同意我的專制？他會證明，在當時，獨裁是必須的；說我限制自由？他會證明，無政府主義依然是個很大的威脅。說我好戰？他會證明，自始至終，我都是被侵略的。說我試圖稱霸世界？他會證明，這不過一種環境上的巧合。說我有狼子野心？是的，我的確有野心，還不小呢，但是卻是無比崇高的野心：建立一個理性的國度，讓每個人都可以才盡其用，享受一切。這種野心竟然沒有能夠實現，也許這才是歷史學家應該惋惜的。」沉默了一會，他進行了總結：「親愛的，這短短一席話，將我的一生都概括了。」

　　他這是在進行自我辯解。不過不管什麼時候在什麼地方，從來沒有人聽過他炫耀自己的武功。6年流放歲月裡，他從未自誇過波拿巴元帥在戰場上如何了得。總結成就的時候，他總是說：

　　「我的英名可不是靠著40次勝仗才有的，也並不是因為各國君主都不得不屈從於我的意志。滑鐵盧一戰，就足以把這一切都一筆勾銷。最後一幕，可以讓人忘卻第一幕。我的法典、參議院的會議紀錄還有我

和大臣們的往來書信，才會青史留名。我的法典雖然簡明，但是更加完備。我開創的教育方法，我設立的學校，培育出了新的一代。在我的治下，犯罪越來越少，而英國的犯罪率卻持續上升……我的目標是建立一種歐洲體系，頒布一部歐洲法典，設立一個歐洲法院，讓整個歐洲成為一個統一的國家！」

有一次他從一份英國報紙上讀到：拿破崙藏匿了巨額財富。他突然站了起來，向旁邊的人說道：

「你們想知道拿破崙現在的財產有多少嗎？沒錯，太多了，但是他的財產是誰都看得見的。安特衛普和弗拉興的不凍港，世界上最大的船隊都可以停泊在這裡；敦克爾克、尼斯和里哈弗的水利工程；瑟爾堡的超大碼頭；威尼斯的海港；波爾多到貝楊、美茵茲到梅斯、安特衛普到阿姆斯特丹的大道；穿越辛普隆、塞尼切山、科尼切和日內瓦山的山道，阿爾卑斯山因此四通八達。上述這些建築，都已經超過了古羅馬時代的成就。除了這些，還有從帕爾馬到斯培西亞，連接比利牛斯山和阿爾卑斯山，從薩瓦諾到皮埃蒙特的道路；還有巴黎市內的大橋，薩瓦、圖爾、里昂的大橋……修建溝通了萊茵河和羅納河的運河、蓬蒂納沼澤的排水系統……被毀的大教堂得以重建；創辦了各類新式工業；修建新的羅浮宮、貨棧、街道、巴黎的供水工程、碼頭等等。重建里昂的紡織業；建立了400多個蔗糖加工廠；斥資5,000萬法郎翻修各處宮殿，私人出資6,000萬法郎，為各個宮殿裝修；花了300萬法郎，將僅有的一枚王冠鑽石從柏林的猶太商人手中贖回；建立了拿破崙博物館，購買或以簽訂和約的方式收藏了大量珍品；用幾百萬對農業和養馬業進行扶植：這些都是拿破崙的財產，都是數以十億計的，而且都是會流芳千古的。這些都是詆毀不了的豐碑，歷史將再一次強調：這些成就，都是在窮兵黷武的時期獲得的，而且一分錢的債都沒有借過！」

他在這座大西洋上的小島，在他的陋室當中，捍衛著自己的功績。

在他的記憶裡，自己所有的功業已經混為一團：蔗糖加工廠，大道，天主教堂王冠鑽石，！他預見到未來歷史會如何地批判自己—— 同時對自己的價值，也有了充分的認知。儘管在一個世紀以後，人們才意識到，確實就像他自己說的那樣，這樣一名統帥的功績，絕不能因為滑鐵盧之役而被一筆抹殺。

一天，他們在晚飯後聊到了私人問題。有一個喜歡多事的侍從，問他一生中最幸福的時刻是什麼時候，在場的人都開始猜測了。他說，他對於結婚生子比較滿意，「但是卻算不上幸福，只是滿意罷了。」

「當第一執政的時候呢？」

「那時我對自己還沒有什麼自信。」

「加冕時呢？」

「我想，我在提爾西特時就感悟到了命運的無常。我從普魯士—— 艾勞戰役中獲得了警示。即便這樣我還是贏了。我口授了想要和談的條件，普魯士王和沙皇競相向我大獻殷勤。哦，不，這並不是最美妙的時候，在義大利取得了最早那一連串勝利的時候才是。人們簇擁在我的身邊，高呼『自由萬歲』，當時我只有 26 歲，已經看見了自己將獲得怎樣的成就。我看見了我將整個世界踩在腳下，彷彿我已經升到了空中。」

突然他不說話了，小聲地哼唱起一首義大利歌曲，隨後，他站了起來，說道：「10 點了，是時候睡覺了。」

想想從前那些豐功偉績，再看看現在關於幸福的談話，就會知道這樣的比較是多麼的蒼白！除了在事業中，他根本找不到生命的真諦，他成功了，也就幸福了。追憶過去，偶爾他也會和某個瞬間說：停一下吧！可是與此同時，他又會懷疑起了這個瞬間，懷疑自己只是覺得「滿意」，而不是幸福。最後，三呼萬歲的聲音迴響在他的耳邊，他彷彿重回年輕的時候，再次向上高飛。而現在，熱帶的陽光照耀著他生命的最後幾年，他的眼前再一次浮現出了榮譽：這就是這位古典主義的信徒傾

心追求的目標。

年輕的他在科西嘉島上的時候，就了解到了榮譽的力量。現在被流放到這個小島上，他還是對榮譽俯首聽命。他的赫赫武功使他名滿天下。他曾問過在巴黎有沒有不知道他的人。其實，他想問的是全世界，而不是巴黎。拉斯卡斯和他說，在威爾士那些荒無人煙的山谷裡，即使是一個牧童，也會向人問起第一執政現在如何。中國人把他和帖木兒[1]相提並論。這些會讓他將在島上的羞辱和無聊暫時忘卻，全身心地享受他這最幸福的時刻。常常只是報紙上的一則小事，就讓得他心潮澎湃：

「反動派垮臺了！什麼都無法摧毀真理。它閃耀在我們的壯舉中。榮譽之水已經將以前的汙點蕩滌殆盡。真理將會永垂不朽……可以用它來裝飾我們的桂冠，世人會擁護它，條約會推崇它，它將成為婦孺皆知的……它會統治全世界，成為世界人民的道德和信仰。無論人們怎樣說，這個新的時代已經深深地打上了我的烙印。點燃了第一把火的人是我，不管他們是敵是友，都會在我的麾下聚齊，視我為它的首席代表。就算我死了，我還是所有人民的權力太陽。我的名字將出現在他們爭鬥的口號中，代表著希望！」

但是這種英雄情感的下場卻不好。在政治上，他對自我犧牲的價值做了過高的估量，這是無法挽救他的王朝的。這最後一幕對人們的影響，他並沒有看到，他看見的只是一個軍人的死。最後的那場戰役中，他只求一死。他回顧自己的歷史，好為結束自己的生命找到一個最合適的時機。他經常在談話中提到這個，就像一位劇作家在謀劃著一部戲劇的高潮：「我應該在莫斯科死去，這樣就能永保英名。上帝如果在克里

1　帖木兒（1336-1405），西方史學家以帖木兒帝國為成吉思汗帝國之再現。可能是因腳部略有缺陷而被稱為 Timour Lenk 或 Tamerlan，就是跛子的意思。1397-1403 年。帖木兒橫掃整個小亞細亞半島後，達到了他事業的頂峰。他本可迅速橫掃歐洲，可此時，中國遭靖難之變。消息傳到小亞細亞，帖木兒立即決定放過手下敗將土耳其和埃及，回師中亞，去準備他的中國遠征。只有征服蒙古和中國，他才能名正言順地成為全蒙古的大汗。可就在此時，他卻一命嗚呼。在他死後，帝國迅速解體。詳見《新元史·帖木兒傳》。

姆林宮給我一槍，那將是一件多麼大的恩賜啊！歷史會將我和亞歷山大大帝、凱撒相提並論。但是現在，我卻一無是處。」他有時又會想，死在勝利到來之前，對後世產生的影響可能會更為深遠：「死在博羅迪諾可能是不錯的選擇。那樣我的死就能和亞歷山大一樣了。死在滑鐵盧也可以，死在德勒斯登說不定更好。不，還是在滑鐵盧死去更好！這樣我將贏得百姓的愛戴與哀悼！」

一次，他對自己的一生這樣總結：

「一言以蔽之：我的一生就像一首敘事詩（Ballade），情節豐富，但是結尾是悲劇！」

十七、海島上的浮士德

旭日東昇，房間裡的人還在酣睡。一個人站在門口，一頂寬邊帽，白色上衣，紅色拖鞋，手裡拿著一把鐵鍬，另一隻手搖晃著鈴鐺，催著屋裡的人趕緊起來做事。他們計畫要修築圍牆，拓寬溝渠，填海造田。門開了，帳篷也開了，大家從其他的地方聚攏過來，手裡拿著鐵鍬、斧頭和釘耙，照著主人的計畫開始了行動。

他彷彿一個年過百歲的浮士德。

這是他這輩子最後的一年。不管出現什麼事，他都已經想好了，留在島上，不走了。這個島上沒有人為他做綠化工程。他抗爭了一年，提的要求全部遭遇拒絕。最後他決定，不用別人了，自己來建一座花園。需要一道半圓形的牆，不僅可以遮蔭擋風，還將隔絕那些看守的視線。他還挖了好幾個積蓄雨水的蓄水池。在牆的內側，他培土、種花，還栽了 24 棵大樹，有桃樹、橘樹，還在窗前栽了一棵橡樹。在西班牙打仗的時候，他認識了一些英國炮兵。他們和他的老朋友一起，為他從非洲的好望角運來了樹種。法國僕人、中國園丁、英國馬夫、印度苦力全都

來幫忙，還有醫生、蒙托隆和貝特朗。值勤的英國士兵走了過來，看見皇帝正接過御廚大臣手中的一塊草皮，十分仔細地鋪在地上。拿破崙明白，一定要善待外國士兵。所以，他格外照顧這些移植過的草坪，連澆水都親力親為。

7個月過後，工程完工。這個小花園雖然建造得比較匆忙，但依然可以稱得上一個奇蹟。就連總督的女兒，也跑來偷看過。這是拿破崙最後創造的奇蹟了。

他明白自己已是時日無多，因此，他想舒服地過完剩下的日子。總能聽見他在吟誦伏爾泰的詩句：「複睹巴黎？此生無望。」今年的生日被他視為最後一個生日。他贈送小孩子們禮物。「他們和他一起坐在桌旁，他就像這個大家族的族長，笑著看著每一個人。」

已經是整整4年了。這一年的秋天，他頭一次越過邊界，騎著馬，來了一次最遠同時也是最後的郊遊。

現在，他只有晚上睡不著時，才偶爾會口授一些東西。他對蒂累納、腓特烈、凱撒指揮的戰役，對伏爾泰的《穆罕默德》、維吉爾的《伊內特》進行點評。甚至對自殺，他都有自己的看法。古爾戈和拉斯卡斯，他最好的兩位祕書早已離島回歐。有時他會一直敲著走廊的門，一敲就是一刻鐘，還不時抬頭看看雲霞和海鷗。他也不再用望遠鏡去找帆船了，他現在就是在等死。

法國又發生了政變，目標依然是波旁王朝。這次是軍隊發動的，涉及面非常廣。消息傳來，他卻一點都不激動。在他生命最後的半年裡，曾兩次拒絕逃離聖赫勒拿島。他說：「我一定要在這裡死去，這是天意。如果我去美國，只有兩種結局：被殺，或者被遺忘。能夠拯救我的皇朝的，唯有殉道。因此，我將留在這裡上。」

現在的他已經病入膏肓。他的父親死於肝病。他在30多歲時就有一種預感，他會步他父親的後塵。島上的氣候太惡劣了，即使肝臟健康，

也會飽受其苦，就別說是他了。他的肝病一直在惡化。他說自己的胃一直在火辣辣地疼，病疼發作的時候，他會滿地打滾。他感覺渾身發冷，胃如刀割，即使用 6 塊敷布替他熱敷，他還是沒感覺到熱。他感覺身體好像有一團火在炙烤著他，但是體表卻是冰冷無比：這和他的身體和靈魂的關係是多麼的相似！

他密切關注著自己的病情，思考著它的意義。他堅決不吃沒有向他講明藥效的藥。他有時會呻吟著：「我已愛上了床，拿皇位來我都不換的。我怎麼會變得這麼可悲？我從來都不怎麼睡覺的，但是現在卻整天都昏昏沉沉的。睜個眼都要費好大的力氣。我曾同時向 4 個祕書口授，說的還是不一樣的事情，那才是真正的拿破崙。」他的感情時而嘲諷，時而洋溢。僕人告訴他，一顆彗星出現在天空中。他說：「凱撒死前的徵兆就是這樣的。」醫生和他說根本沒出現彗星。他又說：「沒有彗星也能死人的。」

他的醫生安東瑪律基是個科西嘉人。和總督吵了一架後，有一年的時間裡，皇帝是沒有醫生的。最終他母親給他弄來了以下這些人員：一個醫生、兩個牧師、一個廚子以及一個僕人。多年隔絕之後，皇帝終於有了一些他母親的消息。有一次，他對母親對他的意義進行了簡短的概括：「不管是過去還是現在，我的一切都是源自我的母親。她讓我學會基本的原則，培養我養成工作的習慣。」

現在，有 5 個科西嘉人在這個孤獨的病人的身邊，但是只有兩個是真正頂用的：僕人和廚子。那兩個牧師呢？一個年老耳聾，口齒不清，行動不便；另一個剛從神學院畢業，既沒有知識，也沒有教養。那個年輕的醫生則是一個狂妄無知的人。看著自己的老鄉，能讓皇帝回憶起故土。從前他一心想當一個法國人，因此始終壓抑著對故鄉的感情。如今，這種鄉土情結終於甦醒。拿破崙生是義大利人，死依然是義大利人。

他現在總說義大利語，即使說法語，也會摻雜著一些義大利語。某天，他讀到一個議員攻擊他的言論，說科西嘉人甚至都不配當古羅馬人的奴隸，但是法國人的領袖，竟然是從他們中選出來的。他覺得，這是在認同科西嘉人：「連古羅馬人都清楚，科西嘉人是不可奴役的。而且，科西嘉在法蘭西與義大利的中間，統治這兩國的人者出生在這裡，真的是再合適不過了。」

不過一夜之間，科西嘉又變成他的祖國了。「啊，醫生，科西嘉美麗的天空在什麼地方？我是多麼渴望飛回那裡，那裡的人民一定會張開雙臂，迎接我的到來。那裡曾是我的家啊！你覺得同盟國在科西嘉還能左右得了我嗎？你了解的，我們這些山民都是勇敢而又自負的！島上的一溪一谷，我都了然於胸！」他表示，以前他雖然從來沒有對自己的出生之島表示過關心，但是現在，他打算當著整個法國的面，對故鄉有所表示。但是因為不幸被囚禁於此，他沒有能夠實現這個願望。他說起了島民偉大的精神，說起了凝聚在他們血脈中的、有仇必報和推崇榮譽的天性，他還說到了保利。「那裡什麼都好，連土都是是香的。我即使閉上眼睛，都能認出來。我在其他的地方就無法找到這種感覺……唉，我出生的那個房子已經不是我的了，我的故鄉沒了，我的祖國也沒了。」

在失去了祖國之後，這個魂靈終於感悟到了這一點，遺憾的是太晚、太痛苦，也太間接了，或者是他說山來太晚了。海水的這一邊拍打著聖赫勒拿島的岩石，那一邊撞擊著科西嘉島的礁石。而現在，他的情感成為將這兩座島嶼連繫起來的紐帶。他再三拒絕承認科西嘉是他的故鄉。而聖赫勒拿島卻是為他的敵人所有。它雖然在法國的境內，附近的海域也是法國的，然而他卻從來都沒有征服過這個國家。

那個科西嘉醫生對皇帝並不同情，他不相信拿破崙犯病了真的有那麼痛。在他看來，皇帝不管做什麼，背後都是有政治動機的，皇帝無非是想利用這一點返回歐洲。更過分的是，他竟然在皇帝犯病的時候擅離

職守。之前為了實現一些政治上的目的，皇帝的確打過有病的幌子。如今他不得不自食其果了。在他行將就木之際，他的這位老鄉卻認為他表現出來的痛苦過於做作。他們之間嚴重不和。病人想將這位醫生趕走。他在寫給總督的信裡要求送安東瑪律基回歐洲。總督非常高興，這表示他贏了，他正好可以坐收漁人之利。拿破崙去世前的一個月，這個看守又冒出了闖進來看看他的念頭。這個刺激讓拿破崙的病情大為惡化。

　　忠信之人越來越少，這好像是在證明他那蔑視人類的見解。在他生命最後的幾個星期裡，這名囚犯眼睜睜看著他的 4 個僕人還有那位老牧師回了歐洲。另外兩個病了，還在的兩名副官也在考慮什麼時候回去：蒙托隆和夫人書信往來，研究著尋找替身。在家人的逼迫下，貝特朗決定不再陪伴皇帝，返回法國。為了將他留住，蒙托隆和他說皇帝說自己病入膏肓，並不是要左右他的決定。貝特朗最終宣布自己不走了，這讓皇帝非常高興，身體也有了一點好轉。從沒想過離開皇帝的只有一個人，那就是瑪律尚，他的僕人。皇帝和他說：「再這樣下去，留在這裡的就只有你和我了。你會一直照顧我到我死去，還得替我閉上雙眼。」

　　有一次，他最忠實的朋友突然說出了內心的祕密，這讓他非常難受，這是在一次爭論中，貝特朗嚷道：「把路易十六廢黜以後，如果奧爾良公爵為國民大會所擁立，那將是我這輩子最愜意的一天。」皇帝當時什麼都沒有表示，但是後來，他十分痛苦地說：「我一手提拔的貝特朗，現在他居然反過來埋怨我了！」

　　隨著體力越來越不濟，他非常想在精神上找一些依靠，他平生頭一次請求他的親戚幫忙。他口述了一份通報寄給了他最喜歡的波麗娜，除了他的病情，他還寫道：「皇帝十分希望殿下能將這一情況告知英國的當權者，他最終孤苦伶仃地在了這可怕的島上死去。他的垂死掙扎淒慘至極。」

　　4 月中旬，也就是死前的 3 週，皇帝讓人鎖上門，和蒙托隆口述他

的遺囑。記下以後，蒙托隆又重新念了一遍，因為只有是他親自寫的，才能不被懷疑。皇帝坐在那裡寫了 5 個鐘頭，寫完渾身都是冷汗。這一份文獻，包含了政治家的偉大和人類的情感，概括了他的一生。

十八、遺囑

在遺囑中，他宣稱自己信奉羅馬天主教，他於這個環境出生，重建了它並將永遠守護它，但是他的內心從來都沒有接受它的教義。隨後他又想到了英雄之墓的榮耀。他雖然不是法國人，但是卻被全體法國人選為了法國人。他也以法國人的口吻這樣寫道：「我希望我的骨灰可以在塞納河畔安葬，在法國人民中間安葬。我對你們，是如此的熱愛。」

接下來他想到了自己的兒子，身後的全部希望都被他寄託在了兒子身上。他希望兒子能夠集權力、財富、訓示於一身。他對他的「愛妻」保證，他始終都愛著她。他希望她視兒子為心頭肉。雖然他的兒子眼下是一位奧地利王子，但是他不應該忘卻自己法國人的身份。他絕對不能成為一個暴徒對全歐洲人民進行壓迫的武器。這個孩子的外公就是第一個要防範的暴徒。

隨後是對敵人的致命一擊：「英國的獨裁者和他們僱傭的殺手，是我如此早地死去的始作俑者。」他又用保民官的語氣進行著煽動：「英國民眾會為我報仇的。」在這一部分的最後，他說他之所以失敗，是因為「瑪律蒙、奧熱羅、塔列朗還有拉法耶特的背叛，當時法國支持我的人其實不少」。他又補充了一句：「他們都獲得了我的寬恕。」不過這句話雖然聽起來基督味十足，但又閃爍著挑釁的光芒：「希望他們將來也能獲得法國的寬恕。」

接下來，他以一種貴族式的文體，對他親愛的母親和兄弟姊妹表示了感謝，感謝他們多年以來對他的關懷。他也對路易的誹謗表示了原

諒，這些毀謗甚至都曾結集出版了。隨後接是他的財產處置。

在過去的 14 年裡，省吃儉用的他省下不少的內務開銷，他的基本遺產就是這樣來的。他還自己出錢，為王宮購置了不少的傢俱、銀器和首飾。他在義大利也有總價超過兩億法郎的財產。他強調說，任何法律都不能將這筆財產沒收。這筆財產的一半將分配給那些參加了 1792 年至 1815 年的戰役並生還的官兵們，按照他們服役時的薪級進行分配。另一半則分給那些飽受戰亂的省市。他的這一舉動將讓新政府在道德上備受譴責，因為當年他退位時，波旁王朝把他的錢和物都沒收了。這也可以讓軍隊和人民提升對他的好感。他還希望這可以為他的王朝帶來積極的影響，就像當年安東尼將凱撒的遺囑公布時的效果。

接著他列出了一個名單，上面有 97 名受贈人。他這個名單想了 10 天才敲定。「他一直在思考該有誰受益，每天他都在回憶，服侍過他的都有誰。這筆錢差不多有 2,000 萬法郎。他認為和前面的內務收入相比，這筆錢要可靠一些，其中的 600 萬現金，是他巴黎離開時存起來的。

受贈人都有誰呢？

蒙托隆得到了 200 萬法郎，貝特朗和僕人瑪律尚每人 50 萬法郎。瑪律尚雖然是僕人，但是拿破崙卻稱他為朋友，這樣的事情可謂絕無僅有。拿破崙對此還補充道，他希望瑪律尚可以和他的老近衛軍軍官聯姻。他指定了三個人為他遺囑的執行人：瑪律尚、貝特朗和蒙托隆，又吩咐他們文件的每一頁上都要蓋章。就這樣，拿破崙最後的手寫文件上就出現了 4 個人的簽章：皇帝的鷹章和兩位舊貴族伯爵的印章，以及一名普通百姓的簽名，皇帝非常信賴他，因此皇帝最終的意願由他負責執行。

「他為我服務，但那純粹是出於友情的。」

只要在聖赫勒拿島上服侍過他的人都會得到他的一部分財產，包括那幾個醫生在內，皇帝稱他們中的一個是他見過的最有德行的人。然

後，他又把剩下的那一半，按照 10 萬法郎一份，分贈給那些和他關係親密的將領、祕書、兩位作家、厄爾巴島衛隊還有戰死將領的遺孤，以及僕人、馬夫、傳令官、獵人、看門人、圖書管理員、一位埃及領騎官、科西嘉世交的後裔和他的奶媽的後代。他過去雖然接濟過他的奶媽好多次，但她還是常常陷入困窘。獲贈人還有一位老師的後裔，他從前在奧克斯諾學習曾經跟這位老師學習；還有土倫戰役中的統帥的後人。有一位議員為了他的土倫計畫能夠實施，不惜和整個參議院作對。他的副官米爾隆，為了救他而犧牲了自己。為了紀念他，皇帝將一艘船以他的名字命名。他們的後裔也在獲贈人之列。他還有一個部下，法院曾指控他計畫謀殺威靈頓，不過後來他被無罪釋放了。皇帝對這件事曾這樣說過：「他完全有權將那個特權階級殺掉，因為把我送聖赫勒拿島這裡來的就是這個威靈頓，他企圖打著英國利益的幌子整死我。他如果真把威靈頓殺了，也能拿法國利益作為理由。」

最終，他的受贈者的名單以革命的吶喊結束。他還在給執行人的命令裡羅列了下面的這些物品：俄羅斯的孔雀石傢俱，巴黎市贈送的金質餐具，波麗娜出錢在厄爾巴島上置辦下的產業，價值 500 萬法郎的、存在威尼斯的水銀，威尼斯大主教遺贈給皇帝的財產，藏在瑪律梅松的黃金與珠寶，這筆錢沒有贈給約瑟芬，說不定還能找著。看起來，這個財產清單出自一個國王兼冒險家之手。

他將一盞小銀燈贈給他的母親，在聖赫勒拿島上這 6 年的不眠之夜，他都是在這盞燈的伴隨下度過的。他的兄弟姐妹也都獲得了餽贈，他在遺囑中提到了約瑟夫和呂西安，彷彿他們之間從未產生過矛盾。他們每人都得到了一件上衣、一條褲子和一件繡花的披風。而在生前，他哥哥從他這裡得到的是一頂王冠，他還答應也會給他的弟弟一頂。

拿破崙主要的繼承人還是他的兒子。首先，他全部的武器、馬刺、馬鞍、紋章、書籍、衣物還有行軍床都為他的兒子所繼承。在清單的結

尾，他加上了這樣一句鄭重其事的話：「我希望這筆小小的遺贈能被他視若珍寶，以此作為對他那眾口傳誦的父親的紀念。」這份清單裡還有兩條睡褲和兩個枕頭套，以及「我在奧斯特里茨的佩劍，在烏爾姆、艾勞、弗里德蘭、呂堡、莫斯科、蒙特米瑞使用的那隻金質旅行箱，4個匣子，這是1815年3月20日，在杜樂麗宮路易十八的桌子上找到的。第三個匣子裡的是我的鬧鐘，曾歸屬腓特烈大帝，我把它從波茨坦帶到了這裡。一件我在馬倫哥時期穿的藍色大衣。此外還有我當第一執政時的佩劍以及榮譽軍團的綬帶」。他在每一項物品後都指定了一名負責保管的親信。等他兒子年滿16歲，就能接受這些物品了。

他吩咐瑪律尚將他的頭髮保存好，請人做成帶有金質鎖扣的手鏈，分別送給他母親、兄弟姐妹以及皇后，隨後的這句話尤其感人：「比較大的手鏈給我的兒子。」他搜腸刮肚地想著他的兒子可能對哪些東西感興趣：「對我的回憶將成為他人生中的榮耀。人們會為他創造所有的條件，好讓他可以實現這一目標。如蒙上蒼眷顧，他有望重登皇位。因此遺囑執行人需要跟他解釋，他到底欠他們 —— 我那些年長的軍官、士兵和忠心的侍從 —— 什麼。」事實上，這些人為了見到他兒子真是想盡了各種辦法，並竭盡全力讓他兒子知道事情的真相，以及其中錯綜複雜的關係。等到小拿破崙稍稍大了一些時，他的母親和兄弟姐妹應該寫信給他，告訴他他父親的軍官和僕人的孩子們都願意為他效勞。他的母親應該利用一些珍貴的遺物，比如她的畫像、拿破崙父親的畫像、或者某些珠寶，向他的兒子展示自己，以此讓他的兒子建立起對祖父母的記憶。

他的一生就這樣以如此樸素的情感宣告結束。他還用提到了祖父母，言辭比較煽情。然而緊接著的那句話的後面，卻暗藏著一處深淵：「我的兒子一成年，如果沒有什麼不便的話，就一定要恢復拿破崙這個名字。」

他為他唯一合法的繼承人安排得十分周到。在第37款裡有這樣幾句

話：他希望小萊昂從事文職方面的工作，亞歷山大‧瓦萊夫斯基去當法國的軍官。但是出乎他的意料的是，在他的婚生子夭折幾十年以後，在美國，浪蕩而遊手好閒的、身份是一個廚娘丈夫的小萊昂結束了他的一生。而後來瓦萊夫斯基伯爵卻當上了部長，掌控著法國的命運。面龐清秀的他看起來天資聰明，也在向世人展示著他是何人的愛情結晶。

他還給他的合法繼承人寫了另外一份遺囑。那是他離世前兩週的一天夜裡，他叫來了蒙托隆。在最後幾星期中，後者始終盡職盡責地伺候著他。蒙托隆對此這樣回憶：「我走了進去，看到他在床上端坐著，雙目炯炯有神，我真的擔心他燒壞了。」皇帝和他說：「沒事。我和貝特朗說過了，執行人應該向我的兒子說點什麼……我還是想再給他留一些建議！你記下來吧。」

這份政治遺囑有 12 頁之多，其中有的只是和平，並沒有提到戰爭。他提到了歐洲，從這裡可以看到 19 世紀全部的思潮 —— 正是由他肇始的。他這也是在展望後代的統治，就彷彿他自己在統治。他對自己的事業進行了批判，但是態度非常自豪。他渴望建立新的政體，還為 20 世紀做了提醒。他在這個島上呼籲歐洲，呼籲各個民族團結在一起，增進彼此之間的理解，在自由、平等、文化、貿易等等方面實現諒解。而這一切，都來自於命在垂危的拿破崙，來自於一個不眠之夜。他當時還發著高燒。

「我的兒子不應該想著報仇，他要從我的死裡吸取教訓。他應該以和平統治作為努力的目標。除非實在必要，就不要效仿我而重啟戰端，否則那就是愚孝了。重走我走過的路意味著將我的一切都否定了……同一個世紀裡，同樣的事不要做兩次。我過去是迫不得已而訴諸武力，好能征服歐洲，而現在，卻一定要說服它……現在在法國和歐洲，我的新思想已經生了根。這些新思想是不可能再倒回去了。我播下了種子，但願我的兒子能收穫成果……

「英國人出於粉飾自己的罪過的目的，有可能幫助我的兒子重新回到法國。但是考慮到它的商業利益，英國必須什麼都不顧。這種無奈的結果會有兩種，要麼是對英作戰，要麼是和英國瓜分了世界貿易。現在只有後面的結果是可行的。今後的很長一段時間內，法國的外交會比內政更加重要。我將足夠的力量與同情留給我的兒子，他一定可以靠著高貴而互諒的外交，將我的事業繼續下去。

「……我的兒子登上皇位，絕對不能靠的是外國勢力。他絕對不能為了統治而統治，而應該以獲得後世的讚揚為目標。他應當努力向我的家族靠攏。我的母親是有古典美德的……如果治理得當，這個世界上最好統治的民族就是法蘭西民族了，他們思維敏捷而又透澈，可以馬上分辨敵友，但是要注意，一定得順著他們的脾性，要不然他們的思想就會不安分起來，騷亂、暴動就會接踵而至……

「他要對一切政黨都持蔑視的態度，只接近民眾就行了。除了那些叛國賊，他要能做到盡棄前嫌。他應該秉承唯才是舉、唯功是賞的原則。

「在法國，高貴的人也許沒有什麼影響。靠著他們無異於在沙地上蓋樓。在法國，想要有所成就，唯有依靠民眾。

「……我一直都是這樣的，依靠民眾。我是一個很好的榜樣，我建立了一個照顧各階層人民利益的政府……民族利益的分裂會帶來內戰。天然不可分的東西就一定不能再分，否則就會將其毀滅。我不怎麼重視憲法，但普選應該是一項基本原則。

「我提拔的那些貴族對我的兒子用處不大。

「我獨裁是出於迫不得已。有不少的權力並不是我想要的，但是總會被人們強加給我……到我兒子那時候，情形會出現一定的改觀。關於他的權力會引發爭論，他應該事先就對人們要求自由的願望有所考慮。君主不應該為了統治而統治，而是應該啟蒙民智、傳播道德和富裕。空頭支票什麼用都不會有的。

「……法國人民被兩種同樣有力的熱情鼓舞著，它們看來好像是矛盾，但是的確是從一個源頭出來的，即愛自由、愛榮譽。政府絕對的公正，才能將這兩種願望滿足。完善的理論並不是為政所必不可少的，而做到因時因地有所作為就行。

「政府應該將出版自由變成手中一項強有力的輔助工具，可以利用其到處傳播正確的原則和健康的觀點。忽視出版自由，就等於臨淵酣睡……只能是疏導或者壓制，要不就會對自身構成威脅。

「歐洲發生巨變是在所難免的，想制止這一轉變的，無異於痴人說夢。只有積極參與到其中去，才能將眾人共同的心願和希望實現。

「我兒子的地位將會是困難的焦點所在。因為環境，我能用使用武力來將某些問題解決，但是我的兒子想要解決它們，只能尋求大家的一致贊同。我 1812 年如果將俄國擊敗了，未來 100 年的和平問題和民族矛盾就會得到一勞永逸的解決。如今，人們就得自己去做了。將來起決定性作用的將不會是北方，而是地中海沿岸地區，這裡各國的野心非常好滿足。文明國家為了獲得幸福，只需要付出一小塊土地的代價。歐洲不應該成為國際仇恨的策源地，君主們應該清楚這一點。

「消除偏見，加強貿易，擴大利益，任何一個國家都不可能壟斷貿易。

「你們給我兒子灌輸的一切，都不會起任何作用，除非他的本性裡沒有燃起一點神聖的火焰，心中沒有一點對善的嚮往。只要有那麼一點，他就可以成就大業。我希望，他會為自己的決定感到光榮。

「如果他們不允許你們去維也納……」

遺囑到這裡戛然而止：如同敘述神諭的先知突然辭世。這個病榻上的垂死之人還沒有忘記指點他那可憐的兒子，即使在 100 年後，他的這番訓示依然可以指導歐洲。現在有哪些國家問題，怎樣才能解決，這個天才已經給出了他的答案。

十九、長逝

思想最後一次一瀉千里，創造的泉源就此枯竭。眼前浮現著美妙的夢境。命運彷彿為他安排的是安樂地死去的結局。遺囑完成後，他躺在那裡，無憂無痛，希望的雲彩環繞在他的身旁。

「要是我死了，你們就都能回歐洲去了，你們可以和你們的妻子團聚了，而我將會和勇士們重逢，在天堂，他們朝我走來。達武、迪羅克、內伊、馬塞納、繆拉、貝爾蒂埃，我們一起說起我們一起開創的事業。我告訴他們我後來的際遇。他們看見我，一定會回想起往日的榮譽，重燃當年的熱情。接下來我們會和西庇阿、漢尼拔、凱撒、腓特烈一起談討我們的戰爭。這是多麼愜意的事情！如此多的傑出將帥濟濟一堂，世上的人一定會被嚇得不輕！」

這就是他臨終的奇思妙想。和他生活有關的對話數以千計，但是能如此真切地表現他靈魂的天真的卻寥寥無幾。此時，這個靈魂彷彿處在半夢半醒當中：他頗為孩子氣地描繪了一個英雄的世界，他帶著他的將領們和古羅馬的將領們坐在一起。他在好似天堂的田園中生活，大炮是這裡到處可見的話題。那個英國醫生在談話當中走進了房間，拿破崙最終同意了讓他治療自己。

就在這時，他內心的笛聲戛然而止，再次響起了鼓聲。政治家回到了現實當中。他馬上換了一副腔調，和平時一樣，中間什麼過渡或準備都沒有，就發表了他對自己正式死亡的看法。

「貝特朗，你靠近一點，你將我所說的，逐字逐句地翻譯給這位先生聽。有些人一直想讓我死，現在他們的目的達到了。我曾打算投奔英國人民，在英國的庇護下了卻殘生。但是他們竟然踐踏了國際法，明目張膽地為我套上了枷鎖……各國君主都被英國說服了，因此世上最駭人聽聞的一幕出現在大家的眼前，孑然一身的我慘遭 4 個強國的攻擊。在

這岩石荒島上，你們是如何對待我的！你們無所不用其極，只要是能折磨我的！……你們挖空心思，想慢慢地折磨死我。那個無恥的總督就是殺害我的劊子手，就是你們的大臣們派來的！即使死，我也要像高傲的威尼斯共和國那樣！殺害我的劊子手的頭銜，這就是我唯一能遺贈給英國王室的東西！」

這通發洩後，他倒在了枕頭上。醫生不知所措地站在那裡，皇帝的親信也十分地惶恐。這算什麼？結語、咒罵還是抗議？這無非是一種政治行為！到了晚上，他讓人為他朗讀漢尼拔的征戰錄。

第二天，4 月 21 日，這一天離他去世還有兩週。他讓人叫來那個科西嘉牧師。自從這個牧師到了島上，他每個星期天都會做彌撒，但是除了做彌撒，他和這個牧師沒有任何往來。這時他說：

「你知道停靈會堂是什麼嗎？你以前是否主持過這種會堂？沒有？那現在你就主持我的吧。」接著拿破崙給他具體地講了一下：「我死了以後，你得在我的床邊設下祭壇，按照常禮為我做彌撒，一直到我下葬。」

這天晚上，牧師和他在一起待了差不多一個小時。因為牧師沒有帶全神器，所以這一個小時他只是和皇帝隨意地聊天，而沒有聆聽他的懺悔。不管是過去的 40 年裡還是現在，皇帝從來都沒有吃過聖餐。

病人的身體徹底垮了，他現在臉色黝黑，面頰深陷，已經幾週沒刮過鬍子了。他現在讓人將床搬到了客廳，因為他的臥室太狹小了。胃疼會讓他不停地抽搐。不疼的時候，他會思索著該把什麼贈給誰。有時他也會打個盹，夢到幾個女人在他的面前出現，但是裡面並沒有瑪麗·路易絲。「我看見了親愛的約瑟芬，但是她不願給我一個擁抱……她並沒有變，還是那麼愛我。她說我們即將重逢，永遠都不分開了。她和我保證 —— 你看見她沒有嗎？」這次的幻覺依然來自孩子的天堂，童話的國度，和夢見那些將軍一樣。

　　病情如果稍有好轉，他就會讓人讀最近的報紙給他聽。報上攻擊他的新聞有時會讓他情緒激動。他命人拿來他的遺囑，費勁地扯掉封印，沉默著用他顫抖的手寫道：

　　「我下令將昂吉安公爵逮捕，並送上了法庭：因為從法國人民的安全、利益和榮譽著想，這十分有必要。阿托斯伯爵也供認了他當時豢養在巴黎的刺客就有 60 名之多。」

　　這一刻，彷彿兩個幽靈在相對而視：一個是已經死去的波旁王朝，一個是即將死去的波拿巴。

　　4 月 27 日這一天，他又讓人將遺囑取來，費力地重新蓋章。他讓人給箱子和櫃子裡的東西重新列一份清單，重要文件都裝進信封裡，親自為每個信封寫說明。這時他一直在嘔吐、發抖，他讓每個在場的人都蓋上章，對包裹清單進行核對。他對英國是多麼的不放心！

　　還要做什麼？還得處理床上的一些東西。「我的身體不行了，沒有時間了，得趕緊弄完。」這是什麼？這是奧坦絲的鑽石項鍊，她到杜樂麗宮出席宴會時，它在她的脖子上閃爍著耀眼的光芒。拿破崙從瑪律梅松臨走時，是她親手將它縫在他的腰帶上：現在，這串項鍊被他贈給了他的僕人瑪律尚。還有一個上面什麼圖案都沒有的金質鼻煙壺，他用小刀費勁地在上面刻了一個「N」，然後將它贈給了醫生，又說道：

　　「我明確要求對我的屍體進行解剖，尤其要認真檢查我的胃。我覺得我和父親是死於同一種病。請路易寄來我父親的死亡報告，你可以和你的檢查結果進行比較。這樣就可以讓我的兒子不會患上這種病。請你和他說應該怎樣預防，至少我所受的痛苦，不要讓他再受了。」

　　他被肝病折磨了 6 年，同時也罵了島上的天氣 6 年。幾天前，他還在譴責英國這是故意地利用這種天氣來殺害他。但是如果進行屍體解剖，他的陰謀論就有可能被否定了。是的，他明白。不過他這一切都是為他的兒子著想。他希望自己被解剖，好讓兒子可以躲過這個家族

疾病。

　　都做好準備了嗎？能開始了嗎？等一下，還得寫一份正式通知給英國當局，於是他口述了下面的這封信：

　　「總督先生！因為長期病魔纏身，拿破崙皇帝於 × 日龍馭上賓！茲告此事……望貴國政府將其遺體運回歐洲，並安排其隨從返歐事宜。預為見告。——蒙托隆伯爵，簽字。」

　　拿破崙這一生口述過的政治信函有 6 萬多封，但是這封通告了他死亡的信函卻沒填寫死亡日期。他一生最出色的通告可能就是這一封了。誰又能料想道，一個身經 60 多次大小戰役、遭受死亡威脅如同家常便飯的人，在垂危之際還能保持如此的鎮定、好整以暇呢？他的一生都在發號施令，但是這些文字卻讓他在生命即將結束時，奇異地轉了一個彎。唯願這封讓人恐懼的信，不是他最後的一封信。

　　這確實並不是他最後的一封信。4 月 29 日，發了一夜的高燒的他又口述了兩份文件，一份關於對凡爾賽宮的使用，一份是關於國民軍的改組。然而這兩份文件卻沒有收件人，比如寫著軍務大臣或工程大臣收。「第一夢想」和「第二夢想」，是這兩份文件的標題。他說：「我現在感覺非常棒，我可以騎馬一口氣跑 15 英里。」但是第二天他就渾身發冷、不省人事了。就這樣熬了 5 天後，他終於去世了。

　　但是拿破崙·波拿巴並不是那麼好擺脫的。在最後的 5 天中，他曾一度清醒了過來，馬上發表意見，下達命令：

　　「一旦我沒了知覺，英國醫生絕對不要讓他進來……你們要對我忠誠，絕對不能讓我的名譽受損。我所有的法律和行為都以最嚴格的原則為基礎。但是現在形勢嚴峻，我做不到寬以治國，只能留給後人去完成了。但是後來變故迭生。弓滿易折。我本打算引進自由體制，遺憾的是無緣在法國實施了。但是全國人民都明白我的初心是好的。他們熱愛我的名字，他們慶祝我的勝利。你們也要這樣做！遵循守我的原則，捍衛

我的名譽！」

　　他的思想還沒有離開他的事業。這是一個垂死的、眼神悽愴的雕刻家，目之所及，滿是斷章殘篇。他將他的本意道出，用盡了最後一絲的氣力。

　　第二天，他的幻想裡出現了新的東西：科西嘉島上度過的少年歲月。這時他有時會想起他的兒子。他想著他在科西嘉島上的產業，忠實的瑪律尚將這段話準確地記錄了下來：

　　阿雅克肖的房產及附屬建築、兩幢鹽場周邊的房屋和花園、在阿雅克肖的全部產業，全都給我的兒子留著，這讓他每年會有 5 萬法郎的收入。我為他留著……」

　　這個命令是拿破崙的最後命令，他曾經將半個世界征服，但是後來又全部丟失。臨死之際，他始終發著高燒，他的眼前又出現了科西嘉島上他母親的那幢房子，還有他的兒子。這半個世界是他本來想留給兒子的遺產。為了不讓兒子窮困潦倒，他將並不屬於他的房子留給了兒子。隨後他的思緒又離開親情，成為一名馳騁在義大利戰場上的軍人，那是他第一次作戰。當年的故友飛奔在他的身旁，他大叫著：

　　「德塞！馬塞納！這事關勝利！快！前進！我們贏了……」

　　第二天牧師不請自來，在長袍下，他拿出不願示人的神器，他要單獨和行將就木的病人在一起。過了一會兒他出來了，說道：「我為他進行了臨終的塗油禮，然而他的胃享用不了聖餐！」

　　他的最後一夜十分可怕，凌晨時分，高燒中的皇帝囈語著：「……法蘭西……陸軍統帥……」

　　這是他臨終遺言。

　　然後他突然一躍而起，力量驚人，一把將守護著他的蒙托隆拽到身旁死死地抱住，兩個人在地上滾作一團。他抱得那麼緊，蒙托隆無法脫身，甚至都叫不出聲來。聽到動靜的阿香波衝了進來，這才把蒙托隆救

了下來。在這最後一戰中，皇帝想把哪個敵人掐死？沒有人知道。

在這以後的一整天，他都安靜地躺在那裡，平靜地呼吸著。他曾想要喝水，但又咽不下去。人們只能將浸著醋的海綿送到他的唇邊。房間外籠罩著雨霧；房間裡，一名舊貴族伯爵和一個平民在奧斯特里茨行軍床邊守護著。

剛過 5 點，呼嘯而至的東南信風，將房前兩棵新栽的樹連根拔起。

與此同時，病床上的人寒熱交加，他雙目圓睜，目光呆滯，看不到痛苦，彷彿是在沉思，呼嚕呼嚕的響聲從喉嚨裡發出。熱帶的太陽落入大海之際，他的心臟不再跳動了。

二十、復活

現在是中午，陽光十分耀眼，拿破崙血跡斑斑的屍體躺在工作室的解剖臺上面，解剖臺的周圍是 5 名英國醫生、3 名英國軍官和 3 個法國人。那位科西嘉醫生解剖了屍體，將皇帝的肝臟取出後解釋道，彷彿是在演示給學生看：「請看，胃潰爛的部分覆蓋在肝臟上。先生們，我們能得出怎樣的結論呢？聖赫勒拿島的氣候讓胃病惡化了，這就是皇帝早逝的原因。」

隨後進行了投票表決：英國對法國。大部分人認為他的內臟完好，而這個科西嘉醫生可以用手指從他潰爛的胃壁穿過。

皇帝的遺體被塗上了防腐的香料，馬倫哥戰役穿的那件鑲金大衣蓋在上面。全體英國守軍自發地列著隊前來弔唁。每個瞻仰過遺體的人，都說他的表情寧靜而安詳。他加冕時的儀錶和古羅馬的皇帝頗為相似，如今卻又恢復了年少時的消瘦。英國不同意將遺體運回歐洲。所以就在一處幽谷中挖了一個墓穴，附近有兩處泉水，水邊各種著一株柳樹。下葬的時候鳴放了 3 聲禮炮，這時英國將軍的禮儀標準。風中的旗幟獵獵

作響，上面卻是紀念英國在西班牙獲勝的圖案。此島的主人總督宣稱自己已經寬恕了皇帝。

人們在大炮的基座上卸下 6 塊石板，將墓穴蓋上。但是這位當年的炮兵軍官的墓還少一塊石板，因為再也無法找到差不多的石板了。人們不得不去一幢新房子的灶上拆下來 3 片瓦，作為替代品。關於墓碑上的刻字，總督堅持只能刻「拿破崙·波拿巴」，而不允許只刻「拿破崙」，所以墓碑上一直空著。長林的傢俱被拍賣一空。一個農夫買下了房子當作磨坊。而那兩個皇帝住了 6 年的房間，重歸本來用途 —— 豬圈和牛欄。

英國只做了一件對死者表示尊重的事：在墓旁設立了崗哨。在死了的皇帝被運回巴黎之前，英國哨兵在這裡守衛了 19 年。

如今，一切又都回到了歐洲。

總督在倫敦的街頭被拉斯卡斯的兒子用鞭子狂揍一頓，落荒而逃的他不知所終。那個要對拿破崙負全責的部長鬱鬱寡歡，最終下場是割脈自殺。一夜之間，整個英國上下都在口誅筆伐聖赫勒拿島上發生的事情。

科西嘉醫生去了義大利，但是遭到了呂西安拒見。在帕爾馬，瑪麗·路易絲也是同樣的態度。他最終見到她是在劇院的包廂裡。在羅馬他見到了萊蒂齊亞·波拿巴，為她講島上發生的一切，花去了整整 3 天的時間。他將銀燈交到她的手上，就回了科西嘉島。萊蒂齊亞坐在壁爐旁，為次子拿破里昂尼痛哭不已。

她此後又活了 15 年之久，比她的女兒愛麗莎和波麗娜壽命都長。波麗娜一直到謝世，那面鏡子都拿在手中。她也比幾個孫子、3 位教皇死得晚。晚年的她雙目失明、半身癱瘓，總是坐在那裡對著皇帝的半身像，只有她的精神和悲哀一直沒有變。

她在自己的宮裡接待所有忠於皇帝的人，像一個女王。她的僕人穿

的還是拿破崙的朝服，拿破崙的紋章也刻在她的車子上。這樣的衣服和車子可以說後無來者了。她有時也會聽到維也納傳來的她孫子的消息，但她始終都不讓這個孫子來探望她，她這個孫子 21 歲就去世了。此時瑪麗·路易絲才寫信給她，但是她並沒有回信。最後她被允許回家，但是遭到她的拒絕，原因是她的孩子們還沒獲得這個權利。

皇帝死後的 9 年，復辟的波旁王朝垮臺，取而代之的是奧爾良派，新國王覺察到了波拿巴派強大的力量，下令重新在旺多姆圓柱上豎起了拿破崙像，這是 15 年前拆掉的。傑羅姆得知這一消息後，馬上告訴了病中的母親。她的病情馬上有所好轉，都能下床走動了。她走進已經很久未去的客廳，失明的雙眼搜尋著那尊皇帝的半身像，空中喃喃道：

「皇帝重新站在了巴黎的中心！」

後記

　　對一個人的生平或者一個時代的歷史進行描寫，無論在意圖上，還是在技巧上，都是兩件截然不同的事。曾有人試圖結合兩者，結果卻是枉費心機。普魯塔克將後者放棄，卡萊爾[1]將前者放棄，兩位大師由此幸運地實現了自己的目標。從根本上說，還沒有發現仿效普魯塔克這個榜樣的人——在他以後，將嚴格地按照史實為偉人立傳當作自己堅定的任務的人，還沒出現過。

　　這一工作並沒有不在歷史學家的研究範圍之內，因為探尋真相所需的才能和描寫並不一樣。有的作家表達自由，戲劇化了歷史人物，有的則陷進「歷史小說」的誤區。就像歌德和拿破崙說的，這樣的做法只能把一切都搞亂。

　　當構成一個人人生的里程碑的，並非著作而是行為時，寫他的傳記是最困難的。凱撒、腓特烈大帝和拿破崙這三人稱霸天下，靠的都是戰場上的勝利，但是讓後世越來越陌生的，也正是這些戰役：法薩盧斯戰役[2]、羅斯巴赫戰役[3]、奧斯特里茨戰役，現在僅存的歷史意義，也只是針對軍事院校的教學了。如果他們只是軍事統帥，他們對後世產生的魅力，並不會比克拉蘇、賽德利茨[4]和馬塞納強。讓他們卓爾不凡的是他們的政治天才。因為處在事業巔峰的政治家承載了人類的命運。天才和性格的交匯處，就是那些對偉人的心靈展開探究的傳記作家關注的焦點。

　　本書試圖對拿破崙的心路歷程進行描寫。因為他的個性透過他政治生涯的每一步體現出，所以，身為國家締造者和立法者的他所具有的思

1　卡萊爾（Thomas Carlyle，1795-1881），蘇格蘭散文作家和歷史學家。
2　法薩盧斯戰役：西元前 48 年 8 月 9 日，凱撒在法薩盧斯一戰中出奇制勝，以寡敵眾，徹底擊敗主要對手龐培。龐培潰逃到埃及，後被托勒密國王的部將殺死。
3　羅斯巴赫戰役：1757 年 11 月 1 日，普魯士腓特烈大帝的軍隊在羅斯巴赫大敗奧地利軍隊。
4　賽德利茨（Friedrich Wilhelm Seydlitz，1721-1773）：普魯士腓特烈大帝手下著名將領，在普奧七年戰爭中任騎兵總指揮，取得了羅斯巴赫等戰役的勝利。

想，對於革命和正統的態度，以及他對社會、對歐洲問題的見解，就成了描述的重點。在我們看來，拿破崙歷次征戰的過程，當時歐洲各國的局勢，還有它們之間如同天氣一樣變化無常的敵對和聯合，都不重要。

和馬倫哥戰役的作戰計畫、《呂內維爾和約》或者歐洲大陸封鎖計畫的細節相比，那些他和妻子兄弟間的、記錄在信件和可信的談話錄中的衝突，他每一個自豪或憂鬱的時刻，他的面如死灰或怒氣衝天，他對朋友或者敵手的善行和手腕，他對將軍和女人們所說的每一句話，都更加重要。學校裡教給我們的那些拿破崙的知識，在本書裡被極度地壓縮了；而學校裡沒有講的部分，在本書中描寫得比較詳細。法國傳記作家對拿破崙的祕史十分熱衷，本書沒有局限於此，而是將重點放在了將拿破崙在公、私兩方面的完整形象再現出來，將他身為人的一面再現出來。同一天發生的國家大事和兒女情長，往往會出現在同一頁裡，因為它們不僅擁有同一個來源，還相互影響；更何況論起對重大計畫的影響，內心的紛亂比任何謀略都要大。

拿破崙的形象，和道德，和與他來往的國家（無論這個國家是敵是友）關係不大。在本書裡，這一形象既沒有被視為奇蹟，也沒有被肢解為概念。在敘述他的生平時，作者力圖描摹出他的種種心態，因為正是這些心態促成了他的崛起，也最終導致了他被囚聖赫勒拿島的下場。對拿破崙的內心世界進行探索，從他內心情感的角度，對他的顧慮與決斷、行為與痛苦、計算與幻想進行分析——這條情感的長鏈不僅是描述的手段，也是描述的目的所在。

因此，對別的人，甚至包括那些各位將軍的描寫都不得不退讓三分。為一本書的篇幅所限，作者被迫將那些不能揭示傳主內心世界的內容放棄。

對如此豐富的人生進行描繪，一定要跟上它的節奏。在這個過程裡，作者一定要不嫌其煩地利用傳主的自述，讓他自己來表達，因為一個人自己的陳述通常是最好的，即使他說錯了或者在說謊，也是在向知

後記

道真相的後人展現自己。但是，作者一定要忘記自己是知道結局怎樣的。描寫當時的感受，只有全身心投入當時的情景，而不是根據已知的結局感嘆命運，才能讓作品擁有緊張的懸念感。

作者就是這樣，設身處地地揣摩拿破崙心中的感受。在本書的最後，讀者才看到作者來了一次超然事外的冷靜分析——我們只能在引擎停了下來，才去研究它。

這樣生動形象的描寫，容易使人產生這是虛構作品的誤解。為了避免這一點，傳記作者必須做到自始至終忠於史實。相信事件的內在邏輯性，而排斥偶然性的人，就不會扭曲任何一個細節，不會篡改某份文件或某個日期——雖然出於修辭上的考慮，日期或文件常常被本書作者略而不提。

除了內心獨白，本書所有的句子都不是虛構的。作者希望這本傳記，可以得到和歌德給予布里昂的《回憶錄》一樣的評價：「在這本書揭示的可怕事實前，拿破崙身上那被記者、史學家和詩人賦予的種種光環和幻象全都消失了。但是英雄並沒有因此變得渺小，反倒是顯得更加高大了。我們由此可以看出來，真實事物的優勢是多麼的強大，只要你有把它說出來的勇氣。」命運創作的這首史詩，無法被耽於幻想的人領會，只有那些熱愛真實的人，才能領悟到其精妙之處。

拿破崙用其一生寫就的悲劇可以說是千年不遇的，應該完整全面地再現給讀者。一個人靠著自信和勇氣、理想和熱情、勤奮和意志，到底能夠達到什麼樣的高度？這個問題，拿破崙給出了他自己的答案。現在，在這個革命的時代，機會又出現在那些能人志士的眼前。對歐洲的熱血青年來說，拿破崙可能是他們最好的榜樣，同時也是最大的教訓。在每個西方人看來，拿破崙帶給世界的是最為強烈的震盪，同時他也為此付出了極大的代價。

埃米爾·路德維希

附錄：拿破崙年表

第一章

1769 年　8 月 15 日，拿破崙出生。

1779 年　進入布列訥堡軍校學習。

1784 年　進入巴黎軍官學校。

1785 年　以少尉軍銜畢業。

1789 年　回到科西嘉。

1791 年　4 月，在瓦朗斯任中尉。10 月，回到科西嘉。

1792 年　在阿雅克肖發動政變。逃亡。

1793 年　上尉。攻占土倫。

1794 年　2 月，準將。8 月，被捕。

1795 年　6 月，進入軍務部。10 月，鎮壓巴黎起義。內防軍統帥。

1796 年　3 月 2 日，成為義大利方面軍指揮。3 月 6 日，與約瑟芬·博阿爾內結婚。

第二章

1796 年–1797 年　米萊西莫、卡斯蒂廖內、阿柯拉、利沃里、曼圖亞戰役。

1797 年　在芒泰貝洛宮。坎坡福米奧和約。

1798 年　在巴黎待到 5 月。5 月 19 日，動身前往埃及。金字塔戰役。

1799 年　雅法、阿克、阿布基爾。10 月 7 日，抵達法國。11 月 9 日，霧月十八政變。12 月 24 日，任第一執政。

附錄：拿破崙年表

第三章

1800 年　6 月 14 日，馬倫哥戰役。12 月霧亨 24 日，保王黨暗殺拿破崙未遂。

1801 年　呂內維爾和約。與教皇庇護七世達成協議。

1802 年　與英國締結和約。終身執政。

1804 年　3 月 21 日，處決昂吉安公爵。5 月 18 日，法蘭西帝國。12 月 2 日，加冕為皇帝。10 月，特拉發加海戰。11 月，占領維也納。

1805 年　12 月 2 日，奧斯特里茨戰役。普萊斯堡和約。

1806 年　萊茵聯盟。封約瑟夫為那不勒斯國王。封路易為荷蘭國王。10 月 14 日，耶拿戰役，奧爾施丹特大捷。柏林。頒布敕令。

1807 年　法軍與俄軍在普魯士的艾勞和弗里德蘭發生激戰。7 月 9 日，提爾西特和約。封傑羅姆為威斯特法利亞國王。

1808 年　羅馬。馬德里。封約瑟夫為西班牙國王。封繆拉為那不勒斯國王。

1809 年　教皇宣布將其革出教會。阿斯佩恩戰役。埃斯林。瓦格拉姆。維也納。

1810 年　1 月，離婚。4 月，與瑪麗・路易絲結婚。

1811 年　3 月 20 日，太子出生。

第四章

1812 年　斯摩倫斯克戰役。莫斯科戰役。12 月，回到巴黎。

1813 年　4 月，盧岑戰役。包岑戰役。7 月，德勒斯登戰役。10 月 16 日－19 日，萊比錫戰役。

1814 年　布列訥堡、拉羅蒂埃、尚波貝爾、蒙特羅、拉昂戰役。4

月 6 日，在楓丹白露簽署退位詔書。4 月 20 日，前往厄爾巴島。

1815 年　2 月 26 日，離開厄爾巴島。3 月 13 日，同盟國宣布拿破崙不受法律保護。3 月 20 日，返回巴黎。6 月，滑鐵盧戰役。6 月 23 日，第二次退位。7 月 13 日，致信英國攝政王。7 月 31 日，同盟國宣布囚禁拿破崙。

第五章

1815 年　10 月 17 日，抵達聖赫勒拿島。

1821 年　5 月 5 日，逝世。

拿破崙傳，科西嘉孕育的巨人：

加冕為法國人的皇帝，勘稱「上帝在人間的化身」……一生功績難以抹滅，不能以「滑鐵盧」論成敗！

作　　者：[德] 埃米爾・路德維希（Emil Ludwig）

翻　　譯：胡彧

發 行 人：黃振庭

出 版 者：崧燁文化事業有限公司

發 行 者：崧燁文化事業有限公司

E-mail：sonbookservice@gmail.com

粉 絲 頁：https://www.facebook.com/sonbookss/

網　　址：https://sonbook.net/

地　　址：台北市中正區重慶南路一段六十一號八樓
815 室

Rm. 815, 8F., No.61, Sec. 1, Chongqing S. Rd.,
Zhongzheng Dist., Taipei City 100, Taiwan

電　　話：(02)2370-3310

傳　　真：(02)2388-1990

印　　刷：京峯數位服務有限公司

律師顧問：廣華律師事務所 張珮琦律師

-版權聲明

定　　價：680 元

發行日期：2023 年 10 月第一版

◎本書以 POD 印製
Design Assets from Freepik.com

國家圖書館出版品預行編目資料

拿破崙傳，科西嘉孕育的巨人：加冕為法國人的皇帝，勘稱「上帝在人間的化身」……一生功績難以抹滅，不能以「滑鐵盧」論成敗！/ [德] 埃米爾・路德維希（Emil Ludwig）著，胡彧 譯 . -- 第一版 . -- 臺北市：崧燁文化事業有限公司 , 2023.10
面；　公分
POD 版
ISBN 978-626-357-711-4(平裝)
1.CST：拿破崙 (Napoleon I., Emperor of the French, 1769-1821) 2.CST：傳記
784.28　112015649

電子書購買

臉書

爽讀 APP